FASZINATION UND GEWALT
Zur politischen Ästhetik des Nationalsozialismus

Herausgegeben von Bernd Ogan und Wolfgang W. Weiß

W. Tümmels Verlag, Nürnberg

Titelbild:
"Goldener Saal" in der Zeppelintribüne, Reichsparteitagsgelände in Nürnberg. Foto: Herbert Liedel

1. Auflage Januar 1992
© 1992 by W. Tümmels Buchdruckerei und Verlag GmbH, Nürnberg

Herausgeber:
Bernd Ogan und Wolfgang W. Weiß

Gesamtherstellung:
W. Tümmels Buchdruckerei und Verlag GmbH

ISBN 3-921590-10-8

Inhalt

Einführung

Bernd Ogan	Faszination und Gewalt - Ein Überblick	11

Nürnberg und der Nationalsozialismus

Hermann Glaser	Nürnberg: eine Stadt wie jede andere? Die Last, als Symbol des Nationalsozialismus zu gelten	39
Hermann Froschauer	Streicher und "Der Stürmer"	41
Lothar Gruchmann	"Blutschutzgesetz" und Justiz Entstehung und Anwendung des Nürnberger Gesetzes vom 15. September 1935	49
Helmut Kramer	Im Namen des Volkes - Die Nürnberger Justiz von 1933 bis heute	61
Jörg Friedrich	Die 13 "Nürnberger Prozesse" - oder: Was ist ein Staatsverbrechen?	71

Die Reichsparteitage

Siegfried Zelnhefer	Die Reichsparteitage der NSDAP	79
Hans-Ulrich Thamer	Von der "Ästhetisierung der Politik": Die Nürnberger Reichsparteitage der NSDAP	95
Marlene Müller-Rytlewski	Alltagsmühsal und Parteitagsherrlichkeit Aus Erlebnisberichten der "Alten Garde"	105
Ernst Klee	"Evangelische Diakonie und Nationalsozialismus gehören zusammen." Wie unsere Schwestern den "Reichsparteitag der Ehre" erlebten	117
Lutz Winckler	"Die Meistersinger von Nürnberg" Eine Exilzeitung berichtet über die Nürnberger Parteitage	127

Propaganda und "Volksgemeinschaft"

Peter Reichel	"Volksgemeinschaft" und Führer-Mythos	137
Detlev Peukert	Volksgenossen und Gemeinschaftsfremde Die nationalsozialistische "Volksgemeinschaft" zwischen völkischer Propaganda und industriegesellschaftlicher Normalität	151
Martin Loiperdinger	"Triumph des Willens" - Führerkult und geistige Mobilmachung	159
Herbert Heinzelmann	Die Heilige Messe des Reichsparteitags Zur Zeichensprache von Leni Riefenstahls "Triumph des Willens"	163
Albrecht Dümling	Das Rassenprinzip im Nürnberger Musikleben	169

Architektur als Weltanschauung

Jochen Thies	Hitler - "Architekt der Weltherrschaft"	177
Joachim Petsch	Architektur als Weltanschauung Die Staats- und Parteiarchitektur im Nationalsozialismus	197
Hajo Bernett	Albert Speers "Deutsches Stadion" war eine gigantische Fehlkonstruktion	205
Silke Wenk	Die weibliche Aktskulptur über der Führertribüne	211
Klaus Wolbert	Die figurative NS-Plastik	217

Das Erbe

Wolfgang W. Weiß	"Ruinen-Werte" - Das Nürnberger Reichsparteitagsgelände nach 1945	225
Winfried Nerdinger	Umgang mit der NS-Architektur - Das schlechte Beispiel München	241
Hans-Ernst Mittig	NS-Architektur für uns	245
Wolfgang W. Weiß	Spurensuche am Obersalzberg NS-Geschichte(n) zwischen Vermarktung und Verdrängung	267
Wolfgang Schäche	Überlegungen zur Kontinuität der NS-Architektur	283
Georg Bussmann	"Ich kann beim besten Willen kein Hakenkreuz erkennen"	291
Peter Steinbach	Gedenkstätten zu Denkstätten - Thesen zu zeitgeschichtlichen Ausstellungen	295

Anhang

Bildnachweis	300
Autorenverzeichnis	301

Vorwort

1985 eröffnete die Stadt Nürnberg in der Halle der Zeppelintribüne auf dem ehemaligen Reichsparteitagsgelände die Ausstellung "Faszination und Gewalt". Es war ein erster Versuch, sich an Ort und Stelle mit dem NS-Erbe auseinanderzusetzen. Dieses Erbe bestand zunächst einmal darin, daß Nürnberg wie keine andere Stadt der Welt mit dem Nationalsozialismus in Verbindung gebracht wird. Der Bogen spannt sich von den "Nürnberger Gesetzen" (1935), mit denen deutsche Juristen den antisemitischen Terror legalisierten, bis zu den "Nürnberger Prozessen" (1945-1948), mit Hilfe derer die Siegermächte die begangenen "Verbrechen gegen die Menschlichkeit" zu ahnden versuchten. Vor allem aber wurde Nürnberg als "Stadt der Reichsparteitage" zum Symbolort des Nationalsozialismus.

Die steinernen Monumentalzeugen dieses Massenspektakels nationalsozialistischer Selbstinszenierung stehen heute noch. Doch jahrzehntelang wurde die Geschichte dieser Bauten, die inzwischen überwiegend als Lagerhallen genutzt wurden, mehr oder weniger verdrängt. Erst Ende der 70er Jahre gab es Überlegungen, die "Last" dieses NS-Erbes auch als Chance für Erinnerungsarbeit und politische Aufklärung zu begreifen.

Erstes Ergebnis davon ist die oben genannte Ausstellung, die seit 1985 in den Sommermonaten alljährlich gezeigt wird. Die Konzeption hierfür wurde vom Pädagogischen Institut der Stadt Nürnberg erarbeitet. Der Titel kennzeichnet den Ausstellungsansatz, der den Zusammenhang von Faszination und Gewalt im Nationalsozialismus thematisiert. Gerade am Beispiel der Reichsparteitage läßt sich deutlich zeigen, wie eng beides beieinanderlag. Denn die massenhafte Faszination der sogenannten "Volksgenossen" war seinerzeit ebenso unübersehbar wie die zeitgleich praktizierte Gewalt gegen die "Gemeinschaftsfremden". Das eine war die Kehrseite des andern. Erst beides zusammen vermittelt ein reales und vollständiges Bild des Nationalsozialismus.

Begleitend zu dieser Ausstellung führte das Pädagogische Institut mehrere Symposien durch, insbesondere zur politischen Ästhetik des NS-Regimes, aber auch zur Geschichte des Nationalsozialismus, zur Rolle Nürnbergs im "Dritten Reich" und zum "Umgang mit dem NS-Erbe nach 1945".

Die Beiträge der zu den Symposien eingeladenen Experten wurden zum Teil bereits in der Schriftenreihe des Pädagogischen Instituts veröffentlicht, sind mittlerweile aber weitgehend vergriffen. Im vorliegenden Band werden diese Artikel in aktualisierter Fassung wieder aufgenommen und zusammen mit neuen, weiterführenden Analysen präsentiert, in der Hoffnung, damit einen Beitrag zur offensiven Auseinandersetzung mit diesem allzu gerne verdrängten Thema zu leisten.

Aus dieser Entstehungsgeschichte erklären sich auch gewisse formale Unterschiede zwischen einzelnen Artikeln, etwa bei Fußnoten und Literaturangaben, und im Einzelfall auch inhaltliche Überschneidungen.

Ohne die Mitwirkung sehr vieler hilfsbereiter Menschen hätte dieses Buch, das auch als Katalog zur gleichnamigen Ausstellung gedacht ist, nicht erscheinen können. Allen Beteiligten sei hiermit herzlich gedankt, insbesondere den Autoren und dem Sekretariat des Pädagogischen Instituts sowie Herrn Dr. Eckart Dietzfelbinger und Herrn Reiner Niebauer für Anregungen, kritische Rückmeldung und aktive Unterstützung.

Nürnberg, November 1991
Bernd Ogan, Wolfgang W. Weiß

Einführung

Die Zeppelintribüne von hinten. Heute Eingang zur Ausstellung "Faszination und Gewalt".

Bernd Ogan

Faszination und Gewalt - Ein Überblick

Sofern die Auseinandersetzung mit dem Nationalsozialismus an historischen Stätten nationalsozialistischen Wirkens geführt wurde, fand sie stets an Orten statt, an denen die abschreckende Seite des NS-Regimes augenfällig dokumentiert werden konnte. Folgerichtig waren dies etwa die Plätze niedergebrannter Synagogen, die Standorte ehemaliger Konzentrationslager oder wiederentdeckter Gestapokeller.

Der Name Nürnberg jedoch verbindet sich in erster Linie nicht mit der grauenvollen, sondern mit der beeindruckenden Vorzeigeseite des Nationalsozialismus. In Nürnberg fanden bis 1938 alljährlich die national-sozialistischen Jubelfeste der Reichsparteitage statt. Hier zeigte sich der Nationalsozialismus von seiner Schauseite. Hier schlugen die Herzen höher, hier triumphierte die Begeisterung.[1] Nürnberg, die "Stadt der Reichsparteitage", war der Ort, an dem sich die Hochstimmung der Massen am augenfälligsten manifestierte. Die Filme und Bilder aus dieser Zeit zeigen vor allem strahlende Gesichter, leuchtende Augen, jubelnde Massen, "Heil"

Begeisterte SA-Männer (1934)

schreiende "Arbeitsmänner" und entgeisterte Frauen und Mädchen, die ihrem "Führer" die Hand drücken wollen. Doch wer genauer hinschaut, sieht auch hier bereits die Kehrseite der Faszination: in der Brutalität der Architektur, in der Unmenschlichkeit der zu Marschkolonnen zusammengeschweißten Menschenmassen, in den die Zuschauer beinahe 'erschlagenden' Fahnen und Standarten, in den starren, die Appelle entgegennehmenden Männerformationen, denen die Gewalt, die ihnen angetan wird und die sie sich antun, ins Gesicht geschrieben steht. Zwiespältig waren die Eindrücke, wenn man den Berichten von Zeitzeugen glauben darf. Es überwog aber ganz offensichtlich das faszinierende Element.
Schon bei den Vorarbeiten zu der vom Pädagogischen Institut im Auftrag der Stadt Nürnberg konzipierten und organisierten Ton-Bild-Schau im Mittelbau der Zeppelintribüne von 1984 war den Veranstaltern klar, daß das Thema der Präsentation nur **"Faszination und Gewalt"** heißen konnte. Nur in der Dialektik dieser beiden Begriffe läßt sich das, was in Nürnberg geschah und was das janusköpfige Gesamtbild des Nationalsozialismus ausmacht, dokumentieren. Als dann im November/Dezember 1984 die Ton-Bild-Schau der Öffentlichkeit vorgestellt wurde, war der Andrang überwältigend. In vierzehn Tagen hatten 8000 Menschen die Vorstellung besucht. Es sah aus, als hätten die Veranstalter mit dieser Präsentation am historischen Ort in eine offene Wunde gestochen. Erinnerungen und Gefühle kamen hoch, die sich nicht ohne weiteres kanalisieren ließen. Die große Mehrheit der Besucher begrüßte das Unternehmen und fand es gut, daß die Stadt an diesem stigmatisierten Ort dergleichen präsentiere.

Distanziert und kritisch reagierte die Presse. Sie machte sich Sorgen über den "Triumpf der Faszination", der hier zur Geltung komme und "von manchen auch mißverstanden werden" könne und der - so wurde unterstellt - Erinnerungs- und Trauerarbeit verhindere. Man befürchtete, daß die Hervorhebung des Faszinationsaspekts "heute wieder unverhohlene Zustimmung hervorrufen" könne. Die Faszination, die der Nationalsozialismus damals ausgeübt habe, wurde keineswegs bestritten. Man betrachtete es jedoch als gefährlich, sie heute so direkt zu zeigen. Offenbar war hier eine gewisse, wenn auch verständliche Angst im Spiel, man könne die Menschen damit überfordern. "Wenn es darum gegangen sein sollte, den Bürgern heute nahezubringen, warum dieses unselige 'Dritte Reich' mit seiner dekorativen Schauseite, seiner glitzernden Fassade so faszinierte, die Massen mitriß, jeden rationalen Einwand im Keim erstickte und ein berauschendes Wir-Gefühl vermittelte, dann ist die in Nürnberg gezeigte Kreation genau richtig. Aber eben das kann, das darf nicht ihr Sinn sein. (...) Schon darum ist die Blickverengung auf den Begriff (...) 'Faszination' unzulässig, historisch unhaltbar und somit höchst problematisch (...). Die Ton-Bild-Schau verfehlt trotz teilweise gelungener Konfrontatio-

"Arbeitsmann" mit Spaten

nen somit ihr Ziel, sie kann sogar - ja sie wird - die falschen, die ungewollten Assoziationen auslösen." (Nürnberger Nachrichten, 26. 11. 1984, S. 3)
Die Beschäftigung mit der Schauseite, mit dem "schönen Schein" des Faschismus bringt sicherlich mancherlei Risiken mit sich. Mit dem Mißverständnis, daß dadurch der Nationalsozialismus verharmlost werde, muß gerechnet werden. Auch ist nicht von der Hand zu weisen, daß gerade die Opfer des damaligen Terror-Regimes sich in einer solchen Darstellung nur schlecht wiederfinden können und das mediale "Wiederaufleben" der damaligen Jubelfeiern als Hohn auf ihr Leid empfinden. Dennoch müssen wir uns dieser später so vehement verdrängten Seite des Nationalsozialismus stellen. "Auch wenn sich das 'Dritte Reich' zuletzt als nationale Todesfabrik entpuppt hat, so hat es doch als nationale Traumfabrik begonnen". (Michel Schneider: "Holocaust und Hitler", S. 103). Diesen Träumen von Größe und Großmannssucht, von narzißtischer Selbstbeweihräucherung und feindseliger Abwehr des Fremden hängt auch heute wieder eine eigentümliche Faszination an.
Um so wichtiger ist es, den ursprünglichen, von der Selbstzensur verdrängten "Wunschgehalt jenes kollektiven Alptraums wieder zu entschlüsseln" (ebd. S. 103), um eine annähernde Vorstellung von jener eigentümlichen Faszination zu gewinnen, die der Nationalsozialismus auf die Generation der Eltern und Großeltern ausgeübt hat. Hitler war es gelungen, so Michael Schneider,

Besucherinnen des Reichsparteitags

sich selbst als idealistisch-schwärmerischen Weltverbesserer darzustellen. Für uns jedoch gilt es zu begreifen, daß Anfang und Ende, daß der soziale Wohltäter und der Massenmörder, daß Autobahn und Auschwitz in einem unlösbaren Zusammenhang stehen. "Man kann den Hitler-Faschismus als ideologische Bewegung überhaupt nur begreifen, wenn man über seinem barbarischen Ende die Euphorie des Anfangs nicht vergißt, d. h. wenn man die 'guten deutschen Ideale',[2] auf deren Propagierung die Massen-Emphase seines Aufstiegs mit basierte, nicht von ihrer mörderischen Verwirklichung abtrennt; vielmehr untersucht, wie und unter welchen Bedingungen dieses vermeintlich Ideale oder ursprünglich ideal Gemeinte derart in sein Gegenteil umschlagen konnte. Das Phänomen Auschwitz ist, sofern überhaupt, nur innerhalb dieser Dialektik begreifbar". (Ebd. S. 113) Die verwirrende Vieldeutigkeit der Anfangsjahre war schnell einer barbarischen Eindeutigkeit gewichen. Die Aufmärsche in Nürnberg signalisierten schon früh, wohin die Richtung gehen sollte. Faszination und Gewalt sind nur die Kehrseite ein und derselben Medaille.

Faszination und Faschismus
Wolfgang Fritz Haug ("Inszenierung der Macht - ästhetische Faszination im Faschismus", S. 90; ähnlich in: W. F. Haug: "Faschisierung des Subjekts", S. 162) hat auf die Ähnlichkeit der beiden Ausdrücke Faszination und Faschismus hingewiesen. Der "Fascio", von dem der italienische Faschismus seinen Namen ableitete, geht zurück auf das Liktorenbündel (Liktoren: von ligare = binden, fesseln) im antiken Rom. Auch Faszination ist eine Form der Fesselung, eine Fesselung, die von inneren Zwangsmitteln ausgeht. Im Faschismus bündelt sich beides: Fesselung im Doppelsinn von äußerer Gewalt und innerer Bindung. Erst das Bild der Bündelung unterschiedlicher Kräfte und Wirkungszusammenhänge lasse die besondere Eigenart und Durchschlagskraft des Faschismus verständlich werden. Dieses Bündel gilt es auseinanderzunehmen. "Denn wie in Lessings Fabel läßt sich sagen: Ohne es aufzuschnüren, können wir das Bündel nicht zerbrechen. Analyse einer Faszination kann ihre Auflösung sein. Bloß das staatliche Verbot des Faszinierenden zu fordern, (...) könnte dazu beitragen, (...) die Faszination aufrechtzuerhalten". Freilich, und da ist Haug nur zuzustimmen, muß dabei der Kontext, der historische Verwendungsrahmen und die intendierte Konsequenz mitgezeigt werden. Kaum ein Ort wäre dazu geeigneter als Nürnberg. Gerade hier läßt sich die kalkulierte Fesselung und Entfesselung[3] der Ansprüche und Wunschvorstellungen der Menschen, wie sie der Nationalsozialismus vorgenommen hat, optimal aufzeigen, um das Argumentations- und Verführungssystem des Nationalsozialismus wirksam zu entschlüsseln.

Dabei wird deutlich, daß die Faszination des Nationalsozialismus von Anfang an immer auch mit Gewalt zu tun hatte. Und auch Gewalt hat immer schon mit Faszination zu tun. Der Ethnologe und Psychoanalytiker Mario Erdheim ("Die Psychoanalyse und das Unbewußte in der Kultur") bringt dies auf die Formel: "Wer sich mit der Gewalt auseinandersetzt, muß sich immer wieder auch mit der Faszination, die die Gewalt auf die Menschen ausübt, konfrontieren." (S. 279) Die Identifikation mit der Gewalt, mit dem Stärkeren, die in früheren Kulturen als quasi-natürliche Reaktion das Überleben der Menschen sichern sollte, geriet mit der Steigerung der kulturellen Komplexität immer mehr in Widerspruch zur geschichtlichen Entwicklung und diente dann nicht mehr so sehr dem Überleben, sondern der Zerstörung. Herrschaft führt bei den Beherrschten zu Aggressivität. Diese, da sie sich nicht lauthals kundtun darf, ja ihre Aussichtslosigkeit einsehen muß, wird sie von den Beherrschten verdrängt und unbewußt gemacht. Dieses unbewußt gemachte Potential an Aggression ist dann "eine weitere Quelle für die Faszination, die die Gewalt auf uns ausübt. All die verdrängte Wut, die die vielen, uns von der Herrschaft zugefügten Kränkungen hinterlassen haben; all die verdrängte Scham über die Kompromisse, die wir eingehen mußten, um von der Herrschaft anerkannt zu werden oder um auch nur von ihr in Ruhe gelassen zu werden - all das kehrt (entsprechend verändert) in der Faszination der Gewalt zurück". (S. 280) Wir möchten schließlich "an der Gewalt, deren Effizienz wir an uns selbst erfahren haben, teilhaben, aber nicht als Opfer, sondern als Täter". (Ebd.)[4]

Dies ist der Grund, warum so viele das "Erlebnis von Nürnberg" so erhebend und beglückend fanden. Hier wurden aus den ewig Unterdrückten mit einem Male "Teilhaber der Macht", aus Opfern unverstandener gesellschaftlicher Prozesse wurden - zumindest in der Imagination - Täter, Gestalter des Weltprozesses. In diesem Sinn ist Nürnberg, der Ort der Jubelfeste und der faszinierten Gesichter, ein Ort der Täter. Hier vollzog sich bereits für viele die grundlegende Identifikation mit der Gewalt des Regimes, auch wenn die Terrorakte, die bereits geschehen waren, und die in größerem Maßstab noch folgen sollten, noch ihre speziellen Handlanger finden sollten.

Neuer Diskurs über den Nationalsozialismus
Einer der ersten, der den Wandel in der Auseinandersetzung mit dem Nationalsozialismus seit Ende der 60er Jahre, den "neuen Diskurs über den Nazismus" (S. 10) thematisiert hat, war der in Tel Aviv und Genf lehrende Historiker Saul Friedländer. In seiner Schrift "Kitsch und Tod - Der Widerschein des Nazismus" (1984) machte er deutlich, was den vorausgegangenen historischen und politischen Analysen des Faschismus fast durchweg gefehlt hat, nämlich die Erkenntnis, daß der Nationalsozialismus auch als politisch-ästhetisches Phänomen ernstgenommen werden muß. Er geht davon aus, "daß die Analyse des Nazismus nicht überzeugend sein kann, wenn sie nur bei den politischen, ökonomischen und sozialen Prozessen ansetzt". (S 11)[5] Neben der sozioökonomischen und der politischen Dimension seien auch die psychischen Prozesse, die ihre eigene Logik und Dynamik haben, zu reflektieren. "Die Attraktivität des Nazismus lag keineswegs nur in seiner explizit propagierten Doktrin, sondern mindestens ebenso auch in der Kraft seiner Emotionen, in den von ihm geweckten Bildern und Phantasmen, für welche Linke und Rechte empfänglich waren, jedenfalls in der entscheidenden Phase von ungefähr 1930 bis zu den ersten großen Niederlagen im Krieg". (S. 12) Der neue Diskurs über den Nationalsozialismus habe die Aufgabe, dieser imaginären Ebene der Bilder, Gefühle, Assoziationen und Phantasmen nachzuspüren, um so die Faszination des Nationalsozialismus begreifbar zu machen. Ähnlich wie Haug spricht Friedländer von der "Erotisierung der Macht, der Gewalt und der Herrschaft" und von der "Entfesselung der unterdrückten Affekte", die mit einer "Entmündigung" und dem "Verlangen nach restloser Unterwerfung" (S. 16) einherging.

Ein Blick auf die vielfältigen Formen des Selbstdarstellungswahns der Nazis kann Einblick geben in die Tiefenstrukturen des nationalsozialistischen Selbstverständnisses. Lakonisch-ironisch hatte schon Klaus Theweleit in seinen "Männerphantasien" (1978) festgestellt: "Es scheint, daß über den Faschismus die Faschisten bisher zuwenig befragt worden sind und die, die ihn angeblich durchschaut haben (aber nicht besiegen konnten), zuviel." (II, S. 2) Eine gewisse Berührungsangst, deren unbewußte Ursachen noch zu klären wären, mag dazu geführt haben, daß die Forschung zuwenig auf diese Innenseite des Nationalsozialismus, auf den Faschismus in den Subjekten, eingegangen ist. Wie definierte sich das gesellschaftliche Ich jener Zeit und welche Mittel benutzte es, um diese Selbstdefinition aufrechtzuerhalten? Welche 'Umwelt' schuf es sich, damit es sich darin spiegeln konnte?

Norbert Elias ("Studien über die Deutschen") hat nachdrücklich darauf aufmerksam gemacht, daß sich gesellschaftliche Strukturveränderungen sowohl in der Veränderung der Persönlichkeitsstrukturen als auch in der Veränderung des Gefühls- und Wertekanons niederschlagen. Die Etablierung autokratischer Herrschaftsformen verankert sich "im Habitus des einzelnen Menschen" und schafft dann "immer von neuem ein starkes Verlangen nach einer Gesellschaftsstruktur, die dieser Persönlichkeitsstruktur korrespondiert" (S. 96). Sie verlangt nach festgefügten Hierarchien, nach streng formalisierten Ritualen und Befehls- und Gehorsamskompetenzen. Diese geben den Menschen Halt und Orientierung und erlauben eine relativ einfache Kontrolle von persönlichen Spannungen. Die damit einhergehenden Versagungen und Fremdzwänge werden um so bereitwilliger in Kauf genommen, je eindeutiger die "Belohnung", die "Lustprämie" für diese Versagungen ausfällt. Und diese besteht vor allem in der Erhöhung des Eigenwerts, in dem Gefühl, einer ranghöheren, "besseren" Menschengruppe anzugehören, dem "Bewußtsein der Zugehörigkeit zu der mächtigeren, höhergestellten und als menschlich wertvoller erachteten Gruppe" (S. 101). Dennoch bedurfte es rigider Kontrollmechanismen, um diese künstlich auferlegte und angedrillte neue Identität nicht fragmentieren zu lassen. Dies beginnt mit der Uniform, dem Gürtel, den Schulterriemen und geht weiter über die Gruppierungen und Organisationen, die das einzelne Ich zusammenhalten, und erfaßt schließlich über das Wir-Gefühl die Marschformation, die Truppe, die Partei und die Nation als Ganzes. Gegen den drohenden Ich-Zerfall bedurfte es ständiger Stützen, an die man sich halten, an denen man sich festhalten konnte und die einem Kraft gaben.

Vor diesem Hintergrund muß wohl auch Walter Benjamins These von der durch den Faschismus erfolgten "Ästhetisierung des politischen Lebens" ("Das Kunstwerk im Zeitalter seiner technischen Reproduzierbarkeit", S. 48) verstanden werden. Gerade aufgrund der unsicheren Situation und Ich-Konstitution bedurfte es eines globale Totalität vortäuschenden Rahmens, um die Massen, die in den neuen Verhältnissen "beileibe nicht zu ihrem Recht" kamen, wenigstens zu ihrem "Ausdruck" kommen zu lassen. Dabei bleibt festzuhalten, daß der Nationalsozialismus die unerfüllten Bedürfnisse der Massen zwar in einen scheinadäquaten Rahmen 'umsetzte', aber gerade deswegen, um an der Befriedi-

Ornament der Masse

gung dieser Bedürfnisse vorbeizukommen und den letztlich ungestillten Wunsch nach Erfüllung dieser Bedürfnisse als Motor für seine Zwecke auszubeuten. Die Ästhetisierung der Politik füllte jenes Vakuum, das durch die konkrete Politik des Nationalsozialismus real nicht gefüllt werden konnte. Sie gab Halt im Ritual, im Ornament der Masse, im architektonisch abgesicherten Zeremoniell. Sie stabilisierte die Massen dort, wo die Kulturdecke am dünnsten war, und entsprach damit einem Bedürfnis der durch den Modernisierungsschub verunsicherten Menschen.

Ästhetisierung der Politik
Die Legitimierung von Politik durch ihre Ästhetisierung ist nun keineswegs eine Erfindung der Nationalsozialisten. Sie greift immer dann, wenn der *inhaltliche Konsens* versagt und durch die Aufrechterhaltung von *Formen* ersetzt werden muß, wo sich die Interessenauseinandersetzung so zuspitzt, daß von ihr abgelenkt und auf den legitimationsstützenden Schein äußerer Formen zurückgegriffen werden muß. Spätestens um die Wende zum 18. Jahrhundert, so Jürgen Habermas in "Der philosophische Diskurs der Moderne" (S. 106 ff.) hat "das mit historischem Wissen überladene moderne Bewußtsein (...) die 'plastische Kraft des Lebens' verloren". Gefordert wurde nun das "Andere der Vernunft", das Neue, Mächtige, Lebensverheißende und Ursprüngliche, wie es der Mythos verspricht. Kunst und Ästhetik bekommen die Aufgabe zugewiesen, den Diskurs der Vernunft abzulösen und die Einheit stiftende Religion zu ersetzen.

Von den "zum Gesamtkunstwerk" hochstilisierten ästhetischen Kräften wird erwartet, daß sie eine neue Form von Öffentlichkeit schaffen. "Eine ästhetisch erneuerte Mythologie soll die in der Konkurrenzgesellschaft erstarrten Kräfte der sozialen Integration lösen" (ebd. S. 109) und so als sinnstiftendes Band die Kluft zwischen den Menschen schließen. Die Kunst müsse "den Charakter einer *öffentlichen* Institution zurückgewinnen und die Kraft zur Regenerierung der sittlichen Totalität des Volkes entfalten" (ebd. S. 110). Die "ästhetische Anschauung" sollte als "der höchste Akt der Vernunft" diese gleichsam ersetzen. Schon hier zeigt sich, daß die Ästhetik als "Fluchtweg aus der Moderne" (ebd. S. 117) jene Lücke zu füllen hat, die die alles nivellierende kapitalistische Welt durch Vernunft allein nicht schließen konnte, nachdem "die Kategorien des verständigen Tuns und Denkens eingestürzt, die Normen des täglichen Lebens zerbrochen, die Illusionen der eingeübten Normalität zerfallen" (S. 116) waren.

Daß das Ästhetische in dieser Zeit überhaupt eine solche Bedeutung bekommen konnte, liegt in erster Linie daran, daß die aufklärerische Form der Rationalität in ihrer abstrakt analytischen, zergliedernden, auflösenden Art zerbröckelte. Manfred Frank wies darauf hin, daß, nachdem alle synthetischen Positivitäten, alle Glaubensgewißheiten, das Gottesgnadentum, die Privilegien, das Selbstbewußtsein und die Moral geschleift und vor dem Auge des analytischen Geistes als haltlos und illegitim enthüllt worden waren, auch die Vernunft selbst demontiert und untergraben wurde. Dies war die Geburtsstunde der "Neuen Mythologie", wie sie sich erstmals im sog. "Ältesten Systemprogramm des deutschen Idealismus" artikulierte. Ein neu zu schaffender kollektiver Mythos sollte "die Selbstaufhebung der legitimierenden Kraft der Vernunft umwenden" (Frank: "Gott im Exil", S. 11/12; vgl. auch Frank: "Kaltes Herz...", S. 93-112), den Bestand und die Verfassung der Gesellschaft aus einem obersten Wert beglaubigen und damit unanfechtbar erscheinen lassen. Der Kunst sollte es vorbehalten bleiben, diese Neue Mythologie lebendig und wirksam zu objektivieren und somit das zu leisten, was die atomisierte und mythenlos gewordene Gesellschaft des 19. Jahrhunderts offenbar nicht mehr vermochte.

Nietzsches These, daß das Dasein und die Welt "nur als *ästhetisches Phänomen* (...) ewig *gerechtfertigt*" sei, (Nietzsche: Werke I, S. 40) macht einen fundamentalen und folgenreichen Paradigmawechsel deutlich. Das eingeschobene "ewig" signalisiert, daß eine solche Rechtfertigung, ist sie einmal erfolgt und kann sie überzeugen, keiner weiteren kritischen Nachfrage mehr bedarf und auch nicht wünscht. Die Kunst ist damit nicht nur zu einer "metaphysischen Tätigkeit" geworden, sondern auch zu einem eminent politischen Faktor.

Nietzsche war es auch, der die zukünftigen Politiker bereits im Bilde des Künstlers, als den sich Hitler dann später verstand, sah. Das Werk dieser Künstler-Politiker begriff Nietzsche als "instinktives Formen-schaffen, Formen-aufdrücken". Auch über die Implikationen ihres politischen Tuns war er sich in jeder Weise im klaren: "Sie wissen nicht, was Schuld, was Verantwortlichkeit, was Rücksicht ist, diese geborenen Organisatoren; in ihnen waltet jener furchtbare Künstler-Egoismus, der wie Erz blickt und sich im 'Werke', wie die Mutter in ihrem Kinde, in alle Ewigkeit voraus gerechtfertigt weiß" ("Zur Genealogie der Moral", Werke II, S. 827).

Daß der Staat Kunstwerk werden sollte, dies hatte schon Jacob Burckhardt gefordert. "Nietzsche fügt die Umkehrung hinzu: Das Kunstwerk soll Staat werden." (Taureck: "Nietzsche und der Faschismus", S. 64). Dahinter verbirgt sich eine spezifische Vorstellung von Politik und Staatsmacht. So wie der Künstler frei über sein Material verfügt, ohne jemandem Rechenschaft zu

Ornament der Masse

Reichsparteitag 1933. Der "Führer" inmitten seiner Parteigenossen. (Illustrierter Beobachter. Sondernummer vom Reichsparteitag 1933, 9. September 1933)

schulden, so soll der moderne "Staatskünstler" über das Volk als sein "Material" verfügen. Die Macht ist dabei das Mittel, das unbegrenzte Eingreifmöglichkeiten zur Verfügung stellt. Für den Staatsmann als Künstler, so später Goebbels in seinem Roman "Michael", "ist das Volk nichts anderes, als was für den Bildhauer der Stein ist". Und er denkt auch schon an die Konsequenzen: "Genies verbrauchen Menschen. Das ist nun einmal so" (2. Aufl. München 1931, S. 31).

Die Ästhetisierung der Politik hat die Funktion, dem Staatsmann diese von jeglicher Moral unabhängige Rolle zuzuschreiben. Dem mit höheren Weihen ausgestatteten, geistinspirierten Künstler-Politiker wurde offensichtlich zugetraut, daß er das Chaos der aus den Fugen geratenen Gesellschaft "genialisch" ordne. In ihm sah man den "Retter", der der Politik auch wieder den nötigen pathetischen Schicksalston zurückgeben würde. "Nach ordnungsloser Zeit", so der Kunsthistoriker Prof. Hubert Schrade bereits 1934 ("Der Sinn der künstlerischen Aufgabe und politischer Architektur") solle die Kunst das Dasein des Volkes zu "letzter Sinngebung", das Leben "zu sinnerfüllter Form" überführen und so "die Masse von ihrer Formlosigkeit" und "die Individuen von ihrer Zusammenhanglosigkeit" (S. 510 f.) befreien.

Auch Goebbels definiert den Künstler als "gottbegnadeten Sinngeber". ("Der Führer und die Künste", S. 64) Ihm gleichgestellt sind jene großen historischen Figuren der deutschen Geschichte (Friedrich der Große, Moltke), jene "Staatsmänner und Soldaten, deren Wesen und Wirken weniger im Verstand als im Gefühl begründet ist, die mehr aus der Phantasie als aus einer rationalen Erkenntnis ihrer Kräfte schöpfen. Sie sind die wirklich Großen im Bereich geschichtlicher Gestaltung: sie stehen dem Künstlerischen deshalb am nächsten, weil sie aus denselben Elementen zusammengesetzt sind und aus ihrem Wesen heraus nachfolgenden Geschlechtern in ihrer wunderbaren und unerklärlichen Erscheinung nur noch als die berufenen und begnadeten Sinn- und Wortgeber eines Schicksals erscheinen, das unbewußt über ihnen waltete und sichtbar durch sie in den Blickkreis der Jahrhunderte trat. (...) Sie waren von Natur und Haus aus sensible Künstlernaturen, die als die Gesellen Gottes am Webstuhl der Zeit standen. Sie prägten aus ihrem unabwendbaren dämonischen Gebot heraus einer Entwicklung ihren Stempel auf". (S. 65) Es versteht sich von selbst, daß der einzelne diesen Staatsmännern nur mit "Rührung" und "Demut", mit "Liebe" und "Verehrung" entgegentreten kann.

Es wundert nicht, daß gerade die Nationalsozialisten dem ästhetischen Schein so viel "sinnstiftende" Wirkung zutrauten. Wenn alle Nützlichkeit, Zwecktätigkeit und Moral auf den "puren Willen zur Macht", zum ästhetisch dekorierten Machtwillen reduziert werden, bleibt nur die Täuschung, die Vereinnahmung durch den "schönen Schein" der Macht. Es geht hier nicht um das Faktum, daß Politik sich schon immer der Kunst bedient hat, um sich in Szene und sich ästhetisch "ins rechte Licht" zu setzen. Man denke nur an das Kaiserreich. Was im Nationalsozialismus neu hinzugekommen ist, ist die Tatsache, daß das Ästhetische zum Legitimationswert überhaupt aufrückt, um das zu rechtfertigen, was durch einen vernünftigen Diskurs überhaupt nicht mehr zu rechtfertigen wäre.

Aufstand gegen die Moderne
"Sinnstiftung" durch Ästhetisierung der Politik, pseudoreligiöse Phrasen und die ständige Beschwörung von Ewigkeitswerten, Hitler als "begnadeter" Künstlerpolitiker, Menschen, die in pervers irregeleiteter Art ihre Identität in der symbolischen Einheit mit dem "Führer" suchen - all dies deutet darauf hin, daß hier eine gewaltige kollektive Regression Platz gegriffen hat, die von einer tiefgehenden emotionalen Unsicherheit begleitet wurde. Wie konnte es dazu kommen? Wo liegen die Ursachen für diese Entwicklung?
Wenn Hitler beim Reichsparteitag von 1936 im Stil des Johannes-Evangeliums verkündet: "Das ist das Wunder unserer Zeit, daß ihr mich gefunden habt unter so vielen Millionen! Und daß ich Euch gefunden habe, das ist Deutschlands Glück" (Domarus, S. 643), so muß man sich bewußt machen, daß eine solche Aussage überhaupt nur verstanden und akzeptiert werden konnte vor dem Hintergrund einer tiefempfundenen Sinnkrise. Die Menschen suchten in den Wirren jener Jahre eine Geborgenheit, die sie nur jenseits der realen Verhältnisse ihrer Lebensumstände zu finden glaubten. "Weshalb liebt der deutsche Mensch Adolf Hitler so unsagbar?", fragt Robert Ley am 6. 2. 1942 im Haus Siemens und gibt sich auch schon die Antwort, die, auch wenn sie für uns mit unerträglichem Kitsch behaftet erscheint, offensichtlich ins Schwarze getroffen hat: "Weil er sich bei Adolf Hitler geborgen fühlt. Das ist es, das Gefühl des Geborgenseins, das ist es. Geborgen! Der Führer nimmt seine Sorgen und trägt sie, der Führer übernimmt seinen Schutz, beschützt ihn. Und der Führer gibt ihm Kraft."
Diese "Geborgenheit" bot dem deutschen Volk zumindest eine Möglichkeit, in der gruppendynamisch abgestützten Phantasie der Identitätskrise, die durch die Modernisierungsschübe ausgelöst wurde, zu entkommen.
Detlev Peukert bringt in seinen "Thesen zur Erfahrung des Nationalsozialismus als Krankengeschichte der Moderne" den hier angesprochenen Sachverhalt treffend zum Ausdruck: "Die faschistische Herausforderung tauchte in der Zeit zwischen den Weltkriegen auf, als sich hektische soziale Modernisierungsprozesse, tiefgreifende ökonomische Krisen und der Zerfall des politischen Systems verkoppelten und zu einer komplexen Krisenerfahrung vor allem bei den desorientierten Zwischenschichten (dem alten und dem neuen Mittelstand, bei Erwerbslosen und sozial Gescheiterten sowie bei der jungen Generation, der die Sicherheit der Lebensperspektive verlorenging) führten. Die Wahrnehmung dieses Krisensyndroms erfolgte aber nicht mehr in bloß konservativen oder plebejisch-traditionalistischen Zügen, die die Kritik an der Moderne bis zur Mitte des 19. Jahrhunderts geprägt hatten, sondern nahm in Verkettung utopischer und reaktionärer Elemente sowohl Ansätze des damals aktuellen Kulturpessimismus wie sozialbiologische Neuordnungsentwürfe auf. In der Substanz eklektisch, aber technisch 'auf der Höhe' beanspruchte der Faschismus, den irritierenden Herausforderungen der Zeit eine 'durchschlagend' neue Antwort zu geben." (Peukert: "Volksgenossen und Gemeinschaftsfremde", S. 291/292)
Es wäre nun ein Fehler, die durch den Nationalsozialismus irrational befriedigten Bedürfnisse schon deswegen nicht ernst zu nehmen, weil sie in dieser Weise ausgebeutet werden konnten. Vielleicht war gerade dies der Hauptfehler der Linken in der Weimarer Zeit, daß sie "zwar die Welt verändern, aber ausgerechnet im Augenblick ihrer höchsten Not nicht interpretieren wollten". (Manfred Frank: "Kaltes Herz..." S. 112) Oder wie Ernst Bloch schon 1934 in "Erbschaft dieser Zeit" erkannt hatte: "nicht alles 'Irrationale' ist einfach auflösbare Dummheit". (S. 19) Dahinter verbergen sich Defizite, die es auszuloten gilt. Um so wichtiger ist es, einen "Blick auf den wenig bewältigten Lockgrund der Nazis" (S. 22) zu werfen, um zu erkennen, warum vor allem die breiten Mittelschichten (aber auch Teile der Arbeiterschaft) eine so große Lust auf Unterordnung entwickelten. Bloch bringt in diesem Zusammenhang den Begriff der "Ungleichzeitigkeit" ins Spiel. Aufgrund der Ferne der Mittelschichten von der unmittelbaren Produktion und der

Es geht ein Sämann durchs deutsche Land,
Den Haß und die Lüge streut seine Hand.

gesellschaftlichen Kausalität konnte sich "ein alogischer Raum bilden (...), worin Wünsche und Romantizismen, Urtriebe und Mystizismen rezent werden" (S. 110) konnten, zumal Demokratie für die kleinbürgerlichen Mittelschichten in der Regel als bedrohende Konkurrenz und Ratio in der Form vernichtender Rationalisierung erlebt wurden. Um so leichter waren sie geneigt mit der Rationalität kapitalistischer Praktiken gleich die ganze Ratio preiszugeben. Die Zurückgebliebenheit und Ungleichzeitigkeit der Mittelschichten speiste sich alsbald "aus noch 'tieferer' Zurückgebliebenheit, nämlich aus der *Barbarei*", um schließlich "die Antithesen Blut gegen Geist, Wildheit gegen Moral, Rausch gegen Vernunft zu einer Verschwörung gegen die Zivilisation werden zu lassen". (S. 115) Es war gerade der "Nihilismus des bürgerlichen Lebens, dieses Zur-Ware-Werden, Entäußert-Werden der ganzen Welt" (S. 115), der das Umschlagen der Ängste und Träume in irrationale Barbarei auslöste. Ähnlich argumentiert Saul Friedländer, der wie Bloch den Nationalsozialismus als Ausdruck des "Unbehagens an der Zivilisation" definiert. *"Die moderne Gesellschaft und die bürgerliche Ordnung werden gleichermaßen als Erfüllung wie als unerträgliches Joch empfunden. So kommt es zum ständigen Hin und Her zwischen dem Bedürfnis nach Unterwerfung und Phantasien von totaler Zerstörung, zwischen der Sehnsucht nach Harmonie und apokalyptischen Phantasmen, zwischen Karfreitagszauber und Götterdämmerung.* Unterwerfung ist der Nährboden der Raserei, die Raserei beruhigt ihr Gewissen in der Unterwerfung. Diesen gegensätzlichen Bedürfnissen kam der Nazismus mit seinem Dualismus der Symbole entgegen; ja, er verlieh ihnen erst einen Ausdruck. Diese Aspirationen sind auch heute noch präsent - ebenso wie ihr Widerschein in der Imagination". (S. 118/119) Letztlich signalisierte dieser Gefühlsdualismus den "tiefgreifenden inneren Konflikt der Menschen angesichts der Moderne" (S. 119), dem auch die Linke mit ihrem allzu abstrakt gebliebenen, die Massenphantasie unterernährenden Strategien nichts entgegenzusetzen hatte, nachdem - wie Bloch selbstkritisch vermerkt - ihr sektiererischer "Aufkläricht" "die Welt der Phantasie fast preisgegeben" hatte. ("Erbschaft dieser Zeit", S. 149)

Architektur als Weltanschauung

Markantestes 'Zeichen' des nationalsozialistischen Ästhetisierungs- und Selbstdarstellungswillens sind die bis heute erhalten gebliebenen Baudenkmäler der Nazis, insbesondere die Baureste auf dem ehemaligen Reichsparteitagsgelände in Nürnberg.[6] Sie verstanden sich als in Architektur umgesetzte Weltanschauung, als "Wort aus Stein". Sie bekamen die Aufgabe zugeschrieben, "gleich den Domen unserer Vergangenheit in die Jahrtausende der Zukunft" (Hitler am 7. 9. 1937 in Nürnberg: Domarus, S. 719) hineinzuragen und die 'Botschaft' des Nationalsozialismus zu verkünden.

Die NS-Architektur hatte das auf Unveränderlichkeit und Dauerhaftigkeit angelegte Herrschaftssystem des "Tausendjährigen Reiches" zu antizipieren und den "Volksgenossen" den Schein von Ewigkeit vorzuspiegeln. Ihre beklemmende Blockhaftigkeit und überzogene Monumentalität sollte dem Betrachter seine Zwangssituation als naturgegeben und unveränderbar erscheinen lassen. Schon Nietzsche wußte von der Beredsamkeit der Architektur zu berichten: "Die mächtigsten Menschen haben immer die Architekten inspiriert; der Architekt war stets unter der Suggestion der Macht. Im Bauwerk soll sich der Stolz, der Sieg über die Schwere, der Wille zur Macht versichtbaren; Architektur ist eine Art Macht-Beredsamkeit in Formen, bald überredend, selbst schmeichelnd, bald bloß befehlend. Das höchste Gefühl von Macht und Sicherheit kommt in dem zum Ausdruck, was *großen Stil* hat. Die Macht, die keinen Beweis mehr nötig hat; die es verschmäht, zu gefallen; die schwer antwortet; die keinen Zeugen um sich fühlt; die ohne Bewußtsein davon lebt, daß es Widerspruch gegen sie gibt; die in *sich* ruht, fatalistisch, ein Gesetz unter Gesetzen: *Das* redet als großer Stil von sich". (Werke II, S. 997)

Joachim Petsch und Wolfgang Schäche haben in "Architektur im deutschen Faschismus" (vgl. auch Petsch: "Kunst im Dritten Reich", S. 15-28) sehr genau die Grundzüge und den Charakter der nationalsozialistischen "Baukunst" beschrieben und dabei die "herrschaftstechnische Funktion" (S. 400) als Kennzeichen der "neuen" Qualität dieser Bauten hervorgehoben. Die

Neue Reichskanzlei in Berlin - Gesims

Die Zeppelintribüne: Seitenflügel mit Feuerschale

Kompaktheit der Baukörper (hart, machtvoll, wuchtig und beherrschend), ihr festungsartiger Charakter, ihre massiven Kantenstrukturen und ihre Geschlossenheit sollten die nationalsozialistische Monumentalarchitektur als "zeitloses Herrschaftssymbol" in Erscheinung treten lassen und sie auf diese Weise von der alltäglichen Erfahrungswelt abheben. "Formen, Proportionen und Dimensionen der Bauwerke haben den Sinn, durch architektonische Größe zu beeindrucken und zu imponieren und durch 'düstere, steinerne Atmosphäre' die Menschen einzuschüchtern. Die Architektur will die Massen in den Bann ziehen und verlangt vom einzelnen Ein- und Unterordnung. Die offizielle Staats- bzw. Parteiarchitektur stellt so ein wichtiges Mittel gesellschaftlicher Kontrolle und Lenkung im Faschismus dar, weil sie autoritäre Verhaltensweisen einübt und ihr eine disziplinierende Funktion zukommt". (S. 402) Die Reichsparteitagsbauten sollten als Architektur der Übermacht und der Einschüchterung rezipiert werden, wobei die Gewalt, die sie ausstrahlten vom Betrachter unmittelbar aufgenommen und verinnerlicht wurde.

Die Reichsparteitags-Besucher sollten die Sprache der Architektur als "Wesensausdruck der Ordnung empfinden, der sie sich unterstellt haben" und "am Steine des gleichen Gestaltungswillens innewerden, der sie selbst, die lebenden Menschen, ergriffen hat" und so "zwischen sich und der Architektur einen vollkommenen Einklang fühlen" (Hubert Schrade: "Bauten des Dritten Reiches", Leipzig 1937, S. 19).[7]

Die Inszenierung von Gefolgschaft und Führertum - wie sie sich besonders gut an der Zeppelintribüne und am Modell des Kongreßbaus ablesen läßt - sollte die von außen kommende Gewalt als ureigenstes Bedürfnis erscheinen lassen. Die Größe der Anlagen - das Reichsparteitagsgelände hätte im Endzustand immerhin fast 25 km^2 Fläche eingenommen - ließ von vorneherein ein Entrinnen und Sich-entziehen als unmöglich erscheinen. "Ziel des Faschismus war die totale Erfassung des öffentlichen Raumes durch Herrschaftssymbole, um die Allmacht und Übermacht bzw. die Alleinherrschaft des 'neuen Staates' zu demonstrieren." (Petsch/Schäche, S. 404)

Die hier erfolgte Identifikation mit dem übermächtigen Staat wurde letztlich zur Identifikation mit dem Aggressor selbst. "Je größer und intensiver die Gewaltausübung der Herrschaft ist, und das heißt, je größer die Aggressionen sind, die die Beherrschten verspüren, aber nicht äußern dürfen, (...) desto tiefer kann die Herrschaft in deren Unterbewußtes eindringen" (Erdheim: "Die gesellschaftliche Produktion von Unbewußtheit", S. 418) und um so größer wird auch der Realitätsverlust der Beherrschten. Die Gewalt- und Einschüchterungsarchitektur des Reichsparteitagsgeländes hatte also sowohl die Macht der Herrscher als auch die Ohnmacht der Beherrschten zu demonstrieren und war in diesem Sinne Symbol für beides. Der Parteitagsbesucher - so Hans-Jochen Kunst - sollte durch die Memorial- und Wehrarchitektur des Reichsparteitagsgeländes "zu einer heroischen Lebenseinstellung verführt", aber "damit gleichsam zum Tode überredet werden". Sie war zwar für Lebende entworfen, aber "für Lebende, die in ihrer bedingungslosen Unterwerfung unter einen charismatischen Führer mit den Toten die Sprachlosigkeit, die kolonnenmäßige Ausrichtung, die Unfähigkeit aus sich selbst heraus zu agieren und sich selbst zu verwirklichen, gemeinsam" hatten. (Zit. nach Stommer: "Reichsautobahn", S. 195)

Die angetretenen Massen wurden selbst zum "lebendigen Baumaterial", zum Attribut und Ornament der Architektur und empfanden die ihnen vorgestellte und angetane Gewalt offensichtlich nicht mehr als fremd, sondern als Wohltat. Einerseits sollten die Bauten dem Volk "Selbstbewußtsein" vermitteln, sie sollten mithelfen, das deutsche Volk "zu einen und zu stärken" und auf diese Weise "zum Element des Gefühls einer stolzen Zusammengehörigkeit" werden und so "die Lächerlichkeit sonstiger irdischer Differenzen gegenüber diesen gewaltigen gigantischen Zeugen unserer Gemeinschaft beweisen". (Hitler am 7. 9. 1937 in Nürnberg, Domarus, S. 719) Andererseits war Hitler davon überzeugt, daß "nichts (...) mehr geeignet (ist), den kleinen Nörgler zum Schweigen zu bringen, als die ewige Sprache der großen Kunst". (Hitler am 11. 9. 1935 in Nürnberg, Domarus, S. 528)

Zum Schweigen sollte die formierte Masse insgesamt

SA-Mann (Plakat)

Hubert Lanzinger: Bannerträger; ausgestellt in der "Großen Deutschen Kunstausstellung" in München 1937 unter dem Titel "Führerbildnis"

gebracht werden, nachdem sie sich sowieso nur durch Sprechgesänge und Akklamationen affirmativ äußern durfte, wobei nicht vergessen werden darf, daß die gebaute Ordnung des Reichsparteitagsgeländes nicht nur eine Eingrenzungs-, sondern auch eine Ausgrenzungsarchitektur darstellte. Wer sich hier versammelte, wußte, daß er 'dazugehörte', weil andere von vornherein ausgeschlossen waren. Wenn die Reichsparteitage "Gefolgschaft" konstituierten, so war dies nur möglich, indem den "Volksgenossen" die "Gemeinschaftsfremden" entgegengesetzt wurden, worauf noch zurückzukommen sein wird.

Hitler als Architekt
Exkurs über den Geniegedanken

Daß Hitler sich als Künstler und Architekt verstand, wurde schon oft erwähnt. (Vgl. Fest: "Hitler", S. 722 ff.) Diese auch biographisch geprägte Attitüde darf nicht als lebenslange Marotte Hitlers verstanden werden. Sie korrespondiert mit dem Bild des bereits skizzierten Künstler-Staatsmannes, in dessen Tradition sich Hitler ganz bewußt stellte. Er verstand sich als Architekt aus Neigung im engeren wie auch im weiteren Sinn des Wortes. Jochen Thies hat all die Stellen zusammengetragen, die bekunden, daß sich Hitler eben auch als "Architekt der Weltherrschaft" verstanden wissen wollte. (Insbes. S. 62-104) Bauplanung war für ihn eine bewußte Vorwegnahme seiner späteren Expansionspolitik, sie war ihm, wie Speer verlauten ließ, "in Stein vorweggenommene Zukunft". Er wollte nicht nur Architektur entwerfen und als der "erste Architekt Deutschlands" gelten, ihm ging es vor allem darum, wie ein Künstler "den Staat zu bauen", wie Goebbels schrieb: "Seine tiefste Wesensart entspringt dem Künstlerischen. Er ist von Hause aus Baumeister und hat es auch öfter lächelnd gesagt, daß er in seiner Jugend einmal die Absicht gehabt habe, zu bauen, ohne allerdings damals zu wissen, daß das Schicksal ihn dazu berufen wollte, nicht Häuser, sondern einen Staat zu bauen". ("Der Führer und die Künste", S. 66) Und an anderer Stelle: Hitlers "Schaffensweise ist die des echten Künstlers, gleichgültig, auf welchem Gebiet er wirken mag". (Zit. nach Fest: "Hitler", S. 615) Denn nur als "Künstler" konnte er sich so über die Realitäten erheben, wie er es tat und wie die Megalomanie seiner von ihm erbauten und projektierten Architektur es ständig zu signalisieren schien. "Größe" war für Hitler letztlich nur in der Metapher des genialen Künstlers auslebbar. Politik wurde zum 'Geniestreich'. Größe verstand Hitler gemäß des romantischen Begriffs vom einsamen Übermenschen. "Zu den Konstanten seines Weltbilds zählt, daß er nicht nur groß an sich, sondern groß nach Art, Stil und Temperament eines Künstlers sein wollte, und wenn er in einer seiner Reden die 'Diktatur des Genies' proklamierte, dachte er offensichtlich an das Herrschaftsrecht von Künstlern." (Fest: "Hitler", S. 1034)

Diese Verklärung der großen Persönlichkeit, der Hitler schließlich selbst auf den Leim gegangen ist, und die offensichtlich vom Volk akzeptiert wurde (vgl. Jan Kershaw: "Der Hitler-Mythos") hat gerade in Deutschland ihre Tradition. Man kann sie sich nur verständlich machen als Reaktion auf den "Untergang des Individuums" im Massenzeitalter, als nostalgisch-romantisches Autoritätsbedürfnis einer nach dem Ende der Monarchie "vaterlosen" Gesellschaft, die in politischer Unmündigkeit ein neues Leitbild wünscht und deshalb den "Helden" und das "Genie" herbeisehnt, so Jochen Schmidt in seiner "Geschichte des Genie-Gedankens". (Band II, S. 194 ff.)

Das Genie ist "wesentlich ein Produkt der Verehrergemeinde, die darauf eingestimmt ist und nach dem Genie ruft". (Ebd. S. 195) Nicht der Führer schafft sich seine Gefolgschaft, das auf eine Autorität hoffende Volk schafft sich seinen Führer. Schon deshalb ist die These vom verführten Volk bestenfalls zur Hälfte richtig. Voraussetzung ist ein geistig-psychisches Klima der Selbstentmündigung, das sich der "Führer" zunutze machen kann, das ihn ermöglicht.

Die Signatur der Zeit unmittelbar vor Hitler ist gekennzeichnet von einem tiefen leidenschaftlichen Verlangen nach einer Führergestalt.[8] Die romantisch-genialischen Omnipotenz-Phantasien der Genie- und Führerideologie des Präfaschismus wollten Glauben erwecken, "irgendein starker Mann vermöge losgelöst von allen gesellschaftlichen Gegensätzen und Bindungen ein politisches Schöpfungswerk zu vollbringen". (Ebd. S. 200) Daß das auf Unmittelbarkeit angelegte Handeln von Anfang an auf Gesetzlosigkeit und Terror ausgerichtet war, ist keine Entartungserscheinung, sondern bildet den Kern dieser romantisch-verklärten Gewaltphantasien. Der "Führer" braucht kein bestehendes Recht zu berücksichtigen, er selbst "schafft" Recht. Mit eiserner Faust sollte das Gewaltgenie zum "großen Reinemachen" antreten und vor allem der Demokratie, dem common sense, dem Sozialismus, und was man darunter verstand, und allem Unheldisch-Ungenialen zu Leibe rücken. "Die aktuelle historische Situation einer bisher nur zum Autoritätsglauben erzogenen, nun aber plötzlich autoritätslosen Gesellschaft, die panisch-individualistische Reaktion angesichts der industriellen Massen-

Adolf Hitler und Albert Speer über Bauplänen des Reichsparteitagsgeländes

gesellschaft mit ihren nivellierenden Tendenzen, die aus der Not entstehende Hoffnung auf einen politischen Messias - das alles war dazu angetan, die längst etablierte und schon von Nietzsche ins Politische versetzte und reaktionär verschärfte Genie-Ideologie zur Genie-Religion zu steigern." (Ebd. S. 202)

Dies alles diente der psychologischen Festigung der NS-Diktatur nicht wenig. Ihre letzte aggressive Spitze bekam die Führer-Genie-Ideologie allerdings durch die Verbindung mit dem Rassegedanken (Gobineau, Georges Vacher de Lapouge, Georges Sorel, Chamberlain), der den Erwähltheitsphantasien der Menschen zusätzliche Nahrung gab und die noch verbliebenen Reste humaner Anwandlungen beiseite schob. Die arische Rasse ist die "geniale Rasse", hatte Hitler schon in "Mein Kampf" (S. 321) verlauten lassen, wie auch umgekehrt schöpferische Genialität als rassisch bedingt angesehen wurde. Im Gegensatz dazu galt die jüdische Rasse als unschöpferisch, ja noch mehr: als zerstörend und zersetzend, wie überhaupt alles Intellektuelle notgedrungen als zersetzend eingestuft werden mußte. Der irrationale, durch Gewaltphantasien aufgeblähte Schöpfergedanke steht gegen die kritische, analytische Ratio und ist somit ganz und gar um den Verstand gebracht. Am Ende obsiegte die technisch hoch rationalisierte Terror- und Tötungsmaschinerie der KZs. Der Umweg über den Mythos hatte nicht geholfen. Wie nicht anders zu erwarten, hatte der mythologische Nebel keine andere Funktion, als die bestehenden Herrschafts- und Klassenverhältnisse zu verschleiern und auszubauen. Das Projekt Faschismus zerstörte gerade das, was es zu schützen und zu pflegen vorgab.

Die Faszination Hitlers läßt sich aus polit-ökonomischen Faschismustheorien allein nicht rekonstruieren. Ohne einem plumpen Hitlerismus anheimzufallen, erscheint es wichtig, daß wir die Rolle Hitlers ernster nehmen als bislang geschehen, zumal wenn es uns darum geht, die Einstellungen und Verhaltensweisen der Menschen damals besser zu begreifen. Nicht ein politisches Programm war es, das die Menschen offensichtlich beeindruckte, sondern eine Person, die für mehr stand. Die Intuition des "Führers" und die "Massenseele" verschmolzen zur Einheit, was der ganzen "Bewegung" erst ihre Dynamik gab. "Politik nicht als bürgerliche Kabinetts- und Winkel-Politik, wie man es von der Weimarer Republik her gewohnt war, sondern als theatralisches 'Gesamtkunstwerk', als Weihespiel, als halbsakrale, orgiastische Verbrüderungszeremonie zwischen 'Führer' und 'Volksgemeinschaft'." (Michael Schneider, S. 104) Die Reichsparteitage dienten dazu, diese Glaubensgemeinschaft jeweils neu zu besiegeln und den "Führer" als "sakrosankten Stellvertreter der Vorsehung" in den Herzen der Menschen zu verankern.[9]

Festzuhalten bleibt, daß eine Führergestalt nur dann wirken kann, wenn ihre Attribute und Eigenschaften den Attributen und Vorstellungen der Geführten entsprechen, wenn die Hilflosigkeit der Gefolgschaft mit dem Nimbus der Erlöserfigur korreliert. Norbert Elias geht davon aus, daß Hitler "sehr ähnliche Merkmale hatte wie ein Regenmacher, ein Medizinmann, ein Schamane in einfacheren Stammesgruppen. Er versicherte einem verstörten und leidenden Volk, daß er ihm geben werde, was es sich am meisten wünschte, so wie ein Regenmacher seinem durch eine lange Dürrezeit von Hunger und Durst bedrohten Volk versichert, daß er es regnen lassen werde. Und wie der Stammesführer forderte er Sach- und Menschenopfer. Die Deutschen dürsteten nach einem neuen Selbstvertrauen, nach neuer Größe, neuem Stolz. Er versprach ihnen die Erfüllung ihrer Wünsche." ("Studien über die Deutschen", S. 500)

Volksgemeinschaft als Massenritual

Die Reichsparteitage verstanden sich als "Generalappelle an die Nation". Hier sollte sich das Volk als "Gefolgschaft" und "Volksgemeinschaft" konstituieren. Im Gemeinschaftserlebnis der Tausenden sollte der Entzug der politischen Rechte im Alltag in illusionärer Weise kompensiert werden. Der einzelne trat nur in Erscheinung, um sich der Übermacht des Führers zu unterstellen. Er geht als einzelner in der Masse unter und findet darin Erfüllung. In der Dialektik von Untergehen in der Masse und Auferstehen als "neues Volk" lag die eigentliche Faszinationswirkung der Parteitage, wobei gerade die scheinbar freiwillige Ein- und Unterordnung die Massenbegeisterung auslöste.

Bereits in "Mein Kampf" war sich Hitler darüber klar, daß Massenversammlungen schon deshalb notwendig sind, *"weil in ihr der einzelne, der sich zunächst als werbender Anhänger einer jungen Bewegung vereinsamt fühlt und leicht der Angst verfällt, allein zu sein, zum erstenmal das Bild einer größeren Gemeinschaft erhält, was bei den meisten Menschen kräftigend und ermutigend wirkt. (...) Wenn er aus seiner kleinen Arbeitsstätte oder aus dem großen Betriebe, in dem er sich recht klein fühlt, zum ersten Male in die Massenversammlung hineintritt und nun Tausende und Tausende von Menschen gleicher Gesinnung um sich hat, wenn er als Suchender in die gewaltige Wirkung des suggestiven Rausches und der Begeisterung von drei- bis viertausend anderen mitgerissen wird, wenn der sichtbare Erfolg und die Zustimmung von Tausenden ihm die Richtigkeit der neuen Lehre bestätigen und zum ersten Mal den Zweifel an der Wahrheit seiner bisherigen Überzeugung erwecken -, dann unterliegt er selbst dem zauberhaften Einfluß dessen, was wir mit dem Wort Massensuggestion bezeichnen. Das Wollen, die Sehnsucht, aber auch die Kraft von Tausenden akkumuliert sich in jedem einzelnen. Der Mann, der zweifelnd und schwankend eine solche Versammlung betritt, verläßt sie innerlich gefestigt: er ist zum Glied einer Gemeinschaft geworden."* (S. 535/536)

Die Erfahrungen der Reichsparteitage mußten Hitler in dieser Auffassung bestätigen. Am 11. 9. 1936 verkündet er beim Reichsparteitag in Nürnberg: "Es ist der Glaube an unser Volk, der uns kleine Menschen groß gemacht hat, der uns arme Menschen reich gemacht hat, der uns wankende, mutlose, ängstliche Menschen tapfer und mutig gemacht hat; der uns Irrende sehend machte und der uns zusammenfügte! (...) Ihr kommt, um aus der kleinen Umwelt eures täglichen Lebenskampfes und eures Kampfes um Deutschland und für unser Volk einmal das Gefühl zu bekommen: Nun sind wir beisammen, sind bei ihm und er bei uns, und wir sind jetzt Deutschland!" (Domarus, S. 641)

In der Marschkolonne der Reichsparteitage war alles Zweideutige, Verwirrende, Bedrohliche abgeschüttelt. Alles war vorgegeben. Die Partizipation an der Macht, wie sie durch die Ausrichtung auf den "Führer" sinnfällig erlebbar wurde, gab selbst Macht und stärkte das durch die Weimarer Jahre angekränkelte Selbstbewußtsein. Die Uniformierung gab Stabilität, Ordnung und Standfestigkeit. Die ständigen Bewegungsabläufe gaben dem Menschen zudem das Gefühl, daß das alles in einer unheimlichen Dynamik begriffen war. Hier bewegte sich endlich etwas, dies empfanden viele als ein Faustpfand auf die Zukunft.

Die Erwartungen und Hoffnungen wurden beflügelt durch die imposanten Fahnen, die Speer überall zu Fahnenwäldern hatte dekorieren lassen. Sie suggerierten Bewegung und Inspiriertheit. "Fahnen sind sichtbar gemachter Wind." (Canetti: "Masse und Macht", S. 95) In den Fahnen scheint Unsichtbares geordnet. Sie antizipieren, was noch kommen wird. "Der Mensch benötigt auf seinem irdischen Lebensweg äußere, sichtbare Symbole, die ihm vorangetragen werden, und denen er nachzustreben vermag", versicherte Hitler am 12. 9. 1937 in Nürnberg. "Das heiligste Symbol ist für den Deutschen immer die Fahne gewesen; sie ist kein Stück Tuch, sondern sie ist Überzeugung und Bekenntnis und damit Verpflichtung." (Domarus, S. 725) "Die Fahne flattert uns voran." Trotz aller Hoch- und Heilsgefühle wußte man natürlich instinktiv, wohin das Ganze führen würde - "in den Tod".

Die Reichsparteitage hatten - wie alle von den Nazis organisierten Massenaufmärsche - die Funktion der Mobilisierung innerer Kräfte. Sie schufen "Erlebnisräume", die Gemeinschaftlichkeit beschworen. Die ästhetische Glanzseite der Veranstaltungen verlieh dem Geschehen einen "höheren Sinn" und riß die Menschen aus der Anonymität der bürgerlichen Gesellschaft in einen fest "fixierten, gleichsam versteinerten Scheinsozialismus". (Wieland Elfferding, in: "Inszenierung der Macht", S. 41) Nicht übersehen werden dürfen dabei die "popularen Elemente" (ebd. S. 33 ff.) der Reichsparteitage, die ja z.T. durchaus Volksfestcharakter hatten und die von Jahr zu Jahr einen immer größeren Umfang annahmen. Zwischen Politik und Ästhetik schob sich so ein verbindendes Element, das es gerade den noch ungläubigen Reichsparteitagsteilnehmern erleichterte, sich verein-

Fahnenträger

nahmen zu lassen. Die Gewaltdramaturgie der Reichsparteitagsrituale bedurfte neben der ästhetischen Überhöhung offensichtlich auch solcher Elemente populärer Sinnlichkeit, um Akzeptanz zu finden. "Auf diesem Zwischenfeld der Sinne, weder 'Kunst' noch 'Politik', erwirbt der deutsche Faschismus die Zu-Stimmung der Massen und verwandelt sie in Hoch-Stimmung durch *Ästhetisierung*." (Ebd. S. 43)

Dennoch bleibt bei alledem noch zu klären, wie die Massenbegeisterung im Nationalsozialismus diese durchschlagende Wirkung haben konnte. Ein Blick hinter die Kulissen zeigt (vgl. Zelnhefer: "Die Reichsparteitage der NSDAP"), daß vieles durchaus mühsam, anstrengend und frustrierend war. Der lange Anmarsch, die vielen Pannen und die kaum zu bewältigende Masse der in Nürnberg Versammelten brachten unlösbare Organisationsprobleme mit sich. Doch selbst die Langeweile und die Eintönigkeit, die sich im Lauf der Jahre einstellte, hatte noch ihren tieferen Sinn. "Allein die jährliche Wiederkehr suggerierte - anders als das 'Chaos' der Weimarer Zeit - *Gesetzmäßigkeit* und *Stabilität*." (Schäfer: "Das gespaltene Bewußtsein", S. 140/41)

Wie konnte dies alles so reibungslos funktionieren? Die Verführungshypothese (vgl. Thamer: "Verführung und Gewalt") erklärt den Effekt der Reichsparteitage nur teilweise und macht das "Volk" zum bloßen Objekt, ja zum Opfer eines Prozesses, an dem es auch als williges Subjekt mitgearbeitet hat. Schon Goebbels hatte 1934 auf dem Nürnberger Parteitag verkündet: "Es mag gut sein, Macht zu besitzen, die auf Gewehren ruht. Besser aber

Aufmarsch in der Luitpoldarena (1935)

und beglückender ist es, das Herz eines Volkes zu gewinnen und es auch zu behalten". (Zit. nach: "Faschismus und Ideologie 1", S. 76)

Hier schlägt sich die Einsicht nieder, daß man eine Bevölkerungsmehrheit nicht allein mit Zwangsgewalt lenken kann. Man muß sie dazu bringen, daß sie sich - mit Hilfe von säkularisierten, politischen Glaubensvorstellungen - selbst beherrschen lernt. Ein Herz gewinnen kann zudem nur, wer etwas bieten kann. Theweleit (I, S. 550) betont zu Recht, die "Erleichterung" und die "Utopie einer Erlösung", die in den Erfahrungen der Reichsparteitage lagen. Er geht davon aus, daß die Attraktivität der faschistischen Feste in der "symbolischen Befreiung der Wünsche, in der hier inszenierten Triebbejahung" lag, die zwar in der Form des monumentalen Ornaments, dem Muster der Triebunterdrückung erscheint, was aber den hier Versammelten nur recht sein konnte, denn so wurde der "Ausbruch der Freiheit inszeniert" und gleichzeitig "aufgehoben". (I., S. 549/ 550)

In der von Theweleit bevorzugten Metaphorik des Fließens bedeutet dies: Die Nazis ließen die Triebwünsche nach Befreiung von den auferlegten bürgerlichen Zwängen "fließen" und "bändigten die Fluten" gleichzeitig, indem sie sie in festen Ritualen kanalisierten. Das Erregende (I, S. 548 f.) lag dabei in der *öffentlichen* Inszenierung des Verbotenen - und dies unter der Aufsicht der höchsten Autorität. Die Faszination lag in dem Gefühl, selber Strom sein zu dürfen, Teilchen einer riesigen, gebändigten Flut, nicht mehr isoliert und innerlich gespalten sein zu müssen und diese Erfahrung mit so vielen teilen zu können. In diesem Sinne und nur in diesem Sinne verhalf der Faschismus den Massen zum Ausdruck ihrer unterdrückten, eingesperrten Triebe. Was den Beteiligten jedoch verborgen blieb, ist die Tatsache, daß sie dadurch um so stärker reglementiert wurden, denn die so kanalisierten und monumental vergrößerten Wunschphantasien flossen letztlich genau dorthin, wo sie die Nazis brauchten, ins Prokrustesbett des Krieges. Daß der ritualisierte Blutkult, etwa bei der "Weihe" der neuen Fahnen und Standarten durch Berührung mit der "Blutfahne", bereits das zukünftige Blutvergießen des geplanten Krieges vorwegnahm, dürfte den meisten Reichsparteitagsteilnehmern angesichts des Nebeneinanders so vieler Ereignisse wohl nur partiell aufgegangen sein.

Schon das fortwährende Appellstehen und Marschieren machen deutlich, daß es sich hier letztlich um eine militärische Formation handelt. Hier konstituierte sich längerfristig der "soldatische Mann", wie ihn Hitler für seine Kriegszüge brauchte. Die hier Angetretenen wurden formiert und uniformiert nach den Gliederungsgesetzen der Heeresordnung. Maßstab und Endpunkt der Mobilisierung der Massen war also letztlich der Krieg. Die Verlockung des Krieges wiederum bestand - nach Benjamin - darin, daß er die Mobilisierung aller technischen Mittel erlaubte - ohne die Eigentumsverhältnisse in Frage zu stellen - und gleichzeitig die "eigene Vernichtung als ästhetischen Genuß ersten Ranges" zu versprechen sich anschickte. (S. 51) Nicht umsonst war der letzte Tag der Reichsparteitagsspektakel den Schaumanövern der Wehrmacht vorbehalten, was die Menschen offensichtlich als abschließende 'Krönung' empfanden, was sich u. a. darin niederschlägt, daß hier die höchsten Eintrittspreise verlangt und bezahlt wurden.

So drehten sich Hitlers Reichsparteitagsreden auch ständig - verdeckt oder offen - um den Krieg und das Soldatentum, so etwa beim "Tag der Wehrmacht" am 16. 9. 1935: "Der Deutsche war stets ein guter Soldat. Der Dienst der Waffe war für unser Volk kein Zwangsdienst, sondern in allen Zeiten unserer Geschichte ein höchster Ehrendienst. (...) Dieser Dienst erfordert von jedem einzelnen von euch Opfer. Jeder von euch muß bringen ein Opfer an persönlicher Freiheit, er muß bringen Gehorsam, Unterordnung, aber auch Härte, Ausdauer und über allem höchstes Pflichtbewußtsein. (...) Und nicht nur im Frieden hat der Deutsche als Soldat dieses Opfer freudig der Nation gebracht, sondern nicht minder auch dann, wenn die Not des Reiches ihn aufrief zum Schutz von Volk und Vaterland. Der Deutsche war nicht nur ein guter Friedenssoldat, sondern er war stets auch ein tapferer Kämpfer." (Domarus, S. 539) So zeigt sich auch am Beispiel der Massenaufmärsche, daß die

Der "soldatische Mann"

erlebte Faszination nichts anderes bewirken sollte, als die Gewöhnung an die Gewaltorgien des Krieges. (Vgl. Zelnhefer: "Die Reichsparteitage der NSDAP", S. 168, 273 f.)

Die Dialektik von Faszination und Kriegsvorbereitung wird zudem flankiert von der Dialektik von Eingrenzung und Ausgrenzung. "Volksgemeinschaft", so wie die Nazis sie verstanden, kann sich nur bilden durch die Ausgrenzung der "Gemeinschaftsfremden". Wer in Nürnberg antrat, um dem "Führer" zuzujubeln und sich im Strammstehen gefiel, der wußte, daß nicht allzuweit entfernt die Ausgesonderten unter ganz anderem Vorzeichen Appell stehen mußten. Schon im März 1933 war in Dachau das erste Konzentrationslager eröffnet worden. Die Jubelfeste in Nürnberg und die Grauen von Dachau gehören zusammen wie die Vorder- und Rückseite ein und derselben Medaille. "Die *Erhebung* der Masse durch Ästhetisierung verlangt die *Erniedrigung* der Gegenmasse, letztlich ihre Vernichtung." (Elfferding, S. 49) Man wußte, daß man sich zu entscheiden hatte. Wer sich nicht mit denen solidarisierte, die sich in Nürnberg dem Ritual der Reichsparteitage verschworen, konnte im Ernstfall damit rechnen, "ab nach Dachau" zu müssen.

Detlev Peukert hat dargelegt, daß das Zusammenspiel von Anpassung und Ausmerze, von Ordnung und Terror für den Nationalsozialismus konstitutiv war ("Volksgenossen und Gemeinschaftsfremde", S. 233 ff.), wobei die Kriterien der "Gemeinschaftsfremdheit" jeden treffen konnten, der die Normen des alltäglichen Sozialverhaltens verletzte. Insofern stellten sie "eine ständige latente Bedrohung für nahezu jeden dar" (S. 263), was die Selbstdisziplinierung und Selbstanpassung nur noch verstärkte. Zumal wenn die Suggestivkraft von Gemeinschaftlichkeit durch Massenrituale nicht mehr greifen wollte, so konnte der Verweis auf die inneren und äußeren "Feinde" erneut Konsens erzwingen. Auch dies dürfte ein Grund gewesen sein, das "Erlebnis von Nürnberg", das sich natürlich mit der Zeit auch abnützte, trotz allem erbaulich zu finden. Garantierte es den so Disponierten doch das Gefühl, auf der 'richtigen Seite' zu stehen.[10]

Nürnberger Faschingsumzug (1936); ein Wagen mit der Aufschrift: "Ab nach Dachau"

Das erste Konzentrationslager: Dachau

Kunst als Anweisung zum Mord

In seiner groß angelegten Monographie über die Plastik des deutschen Faschismus hat Klaus Wolbert deutlich gemacht, warum der Nationalsozialismus der figurativen Kunst, vor allem der großformatigen Skulptur, so großes Gewicht beimaß. Nackten, schönen, heroischen Körpern war es vorbehalten, die Repräsentationsbereiche des Staates zu schmücken. In ihnen wollten sich die Herrschenden der "anschaulichen Assistenz eines göttergleichen Geschlechts versichern, dessen ästhetische Hoheit, Dignität und Immunität jeglichen Zweifel an dem, was über solche Gestalten propagiert wurde, zerstreuen sollten". (Wolbert: "Die Nackten und die Toten", S. 205) Schon in "Mein Kampf" hatte Hitler niedergeschrieben, daß der Kunst und Kultur vor allem die Aufgabe zufalle, "Begründer höheren Menschentums" zu sein. Angesprochen war die Schöpferkraft der Arier, die sich auf diese Weise "den Weg zum Beherrscher der anderen Wesen dieser Erde" bewahren sollten. Prometheus wurde zum Urbild all der "Fackelträger", "Künder", "Heroen", "Schwertträger", "Wager" und "Verkünder". Gestaltet und öffentlich vorgeführt wurde das Bild eines heroischen Übermenschen, der in seiner "Kühnheit" und "Unerbittlichkeit" "eine vom Schicksal ihm auferlegte Tat vollbringt, ohne Reue oder Schuldgefühl zu zeigen". (Kurt Lothar Tank, 1942, zit. nach Wolbert, S. 218)

Diese Gestalten traten an, um dem "Chaos" und der "Anarchie", den ewig gleichbleibenden Schreckbildern des Kleinbürgers, Ordnung, Sauberkeit, Kraft, Schönheit, Geradheit und Eindeutigkeit entgegenzusetzen. Ihre Mission war es, ein neues Menschenbild aufzurichten, sie propagierten "das Vorrecht der Auswahl, die gesund und geradegewachsen ist und gesund und geradegewachsen denkt und gesund und geradegewachsen fühlt". (Hans Grimm, zit. nach Wolbert, S. 223) Die aufgestellten "Heroen" waren Auslesevorbilder für das Volk. Letztlich ging es um den unbedingten Überlegenheitsanspruch des "nordischen Menschen", des "Höherrassigen" und "Höherwertigen" gegenüber dem "Minderwertigen". "Kein Zweifel, daß aus derartigen Anschauungen eine Disposition sich bilden konnte, die im Namen einer machtgeschützten Schönheit die Vernichtung alles Häßlichen und Unvollkommenen vorbereitete. Dieser Verurteilung mußten in letzter Konsequenz aber alle bedingten, lebenden Menschen anheimfallen." (Wolbert, S. 225)

Auch wenn es uns schwerfällt, dies nachzuvollziehen, da uns diese Skulpturen heute eher dümmlich und geistlos erscheinen, den aufgestellten, göttergleichen "Idealmenschen" sollte die Aufgabe zukommen, Schönheit und Idealität "stellvertretend für dessen Ausbleiben in der Wirklichkeit zu vergegenwärtigen." (Ebd. S. 227) Doch nicht nur dies. "Schönheit" wurde zum rassistisch-ästhetischen Wertekonzept, vor dem die Realität von vorneherein abfallen mußte und die den realen Menschen entwertete. Sie wurde zum Richter, der dazu aufrief, "zwischen gut und böse, zwischen gesund und krank, zu entscheiden (...). Gleich dem Chirurgen, der bei Entfernung einer wuchernden Krebsgeschwulst mit einiger Willkür und 'Ungerechtigkeit' irgendwo durch seinen Schnitt die scharfe Grenze zwischen zu Entfernendem und zu Erhaltendem zieht", wie Konrad Lorenz 1943 in einem Aufsatz feststellte. (Zit. nach Wolbert, S. 230)

Um diese Grenzziehung, die Willkür und Ungerechtigkeit schon mitdachte, ging es fortan. Dies bedeutete nichts anderes, als daß schließlich jeder Mensch, der den Vorstellungen der Nazis nicht entsprach, gleich einer "Krebsgeschwulst" zu beseitigen war. "Kunst im Namen von Ausmerze, Moral im Namen der Schönheit"? "Das war in der Tat die unmißverständliche Definition der 'Schönheit' im deutschen Faschismus: Gesundheit und körperliche Leistungsfähigkeit waren, bei Männern wie bei Frauen, nur in ihrer idealsten ästhetischen Form im Kunstwerk geschützt, während sie in ihrer schon stets unzulänglichen irdischen Erscheinung als Merkmale des lebenden Menschen tendenziell verwertbar waren" (ebd. S. 232), verwertbar als "Maßstab des Lebenswerten", der in letzter Konsequenz "die Anweisung zum Mord" enthielt. (Ebd. S. 234)

Dem nackten Menschenideal korrespondierte das tote Menschenmaterial auf den Schlachtfeldern des von den Nazis angezettelten Weltkrieges. Angesichts der apostrophierten Hoheit eines geistlos-plakativen Kunstideals kostete es wenig Überwindung, den einzelnen realen Menschen zu verschleißen, zu martern, zu foltern und

Arno Breker: Der Künder (Bronze, überlebensgroß)

KZ-Häftling

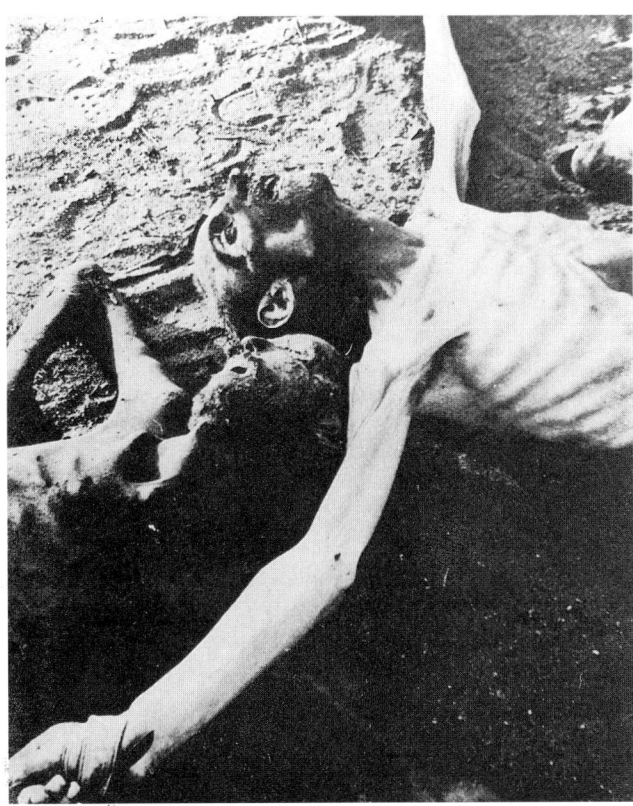
Konzentrationslager Bergen-Belsen

Josef Thorak: Hingebung (1940)

zu vernichten. So weist auch die NS-Skulptur in ihren Inhalten wie in ihrer abweisend-kalten, leblosen Form auf den Krieg, auf Gewalt und Untergang. Der NS-Skulptur fiel die Aufgabe zu, die Entwertung der Menschen zum bloßen Menschenmaterial beizeiten propagandistisch vor Augen zu führen. Das konkrete Leben wurde verachtet, um im Namen blutleerer lebensfeindlicher Aktskulpturen den Tod als Faszinosum zu beschwören.

Diese ästhetische Todesverklärung zieht sich durch die ganze Bandbreite der nationalsozialistischen Selbstdarstellung. Nicht nur bei der Totenehrung am Luitpoldhain zu Beginn jeden Reichsparteitags, beim Kult mit der "Blutfahne", auch in den Liedern und Sprechgesängen und bei der Vorliebe für Nacht- und Feuerzauber, immer ging es darum, Untergänge und Weltbrände zu beschwören und dem Tod - in Umkehrung von Thomas Manns Diktum - die Herrschaft über die Gedanken einzuräumen. Wie man es auch nimmt und wendet, am Ende läuft es immer auf den Tod hinaus, der im Nationalsozialismus auch gar nicht verdrängt oder sonderlich mystifiziert wird. Ständig ist von ihm die Rede und sehr konkret. Es scheint so, als ginge von ihm die eigentliche und größte Faszination aus. Letztlich scheint das alles arrangiert und inszeniert zu sein, um "für den Tod Reklame" zu machen (Adorno: "Versuch über Wagner", S. 155). Der Tod ist für den Nationalsozialisten nicht das Verdrängte, sondern das eigentliche Lustobjekt.

Eine plausible Erklärung für diese verwirrende Todes- und Untergangsbegeisterung zu finden, dürfte nicht ganz einfach sein, zumal man sich vor monokausalen Deutungen hüten muß. Es liegt jedoch nahe, zunächst an eine gewisse kollektive "Überforderung" zu denken, die die "Last der Zeit" durch Untergangsphantasien abzuschütteln suchte.

Es wurde schon erwähnt, daß viele der für den Nationalsozialismus typischen Verhaltensmuster als Reaktion auf den krisenhaft zugespitzten, die Menschen verunsichernden Modernisierungsschub der zwanziger und dreißiger Jahre zu verstehen sind. Dabei darf man sich durch die anfänglichen bewußt antimodernen, traditionsanknüpfenden Blut- und Boden-Elemente des Nationalsozialismus nicht täuschen lassen. Signifikant für den Nationalsozialismus ist vielmehr, daß er bis auf wenige aufgesetzte romantisch-rückwärtsgewandte Ideologieelemente im Grunde die Moderne aufgenommen und weiterentwickelt hat, daß er im Politischen, Ökonomischen und Sozialen angesichts der Zuspitzung der technisch-ökonomischen Rationalisierungs- und Konzentrationsprozesse mit den modernsten Mitteln arbeitete. Detlev Peukert hat dies sehr einleuchtend nachgezeichnet. (Vgl. auch Schoenbaum und Mason.) Die Nationalsozialisten setzten fort, was sie zu bekämpfen vorgaben. Wichtiger als Volkstanz und Volkstümelei war allemal der Volksempfänger und der Volkswagen. Sie sind es auch, die neben der Autobahn und anderen technischen Weiterentwicklungen im Gedächtnis hängengeblieben sind. Der Nationalsozialismus genierte sich nicht, diese "emphatische Modernität" zur Schau zu stellen, was sich nicht nur in der Technikbegeisterung, sondern auch in der allgemeinen Mobilisierung der Menschen niederschlug, was jedoch das Gefühl der individuellen Atomisierung weiter verstärkte und so das tiefempfundene Gefühl der Sinnleere nur überdecken konnte. Aber die aufgebauschte Normalität und die darübergetünchte polit-ästhetische Attraktivität konnten nur zum Teil verdecken, daß damit die Probleme der Moderne, die das 20. Jahrhundert vom 19. Jahrhundert geerbt hatte, nur unter den Teppich gekehrt waren und dort weiterwirkten. Die Legitimationskrise war damit keineswegs behoben, z.T. nur notdürftig unsichtbar gemacht. Die verhießene Daseinsorientierung blieb ein ungelöster Wechsel auf die Zukunft, den auch die Hoffnung auf den "Endsieg" nicht für die Alltagsprobleme liquide machen konnte.

Die "Neue Mythologie" einer ästhetisierten Politik und einer politisierten Ästhetik hatten auf allen Ebenen versagt und das Sinnloch nur noch schmerzlicher spüren lassen. Der unterbewußte Hang, dies alles durch einen kollektiven Untergang 'lösen' zu wollen, mag sich gerade in den vielfältigen Formen der farbenprächtig inszenierten Götterdämmerungsszenarien symbolisch niedergeschlagen haben.

Dekonstruktion der NS-Ästhetik

Zurück zum Ausgangspunkt. Warum wurde die Aufgabe, sich mit der Selbstdarstellung des Nationalsozialismus zu beschäftigen, so wichtig? Weil all das Wissen um die Zusammenhänge von Ideologie, Terror, Kapitalismus und Widerstand, alle Theorien über die Strukturen und das Wesen des Faschismus, über Ökonomie und Klassenantagonismen, so wichtig sie auch waren, nicht ausreichen, um zu erklären, warum die Menschen sich damals so verhielten, warum sie mitmachten, still hielten, zusahen, beiseite sahen, jubelten und applaudierten, warum sie begeistert waren und woran, warum sie sich in vielem, was der Nationalsozialismus ihnen bot, wiederfinden konnten, warum sie zumindest keine Alternative durchsetzten, wohl auch sich gar nicht vorstellen konnten.

Woher kamen Duldung, Zustimmung und Begeisterung? Aus welchen Quellen nährten sie sich? Was ging vor in den Subjekten, die sich dieser Zeit nicht nur aussetzten, sondern sie auch mitgestalteten? Diese Fragen wurden lange nicht gestellt, wohl auch verdrängt. Die Tabus, die es hier zu durchbrechen gilt, haben sich gut verkleidet. Der Verharmlosung des Nationalsozialis-

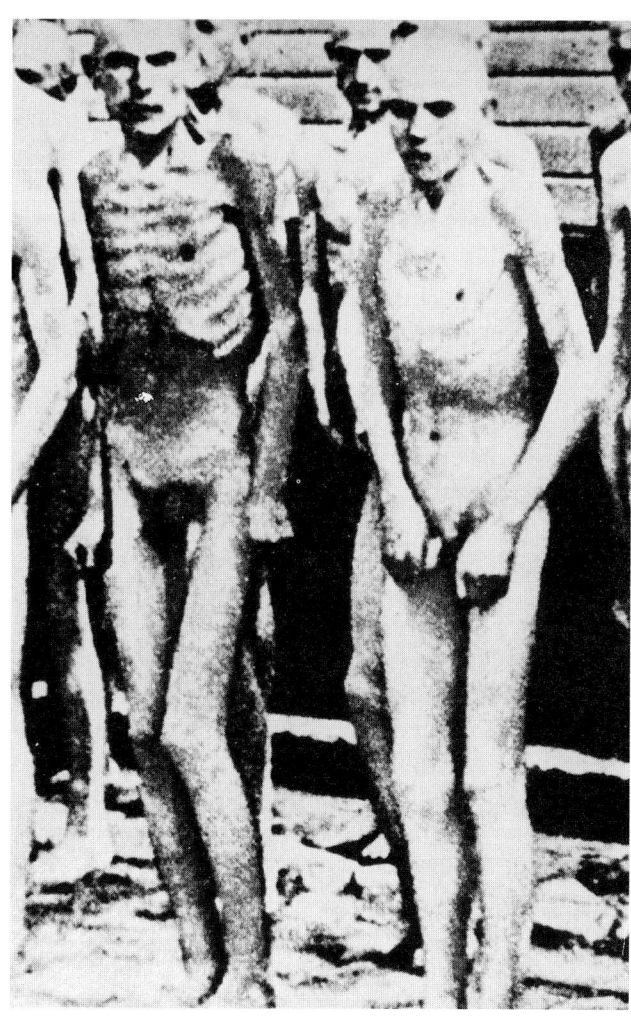

KZ-Häftlinge

Josef Thorak: Kameradschaft (1936/37)

Reichsparteitag in Nürnberg - Luitpoldarena: Appellstehen

KZ-Häftlinge in Dachau: Appellstehen

mus, der Mißachtung der Opfer, der Gefolterten und Ermordeten, wurde bezichtigt, wer die "Schauseite" des Nationalsozialismus thematisieren wollte. Vielleicht verhält es sich gerade umgekehrt. Es gilt, die Täter in den verschiedensten Formen des Mit-tuns genauer unter die Lupe zu nehmen. Nur so kann erklärt werden, wie der gigantische Massenmord, der eben nicht nur "im Namen der Deutschen", sondern *von* Deutschen, zumindest unter Duldung vieler Deutscher, funktionieren konnte. Erklärungen, die dem "Kapital" oder der "NS-Verbrecherbande" die Schuld zuschieben, greifen zu kurz. "Kapitalismus - Faschismus, das ist nicht nur der Zusammenhang von Hugenberg, IG-Farben und Auschwitz. Das sind auch die Erfahrungen unmittelbarer Gemeinschaftlichkeit, glückhafter Sinnlichkeit und gelingender kollektiver Veränderung, deren Trümmer sich anzueignen und auszubeuten der deutsche Faschismus so folgenreich verstanden hatte. Ein KZ war Deutschland für die meisten Deutschen eben nicht." ("Inszenierung der Macht", S. 7)

Was war es dann? So einfach läßt sich das auch nach über 45 Jahren nicht beantworten. Doch zumindest die Fragestellungen müssen sich radikalisieren, und wir müssen uns als Fragesteller mit einbeziehen. Wir dürfen an der Faszination, die der Nationalsozialismus für viele gehabt hat, nicht vorbeisehen. Das heißt aber auch, daß man sich auf diese Faszination einlassen und sich ihr aussetzen muß, um zu sehen, was sie in einem mobilisiert. "Was man vernichten will, das muß man nicht nur kennen, man muß es, um ganze Arbeit zu leisten, gefühlt haben." (Benjamin: "Angelus Novus", S. 449) Nur wer diese Faszination und die Bedürfnisse und Deformationen, die sich dahinter verbargen, an sich herangelassen hat, wird ermessen können, aus welchen Potentialen und Energiezentren sich der Nationalsozialismus rekrutieren konnte. Wir dürfen uns als Betrachter nicht 'draußen vor' lassen, denn das wäre bereits eine Fehleinschätzung des Nationalsozialismus, die auf eine Unterschätzung hinausliefe, denn sie unterstellt, daß wir nicht betroffen gewesen wären.

Diese Einstellung, die nicht von sich abzusehen vermag, ist gerade an historischer Stelle in Nürnberg unumgänglich. Die Frage, ob man NS-Kunst öffentlich zeigen, oder ob man sie lieber in Lagerhallen und Kellern beläßt, stellt sich hier nicht. Bauwerke von der Größenordnung einer Kongreßhalle oder Zeppelintribüne kann man nicht in der Versenkung verschwinden lassen. Wir können dem Anblick dieser Bauten gar nicht ausweichen.[11]

Wer die politästhetische, faszinative Seite des Nationalsozialismus durchschauen will, muß sie geistig, seelisch und körperlich auf sich wirken lassen, um sie auf diese Weise in der Phantasie zu rekonstruieren. Erst die Dekonstruktion läßt das Prinzip erkennen, nach dem das alles funktionierte. "Die Methode der Dekonstruktion legt das Bauprinzip frei und ermöglicht den Blick auf die einzelnen Elemente, sie scheidet die verschiedenen sinnlichen und emotionalen Anteile, die durch deren Bündelung zur Wirkung kommen. Zur Demontage ästhetischer Faszination müssen diese für Momente lebendig werden." ("Inszenierung der Macht", S. 11) Oder wie W. F. Haug formuliert: "Der Versuch, sie (die Faszination) aufzulösen, führt über die öffentliche Besichtigung und Verarbeitung" (ebd. S. 90); wohlgemerkt über die *öffentliche* Verarbeitung, sonst kann dieses Tabu nicht gebrochen, das Verdrängte nicht aufgearbeitet werden, aber auch über die *innerpsychische* Besichtigung und Wiederzulassung. Wer die Faszination und ihre Kehrseite, die Gewalt, verstehen will, muß den Mut haben, sie in sich - als phantasierte - zuzulassen. Nur "wer die Gewalt phantasiert und sie so ent-wirklicht, der zerbricht ihren Bann und muß sie weder gegen die anderen noch gegen sich selbst richten". (Erdheim: "Die Psychoanalyse und das Unbewußte in der Kultur", S. 282/283) Erst dies macht den Menschen frei für neue Gedanken. Dies heißt nicht, daß man die alten Mythen wieder reaktiviert und ihnen nachhängt. "Nur wenn es gelingt, Vernunft und Phantasie miteinander zu verbinden und Vernunft und Mythos zu trennen, wird es möglich sein, neue Wege zur Bewältigung der Gewalt zu finden." (Ebd. S. 283)

Wir brauchen keine neuen Mythen, auch keinen neuen Irrationalismus, wie ihn uns manche Neo-Nietzscheaner verordnen meinen zu müssen, so Manfred Frank ("Kaltes Herz...", S. 111), aber wir brauchen ein Wissen über die Kraft der mythologischen Irrationalismen und ein geschärftes, helles Bewußtsein von der kritischen sozialen, kulturellen und psychischen Situation der Jahre vor und nach 1933, die eine Rückbesinnung auf die Jahrzehnte davor miteinschließt. "Notwendig bewegt sich, wer das Bewußtsein der 'Dialektik von Entmythologisierung und Aufklärung' in sich wach hält, auf dünnem Eise. Die Gefahr einzubrechen ist indessen nicht tödlicher als die, es gar nicht erst zu betreten und alsdann den gewiefteren Eistänzern die Eisfläche zu überlassen." (Ebd. S.112)

Schlußbemerkungen

Wer den Nationalsozialismus als Krisengeschichte und Aufstand gegen die Moderne begreift, macht damit gleichzeitig deutlich, daß sich die damit verbundenen Probleme der Neuzeit und die daraus resultierenden Fragestellungen und Krisenphänomene keineswegs erledigt haben. Geblieben sind nicht nur Kontinuitäten und Strukturen, geblieben sind im selben Maße Sinndefizite, die auch in den demokratischen Gesellschaften der Gegenwart weiterbestehen. Insofern ist die Beschäftigung mit dem Nationalsozialismus auch nie eine rein historisch-rückwärtsgewandte Tätigkeit. Der Nationalsozialismus hat uns gezeigt, "wohin eine bestimmte Variante moderner Leistungsgesellschaft führen kann, wozu unsere moderne Gesellschaft fähig ist. Wenn die ungeheuren Verbrechen der NS-Zeit immer wieder in hilflosem Antifaschismus als Ausfluß der Barbarei etikettiert werden, so ist dem entgegenzuhalten, daß die nationalsozialistische Volksgemeinschaft gerade in ihrer technokratischen Perfektion der Erfassung und Vernichtung gar nicht als Ausgeburt vormoderner Barbarei zu sehen ist. Sie sind vielmehr Resultate einer zugleich gewalttätig und technokratisch radikalisierten Zivilisation, in der die Atomisierung des einzelnen die Verbindlichkeit sozialer und moralischer Verantwortung zersetzt hat. Auschwitz ist ein Produkt der Zivilisation und keineswegs der Barbarei". Peukert in diesem Buch S. 157 f.) Wer die Erfahrungen des "Dritten Reiches" als "Pathologie, als Krankengeschichte der modernen Zivilisation" ernst nimmt, der wird diese Zeit als Zeichen verstehen, "wohin es mit der Moderne kommen kann, was in unserer eigenen Gesellschaft möglich ist". (Ebd.)

Da weiterhin davon auszugehen ist, daß die Kränkungen und Verletzungen, die uns die moderne Industriegesellschaft zufügt, eher zunehmen als abnehmen werden und daß diese immer schwieriger zu benennen und zu artikulieren sein werden, müssen wir auch in Zukunft damit rechnen, daß sie sich in ähnlich irrationaler Weise entladen können, wie dies im Nationalsozialismus geschehen ist, so daß wir vor Wiederholungen - in welcher Form auch immer - keineswegs geschützt sind.[12] So werden wir auch weiterhin damit rechnen müssen, daß Kollektive, die keine Möglichkeit mehr sehen, ihrer realen und imaginären Erniedrigung und Hoffnungslosigkeit durch eigene Anstrengungen zu entgehen, ihre ganze psychische Energie aufbieten werden, alle angestauten Vorräte an Haß, Ressentiment und Destruktivität, um ihrer durch die kollektive Kränkung und Ratlosigkeit erwachsenen Situation zu entgehen.

Um so gefährlicher muß es erscheinen, wenn Intellektuelle die unbestreitbar vorhandene und weit verbreitete allgemeine Orientierungslosigkeit dazu benützen, diese in postmodernen, koketten Gedankenspielen noch zu vergrößern und auszuweiten. Angesichts eines tiefgehenden Normenzerfalls und zunehmender Legitimationskrisen und damit verbundener Sinndefizite kann auf ein ernsthaftes Ringen um "Vernünftigkeit" und "Wahrheit" nicht verzichtet werden. Dies läßt sich auch nicht durch den gewagten Sprung in geistreichelnde Irrationalismen und Neovitalismen überbrücken und beiseite schieben. "Faschistisch eingefärbte Neovitalismen", so Manfred Frank in seiner Auseinandersetzung mit dem Neostrukturalismus französischer Prägung ("Was ist Neostrukturalismus?", S. 432-436), gibt es heute nicht nur im rechten Politspektrum. Sie wurden in den letzten Jahren auch gerade in intellektuellen Kreisen hoffähig gemacht. Offensichtlich nährt der kapitalistische Staat auf seinem eigenen Grunde faschistoide Sehnsüchte, insbesondere den nach einem festen Code. Wenn man "den Faschismus als 'paranoische' Reaktion auf die ständige Verschiebung der Grenze und die beständige Zerstörung der 'Möglichkeit zu glauben' charakterisieren" will, so kann es gefährlich werden, wenn man gleichzeitig sich so vehement zum "militanten Mitstreiter des Normensuizids, den der alltägliche Kapitalismus uns vorführt", aufspielt. (S. 434/435) Diese Form des "Gefährlichdenkens" könnte leicht in eine falsche Richtung gehen.

Die Unterstellung, daß jedes Denken einem Totalitarismusverdacht unterliege, kann allzuschnell dazu führen, daß wir einem neu aufkommenden Totalitarismus nichts entgegenzusetzen haben als die Hilflosigkeit einer sich selbst aufgebenden Vernunft. "Wer jede Utopie verwirft und die Einheit der Vernunft mit der Überwältigung durch die blinde Macht verwechselt, der hat keine Kriterien mehr, Böcke von Schafen zu trennen." (Hauke Brunkhorst: "Der entzauberte Intellektuelle", S. 73) Wenn sich die Intellektuellen weiterhin aus der Rolle des moralisch engagierten Teilnehmers am öffentlichen Prozeß der Willensbildung und Verständigung auf eine ästhetische Beobachterposition zurückziehen, "von dem aus sie nur mehr als Interpreten von Interpretationen in den öffentlichen Diskurs eingreifen", wird die auch heute unumgängliche "Frage nach Richtigkeit und Wahrheit von Diagnosen und moralischen Überzeugungen" (ebd. S. 81/82) am Ende ganz verschwinden.

Angesichts der Zumutungen der Gegenwart wäre es genau das falsche, auf die Fähigkeit rationalen Handelns zu verzichten, um sich in die Beliebigkeit gedankenversponnener Subjektivität zu flüchten und damit die Entscheidungen den Technokraten und Machern bzw. den Gegenaufklärern einer allgemeinen Theorielosigkeit zu überlassen. Zwischen totaler Beliebigkeit und esoterischer Gläubigkeit bliebe dann nur eine "ästhetisch desengagierte Subjektivität", die in ihrer "Haltlosigkeit" um so mehr den Strategien einer global inszenierten medialen Öffentlichkeitssuggestion ausgeliefert wäre. Die Ästhetisierung der Macht des Gegebenen läuft darauf hinaus, die Fragen nach einer vernünftigen Politik als anachronistisch zu umgehen. Dies könnte allzuleicht in das Dilemma führen, entweder die bestehenden Verhältnisse fraglos und blind zu akzeptieren oder auf das "wilde Ereignis" zu hoffen, das allein imstande wäre, alles umzuwenden. Die Sehnsucht nach dem "ganz Anderen" könnte sich am Ende dort wiederfinden, wo sie schon einmal stand: vor dem Nichts.

In postrevolutionären Phasen, in der die Hoffnung auf eine herstellbare bessere Welt der Resignation gewichen ist und die Hoffnung auf einen allgemeinen Fortschritt zu wanken beginnt, rückt die Ästhetisierung der menschlichen Verhältnisse und des öffentlichen Lebens erneut und vehement in den Vordergrund. In einer entzauberten und durchrationalisierten Welt wird die Ästhetik zum Vehikel unterschwelliger Mythologien und zum Refugium der Bedürfnisse nach Sinn und Sinnhaftigkeit. Das Ästhetische scheint um so unverzichtbarer, je "moderner" die Welt wird. Die ästhetischen Ersatzwelten der modernen Kulturindustrie bringen dies deutlich zum Ausdruck. Wenn die Realitätsbewältigung in die Krise gerät und die Attraktivität einer sachlichen Rationalität an Bedeutung verliert, wenn angesichts sich widersprechender Vernunftsansprüche, Egoismen und Interessenkonflikte Alternativen gar nicht mehr denkbar sind, dann hat die Ästhetik - als Ersatz für Wahrheit und Authentizität - ihre Hochkonjunktur, um das zur Sprache zu bringen, was sich der Vernunft entzieht. Sie bietet Mittel der Entlastung von den unabsehbaren, unbekannten und oft unkontrollierten Risiken. Sie ist Kompensation für unstillbare Bedürfnisse und als solche Erlösung von der Realität. Sie denkt nicht in Begriffen und kann so suggerieren, daß alle sie 'verstehen'. Sie zaubert Sinnhaftigkeit und Sinnlichkeit, auch dort, wo nichts ist als bloßer Schein. "Wenn die utopischen Oasen austrocknen, breitet sich eine Wüste von Banalität und Ratlosigkeit aus." (Jürgen Habermas: "Die Neue Unübersichtlichkeit", S. 161) Doch während der Nationalsozialismus mit der Ästhetisierung der Öffentlichkeit noch bestimmte *Inhalte*, die er aus der Tradition und dem Mythos übernahm, verband, um damit einen bestimmten Persönlichkeitshabitus zu formieren, der Sinn und Halt versprach, verzichtet die Ästhetisierung von Politik heute gut und gern auf ebensolche Inhalte und bleibt auch hier beliebig. Die Hauptsache ist, es handelt sich um Reize. Die ästhetische Form ist selbst zum Inhalt geworden, zum Mittel von "Welterzeugung", zum Organ einer "falschen Wahrheit".

Anmerkungen:

1. Horst Krüger notiert in seinem Bericht "Das zerbrochene Haus. Eine Jugend in Deutschland": "Meine früheste Erinnerung an Hitler ist Jubel." (S. 18). Aufschlußreich ist auch der Hinweis: "Hitlers Einbruch in unser Haus (...) geschah wesentlich unter ästhetischen Kategorien." (S. 32). Auch Michael Schneider spricht vom verlängerten und unterschätzten "Faszinosum Hitler". ("Holocaust und Hitler. Versuch über den noch immer unbegriffenen Alptraum der Nation", S. 102). Vgl. auch Peter Sichrovskys Interviewsammlung "Schuldig geboren". Hier fragt die junge Stefanie: "Wo war denn das Tolle damals? Warum haben denn so viele Hurra und Heil gebrüllt? Warum waren die alle so begeistert? Da muß es doch noch etwas anderes gegeben haben?" Und sie erinnert an die "lachenden Kinder, die leuchtenden Augen der Frauen, Hunderttausende in den Straßen und alle haben sie gejubelt. Woher kam denn diese Begeisterung?" (S. 41/42).
2. Norbert Elias prägte dafür den Begriff "schwarzer Idealismus". ("Studien über die Deutschen", S. 428/429; vgl. 422-445).
3. Eine ähnliche Dialektik von "Entfesselung" und "Fesselung" konstatiert Norbert Elias in bezug auf das Kaiserreich. Dem "Ausleben des Verbotenen" stand eine "rigide Formalisierung" des Auslebens gegenüber, was die Angewiesenheit auf Fremdzwänge nur noch erhöhte und auf diese Weise die Identifizierung mit dem Unterdrücker erleichterte und sich bis zur "Unterwerfungslust" steigern konnte. (Ebd. S. 126 f. und 486 ff.).
4. Es ist zu vermuten, daß die heutzutage grassierende Vorliebe für Gewaltvideos sich aus ähnlichen Quellen verdrängter Aggressionsbereitschaft speist. Endlich einmal nicht mehr nur Opfer, sondern wenigstens Zuschauer von Gewalt sein!

5. Ähnlich das Autorenkollektiv des Argument-Verlages 1980: "Um das konkrete Wie der Organisation ideologische Effekte im Faschismus zu begreifen, ist es unabdingbar, mit den Denkmustern des *Ökonomismus* und *Klassenreduktionismus* zu brechen wie sie in den verschiedenen marxistischen Traditionslinien immer wieder dominant wurden." ("Faschismus und Ideologie" I, S. 8).
6. Auf die anderen Bereiche der Ästhetisierung von Politik wie z.B. Arbeit und Freizeit ("Schönheit der Arbeit", "Kraft durch Freude"), Sport und Technik, Bauen und Wohnen, Autobahn, Motorsport und Massenmotorisierung ("Volkswagen"), Rundfunk ("Volksempfänger"), Presse und Film, Theater, Feste, Musik, Dichtung etc. kann in diesem Rahmen nicht eingegangen werden. (Vgl. dazu Peter Reichel: "Der schöne Schein des Dritten Reiches").
7. Die Menschenmassen, die hier versammelt waren, sollten sich dem "Anruf formenden Willens" unterstellen; der "Befehl (...) hat sie in Untertänigkeit unter, in Hingabe an eine strenge Form gezwungen, eine Urform verpflichtet gemeinschaftlichen Daseins, die soldatische Formation von Reih und Glied". (Hubert Schrade: "Der Sinn der künstlerischen Aufgabe...", S. 511)
8. Jochen Schmidt erinnert in diesem Zusammenhang an Ernst Jünger, Rudolf Borchardt, Carl Schmitt, Oswald Spengler, Egon Friedell und Hofmannsthal. (II, S. 196 ff.).
9. Daß man der Wirkung des Führermythos auch heute noch einiges zutraut, dürfte wohl mit ein Grund sein, warum man Hitlers "Mein Kampf" noch immer unter Verschluß hält. Offensichtlich traut man dem Buch insgeheim noch immer eine gewisse Überzeugungskraft zu, so vermutet Michael Schneider und fährt fort: "Meines Erachtens wäre der massenhaften Aufklärung über Wesen und Funktionsweise der faschistischen Ideologie am besten gedient, wenn man 'Mein Kampf', mit entsprechenden Kommentaren versehen, als Pflichtlektüre im Gemeinschafts- und Geschichtsunterricht behandeln würde." (S. 103) Vgl. auch: Hermann Glaser: "Zur Sozialpathologie des Volksgenossen", in: Politische Psychologie heute, S. 173).
10. Dabei darf nicht vergessen werden, daß die Zustimmung der Massen durchaus brüchig und z.T. auch reserviert war. Die verzückten Gesichter gehören in die Anfangsjahre des "Dritten Reiches". Sie wichen zunehmend einer skeptischeren Einstellung. Es wurde für die Veranstalter immer schwieriger, die Massen zu mobilisieren. (Vgl. Zelnhefer: "Die Reichsparteitage der NSDAP", S. 266 ff.) Hans-Dieter Schäfer ("Das gespaltene Bewußtsein", S. 144 ff.) hat darauf hingewiesen, daß die Faszination der Reichsparteitage zunehmend einer lähmenden Gleichgültigkeit, ja einer bedrohlichen Bewußtlosigkeit wich. Dieser Prozeß, der auch ein Rückzug aus der Wirklichkeit war, beschleunigte jedoch nur die Unterwerfung und führte zu einer weiteren Atomisierung und Privatisierung der Menschen, die sich in entpolitisierte Konsum- und Freizeitwünsche zurückzogen. Peukert spricht sogar davon, daß sich bereits hier die konsum- und leistungsorientierte Dynamik des "Wirtschaftswunders" herausbildete. ("Volksgenossen und Gemeinschaftsfremde", S. 294) Der Rest wurde nur noch fragmentiert wahrgenommen oder ganz ausgeblendet (etwa die Terrormaßnahmen gegen die Juden). Psychologisch gesehen führte dieser Prozeß - so Schäfer - zu einer "Versteinerung" (Petrifikation) und Erstarrung menschlicher Verhaltensweisen allgemein. Die Architektur des Reichsparteitagsgeländes hat diesen Prozeß bereits symbolisch antizipiert, indem es die Erstarrung und Leblosigkeit zu ihrem Prinzip erhoben hat.

11. Zur Einschätzung der "Gefährlichkeit" von NS-Architektur auf den Betrachter von heute siehe v.a. Hans-Ernst Mittig: "NS-Architektur für uns" (in diesem Buch).
12. Wer daran festhält, daß die Beschäftigung mit Geschichte vor allem den Zweck hat, "aus der Geschichte zu lernen", der wird gerade deswegen für Ähnlichkeiten im Ablauf historischer Vorgänge ein waches Auge haben müssen. So wie der Nationalsozialismus nicht erst mit Auschwitz beginnt, so wäre es auch ein Mißverständnis, vergleichbare Fehlentwicklungen der Gegenwart und Zukunft erst dann als solche zur Kenntnis zu nehmen, wenn sie sich soweit eskaliert haben, daß ein Vergleich unumgänglich ist. Dann ist es meistens zu spät. Insofern war es sicher sinnvoll, daß die deutsche Sprache das Wort "faschistoid" in ihren Wortschatz aufgenommen hat (auch wenn damit manchmal etwas leichtfertig und inflationär umgegangen wurde), um Zwischenstufen für die Entwicklung zum Holocaust benennbar zu machen.

Literatur:

Theodor W. Adorno: Versuch über Wagner, Frankfurt a.M. 1952; Taschenbuchausgabe München/Zürich 1964 (Droemer/Knaur).

Dieter Bartetzko: Illusionen in Stein. Stimmungsarchitektur im deutschen Faschismus. Ihre Vorgeschichte in Theater- und Filmbauten, Reinbek bei Hamburg 1985 (rororo Sachbuch 7889).

Walter Benjamin: Angelus Novus, Ausgewählte Schriften 2, Frankfurt a.M. 1966 (Suhrkamp Verlag).

Walter Benjamin: Das Kunstwerk im Zeitalter seiner technischen Reproduzierbarkeit, Frankfurt a.M. 1963 (edition suhrkamp 28).

Ernst Bloch: Erbschaft dieser Zeit. Erweiterte Ausgabe, Frankfurt a. M. 1985 (Suhrkamp Verlag, stw 553).

Hauke Brunkhorst: Der entzauberte Intellektuelle. Über die neue Beliebigkeit des Denkens, Hamburg 1990 (Sammlung Junius).

Elias Canetti: Masse und Macht, Frankfurt a.M. 1980 (Fischer-Taschenbuchverlag).

Max Domarus: Hitler. Reden und Proklamationen 1932 - 1945. Kommentiert von einem deutschen Zeitgenossen, 4 Bde. Leonberg 1988^4.

Jost Dülffer/Jochen Thies/Josef Henke: Hitlers Städte. Baupolitik im Dritten Reich. Eine Dokumentation, Köln/Wien 1978 (Böhlau Verlag).

Norbert Elias: Studien über die Deutschen. Machtkämpfe und Habitusentwicklung im 19. und 20. Jahrhundert, hrsg. von Michael Schröter, Frankfurt a.M. 1989, 1990^4 (Suhrkamp Verlag).

Wolfgang Emmerich: 'Massenfaschismus' und die Rolle des Ästhetischen. Faschismustheorie bei Ernst Bloch, Walter Benjamin, Bertolt Brecht, in: Lutz Winckler (Hg.): Antifaschistische Literatur Band 1, Kronberg/Ts. 1977, S. 223 - 290 (Scriptor Verlag).

Erbeutete Sinne. Nachträge zur Berliner Ausstellung "Inszenierung der Macht, ästhetische Faszination im Faschismus", hrsg. von der NGBK, Berlin 1988 (Nishen Verlag).

Mario Erdheim: Die gesellschaftliche Produktion von Unbewußtheit. Eine Einführung in den ethnopsychoanalytischen Prozeß, Frankfurt a.M. 1984 (Suhrkamp Verlag).

Mario Erdheim: Die Psychoanalyse und das Unbewußte in der Kultur. Aufsätze 1980/1987, Frankfurt a.M. 1988 (Suhrkamp Verlag).

Faschismus und Ideologie 1 und 2, hrsg. von Manfred Behrens u.a., Berlin 1980 (Argument Sonderband AS 60 und 62).

Joachim C. Fest: Hitler. Eine Biografie, Frankfurt a.M., Berlin 1973 (Ullstein-Verlag, Verlag Propyläen).

Manfred Frank: Gott im Exil. Vorlesungen über die Neue Mythologie. II. Teil, Frankfurt a.M. 1988 (edition suhrkamp 1506).

Manfred Frank: Kaltes Herz. Unendliche Fahrt. Neue Mythologie. Motiv-Untersuchungen zur Pathogenese der Moderne, Frankfurt a.M. 1989 (edition suhrkamp 1456).

Manfred Frank: Was ist Neostrukturalismus? Frankfurt a.M. 1984 (edition suhrkamp 1203).

Saul Friedländer: Kitsch und Tod. Der Widerschein des Nazismus. München/Wien 1984 (Hanser Verlag).

Hermann Glaser: Zur Sozialpathologie des Volksgenossen, in: Helmut König (Hg.): Politische Psychologie heute, Opladen 1988 (Westdeutscher Verlag).

Joseph Goebbels: Der Führer und die Künste. In: Adolf Hitler. Bilder aus dem Leben des Führers, hrsg. vom Cigaretten-Bilderdienst Altona Bahrenfeld, Leipzig 1936.

Jürgen Habermas: Der philosophische Diskurs der Moderne. 12 Vorlesungen, Frankfurt a.M. 1985, 1988^4 (Suhrkamp Verlag).

Jürgen Habermas: Die Neue Unübersichtlichkeit. Kleine Politische Schriften V, Frankfurt a.M. 1985 (edition suhrkamp 1321).

Wolfgang Fritz Haug: Die Faschisierung des bürgerlichen Subjekts. Die Ideologie der gesunden Normalität und die Ausrottungspolitiken im deutschen Faschismus. Materialanalysen. Berlin 1986 (Argument-Sonderband AS 80).

Hinz/Mittig/Schäche/Schönberger (Hg.): Die Dekoration der Gewalt. Kunst und Medien im Faschismus, Gießen 1979 (Anabas Verlag).

Adolf Hitler: Mein Kampf. Zwei Bände in einem Band, München 1938 (336.-340. Auflage).

Inszenierung der Macht - Ästhetische Faszination im Faschismus, hrsg. von der NGBK, Berlin 1987.

Eberhard Jäckel: Hitlers Weltanschauung. Entwurf einer Herrschaft, erweiterte und überarbeitete Neuausgabe, Stuttgart 1981 (DVA).

Ian Kershaw: Der Hitler-Mythos. Volksmeinung und Propaganda im Dritten Reich, Stuttgart 1980 (DVA).

Horst Krüger: Das zerbrochene Haus. Eine Jugend in Deutschland, München 1968 (Deutscher Taschenbuch Verlag), Hamburg 1976 (Hoffmann & Campe Verlag).

Martin Loiperdinger: Der Parteitagsfilm "Triumph des Willens" von Leni Riefenstahl. Rituale der Mobilmachung, Opladen 1987 (Leske + Budrich Verlag).

Timothy W. Mason: Sozialpolitik im Dritten Reich. Arbeiterklasse und Volksgemeinschaft, Opladen 1978^2, (Westdeutscher Verlag).

George L. Mosse: Der nationalsozialistische Alltag. So lebte man unter Hitler, Königstein/Ts. 1979 (Athenäum Verlag).

George L. Mosse: Nationalismus und Sexualität. Bürgerliche Moral und sexuelle Normen, München/Wien 1985 (Hanser Verlag).

Friedrich Nietzsche: Werke in drei Bänden, hrsg. von Karl Schlechta, München 1966 (Hanser Verlag).

Bernd Ogan (Hg.): Faszination und Gewalt. Zur politischen Ästhetik des Nationalsozialismus. Ein Symposion. Beiträge zur politischen Bildung Nr. 5/1986 des Pädagogischen Instituts der Stadt Nürnberg, Nürnberg 1986.

Bernd Ogan/Wolfgang Weiß: Steine für die Ewigkeit. Das ehemalige Reichsparteitagsgelände, in: Nürnberg zu Fuß. 20 Stadtteilrundgänge durch Geschichte und Gegenwart, Hamburg 1988 (VSA-Verlag).

Bernd Ogan/Wolfgang W. Weiß (Hg.): Faszination und Gewalt. Nürnberg und der Nationalsozialismus. Eine Ausstellung, Pädagogisches Institut der Stadt Nürnberg, Nürnberg 1990.

Joachim Petsch/Wolfgang Schäche: Architektur im deutschen Faschismus: Grundzüge und Charakter der nationalsozialistischen "Baukunst", in: Realismus: 1919 - 1939 - zwischen Revolution und Reaktion, München 1981, S. 396 - 405 (Prestel Verlag).

Joachim Petsch: Kunst im Dritten Reich. Architektur, Plastik, Malerei, Köln 1983 (Vista Point Verlag).

Detlev Peukert/Jürgen Reulecke (Hg.): Die Reihen fast geschlossen. Beiträge zur Geschichte des Alltags unterm Nationalsozialismus, Wuppertal 1981 (Hammer Verlag).

Detlev Peukert: Volksgenossen und Gemeinschaftsfremde. Anpassung, Ausmerze und Aufbegehren unter dem Nationalsozialismus, Köln 1982 (Bund Verlag).

Peter Reichel: Der schöne Schein des Dritten Reiches. Faszination und Gewalt des Faschismus, München 1991 (Hanser Verlag).

Hans Dieter Schäfer: Das gespaltene Bewußtsein. Deutsche Kultur und Lebenswirklichkeit 1933 - 1945, München/Wien 1981, S. 114-162 (Hanser Verlag).

Jochen Schmidt: Die Geschichte des Genie-Gedankens in der deutschen Literatur, Philosophie und Politik 1750 - 1945, 2 Bde., Darmstadt 1985 (Wiss. Buchgesellschaft).

Michael Schneider: Holocaust und Hitler. Versuch über den noch immer unbegriffenen Alptraum der Nation, in: Michael Schneider: Den Kopf verkehrt aufgesetzt oder Die melancholische Linke. Aspekte des Kulturzerfalls in den siebziger Jahren, Darmstadt/Neuwied 1982 (Luchterhand Verlag).

David Schoenbaum: Die braune Revolution. Eine Sozialgeschichte des Dritten Reiches, München 1980 (dtv 1590).

Hubert Schrade: Der Sinn der künstlerischen Aufgabe und politischer Architektur. In: Nationalsozialistische Monatshefte, Juni 1934, S. 508 - 514.

Peter Sichrovsky: Schuldig geboren. Kinder aus Nazifamilien, Köln 1987 (Verlag Kiepenheuer & Witsch).

Albert Speer: Die Bauten des Führers. In: Adolf Hitler. Bilder aus dem Leben des Führers, hrsg. vom Cigaretten-Bilderdienst Altona-Bahrenfeld, Leipzig 1936.

Albert Speer: Erinnerungen, Frankfurt a.M./Berlin 1969 (Ullstein Verlag).

Rainer Stommer (Hg.): Reichsautobahn. Pyramiden des Dritten Reichs. Analysen zur Ästhetik eines unbewältigten Mythos, Marburg 1982 (Jonas Verlag).

Bernhard H. F. Taureck: Nietzsche und der Faschismus, Hamburg 1989 (Junius Verlag).

Hans-Ulrich Thamer: Verführung und Gewalt. Deutschland 1933 - 1945, Berlin 1986 (Severin und Siedler).

Klaus Theweleit: Männerphantasien. Band 1: Frauen, Fluten, Körper, Geschichte; Band 2: Männerkörper - Zur Psychoanalyse des weißen Terrors, Frankfurt a.M. 1977/78 (Verlag Roter Stern) (auch als rororo Sachbuch 7299 und 7300).

Jochen Thies: Architekt der Weltherrschaft: Die "Endziele" Hitlers, Königstein Ts./Düsseldorf 1980 (Athenäum/Droste Taschenbücher Geschichte).

Klaus Vondung: Magie und Manipulation. Ideologischer Kult und politische Religion des Nationalsozialismus, Göttingen 1971 (Vandenhoeck & Ruprecht).

Klaus Wolbert: Die Nackten und die Toten des "Dritten Reiches". Folgen einer politischen Geschichte des Körpers in der Plastik des deutschen Faschismus, Gießen 1982 (Anabas Verlag).

Thomas Wunder: Das Reichsparteitagsgelände in Nürnberg. Entstehung, Kennzeichen, Wirkung, Nürnberg 1984 (Schriften des Kunstpädagogischen Zentrums im Germanischen Nationalmuseum).

Siegfried Zelnhefer: Die Reichsparteitage der NSDAP. Geschichte, Struktur und Bedeutung der größten Propagandafeste im nationalsozialistischen Feierjahr. Schriftenreihe des Stadtarchivs Bd. 46, Nürnberg 1991.

Nürnberg und der Nationalsozialismus

SA-Kolonnen auf dem Marsch durch die Nürnberger Altstadt in Richtung Hauptmarkt (1936). Im Hintergrund die Sebalduskirche und die Burg

Hermann Glaser

Nürnberg: eine Stadt wie jede andere?
Die Last, als Symbol des Nationalsozialismus zu gelten

Wie kam es dazu, daß es dazu kam? Historische, wirtschaftliche, politische Entwicklungen lassen sich mit einer gewissen Folgerichtigkeit nach rückwärts aufdröseln: Man sieht Kausalitäten am Werk. Die Weltwirtschaftskirse förderte den Aufstieg des Nationalsozialismus, da die Bewegung den Arbeitslosen Arbeit und Brot versprach ... Und so fort. Fragt man nach dem Psychogramm von Individuen und Kollektiven, hat man viel größere Schwierigkeiten, die Ursachen fürs jeweilige Mentalitätsmuster anzugeben.

Was bewog zum Beispiel den Nürnberger Oberlehrer K., am Tag nach der sogenannten Kristallnacht seinen Schülern gegenüber nicht zu schweigen, sondern im Unterricht stolz Hitlers Kampf gegen "Alljuda" herauszustellen, die furchtbaren Ereignisse (die Zerstörung jüdischer Wohnungen und Geschäfte, die Ausschreitungen gegen jüdische Mitbürger) dergestalt kaschierend?...
Die Dokumente des NS-Alltags machen deutlich: Nürnberg war eine Stadt wie jede andere; in manchem sogar weniger braun. Aber in dieser Stadt wüteten Streicher und seine Anhänger in besonders übler Weise; manche, die rechtzeitig emigrieren konnten, haben heute noch Alpträume, wenn sie den Namen Nürnberg hören.

Am 13. September 1936 sagte Hitler auf dem Reichsparteitag: "Das ist das Wunder unserer Zeit, daß ihr mich gefunden habt - daß ihr mich gefunden habt unter so vielen Millionen! Und daß ich euch gefunden habe, das ist Deutschlands Glück!" Solche Worte waren natürlich an die ganze Nation gerichtet; es waren aber auch "fränkische Worte". Der Provinzler Hitler fühlte sich im fränkischen Provinzialismus wohl; er spürte, daß hier viele "Männerphantasien" auf ihn, die autoritäre Persönlichkeit, projiziert wurden; und viele patriarchalisch depravierte Frauenseelen an ihm, als militantem Über-Ich, ihren Halt fanden.

Die mittelständischen Konventionen, wie sie die Sozialgeschichte Nürnbergs prägen, waren ein guter Nährboden für den Nationalsozialismus, der zudem, gegenüber bayerischem Separatismus, intensiv den Reichspatriotismus propagierte. Dazu kam die Panik im Bürgertum, das seine kulturellen Sonderrechte im Aufstand der Massen dahinschwinden sah. Das "Dritte Reich" wollte der "sozialistischen Gleichmacherei" entgegenwirken. Führertum, mit rassistischem Dünkel versehen, versprach die Aufrechterhaltung bisheriger Machtstrukturen. Das mittelalterliche Nürnberg schien ein hervorragender Topos für die Verwirklichung einer ständisch-hierarchisch gegliederten Gesellschaft (auch wenn Hitler als Deklassierter seinen Haß aufs Bürgertum keineswegs verschwieg).

War es typisch fränkisch, daß das Kinderbuch "Trau keinem Fuchs auf grüner Heid und keinem Jud bei seinem Eid" in Nürnberg erschien und die 18jährige Künstlerin Elvira Bauer als Verfasserin und Zeichnerin gerade in dieser Stadt zum Erfolg kam? War es zufällig oder symptomatisch, daß Theologen der Erlanger Universität 1933 ein Gutachten verfaßten, das die Meinung bekräftigte, Judenchristen sollten weder als Geistliche noch als Beamte der Kirchenverwaltung geduldet werden? Solche und ähnliche Beispiele machen deutlich, wie brüchig die Gesittung geworden war, auf die sich die Stützen und Spitzen der Gesellschaft so viel zugute hielten. Die Fassade erwies sich als Substanz; die Verpackung als Botschaft.

Die Umstellung des moralischen Klimas reicht weit ins 19. Jahrhundert zurück. Humanität floß in geflügelten Worten leicht von den Lippen; aber in den Herzen war die Intensität der Empfindung wie des Engagements verlorengegangen. Viele der Nürnberger Lehrer zum Beispiel verhielten sich zumindest indifferent, als das große Unheil aufzog. Rühmlich bleiben die Ausnahmen; doch war meist die "innere Emigration" das Äußerste, was man wagte; viel häufiger zeigte sich beflissenes Mitläufertum. Die Jahresberichte Nürnberger Schulen 1933 bekunden, wie rasch man sich umstellte. Inmitten der Zeugnisse großer Vergangenheit versäumte man es, die Schandflecke großer Barbarei wahrzunehmen.

Bei R. T. war alles vorhanden; Fünf-Zimmer-Wohnung mit Bad, Wochenendhäuschen auf dem Lande, Skifahren an Weihnachten. Gehobene Stellung des Vaters bei der Bahn; viel Spielzeug, immer das Neueste; ein Rad mit Dreigangschaltung, Schlittschuhstiefel. Auf dem

Klavier konnte er kesse Schlager spielen; im Turnen stets eine Eins, Jungenschaftsführer, bald Fähnleinsführer; sportlich, blond, braungebrannt; eine Freude für Eltern, Führer und Lehrer; man rechnete damit, daß R. T. bald in eine Napola (nationalsozialistische Eliteschule) aufgenommen werde. Sein Lieblingsbuch: Streichers Judenbuch. Die dicken Judengestalten waren in all ihrer Schändlichkeit abgebildet und reimend beschrieben. Er hatte das Buch zu Weihnachten bekommen; ein besonders freudig entgegengenommenes Geschenk. Im Unterricht malte er nun immer auf Schmierzetteln und Löschblättern bevorzugt die fleischigen Judennasen; man mußte nur einen Sechser ausschnörkeln - und schon hatte man die Visagen. Die Familie von R. T. wurde ausgebombt. Er selbst überstand als Luftwaffenhelfer den Krieg; danach spielte er bei einer amerikanischen Band; kam rasch voran; heute ist er ein bekannter Unterhaltungsmusiker.

Konturen zu einem Nürnberger Porträt. Ohne besondere Auffälligkeit. Einer wie viele andere. So lebten sie in dieser Stadt - und ließen das Unheil seinen Lauf nehmen. Die meisten sympathisierten nach wie vor mit den Dichtern und Denkern; aber sie achteten durchaus, allerdings aus der Distanz, die Richter und Henker. Verdächtig viele standen vor den Stürmer-Kästen und lasen begierig die dort ausgehängte Zeitung. Verdächtig viele nahmen es gleichgültig hin, als im Krieg die mit gelbem Stern stigmatisierten jüdischen Mitbürger aus den Straßen verschwanden, aus ihren Wohnungen weggeholt wurden. Irgendwohin nach dem Osten. Man kümmerte sich darum nicht.

Diese Stadt und ihre Bevökerung, vom Nationalsozialismus aktiviert oder verführt, inspiriert oder manipuliert, haben ihre Schuld gehabt und auch Sühne geleistet. Sie haben es aber nicht verdient, jenes große Symbol für den Nationalsozialismus zu sein, das heute der Tourist glaubt erleben zu können, wenn er die gigantomanischen Bauten des Dritten Reiches in ihren Überresten besichtigt und sich dabei an die Reichsparteitage wie die "Nürnberger Prozesse" erinnert. Vielmehr: Eine Stadt wie jede andere. Schlimm genug, daß die eine der anderen so ähnelte. So konnte es "dazu" kommen: Zum unaufhaltsamen Aufstieg des Reiches der niederen Dämonen.

Hermann Froschauer

Streicher und „Der Stürmer"

Julius Streicher

"Ein fettleibiger Mann, stiernackig, mit unförmiger Nase und wulstiger Stirn Immer schweißig . . . und es war als keuchte er ... "[1] So beschrieb im März 1967 der Nürnberger Kulturpreisträger Hans Magnus Enzensberger den Eigentümer und Herausgeber des "Stürmer", Julius Streicher. Dieser prägte wesentlich das Bild "des Juden" in der nationalsozialistischen Propaganda und wurde zum berüchtigtsten Antisemiten der NS-Zeit.

Er war zugleich der führende Mann des Nationalsozialismus in Franken, der "Frankenführer". Doch gelangte er weder in den inneren Kreis der Reichsmacht, noch war er an den konkreten Ereignissen wie den "Nürnberger Gesetzen", der "Reichskristallnacht" und der Vernichtung der Juden in den Konzentrationslagern unmittelbar beteiligt. Streichers "Ressort" war es, ein geistiges Klima zu schaffen, das die Durchführung dieser Maßnahmen ohne bemerkenswerten Widerstand der Bevölkerung ermöglichte.

In Hetztiraden fand der moderne Antisemitismus seinen extremen Ausdruck, sie waren nur die "Spitze eines Eisbergs" von Vorurteilen, Neid und Haß, und nur auf diesem Boden konnte Streicher sich halten und Einfluß gewinnen. Gerade auch "persönliche Vorlieben" wie Neigung zu pornographischen Themen und Darstellungen garantierten in bestimmten Kreisen regen Besuch seiner Versammlungen und den Absatz seines Blattes. Insofern gilt:

"There is abundant evidence that Julius Streicher was the prophet and propagandist of the Holocaust. His untiring propaganda over more than two decades had helped to prepare the feverish atmosphere in wich the ultimate crime of the Third Reich could be perpetrated."[2]

Der "Frankenführer" war kein gebürtiger Franke; er wurde 1885 in Fleinhausen im bayerischen Schwaben geboren. Wie sein Vater wurde er Volksschullehrer und kam 1909 nach Nürnberg, wo er auch erste politische Kontakte knüpfte. Streicher nahm am 1. Weltkrieg teil und wurde "wegen riskanter Unternehmungen im Feld wiederholt ausgezeichnet"[3] und zum Leutnant befördert. In den letzten Kriegsmonaten soll er zum Antisemiten geworden sein, und er legte, wie viele andere auch, den Zusammenbruch Deutschlands, der den Versailler Vertrag und die Not der Nachkriegszeit zur Folge hatte, den "jüdisch-marxistischen Novemberverbrechern" zur Last.

Bis 1923 war Streicher als Lehrer tätig, er unterrichtete die 1. und 2. Mädchenklasse. Eine ehemalige Schülerin erinnert sich: "Er kam in einer für die damalige Zeit ungewöhnlichen Kleidung zum Unterricht: Reitstiefel, Reithose und Reitpeitsche. Bei der Begrüßung schlug er mit der Gerte auf die Bänke. Seine Wutausbrüche, bei denen er Tintenfässer an die Schultafel warf und seine Taschentücher in Stücke riß, waren gefürchtet. Grundlos zerrte er die Mädchen an den Zöpfen aus der Bank und ließ sie in den Ecken des Schulzimmers stehen."[4]

Zugleich strebte Streicher eine politische Karriere an. Er trat dem "deutschvölkischen Schutz- und Trutzbund" bei, den er jedoch bald wieder verließ, da er dort seinen Aktivismus und Kampfgeist nicht uneingeschränkt verwirklichen konnte. Nach Zwischenstationen bei der Deutsch-Sozialistischen Partei (DSP), deren Grundzüge betonter Antisemitismus und betonter Antikatholizismus waren, und bei der "Deutschen Werkgemeinschaft" in den Jahren 1920 und 1921 unterwarf sich Streicher im Oktober 1922 dem Führungsanspruch Hitlers. Er trat zusammen mit seinen Anhängern in die NSDAP ein.

"Durch diese Tat Julius Streichers . . . wurde der Mitgliederstand der Bewegung fast verdoppelt und die Brücke zum roten Norden des Reiches geschlagen."[5] Streichers Beteiligung an Hitlers gescheitertem Putschversuch im November 1923 in München und die vorbehaltlose Unterordnung unter Hitlers neugegründete NSDAP nach dessen Haftentlassung im Dezember 1924 sicherten ihm schließlich die Gunst des "Führers". Streicher war einer der wenigen, die Hitler duzen durften. Trotz vieler Beschwerden gegen Streicher stellte sich Hitler in der Folgezeit immer wieder vor ihn und verlieh ihm den Titel des "Frankenführers".

Nach dem Putsch wurde Streicher von den Behörden kurz inhaftiert und unter Beibehaltung von zwei Dritteln seines Salärs vom Schuldienst suspendiert. Der Nürn-

"Frankenführer" Julius Streicher in typischer Pose

Veranstaltungsplakat

berger Polizeipräsident Gareis und einer seiner Mitarbeiter, Dr. Benno Martin, setzten sich für den Häftling ein und erwirkten bei der Münchner Staatsanwaltschaft bereits am 11. November die Entlassung.

Die Suspendierung vom Schuldienst erfolgte erst, nachdem Nürnbergs OB Dr. Hermann Luppe an die Regierung von Mittelfranken einen deutlichen Brief geschrieben hatte, in dem u. a. stand, "daß die Regierung ihr eigenes Ansehen" verliere, "wenn sie jetzt nicht diesen pathologischen Schädling seines Amtes" enthebe.[6]

Hingegen hatte sich wiederum die Nürnberger Polizeidirektion bei der Kammer des Innern der mittelfränkischen Regierung für Streicher und seine Beibehaltung im Dienst ausgesprochen[7], hatte aber diesmal keinen Erfolg. Streicher wandte sich endgültig der Politik und seiner Herausgebertätigkeit zu. Ab 1923 gab Streicher den "Stürmer" heraus, der sich aus seiner anfänglichen Lokalbezogenheit zu einem reichsweiten Blatt auswuchs, indem Streicher konkurrierende Parteizeitungen rigoros bekämpfen ließ und verbot. Obwohl das von der Bamberger NSDAP-Ortsgruppe herausgegebene "Kampfblatt" "Die Flamme" im Gegensatz zum "Stürmer" das Parteiabzeichen trug, verbot Streicher den Verkauf des Bamberger Blattes auf Parteiveranstaltungen und ließ sogar "zuwiderhandelnde SA-Leute durch die SS aus dem Saal werfen"[8].

1933 war der Verlag, der "Die Flamme" herausgab, von Streicher an den Rand des Konkurses gedrängt. Nach der Machtergreifung wurde das Erscheinen des Blattes, das 1930 kurz davor gestanden hatte, offizielles Gau-

blatt in Mittel- und Oberfranken zu werden, endgültig eingestellt.[9]

Die ersten "Stürmer"-Nummern wurden für den Kampf gegen den Nürnberger Oberbürgermeister Dr. Hermann Luppe eingesetzt. Allein in den Jahren von 1925 bis 1927 richteten Streicher und seine Parteigenossen "sieben Beschwerden, Anträge auf Amtsenthebung und Disziplinarverfahren gegen Luppe an die Regierung von Mittelfranken und an das bayerische Innenministerium".[10]

Zwar obsiegte der Oberbürgermeister vor Gericht gegen Diffamierungen aus dem rechtsradikalen Lager, aber Streicher ließ nicht davon ab, Luppe weiterhin Begünstigung im Amt, Verschwendung städtischer Gelder und vermeintlich jüdische Abstammung vorzuwerfen. 1926 wurde der Prozeß noch einmal aufgerollt, wobei das "Gericht offensichtlich auf ein Verfahren gegen Luppe wegen Verletzung der Eidespflicht" hinsteuerte. Luppe wurde kurzfristig des Amtes enthoben. Am 1. März 1926 schlug dann das Oberste Landgericht in München das Verfahren nieder, "mit einer Begründung, die Luppe völlig rechtfertigte"[11]. Streicher wurde zwar rechtskräftig verurteilt, hatte aber damit der "Bewegung" bewiesen, daß auch auf diese Weise propagandistisch gearbeitet werden konnte.

Auch bestätigte der Verlauf des Konfliktes die Nationalsozialisten in ihrer grundlegenden Propagandamethode der damaligen Zeit und erhellte die "wesentlichen Voraussetzungen für das rasche Wachstum der NSDAP in Bayern: Durch den Gegensatz Bayern : Reich galten politische Gruppen, die auf den Bürgerkrieg hinarbeiteten, 1923 als gute Patrioten", während sich verfassungstreue Anhänger der Republik, die wie Luppe auch konsequent die Nationalsozialisten bekämpften, "in Bayern gegen den Vorwurf des Hochverrats verteidigen mußten"[12]. Durch solche Kampagnen gerieten die Kommunalverwaltungen in den Ruf der Korruption und Unfähigkeit. Die Nationalsozialisten hofften, dadurch die Verhältnisse destabilisieren zu können.

Streicher war ein unermüdlicher Redner, er hielt stundenlange Versammlungen ab, nicht nur in Nürnberg, sondern auch überall im Umland, er gründete Dutzende von Ortsgruppen der NSDAP und schrieb Artikel um Artikel für den "Stürmer". Nach der Machtergreifung 1933 konnte Streicher seine Macht im Gau Franken ausbauen. Als ihn Hitler Ende März "zum Leiter des 'Zentralkomitees zur Abwehr der jüdischen Greul- und Boykotthetze' nominierte, ordnete Streicher sogleich am 1. April den Boykott aller jüdischen Geschäfte, Ärzte und Rechtsanwälte an, damit 'das Judentum wissen wird, wem es den Kampf angesagt hat'."[13]

Streicher rief nie zu direkten Gewalttaten gegenüber einzelnen Juden auf, er "plädierte permanent für die Ausrottung der Juden, war jedoch gleichzeitig bemüht, keine Gewalttaten gegen Juden innerhalb seines Machtbereiches stattfinden zu lassen ... Andernorts waren ihm Gewaltmaßnahmen gegen Juden willkommen, aber er selbst wollte mit Aktionen dieser Art direkt nicht in Verbindung gebracht werden. Dagegen setzte er mit

Judenboykott vom 1. 4. 1933: "Deutsche! Wehrt euch!". Organisiert wurde der Boykott von Julius Streicher.

satanischem Raffinement die jüdische Bevölkerung Frankens unter unerträglichen seelischen Druck ... Der von Streicher geschaffene Zustand spiegelt sich in den Worten des damaligen Vorstandes des 'Centralvereins deutscher Staatsbürger jüdischen Glaubens' in Nürnberg, Rechtsanwalt Dr. Walter Berlin, wider: 'Im Bereiche Streichers sind wir Juden vielleicht mehr unseres Lebens sicher, als sonst wo im Reiche. Aber nirgendwo ist unsere seelische Bedrängnis und unsere Verfemung schlimmer und unträglicher als in Franken'."[14]

Streichers politischer Einsatzbereich blieb auf Franken beschränkt. Hier konnte er seinen Einfluß noch verstärken, als er sich für den nach dem "Röhm-Putsch" verhafteten Nürnberger SA-Chef Obernitz einsetzte, der dadurch Leben und Posten behielt, aber von Streicher abhängig wurde. Streichers wirkliche Domäne war und blieb die Judenhetze mit dem "Stürmer" als propagandistischem Instrument. Der "Stürmer" war übrigens niemals Parteizeitung, sondern Streichers persönliches Eigentum, das ihn zum Millionär machte. Dies wurde er, wie die Zahlen belegen, innerhalb kürzester Zeit. Anzunehmen ist, daß Streicher vor 1933 kein nennenswertes Vermögen besaß, jedoch schon 1927 auf monatliche Einkünfte von ca. 400.- RM gekommen ist. Diese setzten sich aus seinen gekürzten Lehrerbezügen bzw. nach seiner endgültigen Entlassung aus dem Beamtenstatus aus der Pension, den Aufwandsentschädigungen als Stadtrat und Mitglied des Landtages und den Gewinnen aus dem "Stürmer"-Verkauf zusammen. Daher sind Äußerungen Streichers über sich als den notleidenden Kämpfer und Idealisten als zynische Demagogie zu begreifen. Noch 1936, als er vor den Nürnberger Lehrern für den Verkauf der Lehrervereins-Immobilie Hotel Deutscher Hof plädierte, tischte er in der entscheidenden Mitgliederversammlung folgende Unverfrorenheit aus der "Kampfzeit der Bewegung" auf: "Man hielt mich nicht für normal, denn wir hatten kein Geld. Aber wir machten es ohne Geld, denn der Glaube an uns und unsere Zukunft war so groß, daß es ging."[15]

Bereits 1935 änderte sich dies, als die Auflage des "Stürmer" drastisch anstieg. Die Steigerung war wesentlich bedingt durch das Abkommen mit der Deutschen Arbeitsfront, der Ersatzorganisation für die gleichgeschalteten Gewerkschaften. Seitdem mußten die meisten Betriebe entsprechend der Belegschaftszahl das Hetzblatt abnehmen.

Neben dem Vermögens- und Einkommenszuwachs durch Lug und Betrug kam Streicher manches noch auf andere Weise zu: Er wurde beschenkt, oder der Rat der "Stadt der Reichsparteitage" stellte dem Gauleiter generös Häuser und Grundstücke für privaten oder parteilichen Gebrauch zur Verfügung. Die Stadt hatte, noch unter Luppes Amtszeit, 1928 die Klettsche Villa in der Äußeren Cramer-Klett-Straße Nr. 4 erworben. Der Gauleiter konnte im Frühjahr 1936 von seiner bescheidenen Wohnung in der Holzgartenstraße in das Cramer-Klett-

Streicher-Palais

Haus umziehen. Vorher ließ die Stadt freilich für den Gauleiter das Haus nach Plänen von Professor Ruff restaurieren. Am 11. Dezember 1935 wurde in einer Beratung der Ratsherren "einmütig" beschlossen, das Klettsche Haus dem Gauleiter "als Statthalter des Führers in Franken" zu überlassen.

Dem ging ein "gentleman agreement" zwischen Streicher und der Stadt voraus. Dabei wurde die finanzielle Seite der Besitznahme von Haus und Grundstück und des Umbaus geregelt. Das Schwimmbecken im Garten wurde von Parteiführern und Beamten "freiwillig" ausgehoben.[16]

Auch wenn der Herausgeber des Hetzblattes aus der Sicht der "Bewegung" den traditionsreichen Wohnort "verdient" hatte, so waren doch manche Nürnberger mit der neuen Wohnung des Antisemiten nicht einverstanden. In den Tagen, als er in die Klett-Villa einzog, wurde auf die umgrenzende Mauer gepinselt: "Wo hast du denn die Villa her? Es gibt doch keine Bonzen mehr."[17]

Die Klett-Villa war nicht das einzige Haus, das die Stadtverwaltung Nürnberg dem Gauleiter zur Verfügung stellte. Andere Grundstücke und Häuser wurden Streicher und der "Bewegung" geschenkt. Das Grundstück für das Gauleiter-Haus am Marienplatz 5 bekam die "Bewegung" zum 50. Geburtstag ihres fränkischen Leiters von der Stadt im Februar 1935. Zwei Jahre später war das Gauhaus erbaut und seiner braunen Bestimmung übergeben. Zum Geburtstag 1938 erhielt Streicher wiederum ein Grundstück für die "Bewegung". Das Anwesen Marienplatz 1 mußte aber vorher von der "Stadt der Reichsparteitage" gekauft, d. h. in diesem Fall arisiert werden. Der für sein Amt "geeignete" Liebel erreichte bei dieser Schenkung gleich dreierlei. Zum "Wohle" der Stadt entlastete er nicht nur den Stadtsäckel, sondern auch die Kasse der "Bewegung" und befreite das "Hitler-Haus" von ungehöriger Nachbarschaft. Im "von Künstlerhand gefertigten Schenkungsbrief" ließ der Oberbürgermeister festhalten: "Die Stadt der Reichsparteitage Nürnberg hat in ihrem Bestreben nach Entjudung deutschen Grund- und Hausbesitzes das dem Hitler-Haus benachbarte, bisher einem Juden gehörige Anwesen durch Kauf in ihr Eigentum gebracht. Damit ist in höchst rechtmäßiger Weise einem unwürdigen Zustand ein Ende bereitet worden, der zwar dem ungestört hausenden Juden bequem, jedem Deutschen aber unerträglich war."[18]

Streicher hatte vor, auf dem Grundstück das "Haus des Kampfes" für ein "Archiv der Kampfzeit" erbauen zu lassen. Den Besitzer und Eigentümer des Hauses am Marienplatz 1, den Kaufmann Max Abraham, zwang man in die Reihen der sogenannten "Fremdarbeiter". Laut den Listen des Einwohnermeldeamtes, die 1948 erstellt wurden, verzog Max Abraham am 1. 2. 1939 an einen "unbekannten Ort".

Entrechtung, Enteignung, Entmenschlichung

Der Anteil der Juden an der Bevölkerung betrug 1933 in Nürnberg rund 1,8 %, in Fürth rund 2,6 %; noch 1935 waren rund 21 % der im Handelsregister eingetragenen Firmen jüdisch[19]. "In diesem wirtschaftlichen Wohlergehen wurden auch oft die Gründe dafür gesucht, daß diese beiden fränkischen Städte eines der Zentren des nationalsozialistischen Antisemitismus bildeten. Aber wie man im folgenden sehen wird, war dies weniger die Ursache als vielmehr nur ein Vorwand dafür. Den eigentlichen Grund bildeten die Personen der Führungsspitze des Gaues Franken, Streicher mit seinen Untergebenen, die wegweisend für das gesamte Reich handeln wollten."[20]

Zu Ausschreitungen gegen Juden war es bereits 1933 gekommen. Der Boykott-Tag vom 1. April 1933, bei dem vor allem die SA und der "Kampfbund des gewerblichen Mittelstandes" in Erscheinung getreten waren, war ein erster Hinweis für die beabsichtigte wirtschaftliche Aus-

Einkommen und Vermögen Streichers:

Einkommen	
1938	698.257,-
1939	871.969,-
1940	1.290.440,-
1941	1.638.861,-
1942	2.064.828,-
1943	2.018.189,-
1944	1.852.809,-
1945	303.241,-
Vermögen	
1938	663.630,-
1939	331.160,-
1940	675.276,-
1941	1.154.148,-
1943	2.201.272,-

Einkommens- und Vermögenssteigerungen Streichers in Reichsmark (Quelle: StadtAN Belege zur Stadtchronik).

schaltung der Juden gewesen. Eine ganze Reihe von Ausschluß- und Verfolgungsmaßnahmen gegen Juden wurde auf Betreiben Streichers erstmals in Nürnberg praktiziert, so zum Beispiel der Ausschluß von den öffentlichen Bädern, den öffentlichen Schulen und die Entlassung von den Arbeitsplätzen.

Die "Nürnberger Gesetze" von 1935 hatten keine wirtschaftliche Regelung der "Judenfrage" enthalten, so daß diese Periode als eine der "schleichenden Judenverfolgungen"[21] bezeichnet wird. Das Attentat Herschel Grünspans bildete den willkommenen Vorwand, Arisierungen in größerem Stil durchzuführen. Überlegungen dazu waren bereits seit Ende 1937 in Franken und andernorts angestellt worden. Die Arisierungskampagne im Gau Franken bildete eine Ausnahme. "Nirgend anderswo wurde in solchem Ausmaße und mit solchen Methoden vorgegangen."[22]

In arische Hände überführt wurden jüdische Unternehmen, Geschäfte, Grundstücke und Gebäude, Mobilien (Maschinen, Teppiche, Klaviere, Schmuckgegenstände, Hausrat und dgl.) und Fahrzeuge. Zur Veranschaulichung der Vorgänge sollen einige Beispiele herangezogen werden:

Nach einer freundlichen Mitteilung von Frau Baruch, der Witwe des 1988 verstorbenen ehemaligen Gemeindevorstandes, wurden Möbel und Hausrat aus den Wohnungen in die Aussegnungshalle des israelitischen Friedhofes gebracht. Dort bedienten sich dann jeweils nach Bedarf die SA- und SS-Horden.

Streicher selbst, der sich formell weitgehend aus der Aktion heraushielt, sie aber deckte, bereicherte sich z. B. dadurch, daß er "für sich Aktien im Nennwert von 112.500,- RM für nur 5600,- RM von einem Juden kaufen (ließ), den man ins KL (Konzentrationslager) gebracht hatte"[23]. Bei diesen Aktien handelte es sich um Anteile der Marswerke, einer bedeutenden Zweiradfabrik in Nürnberg.

Auch seine Untergebenen kamen nicht zu kurz: Von den rund 300 in Nürnberg und Fürth arisierten Kraftfahrzeugen gingen etwa 60 für einen Verkaufspreis von 20,- bis 200,- RM an Parteiorganisationen und Parteigenossen. Dabei wurde "nach dem schon bei der Grundstücksarisierung angewandten Schema" vorgegangen. Um dieses Schema, d. h. die Methoden, mit denen sich die Nazis bereicherten, deutlich zu machen, soll die Schilderung der Jüdin Martha Hutzler, die diese anläßlich einer Vernehmung am 30. Januar 1939 zu Protokoll gab, ausführlich zitiert werden:

"Meine Auswanderung habe ich soweit vorbereitet, daß ich am gleichen Tage nach England auswandern könnte, wenn ich meinen Paß bekommen könnte. Vom Finanzamt Nürnberg-West bekomme ich die Unbedenklichkeitsbescheinigung nicht, weil ich die Kontribution aus dem Einheitswert meines früheren Anwesens bezahlen soll. Dies kann ich jedoch nicht, weil ich mein Anwesen Schanzäckerstraße Nr. 34, das einen Einheitswert von 57.400,- RM hatte, um 3000,- RM an die Deutsche Arbeitsfront, bzw. an Herrn Karl Holz, verkaufen mußte.

Über den Hausverkauf möchte ich folgende Angaben machen: Am 11. November 1938[24] wurde ich von einem Herrn ersucht, mit ihm zur Deutschen Arbeitsfront zu kommen, da dort einige Fragen zu erledigen wären, und käme in kurzer Zeit wieder zurück. Es war dies ungefähr um 16.30 Uhr. Ich wurde von dem Herrn zu einem Wagen geführt, der von einem SA-Mann gefahren wurde, und kam dann zur Deutschen Arbeitsfront in die Essenweinstraße. Beim Herangehen in das Gebäude der DAF wurde mir von einem uniformierten SA-Mann meine Handtasche abgenommen. Ich selbst kam in ein Zimmer wo ich photografiert wurde. Insgesamt wurden drei Aufnahmen von mir genommen. Ich kam dann in ein anderes Zimmer, in dem bereits der Herr Mosbacher von der Gostenhofer Hauptstraße anwesend war. Ich wollte mich dann setzen. Ein SA-Mann, der an der offenen Türe stand, sagte zu mir: 'stehen bleibst und wennst umfallst.' Ich blieb eine Zeit lang im Zimmer stehen. Ein SA-Mann sagte dann zu mir: 'also jetzt runter.' Meine Tasche hatte ich unterdessen wieder bekommen. Auf dem Wege zum Keller wurde meine Tasche wieder abgenommen. Ich bat einen SA-Mann, mein Taschentuch mitnehmen zu dürfen, was dieser ablehnte, mit den Worten: 'brauchst kein Taschentuch.' Als ich im Keller ankam, sah ich, daß bereits 3 Mann (Juden) anwesend waren. Mir wurde befohlen mit dem Gesicht nach der Wand zu sehen und keine Bewegung zu machen. Von einem SA-Mann wurde uns gesagt, wenn ein Arier kommt, haben wir uns sofort umzudrehen. Im Laufe des Dortseins mußten wir uns sehr oft umdrehen. Wir mußten nun verschiedene Übungen machen, z. B. eine Zeit lang auf einem Bein stehen, Kniebeuchen [sic], Rumpfbeugen usw. Es kamen dann immer mehr Juden und Jüdinnen. U. a. waren die Jüdin Huber, die Jüdin Stern und eine Frau Schröder anwesend. Ohne irgend eine Bewegung machen zu dürfen mußten wir auch zeitweise stehenbleiben. Wenn dann jemand eine unbewußte Bewegung machte, wurde die betr. Person sogleich von Herrn in Uniform und auch in Zivilkleidung zurechtgewiesen. Ich selbst wurde nicht geschlagen. Ich habe jedoch gesehen, daß ein Jude von einem anderen Juden geschlagen wurde. Dies ging folgendermaßen vor sich: Ich hörte plötzlich ein Geschrei. Ein Mann rief: 'Da, da bringe ich den Friedmann.' Der Jude Friedmann mußte sich eine Zeitlang in eine Ecke stellen, dann mußte er bei den Übungen mitmachen. Dann mußte er sich über einen Schemel legen und der Jude Heilbronner mußte ihn meines Wissens mit einer Rute auf das Gesäß schlagen. Die ersten Schläge, die Heilbronner ausführte, kamen dem Aufsichtsführenden zu leicht vor, weshalb er die Rute nahm und einen Schlag auf das Gesäß des Friedmann ausführte. Als Heilbronner wieder zuschlug, ist der Stock zerbrochen. Dann wurde das Schlagen eingestellt. Ich wurde dann gegen 22.00 Uhr in den 3. Stock gerufen. Von mir unbekannten Herrn wurde mir etwas vorgelesen, das ich jedoch dem Wortlaut oder nur dem Inhalt nach nicht mehr angeben kann. Außerdem war ich durch die vielen Übungen und das stundenlange Stehen derart zermürbt, daß ich nicht nur den Vertrag, sondern einfach alles unterschrieben hätte, was mir die Herren vorgelegt hätten. Ich weiß bloß noch, daß für mein Haus ein Verwalter aufgestellt werden solle, ob ich mit 10 % des Einheitswertes zufrieden bin und dergl. Nach der Unterschriftsleistung mußte ich wieder in den Keller. An den Übungen mußte ich dann nicht mehr teilnehmen. Ich mußte lediglich auf das Kommando 'Arier' vortreten und mußte den Spruch - Sprechchor: Der Jude Grünspan hat den Dr. vom Rat ermordet, ich gehöre auch dieser Mörderrasse an, mit vorsprechen. Um 23.45 Uhr wurde ich als drittletzte Person entlassen. - Am Samstag wurde ich durch einen SA-Mann mittels Vorladungskarte abermals zur DAF vorgeladen. Wie ich dort ankam, waren schon eine ganze Anzahl Juden und Jüdinnen im Zimmer anwesend. Nach kurzer Zeit wurden wir für Montag, den 21. November 1938, vorgeladen. Am Montag, den 21. 11. 38, wurde ich vermutlich als erste Person vernommen. Ein mir unbekannter Herr sagte mir, nachdem ihr Haus einen Einheitswert von 57.000,- RM hat, bekomme ich nach Abzug verschiedener mir nicht mehr erinnerlicher Posten 3000,- RM. Diesen Betrag bekomme ich aber nicht ausbezahlt, sondern dieser wird auf ein Konto der Bank der Deutschen Arbeit einbezahlt.

Hierauf kam ich in ein anderes Zimmer. Hier wurde mir von einem jüngeren Herrn des Notars Hussel ein Vertrag vorgelesen, den ich dann unterschreiben mußte. Ein Zwang wurde hier nicht ausgeübt."[25]

Die Höhe der Arisierungsgewinne in Nürnberg und Fürth festzustellen, ist angesichts der Aktenlage und der "unüblichen" Geschäftsmethoden nicht leicht. Um dennoch eine gewisse Vorstellung davon zu geben, sollen einige Zahlen genannt werden: Bei einer Überprüfung von 33 Betrieben wurde ein Arisierungsgewinn von 14.399.077,- RM errechnet. Auch unter der Voraussetzung, daß es sich hier um überdurchschnittlich große Betriebe handelte, wird die Dimension der Gewinne ersichtlich, wenn man sich in Erinnerung ruft, daß 1935 von rund 5700 Betrieben in Nürnberg und Fürth 110 in Händen jüdischer Eigentümer waren.

Für die Grundstücksarisierung errechnet Schneider "einen Gesamtarisierungsgewinn von rund 17 bis 20 Millionen RM, den die Partei für sich verwenden wollte. Natürlich sind in diesem Betrag alle die Gelder nicht enthalten, die durch Korruption und Bereicherungen in die Taschen der Beteiligten und anderer Parteigenossen flossen"[26].

Selbst bei den "freundschaftlichen Arisierungen", also freiwilligen und meist unter relativ fairen Bedingungen vonstatten gegangenen Verkäufen von Juden, die die Entwicklung voraussahen und ins Ausland gehen wollten, muß die Ausnahmesituation, unter der diese Verkäufe stattfanden, in Rechnung gestellt werden. Bis zum

"Stürmer"-Kasten, gestiftet von Bab. Lausch

"Der Vater der Juden ist der Teufel" - Ortsschild in Eschenbach, Landkreis Hersbruck (aufgenommen am 29. 7. 1935)

Jahreswechsel 1939/1940 waren die Mißstände in Franken unübersehbar geworden, und so sah sich die Reichsregierung gezwungen einzugreifen. Der eigentliche Anlaß für die Bildung der von Göring eingesetzten Untersuchungskommission läßt sich nicht mehr eindeutig feststellen. Später berief sich der damalige Nürnberger Polizeipräsident Benno Martin darauf, der Urheber gewesen zu sein, was insofern glaubwürdig erscheint, als zwischen Martin und Streicher tatsächlich starke Differenzen bestanden hatten. Man darf auch nicht vergessen, daß durch die Vorgänge im Gau Franken erhebliche Summen in Privathände gerieten, die "das Reich" an sich ziehen wollte. Denn selbstverständlich ging es der "Göring-Kommission" unter SS-Obersturmbannführer Meisinger nicht um eine Wiederherstellung der Rechte jüdischer Eigentümer, sondern um die Nutznießung des Beutegutes im Rahmen einer scheinbaren Legalität.

Die Arbeit der "Göring-Kommission" dauerte mehrere Monate, da die Gauleitung die Untersuchungen zu sabotieren versuchte. Am drastischsten geschah dies im Fall des SA-Oberführers König, eines Mittäters und somit Hauptbelastungszeugen gegen Streicher. Der gab ihm "am 5. 2. 1939 den Befehl, Selbstmord zu begehen. Diesen Entschluß begründete er damit, daß König an einer Abtreibung schuld gewesen sei. Zwar entsprach dies den Tatsachen, war aber wahrscheinlich nicht der eigentliche Grund dafür." Die "Göring-Kommission" selbst schrieb dazu, "es liegt der Verdacht nahe, daß Streicher den Befehl zum Selbstmord erteilt hat, um den Hauptzeugen für sein eigenes Verhalten zu beseitigen"[27]. Dennoch konnte Streicher seine Beteiligung nicht völlig verbergen. Am 13. 2. 1940 mußte er sich vor dem Obersten Parteigericht in München unter anderem dafür verantworten. Das Gericht befand Streicher als "zur Menschenführung nicht geeignet". Zwar ließ man ihm offiziell seinen Rang als Gauleiter, er wurde aber aller Geschäfte enthoben und auf sein Gut Pleikershof bei Fürth verbannt, wo er bis Kriegsende lebte. Der "Stürmer" blieb weiterhin Streichers Privatbesitz. Die Arisierungsgewinne wurden nun auch in Franken dem Reich zur Verfügung gestellt und die Parteidisziplin wieder hergestellt.

1946 verurteilte der Internationale Militär-Gerichtshof Streicher wegen "Verbrechen gegen die Menschlichkeit" zum Tode und ließ ihn hinrichten. Er hatte zwar sein Wissen um die Geschehnisse in den KZs weitgehend abgestritten, nicht aber seinem fanatischen Antisemitismus abgeschworen, den er nach wie vor als "Aufklärung" und "Wissen" bezeichnete. Das Urteil wurde u. a. mit von Streicher verfaßten Zitaten aus dem "Stürmer" begründet:

"Ein Strafgericht muß über die Juden in Rußland kommen, ein Strafgericht, das ihnen das gleiche Urteil bereitet, das jeder Mörder und Verbrecher erwarten muß: Todesstrafe und Hinrichtung. Die Juden in Rußland müssen getötet werden. Sie müssen mit Stumpf und Stil ausgerottet werden."[28]

Dies war im Mai 1939 in hunderttausendfacher Auflage zu lesen. Und etwa 2 1/2 Jahre später, am 25. Dezember 1941, veröffentlichte er folgendes: "Wenn die Gefahr der Fortpflanzung dieses Fluches Gottes im jüdischen Blut endlich zu einem Ende kommen soll, dann gibt es nur einen Weg: die Ausrottung dieses Volkes, dessen Vater der Teufel ist."[29]

Die Deportationen

Das Ergebnis von "Reichskristallnacht" und Arisierung war, daß bis Kriegsbeginn 1939 die Juden aus dem Wirtschaftsleben ausgeschaltet waren. Seit 1939 folgte "durch viele neue Verordnungen die Einschränkung ihrer Existenzgrundlage auf ein Minimum, parallel dazu verliefen Deportationen und die Vernichtung"[30]. Als besonders einschneidend wurde die Verfügung vom 15. September 1941 betrachtet, die Juden ab dem 6. Lebensjahr zwang, den Judenstern zu tragen. Juden hatten besondere Ausweise, die durch ein "J" gekennzeichnet waren, auch Wohnungen waren seit 1942 durch einen Judenstern ausgewiesen.

Bis 1938 begünstigten die Machthaber vor allem die Auswanderung der Juden. Von den über 500.000 Juden, die 1933 in Deutschland lebten, waren bis zu diesem Jahr 180.000 emigriert. Im folgenden Jahr waren es noch einmal 80.000, die nach Zahlung der sog. "Reichsfluchtsteuer" ihre Heimat verließen. Mit Kriegsbeginn änderten sich die Bedingungen. Bereits am 30. Januar 1939 hatte Hitler in einer Reichstagsrede erklärt: "Ich will heute wieder ein Prophet sein: Wenn es dem internationalen Finanzjudentum in und außerhalb Euro-

Judenstern

Ausgebrannte Essenwein-Synagoge - Reichspogromnacht 1938

pas gelingen sollte, die Völker noch einmal in einen Weltkrieg zu stürzen, dann wird das Ergebnis nicht die Bolschewisierung der Erde und damit der Sieg des Judentums sein, sondern die Vernichtung der jüdischen Rasse in Europa.[31]"

Bereits zwei Monate vor der Wannsee-Konferenz, auf der am 20. Januar 1942 der formale Beschluß zur Deportation der europäischen Juden nach dem Osten protokollarisch festgehalten wurde, wurden schon aus Nürnberg jüdische Bürger deportiert. Am 29. 11. 1941 verschleppten die Nazis die ersten nach Riga. Bis zum 17. 1. 1944 folgten drei weitere Deportationswellen, die beiden letzten gingen nach Theresienstadt und Auschwitz. Aus der "Stadt der Reichsparteitage" und der Stadt des "Frankenführers" Streicher wurden 1.631 jüdische Bürger deportiert. Nur 72 von ihnen überlebten den Holocaust.[32]

Anmerkungen:
1. Amtsblatt der Stadt Nürnberg, Nr. 12, 1967.
2. Kipphan, Propagandist, S. 26.
3. Müller, S. 31.
4. StadtAN F5 QNG 418 b.
5. Preiß in Rühl, S. 48.
6. Hambrecht, S. 56 und Schmidt, S. 34.
7. Kipphan, S. 283.
8. Hambrecht, S. 163.
9. vgl. Hambrecht, S. 163 f.
10. Hambrecht, S. 213. 11.
11. Hanschel, S. 220 ff.
12. Hambrecht, S. 213.
13. Rühl, S. 69.
14. Rühl, S. 72 f.
15. StadtAN E6 Vereine 826/2; für den freundlichen Hinweis danke ich Herrn Dr. G. Hirschmann, ltd. Archivdirektor a. D.
16. Vgl. Rühl, S. 153.
17. StadtAN F5 QNG Bing.
18. StadtAN Stadtchronik 1938, S. 142.
19. Vgl. Genschel, S. 241.
20. Schneider, S. 8.
21. Schneider, S. 12.
22. Schneider, S. 14.
23. Genschel, S. 245.
24. also kurz nach der Reichskristallnacht", dem von den Nazis inszenierten Judenpogrom vom 9. November 1938.
25. Schneider, S. 32 ff.
26. Schneider, S. 37.
27. Schneider, S. 53 f.
28. IMG, S. 341.
29. IMG, S. 342.
30. Müller, G., S. 275.
31. Domarus, Bd. II, S. 1058.
32. Vgl. Froschauer/Geyer, S. 78 und Müller, G., S. 295.

Literatur:
Hans Paul Bahrdt: Soziologische Reflexionen über die gesellschaftlichen Voraussetzungen des Antisemitismus in Deutschland, Tübingen 1965.

Hugo Burkhard: Tanz mal, Jude. Nürnberg 1966.

Randall L. Bytwerk: Julius Streicher, The Rhetoric of an Antisemite, Evanston, Illinois, 1975. Randall L. Bytwerk: Julius Streicher, New York 1983.

Max Domarus: Hitler, Reden und Proklamationen 1932-1945. Kommentiert von einem Zeitgenossen. 2 Bde., Neustadt/Aisch 1962/63.

Carol Jean Ehlers: Nuremberg, Julius Streicher and the Bourgeois Transition to Nazism. 1918/19, Colorado 1975.

Hermann Froschauer/Renate Geyer: Quellen des Hasses. Aus dem Archiv des "Stürmer" 1933-1945, Katalog zur Ausstellung des Stadtarchivs, Nürnberg 1988.

Helmut Genschel: Die Verdrängung der Juden aus der Wirtschaft im Dritten Reich, Göttingen 1966.

Fred Hahn: Lieber Stürmer. Leserbriefe an das NS-Kampfblatt. 1924-1945, Stuttgart 1978.

Rainer Hambrecht: Der Aufstieg der NSDAP in Mittel- und Oberfranken (1925-1933). Bd. 17 der Schriftenreihe des Stadtarchivs Nürnberg, Nürnberg 1976.

Klaus Kipphan: Julius Streicher: Propagandist of the Holocaust. In: Juanita Studien 1976 (zit. als Kipphan, Propagandist).

Klaus Kipphan: Julius Streicher und der 9. November 1923. In: Zeitschrift für bayerische Landesgeschichte 1976.

Benno Martin: Mein Kampf gegen Streicher. In Anton Wegner, Kurt Martin: Polizei einmal anders, Hersbruck 1946 (maschinenschriftlich).

Arnd Müller. Geschichte der Juden in Nürnberg 1146 -1945, Nürnberg 1968.

Arnd Müller: Streicher und die Juden. In: Tutzinger Studien 2/1979, Der Nationalsozialismus in Franken, Tutzing 1979 (zit. als Müller).

Franz Pöggeler: Der Lehrer Julius Streicher. Zur Personalgeschichte des Nationalsozialismus. Frankfurt a. M. 1991.

Manfred Rühl: Der Stürmer und sein Herausgeber, Nürnberg 1960 (unveröffentlichte Diplomarbeit der Universität Erlangen-Nürnberg).

Hans-Peter Schmidt: Julius Streicher. Aufstieg und Fall eines Gauleiters, Nürnberg 1986 (unveröffentlichte Zulassungsarbeit an der Universität Erlangen-Nürnberg).

Dennis E. Showalter: Little man, what now? Der Stürmer in the Weimarer Republik, Hamden 1982

William Paul Varga: Julius Streicher: a political biography. 1885-1933, Ohio 1974.

William Paul Varga: The number one Nazi Jew-Baiter, New York 1981.

Lothar Gruchmann

„Blutschutzgesetz" und Justiz*
Entstehung und Anwendung des Nürnberger Gesetzes vom 15. September 1935

Am 15. September 1985 jährte sich zum fünfzigsten Mal der Tag, an dem in Nürnberg das nationalsozialistische "Gesetz zum Schutze des deutschen Blutes und der deutschen Ehre" - kurz "Blutschutzgesetz" genannt - erlassen wurde. Im folgenden sollen seine Vorgeschichte, Entstehung, sein Inhalt und seine Anwendung durch die damalige Justiz behandelt werden.

Die Forderung des Parteiprogramms der NSDAP vom 26. Februar 1920, daß nur ein Mensch "deutschen Blutes" deutscher Staatsbürger sein könne und jeder andere als Gast "unter Fremdengesetzgebung" stehen müsse, auch auf das Gebiet des *Strafrechts* zu übertragen und die "Reinerhaltung der Rasse" mit strafrechtlichen Mitteln zu erzwingen, war keineswegs neu. Diese Forderung hatte schon Alfred Rosenberg in seinem "Mythus des 20. Jahrhunderts" vertreten.

Am 13. März 1930 brachte die nationalsozialistische Fraktion unter Frick im Reichstag den Entwurf eines "Gesetzes zum Schutz der deutschen Nation" ein, wonach "wegen Rassenverrats" mit Zuchthaus und dauerndem Entzug der bürgerlichen Ehrenrechte bestraft werden sollte, "wer durch Vermischung mit Angehörigen der jüdischen Blutsgemeinschaft oder farbiger Rassen zur rassischen Verschlechterung und Zersetzung des deutschen Volkes beiträgt oder beizutragen droht(!)"; in besonders schweren Fällen sollte auch auf Todesstrafe erkannt werden können.[1] Mag dieser radikale Antrag auch nur eine situationsbedingte Demonstration in der Debatte um das neue Republikschutzgesetz gewesen sein, der damals keine Aussicht auf Verwirklichung hatte, so steckte in ihm doch ein ernst zu nehmender Kern nationalsozialistischer Programmatik. Daß diese Überlegungen von seiten nationalsozialistischer Juristen durchaus ernst genommen wurden, zeigen die Vorschläge des preußischen Justizministers Kerrl und seines Staatssekretärs Freisler zur Strafrechtsreform, die im September 1933 in der Denkschrift "Nationalsozialistisches Strafrecht" veröffentlicht wurden. Zum "Schutz von Rasse und Volkstum" wurden darin Tatbestände aufgestellt, von denen der erste und wichtigste später im Nürnberger Blutschutzgesetz verwirklicht werden sollte: der "Rasseverrat", d. h. die Eheschließung und der außereheliche Geschlechtsverkehr zwischen Deutschblütigen und "Angehörigen fremder Blutsgemeinschaften".

Als diese radikalen Forderungen der preußischen Denkschrift im Juni 1934 in der amtlichen Strafrechtskommission zur Erörterung kamen, wurden sie gegen Freislers Widerstand abgelehnt und in den Entwurf eines neuen Strafgesetzbuchs zunächst nicht aufgenommen. Die konservativen Mitglieder der Strafrechtskommission wie der Reichsjustizminister Gürtner u. a. verneinten die

Titelseite des "Stürmer" (38/1935): Die "Nürnberger Gesetze"

Tauglichkeit des Strafrechts als Instrument, das Parteiziel der Unterbindung einer "Rassenmischung" zu erreichen: Dafür sollten vielmehr die Mittel der Erziehung und Aufklärung eingesetzt werden. Vor allem bei einem strafrechtlichen Verbot des außerehelichen Geschlechtsverkehrs zwischen Juden und "Ariern" sahen sie verheerende Nebenwirkungen voraus, die später ja auch tatsächlich eintreten sollten. So äußerte der Berliner Strafrechtslehrer Kohlrausch: "Erpressungen, Denunziationen usw. von den Partnern einer auseinandergegangenen Verbindung oder von dritter Seite würden nicht nur eine erschreckende Zahl erreichen, sondern auch ein ganz besonders unerfreuliches, ja widerwärtiges Gesicht annehmen."[2]

Natürlich hätte die politische Führung auch zu diesem Zeitpunkt schon ihren Willen durchsetzen und die Aufnahme einer entsprechenden Bestimmung in das Strafgesetzbuch fordern oder ein besonderes Gesetz erlassen können. Für die Unterlassung waren überwiegend außenpolitische Bedenken hinsichtlich der Rückwirkungen im Ausland maßgebend; die Zeit wurde dafür noch nicht als reif angesehen.

Auch die Justizleitung mußte sich bei ihrer ablehnenden Haltung auf Argumente beschränken, die Aussicht hatten, von der Führung akzeptiert zu werden, und hob daher im Einvernehmen mit dem Auswärtigen Amt in der Folgezeit stets außenpolitische Gründe hervor. Wie aber aus diesen Erörterungen gleichfalls hervorgeht, war sie sich völlig darüber klar, daß die Durchführung des Parteiprogramms auf diesem Gebiet ohne radikale strafrechtliche Bestimmungen nicht erreicht werden konnte und die Führung deren Erlaß früher oder später fordern werde, sobald ihr der Zeitpunkt dafür opportun erschien. Schon deshalb konnten auch im September 1935 die *inhaltlichen* Forderungen zum Blutschutzgesetz für das Justizministerium keine Überraschung darstellen, sondern allenfalls der überstürzt festgesetzte Termin für ihre Realisierung.

Solange die "Ariergesetzgebung" auf das Gebiet des Ehe- und Geschlechtslebens nicht ausgedehnt wurde, hatten jedenfalls die Gerichte und Behörden hier nach geltendem Recht zu verfahren. In einem Runderlaß vom 17. Januar 1934 ermahnte Reichsinnenminister Frick die Reichs- und Landesbehörden ausdrücklich, die gesetzlichen Schranken, die die Reichsregierung mit der "Ariergesetzgebung" gesteckt hatte, genau zu beachten und "ohne Verzug" zu handeln, "wenn nach den zur Zeit maßgebenden Bestimmungen die Voraussetzungen für die Vornahme einer Amtshandlung (z. B. Eheschließung ...) erfüllt" seien, und zwar auch dann, "wenn sie vielleicht nationalsozialistischen Auffassungen nicht voll zu entsprechen scheinen"[3]. Die Standesbeamten hatten also weiter "Mischehen" zu schließen, und für die Nichtigkeit, Anfechtbarkeit oder Scheidung solcher Ehen galten auch weiterhin die einschlägigen Paragraphen des BGB.

Auf Fricks Runderlaß nahm auch das Reichsgericht Bezug, als es in einem Urteil vom 12. Juli 1934 die Klage eines Ehemannes abwies, der die jüdische Abstammung seiner Frau bei seiner Eheschließung im Jahre 1930 gekannt hatte, aber die Ehe nunmehr anfechten wollte, weil er die Bedeutung der Rassenverschiedenheit erst durch die Aufklärung nach der "nationalsozialistischen Revolution" habe erkennen können. Das Reichsgericht wies darauf hin, daß auch künftig das Eingehen von "Mischehen" nicht verboten sei und daß die Gerichte ferner "nicht befugt (seien), den nationalsozialistischen Anschauungen über diejenigen Grenzen hinaus Geltung zu verschaffen, die die Gesetzgebung des nationalsozialistischen Staates sich selbst gezogen hat". Das Gericht hob damit die gegensätzliche Entscheidung des Oberlandesgerichts Karlsruhe vom 2.

"Die Judenfrage ist der Schlüssel zur Weltgeschichte" - Klassenzimmer

März 1934 auf, obwohl Hans Frank als Reichsjuristenführer die Karlsruher Richter öffentlich für ihre "mutige Entscheidung" und ihr "erstes ganz großes Verdienst" auf diesem Gebiet gelobt hatte[4]. Das Urteil des Reichsgerichts wurde vom Bund Nationalsozialistischer Deutscher Juristen und von der Akademie für Deutsches Recht kritisiert; der Vorsitzende des Akademie-Ausschusses für Familien- und Eherecht zog aus seiner Kritik das Fazit: "Die *Notwendigkeit* der Unterbindung weiterer Blutsvermischung des deutschen Volkes ist klar erkannt; eine ausreichende gesetzliche Handhabe fehlt. Sie wird kommen, weil sie kommen *muß*."[5]

In den folgenden Monaten wurde daher dieser Fragenkomplex von der Parteipropaganda bei jedem sich bietenden Anlaß in den Vordergrund gerückt, wobei sich vor allem der fränkische Gauleiter Julius Streicher und sein antisemitisches Organ "Der Stürmer" mit Meldungen über die "Schändung" deutscher Mädchen durch Juden hervortaten. Streicher suchte Frick auf, um ihn in einer "kameradschaftlichen Aussprache" zum Erlaß eines entsprechenden Verbots zu bewegen; er argumentierte, "daß schon bei einem einzigen Beischlaf eines Juden mit einer Arierin die Schleimhäute ihrer Scheide durch den artfremden Samen derartig 'imprägniert' würden", daß die Frau nie mehr "reinblütige Arier" gebären könne[6].

Die einzelnen Maßnahmen, mit denen die Propaganda für ein strafrechtliches Verbot der sogenannten "Rassenschande" von der nationalsozialistischen Bewegung ab Herbst 1934 angeheizt wurde, können hier nicht aufgeführt werden: Zu ihnen gehörten zahlreiche Kundgebungen, Entschließungen und Telegramme von NS-Organisationen an das Reichsinnenministerium und das Reichsjustizministerium. An dieser Kampagne beteiligte sich ab April 1935 auch das erst wenige Wochen vorher gegründete Organ der SS "Das Schwarze Korps".

In diesen Monaten kam es verschiedentlich zu Fällen von Lynchjustiz gegen Juden, die "Arierinnen" als Geliebte hatten oder heiraten wollten. Bei diesem Kesseltreiben seitens der Bewegung war es kein Wunder, daß im Frühsommer 1935 schließlich einzelne Standesbeamte ihre Mitwirkung beim Aufgebot oder der Schließung von "Mischehen" trotz Fricks Runderlaß vom Januar 1934 verweigerten. Als die Betroffenen daraufhin gemäß dem Personenstandsgesetz beim zuständigen Amtsgericht beantragten, den Standesbeamten zur Vornahme der gesetzlich vorgeschriebenen Amtshandlung anzuhalten[7], wurde auch die Justiz involviert. Einige Amtsgerichte ordneten Aufgebot und Eheschließung an, da "der Standesbeamte eine Eheschließung nicht ablehnen (dürfe), wenn keines der gesetzlichen Ehehindernisse vorliege", die im BGB "erschöpfend und ausschließlich" geregelt seien[8]. Andere Amtsgerichte wiederum erklärten die Ablehnung des Aufgebots für begründet.

So erklärte z. B. das Amtsgericht Bad Sülze (Mecklenburg): Obgleich "rein formalgesetzlich" kein Verbot für eine Eheschließung bestehe, verstoße sie jedoch "gegen die wichtigsten Gesetze des Staates, die in der Reinerhaltung und Pflege des deutschblütigen Volkes bestehen. Eine derartige Ehe ist daher durch und durch unsittlich." Folglich könne "von einem Beamten nicht verlangt werden, daß er zu einer solchen Handlung seine Hand bietet"[9].

Das Amtsgericht Wetzlar sah den einschlägigen Parteigrundsatz als "bindenden Rechtssatz" an; die Berufung auf den "formalgesetzlichen Zustand" schlage nicht durch: "Nationalsozialistische - das ist arteigene - Rechtsanschauung hat demgegenüber wieder das artgemäße Gesetz des Sollens aufgerichtet als Anforderung an jeden einzelnen, seine innere Haltung und äußere Lebensführung allein auf das Wohl seines Volkes auszurichten und dessen Belangen sich unterzuordnen. Dieser Satz ist bindendes geltendes Recht (!) des Dritten Reiches ... Mit diesem Rechtssatz steht die Eheschließung eines deutschblütigen Mannes mit einer Jüdin in unlösbarem Widerspruch."[10]

Demgegenüber führte das Amtsgericht Königsberg in einem Beschluß zugunsten der Vornahme einer Eheschließung aus, daß neue Rechtsgrundsätze "nicht schon durch ihre Aufstellung, sondern erst dadurch, daß sie zum Gesetz erhoben werden, allgemeine Rechtsverbindlichkeit" erlangten. Es wurde vom Landgericht Königsberg, das diesen Beschluß nach einer Beschwerde des Regierungspräsidenten aufhob, dahin gehend belehrt, es sei nicht das Entscheidende, "daß Rechtsgrundsätze zum Gesetz erhoben werden ..., sondern daß sie auf Grund allgemeiner Rechtsüberzeugung aufgestellt sind, rechtfertigt ihre Anwendung ... Die Tatsache, daß trotz bestehenden Rechtsgrundsatzes infolge der durch die Notwendigkeit abstrakter und doch klarer Gesetzesabfassung erforderlichen Zeit die Verkündung nicht so bald erfolgen kann (!), kann nicht dazu verleiten, ein auf Grund allgemeiner Rechtsüberzeugung mißbilligtes Verhalten noch für zulässig zu erachten und ihm sogar die gerichtliche Sanktionierung zu geben. Daß aber gerade die Eheschließung zwischen einem Juden und einer Arierin in Widerspruch zu deutscher Rechtsauffassung steht, kann niemandem zweifelhaft sein."[11]

Diese Entscheidungen der Gerichte lagen ganz auf der Linie, die das Reichsrechtsamt der NSDAP offen propagierte: daß nämlich "die Rechtsgrundsätze ... nach nationalsozialistischer Anschauung bindendes Recht" darstellten[12]. Solche Feststellungen zielten darauf ab, die eindeutige Grenze, die die Gesetzgebung für die rechtliche Stellung und Behandlung der Juden gezogen hatte, zu unterminieren.

Aus der Korrespondenz zwischen dem Reichsinnenministerium und dem Reichsjustizministerium geht hervor, daß sich Frick als der für Rassefragen zuständige Innenminister Mitte Juli 1935 entschlossen hatte, in ab-

51

sehbarer Zeit ein gesetzliches Verbot von "Mischehen" zu erlassen, und daß um diese Zeit auch das Reichsjustizministerium für sein Ressort bereits einen Gesetzentwurf vorbereitet hatte oder an einem gemeinsamen Entwurf zumindest beteiligt war.[13] In einem Runderlaß des Reichsinnenministers an die Standesbeamten, der unter dem Datum 26. Juli 1935 herausgegeben wurde, hieß es daher auch eindeutig, daß die Reichsregierung beabsichtige, "die Frage der Verehelichung zwischen Ariern und Nichtariern binnen kurzem (!) allgemein gesetzlich zu regeln". Bis dahin sollten die Standesbeamten "in allen Eheschließungsfällen, in denen ihnen bekannt ist oder nachgewiesen wird, daß der eine Beteiligte Vollarier, der andere Volljude ist, das Aufgebot oder die Eheschließung bis auf weiteres" zurückzustellen.[14]

Daß das angekündigte Gesetz auf sich warten ließ, hatte seinen Grund offensichtlich darin, daß sich die beteiligten Stellen über die Einbeziehung und Behandlung der Mischlinge nicht einig waren. Deshalb hatte sich Fricks Erlaß zunächst auch eindeutig auf "Volljuden" und "Vollarier" beschränkt, d. h. auf Personen, deren sämtliche Eltern und Großeltern entweder Juden oder "Arier" waren. Bei der Ausarbeitung des Gesetzes war die Ministerialbürokratie bestrebt, diese Beschränkung auf "Volljuden" beizubehalten, während der Stellvertreter des Führers und der "Reichsärzteführer" die Forderung der Partei vertraten, daß auch "Judenstämmlinge", d. h. Mischlinge von den Bestimmungen erfaßt werden müßten und bestehende "Mischehen" entweder aufgelöst oder die arischen Ehepartner den Juden gleichgestellt werden sollten.[15]

Hatte es die Bewegung geschafft, auf dem Gebiet der "Mischehen" die Ingangsetzung des Gesetzgebungsverfahrens für ein Verbot zu erzwingen, indem sie bei Verwaltung und Justiz über die Zulässigkeit dieser Ehen eine völlige Rechtsunsicherheit hervorgerufen hatte - die Zerstörung der Rechtseinheit durch die sich widersprechenden Entscheidungen der Gerichte war für die Justiz ein unerträglicher Zustand -, so sollte sie nicht ruhen, bis auch der außereheliche Geschlechtsverkehr Deutscher mit "Nichtariern" in das Verbot einbezogen wurde. Ende Juli forderte Heydrich im Namen des Geheimen Staatspolizeiamts "mit Rücksicht auf die Unruhe (d. h. die von örtlichen Parteistellen inszenierten Ausschreitungen), die in der Bevölkerung durch das rasseschänderische Verhalten deutscher Frauen" entstehe, vom Justizministerium erneut, "daß alsbald ... auch der außereheliche Geschlechtsverkehr zwischen Ariern und Juden unter Strafe gestellt wird"[16].

Der weiteren Verzögerung des angekündigten Gesetzes, die durch das Tauziehen zwischen den beteiligten Ministerien und der Parteiführung über extreme Forderungen der Partei - Zwangsscheidung von "Mischehen", Geltung der Bestimmungen auch für die Mischlinge bis hin zu den "Achteljuden" und Sterilisierung oder sogar Todesstrafe für "Rasseschänder" - verursacht worden war, setzte Hitler auf dem "Reichsparteitag der Freiheit" im September 1935 ein plötzliches Ende.

Ursprünglich wollte Hitler durch den Reichstag, der zum Abschluß des Parteitages am 15. September nach Nürnberg einberufen worden war, nur das vom Innenministerium vorbereitete Reichsflaggengesetz verabschieden lassen. Es ist anzunehmen, daß die mehrere Tage in seiner Umgebung weilenden Führer der Bewegung die Chance wahrnahmen, ihn von der dringlichen Notwendigkeit der "Judengesetze" zu überzeugen. Auch mochte Hitler die bisherigen außenpolitischen Bedenken gegen derartige Gesetze zu diesem Zeitpunkt - nach der Rückkehr des Saarlandes, nach dem Ausbleiben ernsthafter Reaktionen auf die Wiedereinführung der Wehrpflicht sowie nach der Durchbrechung der Isolierung Deutschlands und der Erschütterung der militärischen Bestimmungen des Versailler Vertrages durch das Flottenabkommen mit Großbritannien - als hinfällig angesehen haben. Jedenfalls wurden die zuständigen Referenten des Reichsinnenministeriums am Vortage der Reichstagssitzung plötzlich nach Nürnberg gerufen und mußten dort einen zur Vorlage bei Hitler bestimmten Entwurf formulieren.[17] Der Entwurf sollte außer dem Verbot von Ehen und außerehelichem Geschlechtsverkehr zwischen Juden und "Ariern" auch ein Verbot der Beschäftigung "arischer" Dienstmädchen in jüdischen Haushalten einschließen, um sie vor "rasseverderblichen geschlechtlichen Gefährdungen" zu schützen.

Die erste Vorlage des Innenministeriums wurde von Hitler abgelehnt und die Ausarbeitung von vier Entwürfen mit unterschiedlicher Schärfe befohlen. Um den von der Ministerialbürokratie vertretenen "mildesten" Entwurf, der u. a. nur "Volljuden" betraf, bei Hitler durchzubringen, suchte der Staatssekretär im Reichsinnenministerium Pfundtner die Unterstützung Außenminister v. Neuraths und Gürtners, die beide auch in Nürnberg weilten. Ob Hitlers Entscheidung für die "mildeste" Vorlage auf diese Bemühungen zurückzuführen ist, bleibt ungewiß. Anzunehmen ist dagegen, daß die Möglichkeit, den "rasseschänderischen" außerehelichen Geschlechtsverkehr auch mit Gefängnis zu bestrafen - die Vorlage des Innenministeriums hatte hier ausschließlich die schärfere Zuchthausstrafe vorgesehen -, auf der Einwirkung des Justizministers beruht. Jedoch strich Hitler im Entwurf eigenhändig die Bestimmung, daß das Gesetz nur für "Volljuden" gelten sollte, ordnete aber an, sie in die Meldung des "Deutschen Nachrichten-Büros" (DNB) über die Nürnberger Gesetze aufzunehmen. Diese Prozedur sollte den Gerichten verschiedentlich Schwierigkeiten bereiten, da sich Betroffene in einschlägigen Fällen auf die offiziöse DNB-Notiz beriefen[18], bis der im Gesetz verwendete Begriff der "Juden" durch die Verordnung vom 14. November genau definiert wurde.

Das Blutschutzgesetz vom 15. September 1935 (RGBl. I S. 1146) verbot die Eheschließung (§ 1) und den außerehelichen Verkehr (§ 2) zwischen "Juden" und "Staatsangehörigen deutschen oder artverwandten Blutes". Trotzdem geschlossene Ehen waren nichtig, auch wenn sie "zur Umgehung dieses Gesetzes" im Ausland geschlossen worden waren. Vor dem Inkrafttreten des Gesetzes, d. h. vor dem 17. September 1935 geschlossene Ehen blieben vom Verbot unberührt. Ferner durften Juden "weibliche Staatsangehörige deutschen oder artverwandten Blutes unter 45 Jahren" nicht in ihrem Haushalt beschäftigen (§ 3)[19] und weder die "Reichs- und Nationalflagge" (Hakenkreuzfahne) hissen noch die Reichsfarben (Schwarz-Weiß-Rot) zeigen (§ 4).

Während eine als "Jude" geltende Person[20] beim Verstoß gegen das Beschäftigungsverbot oder das Flaggenverbot mit Gefängnis bis zu einem Jahr oder mit Geldstrafe bestraft wurde, stand auf verbotener Eheschließung Zuchthaus. Strafrechtlich verfolgt wurde nicht nur die Heirat eines Juden mit einem deutschblütigen Staatsangehörigen, sondern auch mit einem staatsangehörigen "Vierteljuden", d. h. einem Mischling, der nur einen volljüdischen Großelternteil hatte. Bestraft wurden beide Partner und - soweit sie wissentlich handelten - als Gehilfen der Standesbeamte sowie die Trauzeugen.

Für den Tatbestand des außerehelichen Geschlechtsverkehrs war wahlweise Gefängnis oder Zuchthaus vorgesehen; bestraft sollte jedoch nur der Mann werden (§ 5 Abs. 2), auch der "deutschblütige" Mann, der mit einer Jüdin verkehrte. Daß die beteiligte Frau straffrei ausgehen sollte, gleich ob es sich um Mittäterschaft, Anstiftung oder Beihilfe handelte, beruhte auf einer ausdrücklichen Entscheidung Hitlers, der der Auffassung war, daß im Geschlechtsleben nur der Mann aktiv und verantwortlich handele. Diese Entscheidung hatte für die Justiz auch eine praktische Seite, da eine Überführung meist nur durch die Aussage der beteiligten Frau möglich war, die bei Zusicherung von Straffreiheit natürlich leichter zu erhalten war. Außerdem durfte sie damit auch das Zeugnisverweigerungsrecht nicht in Anspruch nehmen und konnte bei ihrer Aussage unter Eid gestellt werden. Als die Gerichte jedoch Frauen, die die Strafverfolgung durch falsche Angaben zu vereiteln gesucht hatten, zwar nicht wegen der Haupttat, aber wegen Begünstigung verurteilten, intervenierte Hitler beim Reichsjustizministerium. Die Folge war eine entsprechende Ergänzungsverordnung zum Blutschutzgesetz vom 16. Februar 1940[21], die eine Bestrafung wegen Teilnahme oder Begünstigung verbot. Damit war die Frau zwar vor gerichtlicher Bestrafung, aber keinesfalls vor Schutzhaft bewahrt. Die Gestapo nahm nämlich jüdische wie deutsche beteiligte Frauen unterschiedlich lange in Haft, angeblich um einer Wiederholung der "Rassenschande" vorzubeugen. Sie war auch nach Erlaß der auf dem ausdrücklichen Willen Hitlers beruhenden Ergänzungsverordnung nicht bereit, von ihrer Praxis abzugehen.

Mit diesem Gesetz zum Schutze des deutschen Blutes und der deutschen Ehre vom September 1935 hatte die Gesetzgebung das Strafrecht eindeutig in den Dienst der nationalsozialistischen Rassenideologie gestellt und den Grundsatz der Rechtsgleichheit des Staatsbürgers vor dem Gesetz zerstört. Das Reichsinnenministerium selbst stellte fest, daß die Strafbestimmungen des Blutschutzgesetzes im oberschlesischen Abstimmungsgebiet keine Anwendung finden könnten, "da dies eine Diskriminierung der jüdischen Rasse bedeuten würde"[22], wie sie dort nach dem vom Völkerbund überwachten "Deutsch-Polnischen Oberschlesien-Abkommen" vom 15. Mai 1922 rechtlich bis 1937 unmöglich war.

Bis zum Jahresende 1940 wurden 1911 Personen wegen "Rassenschande" verurteilt, und zwar:

1935 = 11   1938 = 434
1936 = 358   1939 = 365
1937 = 512   1940 = 231[23].

Aber das Gesetz richtete nicht nur durch seine unmittelbare Anwendung Unheil an; wegen der Verfolgung des außerehelichen Geschlechtsverkehrs löste es darüber hinaus üble Schnüffeleien in intimsten Lebensbereichen und Denunziationen aus, die meist niederen Motiven wie Sexualneid, Eifersucht, persönlicher Rache, geschäftlicher Konkurrenz oder sogar erpresserischer Ab-

Titelseite des "Stürmer"

Privatfoto: "Baden für Juden und Hunde verboten"

sicht entsprangen. Davon abgesehen, wurde die Strafzumessung bei diesem Delikt - der ein ungewöhnlich weiter Strafrahmen von einem Tag Gefängnis bis zu 15 Jahren Zuchthaus zur Verfügung stand - im Laufe der Jahre schärfer. Die Gerichte verhängten normalerweise dafür Gefängnis, bis sich das Geheime Staatspolizeiamt im März 1936 beim Justizministerium beschwerte, daß "die bisher von Gerichten erkannten Strafen, die in den meisten Fällen lediglich zwischen 6 Wochen und 1 1/2 Jahren Gefängnis liegen, eine abschreckende Wirkung bisher verfehlt" hätten und nicht geeignet seien, "die Reinhaltung deutschen Blutes als Voraussetzung für den Fortbestand des deutschen Volkes zu sichern"; Heydrich forderte, daß die Staatsanwälte künftig "grundsätzlich Zuchthausstrafen" beantragen sollten.[24] Der als Staatssekretär im Reichsjustizministerium für die Strafrechtspflege verantwortliche Freisler ergriff Lenkungsmaßnahmen, die den Anteil der Zuchthausstrafen in der Folgezeit ansteigen ließen.[25] Außerdem ging die Gestapo ab Mitte 1937 daran, ihr zu milde erscheinende Urteile dadurch zu "korrigieren", daß sie "Rassenschänder", die ihre Freiheitsstrafe verbüßt hatten, anschließend in Schutzhaft nahm.[26]

Neben der Verhängung höherer Strafen wurde mit der Zeit auch der Tatbestand des "außerehelichen Verkehrs" extensiver ausgelegt. Bestimmte die Erste Ausführungsverordnung zu diesem Gesetz, daß darunter "nur der Geschlechtsverkehr" zu verstehen sei[27], so bezog bereits der Kommentar von Stuckart und Globke "auch beischlafähnliche Handlungen, z. B. gegenseitige Onanie", ein, wenn er auch "sonstige Handlungen erotischer Art, z. B. Küsse, Umarmungen, unzüchtige Berührungen" nicht als dazugehörig ansah.[28] Auf Antrag des Oberreichsanwalts entschied schließlich der "Große Senat für Strafsachen" des Reichsgerichts diese grundsätzliche Rechtsfrage am 9. Dezember 1936 dahin gehend, daß auch solche Betätigungen unter diesen Begriff fielen, "durch die der eine Teil seinen Geschlechtstrieb auf einem anderen Wege als durch Vollziehung des Beischlafs befriedigen will".[29] Neben der Befassung der Ermittlungsbehörden und Gerichte mit den intimsten und heikelsten Fragen verursachte diese Definition eine ständige Ausdehnung des Bereichs der strafbaren Handlungen auf diesem Gebiet.

Eine ähnliche Entwicklung nahm die Bestrafung eines im Ausland vollzogenen außerehelichen Geschlechtsverkehrs. Nach der grundsätzlichen Regelung im StGB (§ 4 Abs. 2) hätte eine solche "Auslandstat" nach Rückkehr der Beteiligten ins Inland nur dann bestraft werden können, wenn sie auch nach dem Recht des betreffenden Staates verboten gewesen wäre. Aber schon am 2. April 1936 verfügte Freisler auf eine Anfrage des Oberstaatsanwalts in Stuttgart, daß er gegen eine Anklageerhebung dann "keine Bedenken geltend zu machen" habe, wenn sich die Partner zur Umgehung des Verbots vorübergehend ins Ausland begeben hätten. Da es sich hier um den typischen Versuch handele, "durch die Maschen des Gesetzes zu schlüpfen", und "das gesunde Volksempfinden in derartigen Fällen Bestrafung fordert", sei hier eine entsprechende Gesetzesanwendung aufgrund des im Juni 1935 eingeführten Analogieparagraphen (§ 2 StGB n.F.) voll gerechtfertigt. Seine Verfügung brachte Freisler sämtlichen Generalstaatsanwälten und Oberstaatsanwälten zur Kenntnis.[30]

In der Rechtsprechung machte der Große Strafsenat des Reichsgerichts allen Unklarheiten auf diesem Gebiet am 23. Februar 1938 ein Ende, als er - allerdings ohne den Analogieparagraphen zu bemühen - entschied, daß ein Jude jedenfalls dann zu bestrafen sei, "wenn er die deutsche Staatsangehörige veranlaßt hat, zu diesem Zweck vorübergehend zu ihm ins Ausland zu kommen". Der Senat argumentierte, daß das Ziel des Blutschutzgesetzes als "eines der Grundgesetze des nationalsozialistischen Staates ... auf das äußerste gefährdet" sei, wenn hier die Möglichkeit einer Bestrafung nicht anerkannt werde.[31] Noch weiter ging der 4. Strafsenat des Reichsgerichts in seinem Urteil vom 14. Oktober 1938. Er erklärte, eine Tat werde dort begangen, wo die Verletzung des Rechtsgutes eintrete. Gegenstand des Schutzes im Blutschutzgesetz aber sei "das im deutschen Volke kreisende, zu ständiger Vermischung bestimmte deutsche Blut als ein lebendiger Organismus". Da durch die rassenschänderische Tat "das deutsche Staatsvolk als blutmäßig einheitlicher 'Organismus' regelmäßig unmittelbar verletzt" würde, würde "sie nicht nur an dem Ort begangen, an dem sich der Geschlechtsverkehr vollzog, sondern auch im Gebiete des Deutschen Reiches als dem Orte des strafbaren Erfolges".[32] Durch derartig extensive Auslegung und durch ihre verschärfte Anwendung hatten die strafrechtlichen Bestimmungen des Blutschutzgesetzes einen wesentlichen Anteil an der sozialen Isolierung der jüdischen Minderheit in Deutschland.

Schließlich sollte dieses Gesetz sogar zum Instrument nationalsozialistischer Judenvernichtung werden, als das Sondergericht Nürnberg-Fürth im März 1942 einen Juden wegen "Rassenschande" zum Tode verurteilte. Dieser Prozeß, der in der deutschen Rechtsgeschichte eine traurige Berühmtheit erlangte, sei im folgenden näher dargestellt:

Im Jahre 1941 war der 68jährige Kaufmann und Vorsitzende der israelitischen Kultusgemeinde in Nürnberg, Leo Katzenberger - verheiratet und Vater zweier bereits erwachsener Kinder -, in Untersuchungshaft genommen worden. Er wurde beschuldigt, mit Irene Seiler, die in dem Anwesen Spittlertorgraben 19, das ihm bis 1938 gehörte, zur Miete wohnte und dort eine Fotowerkstatt betrieb, intime Beziehungen unterhalten zu haben. Da die Ermittlungen der Polizei keine Beweise für einen Geschlechtsverkehr erbrachten, wurde die Frau im Juli 1941 vom Untersuchungsrichter unter Eid vernommen. Die Ermittlungen ergaben, daß Katzenberger die in Guben lebende Familie der Frau seit vielen Jahren kannte und von ihrem Vater gebeten worden war, auf die Tochter ein fürsorgliches Auge zu haben und ihr mit Rat und Tat zur Seite zu stehen, als sie im Jahre 1932 als 22jährige nach Nürnberg zog. Daraus hatte sich ein vertrauliches, Vater-Tochter-ähnliches Verhältnis entwickelt. Die Frau erhielt von Katzenberger gelegentlich kleinere Geschenke, er gewährte ihr auch vorübergehend Mietstundungen; mit der Zeit ergaben sich zwischen beiden auch zärtliche Umgangsformen. Im Urteil hieß es darüber, sie habe "sich auch öfters dem Katzenberger auf den Schoß gesetzt, das sei so ihre Art, da denke sie sich nichts dabei".[33] Beide gaben diese Zärtlichkeiten und auch freundschaftliche Küsse zu, bekräftigten jedoch, daß ihnen dabei jegliche geschlechtlichen Beweggrün-

Aus dem antisemitisches Bilderbuch "Der Giftpilz" von Ernst Hiemer, Stürmer-Verlag (1938)

Aus: Elvira Bauer: "Trau keinem Fuchs auf grüner Heid und keinem Jud bei seinem Eid! Ein Bilderbuch für Groß und Klein." Nürnberg (Stürmer-Verlag) um 1936

Ernst Hiemer: "Der Giftpilz. Ein Stürmerbuch für Jung und Alt", Nürnberg 1938

de gefehlt hätten. An ihren Beziehungen änderte sich auch nichts, als die Frau 1938 ihren späteren Mann kennenlernte und im Juli 1939 heiratete. Auf Einladung des Ehemannes war Katzenberger Anfang 1940 noch zweimal in der Seilerschen Wohnung gewesen. Beim letzten Besuch im März hatten sie ihn gebeten, nicht mehr zu kommen, da ihnen von der Kreisleitung der NSDAP deswegen Vorhaltungen gemacht worden waren. Auch bei dieser Verabschiedung gab ihm die Frau in Gegenwart ihres Mannes einen Kuß.

Die Anklage war bereits vor der zuständigen Strafkammer des Landgerichts erhoben worden, als der Vorsitzende des Nürnberger Sondergerichts, Landgerichtsdirektor Rothaug - ein fanatischer Verfechter nationalsozialistischer Ziele, der es 1943 zum Reichsanwalt beim Volksgerichtshof bringen sollte -, davon Kenntnis erhielt, daß der Untersuchungsrichter den Haftbefehl gegen Katzenberger aufgrund der beeidigten Aussage der Frau Seiler aufzuheben beabsichtigte.[34] Er bewog daraufhin die Staatsanwaltschaft, die Anklage zurückzunehmen, von der im November 1938 eröffneten Möglichkeit Gebrauch zu machen, die Strafsache vor das Sondergericht zu bringen[35] und mit der Anklage gegen Frau Seiler - die wegen Meineidverdachts in Untersuchungshaft genommen wurde - zu verkoppeln: Durch diesen geschickten Schachzug war die Frau zur Beschuldigten geworden und fiel damit als Zeugin für Katzenberger aus.

Wie aus verschiedenen Bemerkungen Rothaugs hervorgeht, war er von vornherein entschlossen, ein Exempel zu statuieren und den Juden zum Tode zu verurteilen.[36] Entsprechend nahm die Hauptverhandlung am 13. März 1942, bei der hohe Funktionäre von Partei und Staat als Zuschauer anwesend waren, unter seinem Vorsitz den Charakter einer antisemitischen Kundgebung an. Rothaug erging sich in Haßreden gegen die Schuld des Weltjudentums am gegenwärtigen Kriege, bezeichnete die Einlassungen des Angeklagten als "echt jüdische Unverschämtheit", schnitt ihm wiederholt das Wort ab und drohte ihm bereits während der Verhandlung die physische Vernichtung an. Die Aussagen von Entlastungszeugen bagatellisierte er und zog sie ins Lächerliche, während er die Aussagen anderer Zeugen durch Vorhalte und Suggestivfragen in die gewünschte Richtung lenkte und Belastungszeugen als Beispiel dafür lobte, "wie sich ein von nationalsozialistischem Geist durchdrungener Volksgenosse verhalten" sollte. Auch die Angeklagte wurde von Rothaug beschimpft, da sie sich außerhalb der Volksgemeinschaft gestellt habe. Sie wurde mehrmals unterbrochen und jede natürliche Erklärung für Vorgefallenes von ihm schroff zurückgewiesen. Es war offensichtlich, daß Rothaug auch nur den geringsten Zweifel an der Schuld Katzenbergers von vornherein unterdrücken wollte.[37] Folglich wurde auch im Urteil ohne schlüssigen Beweis ausgeführt, daß die zehnjährigen Beziehungen zwischen den Angeklagten "ausschließlich geschlechtlicher Natur" gewesen seien, daß beide "an nicht mehr feststellbaren Tagen und in nicht bestimmter Zahl wiederholt Geschlechtsverkehr" hatten, daß aber Katzenberger auch dann schon "den vollen gesetzlichen Tatbestand der Rassenschande erfüllt" hätte, wenn er nur die erwähnten "Ersatzhandlungen" (Zärtlichkeiten) vorgenommen hätte - diese Feststellung war die verhängnisvolle Folge der Rechtsprechung des Reichsgerichts auf diesem Gebiet.

In der Pause zwischen Beweisaufnahme und Plädoyers ließ Rothaug den Ankläger ins Beratungszimmer kommen, um ihn nochmals auf das Prozeßziel festzulegen[38], das er - wie er selbst bei der anschließenden Urteilsverkündung ausführte - darin sah, daß "die physische Vernichtung des Rassenschänders Katzenberger die einzige gebotene Antwort auf sein Verhalten" sei.[39] Da aber die Verhängung der Todesstrafe nach dem "Blutschutzgesetz" nicht möglich war, wurde die Volksschädlingsverordnung vom 5. September 1939 (RGBl. I S. 1679) herangezogen. Danach konnte in besonders schweren Fällen bzw. bei besonderer Verwerflichkeit der Tat zum Tode verurteilt werden, "wer unter Ausnutzung der zur Abwehr von Fliegergefahr getroffenen Maßnahmen ein Verbrechen oder Vergehen gegen Leib, Leben oder Eigentum" (§ 2) oder "wer vorsätzlich unter Ausnutzung der durch den Kriegszustand verursachten außergewöhnlichen Verhältnisse eine sonstige Straftat" (§ 4) beging.

Da sich Katzenberger nach Kriegsbeginn mehrmals

nach Einbruch der Dunkelheit in die Seilersche Wohnung begeben hatte, habe er - so folgerte das Gericht - unter Ausnutzung der Verdunkelung gehandelt[40], und da der "rasseschändende Angriff ... gegen den Leib der deutschen Frau gerichtet" gewesen sei, handele es sich auch um ein "Verbrechen gegen den Leib"; folglich habe sich der Angeklagte nach § 2 der Volksschädlingsverordnung vergangen. Da sich Katzenberger darüber hinaus die Einberufung des Ehemannes zur Wehrmacht zunutze gemacht habe - Seiler war im September 1939 zu einer Kraftfahrzeugstaffel eingezogen worden, konnte aber bis 1940 abends und sonntags zu Hause sein -, habe er auch die Kriegsverhältnisse ausgenutzt und damit gegen den § 4 der Verordnung verstoßen. Er sei auch seiner Persönlichkeit nach - als "Tätertyp" - ein Volksschädling: "Sein seit vielen Jahren ausgeführtes rasseschänderisches Treiben wuchs sich unter Ausnützung der durch den Kriegszustand geschaffenen Gesamtlage zu volksfeindlicher Einstellung aus, zu einem Angriff gegen die Sicherheit der Volksgemeinschaft in der Kriegsgefahr."[41]

So wurden Katzenberger aufgrund der Volksschädlingsverordnung und des "Blutschutzgesetzes" zum Tode, Frau Seiler wegen Zeugenmeineids zu zwei Jahren Zuchthaus unter Anrechnung der erlittenen Untersuchungshaft verurteilt. In seinem Plädoyer hatte der Staatsanwalt ausgeführt, daß Hitler zwar die Bestrafung der Frau bei "Rassenschande" nicht wünsche; wenn aber "eine deutsche Frau nicht davor zurückschreckt, einen Meineid zu schwören, nur um den Juden vor Strafe zu schützen, könne es keine Nachsicht geben".[42]

Das Urteil erweckte selbst bei Freisler Bedenken. Da das Urteil vom Führerhauptquartier - wo das Ergebnis des Prozesses zunächst nur durch Presseberichte bekannt geworden war - telefonisch beim Reichsjustizministerium angefordert wurde, mußte es mit den Akten durch einen Mitarbeiter der Nürnberger Generalstaatsanwaltschaft schnellstens zu Freisler nach Berlin gebracht werden. Freisler, der zunächst weder das Urteil noch den Grund für Hitlers Ersuchen kannte und gerade in diesen Tagen durch Hitlers Intervention im Fall Schlitt - der zu Hitlers Ausfällen gegen die Justiz in der Reichstagsrede vom 26. April 1942 führen sollte - in höchstem Grade verunsichert war, gab dem überbringenden Oberstaatsanwalt nach kurzem Studium der Entscheidung zu verstehen, daß er die Anwendung der Volksschädlingsverordnung auf diesen Fall rechtlich für bedenklich hielt.[43] Auch auf einer zwei Wochen später

Synagoge am Hans-Sachs-Platz, Blick von der Pegnitz

stattfindenden Besprechung der Oberlandesgerichtspräsidenten und Generalstaatsanwälte in Berlin bezeichnete er die Schlußfolgerungen des Nürnberger Sondergerichts als "etwas kühn".[44] Nachdem sich aber herausgestellt hatte, daß sich Hitlers Anfrage lediglich auf die Bestrafung der Frau Seiler bezog, da ihm fälschlich berichtet worden war, daß sie wegen Teilnahme an der "Rassenschande" verurteilt worden sei, und dem Justizministerium Anfang April mitgeteilt worden war, daß Hitler die Bestrafung der Frau wegen Meineids nicht beanstande[45], war für Freisler auch die letzte Veranlassung weggefallen, gegen das Urteil etwa die Nichtigkeitsbeschwerde einzulegen; er ließ das Urteil gegen Katzenberger am 3. Juni 1942 vollstrecken. Aber noch Ende Juli machte er auf einer strafrechtlichen Fortbildungswoche in Straßburg einen der beiden richterlichen Beisitzer im Katzenberger-Prozeß "auf die rechtliche Bedenklichkeit der auf die Volksschädlingsverordnung gestützten Verurteilung aufmerksam": Die Anwendung der Verordnung auf diesen Fall sei "gerade noch gegangen", habe aber "auf Messers Schneide" gestanden.[46] Diese Vorgänge machen deutlich, daß Rothaug und die Justizleitung im Falle Katzenberger selbst nach nationalsozialistischen Rechtsbegriffen das Gesetz aufs äußerste strapaziert und die Strafgerichtsbarkeit zum Instrument nationalsozialistischer Judenvernichtung gemacht hatten, noch ehe der Justiz durch die 13. Verordnung zum Reichsbürgergesetz vom Juli 1943 die Ahndung aller strafbaren Handlungen von Juden - und damit auch der Verstöße gegen das "Blutschutzgesetz" - genommen und in die Zuständigkeit von Himmlers Polizei gegeben wurde und die Juden in Deutschland damit endgültig außerhalb des Strafrechts gestellt wurden.

Anmerkungen:

* Vortrag vom 14. September 1985 anläßlich des Symposions "Die Nürnberger Gesetze - zum 50. Jahrestag der Nürnberger Rassengesetze und zur Vergangenheitsbewältigung der deutschen Justiz" in Nürnberg. (Bereits abgedruckt in: Aus Politik und Zeitgeschichte. Beilage zur Wochenzeitung Das Parlament 48/1985, S. 28-38.)
1. Vgl. §§ 5 und 7 des Änderungsantrags Dr. Frick und Genossen zum Republikschutzgesetz vom 12. 3. 1930 (Reichstag, IV. Wahlperiode 1928, Drucksache Nr. 1741, ausgegeben am 13. 3. 1930).
2. Vgl. Stenographisches Protokoll der Strafrechtskommission 37. Sitzung, Dienstag, den 5. Juni 1934 (Akten des Reichsjustizministeriums, Bundesarchiv Sign. R 22/852).
3. Vgl. Runderlaß des Reichsministers des Innern betr. Ariergesetzgebung vom 17. 1. 1934 an die Obersten Reichsbehörden, Reichsstatthalter und Landesregierungen, in: Ministerialblatt für die Preußische innere Verwaltung, S. 159.
4. Vgl. Der Deutsche Rechtspfleger. Zeitschrift der Reichsfachgruppe Rechtspfleger im Bund Nationalsozialistischer Deutscher Juristen (BNSDJ) 1934, S. 208 f., Urteil des Reichsgerichts vom 12 . 7. 1934, in: Juristische Wochenschrift (1934), S. 2613 ff.
5. Rechtsanwalt F. Mößmer, Rassenmischehe und geltendes Recht, in: Zeitschrift der Akademie für Deutsches Recht (1934), S. 86 ff., S. 92), Hervorhebung im Original; zur Kritik durch den BNSDJ vgl. Kritische Umschau in: Deutsches Recht, S. 518.
6. Vgl. Das Reichsministerium des Innern und die Judengesetzgebung. Aufzeichnungen von Dr. Bernhard Lösener, in: Vierteljahrshefte für Zeitgeschichte (1961) 9, S. 262 ff., hier S. 277 f. Ministerialrat Lösener nahm als Rassereferent der Abteilung I des Reichsministeriums des Innern an der Unterredung teil.
7. Vgl. § 11 Abs. 3 des Reichsgesetzes über die Beurkundung des Personenstandes und die Eheschließung vom 6. 2. 1875 (Reichsgesetzblatt, S. 23).
8. Beschluß des Amtsgerichts Königsberg (vgl. Anm. 11).
9. Beschluß des Amtsgerichts Bad Sülze vom 8. 7. 1935, in: Juristische Wochenschrift (1935), S. 2309.
10. Beschluß des Amtsgerichts Wetzlar vom 17. 6. 1935, in: Juristische Wochenschrift (1935), S. 2083.
11. Entschließung des Landgerichts Königsberg vom 26. 8. 1935, in: Deutsche Justiz (1935), S. 1387.
12. Vgl. den Artikel des Stabsleiters im Reichsrechtsamt der NSDAP, Hauptamtsleiter L. Fischer, Rasseschande als strafbare Handlung, in: Zeitschrift der Akademie für Deutsches Recht vom August 1935, S. 537.
13. Vgl. Diensttagebuch des Reichsjustizministeriums, Bd. 4, Eintragung vom 17. 7. 1935 (Bundesarchiv, Signatur R 22/1059).
14. Vgl. Runderlaß des Reichs- und Preußischen Ministers des Innern vom 26. 7. 1935 an die Landesregierungen, für Preußen an die Standesbeamten und ihre Aufsichtsbehörden, in: Ministerialblatt für die Preußische innere Verwaltung (1935), S. 980 c.
15. Vgl. dazu Bernhard Lösener (Anm. 6), S. 268, S. 274, S. 278.
16. Schreiben des Geheimen Staatspolizeiamtes (gez. Heydrich) an das Reichsjustizministerium, Eintragung vom 31. 7. 1935 im Diensttagebuch des Reichsjustizministeriums, Bd. 4, Bundesarchiv, Signatur R 22/1059.
17. Zum folgenden vgl. die Aufzeichnung des Rassereferenten im Reichsministerium des Innern, Lösener (Anm. 6), S. 273 ff.
18. Vgl. z. B. Rückfrage des Amtsgerichts Leipzig an das Reichsjustizministerium vom 7. 10. 1935, als ein Standesbeamter das Aufgebot eines 25%igen "Mischlings" verweigerte, Diensttagebuch des Reichsjustizministeriums, Bd. 5, Eintragung vom 12. Oktober 1935, (Bundesarchiv, Signatur R 22/1088); Urteil des Landgerichts Hanau vom 20. 3. 1936 in einem "Rassenschandefall": Obwohl das Gericht das Vorbringen des Angeklagten als "unbeachtlichen Strafrechtsirrtum" annahm, verhängte es eine vergleichsweise milde Gefängnisstrafe, Akten des Reichsjustizministeriums (Bundesarchiv, Signatur R 22/50). Die Generalstaatsanwälte beim Kammergericht und beim Landgericht Berlin hielten es noch Anfang November 1935 für bedenklich, überhaupt Anklagen zu erheben, solange nicht geklärt sei, "wer als Jude im Sinne der Nürnberger Gesetze anzusehen sei", Diensttagebuch des Reichsjustizministeriums, Bd. 6, Eintragung vom 6. 11. 1935 (Bundesarchiv Signatur R 22/1089).
19. Diese Vorschrift trat erst am 1. 1. 1936 in Kraft, um den Betroffenen den Übergang in ein neues Arbeitsverhältnis zu ermöglichen. Nach § 12 der Ersten Verordnung zur Ausführung des Gesetzes zum Schutze des deutschen Blutes und der deutschen Ehre vom 14. 11. 1935 (Reichsgesetzblatt I S. 1334) durften diejenigen, die beim Erlaß des Gesetzes bereits in einem jüdischen Haushalt beschäftigt waren, dort bleiben, wenn sie bis zum 31. 12. 1935 das 35. (!) Lebensjahr vollendeten.
20. Zur Definition des "Juden" i.S. der Nürnberger Gesetze durch die Erste Verordnung zum Reichsbürgergesetz vom 14. 11. 1935 (Reichsgesetzblatt I S. 1333) vgl. den Aufsatz von U. D. Adam: Zur Entstehung und Auswirkung des Reichsbürgergesetzes, in: Aus Politik und Zeitgeschichte. Beilage zur Wochenzeitung Das Parlament 48/1985, S. 14-27.
21. Zur Entstehungsgeschichte der Verordnung zur Ergänzung der Ersten Ausführungsverordnung zum Blutschutzgesetz vom 16. 2.

1940 (Reichsgesetzblatt I S. 394) vgl. L. Gruchmann, Justiz im Dritten Reich 1933-1940. Anpassung und Unterwerfung in der Ära Gürtner, 2. Aufl. München 1990, S. 881 ff.
22. Vgl. Schreiben des Reichs- und Preußischen Ministers des Innern an das Reichsjustizministerium vom 31. 1. 1936, Diensttagebuch des Reichsjustizministeriums, Bd. 7, Eintragung vom 4. 2. 1936 (Bundesarchiv, Signatur F 22/928).
23. Vgl. Statistisches Jahrbuch für das Deutsche Reich, Jg. 56-59 (1937-1941/42), das leider nur Angaben für "Rassenschande" (§ 5 Abs. 2), nicht dagegen über die anderen Tatbestände des Blutschutzgesetzes enthält.
24. Vgl. Schreiben des Geheimen Staatspolizeiamtes (gez. Heydrich) an das Reichsjustizministerium vom 21. 3. 1936, das nur *eine* bis dahin verhängte Zuchthausstrafe erwähnt, Akten des Reichsjustizministeriums (Bundesarchiv, Signatur R 22/51).
25. Vgl. u. a. Freislers Rundverfügung an die Generalstaatsanwälte und Oberstaatsanwälte vom 2. 4. 1936 sowie an die Oberlandesgerichtspräsidenten vom 1. 9. 1936 über die Handhabung des Blutschutzgesetzes (Bestand RJM-Hauptbüro, Archiv des Bundesjustizministeriums) sowie die Aufstellung für den Landgerichtsbezirk Hamburg 1936-1942/43, in: H. Robinsohn, Justiz als politische Verfolgung. Die Rechtsprechung in "Rassenschandefällen" beim Landgericht Hamburg 1936-1943, Stuttgart 1977, S. 52. Danach überwogen erstmals 1938 die Zuchthaus- die Gefängnisurteile (55:51).
26. Vgl. den geheimen Runderlaß des Chefs der Sicherheitspolizei (gez. Heydrich) an alle Staatspolizei- und Kriminalpolizei(leit)stellen vom 12. 6. 1937, von dem die Justizleitung erst Mitte Juli auf Umwegen erfuhr, Akten des Reichsjustizministeriums (Bundesarchiv Signatur R 22/50).
27. Vgl. § 11 der Ersten Ausführungsverordnung vom 14. 11. 1935 (Reichsgesetzblatt I S. 1334), so auch noch in der 1. Auflage des Kommentars von B. Lösener/F. Knost, Die Nürnberger Gesetze über das Reichsbürgerrecht und den Schutz des deutschen Blutes und der deutschen Ehre nebst Durchführungsverordnungen, Berlin 1936, S. 53.
28. W. Stuckart/H. Globke, Kommentare zur deutschen Rassengesetzgebung, München-Berlin 1936, S. 112. Diese Definition wurde dann auch in die 2. Auflage von: Lösener/Knost, Berlin 1937, S. 69 f., übernommen.
29. Entscheidungen des Reichsgerichts in Strafsachen, Bd. 70, S. 375; dazu F. K. Kaul, Geschichte des Reichsgerichts, Bd. IV, Glashütten/Taunus 1971, S. 116 f.
30. Vgl. Freislers Verfügung an den Oberstaatsanwalt Stuttgart und seine Rundverfügung an sämtliche Generalstaatsanwälte und Oberstaatsanwälte vom 2. 4. 1936 (Bestand RJM-Hauptbüro, Archiv des Bundesjustizministeriums).
31. Entscheidungen (Anm. 29), Bd. 72, S. 91, auch in: Deutsche Justiz (1938), S. 422 ff.; F. K. Kaul (Anm. 29), S. 136 ff.
32. Entscheidungen, ebd., S. 385, auch in: Deutsche Justiz (1939), S. 102 f.; F. K. Kaul (Anm. 29), S. 142 ff.
33. Das Urteil des Sondergerichts beim Landgericht Nürnberg-Fürth vom 13. 3. 1942 ist abgedruckt bei I. Staff, Justiz im Dritten Reich. Eine Dokumentation, Frankfurt/M. 1978, S. 178 ff. Das Geburtsjahr der Irene Seiler ist dort fälschlich mit 1919 statt 1910 angegeben. Zu den geschilderten Vorgängen ferner: Das Nürnberger Juristenurteil (Allgemeiner Teil), hrsg. zum Zentral-Justizamt für die Britische Zone, Hamburg 1948, S. 212 ff. Rothaug wurde in Nürnberg wegen Verbrechens gegen die Menschlichkeit zu lebenslänglichem Zuchthaus verurteilt, die Strafe 1951 vom amerikanischen Hohen Kommissar in 20 Jahre Zuchthaus umgewandelt und Rothaug 1956 aus der Haft entlassen. Zu den Nachkriegsprozessen gegen die beiden richterlichen Beisitzer Dr. Ferber und Dr. Hoffmann vgl. J. Friedrich, Freispruch für die Nazi-Justiz. Die Urteile gegen die NS-Richter seit 1948. Eine Dokumentation, Hamburg 1983, S. 274 ff.
34. Vgl. dazu die eidesstattliche Erklärung des Amtsgerichtsrats Dr. Otto Ankenbrand vom 20. 5. 1947, Nürnberger Dokument NG-1547 (Archiv des Instituts für Zeitgeschichte), und des damaligen Ermittlungsrichters Hans Groben vom 9. 12. 1946 (NG-554).
35. Aufgrund der Verordnung über die Erweiterung der Zuständigkeit der Sondergerichte vom 20. 11. 1938 (Reichsgesetzblatt I S. 1632), konnte die Staatsanwaltschaft ein Verbrechen vor dem Sondergericht anklagen, wenn sie es "mit Rücksicht auf die Schwere oder die Verwerflichkeit der Tat oder die in der Öffentlichkeit hervorgerufene Erregung" für geboten hielt.
36. Vgl. dazu besonders die eidesstattlichen Erklärungen des Gerichtsarztes und medizinischen Gutachters Dr. Armin Baur vom 3. 1. 1947 (NG-562) und des richterlichen Beisitzers Dr. Heinz Hugo Hoffmann vom 15. 1. 1974 (NG-647).
37. Zum Verlauf der Hauptverhandlung vgl. die eidesstattliche Erklärung von Irene Seiler vom 14. 3. 1947 (NG-1012), des richterlichen Beisitzers Landgerichtsrat Dr. Karl Ferber vom 24. 1. 1947 (NG-739), der in seiner Zeugenaussage im Spruchkammerverfahren gegen den damaligen Generalstaatsanwalt von Nürnberg vom 22. 6. 1948 (Spruchkammerakten Dr. Bems, Amtsgericht München, Registratur S) die Darstellung von Frau Seiler ausdrücklich als richtig bestätigte, ferner die eidesstattliche Erklärung des damaligen Anklagevertreters, Staatsanwalt Hermann Markl, vom 23. 1. 1947 (NG-681), des Zuschauers und Schwagers der Seiler, Paul Ladiges, vom 23. 11. 1946 (NG-520) sowie den Bericht über den Prozeß "Tod dem Rassenschänder! Ein Prozeß vor dem Nürnberger Sondergericht" in: Der Stürmer vom 2. 4. 1942, S. 1 ff.
38. Vgl. eidesstattliche Erklärung Markl (Anm. 37).
39. Vgl. eidesstattliche Erklärung Seiler (Anm. 37).
40. Bei der Urteilsverkündung erklärte Rothaug, "daß ein zu seinem Opfer schleichender Jude einem Verdunkelungsverbrecher gleichzustellen" sei und demnach "als Volksschädling gebrandmarkt werden" müsse (nach Seiler, Anm. 37). Fast der gleiche Wortlaut findet sich im Stürmer (Anm. 37), S. 3.
41. Vgl. Urteil vom 13. 3. 1942 (Anm. 33).
42. Vgl. eidesstattliche Erklärung Seiler (Anm. 37).
43. Vgl. eidesstattliche Erklärung des damaligen Oberstaatsanwalts bei der Generalstaatsanwaltschaft Nürnberg, Dr. Georg Engert, vom 18. 1. 1947 (NG-649); ferner seine Zeugenaussage im Spruchkammerverfahren gegen den damaligen Generalstaatsanwalt in Nürnberg, Dr. Emil Bems, vom 22. 6. 1948 und vom 21. 4. 1949 (Amtsgericht München, Registratur S), in der er ergänzend ausführte, Freisler habe in seiner Gegenwart deswegen mit dem Oberreichsanwalt beim Reichsgericht in Leipzig telefoniert.
44. Vgl. Stenographische Niederschrift der Besprechung der Oberlandesgerichtspräsidenten und Generalstaatsanwälte nebst Oberreichsanwalt beim Reichsgericht im Reichsjustizministerium am 31. 3. 1942, Akten des Reichsjustizministeriums (Bundesarchiv, Signatur 4162).
45. Vgl. Schreiben des Chefs der Reichskanzlei Lammers aus dem Führerhauptquartier vom 1. 4. 1942 an Staatssekretär Schlegelberger, der seit dem Tode Reichsjustizminister Gürtners mit der Führung der Geschäfte beauftragt war, Akten Reichskanzlei (Bundesarchiv, Signatur R 43 II/1544). Frau Seiler wurde später auf dem Gnadenwege die Vollstreckung der Reststrafe von 25 Wochen mit Bewährungsfrist erlassen.
46. Vgl. eidesstattliche Aussage Ferber (Anm. 37), seine Zeugenaussage vom 22. 6. 1948 sowie die Zeugenaussage Engerts vom 21. 4. 1949 im Spruchkammerverfahren Bems (Anm. 43).

Konzentrationslager Auschwitz/Birkenau: Das Lagertor mit Zuganschluß

Helmut Kramer

Im Namen des Volkes
Die Nürnberger Justiz von 1933 bis heute*

In einem Festaufsatz mit dem Titel "Nürnberg - eine Stadt der deutschen Rechtsgeschichte" (NJW 1982, S. 2056 ff.) hat der Vizepräsident des Landgerichts Nürnberg, Dr. Klaus Kastner, den 54. Deutschen Juristentag zum Anlaß genommen, "ein wenig nach den 'Werkspuren' Nürnbergs in der deutschen Rechtsgeschichte zu suchen". Zur deutschen Rechtsgeschichte gehört - ob man es wahrhaben will oder nicht - auch die NS-Justiz. Eine Rückbesinnung gerade auf jene Zeit kann uns Juristen dabei helfen, in kritischer Selbstreflexion die Strukturen der heutigen Justiz darauf zu befragen, ob die Möglichkeit einer Wiederholung so völlig ausgeschlossen und ob sich an den Vorbedingungen, die dereinst die Justiz zum Instrument eines Terrorregimes gemacht haben, inzwischen wirklich Entscheidendes geändert hat.

Für Selbstbeweihräucherung der Justiz im Rahmen von Festaufsätzen ist der genannte Geschichtsabschnitt allerdings weniger geeignet. Das ist wohl der Grund, aus dem Kastner zur Rolle Nürnbergs im "Dritten Reich" nur wenige Worte verliert und das damalige Verhalten der Juristen völlig ausspart: Nürnberg sei weder besonders "braun" noch besonders "antisemitisch" gewesen; das Maß des Unrechts sei in Nürnberg über das damals im Gesamtbereich Übliche nicht hinausgegangen.

Nürnberger Richter eilen der Nazi-Gesetzgebung voraus

Wir sollten den von dem Vizepräsidenten des Landgerichts, Dr. Kastner, vorzeitig abgebrochenen Ausflug durch die Nürnberger Justizgeschichte fortsetzen und auf die Jahre 1933 bis 1945 ausdehnen. Lassen wir dabei die Nürnberger Justiz selbst zu Wort kommen, beginnen wir mit einem Urteil des Amtsgerichts Nürnberg vom 26. November 1938 (Juristische Wochenschrift 1938, S. 3243 f.), das die fristlose Kündigung wegen der Rasseeigenschaft des jüdischen Mieters für zulässig erklärte, indem es die Anwesenheit von Juden als "Belästigung" für die Mitbewohner des Hauses hinstellt:

"Das Amtsgericht Nürnberg hat bisher, wie die gesamte Rechtsprechung, die Auffassung vertreten, daß auf Mietverhältnisse zwischen deutschen und jüdischen Mietern das Mieterschutzgesetz anzuwenden sei ... Der erkennende Richter kann diese bisher vertretene Rechtsauffassung nicht mehr aufrechterhalten ... An die Stelle des liberalen Grundsatzes vom freien Spiel der Kräfte gilt auf dem Gebiet der Wohnungswirtschaft der Grundsatz der Gemeinschaftsgebundenheit des Eigentums. ... Das MietSchG ist nach dem Willen des nationalsozialistischen Gesetzgebers die gesetzliche Verwirklichung der Volksgemeinschaft auf dem Gebiete des Wohnungswesens. Es ist auf diesem Gebiete der gesetzliche Ausdruck der Forderung des Parteiprogramms: 'Gemeinnutz geht vor Eigennutz'. Da das MietSchG also bestimmt ist, der Gemeinschaft des deutschen Volkes zu dienen, kann es nur für diejenigen gelten, die zur Gemeinschaft des deutschen Volkes gehören oder doch sich in die Gemeinschaft blutmäßig einordnen können. Es würde daher dem Zweck, den der nationalsozialistische Gesetzgeber mit der Beibehaltung und der Erweiterung des Gesetzes verfolgt hat, widersprechen, wenn seine Schutzbestimmungen auf Personen angewandt werden, die außerhalb der Gemeinschaft des deutschen Volkes stehen und auch nie zu ihr gehören können. Dies ist bei Juden der Fall ... Daraus folgt, daß die Schutzbestimmungen des MietSchG jüdischen Mietern im Verhältnis zu deutschen Vermietern nicht zur Seite stehen können.

... An sich ist im BGB dem Vermieter das Recht zur fristlosen Kündigung des Mietverhältnisses nur in den Fällen der §§ 553, 554 eingeräumt. Beide treffen hier nicht zu. Allein die Rechtsprechung hat seit langem den Grundsatz entwickelt, daß der ... in den §§ 553, 626, 723 BGB zum Ausdruck gebrachte Rechtsgedanke ganz allgemein für Dauerschuldverhältnisse Geltung habe. Danach können Dauerverhältnisse fristlos gekündigt werden, wenn ein wichtiger Grund vorliegt ... Jeder Deutsche findet die Anwesenheit von Juden in dem von ihm bewohnten Haus als lästig; es ist ihm peinlich, mit ihm zusammenzutreffen oder gar mit ihm in Verbindung treten zu müssen. Diese Einstellung hat sich durch die Ereignisse der letzten Wochen (gemeint ist die sog.

Reichskristallnacht am 9./10. November 1938) ganz bedeutend verstärkt. ... Die Durchführung des Mietvertrages ist durch die Person des Mieters, durch seine Zugehörigkeit zur jüdischen Rasse gefährdet."
Wohlgemerkt, das Gesetz ließ eine Diskriminierung von jüdischen Mietern damals nicht zu. Viele Amtsgerichte in Deutschland hielten sich damals noch an das Gesetz. Mit dem zitierten Beschluß vom 26. November 1938 ging Nürnberg allen anderen deutschen Gerichten voran, indem es gegenüber Juden sogar die fristlose Kündigung zuließ. Das geschah wenige Tage, nachdem in der sog. Reichskristallnacht vom 9. November 1938 mehr und anderes als nur Schaufensterscheiben zerschlagen worden war, und zwar auf Initiative einer verbrecherischen Staatsgewalt, als deren Instrument sich die Justiz verstand.

Schon am 6. Mai 1938 hatte das Amtsgericht Nürnberg ein anderes Mieturteil verkündet, durch das eine jüdische Familie gezwungen wurde, ihre Wohnung zu räumen, nur weil sie Juden waren (Deutsche Justiz 1938, S. 1162). Auch hier eilte Nürnberg allen anderen Gerichten weit voraus. In der Urteilsbegründung brachte der Richter sein Erstaunen darüber zum Ausdruck, daß "bei der in Nürnberg herrschenden Auffassung über die Judenfrage in den Jahren 1933 - 1938 Schritte zur Beseitigung der Beklagten (aus dem Hause) nicht unternommen worden sind". Mit seinen Vorstellungen zur Lösung der "Judenfrage" mußte dieser Richter sich noch etwas gedulden. Am 25. November 1941 ging aus Nürnberg und Fürth der erste Transport mit Juden nach dem Osten, wie in dem Lagebericht des Nürnberger Generalstaatsanwalts vom 10. Dezember 1941 vermerkt wird, im Dezember 1941 wurden rund 500 Juden "evakuiert". In dem Lagebericht des OLG-Präsidenten Döbig vom 5. Januar 1942 heißt es dazu: "Weitere Abtransporte von Juden sollen für die nächsten Monate in Aussicht genommen sein. Die krasse Wohnungsnot in Nürnberg wird dadurch aber kaum merklich gebessert werden."[1]

Im Jahre 1964 erklärte der damalige Nürnberger Oberlandesgerichtspräsident *Theodor Hauth* in einer Ansprache vor dem Bayerischen Richterverein, die Richter seien "vom Dritten Reich" überrascht worden; der Richter habe damals "in seiner Rechtschaffenheit" ahnungslos dem gegenübergestanden, was auf seinen Stand zugekommen sei. In Wirklichkeit war der Richterschaft schon lange vor 1933 bekannt, welche Gefahren der Demokratie vom Nationalsozialismus drohten. Man denke nur an die in Hitlers "Mein Kampf" angekündigte Diskriminierung der Juden. Und gerade den Juristen, die auf Urteilsschelte aus dem politischen Bereich sonst so empfindlich reagieren, hätten die Augen übergehen müssen, als Hitler sich im August 1932 in einem Telegramm hinter die brutalen SA-Mörder von Potemka stellte und mit haßerfüllten Drohworten das Schwurgericht angeiferte, das die Täter entsprechend dem eindeutigen Sachverhalt verurteilt hatte.[2] Nun meinte der Nürnberger Oberlandesgerichtspräsident in seiner Rede von 1964 vielleicht weniger den Überraschungseffekt als die Einübung der Juristen in den sog. Rechtspositivismus als Ursache der Justizmisere. Fast alle offiziellen Darstellungen schreiben diesem Positivismus, d. h. "dem ausschließlichen und unkritischen Gehorsam gegenüber dem förmlichen staatlichen Gesetz" die Schuld an dem Versagen der Justiz im NS-System zu; durch ihre positivistische Grundhaltung seien die deutschen Richter der Möglichkeit beraubt worden, den Unrechtscharakter des nationalsozialistischen Systems zu erkennen.

Im Namen des Deutschen Volkes: Fristlose Kündigung jüdischer Mieter

Schon die zur fristlosen Kündigung jüdischer Mieter ergangenen Entscheidungen des Nürnberger Amtsgerichts im Jahre 1938 - mit denen der antisemitische Gesetzgeber noch um Längen überholt wurde - sollten aber genügen, um jene zu widerlegen, die die Ursache für das damalige Versagen der Justiz noch immer in dem "blinden Gesetzesgehorsam" der Juristen sehen möchten.

Wer im Namen des Volkes Recht spricht (damals hieß es "Im Namen des Deutschen Volkes"), muß es sich gefallen lassen, daß sein Name dem Volke genannt wird: Der Richter des ekelhaften Mietrechtsurteils vom 6. Mai 1938 war niemand anders als *Theodor Hauth*, von dem u. a. der Ausspruch von den "ahnungslosen" und "rechtschaffenen" NS-Richtern stammt.

Kann man das Urteil vom 6. Mai 1938, durch das einer jüdischen Familie die Existenzgrundlage entzogen wurde, als verzeihliche "Jugendsünde" abtun? Hauth war damals immerhin 33 Jahre alt und schon seit neun Jahren im Justizdienst. Auch geht es hier weniger um persönliche Vorwürfe als um Kritik an der Institution Justiz:

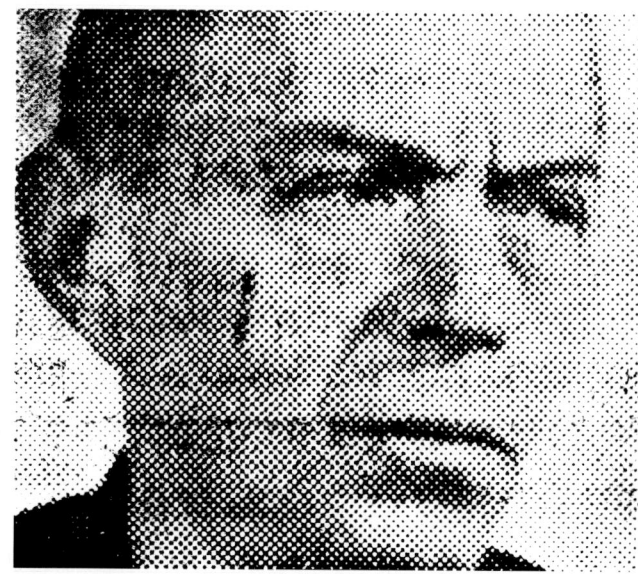

Oswald Rothaug

War jemand, der auf extreme Weise seine Fähigkeit zur Überanpassung bewiesen hatte, nach 1945 wirklich zum Richter oder gar zum Oberlandesgerichtspräsidenten geeignet? Warum brachten Leute wie Hauth nicht das Mindestmaß an Schamgefühl auf, das sie davon hätte abhalten sollen, sich nach immer höheren Schlüsselpositionen zu drängen und so durch ihre kompromittierte Person unsere Republik zu belasten? Und wenn die Belasteten selbst nicht zu der nötigen Selbstüberwindung fähig waren, warum haben die über die Vergangenheit solcher Richter durchaus eingeweihten Verantwortlichen in den Kreisen der Nürnberger Justiz und im Bayerischen Justizministerium geschwiegen? Das Schweigen führte dazu, daß allein in die Bayerische Justiz Hunderte oft mit schauerlichen Todesurteilen belastete Richter und Staatsanwälte nach 1945 wieder in die Justiz gelangten und das Justizklima entscheidend mitprägen konnten.

Mörder in der Robe: Das Sondergericht Nürnberg

Eines der entsetzlichsten Kapitel in der NS-Justizgeschichte überhaupt wird durch das Sondergericht Nürnberg gekennzeichnet. Das Nürnberger Sondergericht war, wie in dem Nürnberger Juristenurteil vom 4. Dezember 1947 mit Recht festgestellt wird, "als das brutalste Sondergericht in Deutschland bekannt". Mit dem Sondergericht Nürnberg verbindet sich vor allem der Name des Landgerichtsdirektors *Rothaug* und mit dem Namen Rothaug wiederum der Name eines seiner vielen Opfer: des jüdischen Fotohändlers Leo Katzenberger. Unter Vorsitz von Dr. Rothaug verurteilte das Nürnberger Sondergericht nach einem zweitägigen Schauprozeß den 68jährigen Katzenberger am 13. März 1942 wegen sog. "Rassenschande" nach dem Blutschutzgesetz zum Tode. *Rothaug*, der von Anfang an auf dieses Todesurteil ausging, scheute vor keiner Manipulation zurück. Beispielsweise mutete er - allerdings vergeblich - dem Untersuchungsrichter Amtsgerichtsrat Groben zu, einen Aktenvermerk zu vernichten. Auch bewog er die Staatsanwaltschaft, die zunächst bei einer gewöhnlichen Strafkammer erhobene Anklage auf das Sondergericht umzustellen, und zwar nunmehr unter Benennung der "Volksschädlingsverordnung", die die Todesstrafe ermöglichte. Dem Sitzungsvertreter der Staatsanwaltschaft machte er klar, daß er einen Todesstrafeantrag erwartete. Obgleich das Beweismaterial lediglich ergab, daß die Frau Seiler zuweilen auf Katzenbergers Schoß gesessen und er sie geküßt hatte, nahm das Gericht mit einer gekünstelten Beweiswürdigung Geschlechtsverkehr an. Zur Anwendung der "Volksschädlingsverordnung" kamen die Richter mittels einer besonders perversen juristischen Spitzfindigkeit: Katzenberger habe die "Rassenschande" unter Ausnutzung der kriegsbedingten Verdunkelung (die Straßenbeleuchtung war im Krieg ausgeschaltet) begangen, indem er sich abends am Spitteler Torgraben von der einen Woh-

Titelseite des "Stürmer" (Januar 1935)

nung zur anderen begeben habe. Das nannte selbst *Roland Freisler* - damals noch Staatssekretär im Reichsjustizministerium - eine "recht gewagte juristische Konstruktion". Katzenberger wurde am 3. Juni 1942 in Nürnberg hingerichtet.

Die justizförmige Ermordung Katzenbergers ist nur ein Fall von vielen Hunderten von schrecklichen Todesurteilen des Nürnberger Sondergerichts. Die Akten sind erhalten geblieben, auf dem Dachboden des im Bombenkrieg kaum beschädigten Nürnberger Justizpalastes.

Rothaug wurde im Mai 1943 zum Reichsanwalt bei der Reichsanwaltschaft des Volksgerichtshofs befördert. Sein Nachfolger - der Landgerichtsdirektor *Rudolf Oeschey* - war ihm ebenbürtig. In seiner Personalakte wird immer wieder seine nationalsozialistische Zuverlässigkeit gerühmt. Dazu muß man wissen, daß er Chef des NS-Rechtswahrerbundes und Leiter des Parteirechtsamtes des Gaues Franken war. Als Leiter des Parteirechtsamtes übte er mehrmals an Entscheidungen des Oberlandesgerichts Nürnberg scharfe Kritik und forderte ein Dienststrafverfahren gegen den Oberlandesgerichtsrat Heinrich, "weil die Begründung dieser Entscheidung eine Einstellung zur Judenfrage erkennen lasse, die mit dem nationalsozialistischen Rechtsempfinden nicht vereinbar" sei. Heinrich war schon von dem früheren Gauleiter Streicher der Judenfreundlichkeit beschuldigt worden. Die engen Beziehungen Oescheys

Angeklagte im Juristenprozeß. Das Bild zeigt den ehemaligen stellvertretenden Justizminister Franz Schlegelberger bei seinen Schlußworten. Neben ihm Herbert Klemm, Curt Rothenberger und Ernst Lautz; zweite Reihe v.l.n.r.: Hermann Cuhorst, Rudolf Oeschey und Josef Altstötter (20. Oktober 1947).

zur Partei verschafften ihm eine große Machtstellung in der Justiz. Parteieinwirkungen in dieser Form waren im übrigen Reichsgebiet nicht die Regel. Übrigens war Oeschey eng befreundet mit Dr. Rothaug, der als Vertrauensmann ("ehrenamtlicher Mitarbeiter") des Sicherheitsdienstes Spitzeldienste in der Justiz wahrnahm.
Im Nürnberger Juristenprozeß wurde Oeschey von den Zeugen übereinstimmend als äußerst brutaler Richter mit stark psychopathischen Zügen gekennzeichnet. Seine Verhandlungsführung erinnert an die von Roland Freisler. Ähnlich wie Rothaug brüllte er die Angeklagten manchmal stundenlang mit Schimpfkanonaden an und hielt ihnen die Taten vor, als seien sie längst bewiesen. Ausländer und politische Gegner erfuhren schon zu Beginn der Behandlung, daß sie als "Volksschädling" "ausgemerzt" werden müßten. Die skandalöse "Polenstrafrechtsverordnung" und die Volksschädlingsverordnung nutzte Oeschey "als eine Gelegenheit zur Begehung von Morden unter dem Deckmantel der Gesetzmäßigkeit" (Zitat nach Nürnberger Juristenurteil). Setzte sich ein Pole gegenüber Willkürhandlungen seines deutschen Arbeitgebers zur Wehr, so wurde jede noch so geringfügige Tätlichkeit als "gegen das Deutschtum gerichtete Gewalttat" mit dem Tode bestraft. Geschlechtsverkehr zwischen Polen und Deutschen wurde auch von anderen Sondergerichten hinsichtlich des Mannes als "deutschfeindliches" Verhalten geahndet, bisweilen sogar als "Angriff auf die Ehre der deutschen Frau".[3]

Kinder zum Tode verurteilt

Bei angenommenem Geschlechtsverkehr von Polen und Deutschen wurde der Pole übrigens meist ohne Gerichtsurteil von der SS öffentlich aufgehängt. Die beteiligte Frau wurde oft unter entwürdigenden Umständen durch die Ortschaft geführt, manchmal unter Hinzuziehung der Schuljugend. Ein weiterer vom Nürnberger Sondergericht entschiedener Fall: Eine Gruppe ausländischer Jungen - teils erst 15 und 16 Jahre alt - ließ sich auf harmlose Raufereien, allenfalls Schlägereien mit anderen Jungen in einem Hitlerjugendheim ein. Oeschey wertete das als "Widerstandsbewegung" und verurteilte einige Jungen zum Tode.
Gegen Kriegsende, am 3. April, ließ sich Oeschey zum Vorsitzenden des vom Gauleiter Holz eingerichteten Standgerichts einsetzen. Der Sachverhalt: Der Graf Montgelas hatte in einem Privatzimmer des Grandhotels in Nürnberg sich gegenüber einer Bekannten abfällig über Hitler und beifällig über das Attentat des 20. Juli

1944 geäußert. Ein auf Montgelas angesetzter SS-Spitzel hatte vom Nebenzimmer aus die Unterhaltung belauscht. In einem geheimen Schnellverfahren unter Vorsitz Oescheys, ohne Benachrichtigung des Verteidigers und ohne Hinzuziehung der benannten Entlastungszeugen, wurde Graf Montgelas am 5. April zum Tode verurteilt und am 6. April erschossen.

"... er muß erst hartgemacht werden"

Leider läßt sich die Verantwortlichkeit für das Sondergericht Nürnberg nicht auf die Namen der beiden Fanatiker Rothaug und Oeschey beschränken. Zwar werden viele Kollegen ihnen innerlich ablehnend gegenübergestanden haben. Aber selbst der Oberlandesgerichtspräsident Döbig, der - unter anderem wegen seiner Differenz mit Rothaug - im Jahre 1943 auf Betreiben Oescheys nach Leipzig (als Senatspräsident am Reichsgericht) versetzt wurde, bezeichnete in seinem Lagebericht vom 5. September 1940 an das Reichsjustizministerium Oeschey als "in jeder Hinsicht für die Aufgabe (als Gaurechtsleiter) bestens geeignet". Der Nachfolger Döbigs, Oberlandesgerichtspräsident *Dr. Emmert,* begrüßte die "Bereinigung des vor mir bestehenden Gegensatzes zwischen meinem Vorgänger und dem damaligen Landgerichtsdirektor Rothaug" (Lagebericht vom 2. Dezember 1943). Dr. Emmert war an einem scharfen Sondergericht besonders gelegen: Mit dem Vorsitz im Sondergericht könne man nur Richter betrauen, die mindestens zwei Jahre lang darin als Beisitzer gearbeitet hätten. "Er muß erst hartgemacht werden und den Geist des Sondergerichts als Standgericht der inneren Front eingeimpft bekommen." Nach dem Weggang Rothaugs blieb "die straffe Linie ... beibehalten, die Qualität der Urteile sank (unter dem zwischenzeitlichen Vorsitz des Landgerichtsrats Ferber) naturgemäß ab". Deshalb übertrug Dr. Emmert den Vorsitz an Oeschey, "weil er die stärkere Persönlichkeit ist" (Lagebericht vom 2. Dezember 1944).

Prozeß gegen nationalsozialistische Juristen. Das Bild zeigt die Angeklagten. Erste Reihe v.l.n.r.: Josef Altstötter, Wilhelm von Ammon, Paul Barnickel, Hermann Cuhorst, Karl Engert, Günther Joel, Herbert Klemm, Ernst Lautz. Zweite Reihe, v.l.n.r.: Wolfgang Mettgenberg, Günther Nebelung, Rudolf Oeschey, Hans Petersen, Oswald Rothaug, Curt Rothenberger und Franz Schlegelberger (22. Februar 1947).

Der Nürnberger Juristenprozeß

Was wurde aus den Tätern nach dem "Zusammenbruch"? Gerade in Nürnberg muß man hier an erster Stelle den Nürnberger Juristen-Prozeß vor dem US-Militärgerichtshof III nennen. Die Verhandlung, die vom 5. März bis 4. Dezember 1947 im Justizpalast in Nürnberg stattfand, ist heute fast in Vergessenheit geraten. Kastner möchte diesen Prozeß der Stadt Nürnberg nicht "angelastet" wissen, als sei die strafrechtliche Aufarbeitung schlimmer Vergangenheit eine Schande. Angeklagt waren 16 führende Juristen und Vorsitzende von Sondergerichten, und zwar vor allem wegen der Teilnahme an der Vernichtung der jüdischen und polnischen Bevölkerung, der Terrorisierung der Einwohner der besetzten Gebiete und der Ausrottung politischen Widerstandes im Inland durch Mitwirkung an Terrorgesetzen und -urteilen. Vier Angeklagte wurden freigesprochen. Die anderen zwölf wurden zu Freiheitsstrafen zwischen fünf Jahren und lebenslänglich verurteilt. Lebenslänglich erhielten: die früheren Staatssekretäre im Reichsjustizministerium Franz Schlegelberger und Herbert Klemm und die Nürnberger Richter Rothaug und Oeschey. Alle Verurteilten wurden allerdings im Gnadenwege in den fünfziger Jahren entlassen, die meisten schon 1950/51. Das war sozusagen ein Teil der amerikanischen Morgengabe für die Einheirat der Bundesrepublik in das westliche Hochrüstungsbündnis. Länger blieben nur Oeschey und Rothaug inhaftiert. Am 31. Januar 1951 wurden ihre lebenslänglichen Strafen durch den amerikanischen Hohen Kommissar John McCloy in 20 Jahre Zuchthaus umgewandelt. Oeschey wurde jedoch schon wenig später, Rothaug Mitte der fünfziger Jahre aus der Haft entlassen. Ebenso bezeichnend ist, daß die Verbreitung des Juristenurteils in Westdeutschland jahrzehntelang erfolgreich unterbunden worden ist. Wer den vollständigen Text des Urteils, insbesondere die Schilderung der konkreten Verbrechen der Angeklagten nachlesen wollte, war jahrzehntelang auf die 1969 in der DDR erschienene, aber rasch vergriffene Ausgabe angewiesen.[4]

Ausgangspunkt des Nürnberger Juristenprozesses war die Erkenntnis, daß die Justiz im "Dritten Reich" nur *ein* Teil des arbeitsteilig operierenden faschistischen Gesamtsystems staatlicher, halbstaatlicher und privater Institutionen war und daß sie mit den anderen Teilsystemen in einem funktionalen Zusammenhang stand, sei es konkurrierend, sei es kooperierend. So ist etwa ein Strafurteil auf der Grundlage von der Gestapo erfolterter Geständnisse oder das Abschieben der gerichtlichen Zuständigkeit auf härtere Instanzen (z. B. auf Polizei, Gestapo) unter dem Gesichtspunkt der praktischen Einheit arbeitsteiliger Verfolgung und Vernichtung politischer Feinde zu beurteilen. Ähnliches gilt für Ehescheidungs- und Kindschaftsurteile, die zur Feststellung jüdischer Abstammung gelangten, aber auch für arbeitsgerichtliche Entscheidungen, die die Entlassung regimekritischer Arbeitnehmer bestätigten.

Ein Beispiel für den Verwaltungssektor ist etwa der spätere Staatssekretär unter Adenauer, Karl Globke, der unter anderem durch die Produktion personenstandsrechtlicher Erlasse (z. B. die Unterscheidung zwischen sog. "Voll- und Halbjuden" und ähnliche Differenzierungen) wichtige verwaltungstechnische Voraussetzungen für die Durchsetzung der Morde schuf. Für den Justizbereich ist z. B. an die Mitwirkung des Reichsjustizministeriums an der Polenstrafrechtsverordnung oder am "Nacht und Nebel"-Erlaß oder an die Absicherung der Anstaltsmorde durch u. a. an die Staatsanwaltschaften gerichtete Stillhalteweisungen zu erinnern.[5]

Von nicht geringerem Gewicht war die Legitimationswirkung, mit der eine insgesamt systemkonforme Justiz durch Errichtung einer Legalitätsfassade zur Stabilisierung eines Terrorsystems selbst dann beiträgt, wenn sie aus Gründen der äußeren Optik oder der Gewissensbeschwichtigung im Einzelfall zu Freisprüchen und ähnlichen Entscheidungen gelangt. Daß die Verfolgung und Vernichtung von "Staatsfeinden" mit justizförmigen Mitteln - anstelle einer Erledigung mit rein polizeilichen Maßnahmen - wegen des Anscheins unparteiischer Rechtsfindung ganz besonders zur Stärkung eines Unrechtssystems beiträgt, liegt auf der Hand. Diesen Hauptbeitrag der NS-Juristen - Mitwirkung in einem arbeitsteiligen Unterdrückungssystem - meint der Gerichtshof, wenn es in dem Urteil heißt: "Keiner der Angeklagten sei ... der Ermordung oder der Mißhandlung irgendeiner bestimmten Person beschuldigt ... Einfacher Mord und Einzelfälle von Greueltaten bilden nicht den Anklagepunkt für die Beschuldigung. Die Angeklagten sind solch unermeßlicher Verbrechen beschuldigt, daß bloße Einzelfälle von Verbrechenstatbeständen im Vergleich dazu unbedeutend erscheinen. Die Beschuldigung, kurz gesagt, ist die der bewußten Teilnahme an einem über das ganze Land verbreiteten und von der Regierung organisierten System der Grausamkeit und Ungerechtigkeit unter Verletzung der Kriegsgesetze und der Gesetze der Menschlichkeit, begangen im Namen des Rechts unter der Autorität des Justizministeriums und mit Hilfe der Gerichte. Der Dolch des Mörders war unter der Robe des Juristen verborgen."

Die Leitbildfunktion des Juristenurteils

Anders als bei gewöhnlichen Strafverfahren ging es in Nürnberg nicht nur um individuelle Bestrafung. Vielmehr sollten für künftige Völkergenerationen neue Regeln für das Handeln staatlicher Institutionen und ihrer Mitglieder entwickelt werden. Die Aufgabe speziell des Juristenprozesses bestand in der Demaskierung des juristischen Herrschaftsapparates im Faschismus und in der Setzung neuer Maßstäbe für das Handeln von Juristen. Angesichts der Anfälligkeit der Institution Justiz gegenüber faschistischen Tendenzen wollte man einer Wiederholungsgefahr vorbeugen. Ähnlich wie der Hauptkriegsverbrecherprozeß auf eine Fortentwicklung des

Nürnberger Faschingsumzüge (1938): Der Wagen trug den Titel "Die Volksschädlinge"; an dem Modell eines Stadtturms hingen mehrere aufgehängte Figuren, darunter auch die eines Juden.

Völkerrechts oder wie der Medizinerprozeß darauf gerichtet war, den Eid des Hippokrates zu bestätigen und zu konkretisieren, sollte ein vergleichbarer Kodex für die Juristen gefunden werden. In der Möglichkeit zu einer schonungslosen Reflexion dessen, wozu auch ein scheinbar bewährtes Justizsystem führen kann, lagen die Chancen des Juristenprozesses.

Adressaten der Lektion waren vor allem die Mitglieder der Justiz. Dies bedeutet: Das Juristenurteil (vom 3./4. Dezember 1947) mußte zum künftigen Grundkanon der Rechtswissenschaft sowie der Juristenausbildung und -fortbildung gehören. Umgekehrt mußte das Juristenurteil mit seiner Ächtung eines bestimmten Justizsystems allen denjenigen, die an die überkommenen gesellschaftlichen Ordnungen anknüpfen und deshalb an den Strukturen der Justiz nichts ändern wollten, ein Dorn im Auge sein. Und so tilgten sie es aus dem Bewußtsein der Öffentlichkeit und sogar der Fachöffentlichkeit.

Keine strafrechtliche Aufarbeitung nach 1945

Überhaupt sind die Justiz und die etablierte Rechtswissenschaft einer Auseinandersetzung mit der NS-Justiz und ihren Ursachen strikt aus dem Wege gegangen. Mit dem ungefähr 1946 wieder einsetzenden Antikommunismus begann ein allgemeiner Verdrängungsprozeß. Darin liegen auch die Gründe dafür, daß von deutschen Gerichten kein einziger jener Blutrichter rechtskräftig verurteilt wurde. KZ-Wärter, die im Glauben an die Verbindlichkeit von Hitlerbefehlen Juden getötet haben, wurden wegen Mordes verurteilt, während Richter, die wegen eines politischen Witzes oder eines Zweifels am "Endsieg" die Todesstrafe verhängten, straffrei blieben. Dabei hätte gerade der Nürnberger Justizmord an Katzenberger eine gute Gelegenheit für eine Überprüfung der Grenzen des sog. Richterprivilegs gegeben. Denn mit Rothaug hatten zwei andere Richter das Todesurteil gefällt: die Landgerichtsräte *Ferber* und *Hoffmann*. Diese beiden Richter sind eigentlich sogar interessantere Fälle als Rothaug. Ähnlich wie Freisler war nämlich die wutschäumende Verhandlungsführung Rothaugs und Oescheys nicht typisch für die NS-Justiz. Die meisten der an der NS-Unrechtsjustiz beteiligten Juristen unterschieden sich in ihrem Persönlichkeitsprofil nicht wesentlich vom "Durchschnittsjuristen". Um solche Juristen scheint es sich auch bei Hoffmann und Ferber gehandelt zu haben. Sie hatten eine "solide", ja im Kern dieselbe Juristenausbildung durchlaufen, an der sich bis heute nichts geändert hat. Ihr Versagen bestand in nichts anderem als in der Obrigkeitsmentalität und in der Fähigkeit zur Anpassung - Gefährdungen, die bis heute in der Justiz nicht gebannt sind.

Das Urteil gegen Katzenberger war so schauderhaft, daß die Nürnberger Justiz nicht umhinkam, gegen die Beisitzer Ferber und Dr. Hoffmann ein Strafverfahren einzuleiten. Doch erst am 5. April 1969 kam es zu einem Urteil des Schwurgerichts Nürnberg-Fürth, durch das Ferber zu drei und Hoffmann zu zwei Jahren Gefängnis wegen Totschlags verurteilt wurden (Aktenzeichen 7/28 Ks 1/68). Nicht einmal dabei blieb es. Der BGH hob das Urteil sowohl auf die Revision der Staatsanwaltschaft als auch der Angeklagten am 21. Juli 1970 auf und verwies die Sache an das Schwurgericht Nürnberg zurück (NJW 1971, S. 571 ff.). Nach weiteren 18 Monaten kam es zur nächsten Hauptverhandlung. Ein Urteil erging aber nicht mehr, da das Verfahren schließlich wegen Verhandlungsunfähigkeit der beiden Angeklagten eingestellt wurde.

Die Opfer der NS-Justiz oder ihre Hinterbliebenen werden auch kaum verstehen, daß viele von ihnen keinerlei Entschädigung erhalten haben (z. B. Zigeuner oder Kommunisten, die auch nach 1945 zu ihrer politischen Überzeugung standen), während andererseits die allermeisten der Richter und Staatsanwälte, die an Todesurteilen mitgewirkt haben, hohe Ruhestandsbezüge erhielten. In Nürnberg gab es davon besonders viele. Und nicht nur das: Die meisten der belasteten Juristen kamen wieder in Amt und Würden, viele gelangten sogar in Schlüsselpositionen der bundesrepublikanischen Justiz. Das läßt sich mit vielen Namen belegen.

Warum die belasteten Juristen so anstandslos wieder eingestellt worden sind, ist schwer erklärlich. Mitunter werden Aufklärungsschwierigkeiten genannt. In vielen Fällen schweigen aber wohlinformierte Dienstvorgesetzte entgegen ihrer Amtspflicht. Ein besonders krasser Fall ist der Fall des Landgerichtsdirektors *Johann Josef Schwarz* in Regensburg. Als auf einer Massenkundgebung in Regensburg am 23. April 1945 die Durchhalteparole "Verteidigung bis zum äußersten" diskutiert wurde, versuchte der Regensburger Domprediger Dr. Johann Maier die aufgebrachte Menge zu beschwichtigen; nur unter Wahrung der Ruhe lasse sich die Obrigkeit beeindrucken und es solle an sie keine Forderung, sondern lediglich die Bitte herangetragen werden, die Stadt kampflos zu übergeben. Er wurde darauf verhaftet und in einem standgerichtlichen Schnellverfahren unter Vorsitz des Landgerichtsdirektors Schwarz verurteilt. Wenige Stunden später wurde das Urteil durch Erhängen vollstreckt, auf dem Platz vor dem "Neuen Rathaus", wenige Stunden vor dem Einmarsch der Amerikaner. Schwarz wurde sogleich nach 1945 wiedereingestellt, obgleich in Regensburg und natürlich auch beim Oberlandesgerichtspräsidenten in Nürnberg jeder die Vorgänge kannte. Das Pech für Schwarz war nur, daß auch die ausländische Presse über den Fall berichtet hatte. Das führte dazu, daß Schwarz auf Betreiben der Amerikaner im Jahre 1947 verhaftet und später zu fünf Jahren Zuchthaus verurteilt wurde.[6]

Die Entschlossenheit, die NS-Justiz rückhaltlos aufzuarbeiten, überdauerte allerdings nicht die Besatzungszeit. Das zeigte sich, als man sich in Nürnberg später mit einem anderen, besonders widerwärtigen Standgerichtsverfahren zu befassen hatte: In Brettheim bei Rothenburg o. T. hatte im April 1945 ein SS-Standgericht unter Vorsitz des SS-Sturmbannführers *Gottschalk* den Bauern Hanselmann zum Tode verurteilt, weil er an der Entwaffnung von zu sinnlosem Weiterkämpfen entschlossenen Hitlerjungen teilgenommen hatte. Mit ihm ließ das Standgericht den Bürgermeister Gackstatter und den Lehrer Wolfmeyer aufhängen, weil sie in einem vorangegangenen Standgerichtsverfahren, zu dem man sie abkommandiert hatte, sich geweigert hatten, ein Todesurteil gegen Hanselmann zu unterschreiben.[7]

Mühevoller Freispruch

Obgleich eindeutig der Tatbestand des Mordes erfüllt war, sprach das Schwurgericht Nürnberg-Fürth im April 1958 die NS-Standrichter frei, nachdem es zuvor noch ehemalige hohe SS-Offiziere und den Nazi-General Kesselring als Sachverständige (!) vernommen hatte. Erst nach mehrmaliger Zurückverweisung durch den Bundesgerichtshof, in einer fünften oder sechsten Verhandlung verurteilte das Schwurgericht Ellwangen am 5. Mai 1961 Gottschalk zu dreieinhalb Jahren Gefängnis, sprach aber die anderen Beteiligten, den SS-Major *Otto* und den SS-General *Simon* mit skandalöser Begründung frei.

In Nürnberg wie auch andernorts hat man die NS-Justiz nicht aufgearbeitet, sondern verdrängt. Der Deutsche Richterbund hat sich die ganzen Jahre nur in Abwehr geübt. Anstatt sich zum Versagen der Juristen in der NS-Zeit zu bekennen, hat er zum Beispiel in einer Erklärung seines Vorstandes vom 18. Juni 1965 sich "nachdrücklich gegen Kollektivvorwürfe (verwahrt), die aus dem Verhalten einzelner Richter und Staatsanwälte in der Zeit vor 1945 hergeleitet werden". Dabei hätte es gerade dem Richterbund gut angestanden, sich selbstkritisch an seine eigene Geschichte zu erinnern. Nürnberg war übrigens ein Schauplatz der wichtigsten Schritte der Selbstgleichschaltung des Deutschen Richterbundes im Jahre 1933. Am 27./28. Mai beschloß der Bayerische Richterverein in Nürnberg einstimmig, "getreu seiner allezeit bewiesenen nationalen Einstellung ... korporativ dem Nationalsozialistischen Deutschen Juristenbund" beizutreten, nachdem man den neuen Vorstand nach den Vorschlägen der Mitglieder der NSDAP im Bezirksverband München gewählt hatte. Der Nürnberger Oberlandesgerichtspräsident *Burkhardt* "brachte mit herzlichen und überzeugenden Worten auf die glückhafte Zukunft des neuen Deutschen Reiches ein dreifaches Sieg-Heil aus, in das die Versammlung begeistert einstimmte". Und auf der Vertretertagung des Deutschen Richterbundes in Nürnberg am 9. Juli 1933 bekannte man sich "leidenschaftlich zu dem von ... Herrn Reichsjustizkommissar Dr. Frank aufgebauten Arbeitsprogramm, ... eins mit der großen Idee, die von dem Bund Nationalsozialistischer Deutscher Juristen getragen wird". Man müßte der Geschichte der Verdrängung der NS-Justiz nach 1945 einmal eine besondere Darstellung widmen. Dann würde klar, daß die zutage getretenen Verdrängungsbedürfnisse über persönliche Rücksichtnahmen hinaus die Institution Justiz als solche erfassen. Man scheute eine Auseinandersetzung aus Sorge, in der NS-Justiz noch heute fortdauernde Strukturen wiedererkennen zu müssen.

Nachbemerkung
...im wesentlichen ohne schmutzige Hände
Porträt eines Juristen

Zu der Person von Theodor Hauth konnte ich noch folgendes ermitteln: Hauth, der es nach dem Krieg bekanntlich zum Oberlandesgerichtspräsidenten von Nürnberg brachte, hatte schon im Frühjahr 1934 eine Nürnbergerin wegen Verunglimpfung des Hitler-Grußes aufgrund des "Heimtücke"-Paragraphen zu drei Wochen Gefängnis verurteilt. Die eingangs erwähnten antisemitischen Mietrechtsurteile gehören zu den skandalösesten Zivilrechtsentscheidungen der NS-Zeit, sie sind klassische Fälle richterlicher Rechtsbeugung. Die beiden Urteile sind zugleich Musterbeispiele für die Leichtigkeit, mit der Juristen ihre Methoden wechseln können, um zum gewünschten Ergebnis zu kommen. In der mit Sicherheit von Hauth stammenden Entscheidung vom 6. Mai 1938 hatte Hauth die Gesetzesbindung des Richters im Prinzip noch anerkannt und das Gesetz (das Mieterschutzgesetz) "nur" mit einem juristischen Kunstgriff verbogen: Die Vermieterin sei als *gemeinnützige Wohnbaugesellschaft* verpflichtet, ihre Wohnungen nur an Volksgenossen zu vermieten: Juden seien keine Volksgenossen. In dem Urteil vom 26. November 1938 - hier läßt sich die Urheberschaft von Hauth nicht nachweisen, auch wenn das Urteil aus derselben Abteilung des Amtsgerichts stammt wie das Urteil vom 5. Mai - bediente man sich der entgegengesetzten Begründungstechnik: Das Mieterschutzgesetz könne für jüdische Mieter nicht mehr gelten: "Der Umstand, daß der (NS-)Gesetzgeber einen Rechtszustand, der mit nationalsozialistischen Anschauungen nicht vereinbar ist, noch nicht förmlich geändert hat, schließt nicht aus, daß der Richter diesem Zustand die Anerkennung versagt." Hier haben wir also einen Richter, der die NS-Führung kritisiert - weil er die bisherigen gesetzgeberischen Maßnahmen gegen die Juden zu lasch findet!

War diese Art von "Widerstand" gemeint, als der bayerische Justizminister Dr. Held anläßlich der Verabschiedung von Hauth im Jahre 1969 in seiner Laudatio hervorhob, Hauth habe "als aufrechter Mann dem Nationalsozialismus die Stirn gezeigt" und habe, seiner christlichen Weltanschauung treu, im Dritten Reich Nachteile in Kauf genommen? Derartiges wurde im Nürnberger Schwurgerichtssaal geäußert, in dem immerhin dreiundzwanzig Jahre zuvor der amerikanische Militärgerichtshof andere Worte über das Wirken angepaßter und überangepaßter Juristen im Dritten Reich gesagt hatte. Mißt man unsere Republik an den Karrieren von NS-Juristen, so muß es um die Moral bei uns schlecht bestellt sein. Hauth galt von der "ersten Stunde" an als Spitzenmann. Kaum war er (1947) zum Landgerichtsdirektor befördert, wurde er (1948) schon Landgerichtspräsident von Nürnberg, dann (von 1959 bis 1969) Oberlandesgerichtspräsident. Er war auch Mitglied des Bayerischen Verfassungsgerichtshofs, längere Zeit war er ernstlich als künftiger bayerischer Justizminister im Gespräch. Auch außerhalb der Justiz spielte er eine einflußreiche Rolle. So amtierte Hauth in zahlreichen Gremien der katholischen Kirche auf Pfarr-, Dekanats-, Diözesan-, Landes- und Bundesebene, darunter als Vorsitzender des vorbereitenden Lokalkomitees des 81. Deutschen Katholikentages in Bamberg und - von 1971 bis 1984 - als Mitglied des Zentralkomitees der deutschen Katholiken. Für seine Verdienste ernannte ihn Papst Paul VI. zum Komtur des päpstlichen Gregorovius-Ordens. Der bayerische Ministerpräsident verlieh ihm den bayerischen Verdienstorden.

Ein "Richter mit Vergangenheit"

Was geht in den NS-Juristen vor, wenn sie an ihre Vergangenheit zurückdenken? Soweit das Innenleben von Menschen überhaupt zugänglich ist, gibt der Fall Hauth auch insoweit interessante Aufschlüsse. In öffentlichen Vorträgen und Diskussionen und in Aufsätzen ging er gern auf die Zeit des Dritten Reiches ein. Als sei er selbst völlig unbetroffen, stellte er in einem Festvortrag von 1963 (über den "Richter im Dritten Reich, sein Vorher und sein Nachher") die Frage: "Waren sie wirklich so schlecht, daß man sich heute mit ihnen beschäftigen muß, und daß sie jeder verdammen darf?" Und "der Richterstand war ahnungslos darüber, welch eine schwere Entscheidung auf ihn zukommen sollte"! Richter aus Leidenschaft und mit Opferbereitschaft (Eigenschaften, die Hauth wohl sich selbst zuschrieb?) habe es damals nicht viele gegeben. Gleichwohl hätten nur "einige" schweres Unrecht getan. Unter den damals durch Sondergerichte gefällten Todesurteilen könnten allerdings auch einige genannt werden, die mit Recht gesprochen seien. Hauth kritisierte, daß man (1963) noch siebzehn Jahre nach Kriegsende manche der NS-Richter "in der Quarantäne der Beförderungsunwürdigkeit" halte.

Tatsächlich konnte man in der Nürnberger Nachkriegsjustiz eher von einem Reservat für ehemalige NS-Juristen sprechen: Allein an den Gerichten und Staatsanwaltschaften der Stadt Nürnberg amtierten mindestens dreißig ehemalige Richter und Oberstaatsanwälte an Sondergerichten und an sonstigen politischen Dezernaten bis hin zur Reichsanwaltschaft beim Volksgerichtshof. Dazu kamen vier ehemalige Kriegsrichter und drei höhere SS-Offiziere. Die Zahlen sind mit Sicherheit unvollständig. Viele dieser Juristen waren mit schlimmen Todesurteilen unter anderem in der ČSSR belastet. Einige standen deshalb auch auf der Kriegsverbrecherliste der ČSSR, einer war dort nach 1945 zum Tode verurteilt worden. Die meisten der NS-Justizbeamten wurden nach 1945 nicht nur wiedereingestellt (selbst der NS-Oberlandesgerichtspräsident Döbig durfte als Senatspräsident am Oberlandesgericht weiteramtieren), sondern machten Karriere. Ein ehemaliger Ankläger beim Sondergericht München - Dr. Hans Reubold - wurde erst Amts-, dann (1959) Landgerichtspräsident in Nürnberg. Am Oberlandesgericht gab es außer Döbig noch zwei weitere vorbelastete Senatspräsidenten. Hauth, der über die Personalakten verfügte, wollte, wenn er von einer Zurücksetzung der NS-Juristen sprach, also lediglich die Kritik in die falsche Richtung lenken.

Scharfe Angriffe richtete Hauth gegen den "SPIEGEL"-Reporter Gerhard Mauz, als dieser in seinem Buch "Das Spiel von Schuld und Sühne"[8] beklagte, daß kein NS-Richter nach 1949 strafrechtlich mit Erfolg belangt worden sei. Als erfahrener Richter - der inzwischen im Ruhestand lebende Hauth bezeichnete sich als "Richter mit Vergangenheit" (!) - nahm er besonderen Anstoß an dem Satz von Mauz: "Die Auseinandersetzung mit der Vergangenheit durfte nicht von dieser Justiz geführt werden; denn sie bedurfte reiner Hände." Das sei doppelt falsch, weil der Richterstand im wesentlichen ohne schmutzige Hände aus dem Dritten Reich hervorgegangen sei und weil die meisten späteren Richter das Dritte Reich nur im NS-Kindergarten oder in der Schule erfahren hätten.

Das Besondere an dem Fall besteht nicht so sehr in der Existenz von Persönlichkeiten wie Hauth als in der Vorliebe unserer Gesellschaft für solche Charaktere. Wußte, als Hauth seine Karriere begann und fortsetzte, in Nürnberg und in Bayern wirklich niemand etwas über seine Vergangenheit? Gab es keine überlebenden Opfer und Widerstandskämpfer, die man hätte befragen können? Schwieg man, weil die Maßstäbe auch bei den Nichtbelasteten bis zur Unkenntlichkeit relativiert waren? Der Name Hauth steht so oder so nur für viele andere.

Der sog. Verfassungsschutz hat sich um Leute wie Hauth nie gekümmert. Mit Fleiß hat er dagegen angeblich belastendes Material über die Nürnberger Rechtsreferendarin Christine Roth-Schanderl gesammelt, vom Tragen einer Ansteckplakette "Stoppt Strauß!" zwei Jahre vor dem Abitur bis hin zu ihrem Protest gegen die Nürnberger Massenverhaftung von 1981. Wegen dieser "Belastungen" verweigert der Nürnberger Oberlandesgerichtspräsident die Übernahme der Referendarin ins Beamtenverhältnis auf Widerruf. Ohne diese Vorstufe kann auch nach Ablegung des zweiten juristischen Staatsexamens niemand Richter werden. Ähnlich ist es bereits früher der Juristin Charlotte Nieß-Mache ergangen. Sie, die in Nürnberg und Bayern nicht Richterin werden durfte, ist inzwischen in Nordrhein-Westfalen als Ministerialrätin tätig.

Anmerkungen:

* Der Artikel basiert auf einem Vortrag vom 15. September 1985 "Die NS-Justiz - eine versäumte Lektion?" anläßlich des Symposions "Die Nürnberger Gesetze - zum 50. Jahrestag der Nürnberger Rassengesetze und zur Vergangenheitsbewältigung der deutschen Justiz" in Nürnberg.
1. Bundesarchiv Koblenz, Sig. R 22/3381.
2. Vgl. Heinrich Hannover: Politische Justiz 1918-1932, Neuauflage 1977, S. 301 ff.
3. Vgl. Ostendorf/ter Veen: Das Nürnberger Juristenurteil, Frankfurt a. M. 1984, S. 221 ff.
4. Näheres vgl. Kramer in Hirsch/Paech/Stuby (Hg.): Politik als Verbrechen - 40 Jahre "Nürnberger Prozesse", 1986, S. 62.
5. Vgl. Kramer, Kritische Justiz 1984, S. 25. ff.; Vultejus, Vorgänge 1991, Heft 3, S. 28 ff.
6. Vgl. Jörg Friedrich: Freispruch für die NS-Justiz, Reinbek 1983, S. 77 ff.
7. Vgl. Hannover/Wallraff: Die unheimliche Republik, Hamburg 1982, S. 25 ff., 132 ff.
8. Düsseldorf 1975, S. 111 ff.

Jörg Friedrich

Die 13 „Nürnberger Prozesse" - oder: Was ist ein Staatsverbrechen?*

Im März 1964 verlieh der damalige Bundespräsident Heinrich Lübke dem ehemaligen Obersturmbannführer der SS und nunmehrigen zweiten Aufsichtsratsvorsitzenden der Ruhrchemie Dr. Heinrich Bütefisch das Große Bundesverdienstkreuz.

Bütefisch war in vielerlei Hinsicht ein Pionier chemischer Großprojekte. Sein größtes Projekt war ein Werk zur synthetischen Herstellung von Treibstoff, das er leitete im Auftrage des Konzerns IG-Farben.

Zusammen mit einem benachbarten Werk zur Herstellung von synthetischem Gummi stellte Bütefischs Fabrik im Jahre 1941/42 das größte Investitionsprogramm der IG-Farben dar; es ging um knapp 1 Mrd. RM. Der Standort war von der IG-Farben mit peinlichster Sorgfalt ausgesucht worden. Man dachte zunächst an einen Ort in Norwegen, dann aber entschied man sich für ein Gelände nicht weit weg von einem heruntergekommenen oberschlesischen Dorf mit Namen Auschwitz. Von dort aus ließ sich nach Beendigung des soeben begonnenen Rußlandfeldzuges der riesige östliche Raum bis in die Tiefen Asiens mit Treibstoff und Kunstgummi versorgen. Daneben zählten selbstverständlich Gummi und Treibstoff zu den strategisch entscheidendsten Rüstungsgütern, ohne die ein Krieg nicht zu führen war.

Im Nürnberger IG-Farben-Prozeß mußte sich Bütefisch zusammen mit 23 anderen Direktoren und Aufsichtsratsmitgliedern für die sogenannte IG-Auschwitz verantworten, die 25.000 Personen das Leben gekostet hatte; 25.000 Personen von 300.000 Auschwitzinsassen, die die Fabrikation der IG-Farben durchlaufen hatten. D. h. also, jeder zehnte kam um. Sobald er nicht mehr arbeitsfähig war, wurde er nach Auschwitz-Birkenau zur Vergasung abtransportiert. Es kam eigentlich nicht recht zur Produktion von Treibstoff und Gummi. Zunächst war das Ganze nur ein Bauprojekt, aber ein Bauprojekt, an dem 250 deutsche Firmen beteiligt waren, Baufirmen, Elektrofirmen usw. Sie alle hatten diese 25.000 Toten zuvor auf ihre Weise genützt und waren insofern Teilhaber des bekannten Himmler-Projektes "Vernichtung durch Arbeit". SS-Obersturmbannführer Bütefisch war in der IG-Farben das geeignete Mitglied gewesen zur Verhandlung mit der SS, die das Konzentrationslager führte. In der Verhandlung mit Himmlers Stabschef Wolf wurde vereinbart, daß die SS (pro Auschwitzhäftling) bei einem gelernten Arbeiter 4,00 RM, bei einem ungelernten Arbeiter 3,00 RM und bei einem Kind 1,50 RM bekam und daß zur Bewachung auf dem Firmengelände der IG-Farben tüchtige Berufskriminelle ausgesucht wurden, in einem Verhältnis von 20:1. Diese Vereinbarung ist enthalten in dem Nürnberger Dokument NI 15 148. Als Bütefisch 1964 das Bundesverdienstkreuz bekam, erinnerte man sich schlimmstenfalls noch an die 6 Jahre Haft, aber auf gar keinen Fall an Dokument 15 148, auch nicht an die anderen 15.000 Dokumente der Industrieprozesse gegen Flick, Krupp und IG-Farben. All die waren nicht in das gesellschaftliche Bewußtsein eingedrungen. Nun könnten böswillige Menschen vermuten, daß Heinrich Lübke vielleicht mit der Erbauung von Konzentrationslagerbaracken seine eigenen Erfahrungen hatte und deshalb über die Sache gnädig hinweggesehen hat. Aber das stimmt nicht. Es stimmt ganz und gar nicht. Der Vorgang mit dem Bundesverdienstkreuz lief wie folgt: Der Bundesverband der deutschen Industrie hatte den Auschwitzfabrikanten vorgeschlagen. Für den befragten Verfassungsschutz war Bütefisch absolut unverdächtig. Man hatte sicherheitshalber auch im Strafregister nachgeschlagen, doch da waren Nürnberger Strafen selbstverständlich nicht aufgeführt. Bütefisch galt also als nicht vorbestraft. Unglücklicherweise fanden in Frankfurt aber zur gleichen Zeit die Auschwitzprozesse statt, und ein Zeuge erinnerte sich an die IG-Farben in Auschwitz. Dadurch kam die Sache in Gang. Wenn ein gewisser Kaduk, der damals im Auschwitzprozeß angeklagt worden war, für das Bundesverdienstkreuz vorgeschlagen worden wäre, hätte man sich sicher an irgend etwas erinnert. Aber Bütefisch? IG-Farben? Nie gehört! Und in der Kriminalistik gilt ja eine Tat, deren Täter man nicht kennt, als unaufgeklärt.

Immerhin: Täter Bütefisch wurde erkannt, zumindest als unwürdig, das Bundesverdienstkreuz zu tragen, und es wurde ihm innerhalb von zwei Tagen aberkannt. Man war total verblüfft, wen man da ausgesucht hatte.

Die Schwierigkeit mag in der Unzugänglichkeit des Materials des IG-Farben-Prozesses liegen. Er ist - wie alle Industrieprozesse - nicht veröffentlicht, nicht dokumentiert, nirgendwo dargestellt, vom barmherzigen Mantel des Totschweigens gedeckt. Und das ist für die Verurteilten natürlich sehr heilsam. Manchmal drängt sich aber doch die Frage auf, was will man eigentlich wissen?

Hinterlassenschaft

Ein weiterer Verurteilter der Nachfolgeprozesse ist der ehemalige Vizepräsident der Reichsbank Emil Puhl. Er wurde im Wilhelmstraßenprozeß zu fünf Jahren Haft verurteilt. Puhl taucht schon in dem sehr gut dokumentierten Hauptkriegsverbrecherprozeß gegen Göring und Genossen auf, und zwar als Zeuge. Seine Untaten sind in dem problemlos zugänglichen, gedruckten Protokoll des Göring-Prozesses ausführlich nachzulesen. Es ging kurz gesagt um folgendes: Auschwitz und Majdanek waren ökonomisch nicht nur wegen der Arbeitskräfte interessant. Nach der 11. Verordnung zum Reichsbürgergesetz verfiel die Hinterlassenschaft der Insassen von Vernichtungslagern dem Deutschen Reich. Zu der Hinterlassenschaft zählte auch Zahngold, Eheringe, Brillengestelle, Broschen und dergleichen.

Emil Puhl war der Mann in der Reichsbank, der mit der zentralen KZ-Verwaltung der SS verhandelte. Er verabredete, daß diese Beute in den Kellern der Reichsbank zu lagern sei. Dort wurde sie von etwa 20 Reichsbankbeamten sortiert. Der Schmuck ging an die Berliner Pfandleihe, die Goldzähne wurden in die Preußische Staatsmünze gebracht, geschmolzen, raffiniert und als Feingold in die Gewölbe der Reichsbank zurückgebracht. Das Nürnberger Dokument NI 15 534 enthält den Lieferschein der 46. Lieferung an die Preußische Staatsmünze vom 24. November 1944: "Wir übersenden Ihnen hiermit: Sack Nr. 1: Künstliche Zähne, Weißmetall, 4 kg 370 gr., Sack Nr. 2: Künstliche Zähne, Gold, 5 kg 34 gr. unterzeichnet Hauptkasse." Den Gegenwert der Beute erhielt die Reichshauptkasse als Teil des Reichsfinanzministeriums gutgeschrieben.

Puhls Verurteilung wegen Leichenfledderei machte ihn für das Bankgeschäft nicht weiter untauglich. Wir finden ihn bis ins Jahr 1961 im Vorstand der Hamburger Kreditbank.

Ähnlich wie Puhl erging es fast allen Verurteilten der Nürnberger Nachfolgeprozesse: Sie behaupteten ihre gesellschaftliche Position, und ihre zeitweilige Inhaftierung galt im Lande als eine Art Kriegsgefangenschaft, eine Kavaliershaft, die die Amerikaner seinerzeit aus längst hinfälligen Propagandagründen mit Schauprozessen verbunden hatten.

Die Integration der Täter

Die Entschlossenheit der Gesellschaft zur Integration machte auch vor den extremsten Fällen nicht halt: Edmund Veesenmayer, der im Frühjahr 1944 vom Führer in Sondermission nach Ungarn geschickt worden war, um die dort lebenden 800.000 Juden nach Auschwitz zu schaffen, wurde im Wilhelmstraßenprozeß verurteilt und wurde später millionenschwerer Geschäftsmann in Darmstadt. Die Gesellschaft vermochte sich von ihm, der 400.000 ungarische Juden zur Vernichtung nach Auschwitz verschleppt hatte, nicht zu distanzieren. Er wurde in Nürnberg zu 15 Jahren verurteilt, kam aber nach zwei Jahren wieder frei. Und zwar durch erheblichen öffentlichen Druck.

Professor Franz Six, auch einer der extremsten Fälle, ein Angehöriger der Einsatzgruppe B, die zum Zeitpunkt seines Ausscheidens aus dieser Einsatzgruppe Ende August 1941, 17.000 Judenmorde begangen hatte, wirkte als Werbedirektor bei Mannesmann und konnte seine alten Kenntnisse im Bundesnachrichtendienst anbringen. Eines der Anklagedokumente gegen Six vom April 1944 besagt: "Gesandter Six spricht sodann über die politische Struktur des Weltjudentums. Die physische Beseitigung des Ostjudentums entzieht dem Judentum die biologischen Reserven. Auch international müsse die Judenfrage zu einer Lösung gebracht werden." Auf Grund der Dokumentenlage bestand an der Geisteshaltung dieses Mitarbeiters des Bundesnachrichtendienstes nicht der leiseste Zweifel.

Alfried Krupp, der unmenschlichste und grausamste der in Nürnberg angeklagten industriellen Sklavenhalter, hatte nach seiner Haftentlassung nicht nur seinen Umsatz verdreifachen können, ihm wurde auch von den höchsten Würdenträgern der Republik seine wahre Na-

Alfried Krupp (links oben)

"Nürnberger Prozesse", Blick auf die Anklagebank (v.l.n.r); vordere Reihe: Göring, Heß ist nicht anwesend (wegen Krankheit), Ribbentrop, Keitel, Kaltenbrunner, Rosenberg, Frank, Frick, Streicher, Funk, Schacht; hintere Reihe: Dönitz, Raeder, Schirach, Sauckel (verdeckt), Jodl, Papen, Seyss-Inquart, Speer, Neurath, Fritzsche.

tur als Menschenfreund bestätigt. Zum 150. Firmenjubiläum im Herbst 1961 kritisierte Bundespräsident Lübke die "falschen Klischees", die im Ausland über Krupp verbreitet würden. Altbundespräsident Theodor Heuss ging einen Schritt weiter und erklärte die Klischees als von Haß bestimmt und durch den Krieg genährt. Es sei lediglich der Haß, der ein empörendes Bild von dieser Firma als "Ausgeburt der Hölle" zeichne. - Ich frage mich, ob Heuss genauso gedacht hätte, wenn er die Zeugenvernehmung im Krupp-Prozeß über die Bombenzünderfabrik Krupp in Auschwitz gekannt hätte? Wo sonst sollte man denn die Hölle auf Erden suchen, als dort, wo KZ-Insassen gezwungen wurden, Bomben für einen Krieg zu basteln, der ihr KZ-Dasein verewigen soll? Ich frage mich, was Heuss zu der Unterbringung der 400 jüdischen ungarischen Mädchen gesagt hätte, die von Auschwitz nach Essen transportiert wurden, um als Sklavinnen im Walzwerk in Essen zu arbeiten?

Im Krupp-Prozeß tritt der Lagerarzt Jäger auf und berichtet: "Bei meinem ersten Besuch in diesem Lager fand ich Personen," er spricht von diesen 400 ungarischen Mädchen, "die an eiternden, offenen Wunden und anderen Krankheiten litten. Die Frauen hatten keine Schuhe und liefen barfuß herum. Ihre einzige Bekleidung war ein Sack, in dem Löcher für die Arme und den Kopf geschnitten waren. Ihr Haar war abgeschoren. Das Lager war umgeben von Stacheldraht. Man konnte sich nicht in das Lager wagen, ohne von 10, 20, 50 Flöhen direkt angefallen zu werden. Als ich als Lagerarzt das Lager verließ, hatte ich große Beulen an meinem ganzen Körper."

Es tauchen Zeugen über Zeugen im Krupp-Prozeß auf, die bekundeten, wie die Körper der Mädchen von Hungerödemen aufgequollen waren. Diese Mädchen wurden mit Hundepeitschen geschlagen; es war ihnen die Benutzung der Fabriktoiletten untersagt, so daß sie sich auf dem Firmenhof erleichtern mußten. Ihre Wächter waren normale Krupparbeiterinnen, welche die Firma in das KZ Bergen-Belsen schickte zwecks Absolvierung eines KZ-Aufseherinnenlehrgangs. Was sind nun die "Klischees"? War der Wehrwirtschaftsführer Krupp der einzige, der der Bundesrepublik die Wahrheit sagte? Es existieren in der Tat Klischees, nämlich die, zu deren Verbreitung Krupp in Essen eine ganze Werbeabteilung unterhielt und bezahlte und die verbreitete, er sei nur als Vertreter seines alten, greisen Vaters Gustav angeklagt worden, obwohl es sonnenklar war, daß zur Tatzeit der alte Gustav ein seniler Mann war, der im Bett dahindämmerte, während Alfried die Firma leitete.

Unkenntnis der Prozesse

All diese unermüdlichen Rehabilitierungen haben natürlich eine wichtige Voraussetzung: die Unkenntnis der Prozesse. Solange das Material unterschlagen wird, können deutsche Bundespräsidenten so reden, ohne zum Gespött der Leute zu werden. Es muß ja irgendeine Erklärung dafür existieren, warum es weder eine Dokumentation noch eine Darstellung dieser 12 Nachfolgeprozesse gibt. Der Nürnberger Prozeß, der Hauptkriegsverbrecherprozeß gegen Göring und Konsorten, ist wiederum hochberühmt. Es gibt drei gute Bücher im Buchhandel, es gibt Fernsehfilme, und bei Göring und Ribbentrop redet ja auch keiner von Klischees. Es gibt dafür eine einfache Erklärung: Einer muß es gewesen sein. Man braucht Täter und hat auch die richtigen gefunden. Die Legende sagt, die Befehlsgeber sind in Nürnberg aufgehängt worden. Streicher hat den Antisemitismus gepredigt, Ribbentrop den Krieg vom Zaun gebrochen, Keitel hat die Wehrmacht in Marsch gesetzt und Kaltenbrunner im Reichssicherheitshauptamt die Endlösung überwacht. Weil sie allein aber doch zu wenig waren für die Millionen Toten, steht am anderen Ende der Befehlskette der bekannte KZ-Scherge, dessen sich unsere Strafkammern annahmen. Also Hitler, Himmler und Göring oben an der Befehlsbrücke und die blutige Brygida unten an der Gaskammer in Majdanek. Sie prägen das gängige Bild vom NS-Verbrechen.

Der wahre Grund für das Totschweigen der Nachfolgeprozesse besteht in ihrem grundsätzlich anderen Ermittlungsergebnis. Es beweist, daß das Zentrum der kriminellen Operation nicht im Führerhauptquartier einerseits und an der Gaskammer andererseits lag. Wir könnten die Nachfolgeprozesse ruhig weiter im Staatsarchiv in Nürnberg verstauben lassen, wenn nichts Weiteres herauskäme, als die von mir zitierten Beispiele, daß ein Staatssekretär oder ein Stabsgeneral eben schlimmer war als man dachte und dummerweise einen Orden oder einen guten Posten bekam. Die sind nun alle in der Hölle vereint, das kann uns egal sein. Doch sind die Nachfolgeprozesse darum das fortwirkend Aktuelle und Wesentliche an dieser ganzen Nürnberg-Expedition der Alliierten, weil sie einen realistischen Begriff von der historischen Wahrheit zeichnen. Darum sind sie tabu.

Die Verfügung über die Apparate

Das Thema der Nachfolgeprozesse sind ja nicht die Nazi-Teufel und auch nicht die Sadisten in Auschwitz, sondern der mausgraue Beamten-, Justiz-, Militär- und Wirtschaftsapparat des Deutschen Reiches. Also die Organe, durch die staatliches Handeln, ordinäres, durchschnittliches staatliches Handeln zu geschehen pflegt. Und die fraglichen Apparate funktionierten ja vor, während und nach dem Nationalsozialismus. Aber ohne die Verfügung über diese Apparate wäre Hitler nie kriminell geworden. War er aber kriminell, dann müssen diese Apparate durch und mit ihm auch kriminell geworden sein.

Ich nehme an, Ihnen ist bei Gelegenheit schon einmal aufgefallen, daß die deutsche Geschichtswissenschaft bisher keine wissenschaftliche Darstellung des Jahrtausendverbrechens der "Endlösung der Judenfrage" hervorgebracht hat. Ich will nicht darüber spekulieren, warum dies so ist. Man kann vermuten, wenn die Neugierde besonders brennend wäre, dann hätte man ein solches wissenschaftliches Buch. Eins steht aber fest, man könnte die Geschichte der "Endlösung der Judenfrage" überhaupt nicht darstellen, ohne die Schlüsselrolle der Ministerialbürokraten, der Generalität und der Industrie darzustellen. Das haben die Nürnberger Nachfolgeprozesse in Abertausenden von Dokumenten nachgewiesen. Ich greife hier einige Stationen heraus:

1. Station: die Arisierung. Bei der Entscheidung zum Völkermord spielte der wirtschaftliche Faktor eine bedeutende Rolle. Man wußte im Krieg nicht recht, wie man die deportierten Juden Europas im Osten ernähren sollte. Man hatte eine Bevölkerungsgruppe bis auf die Haut ausgeplündert, so daß sie nicht mehr subsistenzfähig war. Die Entscheidung "Ausmerzen!" war nicht nur eine Ausgeburt des Rassenwahns, sie erschien auch praktisch. Sie schien dem ganzen nichtrassistischen Staatsapparat viel praktischer als die Aussiedlung nach Madagaskar. Das war ein Sachzwang. Gruppen, die ökonomisch intakt sind, eine Funktion im Wirtschaftskreislauf haben, sind schwierig zu beseitigen, selbst für die Nazis. Zuvor sind ihre Funktionen zu beseitigen. Hat man aber eine Kaste "nutzloser Esser" erzeugt, lästige Parasiten, Unberührbare, dann wird gegebenenfalls die Flur bereinigt, "ausgemerzt".

Die Geschichte der vorhergehenden Ausplünderung ist ebenfalls ungeschrieben. Wer sich etwa für die Ereignisse der Arisierung der jüdischen Industrie interessiert, dem kann ich nur einen einzigen Hinweis geben: der Flick-Prozeß. Flick war ein Arisierungskünstler ganz großen Stils. Nicht nur wegen der enormen Besitztümer von 350 Millionen Mark, die er für ein Butterbrot erworben hat. Flick war auch die erste funktionierende Arisierungsverordnung zu verdanken. Denn der Entwurf dazu stammt von einem von Flick beauftragten Berliner Juristen. Der Entwurf wurde dann in Görings Amt für den

Friedrich Flick auf der Anklagebank, Fall V

Vierjahresplan zur Verordnung gestempelt. Das ist Anklagedokument NI 898.

Als Friedrich Flick 1963 von Heinrich Lübke das Große Bundesverdienstkreuz mit Stern und Schulterband entgegennahm, hat man sich natürlich durch Dokument NI 898 nicht irritieren lassen.

Umverteilung des jüdischen Besitzes

Diese riesige Verwaltungsaufgabe der Umverteilung des jüdischen Besitzes unter die "Volksgenossen" war auch Gegenstand der Anklage gegen den Reichsfinanzminister Graf Lutz Schwerin von Krosigk. In einem Rundschreiben des Ministeriums, Dokument NG 4905, werden die 14 Oberfinanzpräsidenten des Deutschen Reiches angewiesen, das Hab und Gut der Deportierten einzusammeln. Die Gestapo habe die Schlüssel der geräumten Wohnungen beim Hauswart hinterlegt. Nun mögen die örtlichen Finanzverwaltungen sich um die Hinterlassenschaft kümmern. Die Oberfinanzpräsidenten bekommen genaue Anweisungen für die Weiterleitung der einzelnen Artikel. Briefmarkensammlungen gehen an die Städtische Pfandleihe Berlin, Kunstwerke an die Reichskammer für Bildende Kunst. Bei der Behandlung des beweglichen Eigentums sollte die Finanzverwaltung vorher Eigenbedarf prüfen. "Für die Ausstattung der Amtsräume der Leiter und Referenten sind in Betracht zu ziehen: Schreibtische, Büroschränke, Sessel, Teppiche, Gemälde, Schreibmaschinen usw. Für die Ausstattung der Erholungsheime und Schulen der Reichsfinanzverwaltung: Schlafzimmer, Betten, Musikinstrumente und insbesondere Bettwäsche, Tischdecken, Handtücher usw."

Eine Behörde, die es sich zur Aufgabe macht, den Nachlaß von Millionen von Handtüchern zu bewirtschaften, kann nicht mit einer 5. Kolonne zu Werk gehen. Das geht nur auf dem Dienstweg. Ohne Finanzbeamte sind solche zahllosen Besitzgegenstände, Kapitalien, Konten einfach nicht zu bewegen. Diese Erfahrung machten z. B. auch die Generäle der Militärverwaltung in Frankreich und Belgien, die vergeblich versucht hatten, den konfiszierten jüdischen Immobilienbesitz zu verkaufen. Das klappte nicht. In der Aktennotiz heißt es: "Die belgische Bevölkerung ist abgeneigt, von den Militärbefehlshabern Grundstücke zu kaufen, die zuvor Juden gehört haben." Was machen die Generäle? Sie gehen zur Finanzbehörde, und die Finanzbeamten wissen natürlich Rat. Sie gründen in Brüssel eine Treuhandgesellschaft, verkaufen die Grundstücke angeblich im Interesse der Juden, die sie aufgeben mußten, und konfiszieren dann anschließend die Einnahmen der Treuhandgesellschaft. So macht man das, wenn man ein bißchen was von Verwaltung versteht.

Krosigk wurde nach seiner Haftentlassung 1951 Leiter des von den Spitzenverbänden der Industrie in Bonn errichteten Instituts "Finanzen und Steuern".

Sobald man die "Endlösung" als ein europäisches Programm betrachtet, treten zwei Tätergruppen nach vorn, die in dem Zusammenhang wenig erwähnt werden, nämlich die Wehrmacht und die Diplomatie.

Nicht nach europäischen Regeln

Das Nürnberger Dokument PS 4064 enthält einen Befehl des Generalfeldmarschalls Erich von Manstein, der strategische Genius des deutschen Heeres. Manstein instruiert darin die Soldaten seiner 11. Armee, den Kampf im Osten nicht "nach europäischen Kriegsregeln zu führen. Das jüdisch-bolschewistische System muß ein für allemal ausgerottet werden. Nie wieder darf es in unseren europäischen Lebensraum eingreifen. Für die Notwendigkeit der harten Sühne am Judentum muß der Soldat Verständnis aufbringen." Manstein, von den Briten zu 18 Jahren verurteilt, wirkte nach seiner vorzeitigen Haftentlassung - und ich möchte einschieben, daß ihm in seiner bitteren Haft der seinerzeitige Bundeskanzler Adenauer Kondolenzbesuche abstattete - als militärischer Berater der Bundesregierung.

Das Verständnis "für die harte Sühne am Judentum" wurde bekanntlich erzielt. Der Durchbruch von der Diskriminierung zur Vernichtung der Juden erfolgte während des Rußlandfeldzugs, und zwar in dem reibungslosen Zusammenwirken von Generalität und Einsatzgruppen. Die zivilisatorische Schranke vor dem Massenmord zerbrach im Offizierskorps. Die grundsätzliche Verantwortung der Militärbefehlshaber für die Judendeportationen im besetzten Europa möchte ich nur streifen: Frankreich, Belgien, Holland, Dänemark, Norwegen. Dort überall hatte die Invasionsarmee die exekutive Gewalt, d. h., sie war verantwortlich für Leib und Leben der Bevölkerung. Sie darf sie nicht irgendwelchen Eichmanns übertragen. Das ist die Verantwortung der Generalität. Soweit das europäische Territorium der Deportation nicht von deutschen Truppen besetzt ist, wird es verwaltet von den verbündeten Marionettenregierungen des Deutschen Reiches. So korrupt und autoritär so ein Regime auch ist, es kann nicht ohne weiteres einen Teil seiner Bevölkerung ausrotten. Da gibt es religiöse Schwierigkeiten, da gibt es wirtschaftliche Schwierigkeiten. Selbst das Deutsche Reich hat ja immerhin neun Jahre gebraucht, um die Bevölkerung so weit zu bringen, die Augen davor zu verschließen. Und das soll nun in Europa alles in wenigen Monaten passieren? Dazu im Krieg? Dazu in einer Zeit, wo der deutsche Sieg immer fraglicher wird? Da wurden diese Marionettenregierungen sehr vorsichtig.

Nehmen wir das Beispiel Ungarn. Das Nürnberger Dokument NG 57 28 enthält das Memorandum des Staatssekretärs Ernst von Weizsäcker über ein Gespräch mit dem ungarischen Botschafter in Berlin, Sztojai. Und dort machte er ihm freundlich klar: "Die Behandlung der Judenfrage in Ungarn entspricht nicht den hiesigen Prinzipien." D. h., die ungarische Regierung sperrte sich dagegen, die deutsche Judengesetzgebung in Ungarn zu übernehmen. Weizsäcker drängt nun in diesen Sztojay, "daß angesichts der jüngsten Bombenangriffe auf Budapest die Juden ein Unsicherheitsfaktor" seien. Das Ziel dieser Unterredung faßt Unterstaatssekretär Luther in einem Telegramm an die deutsche Botschaft in Budapest zusammen. "Weizsäcker", so schreibt Luther, "erwähnt die Wichtigkeit der Zustimmung der ungarischen Regierung zur Deportation der Juden nach Osten."

Die Diplomatische Kunst der Bürokratie

Nun neigt man dazu, ein solches Kamingespräch von Staatssekretär und Botschafter, auch wenn es Teil eines unermüdlichen Bohrens war, für unerheblich zu halten. Bedenken Sie aber eines: Die Endlösung kennt 135.000 deutsche jüdische Opfer im sogenannten Altreich. 135.000, das war ein Drittel des früheren deutschen Judentums. Und das sind 2,5% der Opferzahl. 97,5% sind, von den 1937er Grenzen betrachtet, Ausländer. Ausländische Staatsangehörige, an die man nur durch militärische Eroberungen oder durch Zermürbung verbündeter Regierungen herankommt. 97,5% können nur in die Züge gelangen durch die diplomatische Kunst der Bürokratie und das Instrument der Armee. Das geschieht nicht automatisch.

Es gibt im Wilhelmstraßenprozeß Dokumente, die zeigen, welche Überlegungen im Auswärtigen Amt angestellt wurden. Es ging um die Frage, was machen wir mit den holländischen Juden? Können wir denen z. B. die Staatsangehörigkeit aberkennen? Dann geht die Deportation juristisch sehr flüssig. Es kommt ein kluger Referent aber auf die Idee: holländischen Juden die Staatsangehörigkeit abzuerkennen, das ist sehr schlecht. Denn es gibt ja auch Deutsche in Indonesien, das ist holländischer Kolonialbesitz; dort würde den Deutschen dann auch die Staatsbürgerschaft aberkannt. Das machen wir lieber nicht, wir versuchen es anders. Dergleichen sind typische Verwaltungsvorgänge, über die nur eine mit allen Wassern gewaschene Bürokratie richtig entscheiden kann. Das sind entscheidende Taterfolge. Und so erscheint auch in den Nachfolgeprozessen diese Verwaltungskunst, diese Geschicklichkeit, diese Erfahrung der Bürokratie, das Machtinstrument der Armee und die Expansionslust der Industrie als die eigentliche Agentur der NS-Verbrechen. Neuere Forschungen haben dies nicht widerlegt, sondern bestätigt. Indem sich diese Apparate die verbrecherischen Befehle der NSDAP zu eigen gemacht haben, haben sie die entscheidenden Taterfolge gesetzt.

Ein nationales Anliegen

Ich habe Ihnen erzählt, wie hermetisch die Ermittlungsergebnisse der Nachfolgeprozesse vor der bundesdeutschen Öffentlichkeit verschlossen gehalten worden sind. Es wäre aber falsch, daraus zu schließen, daß man sich dafür etwa nicht interessiert hat. Es hat die Nation brennend interessiert, solange die Täter deswegen in Haft saßen, solange nämlich ihre Strafverbüßung der gesellschaftlichen Kaste, der sie angehörten, das Mal des Verbrechens aufgedrückt hat. Es hat eine völlig unbegreifliche Solidarisierung mit den Inhaftierten gegeben, ihre Freilassung war geradezu ein nationales Anliegen - für die Kirchen, die Parteien, die Regierung, die Veteranenverbände ...

Es ist also offenkundig, daß diese Wahrheit, die die Nürnberger Nachfolgeprozesse zu Tage gefördert hat, ganz und gar nicht zu ertragen war, unerträglich war. Ich habe manchmal den Eindruck, wenn ich mir diese geradezu inbrünstige Rehabilitierung von Männern wie Krupp oder Manstein ansehe, Täter, bei denen auch bei großzügigster Betrachtung nichts zu retten ist, daß man sie rehabilitiert hat, weil man meinte, damit die Taten ungeschehen zu machen. Man versteckt sie und man versteckt sich unter gegenseitigem Lobgeschrei.

Es gibt so eine seltsame Geste bei Kindern: Sie halten die Hand vor Augen, damit sie nichts sehen. Aber sie meinen, sie werden nicht gesehen. Und das ist ein Irrtum. Man kann sich so blind machen, wie man will, man wird dadurch nicht unsichtbar.

* Vortrag vom 20. 11. 1985 anläßlich der Veranstaltungsreihe "Die Nürnberger Prozesse - zum 40. Jahrestag der Eröffnung der 'Nürnberger Prozesse' gegen die Hauptkriegsverbrecher des NS-Systems" in Nürnberg.

Die Nürnberger Prozesse - eine Übersicht

Der Hauptkriegsverbrecherprozeß und die zwölf Nachfolgeprozesse

		Datum der Anklage	Datum des Urteils
Hauptkriegsverbrecherprozeß		6. 10. 1945	1. 10. 1946
I.	Ärzte-Prozeß	25. 10. 1946	20. 8. 1947
II.	Milch-Prozeß	13. 11. 1946	17. 4. 1947
III.	Juristen-Prozeß	4. 1. 1947	4. 12. 1947
IV.	Wirtschafts- und Verwaltungshauptamt der SS	13. 1. 1947	3. 11. 1947
V.	Flick-Prozeß	18. 3. 1947	22. 12. 1947
VI.	IG-Farben-Prozeß	3. 5. 1947	30. 7. 1948
VII.	Südost-Generale	13. 5. 1947	19. 2. 1948
VIII.	Rasse- und Siedlungshauptamt der SS	1. 7. 1947	10. 3. 1948
IX.	Einsatzgruppen-Prozeß	25. 7. 1947	10. 4. 1948
X.	Krupp-Prozeß	1. 7. 1947	31. 7. 1948
XI.	Wilhelmstraßen-Prozeß	15. 11. 1947	11. 4. 1949
XII.	Oberkommando der Wehrmacht	28. 11. 1947	27. 10. 1948

Die Reichsparteitage

Siegfried Zelnhefer

Die Reichsparteitage der NSDAP*

Meyers großes Taschenlexikon in 24 Bänden informiert in zehn Kolumnen zum Stichwort Nationalsozialismus. Illustriert wird der Eilstreifzug durchs "Tausendjährige Reich" mit gerade sechs Fotografien. Eine davon zeigt den Aufmarsch von SA und SS beim Reichsparteitag 1935 in Nürnberg.

1981 fand der Regensburger Literaturwissenschaftler Hans-Dieter Schäfer mit seiner Untersuchung zur deutschen Kultur und Lebenswirklichkeit zwischen 1933 und 1945 viel Beachtung. Den Buchumschlag zieren zwei kontrastive Fotografien: Einer großstädtischen Straßenszene aus den 30er Jahren vor einem Kino mit einem Heinz-Rühmann-Film, dessen Werbeplakat fast noch von einer Coca-Cola-Reklame darunter übertroffen wird, stehen die Kolonnen der SA, aufmarschiert 1934 im Nürnberger Luitpoldhain, gegenüber.

In der vom Siedler-Verlag herausgegebenen Reihe „Die Deutschen und ihre Nation" erschien 1986 unter dem Titel "Verführung und Gewalt" die von Hans-Ulrich Thamer verfaßte Geschichte Deutschlands zwischen 1933 und 1945. Der Schutzumschlag des längst zum anerkannten Standardwerk avancierten Buches zeigt eine Fotografie: Den Aufmarsch der SA im Luitpoldhain beim Reichsparteitag 1934. Ein programmatisches Bild als Ankündigung für das, worum es dann auf 838 Seiten geht: die Geschichte des Nationalsozialismus.

Drei Beispiele nur, willkürlich aus dem reichen Sortiment an Literatur über die NS-Zeit herausgegriffen, die auf simple Weise deutlich machen, wie sehr die Reichsparteitage der Nationalsozialisten für das Regime schlechthin stehen, das "Dritte Reich" gewissermaßen "auf einen Blick" repräsentieren. Tatsächlich: Wie wohl keine andere regelmäßig wiederkehrende Veranstaltung der NSDAP - und das NS-Feierjahr hatte wahrlich genug im Angebot - brachten die Parteitage das Wesen des Nationalsozialismus auf den Punkt.

In einem knappen Aufsatz die Geschichte der NS-Parteitage darzustellen, ist sicher nicht möglich. Notgedrungen müssen wir uns auf einige wenige Aspekte beschränken, die nun in vier Kapiteln zusammengefaßt werden:

1. Zur Entwicklung der Reichsparteitage in der Weimarer Republik.
2. Ein "Musterparteitag".
3. Organisation und Struktur der Massenspektakel.
4. Anspruch und Wirklichkeit der Reichsparteitage.

1. Zur Entwicklung der Reichsparteitage in der Weimarer Republik

Der erste Parteitag der NSDAP fand vom 27. - 29. Januar 1923 in München statt, zu einer Zeit also - am 11. Januar waren fünf französische Divisionen ins Ruhrgebiet eingerückt, um die Reparationszahlungen einzu-

"Nürnberg - Die Stadt der Reichsparteitage" (Buchtitel)

fordern -, da die nationale Seele kochte, steigende Arbeitslosigkeit und wachsende Inflation auf die Stimmung der Menschen drückte. Zwei Tage vor dem Beginn des NS-Parteitags bekam der Münchener Polizeipräsident Eduard Nortz vom Bayerischen Kabinett die Aufgabe übertragen, Hitler die geplanten Massenversammlungen und Aufmärsche zu untersagen. In eiligen Verhandlungen, bei denen die Reichswehr kräftig mitmischte, bekam der NS-Führer dennoch seinen Willen. Die Staatsmacht gab klein bei. Der Parteitag konnte stattfinden.

Die Teilnehmer fanden sich am Samstag, dem 27. Januar, in den bekannten Wirtshäusern und Festsälen der Stadt München ein. Als einziger Saal war der Augustinerkeller nicht überfüllt. Hitler machte eine "Stadttournee", um an jedem Versammlungsort etwa zehn Minuten zu sprechen. In klaren Anweisungen wurde bestimmt, daß keine Diskussion stattzufinden habe. Am darauffolgenden Sonntag zogen "Wehrverbände" und die SA - etwa 5000 bis 6000 Männer - an Hitler vor dem Zirkus Krone vorbei, wo auch Standarten geweiht wurden, zwei für München, und je eine für die Ortsgruppen in Nürnberg und Landshut. Diese Versammlung verfolgten nach polizeilichen Schätzungen etwa 15.000 Zuschauer. Im Anschluß an die vormittägliche Feierstunde erfolgte ein Umzug durch die Stadt. Nachmittags ab 17 Uhr war im Kindl-Keller und im Salvator-Keller Unterhaltung angesagt. Hofschauspieler, Musikkapellen, Schuhplattler traten auf. Besonderen Erfolg konnte ein Singspiel der Gesellschaft Weiß-Ferdl verbuchen.

Reichsparteitag 1923 in München. "Festzug" durch die Stadt

Am 29. Januar, dem Montag also, fand abends um 8 Uhr im Zirkus Krone eine General-Mitgliederversammlung statt. Hitler dozierte über die Gründungsphase der Partei und entwickelte die Zukunftsperspektiven der „Bewegung". Es fand sogar noch eine "Wahl" statt. Per Akklamation wurde Hitler zum ersten Vorsitzenden bestimmt. Am 31. Januar stand in den "Münchener Neuesten Nachrichten": „Mit einem dreifachen Heil und der Absingung des Deutschlandliedes endete der erste Parteitag der nationalsozialistischen deutschen Arbeiterpartei.[1]

Wesentliche Elemente dieses ersten Parteitages waren: Massenversammlungen, Hitler-Reden, Umzug durch die Stadt, Vorbeimarsch vor Hitler, Standartenweihe und ein Unterhaltungsprogramm. Grundlagen für einen jeden Reichsparteitag im "Dritten Reich", unverrückbare Elemente des späteren, immer wiederkehrenden Veranstaltungsrituals. Dabei ging es hauptsächlich um die Selbstdarstellung der Partei.

Nach Hitlerputsch, Parteiverbot, Festungshaft und Neuaufbau der Partei traf sich die NSDAP 1926 zum zweiten Parteitag am Wochenende 3. und 4. Juli in Weimar, eine zynische Demonstration des Legalitätskurses, den die Partei nun eingeschlagen hatte. Am Sonntag "Generalappell" der SA und SS im Deutschen Nationaltheater. Standartenweihe, die erstmals mit der "Blutfahne", also der beim Marsch auf die Feldherrnhalle 1923 mitgeführten Parteifahne, erfolgte. Ein Delegiertenkongreß sowie Sondertagungen schlossen sich an.

Als nach 15 Uhr SA und SS durch die Straßen Weimars zogen, grüßte Hitler die Kolonnen mit dem "Deutschen Gruß". Ehrengäste wie Stahlhelmführer Düsterberg und der Kaisersohn Prinz August Wilhelm von Preußen ("Auwi"), wohnten dem Spektakel bei. Zwei Dinge bleiben festzuhalten: Auf diesem Parteitag wurde die Hitler-Jugend gegründet. Und: Hitler äußerte sich pragmatisch und wegweisend zum Wesen eines jeden Parteitages: Die Parteitage der NSDAP "...unterscheiden sich sehr zu ihren Gunsten von den üblen, mit Streitigkeiten erfüllten Veranstaltungen ähnlicher Art anderer Parteien... Sie wurden dadurch nicht, wie in solchen Fällen häufig, zu einer Quelle des Mißmutes und der Verärgerung, sondern zu einem Born unendlicher Kraft und Zuversicht. Es war besonders meine Sorge, immer dahin zu wirken, daß Parteitage grundsätzlich nicht zur Austragung persönlicher Stänkereien da sind... (Der Parteitag) ist aber auch nicht der Platz, an dem ungegorene und unsichere Ideen etwa einer Klärung zugeführt werden können. Weder die Zeit noch das Wesen einer solchen Veranstaltung ertragen einen konzilartigen Charakter."[2]

Was da Adolf Hitler 1926 den Vorsitzenden der Sondertagungen als "Grundsätzliche Richtlinien" aufgetragen hatte, wurde vollendete Wirklichkeit bei den Reichsparteitagen ab 1933. In den Sondertagungen fanden dann auch keine Abstimmungen mehr statt. Der Parteichef aber rückte immer mehr in den Mittelpunkt des Geschehens. Goebbels vertraute seinem Tagebuch an: "Hitler spricht. Von Politik, Idee und Organisation. Tief und mystisch, fast wie ein Evangelium. Schaudernd geht man mit ihm an den Abgründen des Seins vorbei. Das letzte wird gesagt. Ich danke dem Schicksal, daß es uns diesen Mann gab!"[3] Ein Anfang für den späteren "Führer-Mythos" war gemacht.

Ein Jahr später, vom 19. - 21. August 1927, hielten die Nationalsozialisten erstmals einen Parteitag in Nürnberg ab. Warum hier? In der roten Arbeiterstadt und nicht in der "Keimzelle" der (späteren) "Hauptstadt der Bewegung", München? Uns liegen keine eindeutigen Aussagen Hitlers oder anderer Parteiführer vor. Doch hat fraglos eine Reihe von Gründen dabei eine Rolle gespielt: Da war einmal die günstige geographische und verkehrstechnische Lage der Stadt, inmitten des Reiches gelegen, gut mit dem Massenverkehrsmittel Reichsbahn zu erreichen. Für die geplanten Versammlungen stand mit dem Luitpoldhain ein geeigneter, stadtnaher Freiraum zur Verfügung. Nürnberg wäre als Tagungsort gewiß gleich ausgeschieden, wenn nicht in Bayern Hitlers Redeverbot am 5. März 1927 außer Kraft gesetzt worden wäre. Im übrigen verband die NSDAP mit Nürnberg gute Erinnerungen. Beim "Deutschen Tag" 1923 hatte sie es geschickt verstanden, sich aus der Reihe nationalvölkischer Gruppierungen herauszuheben.

Gewiß spielte 1927 die innerparteiliche Struktur der NSDAP in Nürnberg und Franken eine besonders wichtige Rolle. Mit Gauleiter Julius Streicher an der Spitze standen im fränkischen Umland zahlreiche gut organisierte und vor allem Hitler ergebene Parteigenossen zur Verfügung. "Die Unterlagen des Reichsschatzmeisters wiesen das fränkische Umland als das nationalsozialistische Zentrum im Reich aus."[4] Unterschwellig wird der republikanische Geist, der unter dem liberalen Oberbürgermeister Hermann Luppe in der Stadt wehte, die braunen Bataillone besonders gereizt haben, gerade hier ihren dumpfen Marschtritt zu üben.

Der triftigste Grund indes für die Wahl Nürnbergs ist in der Haltung der Polizeidirektion zu sehen. Die städtische Polizei war mit Wirkung vom 1. November 1923 verstaatlicht worden. Polizeidirektor Heinrich Gareis hatte einen "regierungstreuen" Apparat errichtet, der zuverlässig die Münchener Befehle ausführte. Die Nürnberger Ordnungsmacht erwies sich als eine ausgesprochen nationale Polizeibehörde, was nicht zuletzt von den Nationalsozialisten dankbar zur Kenntnis genommen wurde. Der wohlwollenden staatlichen Polizei ist es deshalb insbesondere zuzuschreiben, daß Nürnberg 1927 den ersten Parteitag der NSDAP erlebte. Daß darüber hinaus mit Nürnbergs geschichtsträchtiger Vergangenheit geworben werden konnte, daß Nürnberg gar in den Dienst der NSDAP gestellt und vereinnahmt werden konnte, stand noch nicht im Vordergrund. Diese vermeintliche Traditionslinie "von der Stadt der Reichstage zur Stadt der Reichsparteitage", wie dann 1937 eine Ausstellung im Germanischen Nationalmuseum heißen sollte, wurde erst in den Jahren des "Dritten Reiches"

Reichsparteitag 1927 in Nürnberg. Hitler (im Wagen) beim Vorbeimarsch am Hauptmarkt. Vor dem Fahrzeug ein Blumenmeer.

weidlich ausgeschmückt. 1927 war es noch um eine pragmatische Standortentscheidung gegangen. Der "Marktwert" der Butzenscheibenidylle der ehemaligen freien Reichsstadt fiel den meisten erst später auf. Erst nachdem Hitler auf dem Reichsparteitag 1933 bestimmt hatte, "daß unsere Parteitage jetzt und für immer in dieser Stadt stattfinden"[5], wurde „die deutscheste der deutschen Städte", wie ein NS-Attribut später lautete, ganz in den Dienst der NSDAP gestellt, auf daß vom Ruhm der Kommune etwas abfallen möge auf die Partei ohne Geschichte.

Die Vorbereitung übernahm maßgeblich die Nürnberger Ortsgruppe mit Sitz in der Hirschelgasse. Etwa 30.000 Teilnehmer sowie 200 Presseleute aus dem In- und Ausland sollten kommen. Erstmals erschien ein eigener Reichsparteitag-Führer, Werbeplakate wurden geklebt, auf Straßen und in Wirtschaften verkaufte die Partei Festpostkarten und Abzeichen, um die Veranstaltung zu finanzieren. Zweieinhalb Tage waren dicht gefüllt mit Terminen. Allein 13 Sondertagungen standen auf dem Programm. Die Teilnehmer an der Delegiertentagung mußten drei Mark Eintritt bezahlen. Anderntags auf dem Hauptmarkt, beim Vorbeimarsch von etwa 8500 SA-Leuten kostete ein Tribünenplatz den stolzen Preis von fünf Mark. Für die NSDAP stellt dieser Parteitag einen Höhepunkt in ihrer Entwicklung dar, auch wenn die maßlosen Erwartungen hinsichtlich der Besucher - angeblich sogar 100.000 Teilnehmer, was die Polizeibeobachter stark bezweifelten - nicht erfüllt wurden und am Ende ein Defizit von 30.000 Mark blieb.

Zwei Jahre später, vom 1. - 4. August 1929, fand der nächste Parteitag der NSDAP statt. Für Nürnberg als Austragungsort schien es bereits keine Alternative mehr zu geben. Es kam keine andere Stadt mehr in Frage. Der Aufwand wurde größer. Immerhin bezifferten die Planer die Kosten auf 200.000 Mark, weshalb die Mitglieder der NSDAP schon im März 1929 zu besonderen Spenden aufgerufen wurden. Ein "Groß- und Schlachtenfeuerwerk" kam als besondere Attraktion hinzu. Standmusiken waren ohnedies obligatorisch. Der SA-Aufmarsch im Luitpoldhain war erneut der Höhepunkt der Parteifeier. Diesmal kam zur nun schon traditionellen Standarten- und Fahnenweihe eine Totenehrung hinzu, bei der der NSDAP zugute kam, daß die Stadt Nürnberg eine Gedenkhalle für die Gefallenen des Weltkriegs hatte errichten lassen. Eine Kombination aus militärischem und sakralem Feierstil bestimmte die Szenerie.

Mit dem Reichsparteitag 1929 machte die NSDAP in weiten Teilen des Reiches auf sich aufmerksam, aber weniger durch die Feiern als vielmehr durch die Zusammenstöße mit Sozialdemokraten und Kommunisten. Täglich kam es an allen Ecken und Enden in der Stadt zu Raufhändeln und brutalen Auseinandersetzungen. Der Polizeibericht stellte zwar lediglich eine "politische Erregung"[6] fest. Doch es war weit mehr. Zwei Nationalsozialisten kamen unter dubiosen Umständen ums Leben, viele Verletzte waren die weitere Folge. Die SA-Schlägertrupps beherrschten die Szenerie auf der Straße. Die Ausschreitungen führten dazu, daß in den Folgejahren - trotz Anfragen der NSDAP - keine Reichsparteitage mehr in Nürnberg stattfanden. Der Stadtrat verweigerte die entsprechenden Plätze als Veranstaltungsorte. Und: Die Nazis erwogen überhaupt nicht mehr, in eine andere Stadt das Geschehen zu verlagern.

Die Parteitage waren schon in der Weimarer Republik geprägt von ungeheurer Emotionalität. Mit Versammlungen demokratischer Parteien hatten sie nichts gemein. Massenaufmärsche, Fackelzüge, inszenierte Feierlichkeiten sollten die Herzen der Menschen erobern. Feste Rituale bildeten sich heraus, die nicht mehr abgelegt wurden. Boten sie doch der jungen "Bewegung" die Chance, in einem verwirrenden Hin und Her im Meinungsstreit der Demokratie etwas Statisches, Konstantes, Immerwährendes zu suggerieren. Der Nationalsozialismus hatte gerade mit seinen Reichsparteitagen der

Reichsparteitag 1929 (Plakat)

Reichsparteitag 1929 in Nürnberg. Zuschauer und die Parteispitze beobachten am Hauptmarkt den Vorbeimarsch.

Reichsparteitag 1929. Massenversammlung im Luitpoldhain. In der Parkanlage ist noch ein kleiner Teich zu erkennen. Er mußte dem späteren Umbau zur Luitpoldarena weichen.

20er Jahre dazu beigetragen, sich zum politischen Markenartikel zu entwickeln: Nationalsozialismus - da weiß man, was man hat. Appell und Totenehrung im Luitpoldhain, Vorbeimarsch vor dem Führer - das waren Ziele, einfache, gleichwohl wirksame und greifbare, die den jungen und oft orientierungslosen SA-Männern das Gefühl der Stärke und Geborgenheit vermittelten. Das inszenatorische Programm war dabei kunterbunt wie nur irgend möglich. Anleihen aus dem militärischen Zeremoniell (Musik- und Spielmannszüge, Trommelwirbel), aus der Liturgie der katholischen Kirche oder der Arbeiterbewegung. Die Pseudosakralität schweißte die NS-Gemeinde zu einer "Glaubensgemeinschaft" zusammen.

2. Ein „Musterparteitag"

Nach dem 30. Januar 1933 veränderten sich auch die Reichsparteitage. Alljährlich fanden sie nun Anfang September statt. Ihr Charakter wandelte sich von reinen Parteiveranstaltungen hin zur repräsentativen Staatsfeier, zum offiziellen Akt. Jeder Parteitag bekam ein eigenes Motto. Eine eigene Architektur - von Albert Speer im wesentlichen kreiert - trug den gestiegenen Ansprüchen, der besonderen Bedeutung der Nationalfeiern Rechnung.

Reichsparteitag 1933 (Plakat)

Der Parteitag 1933 ("Parteitag des Sieges") trug noch stark improvisierte Züge. Gerade zwei Monate vorher war die Entscheidung gefallen, daß er überhaupt stattfinden sollte. In der Nacht zum 22. Juli 1933 fielen die Würfel zugunsten Nürnbergs. Angeblich soll Stuttgart sich ebenfalls als Austragungsort beworben haben. Bei der entscheidenden Besprechung in Bayreuth meinte Hitler, die Stadt müsse sich rasch entscheiden, ob sie für die "nächsten 100 Jahre den Parteitag mit einigen hunderttausend Teilnehmern alle zwei Jahre in ihrer Stadt haben will, oder ob sie diesen für die Geschäftswelt Nürnbergs außerordentlichen Vorteil daran scheitern läßt, daß sie eine Anzahl von alten Bäumen im Luitpoldhain erhalten will."[7] In der Direktorialverfügung Nr. 120 vom 25. Juli 1933 beeilte sich Nazi-Oberbürgermeister Willy Liebel, den Wünschen seines „Führers" wegen der sofortigen Umgestaltung des Luitpoldhains als Aufmarschgelände entsprechend nachzukommen. Nürnberg war zur „Stadt der Reichsparteitage" gemacht worden. Der Grundstein für einen zweifelhaften Ruhm bis in unsere Gegenwart war gelegt.

Wie sahen diese Reichsparteitage im "Dritten Reich" aus? Wie liefen sie ab? Welches Zeremoniell charakterisierte diese "Festtage von Nürnberg"? Sehen wir uns einen "Musterparteitag" an, den es so nie gegeben hat. Es ist der Versuch, die wichtigsten Abläufe in Idealform zu beschreiben. Tatsächlich unterschied sich jeder Parteitag vom anderen - allein schon von der Länge, vom Aufwand her. Doch schier unverzichtbar für das alljährlich nun wiederkehrende inszenierte Polit-Theater war eine der Gigantomanie und dem totalitären Herrschaftsanspruch angemessene Bühne, die zugleich den Charakter einer Weihestätte haben sollte.

Schon 1933 erhielt der Nürnberger Architekt Ludwig Ruff den Auftrag zum Bau einer neuen Kongreßhalle, auch an eine Neugestaltung des Luitpoldhaines wurde gedacht. Im Herbst 1934 entschied sich Hitler, Albert Speer die Gesamtplanung für das Reichsparteitagsgelände zu übertragen. Er schuf die Kulissenstadt zwischen Wodanplatz und Altenfurt. Eine Grundüberlegung für die Konzeption war, daß jede Formation und Parteigliederung für das Treffen in Nürnberg einen eigenen Feierraum zugewiesen bekam, der im gesamten übrigen Jahr sonst nicht genutzt wurde.

Der Ausbau des Luitpoldhains zur Luitpoldarena erfolgte zwischen 1935 und 1937. Hier nahm Hitler den Appell seiner Getreuen von SA und SS sowie kleinerer Einheiten vom Nationalsozialistischen Kraftfahrerkorps (NSKK) und vom Nationalsozialistischen Fliegerkorps (NSFK) ab. Die Tribünen am Zeppelinfeld entstanden für die Aufmärsche der "Politischen Leiter" und des Reichsarbeitsdienstes. Noch 1933 und 1934 - als Leni Riefenstahl ihren Film "Triumph des Willens" drehte - existierten an diesem Ort lediglich provisorische Holztribünen. Nach Speers Vorstellungen wurden bis 1936 im Eiltempo Zuschauerränge für 70.000 Menschen errichtet. Die Haupttribüne aus weiß leuchtendem Muschelkalk hatte er dem Pergamonaltar nachempfunden. Eine symbolträchtige Anleihe: Von hier aus konnte Hitler als der Hohepriester der Partei für seine Gläubigen den Festgottesdienst des Jahres zelebrieren.

Provisorisch fanden dort (ab 1934) auch die Demonstrationen der Wehrmacht statt. Für diese realistisch anmutenden Kriegsspiele der Armee hatte Speer in seinem Gesamtkonzept das "Märzfeld" vorgesehen, das ebenso unvollendet blieb wie auch die Kongreßhalle am Dutzendteich. Zwischen 1933 und 1938 wurden im wesentlichen nur drei Orte im Reichsparteitagsgelände als Versammlungsstätten genutzt: Das zwischen 1923 und 1928 nach Plänen von Otto Ernst Schweizer gebaute Stadion war der Hitler-Jugend vorbehalten. In der Luitpoldarena fanden die Zeremonien der SA und SS statt und das Zeppelinfeld war der Aufmarschplatz für die „Amtswalter" und den Reichsarbeitsdienst (RAD) sowie vorübergehendes Provisorium für die Wehrmacht.

Daneben wurde aber auch die gesamte Innenstadt mit ihren historischen Straßen und malerischen Gassen in die Fest- und Umzüge miteinbezogen. So wurde die "Stadt der Reichstage" mit der "Stadt der Reichsparteitage" verknüpft. Die "Große Straße", die an ihrem nördlichen Fluchtpunkt genau auf die alte Kaiserburg weist, schuf in der Sprache der Architektur die Verbindung vom ersten deutschen Kaiserreich hin zum "Dritten Reich". Das NS-Regime nahm die Vergangenheit in seinen Besitz und bezog so aus ihr seine Scheinlegitimation. Hinzu kam, daß für eine Reihe von Sondertagungen alle größeren Säle der Stadt in Beschlag genommen wurden. Während der Parteitagswoche war Nürnberg übersät mit einem Meer von Hakenkreuzfahnen, über deren

Der Pergamonaltar

massiven Einsatz vor allem der "Chefdekorateur" Hitlers, Albert Speer, bestimmte.

Der "Musterparteitag" bot im Kern folgendes Bild: Die Ankunft Hitlers in Nürnberg - ob mit dem Flugzeug oder mit dem Zug kommend - bildete am ersten Tag stets den Auftakt. Ihm zu Ehren gaben die nationalsozialistischen Stadtoberen am frühen Abend einen Empfang im großen Rathaussaal. Zuvor hatten sämtliche Kirchenglocken das Ereignis einzuläuten. Für die Spitzen von Partei und Staat sowie für die Ehrengäste wurden anschließend im Opernhaus die "Meistersinger von Nürnberg" aufgeführt. Wie wir wissen, nicht immer zur Freude aller Parteigenossen, die im Besitz von Ehrenkarten waren. Nicht selten mußten sie erst aus den umliegenden Wirtshäusern herbeigeholt werden, damit der Musentempel auch gut gefüllt war. Den ersten Vorbeimarsch vor Hitlers Stammhotel, dem "Deutschen Hof" am Frauentorgraben, inszenierte die Hitlerjugend am Morgen des zweiten Tages. Die eigentliche Eröffnung des Parteitages vollzog sich mit dem Beginn des Parteikongresses in der Festhalle am Luitpoldhain. Unter den schmet-

Zeppelintribüne

ternden Klängen des "Badenweiler Marsches", Hitlers Lieblingsmarsch, und den "Heil"-Rufen der 16.000 Parteigenossen zog die Prozession mit Hitler und seinem Gefolge in die Halle. An der Spitze des Fahnenmeeres, das sich vor dem Podium ergoß, die "Blutfahne".

Rudolf Heß stand das Recht zu, den Kongreß zu eröffnen. Hitler selbst sprach noch nicht. Stattdessen wurde seine "Proklamation" vom Münchener Gauleiter Adolf Wagner verlesen. Die Spannung auf den "ersten Auftritt" des "Führers" sollte noch gesteigert werden. Am Abend hielt er bei der Kulturtagung seine erste Parteitagsrede. Ab 1936 bot diese Versammlung im Opernhaus auch die Kulisse vor der die "Preise der NSDAP für Kunst und Wissenschaft" verliehen wurden. Diese Auszeichnungen erfuhren sogar noch ein Jahr später eine weitere Steigerung. 1937 nämlich wurden sie zum "Deutschen Nationalpreis für Kunst und Wissenschaft" gemacht, um so ein arisch-germanisches, nationalsozialistisches Pendant zum Nobelpreis zu schaffen. Nach einem Führererlaß vom 30. Januar 1937 war die Annahme des Nobelpreises nämlich "für alle Zukunft Deutschen untersagt".

Der dritte Tag war gekennzeichnet vom Aufmarsch des Reichsarbeitsdienstes. Am Vormittag zogen 50.000 Männer in streng militärischer Ordnung auf das Zeppelinfeld. Applaus prasselte von den Rängen, wenn die mit dem "Symbol der Arbeit", dem Spaten, ausgeführten Exerzierübungen besonders gut klappten. Bestimmt von einem chorischen Sprechgesang zelebrierten die Angetretenen vor dem "Führer" ihre Feierstunde. Nachdem das Hohelied der "Volksgemeinschaft" gesungen war, zogen die "Soldaten der Arbeit", den Spaten geschultert, in die Innenstadt, um am Hauptmarkt - damals "Adolf-Hitler-Platz" - erneut vor dem Parteichef vorbeizumarschieren.

Mit dem "Tag der Gemeinschaft" wurde ab 1937 gleichsam eine Pause in das tägliche Exerzier- und Paradespiel eingelegt. Jungmädels durften in leichter Kleidung auf dem Zeppelinfeld gymnastische Übungen und Volkstänze zeigen. Gleichzeitig wurden an diesem Tag auch die neugeschaffenen "NS-Kampfspiele" gestartet: Militärsportliche Wettkämpfe, bei denen Disziplinen wie Handgranaten-Weitwurf unschwer das eigentliche Ziel der Übungen deutlich machten. Rituale der Mobilmachung. Am Abend konnten 30.000 "Politische Leiter" in einem nächtlichen Fackelzug vorbei am Deutschen Hof ihrem "Führer" die Reverenz erweisen.

Mit dem Appell der "Amtswalter" auf dem Zeppelinfeld wurde am nächsten Tag eine weitere Steigerung im Ablauf der Feierwoche erreicht. Seit 1936 fanden sie im

Reichsparteitag 1929. Hitler und die "Blutfahne" im Luitpoldhain

Aufmarsch am Hauptmarkt ("Adolf-Hitler-Platz")

Schutz der Dunkelheit statt. Was Albert Speer jedoch in seinen Memoiren als behelfsmäßige Lösung verbrämt, daß nämlich die unterschiedliche Körpergröße und -fülle der Männer keinen militärisch guten Eindruck hervorgerufen hätte, war in Wahrheit ein besonders gelungenes Beispiel der gezielt eingesetzten suggestiven NS-Regie. Erst als alle 150.000 bis 200.000 Akteure mit ihren 25.000 Fahnen und Parteiinsignien angetreten waren, wurde die Säulenhalle auf der Haupttribüne, die mit Hakenkreuzbannern ausgekleidet war, von 1200 Scheinwerfern angestrahlt. Und genau in dem Augenblick, da Hitler mit seinem Wagen in dem Areal eintraf, schickten 150 Flakscheinwerfer ihr Licht in den nächtlichen Himmel. Der so entstandene Effekt des "Lichtdoms" war der Höhepunkt einer fein ausgeklügelten Inszenierung, die nicht nur den Parteigenossen imponierte. Der britische Botschafter Sir Nevile Henderson sprach beeindruckt von einer "Kathedrale aus Eis".

Der sechste Tag stand ganz im Zeichen der Hitlerjugend. 50.000 waren im Stadion versammelt, wenn Hitler das Ideal einer neuen deutschen Jugend beschwor, wie etwa 1935: "In unseren Augen da muß der deutsche Junge der Zukunft schlank und rank sein, flink wie Windhunde, zäh wie Leder und hart wie Kruppstahl. Wir müssen einen neuen Menschen erziehen, auf daß unser Volk nicht an den Degenerationserscheinungen der Zeit zugrunde geht".[8] Neben gemeinsam gesungenen Bekenntnisliedern wie der HJ-Hymne ("Unsere Fahne flattert uns voran") gehörte auch zum Zeremoniell, daß der "Führer" im offenen Wagen durch das Stadionrund fuhr, um dabei "jedem der Jungen ins Auge" zu sehen, wie die amtlichen Jubelberichte in vieltausendfacher Auflage verbreiteten. Abends dann das große Volksfest für die Massen.

Wenn am siebten Tag, stets ein Sonntag, die braunen Sturmkolonnen zu ihrem Appell in der Luitpoldarena antraten, war der absolute Höhepunkt eines jeden Parteitages erreicht. Seit dem frühen Morgen waren in langen Reihen 75.000 Männer von SA, 20.000 von SS, 10.000 von NSKK und knapp 3000 von NSFK versammelt. Fanfarenklänge und "Heil"-Rufe der 50.000 Zuschauer kündigten die Ankunft Hitlers an. Neben dem Treueschwur der Parteiarmee auf den "Führer" war ein unverbrüchliches Element des Rituals der mit der "Blutfahne" von Hitler vollzogene Weiheakt neuer Fahnen und Standarten. Mindestens gleichbedeutend war die Totenehrung für die Gefallenen der Bewegung. Begleitet von drohendem Trommelwirbel schritt Hitler durch die Kolonnen der Uniformierten, um am Ehrenmal einen Kranz für die Partei-Märtyrer niederzulegen. 1933 begleitete ihn noch Ernst Röhm auf diesem Gang; nach dessen Ermordung schritten in den darauffolgenden Jahren SA-Stabschef Viktor Lutze und Reichsführer SS Heinrich Himmler als "Ministranten" in gebührendem Abstand hinter dem Par-

Aufmarsch des Reichsarbeitsdienstes mit geschultertem Spaten auf dem Zeppelinfeld

teiführer her. Nachdem in den Morgenstunden dieses pseudoreligiöse Ritual vollzogen war, marschierten die 100.000 von der Luitpoldarena, begleitet von Musik- und Spielmannszügen, in die Innenstadt. Unzählige Zuschauer, die manchmal nur vom Sicherungs- und Absperrdienst der SS zurückgehalten werden konnten, säumten die Straßen. Am Hauptmarkt nahm Hitler die mehrere Stunden dauernde Parade der Formationen ab.

Den achten und letzten Tag bestimmten die Demonstrationen der Wehrmacht. Diese Veranstaltungen riefen offenbar so großes Interesse hervor, daß trotz hoher Eintrittspreise von bis zu zehn Reichsmark sowohl die Generalprobe am Vormittag als auch die Vorführung am Nachmittag unter Anwesenheit der Parteispitzen und der ausländischen Beobachter besucht wurden. Die Militärs präsentierten ihre neuesten Kriegsgeräte. Kampfflugzeuge überflogen das Gelände, Panzer und Geschütze rollten an der Zeppelintribüne vorbei. Unter dem Applaus des Publikums wurde eine regelrechte Gefechtsübung absolviert. Am Abend fand der Parteikongreß, der während des einwöchigen Spektakels zu mehreren Sitzungen zusammengetreten war, mit einer obligatorischen Rede Hitlers seinen Abschluß. Um Mitternacht setzten die Musikkorps der Wehrmacht mit dem Großen Zapfenstreich vor dem Deutschen Hof den Schlußakkord der Parteifeier.

Allein: Die Massenversammlungen unter freiem Himmel waren bei weitem nicht die einzigen Veranstaltungen, die im einwöchigen Feier-Zirkus geboten waren. Das Nonstop-Programm hatte für jeden etwas parat, ob Teilnehmer oder Zuschauer. Appell, Aufmarsch, Vorbeimarsch war das eine. Hinzu kamen der Parteikongreß, kamen Sondertagungen der verschiedenen Gliederungen und angeschlossenen Verbände. Doch damit nicht genug. Wenn das Ereignis total sein sollte, dann mußte auch die dienstfreie Zeit des SA-Manns oder "Politischen Leiters" ausgefüllt sein, damit auch dann vom Geist des Nationalsozialismus gekündet wurde, wenn der "Führer" nicht dabei war. Beispiel: Ausstellungen. 1936 etwa war im Germanischen Nationalmuseum während des Parteitages "Das politische Deutschland" zu sehen, eine Schau, die schon zur Olympiade in Berlin gezeigt wurde und nun auf Reichstour war. In diesem Jahr war auch am Pferdemarkt die Ausstellung "Weltfeind Nr. 1, der Weltbolschewismus" zu sehen. 40.000 Leute immerhin sahen sich das Propagandamaterial an. 1938 wurden die aus Wien zurückgeholten Reichskleinodien in Nürnberg gezeigt. Freude, Lebensbejahung, Kraft, Schönheit, Volkstum - so lauteten die sinnstiftenden Begriffe für das Generalmotto zum Volksfest während des Reichsparteitags. Die Umsetzung der Ideologie mit anderen Mitteln stand hier im Vordergrund. Nicht nur hehre Reden, langatmige Kongreßstunden, sollten

"Tag der Wehrmacht" (1935): Motorisierte Artillerie - Zeppelinfeld

"Tag der Wehrmacht" - Zeppelinfeld

die Reichsparteitagbesucher als Erinnerung an die "Tage von Nürnberg" mitnehmen.

Am Samstag eines jeden Parteitags schlug die Stunde der Sportler, der Trachtengruppen, da gab es Filmvorführungen, Theater und Tanzeinlagen. 1936 rings um das Zeppelinfeld allein an 58 Stätten und Podien mit unterschiedlichen Attraktionen. Natürlich durfte auch der "Hau den Lukas" nicht fehlen. Und der 1. FCN spielte - ganz aus Freundschaft - gegen Schalke 04. Das abendliche Feuerwerk zog viele an. 1936 sollen es 500.000 Leute gesehen haben. 1934 übernahm der DAF-Ableger "Kraft durch Freude" die Federführung. "Zur Weckung und Stärkung des Gemeinschaftslebens, wie es die nationalsozialistische Weltanschauung erfordert, muß die NS-Gemeinschaft 'Kraft durch Freude' auf immer neuen Wegen und mit immer neuen Mitteln den deutschen Arbeiter in die erhabene Welt der Ideale einbeziehen, um ihn zu befähigen, mit seiner ganzen Kraft an den Sinn und an die Größe des von ihm mitgestalteten deutschen Lebens zu glauben".[9] So beschrieb das Organisationsbuch der NSDAP die Aufgabe der KdF-Organisation. Nichts anderes war ihr auch in Nürnberg aufgetragen. Scheinbar unpolitische Erlebnisse waren es denn auch, die vielen Besuchern im Gedächtnis haften blieben.

Wie wichtig die "reine" Unterhaltung während der Reichsparteitage war, zeigt ein Vergleich der Programme über die Jahre hinweg. Je etablierter und standardisierter die Parteitage über die Bühne gingen, desto größer der Anteil an vordergründiger, belangloser Show. Deutlichstes Zeichen für diesen Trend: der 1937 neu eingerichtete "Tag der Gemeinschaft". Ein Tag im Zeichen tanzender Maiden in weißen, makellosen Hemdchen, ein Tag mit gymnastischen Massendarbietungen, braungebrannter Männerkörper im leuchtenden Turndreß. Wer mochte da abseits stehen? 1937 wurde das "KdF-Volksfest" am Valznerweiher zur Dauereinrichtung. Nun gab es täglich ab Nachmittag die Möglichkeit verschiedenster Lustbarkeiten. Neue Ideen, neue Abwechslung mußten her, um die Massen bei der Stange zu halten. Unter dem Motto "Freut euch des Lebens" waren Musik und Spiel angesagt. Der Parteitag tanzte. Auf ins "Dritte Reich" im Dreivierteltakt. Die Banalität wurde zum Parteitag tragenden Inhalt. Die politische Botschaft im apolitischen Gewand.

3. Organisation und Struktur der Massenspektakel

Wer schuf dies alles? Wer stand hinter den Kulissen? Wer organisierte? Die Aufgaben schienen klar verteilt. Es oblag dem Reichsorganisationsleiter Robert Ley, sich um die Vorbereitung zu kümmern. Eine Unterabteilung, die Organisationsleitung für die Reichsparteitage, richtete meist drei Monate vor Beginn eines Reichsparteitages in Nürnberg ihre Dienststelle mit vielerlei Referaten von den Massenquartieren bis hin zu den Aufmarschleitungen einer jeden Organisation ein. 1935 wurde das Amt gar nicht mehr aufgelöst, sondern blieb - mit einem Geschäftsführer und zwei Referenten ausgestattet - das ganze Jahr besetzt, um vor jedem Reichsparteitag jeweils personell aufgestockt zu werden. 1938 waren allein in der Organisationsleitung 36 Referenten tätig.

Schon 1933 richtete Oberbürgermeister Liebel ein städtisches Parteitagsreferat ein. Die sogenannte „Zentralstelle" unter Stadtrat Dürr - vormals für die Schulen und das Kapitel "Feste und Ehrungen" zuständig - fungierte als Koordinationsstelle zwischen den verschiedenen städtischen Dienststellen und denen der Organisationsleitung. Im Wirrwarr der vielen involvierten Staats- und Parteibeamten geriet das städtische Reichsparteitagsreferat nicht selten zwischen die Mühlsteine der Interes-

Unterhaltung in der "Frankenhalle" in der KdF-Stadt.

sen, nicht zuletzt dann, wenn es ums Geld ging. Darüber hinaus diente der "Zweckverband Reichsparteitag Nürnberg" dazu, das Geld für die Bauten zu beschaffen. Verwirrung auch hier, da der Oberbürgermeister zugleich als Geschäftsführer dieses Gremiums fungierte.

Größtes Ziel der Organisatoren war es, so viele Leute wie nur irgend möglich in die Stadt zu karren. Zwischen 500.000 und 600.000 Menschen waren es zwischen 1936 und 1938 im Durchschnitt. Damit war die Belastbarkeit der Stadt mit 400.000 Einwohnern erreicht. Nürnberg war eine Woche lang regelrecht belagert. Funktionieren konnte der An- und Abtransport nur mit Hilfe der Reichsbahn. Zwischen 1200 und 1300 Sonderzüge steuerten die Stadt jeweils an. Am Hauptbahnhof Abfertigungsintervalle von 80 Sekunden. Der Einsatz im Personenverkehr hatte seine Konsequenzen: Der Güterverkehr mußte zurückstehen. Sogar in der Zeitung wurde den Geschäftsleuten empfohlen, sich rechtzeitig mit Kohle, Koks, Papier, Schotter, Sand, Steinen oder Zement einzudecken. Die eingesetzten Gütersonderzüge - 1937 etwa 450 in einer Woche - schafften lebenswichtige Waren heran. Die Reichsbahn hatte nicht nur logistische Höchstleistungen in Sachen Reichsparteitag zu vollbringen, sondern sich auch noch so nebenbei für weitere Aufgaben zu empfehlen. Im Rückblick meinte Hitler 1942 bei seinen Tischgesprächen, daß die Eisenbahn durch die Parteitage nicht zu unterschätzende Erfahrungen auf dem Gebiet des Kriegstransports gesammelt habe.

Der innerstädtische Verkehr drohte regelrecht zusammenzubrechen. Striktes Fahrverbot, selbst für Radfahrer, sollte das Chaos vermeiden. Die Straßenbahn erlebte 1935 ihre schlimmsten Belastungsproben. Ein interner Bericht: "Viele Tausende der auf die Beförderung mit der Straßenbahn angewiesenen Volksgenossen mußten den Reichsparteitagsveranstaltungen fernbleiben, weil ihre Beförderung einfach unmöglich war. Eine Unsumme von Verärgerungen und von Verbitterungen war die Folge dieser Erscheinungen."[10] Dennoch wurden allein 1935 innerhalb einer Woche 3,5 Millionen Fahrgäste befördert. Die Zahlen kletterten bis 1938 gar auf 6,3 Millionen. Die Leistungsfähigkeit der Straßenbahn war erheblich überschritten.

Die Belagerung der Stadt zeigt sich auch bei der Unterkunftsbeschaffung. Alle Möglichkeiten wurden ausgeschöpft: Hotels, Pensionen, Privatquartiere, Zeltlager, Unterbringung in Schulen, Fabrikhallen und öffentlichen Gebäuden. Sogar der Schlachthof diente 1933 und 1934 als Schlafstätte für jeweils 10.000 politische Leiter. In "Biwaks" kampierten - abgesehen von den politischen Leitern, die in Schulen unterkamen - alle Formationen wie Reichsarbeitsdienst (RAD), SA, SS, NSKK, HJ und die Wehrmacht. Die Vorarbeiten für die Zeltstädte hatte der RAD zu übernehmen. Das idealisierte Lagerleben setzte sich auch bei der Verpflegung fort. Der größte Teil der "Nürnberg-Fahrer" mußte sich selbst versorgen. Die Nürnberger Gastwirte konnten nicht klagen. Feldküchen kümmerten sich um die anderen.

Zur Finanzierung der Parteitage zogen die Organisatoren verschiedene Quellen heran. Mit sanftem Druck wurde der Mittelstand da und dort im Reich veranlaßt, die Fahrten der politischen Leiter nach Nürnberg zu unterstützen. Die NSDAP-Mitglieder hatten eine Parteitagsumlage zu berappen. Seit 1936 entsprach sie einem monatlichen Mitgliedsbeitrag. Weitere Mittel beschaffte sich die NSDAP durch den Verkauf von eigenen Parteitagsplaketten. Schon Wochen vor dem Ereignis wurden die blechernen Anstecker zum Preis von einer Reichsmark mit dem jeweiligen Motto im Reich verkauft. Entworfen wurden sie stets vom Direktor der Staatsschule für angewandte Kunst in München, Professor Richard Klein. Der Absatz wurde noch dadurch gefördert, daß während der Reichsparteitage die Eintrittskarten - und dies ist eine weitere Einnahmequelle - nur in Verbindung mit der Plakette gültig waren. So ist es nicht verwunderlich, daß 1936 etwa rund 1,5 Millionen Abzeichen verkauft wurden.

Am besten florierte der Absatz, als kein Reichsparteitag mehr stattfand: 1939 flossen 5.299.794 Reichsmark in die Kassen des NSDAP-Schatzmeisters. Doch auch sämtliche Einnahmen konnten die Ausgaben nie decken. Ein paar Zahlen zum Vergleich: 1934 nahm die Partei 831.637 Reichsmark ein und gab gleichzeitig für den Reichsparteitag 4.436.288 Reichsmark aus. 1936 sah das Verhältnis folgendermaßen aus: 2.661.813 Reichsmark an Einnahmen standen 8.032.201 Reichsmark an Ausgaben gegenüber. Zwei Jahre später, beim letzten Reichsparteitag 1938, flossen 5.905.435 Reichsmark in die Kassen, während gleichzeitig 15.728.015 Reichsmark für den "Parteitag Großdeutschland" ausgegeben wurden.

Wer stand hinter dem Gesamtkonzept, wer schrieb das Drehbuch, wer dachte sich die Liturgieformen aus? Zum einen bauten die NS-Beamten und Parteihelfer in der Organisationsleitung und den verschiedenen Aufmarschstäben das aus, was sich in den 20er Jahren als Kundgebungsform offenbar bewährt hat. Zum anderen - und dies wird aus vielen Hinweisen deutlich - hatte der "Führer" stets das letzte Wort. Er gab zu den Programmen seinen "Segen", er äußerte seine Wünsche - meist über Mittelsmänner - und bestimmte Äußerlichkeiten bis ins Detail, etwa bis hin zur Besetzung der Meistersinger-Aufführung im Opernhaus oder bis hin zur Verfügung, daß die Ehefrauen der Spitzenfunktionäre nicht in den Dienstautos ihrer Männer zum Parteikongreß mitfahren durften.

4. Anspruch und Wirklichkeit der Reichsparteitage

"Das ist das Wunder unserer Zeit, daß ihr mich gefunden habt, daß ihr mich gefunden habt unter so vielen Millionen! Und daß ich euch gefunden habe, das ist Deutschlands Glück."[11] So sprach Hitler 1936 auf dem Reichsparteitag zu "seiner" SA im Luitpoldhain. Solche Sprüche kamen an. Die Kleinbürger entdeckten ihr Spiegelbild auf der "Führerkanzel". Dieses Bekenntnis mußte sein, denn auf ihn, Adolf Hitler, steuerte ein jeder Reichsparteitag zu. Ein Reichsparteitag ohne "Führer", ohne "Führer-Rede" - undenkbar. Die Präsenz des NSDAP-Oberhaupts war nachgerade konstitutiv. Alles drehte sich um den NS-Lenker, der von Sitzung zu Sitzung, von Kongreß zur Sondertagung und weiter zur nächsten Massenversammlung hetzte. Erst die Anwesenheit des braunen Diktators verhalf der jeweiligen Veranstaltung zu Würde und Bedeutung. Bis zu 20mal hielt Adolf Hitler in einer Woche Ansprachen. Oft gar nicht allzu lang. Doch dies tat den Auftritten des "Führers" keinen Abbruch. Er war der absolute omnipräsente Star. Es ging um die Erhöhung des politischen Messias, seine Selbstdarstellung stand im Mittelpunkt des Geschehens.

In einem "Glaubensbekenntnis" formulierte 1936 Reichsorganisationsleiter Robert Ley beim Appell der Politischen Leiter: "In dieser Weihestunde, wo ein unendlicher Dom sich über uns wölbt, der in die Unendlichkeit geht, da wollen wir geloben: Wir glauben an einen Herrgott im Himmel, der uns geschaffen hat, der uns lenkt und behütet und der Sie, mein Führer uns gesandt hat, damit sie Deutschland befreien. Das glauben wir, mein Führer."[12]

Dem einfachen Parteigenossen war durch seine Mitwirkung als kleinem Rädchen im Feiergeschehen ein Hauch von Wichtigkeit verliehen. Da durfte die Inszenierung nicht zu bescheiden ausfallen, wenn der Stützpunktleiter zurück im Alltag ein Jahr lang vom Rausch zehren sollte, auf daß er als "Prediger und Soldat" - so sein im Organisationsbuch der Partei vorgeschriebener, definierter Auftrag - in seinem Heimatort den Nationalsozialismus an Mann und Frau bringen konnte. Und über allem der "vergötterte" "Führer".

Der Kult, vor ihm anzutreten, vorbeizumarschieren und immer wieder in anderen Nuancen auf ihn eingeschworen zu werden, verlieh dem Individuum seine Identität als Nationalsozialist, die sich aus dem einfachen Gefühl speiste, "dazuzugehören". In der einschlägigen Zeitschrift für den SA-Mann hieß es: "Reichsparteitag - das ist Rückblick und Ausschau zugleich, ist Abrechnung und Voranschlag, ist Demonstration der Kraft, Bekenntnis der Treue, Einsatz des Willens, Gelöbnis der Gläubigkeit. Reichsparteitag - das ist Aus- und Aufrichtung."[3]

1934 schrieb Goebbels in seiner Schrift "Wesen und Gestalt des Nationalsozialismus": "Der Nationalsozialismus hat nun das Denken des deutschen Volkes vereinfacht und auf seine primitiven Urformeln zurückgeführt... Alle Dinge wurden so einfach dargelegt, daß auch der primitivste Verstand sie aufnehmen konnte."[14]

Allein: Auf den Reichsparteitagen ging es weder um "Denken", noch um den Einsatz von "Verstand". Über Emotionen wurde Politik gemacht und so ließ sich ein verbrecherisches, menschenverachtendes, den Krieg vorbereitendes Regime von Jahr zu Jahr im Jubelsturm bestätigen. Der Aha-Ruf beim Feuerwerk, das rasch verpuffte, mußte als Votum pro Nationalsozialismus herhalten. In minutiösen Plänen lenkten die Organisatoren die eingestimmten, willigen, gläubigen Massen - und nur diese - durch den Parteitagsrummel, durch die Adolf-Hitler-Festspiele. Der Wille des einzelnen war nicht gefragt. Die NS-Parole "Du bist nichts, dein Volk ist alles" wurde für Momente bei den Parteitagen Realität. Die Partei demonstrierte ihre Macht, nach innen wie nach außen. Den "Volksgenossen" wurde deutlich gemacht, auf welcher Seite sie zu stehen hatten. Wer sich dem Regime nicht unterwerfen wollte, wer das Reichsparteitagsbrimborium durchschaute, wurde schnell zum "Gemeinschaftsfremden". Dem Ausland wurde ein ums andere Mal vor Augen geführt, daß das nationalsozialistische Deutschland nicht nur verbale Kraftmeierei betrieb. Mit vieltausendfachen Heil-Rufen erfuhr das NS-Regime scheinbare Bestätigung. Scheinbar deshalb, weil nur die Auserwählten und fanatisierten Anhänger präsent waren. In der bedingungslosen Ein- und Unterordnung konnten die Teilnehmer auf dem Rasen und die Jubler auf den Rängen Teil der für eine Woche inszenierten "Volksgemeinschaft" werden. Der Preis, daß der Mensch zur billigen Staffage geriet, war vielen nicht zu hoch. Die Freude über die Partizipation an der vermeintlichen Größe und Stärke des "Dritten Reichs" war so übermächtig, daß allein schon die Teilnahme an den Massenspektakeln als Lohn und Ehre erschien.

Soweit der Blick auf diejenigen, die sich in Bann ziehen ließen, die als "ideale" Reichsparteitagsteilnehmer die Jubelchöre sangen. Dieser Typus wurde von Jahr zu Jahr seltener. Denn nicht jeder erlag den hohlen Phrasen. Es gab kein Gesetz, das die Menschen unweigerlich in die Hände der Naziregisseure getrieben hätte. Die Berichte der Exil-SPD wußten schon 1936: "Der Nürnberger Parteitag begegnete in diesem Jahr einer allgemeinen Gleichgültigkeit ... In der Parteimitgliedschaft und in anderen Gliederungen herrscht durchaus keine Teilnahmebegeisterung. Im Gegenteil, mancher versuchte sich von der Beteiligung unter allen möglichen Vorwänden zu drücken. Viele wieder nutzten die verschiedenen Vergünstigungen, wie Fahrpreisermäßigung usw. aus, um einmal billig nach Nürnberg zu kommen mit dem Vorsatz, dem Rummel möglichst fernzubleiben."[15]

Noch deutlicher fielen die Berichte im Jahr 1937 aus: "In den ersten zwei, drei Jahren sah man die Nazi in Hochstimmung, die Bevölkerung horchte noch auf die Botschaften des Führers, die ja gewöhnlich Überraschungen brachten ... Alles das ist vorbei. Die größte Machtentfaltung wird auf die Dauer langweilig, die abgedroschenen Reden sind zum Überdruß bekannt. Die ehemaligen Wähler Hitlers sehen in der Partei nicht mehr die erlösende Kraft, sondern den alles bedrückenden

Machtapparat einer rücksichtslosen, zu allem fähigen Organisation ... Die nach Nürnberg abkommandierten Abteilungen der Nazi ließ man schweigend vorübermarschieren. Hie und da ein Heil-Ruf eines Unentwegten, der schüchtern abklang, weil niemand mit einstimmte. Für die Bevölkerung ist dieser Propagandarummel so wie alle anderen, nur eine Geldschneiderei, für die sie aufzukommen hat, aber ja nicht mehr. Immer dasselbe Bild. Militär, marschierende Kolonnen und Fahnengruppen. Mal weniger, mal mehr. Man schaut und geht seiner Wege".[16]

Tatsächlich ließ der Andrang, am Nürnberger Reichsparteitag teilzunehmen, von Jahr zu Jahr sichtlich nach. Der eine war schon zwei-, dreimal in der Frankenmetropole gewesen und hatte die touristischen Möglichkeiten genutzt. Der andere war auch von dem einmaligen Erlebnis, vielleicht 16 Kilometer von der Unterkunft zum Zeppelinfeld zu marschieren, um dann dort stundenlang auf dem Appellplatz auszuharren, bevor es die gleiche Strecke wieder zurückging, bedient und konnte auf diese Erfahrung ein weiteres Mal verzichten. Je weiter die Parteitage fortschritten und je eifriger die Organisatoren immer neue Superlative aufzustellen versuchten, desto schwieriger wurde es, die Mannen (und wenigen Frauen) nach Nürnberg zu bringen.

Doch außer der Langeweile, die die Mehrfach-Teilnehmer offenbar beschlich, standen ganz andere Dinge einem Besuch in Nürnberg entgegen. Vollbeschäftigung und Aufrüstung forderten ihren Tribut. In zahlreichen internen Berichten aus den Gauen verwiesen die NSDAP-Spitzen auf die Schwierigkeiten, die sich beispielsweise 1938 ergaben: "Es war in diesem Jahr äußerst schwer, die von der Reichsorganisationsleitung angeforderte Sollstärke der Marschblockteilnehmer zusammenzubringen. Der Hauptgrund hierfür ist, wie auch wohl anderwärts, in der Tatsache zu suchen, daß von Anfang August bis Ende September zu verschiedenen Terminen ... Reserveübungen im großen Maßstab zur Durchführung gelangten."[17] So etwa teilten die Parteigenossen aus Kurhessen mit. Aus Mainfranken erreichte die Zentrale folgender Bericht: "Fortlaufend bekommen wir Meldungen, daß nicht nur die Politischen Leiter, sondern auch Angehörige der HJ, die sich als Marschteilnehmer zum Reichsparteitag gemeldet haben, von den Betrieben nicht freigestellt werden."[18] Und aus Ost-Hannover war zu erfahren: "Noch in keinem Jahr hat die Erfassung der Nürnberg-Fahrer so viel Schwierigkeiten bereitet, wie in diesem Jahre. Wenn es noch gelingt, aufgrund der Parteidisziplin die Marschteilnehmer zusammenzubekommen, so ist es schon wesentlich schwieriger, die vorgeschriebene Anzahl von Schlachtenbummlern ... zu werben. Es ist keineswegs so, wie aus Anordnungen der Ausbildungsleitung entnommen werden könnte, daß es erforderlich wäre, eine Auslese unter den Meldungen vorzunehmen."[19]

Daß die Parteitage überhaupt funktionierten, lag am einfachen Prinzip von Befehl und Gehorsam. Die Disziplin wurde verordnet, der Befehl regelte alles. So erweisen sich heute die Reichsparteitage als aufwendiges Trainingsprogramm für den Krieg. Die Reichsparteitage waren nichts anderes als Paradigmen der Mobilmachung.

Bei den Appellen und Aufmärschen sollte nichts dem Zufall überlassen bleiben. Jede Parteigliederung hatte detaillierte Handlungsanweisungen erarbeitet. Bei den Vorbeimärschen etwa auf dem "Adolf-Hitler-Platz" gab es exakte Befehle: "Marschblockabstand, Abstand der Führer vor den Einheiten und Gliederabstand von 80 Zentimeter sind hier genau einzunehmen und einzuhalten. Ausgerichtete Haltung! Richtung! Alle Aufmerksamkeit gilt dem Kommandozeichen. Die linke Hand liegt derart am Koppel, daß der Daumen nach innen greift. Die übrigen Finger liegen leicht gekrümmt mit den Fingerspitzen am Rand des Koppelschlosses. Der Dolch an der linken Hüfte ist festgestellt. Am Vorpunkt (gelbe Flagge) geben die Führer durch Hochstoßen des Armes das Zeichen 'Achtung'! Auf das Zeichen 'Achtung' werden Standarten und Stander hochgenommen, wird aufrechte arische Haltung und der freie zügige Gleichschritt eingenommen."[20]

Für den flüchtigen Betrachter erschienen die Parteitage der NSDAP nachgerade als Musterbeispiel von Disziplin und Ordnung. Doch dieser gewiß beabsichtigte Eindruck konnte nur beim Blick auf die Parteitagsbühne entstehen. Hinter den Kulissen war von der vielbeschworenen "Volksgemeinschaft" nichts zu spüren. In der Organisationsleitung dominierten die Eifersüchteleien. Zwischen den städtischen Verwaltungsorganen und den Parteispitzen kam es wiederholt zu Konflikten. Die SS sperrte regelmäßig das Nürnberger Hurenviertel ab, weil die Politischen Leiter so ganz und gar nicht den NS-Idealen von Zucht und Ordnung entsprachen. Diese "Amtswalter" hinterließen ihre Unterkünfte nicht selten in desolatem Zustand, so daß die Verantwortlichen im Schulreferat befürchteten: "Wenn dieser Zustand noch einige Jahre anhält, gehen wir unbedingt einer Verwahrlosung unserer Nürnberger Schulgebäude entgegen".[21]

Bei den nächtlichen Fackelzügen kam es Jahr für Jahr zu Pannen, die alles andere als den gewünschten Effekt einer militärischen Ordnung hervorriefen. Interne Berichte konterkarierten die Scheinwelt: "Der Fackelzug der Politischen Leiter hat, wie im vorigen Jahr wieder nicht geklappt. Für die Teilnehmer ... war (er) ein gemeinsames Wettrennen. Der Musikzug konnte während des Fackelzuges einfach nicht spielen, weil es ihm nicht möglich war, das Tempo zu halten... Der Fackelzug der Politischen Leiter war einfach eine Katastrophe. Die meisten Politischen Leiter sind einfach nicht dahintergekommen, daß sie beim Führer vorbeimarschierten."[22]

Die Realität der Reichsparteitage sah nicht immer so aus, wie es sich die Planer wünschten. Anspruch und Wirklichkeit klafften auch in Nürnberg weit auseinander. Repräsentieren die vielen Bilder vom Reichsparteitag

"In endlosen Zügen füllen die Zwölferreihen die winkligen Straßen. Es ist die ganze Nation, die hier Mann an Mann bekundet, daß ein neues Deutschland erwacht ist" (Originaltext aus: Nürnberg 1933. Der erste Reichstag der geeinten deutschen Nation, Berlin 1933, S. 15)

den Nationalsozialismus wirklich "auf einen Blick"? Dies ist so, aber nur mit der entscheidenden Einschränkung, wenn man als Betrachter auch auf die Rückseite der Erinnerungsfotos sieht. Nimmt man nur die Hochglanzseite der Reichsparteitage zur Hand, wird man allzu leicht dem schönen Schein, dem inszenierten Spektakel auf den Leim gehen. Die Faszination, die viele Zeitgenossen fraglos erfaßte, verliert ihre Wirkungskraft bei der Analyse der Realität. Die Begeisterung mußte verordnet werden, mit billigem Klamauk - als Deutsch- und Volkstum verbrämt - mußten die Menschen zuletzt bei der Stange gehalten werden. Auf Dauer zogen die vielfach wiederholten Leerformeln nicht mehr in dem Maße, wie noch zu Beginn des Regimes. Der pompös inszenierte Theaterdonner löste von Jahr zu Jahr ein immer leiseres Echo aus. Und dies, obwohl der Aufwand dafür immer größer wurde.

Die Reichsparteitage waren nichts anderes als der jeweilige Spiegel des inneren Zustands der NSDAP und des NS-Staats. Für eine bestimmte Zeit erfüllten sie ihren Zweck. Sie schweißten die "Bewegung" zusammen, gaben der "Glaubensgemeinschaft" für Momente die Inhalte vor. Sie demonstrierten Macht, schüchterten die "Andersgläubigen" ein, kündeten von der vermeintlichen Größe des Regimes. Sie erfüllten ihren Zweck als verlogene Propagandainstitution. Innerhalb der einen Spektakelwoche fiel das Wort "Frieden" so häufig wie sonst bei keinem anderen offiziellen Anlaß. Selten beteuerte Hitler seinen "Friedenswillen" so inständig wie in seinen Nürnberger Reden. Lug und Trug. Insofern erfüllte selbst der "Parteitag des Friedens", der am 2. September 1939 hätte beginnen sollen, aber tatsächlich nie stattgefunden hat, seine Funktion: Die Menschen wurden schlicht über die wahren Absichten getäuscht.

"Verführung und Gewalt" lautet der Titel von Hans-Ulrich Thamers Geschichte des Nationalsozialismus. Die Überschrift trifft besonders auf die Nürnberger Parteitage zu. Die Gewalt war offenkundig: Gegen die eigenen Parteigenossen war sie gerichtet, weil sie dem Individuum keinen Freiraum mehr ließ. Der Mensch hatte sich bedingungslos ein- und unterzuordnen. Die in Nürnberg angetretenen, paradierenden Kolonnen zeugen davon. Befehle diktierten die "Tage von Nürnberg". Mit gewaltsamer Macht ließ der NS-Staat seine immer stärker wachsenden Muskeln spielen. Mit Gewalt wurden die "Gemeinschaftsfremden" ausgegrenzt. Kein Zufall, daß 1935 auf dem "Parteitag der Freiheit" - welcher Zynismus - die "Nürnberger Gesetze" erlassen wurden und so ein weiteres erschreckendes Zeichen dafür setzten, wozu das Regime willens und fähig war. Verführung? Gewiß. Aber nur, wer sich verführen lassen wollte. Wer sich auf die wohlfeile Ersatzreligion einlassen wollte, wer zufrieden war, mit dem Show-Effekt für Minuten, mochte auf seine Kosten kommen. Die Nachdenklichen schauten früh hinter den Talmiglanz.

Die Reichsparteitage der NSDAP erwiesen sich mithin als eine doppelgesichtige, zwiespältige Mischung. Sie boten den Teilnehmern Erniedrigung und Erhöhung zugleich. Wer sich ein- und unterordnete, konnte Bestätigung seines politischen "Glaubens" finden, Identität in der "Volksgemeinschaft" erlangen. Die Reichsparteitage boten die Möglichkeit, an der "Größe des NS-Staats" teilzuhaben. Die Parteiinszenierungen boten aber auch weitaus vordergründigere Erlebnisse. Die berechtigten Wünsche und keineswegs zu ignorierenden Bedürfnisse vieler wurden von den Regisseuren instrumentalisiert. Die Faszination der Parteitage bestand im Monumentalen ebenso wie im Banalen. Verführung und Gewalt lagen auch in Nürnberg eng beieinander.

Anmerkungen:

* Vgl. Siegfried Zelnhefer: Die Reichsparteitage der NSDAP. Geschichte, Struktur und Bedeutung der größten Propagandafeste im nationalsozialistischen Feierjahr. Nürnberger Werkstücke zur Stadt- und Landesgeschichte. Schriftenreihe des Stadtarchivs Band 46, Nürnberg 1991.
1. Münchner Neueste Nachrichten, 31. Januar 1923.
2. Grundsätzliche Richtlinien für die Arbeit der Vorsitzenden und Schriftführer der Sondertagungen am Reichsparteitag, Bundesarchiv Koblenz (BA), NS 26/389.
3. Das Tagebuch von Joseph Goebbels 1925/26. Mit weiteren Dokumenten herausgegeben von Helmut Heiber, Stuttgart 1960, S. 87.
4. Rainer Hambrecht: Der Aufstieg der NSDAP in Mittel- und Oberfranken (1925 - 1933), Nürnberg 1976, S. 100.
5. M. Domarus: Hitler, Reden und Proklamationen, Bd. 1, Würzburg 1962, S. 297.
6. Beilage I zum Lagebericht Nr. 158/II/29 vom 29. 8. 1929, Staatsarchiv Nürnberg (StAN) 218/1.
7. Niederschrift der Stadt Nürnberg über eine Besprechung mit Hitler über Umbauten für den Reichsparteitag, 24. 7. 1933, Stadtarchiv Nürnberg (SAN), C 7/1/886.
8. Adolf Hitler am 14. September 1935, Der Parteitag der Freiheit vom 10. bis 16. September 1935. Offizieller Bericht über den Verlauf des Reichsparteitages mit sämtlichen Kongreßreden, München 1935, S. 183.
9. Organisationsbuch der NSDAP, München 1937[4], S. 192.
10. Oberbürgermeister Liebel in einem Bericht an Martin Bormann nach dem Reichsparteitag 1935, SAN C7/961.
11. Der Parteitag der Ehre vom 8. bis 14. September 1936. Offizieller Bericht über den Verlauf des Reichsparteitages mit sämtlichen Kongreßreden, München 1936, S. 246 f.
12. Ebd., S. 173.
13. Der SA-Mann, Kampfblatt der obersten SA-Führung der NSDAP, 5. Jg., 15. August 1936, S. 3.
14. Joseph Goebbels: Wesen und Gestalt des Nationalsozialismus, Berlin 1934, S. 6.
15. Deutschland-Berichte der Sozialdemokratischen Partei Deutschlands (Sopade) 1934 - 1940, Dritter Jahrgang 1936, Frankfurt am Main 1980[5], S. 1109 f.
16. Sopade 1937, a.a.O., S. 1224.
17. BA NS 22/151.
18. Ebd.
19. Ebd.
20. Aus einem Aufmarschbefehl des NSKK beim Reichsparteitag 1936, BA NS 26/422.
21. Beobachtungen in den Nürnberger Schulhäusern nach dem Reichsparteitag 1936, SAN C7/934.
22. BA S 22/151.

Hans-Ulrich Thamer

Von der „Ästhetisierung der Politik":
Die Nürnberger Reichsparteitage der NSDAP*

Die Nürnberger Reichsparteitage sind zum Symbol geworden für Massenmobilisierung, Massenfaszination und Massenkonsens. Sie waren zum spektakulären Höhepunkt des Prozesses der Nationalisierung der Massen in Deutschland geworden, die eine breite politische Partizipation versprach, tatsächlich aber nur die Entmündigung des alten Obrigkeitsstaates durch die Manipulation des charismatischen Führerstaates ersetzte.
Die Nürnberger Reichsparteitage der NSDAP waren den Zeitgenossen Inbegriff der Glanz- und Machtentfaltung des Dritten Reiches. Als "grandiose Heerschau" feierten die nationalsozialistischen Propagandisten den Generalappell ihrer Partei, von dem sie behaupteten, er sei "glanzvoller als der Reichstag der alten Kaiser". Hunderttausende von Parteifunktionären, SA- und SS-Männern, Arbeitsdienstmännern, Hitlerjungen und BdM-Mädchen kamen alljährlich im September nach Nürnberg, um Hauptakteure, Statisten im Ornament der Masse und akklamierende Gefolgschaft zugleich zu sein. Militärs, Diplomaten und Journalisten aus dem In- und Ausland beobachteten und bewunderten die monumentale Machtentfaltung, die Stärke und Geschlossenheit des Regimes demonstrieren, wie die Außergewöhnlichkeit des Führer-Nimbus' von Adolf Hitler aufs neue begründen sollte.

NS - ein Faszinosum heute?
Jede Darstellung, eine visuelle Präsentation allzumal, muß sich der Suggestivkraft der Bilder und Rituale bewußt sein, der die Zeitgenossen erlagen. Dieser Gefahr kann entgehen, wer die Techniken der Massenmobilisierung, die Stilmittel der Massenrituale, ihre Zwecke wie ihre Funktion innerhalb der Feier, das Verhältnis von Anspruch und Wirklichkeit, mithin die Wechselwirkung von Faszination und Manipulation untersucht und dokumentiert. Das ist mit verbalen Mitteln vermutlich einfacher als mit visuellen. Eine kritische Betrachtung der Nürnberger Parteitage, vor allem ihrer propagandistischen Zwecke und Wirkungszusammenhänge kann und muß sich einer Vielzahl von Aspekten und deren Interdependenz widmen. Das entspricht dem Charakter der Veranstaltung, die politisches Gesamtkunstwerk zu sein beanspruchte. Gegenstand historischen Fragens können Planung und Organisation der Reichsparteitage einschließlich ihrer Finanzierung sein, ebenso die Parteitagsarchitektur, ihr ästhetischer Anspruch, ihre bauliche Realisation einschließlich ihrer Bedeutung für die regionale wie überregionale Wirtschaft bzw. den Arbeitsmarkt; schließlich können Programm und Ritual des Parteitags, seine Symbole und Propagandawirkung auch im Zusammenhang mit der Parteitagsarchitektur und der Kulisse von Alt-Nürnberg betrachtet werden wie deren Verbreitung und Verstärkung durch die Medien, vor allem durch den Film.

Fest und Politik
Ausgangspunkt unserer Betrachtung sollen die Parteitage als Typus eines politischen Festes sein. Politische Feste dienen seit der Aufklärung und Französischen Revolution als Medium zur Herstellung politischer Öffentlichkeit, die sich von der repräsentativen Öffentlichkeit des frühneuzeitlichen Ständestaats bzw. des Absolutismus durch Transparenz und Kommunikation unterscheidet. Politische Feste sind damit Seismograph einer politischen Kultur, indem sie politische und soziale Wertvorstellungen durch symbolisches Handeln wie durch Kommunikation zum Ausdruck bringen.
Höhepunkt der bürgerlichen Festkultur des 19. Jahrhunderts waren die Nationalfeste, die in Deutschland zunehmend ihren oppositionellen und liberal-demokratischen Charakter verloren hatten und im monarchischen Nationalstaat zu staatlich gelenkten, von militärischen wie von dynastischen Formen und Inhalten geprägten Festen "von oben" wurden. Nicht mehr Verbrüderung und Integration, sondern dynastische Repräsentation und Loyalitätsbindung, Hurra-Patriotismus und Militarismus waren ihre Inhalte.
Wo ist nun der historische Ort der politischen Feste im nationalsozialistischen Deutschland, die in ihrem militärischen Gepräge eindeutig in der Tradition des preußisch-deutschen Militärstaates stehen, mit ihren Massenritualen andererseits eine neue, nicht mehr monar-

Reichsparteitag in Nürnberg - Luitpoldhain

chisch-traditionelle Legitimation, sondern eine populistische, charismatische Begründung der Herrschaft anstreben, die mit ihrer plebiszitären, scheindemokratischen Massenhaftigkeit Egalität und akklamierende Unterwerfung unter den charismatischen Führer zugleich beanspruchen. Jede Untersuchung von politischen Festen wird sich an deren Grundstrukturen orientieren, das sind ihre Sinnvorgabe, ihr Code, das heißt ihre Symbol- und Formensprache und schließlich ihre Rezeption.

"Gesamtkunstwerk" Parteitag

Die nationalsozialistische Regie des öffentlichen Lebens zog in Nürnberg alle Register ihrer organisatorischen und propagandistischen Fähigkeiten. Massenkundgebungen und Weihestunden, Appelle und Aufmärsche, militärische Schaumanöver und Volksbelustigungen wechselten sich in den zunächst vier-, dann sieben- und schließlich achttägigen Riesenveranstaltungen ab. Die Magie der Fahnen und Fackeln, der Massenrituale und des Führerkultes, der Todesverklärung und Treueschwüre betäubte alle Sinne und befriedigte "älteste Schauergelüste"[1] ebenso wie Sensationslust und das Bedürfnis nach Gemeinschaft. Die Monumentalität der Architektur verstärkte diese Emotionen; die modernsten Medien, Rundfunk und Film, reproduzierten die Großveranstaltung. Alle Medien der Kommunikation waren miteinander verbunden, alle propagandistischen Stilelemente aufgeboten, um ein Gesamtkunstwerk politischer Ästhetik zu schaffen, das die traditionellen Formen politischer Kommunikation, Rede und Diskussion, durch irrationale Gefühle und Verschwommenheit ablöste. Die Reichsparteitage waren nicht Diskussionsforen, sondern Selbstdarstellung eines politischen Stils und einer Ideologie. Nicht im Wort artikulierte sich dieser politische Massenkult, sondern in einer Liturgie aus Feuer, Ritus und Symbolik.

In den ritualisierten Massenveranstaltungen und der monumentalen Repräsentationsarchitektur fand diese Verschränkung von Ästhetik und Politik ihren unverwechselbaren Ausdruck. Die Nürnberger Reichsparteitage sind Höhepunkt und wirkungsmächtiges Zeugnis des ästhetisierenden Politikverständnisses des Nationalsozialismus und des Künstler-Politikers Adolf Hitler. Die nationalsozialistischen Masseninszenierungen sind zudem die historisch auffälligste und am weitesten entfaltete Form eines politisch-ideologischen Massenkultes, der für die Zwischenkriegszeit insgesamt und für den europäischen Faschismus insbesondere charakteristisch war.

NS und Individuum

Obwohl auch der Faschismus in Italien einen von Ritualen und Mythen geprägten politischen Stil pflegte, entwickelte das Regime Mussolinis nicht wie der deutsche Nationalsozialismus einen umfassenden, alle Lebensbereiche durchdringenden politischen Kult, sondern fand seine Grenzen dort, wo die katholische Kirche und andere traditionelle Mächte ihre Autonomie behaupten konnten. Auch in der Ausbildung und Durchsetzung des politischen Kultes erweist sich der Nationalsozialismus als die radikalere Variante des Faschismus. Während sich der stark etatistisch geprägte italienische Faschismus auf die pathetische Selbstdarstellung des Staates konzentrierte, suchte der nationalsozialistische Kult in den Alltag der Menschen hineinzuwirken. Neben spektakulären nationalen Partei- und Staatsfeiern, die sich

Hitler als Redner

auf Gau-, Kreis- und Ortsgruppenebene wiederholten, gab es nationalsozialistische Lebensfeiern zu Geburt, Hochzeit und Tod, gab es Fahnenhissen und sonntägliche Morgenfeiern der Partei. Das nationalsozialistische Feierjahr erhielt einen besonderen Rhythmus, an dem sich jeder beteiligen sollte.

Der nationalsozialistische Kult füllte damit in einer bislang unbekannten Art und Weise das sinnliche Vakuum, das der moderne Staat hinterlassen hatte, als er sich, um den Bürgerkrieg zu beenden, von allem Religiösen trennte und sich auf die Organisation des Weltlichen und Politischen beschränkte. Seit der Epoche der Französischen Revolution gab es immer wieder politische Bewegungen, die, gestützt auf eine breite Massenmobilisierung, politische und geistige Autorität zu verbinden suchten, um ihre politische Herrschaft damit um so umfassender und dauerhafter sichern zu können. Der amerikanische Historiker George Mosse hat diesen Vorgang zutreffend als Nationalisierung der Massen und als Antwort auf das Zeitalter des politischen Massenmarktes charakterisiert: "Solche Massenbewegungen erforderten einen neuen politischen Stil, der die Menge in eine massive politische Kraft umformen sollte, während der Nationalismus in Anwendung der neuen Politik den Kult und die Liturgie lieferte, die diesen Zweck erfüllen konnten."[2] Wichtigstes Element dieses neuen politischen Stiles, der später zu so grausamen Zwecken eingesetzt werden sollte, war nach Mosse die Ästhetik:

"Aber die Ästhetik der Politik war die Kraft, die Mythen und Symbole und die Emotionen der Massen zusammenbrachte; ein gewisser Sinn für Schönheit und Form bestimmte das Wesen des neuen politischen Stiles. Die üblen Endzwecke, zu denen er schließlich mißbraucht wurde, waren maskiert durch die Wirkung eben dieser neuen Politik auf einen großen Teil der Bevölkerung, durch seine Nützlichkeit beim Einfangen der Sehnsüchte und Träume der Menschen. Ein Konzept von Schönheit objektivierte die Traumwelt von Glück und Ordnung, während es die Menschen mit den vermeintlich unwandelbaren Kräften in Berührung bringen konnte, die außerhalb des Ablaufs des Alltages stehen."[3]

Der Nationalsozialismus war zweifellos der Höhepunkt in der Anwendung dieses neuen politischen Stils. Die Nationalsozialisten nahmen alles auf, was seit einem Jahrhundert in den verschiedenen politischen Massenbewegungen als Alternative zur politischen Rhetorik der parlamentarischen Demokratie entwickelt wurde, und perfektionierten es. Der nationalsozialistische politische Stil war nicht zuletzt deswegen populär, weil er auf gewohnten und wesensverwandten Traditionen aufbaute, diese aber vitalisierte und dem Massengeschmack des technischen Zeitalters anpaßte. Der Nationalsozialismus war, wie in anderen Bereichen auch, das Uralte und Moderne zugleich.

Der Künstler-Politiker schafft sich eine Liturgie

Für Adolf Hitler, den eigentlichen Schöpfer des nationalsozialistischen Massenkultes, hatte die ausgeklügelte Liturgie die Aufgabe, das politische System des Nationalsozialismus über seinen Tod hinaus zu verlängern und auf ein "Tausendjähriges Reich" einzurichten. Albert Speer, Mitschöpfer und Exekutor dieses politischen Stils, schreibt dazu: "Das Streben Hitlers ging danach, in seinem Ritus die Persönlichkeitswirkung des Staatsoberhauptes oder des Leiters der Partei einzuschränken und an ihre Stelle einen Ablauf zu setzen, der in sich beeindruckend ist. Diese Idee kam aus seiner Überlegung, daß seine Nachfolger voraussichtlich nicht über die Faszinationskraft verfügen würden wie er, daß also ein in seinen Augen 'kleiner politischer Wicht' immer noch eine Faszination zum Tragen bringen muß; und diese Faszination war nun mehr oder weniger in Massenchören und den Massenaufmärschen von Fahnen, in stillen Demonstrationen - wie der Marsch vom Ehrenmal in der Luitpold-Arena zurück zum Rednerpult - zu sehen, so daß die eigentliche Rede demgegenüber nur noch ein Teil war, der, wenn er nicht nur auf großer Höhe stand, doch nicht den Charakter der Kundgebung zum Scheitern bringen würde."[4]

Nach dem Zeugnis von Speer richtete Hitler darum sein besonderes Augenmerk darauf, das Ritual der Nürnberger Reichsparteitage zu perfektionieren. Nach dem Parteitag von 1938 habe Hitler in einer Nachbesprechung jeden Veranstaltungstag und -teil noch einmal kritisch durchmustert. "Einige Kundgebungen", erklärte er dabei, "haben bereits ihre endgültige Form."[5] Dazu zählte er die Veranstaltung der Hitlerjugend, den Aufmarsch des Reichsarbeitsdienstes, die Nachtkundgebung mit den Politischen Leitern auf dem Zeppelinfeld sowie die Totengedenk-Feier der SA und SS in der Luitpold-Arena. Dann offenbarte der abgefallene Katholik und Künstler-Politiker, daß er die Appelle, Aufmärsche und Weihestunden des Parteitags nicht als bloße "propagandi-

Aufmarsch der Jugend (1935): Trommler des sog. "Jungvolks"

stische Revue", sondern als Feier eines politischen Kults und Mittel der Herrschaftssicherung verstand. "An diesem Ablauf dürfen wir nichts mehr ändern, damit die Form, solange ich noch lebe, zum unabänderlichen Ritus wird. Dann kann später niemand daran rühren."[6]

Reichsparteitag:
Der NS-Jahreskreis hat seinen Höhepunkt

Die Pracht- und Machtentfaltung in der Bühnenwelt der Nürnberger Reichsparteitage überbot darum alle anderen Veranstaltungen im nationalsozialistischen Kalendarium. Die Reihe der Hochfeste des NS-Feierjahres begann mit dem 30. Januar, dem Tag der Machtergreifung, und endete mit dem 9. November, dem Gedenktag für die Märtyrer der Bewegung. Dazwischen lag eine kaum übersehbare Fülle von Gedenkstunden, Weihefesten und Kundgebungen. Das nationalsozialistische Feierjahr orientierte sich am Festkalender der Kirchen und suchte diesen zugleich zu unterlaufen und zu ersetzen. Es war in Zahl und Reihenfolge wie in der Gestaltung der Feste bald ebenso kanonisiert wie sein kirchliches Vorbild und folgte diesem auch in seiner Liturgie.

Die Stilelemente der Bühnen- und Prozessionswelt der Reichsparteitage hatten ähnlich wie die NS-Ideologie einen synkretistischen Charakter. Sie vereinigten in sich alle Formen des politischen Kultes, wie sie sich aus den unterschiedlichen Quellen kirchlicher Liturgie und vaterländischer Feiern im Kaiserreich, aus Weihe und Festformen der Jugendbewegung und aus der Frühzeit faschistischer Demonstrations- und Kundgebungsformen in Italien herausgebildet hatten. Aus der eigenen Parteigeschichte kamen die uniformierten Formationen und ihre Aufmärsche, der Kult der Märtyrer der Bewegung und die Fahnenweihe in Form einer religiösen Feier, mit einem abschließenden Appell. Die Instrumentalisierung der historischen Tradition und Kulisse der Stadt Nürnberg als Demonstrationsrahmen steigerte die emotionale Wirkung und rechtfertigte den Anspruch des Nationalsozialismus, Überkommenes zu bewahren und zu vitalisieren.

Innerhalb des liturgischen Gesamtprogramms der Parteitage hatte jeder Tag einen kanonisierten Ablauf. Er diente der Darstellung einer bestimmten Parteigliederung und wurde in einem eigens dafür geschaffenen oder noch zu schaffenden räumlichen Rahmen inszeniert. Im Mittelpunkt der komplexen Agende stand jedoch immer der Führer. Immer wieder finden wir im Ablauf das der christlichen, insbesondere protestantischen Liturgie nachempfundene dreiteilige Grundschema von Einmarsch und Aufruf, von Ansprache und Verkündung, von Bekenntnis und abschließendem gemeinsamen Lied bzw. Ausmarsch.[7]

Drei Grundelemente der Propaganda

Drei Grundelemente der Propaganda und Konsekrierung sind miteinander verschmolzen. Einmal die Monumentalität des Feierstils und der Feierstätten, zweitens politische Symbolik und politischer Mythos und drittens die politische Symbol- und Integrationsfigur Hitler, dessen Mythos auch durch die Inszenierung begründet und gesteigert wird.[8] Die Kongruenz von Architektur und Massenszenen macht die spezifisch nationalsozialistische Dimension innerhalb der politischen Ästhetik der Faschismen aus. Die Architektur des "Gigantenforums", wie man in Parteikreisen die Tribünen und Hallen des Parteitagsgeländes ehrfurchtsvoll nannte, verstärkte die Botschaft der politischen Liturgie und ihre emotionale Wirkung auf die Versammelten. Architektur fungierte als architecture parlante oder, wie es Hitler formulierte, als "Wort aus Stein", das "überzeugender ist als das gesprochene Wort". Denn, so Hitler weiter: "Wenn Völker große Zeiten innerlich erleben, so gestalten sie diese Zeiten auch äußerlich."[9] In der Architektur, die selbstverständlich ausschließlich mit heimischen, naturgebundenen Baumaterialien errichtet werden sollte, realisierte bzw. antizipierte sich die politische Utopie des Nationalsozialismus und seines Anspruchs auf Weltherrschaft.

Ohne Rücksicht auf die Kosten

Die gebaute Megalomanie, die unter der Gesamtverantwortung Albert Speers und unter ständiger Einflußnahme Hitlers ohne Rücksicht auf die Kosten bis zum Kriegsbeginn teilweise errichtet wurde, sollte nach dem Willen Hitlers "hineinragen gleich den Domen unserer Vergangenheit in die Jahrtausende der Zukunft".[10] Denn nur "große Kulturdokumente aus Granit und Marmor" galten Hitler als "wahrhaft ruhender Pol in der Flucht all der anderen Erscheinungen".[11] Die Parteiarchitektur und nicht nur sie war mithin Ausdruck der nationalsozialistischen Ideologie. Ihre tausendjährige und imperialistische Absicht artikulierte Speer in seiner Theorie vom Ruinenwert, von Hitler begierig aufgegriffen. Durch die Verwendung besonderer Materialien sollten die Bauten noch im Verfallszustand von der Größe des Germanischen Reiches künden. Hitler war begeistert und erhob das Ruinengesetz zum Grundprinzip aller Bauten seines Reiches; Speer hatte ihm Zeichnungen vorzulegen, die veranschaulichten, in welchem Verfallstadium sich der jeweilige Bau nach 500, nach 1000, nach 2000 Jahren befinden würde. Die Bauten sollten nach Jahrtausenden von der Größe des Germanischen Reiches künden und zugleich "in einer Zeit beschränkter politischer Macht dem inneren Lebenswert und den Lebenswilligen der Nation einen um so gewaltigeren kulturellen Ausdruck geben."[12]

Bei der Grundsteinlegung des Deutschen Stadions formulierte Hitler noch einmal den imperialen Anspruch seiner Architektur: "Die Gegner werden es ahnen, aber vor allem die Anhänger müssen es wissen: zur Stärkung unserer Autorität entstehen unsere Bauten... denn

Zeppelintribüne

gerade sie werden mithelfen, unser Volk politisch mehr denn je zu einen und zu stärken, sie werden sozial die Lächerlichkeit sonstiger irdischer Differenzen gegenüber diesen gewaltigen, gigantischen Zeugnissen unserer Gemeinschaft überwinden."[13]

Kultstätten, keine Mehrzweckhallen

Kultstätten mit Ewigkeitsanspruch sollten entstehen und nicht Mehrzweckhallen. Darum hatte Hitler 1933 die Pläne der Nürnberger Stadtväter abgelehnt, die auf Zweckmäßigkeit und vielseitige Verwendbarkeit der Parteitagsgebäude bedacht waren und sie nicht nur für acht Tage im Jahr nutzen wollten. Neben ihrer Symbolfunktion erfüllten die Bauten ihre Aufgabe als angemessener räumlicher Rahmen des politischen Kultes und unterstrichen die Botschaft des Zeremoniells. Ein zeitgenössischer Kunsthistoriker formulierte es so: "Sowohl die Gesamtplanung wie auch die Gestaltung der einzelnen Bauten und Platzgruppen werden von dem für die nationalsozialistische Ordnung so grundlegenden Verhältnis zwischen Führer und Volk bestimmt."[14]

Die architektonische Hervorhebung der Führerkanzeln machte Hitler allgegenwärtig, der immer der aufmarschierten Partei und seiner Gefolgschaft gegenüberstand. Die Haupttribünen des Zeppelinfeldes und der nicht mehr fertiggestellten neuen Kongreßhalle, die, dem römischen Colosseum nachgebildet, dieses aber an Ausmaßen übertreffen sollte, hoben die neue politische Elite wie auf einer Bühne heraus. Die Doppelanlage der Luitpoldarena entsprach dem liturgischen Verlauf der Toten- und Erlösungsfeier. Die langen Straßen des Führers durch das aufmarschierte Ornament der Masse erlaubten ein weihevolles Schreiten und gaben dem Prozessionscharakter der Veranstaltung deutlichen Ausdruck. Die aufmarschierten Massen waren Staffage für die Kolossalarchitektur, die erst dann ihre ästhetische Wirkung entfaltete. Nicht die Massen kamen zu ihrem Recht, sondern der Rausch der Geometrie. Der Intensivierung des Gemeinschafts- und Unterwerfungserlebnisses diente zudem die massenhafte Verwendung von Fahnen, die sowohl die Architektur belebten wie das Gefühl der Geschlossenheit vermittelten. Eine zusätzliche Steigerung dieser Magie der Kulisse brachte schließlich die Verbindung von nächtlicher Veranstaltung mit Feuer und Licht.

Zwecke des Lebens: Kampf und Tod

Damit sind bereits die wichtigsten politischen Symbole des Kultes bestimmt: die Standarten und Fahnen, insbesondere die "Blutfahne", die Feuersymbolik flackernder Fackeln, der sakrale Charakter des "Lichtdoms". Für die Nationalsozialisten bedeutete die brennende Flamme Läuterung, symbolisierte brüderliche Gemeinschaft und sollte die Parteimitglieder an den "ewigen Prozeß des Lebens" erinnern. Darüber hinaus stand die Flamme für das aufsteigende Leben als Symbol der "ewigen Wiedergeburt". Doch nicht das Leben wurde gefeiert, sondern sein eigentlicher Zweck, seine Bestimmung zum Kampf und Tod. Totenehrung und Todesverklärung standen immer wieder im Zentrum der politischen Liturgie, wie die Vorlieben für nächtliche Kulissen. Immer wieder wurde durch den Vollzug der kultischen Feier Hitler als todesüberwindender Heros, als Erlöser erklärt, etwa durch den Einsatz von Feuer und Licht. Im Feiervollzug partizipierte dann die Gefolgschaft an der Erlösertätigkeit des Führers.

Die Apotheose des Führers zum Helden des Mythos, der mit seinen Taten und Bauten in die Ewigkeit wirkt, ist der integrative Bezugspunkt der gesamten Veranstaltung. Die Inszenierung des Führer-Mythos vereinte die unterschiedlichen Rituale und stiftete das Charisma Hitlers als übernatürliche und nicht alltägliche Integrations- und Legitimationskraft des nationalsozialistischen Regimes. Die Identifikation von Führung und Gefolgschaft als propagandistischer Kern plebiszitärer Herrschaft fand im Parteitagszeremoniell ihren symbolischen Ausdruck. Es ist kein Zufall, daß Hitler gerade in Nürnberg seinen charismatischen Herrschaftsanspruch geradezu klassisch formulierte: "Das ist das Wunder unserer Zeit, daß Ihr mich gefunden habt unter so vielen Millionen. Und daß ich Euch gefunden habe, das ist Deutschlands Glück."[15]

Die Magie des Parteitagskults wurde zum Instrument der Manipulation. Dekoration und Ritus verstellten die Wirklichkeit, sie konstruierten gewissermaßen eine zweite Realität, die von der politischen und sozialen Wirklichkeit ablenkte. Die abschirmende Bedeutung von "Lichtdom", Fahnenwald und Dunkelheit verdeutlichte schlagartig der Bericht Speers, er habe die nächtliche Inszenierung des Aufmarsches der Politischen Leiter unter dem "Lichtdom" zunächst deswegen erfunden, um die Korpulenz der mittlerweile in ihren Pfründen fett gewordenen Amtsleiter und -walter zu verhüllen.[16]

Ausschaltung der kritischen Vernunft

Nichts war in dieser Inszenierung dem Zufall überlassen, jedes Stilmittel, die Ausschmückung der Stadt, vor allem mit Fahnen, war in Zahl, Größe und Anbringung festgelegt; städtebauliche Mängel und Lücken in der alten Stadtumwehrung sollten durch Kulissen verdeckt werden. Auch das Irrationale konnte nicht mehr ohne einen immer perfekteren bürokratischen und technischen Apparat auskommen. Die Männer, die den Kult zelebrierten, waren zugleich kühle Techniker und Regisseure, Söhne des rationalistischen Zeitalters. Es war vielleicht gerade diese Verbindung von Irrationalität und

Luitpoldhain

technischer Rationalität, von atavistischer Ideologie bzw. mystischem Zeremoniell mit der Moderne, die dazu beitrug, die kritische Vernunft auszuschalten.

Es wäre eine nachträgliche Selbsttäuschung, wollte man die propagandistische Wirkung dieser Masseninszenierung herunterspielen. Die Faszination, die von der aufwendigen und raffinierten Inszenierung von Macht, Ordnung und Feierlichkeit, von der Regie der Masse und des Lichtes wie der Magie von Geometrie und Monumentalität ausging, ist vielfach überliefert. Filme zeigen die Euphorie der Menschen, aber auch ausländische, unabhängigere Beobachter und Diplomaten beschreiben die "Atmosphäre der allgemeinen Begeisterung".

Kein Wunder, daß ausländische Faschisten, wie die französischen Schriftsteller Brasillach und Drieu la Rochelle, die verschiedentlich nach Nürnberg pilgerten, von der Monumentalität schwärmten und meinten, hier den neuen Menschen, den homme hitlerien, gesehen zu haben.

Pathos des Kultes, Parteitags-Alltag

Daß trotz der perfekten Regie in Nürnberg Anspruch und Wirklichkeit, Pathos des politischen Kultes und Parteitags-Alltag auseinanderklafften, ist vielfach bezeugt. Nicht nur, daß die Politischen Leiter so mancher Gauabteilung durch ihr Auftreten während der Bahnfahrt und in Nürnberg selbst alles andere als eine politische Elite darstellten, kommt in verschiedenen Stimmungsberichten nationalsozialistischer Orts- und Kreisgruppen ans

Kolonnen - Zeppelinfeld

Licht, sondern auch vom Leerlauf der acht Tage ist die Rede, der zum exzessiven Alkoholgenuß, zu Randaliereien und einem unglaublichen Vandalismus in den Massenquartieren führte.[17] Mangelnde Marschdisziplin und Egoismus mußten sich etwa die Politischen Leiter des Gaues Weser-Ems vorhalten lassen. Der Fackelmarsch vor dem Führer, "für den Politischen Leiter Belohnung für mühsame Jahresarbeit",[18] geriet zum Fakkellauf, als der Gau unter dem spöttischen Gelächter der Zuschauer im Dauerlauf eine große Lücke in der Marschordnung zu schließen suchte. Der Führer habe dann, welch eine Schande für den Gau, zwar noch die Gau-Standarte gegrüßt, dann aber seinen Blick abgewandt. Ein Hinweis darauf, wie schmal der Grat zwischen Pathos und Lächerlichkeit sein kann.

Doch Bühnendekoration und Nähe zum Heros überlagerten die negativen Eindrücke. Der Aufmarsch der Politischen Leiter unter dem "Lichtdom", heißt es in einem Bericht aus Bremen, "war ein Gottesdienst im wahrsten Sinne des Wortes".[19] In einem anderen Bericht wird die Wirkung des Hitler-Kultes bezeugt: "Nicht zuletzt war es für jedermann das herrlichste Erlebnis, dem Führer wieder mal aus der nächsten Nähe in die Augen schauen zu können. Dieses Erlebnis bedeutete Kraftansporn für die Mitarbeit in der Bewegung."[20] Auch in diesem Falle lenkte der Führer-Mythos, der inszenatorisch-propagandistische Kern des Parteitages wie das wichtigste Mittel der Herrschaftsstabilisierung des Dritten Reiches überhaupt, von der politischen Realität in der Partei ebenso ab wie im Alltag von den sozialen und materiellen Mißständen. Die Bühnen- und Traumwelt dieses kultischen Theaters sollte das Bewußtsein manipulieren und eine zweite Realität schaffen, die zwar die äußere Welt nicht verändern, ihr aber entgegenwirken und sie kontrollieren konnte.

Das Endziel: Krieg

Die Manipulation, die sich hinter dem politischen Kult verbarg und sich der Faszination der Gefolgschaft bediente, galt dem Ziel, die Wertmuster der neuen Herrschaft in die Volksgemeinschaft durch eine emotionale Überwältigung einzupflanzen. Zur Dramaturgie des Parteitages von 1935 gehörte dann auch die Verkündung der "Nürnberger Gesetze", mit der sich der nationalsozialistische Vernichtungswille - umgeben von der Pracht- und Machtentfaltung des Regimes - durchsetzen und eine wichtige Etappe auf dem Weg zur Entrechtung und Verfolgung der Juden hinter sich bringen konnte. Der Wille zu Gewalt und Krieg stand hinter dem Kult. Nicht von ungefähr wurden bei allen Ritualen Werte wie Gehorsam, Opferbereitschaft, Heldentod und Kampf gefeiert, wurden Todesvisionen beschworen.

Zwei Tage vor Eröffnung wurde der "Parteitag des Friedens" Ende August 1939 abgesagt. Aus dem heroischen Stil der Bühnen-Welt war tödlicher Ernst geworden. Auch während der Vorbereitungen zum Rußland-Feldzug im Frühsommer 1941 ließ Hitler sich nicht von weiteren monumentalen Bauprojekten abhalten. Speers Vorschlag, während des Vormarsches in Rußland alle nicht unbedingt kriegswichtigen Bauten stillzulegen, lehnte Hitler ab und bestand auf der Verwirklichung seiner steinernen Utopie, den Parteibauten in Nürnberg wie den Projekten für die Welthauptstadt Germania. 1942 wurden die Großbauten in Nürnberg jedoch stillgelegt bis zur "Friedenszeit". Die großen Turmdrehkräne wurden zum Bau der IG-Farben-Werke in Auschwitz gebraucht.[21] Spätestens seit dem Krieg zeigte sich das Doppelgesicht des Regimes unverhüllt, das aus Verführung und Gewalt bestand.

Vgl. Hans-Ulrich Thamer: "Faszination und Manipulation: Die Nürnberger Reichsparteitage der NSDAP", in: Uwe Schultz (Hg.): Das Fest, München 1988.

Anmerkungen:

* Vortrag vom 8. Juli 1988 anläßlich des Symposions "Das Erbe - vom Umgang mit NS-Architektur" in Nürnberg (gekürzt).
1. Vgl. dazu Joachim C. Fest: Hitler. Eine Biographie, Frankfurt/Berlin/Wien 1973, S. 698 ff.
2. George L. Mosse: Die Nationalisierung der Massen. Politische Symbolik und Massenbewegungen in Deutschland von den Napoleonischen Kriegen bis zum Dritten Reich, Frankfurt a. M./Berlin 1976, S. 14.
3. Ebd., S. 32.
4. Albert Speer spricht über Architektur und Dramaturgie der nationalsozialistischen Selbstdarstellung. Manuskript V/1528, Institut für den wissenschaftlichen Film, Göttingen; zit. nach G. Mosse (s. Anm. 2), S. 232.

5. Albert Speer: Spandauer Tagebücher, Frankfurt/Berlin/Wien 1975, S. 403.
6. Ebd.
7. Vgl. dazu Klaus Vondung: Magie und Manipulation. Ideologischer Kult und politische Religion des Nationalsozialismus, Göttingen 1971, S. 113 ff.
8. Vgl. dazu Karl Friedrich Reimers: Der Reichsparteitag als Instrument totaler Propaganda, in: Zeitschrift für Volkskunde 1979, S. 222 f.; vgl. auch Vondung (s. Anm. 7), S. 193 ff.
9. Zit. nach M. Domarus (Hg.): Hitler. Reden und Proklamationen 1932-1945, 4 Bde., München 1965, Bd. I, 2, S. 778.
10. Ebd., S. 719.
11. Hitlers "Kulturrede" auf dem Reichsparteitag 1937, in: Der Parteitag der Arbeit vom 6. bis 13. September 1937. Offizieller Bericht. München 1938, S. 53 f.
12. Zit. nach J. Thies: Architekt der Weltherrschaft. Die Endziele Hitlers, Düsseldorf 1976, S. 79.
13. Zit. nach Domarus (s. Anm. 9), S. 719.
14. Zit. nach Anna Teut: Architektur im Dritten Reich 1933-1945, Berlin/Frankfurt a. M. 1967, S. 192.
15. Zit. nach Domarus (s. Anm. 9), S. 643.
16. Vgl. Albert Speer: Erinnerungen, Frankfurt a. M. /Berlin 1969, S. 71.
17. Vgl. Josef Henke: Die Reichsparteitage der NSDAP in Nürnberg 1933-1938. - Planung, Organisation, Propaganda, in: Boberach/Booms (Hg.): Aus der Arbeit des Bundesarchivs, Boppard 1977, S. 421.
18. Staatsarchiv Bremen, N I/74, Erfahrungsberichte vom Reichsparteitag 1937.
19. Ebd.
20. Ebd.
21. Stadtarchiv Nürnberg, Rep. C 32/951.

Marlene Müller-Rytlewski

Alltagsmühsal und Parteitagsherrlichkeit
Aus Erlebnisberichten der „Alten Garde"

Am 1. März 1929 verfaßte Adolf Hitler folgenden Aufruf:
"Sehr geehrter Parteigenosse!
5 Jahre nach Kriegsbeginn inmitten der Wirren des Jahres 1919 wurde die nationalsozialistische Bewegung gegründet. Sie soll dereinst erfüllen, wofür die deutschen Millionen-Heere auf den Schlachtfeldern Europas zu Lande, auf dem Wasser und in der Luft stritten und kämpften, 4 Millionen an Verwundeten und 2 Millionen an Toten verloren. Seitdem sind 10 Jahre vergangen, Jahre einer beispiellosen Arbeit unserer jungen Bewegung und aber auch einer beispiellosen Entwicklung. Im ununterbrochenen Kampfe gegen fast alle Kräfte des öffentlichen Lebens, angefangen von der Kapitalsdemokratie, über die Presse, die öffentliche Meinung, die politischen Parteien, bis zu den Gewalten des Staates, wuchs die Sieben-Mann-Gruppe von damals zur heutigen Millionen-Partei empor. Ungezählt sind die Opfer, die diese Entwicklung erforderte. Unmeßbar sind die Mühen und Sorgen zahlreicher Redner, SA- und SS-Männer. Zahlreiche Kämpfer büßten ihre Liebe zu unserem Volke mit Gefängnis, viele besiegelten ihre Treue zur Bewegung mit ihrem Blute. Vom unbekannten SA-Mann bis zum bekannten Führer hat die Bewegung Tote zu beklagen, die der von einer gewissenlosen jüdischen Presse ausgehenden Mordhetze zum Opfer gefallen sind. (...) Die Größe einer Arbeit vermag die Menschheit zu allen Zeiten nur am Ergebnis anzuerkennen. Ich halte es deshalb für notwendig, daß die junge Partei, wenn möglich alljährlich einmal nicht nur der Umwelt, sondern auch ihren eigenen Angehörigen zeigt, was in den verflossenen Monaten geleistet wurde und was aus dieser Leistung entstand. Die Parteitage der nationalsozialistischen Bewegung sind deshalb keine Einrichtungen zu unfruchtbaren Diskussionen - wie bei anderen Parteien -, sondern allen verständliche Kundgebungen des Wollens und der Kraft dieser Idee und ihrer Organisation. (...) Der Parteitag 1929 der Nationalsozialistischen Deutschen Arbeiterpartei wird nicht nur die größte Kundgebung der Bewegung, sondern die größte Demonstration des politische-nationalen Deutschlands überhaupt. Ungeheuer werden die Massen der Teilnehmer sein!
Ungeheuer sind die schon jetzt zu leistenden Vorarbeiten. Ungeheuer sind aber auch die dafür erforderlichen Mittel! Ich richte deshalb meinen Appell an die einzelnen Mitglieder unseres nationalsozialistischen deutschen Arbeitervereins und fordere sie auf, von sich aus für die Durchführung dieser Riesenkundgebung unserer Partei und Ehrenfeier unseres Volkes das höchste beizutragen. Es muß der verbissene Stolz jedes einzelnen Vereinsmitgliedes und Parteigenossen sein, dafür zu sorgen, daß es jedem SA-Mann möglich gemacht wird, nach Nürnberg zu fahren! (...) Wer dann am 1. - 4. August selbst in Nürnberg ist, der wird in vielen Zehntausenden von glanzerfüllten Augen einen Dank für seinen Beitrag sehen, der ihn beglückt.(...) Alle die Opfer aber, verehrter Parteigenosse, die Sie heute bringen, sie sind ja überhaupt nichts, gemessen an den Opfern, die das alte Heer in seinen Millionen Soldaten brachte, die wir feiern wollen. Und sie sind nichts, verglichen mit jenen Opfern, die das junge Deutschland, das zu Nürnberg an Ihnen vorbei marschieren wird, einst zu bringen hat, damit die Dawesschande des Tributstaates erlischt und ein neues Reich von nationaler Ehre und sozialem Glück entsteht." [1]

In der Tat gestalteten sich die Nürnberger Reichsparteitage in den Jahren der Weimarer Republik, dem Willen des "Führers" entsprechend und getragen auch von den Opfern der Parteigenossen, zu gigantischen Schauspielen.

Was waren die Ursachen dafür?

Übereinstimmung herrscht in der Nationalsozialismus-Forschung darüber, daß das, was seitens der NSDAP aktiv zu ihrem Aufstieg beigesteuert wurde, ihre Leistungen auf dem Gebiet der Propaganda waren. Die Reduzierung oder auch Konzentrierung darauf führte dazu, mit gutem Grund für die NSDAP in den Jahren vor der Machtübernahme die Kennzeichnung "Propagandabewegung" einzuführen. Doch die Studien zur nationalsozialistischen Propaganda befassen sich in der Regel mit der Zeit ab 1933. Sie neigen zur Betonung des Terrors, den die Partei ausübte, zuungunsten des Ausmaßes an freiwilliger Zustimmung großer Bevölkerungsteile zur nationalsozialistischen Präsentation von Politik. Werden die Befunde dieser Untersuchungen auch für die Aufstiegsphase der NSDAP geltend gemacht, dann entfällt häufig die Berücksichtigung der Tatsache, daß die NSDAP sich zu einem Zeitpunkt, zu dem sie zur Durchsetzung ihrer politischen Ambitionen über keinerlei Machtpositionen und -instrumente verfügte, vorwiegend anderer Strategien bedienen mußte, um Zustimmung zu erreichen. Die Instrumentarien der Macht greifen dann, wenn sie konkurrenzlos sind, die "emotionale Vergewaltigung" (K. Schmeer) eines Volkes mittels Kult und Ritualen kann dort behauptet werden, wo die Teilnahme an Kulten und Ritualen unter Zwang erfolgt, nicht aber in einem politischen Umfeld und zu einer Zeit, die sich gerade durch eine Vielzahl konkurrierender Parteien und Partizipationsmöglichkeiten am gesellschaftlich-politischen Leben auszeichnet. Für eine Situation wie die der Weimarer Republik gilt: "Der Propagandist kann sich nicht sein Publikum, wohl aber das Publikum seinen Propagandisten wählen."[2]

Bislang hat sich die Forschung im wesentlichen darauf beschränkt, den Blick auf die vermeintliche Irreführung der Wähler durch die NS-Propaganda bzw. auf die Wirkung von Einzelaspekten derselben zu lenken. Hier soll statt dessen ein Beitrag zur Erklärung der Zustimmung versucht werden. Diese Perspektive fand bislang viel zu wenig Beachtung, der sozialpsychologische Resonanzboden, die Mentalität breiter Schichten, die den Aufstieg Hitlers und der NSDAP ermöglichten, ist noch längst nicht aufgedeckt. Der Versuch, zum besseren Verständnis der Gründe nationalsozialistischer Wähler und Anhänger zu kommen, macht die Befassung mit authentischen Zeitzeugnissen notwendig.

Ein Vorgriff: Im September 1936 erging in einem "Aufruf des Stellvertreters des Führers, R. Heß" die Aufforderung an alle Träger des goldenen Ehrenzeichens, also an alle Parteigenossen, deren Mitgliedsnummer unter 100.000 lag, sofort ihre "Kampferlebnisse" während der Weimarer Republik niederzuschreiben und möglichst mit Bildern zu belegen. Ziel war die geplante, allerdings später nie ausgeführte Erstellung eines "Ehrenbuchs der Alten Garde".[3] Erhalten geblieben sind die Kampf- und Erlebnisberichte der Träger des goldenen Ehrenzeichens vor allem aus dem Gau Hessen-Nassau; auf ihnen basieren die folgenden Ausführungen.

Vom damaligen Gauleiter Hessen-Nassau, Pg. Sprenger, mit der Sammlung beauftragt wurde Adalbert Gimbel, ein Postbeamter, der zum "Gausachbearbeiter der Alten Garde" avancierte. Gimbel sammelte nicht nur 839 Berichte, sondern erstellte, auf diesen aufbauend, zwei Buch-Manuskripte. Veröffentlicht wurde 1940: "So kämpften wir. Die Geschichte des Gaues Hessen-Nassau-Süd." Um seinen Auftrag, die Sammlung der Berichte binnen dreier Monate nach dem ersten Aufruf, erfüllen zu können, ließ Gimbel Erhebungsbögen verteilen, mit deren Hilfe die jeweiligen Ortsgruppenleiter eine Auswertung der Aktivitäten der betreffenden Parteigenossen vornehmen sollten, unter Berücksichtigung der Frage, ob der in Frage kommende Parteigenosse "in der Kampfzeit durch seine Zugehörigkeit und Tätigkeit für die NSDAP schwere wirtschaftliche und berufliche Nachteile" hatte.[4] Vorgegebene Fragen an die Verfasser der Berichte existierten jedoch nicht. Aufgrund der mangelnden Vorgaben der Sammlung Gimbel ist es nicht leicht, die Berichte unter festen Fragestellungen zu untersuchen. Nicht nur die schriftstellerische Fertigkeit der Verfasser ist extrem unterschiedlich, auch hinsichtlich Umfang und dessen, worüber Aussagen zu machen waren, liegt keine Einigkeit vor; entsprechend schwer vergleichbar sind die Resultate. Von der in knappen Sätzen ausgedrückten Weigerung zur Erfüllung der Aufforderung bis hin zu umfänglichen Berichten, die Kindheit, Jugend, Kämpfe, Erlebnisse und Gedankengebäude des Verfassers akribisch und genau schildern, liegen alle denkbaren Versionen vor. Hier sollen exemplarisch solche Berichte zu Wort kommen, welche Informationen enthalten darüber, wie Kriegsende und Weimarer Republik erlebt wurde, mit welcher Begründung sich die Autoren der Berichte zur Mitarbeit in der NSDAP entschlossen und welches ihre beeindruckendsten Erlebnisse in der Phase der Weimarer Republik waren. Daß dies fast durchgängig die Nürnberger Reichsparteitage waren, sei hier schon vorweggenommen.

Fragt man nach den Gründen der Wählerzustimmung, die die nationalsozialistische Machtübernahme am 30. Januar 1933 ermöglichten, so impliziert dies die Frage nach der Situation und ihrer Einschätzung, aus der heraus die Zustimmung zur NSDAP gegeben wurde. Wie erlebten die Menschen, von denen 13 Millionen ihre Stimme Hitler gaben, die Weimarer Republik? Wie erlebten sie sie nicht primär in sozio-ökonomischer, sondern vor allem in mentaler Hinsicht?

Das Gros der Berichterstatter sah sich dem Gefühl mangelnder Integration in ein politisches System ausgesetzt, welches aufgrund seiner Ausgangslage ungeeignet war, die Schmach der jüngsten Vergangenheit, des verlorenen Krieges und damit des verlorenen Nationalstolzes, zu beseitigen, den Kriegsopfern einen Sinn zu geben und die Gegenwart so zu gestalten, daß die aus ihren Denk- und Lebensgewohnheiten geworfenen Menschen Orientierung und befriedigende Handlungsmöglichkeiten erlangten.

Ihre Situation läßt sich wie folgt begreifen:

"Die besten Truppen, die beste Kampfmoral, die beste Organisation - und immer nur Niederlagen. Das mußte einschneidende Bedeutung für das deutsche Selbstverständnis haben. Wenn es keinen anthropologisch begründbaren Nationalcharakter gibt, so doch einen, der aus vernarbten geschichtlichen Erfahrungen besteht."[5]

Das Unverständnis über den Ausgang des Krieges und das Unvermögen, sich in die Weimarer Republik zu integrieren, faßt ein "alter Kämpfer" in die Worte:

"Ich konnte nicht glauben, daß all die Opfer umsonst sein sollten, die das deutsche Volk in dem heldenhaften Ringen gebracht hatte. Bei all dem Suchen der vielen Parteien, die jetzt wie Pilze aus der Erde wuchsen, konnte ich das nicht finden, zu dem mein Hirn und Herz sich hinsehnte." [6]

Ähnliche Empfindungen und Erfahrungen beschreiben auch die folgenden drei Berichte:

"Als wir deutschen Truppen im November 1918 das deutsche Elsass verließen und über die Rheinbrücke bei Lörrach zogen, gefolgt von den nachrückenden Franzosen, brach auch für mich eine Welt zusammen. Müde, resigniert, abhold jeder politischen Betätigung kehrte ich zu dem unterbrochenen Studium zurück. Verweht war die Begeisterung von einst, denn das neue Deutschland hatte mir nichts zu sagen. Not und Elend, Wehr- und Ehrlosigkeit, wohin man blickte; vor den Toren Darmstadts eine fremde, übermütige Soldadeska (sic). Schieber und Wucherer tonangebend, Juden in hohen und höchsten Stellen. Durch diese Einstellung gegen den Staat der Novemberverbrecher konnte ich mich nicht entschließen, mich einer der bestehenden Parteien anzuschließen. Der tägliche Kleinkram um Tagesfragen dieser neugebildeten Parteien, alle auf dem Boden der gegebenen Tatsachen stehend und vor den neuen Machthabern in Ehrfurcht erstarrend, war mir zuwider." [7]

"Der Weltkrieg war zu Ende. Vier Jahre habe ich als Landwehrinfanterist für mein Vaterland an der Westfront gekämpft und die Heimat beschützt. Beförderung und Auszeichnung wurden mir zuteil. Gesund an Körper und Geist ohne Ansteckung des roten Giftes kehrte ich heim. Aber was fand ich vor? Ein armes, ausgeblutetes Deutschland, zerrissen und zersplittert. (...) Die ehemaligen Feinde wurden immer frecher und rücksichtsloser, besetzten deutsches Land und beuteten uns noch mehr aus." [8]

"Nach meiner aktiven Dienstzeit bei der II. Torpedodivision und nach vier Jahren Kriegsdienst bei der Seefliegerabteilung kehrte ich im Jahre 1918 in meine Heimat, nach Frankfurt a. M. - Seckbach zurück. Ich fand alle ideellen Werte umgeschichtet und kannte meine Heimat nicht wieder (...) So stand ich wie viele der treu deutschen Kameraden im Reiche allein, ohne mich noch in der Heimat zurechtfinden zu können. Die Vielheit der neu aufkommenden Parteien steigerte dieses Empfinden ins Unerträgliche." [9]

Die Beschreibungen vom Kriegsende und dem Beginn der Republik werden deutlich konturiert durch zwei Momente. Das ist zum einen die Frage nach dem Sinn der Opfer im verlorenen Krieg. Hier gelang es der NSDAP, das politische Vakuum mit dem gelungenen Versuch zu besetzen, aus den Toten, Verwundeten und allen Beteiligten am verlorenen Krieg Helden zu machen, denen die Nation unendlichen Dank schuldete. Die Tat, der kämpferische Einsatz an sich wurde, losgelöst von Anlaß und Ergebnis, zur Heldentat, der in gebührender Form Ausdruck zu verleihen war. Ihm gesellte sich zu das Erleben der Republik als "Chaos", "Wirrwarr der Parteien und Anschauungen", "Wirrnis der Zeit", "Meinungswirrwarr", "Zerfall", "Umschichtung aller ideellen Werte", "Desorientierung durch Parteienvielzahl" und ähnliches mehr. Wir erhalten so Aufschluß über die Unfähigkeit oder auch Unwilligkeit der Verfasser, sich mit komplexen politischen und wirtschaftlichen Sachverhalten, wie sie einer Demokratie eigen sind, zu befassen. Diese mangelnde Bereitschaft drückt sich in nahezu allen Berichten aus und muß als massiver Hinweis auf die generelle Verunsicherung der Berichterstatter bezüglich ihrer Lebenssituation verstanden werden. Es wird deutlich, daß ein Großteil der Verfasser unfähig ist, sich in befriedigender Weise mit der Weimarer Republik auseinanderzusetzen oder auch nur zu arrangieren. Wir wissen und müssen zur Kenntnis nehmen, daß in einer von großen Bevölkerungsteilen als defizitär empfundenen politisch-ökonomisch-kulturellen Realität es die NSDAP war, die der Desorientiertheit, einem Grundgefühl in der Weimarer Republik, eine Sinngebung, eine "nationale Disziplin" gegenüberstellte.

Von Anbeginn an waren die kämpferischen Aktionen der NSDAP samt und sonders Propagandaaktivitäten, Selbstdarstellung und Werbung in der Öffentlichkeit. Die Aktionen setzten der mangelhaften Integration in das System der Weimarer Republik etwas entgegen; sie hoben Verunsicherung und Desorientiertheit auf; sie verliehen Handlungsmöglichkeiten, ein entscheidendes Moment für Menschen, die sich aufgrund weltanschaulicher Orientierungslosigkeit zur passiven Hinnahme ihnen nicht einmal verständlicher politisch-sozialer Gegebenheiten verurteilt sahen. Ihre Situation, Unverständnis für die eigene Lage, Unfähigkeit, ihren Platz im sozialen Gefüge erkennen und einnehmen zu können, Unwilligkeit, auf eine begreifbare und ihnen akzeptabel erscheinende Zukunftsperspektive verzichten zu sollen, sich den Anforderungen einer Demokratie stellen zu müssen, deren Sachlichkeit wenig Gelegenheit zur Befriedigung nationaler Repräsentationsbedürfnisse bot, machte die Suche nach einer alternativen Integrationsmöglichkeit notwendig, in Berücksichtigung der Tatsache, "... daß Menschen zumindest ab einer bestimmten Vergesellschaftungsstufe das Bedürfnis haben, die eigene Situation als öffentlich anerkannte darzustellen. Sie haben das Bedürfnis, sich selbst mit ihren eigenen Perspektiven dargestellt zu finden in einer Form von Öffentlichkeit, in der sie sich selbst wiedererkennen."[10]

Und weiter: "Vergegenwärtigt man sich die Öffentlichkeitsangebote in der Weimarer Republik, dann zeigt sich eine signifikante Lücke (...). Diese Lücke zwischen einer elitären bürgerlichen Öffentlichkeit und einer noch nicht wirklich durchgesetzten Massenkultur andererseits stellt eine *zentrale* Voraussetzung für die Entstehung des Faschismus als Massenbewegung dar."[11] Der mangelnden mentalen Bedürfnisbefriedigung in der Weimarer Republik, deren Repräsentanten durch den weitgehenden Verzicht auf eine ausgeprägte nationale Symbolik einem Großteil der Bevölkerung weder ausreichende Identitätsstabilität noch Integrationsmöglichkeiten bot, steht gegenüber die Propaganda der NSDAP mit ihrem Aktionswillen, ihren rituralähnlichen Inszenierungen, ihren Perspektiven, ihren Angeboten zu Identität und Integration.

Gleichermaßen alle Berichterstatter bringen das Bedürfnis nach öffentlicher Darstellung ihrer Situation zum Ausdruck; den meisten Raum wie auch die größte Begeisterung nehmen in den Berichten die Schilderungen öffentlicher Demonstrationen ein. Die Herstellung von Öffentlichkeit beginnt schon dort, wo das öffentliche Tragen der Hakenkreuzanstecknadel als Ehrensache angesehen wird und wo sich um die Symbole der NSDAP, allen voran die Fahne, Kämpfe abspielen, deren Ernsthaftigkeit nachzuvollziehen dem heutigen Leser ein gehöriges Maß an Phantasie abverlangt:

"Nun erfolgte das Verbot der SA durch die Brüningregierung. Es wurde alles beschlagnahmt, unter anderem sah sich die Polizei auch verpflichtet, meine Fahne, welche seit 1929 Tag und Nacht vor meinem Lokal wehte, zu beschlagnahmen. Ich war in dieser Zeit nicht zu Hause, besuchte das Grab meines Sohnes, als ich zurückkam, wurde mir unterwegs schon mitgeteilt, daß die Polizei meine Fahne heruntergeholt hätte. Ich war empört und eilte nach Hause. Im Seltersweg begegnete ich 6 Polizisten, welche meine Fahne trugen. Mit dem Hitlergruß trat ich ihnen entgegen und rief, Ihr habt meine Fahne gestohlen, dazu habt Ihr kein Recht, denn es ist mein Privateigentum, auch andere Schmeicheleien sagte ich, sie ließen mich aber ungehindert gehen. In meiner Aufregung rief ich den ganzen Weg bis zu meinem Hause so laut ich konnte Heil Hitler. Kurze Zeit darauf erschienen 2 Kriminalbeamte und verlangten von mir, ich sollte die 2 Hakenkreuzfahnen, welche von der Decke im Innern des Lokals hingen, herunterholen. Ich sagte, ich bin doch nicht Ihr Hausknecht, wenn Sie die Fahnen runterhaben wollen, so holen Sie sie selbst runter. Der Kriminalbeamte sagte, Herr Soldan, in 10 Minuten sind wir wieder da, dann sind die Fahnen runter, ich antwortete, kommt so oft ihr wollt, mein Standpunkt bleibt derselbe. Nach kurzer Zeit kamen sie wieder mit den Worten, Herr Soldan, die Fahnen sind noch nicht runter, ich erwiderte, die Fahnen sind mein Eigentum und in meinem Haus bin ich Herr, wer es aber wagt, mein Eigentum widerrechtlich zu nehmen, den schieße ich über den Haufen. Die Kriminalbeamten lachten und gingen ihrer Wege, die Fahnen blieben hängen. In aller Eile wurde eine große schwarz-weiß-rote Fahne mit einem riesigen Hakenkreuz zurechtgebracht und am selben Tage noch außerhalb des Lokals angebracht, auch diese wurde noch am selben Abend von der Polizei geholt. Über Nacht wurde eine große weiße Fahne mit der schwarzen Wolfsangel und roter Inschrift "Treffpunkt der Nazi". (sic) Andern Morgens prangte diese Fahne an meinem Lokal. Auch die sollte entfernt werden, ich widersetzte mich aber ganz energisch mit der Begründung, daß es mir als freiem Gewerbetreibenden erlaubt sei, Reklametafeln anzubringen und hatte Erfolg damit. Gleichzeitig hatte ich bei der Polizeidirektion Gießen ganz energisch Protest eingereicht wegen Beschlagnahme meines Privateigentums. Nach einigen Tagen wurde ich von der Polizei benachrichtigt, meine Fahnen wieder abzuholen, ich lehnte es mit der Begründung ab, ich hätte die Fahnen nicht zur Polizei gebracht, folgedessen verlange ich sie wieder dorthin gebracht, wo sie geholt worden sind. Sie wurden wieder gebracht. Nun wurde in aller Eile die Vorbereitung zur Hissung der wieder freigegebenen Fahne getroffen. Die ganze SA trat an und unter dem brausenden Horst Wessellied ging unsere Fahne wieder hoch."[12]

In einem anderen Bericht heißt es:

"In dem von mir bewohnten Haus wohnten 4 jüdische Familien und als ich anläßlich des Reichsparteitages 1929 als Einziger in der ganzen Umgebung eine selbstangefertigte Hakenkreuzfahne aus dem Fenster hing, zog ich mir natürlich den Haß der ganzen Nachbarschaft zu."[13]

Neben der Fahne kommt gesteigerte Bedeutung vor allem der Uniform zu, augenfälliges Merkmal vollzogener Integration in eine Gemeinschaft geschätzter militärischer Abstammung, Gegenbeweis zur fehlenden Identität und Orientierungslosigkeit:

"Am 31. Dezember 1927 bekam ich mein Braunhemd mit Mütze, ein Ereignis, das mir immer im Gedächtnis haften wird, denn es gehörte schon etwas dazu, als erster seines Ortes mit der Uniform der verlästerten und verspotteten Hitlerbewegung durch den ganzen Ort zu marschieren..."[14]

"Den Augenblick werde ich nie vergessen, als ich mich zum ersten Mal im Braunhemd vor die Öffentlichkeit wagte, um die Bewegung zu demonstrieren und zu schützen."[15]

Das Bedürfnis nach Herstellung von Öffentlichkeit, wie es in den Berichten immer wieder zum Ausdruck kommt, fand seine perfekte Entsprechung in den "Richtlinien zur Ausbildung der SA", die Hitler am 1. 11. 1926 Hauptmann v. Pfeffer darlegte:

"Was wir brauchen, sind nicht hundert oder zweihundert verwegene Verschwörer, sondern hunderttausend und aber hunderttausend fanatische Kämpfer für unsere Weltanschauung. Nicht in geheimen Konventikeln soll gearbeitet werden, sondern in gewaltigen Massenaufzügen, und nicht durch Dolch und Griff oder Pistolen kann der Bewegung die Bahn freigemacht werden, sondern durch Eroberung der Straße. Wir haben dem Marxismus beizubringen, daß der künftige Herr der Straße der Nationalsozialismus ist, genauso wie er einst der Herr des Staates sein wird."[16]

"Braunhemden"

"Deutsche Frauen und Mädchen"

Es mag sein, daß die kämpferische Attitüde der Partei, die - wie wir gleich sehen werden - auch von ihren aktiven Mitgliedern stark betont wird, nicht unbedingt von Wählern und Anhängern geteilt wurde. Sicherlich aber fand großen Anklang ihre Form in der öffentlichen Darstellung. Eberhard Knödler-Bunte vermutet einen starken Einfluß der SA auf Teile des Mittelstandes, die in der Zerstörung der bürgerlichen Öffentlichkeit, von der sie ohnehin ausgeschlossen waren, eine Nivellierung von Klassenprivilegien sahen.[17] Auch Wolfgang Mommsen verweist auf den "Umstand, daß die Anwendung von Gewalt, namentlich in instabilen, ungesicherten Gesellschaften, starke Wirkung auf die öffentliche Meinung haben kann. Nicht selten zeigt sich diese beeindruckt davon, daß die betreffende Gruppe bzw. Bewegung nicht bloß 'redet', sondern Ernst machte."[18]

In den Erlebnisberichten dient die exzessive Beschreibung der Kampfhandlungen mehreren Zielen. Nicht nur löst die Teilnahme an den Kämpfen den Beteiligten aus der politischen Desorientiertheit, gibt ihm Handlungsmöglichkeiten und das Gefühl, einer Gemeinschaft anzugehören - Wiederaufnahme der "Kameradschaft" im Krieg, Vorwegnahme der angestrebten Volksgemeinschaft - vor allem aber ist sein Leben wie auch die Idee, für die er kämpft, dadurch in seinen Augen moralisch legitimiert, daß er sich und seine Aktionen als Opfer empfindet: Die Kampfzeit wird wahrgenommen als "... eine endlose Kette von Leiden, Opfern und trotzigen Behauptungen gegen alle Widersacher der nationalsozialistischen Weltanschauung..."[19]

Und ein anderer "alter Kämpfer" steigert sich sogar in die Vorstellung hinein, er

"fühle, daß es etwas Herrliches sein muß, für die Idee zu kämpfen und wenn es sein sollte, mein Leben dafür einzusetzen."[20]

Der Weg zur verheißenen Volksgemeinschaft führt in der Darstellung der "alten Kämpfer" durch einen Alltag in der Republik, der gekennzeichnet ist von Mühsal, Kampf, Leiden und Opfern.

"Eine lange Zeit unermüdlicher, nervenzerrüttender Arbeit und hartnäckigsten, fanatischsten Kampfes begann für meine Kameraden und mich. Ein Familienleben gab es überhaupt nicht mehr. Alles was mit bürgerlichen Vereinen zusammen hing, warf ich von mir, nur noch Kampf für den Führer und der Beruf waren mein Lebensinhalt geworden. Von bisherigen "Freunden" verhöhnt, verlacht und verachtet, von den allernächsten Verwandten ebenfalls als geistig nicht normal betrachtet und verstoßen, das waren die ersten Folgen. (...) In der Ortsgruppe begann die Zusammenschweißung der wenigen Getreuen. Jeder mußte werben und überzeugen, um jeden Einzelnen haben wir gerungen mit glühendem fanatischem Eifer. (...) Tagsüber befand ich mich im rotesten Betrieb in Mannheim als Werkstattkalkulator. Acht Jahre lang vor dem Umsturz habe ich hier bei ca. 1000 Mann Belegschaft das Parteiabzeichen offen getragen und niemals einen Hehl aus meiner Gesinnung gemacht. Unsäglich viel mußte ich damals durchmachen. Von den politisch anders eingestellten gehaßt, von den Intelligenten verlacht und verspottet, dann ver-

achtet von allen, später gefürchtet, bekämpft, verleumdet, denunziert, bei einer Wahl oft viele Gegner gleichzeitig mir gegenüberstehend und mit Kosenamen um sich werfend, es war manches Mal schlimmer als eine Hölle. Acht Jahre lang bis zum Umsturz habe ich mich gewehrt wie ein Löwe, stets bedacht, meine Arbeit ohne Klage zu erledigen, verhöhnt und betrogen, alles das konnte mich nicht von dem unbändigen Glauben an den Führer und den Endsieg abbringen."[21]

Formen öffentlichen Auftretens waren Umzüge aller Art, Propagandamärsche mit oder ohne Musik, Fackelzüge, auch Ausflüge, weiter Kundgebungen und Versammlungen. Besonderer Beliebtheit erfreuten sich Feiern, so Sommersonnwendfeiern oder Weihnachtsfeiern, auch von "alten Kämpfern" voller Sentiment als "Weihestunde" empfunden und geschätzt. Die Teilnahme an ihnen galt vielen als besonderes Erlebnis während der Kampfzeit, verblaßt aber neben den euphorischen Schilderungen der Reichsparteitage, deren Höhepunkte die Reden Hitlers oder - in besonders glücklichen Fällen - ein als "persönliche Begegnung mit dem Führer" inszeniertes Treffen war.

Zwar beherrschen auch andere politische Parteien und Gruppierungen die Inszenierung öffentlicher Veranstaltungen, besaßen auch sie die Fähigkeit, öffentliche Feste zu feiern und Versammlungen zu inszenieren, doch waren die Unterschiede wesentlich. So fand die Sozialdemokratie, die die politische Verantwortung für eine von vielen als unzulänglich empfundene Gegenwart mittrug, deren politische Form Diskussion und Kompromiß sein mußte, keinen Anlaß, nationalen Traditionen und Kulten den Boden zu bereiten und so ihren eigenen politischen Notwendigkeiten entgegenzuarbeiten. Die Feste von Reichsbanner und Eiserner Front unter gelegentlicher Beteiligung von Arbeitersportvereinen trugen Kompromißcharakter; sie begannen mit ministeriellen Reden und endeten in Bierzelten bei Blasmusik. Diese Kombination konnte schwerlich der Verbreitung von nationalen Empfindungen und der Befriedigung des Bedürfnisses nach nationalem Pathos dienen.

Um wieviel anspruchsvoller mußten da die Reichsparteitage der NSDAP empfunden werden, deren Abhaltung zwei Bedürfnissen entgegen kam, nämlich dem nach Herstellung von Öffentlichkeit einerseits und zugleich dem nach nationalem Pathos, darin eingebettet die Stilisierung der Kriegsverlierer zu Helden und ein Führerkult, der so gigantisch war, daß auch noch genug Licht vom Führer auf die ihn geradezu fanatisch Verehrenden abfiel. Nicht nur feierten die Pg. ihren Führer, auch er seinerseits bediente sie mit einem genügenden Maß an öffentlich abverlangter Bewunderung:

"Aufruf an alle deutschen Frauen und Mädchen! Zum Reichsparteitag in Nürnberg. Parteigenossinnen! Nationalsozialistinnen! Deutsche Frauen und Mädchen! Samstag und Sonntag, den 20./21. August, findet in Nürnberg die größte politische Freiheitskundgebung des jungen Deutschland statt. Die nationalsozialistische Bewegung als Prägerin und Verkünderin der völkischen Idee ruft ihre Anhänger in Deutschlands alte herrliche Reichsstadt an der Pegnitz. Viele Zehntausende werden Folge leisten. Aus Nord und Süd, aus den Großstädten unseres Vaterlandes und den Dörfern der weiten Ebene, den Gruben des Ruhrgebiets und den Tälern unserer Alpen strömen sie herbei, um den heiligen Glauben an die notwendige Wiederauferstehung unseres Volkes und seiner Freiheit zu bekunden und den Willen zu bekräftigen, dafür alles, wenn nötig, selbst das Letzte, einzusetzen. Zehntausend und aber Zehntausende junger Männer bringen damit schwere persönliche Opfer. Vom Munde spart sich der Bergmann jede Mark ab, die die weite Fahrt nach Nürnberg kostet, nicht weniger der Arbeiter unserer Städte, der kleine Angestellte usw. Deutsche Frauen und deutsche Mädchen! Ihr habt die heilige Pflicht, diese Kämpfer unseres Volkes, die jederzeit bereit sind, für die Freiheit ihr eigenes Blut hinzugeben, so zu begrüßen, wie einst die deutschen Frauen und Mädchen die scheidenden Helden im August 1914 gegrüßt hatten. Keine Frau und kein Mädchen geht nach Nürnberg, ohne denen Blumen mitzubringen, die sich selbst dem Vaterlande geweiht haben! Nationalsozialistinnen! Parteigenossinnen! Grüßt am Sonntag, den 21. August, Eure Männer, Brüder und Söhne mit Blumen und wieder Blumen. Sie haben es verdient. Adolf Hitler."[22]

Wie erlebten die "alten Kämpfer" die Reichsparteitage, die sie für die Alltagsmühen, ihren Dienst an der Bewegung entschädigen mußten?

"Sah am Samstag morgen 9 Uhr den Führer und wollte im ersten Augenblick wieder umkehren, hatte alles gesehen, diesen Mann, ernst und im Ausdruck gewaltig".[23]

"Auf dem Marsch in die Quartiere sah ich zum erstenmal den Führer. Es war der erhebendste Augenblick meines Lebens."[24]

"Reichsparteitag 1929. Mit dem ersten Sonderzug kamen wir vom Gau Halle-Merseburg in Nürnberg an. Zu unserer unbeschreiblichen Freude und Überraschung begrüßte uns der Führer am Ausgang des Bahnhofes. Es war das schönste Erlebnis in der Kampfzeit, als ich dem Führer die Hand drücken und in die Augen sehen durfte, für den ich kämpfte. Ich war so ergriffen, daß es mir (sic) Mühe kostete, die Tränen zurückzuhalten."[25]

"Ich war noch nicht Parteigenosse und fuhr 1927 auf den Reichsparteitag nach Nürnberg. Dort sah ich aus nächster Nähe erstmals den Führer und war von diesem Augenblick ihm und seiner Idee restlos verfallen."[26]

"Alles verblaßt, Anpöbeleien, Boykottierung seiner Geschäfte, Saalschlachten, die willkürlichen Haussuchungen der Polizei und alle Schlägereien, immer gegen den einen Moment, an dem man den Führer das erste Mal sah, ihm zum ersten Male Auge in Auge gegenüberstand und seinen Worten lauschen konnte. Was bedeuten heute noch die stundenlangen Vernehmungen und

Untersuchungen einer Systempolizei (...) gegen den Moment, wenn einem der Führer die Hand reichte."[27]
Die Zeugnisse belegen in beredter Weise den in Erfüllung gegangenen Wunsch der Berichtverfasser nach Identifizierung und Orientierung. Die Defizite in der Weimarer Republik waren offenkundig so stark, daß diese Momente, die Begegnungen mit dem "Führer", als die schönsten der "Kampfzeit", wenn nicht des Lebens galten. Sicherlich sind die Darstellungen pathetisch überhöht und voll irrationaler Momente, doch sind sie ernstzunehmen, weil ihre Verfasser in ihnen unkontrolliert mentale Lagen zum Ausdruck bringen, deren Nichtberücksichtigung zur Instabilität der Demokratie das ihre beitrug. Hans Hattenhauer merkt an, daß Regierungen sich "auf den ganzen Menschen einzustellen (...), einen politischen Gefühlshaushalt zu verwalten haben, wenn sie Bestand haben wollen. Verfassungen, die sich allein auf den Verstand des Bürgers gründen, sind bedrohter als jene, die sich auch auf die innere Zustimmmung, das Gefühl berufen können und den Willen herausfordern."[28]
Auch wenn sie uns heute unglaubwürdig erscheinen, naiv, übertrieben, rührend, schockierend oder lächerlich, sollten wir die folgenden Erlebnisberichte lesen als Belege für Führersehnsucht, Wunsch nach Orientierung und Identifizierung in einer historisch desorientierten und sozial fragmentierten Zeit. Verfaßt wurden sie auf der Basis mentaler Mängellagen. Dies allein sollte uns Anlaß genug sein, uns damit unter Hintanstellung unserer aufgeklärten Überlegenheit auseinanderzusetzen.

"Mein Führer!

Meinen lieben Eltern, Verwandten, Freunden und Bekannten sowie meiner Wenigkeit als Nürnberger Einwohner ist es ja hinreichend bekannt, daß die Geschichte der nationalsozialistischen Bewegung, Formung und vor allem ihre herrliche Tradition mit dem Namen "Nürnberg" aufs engste verknüpft und verbunden ist. Hier fand schon im Jahre 1923 der erste Parteitag statt, ebenso die später folgenden. Immer wieder mußte die Nürnberger Bevölkerung sehen und bewundern, wie diese Parteitage sich unaufhaltsam nach oben entwickelten, wie die Bewegung beispiellos von Jahr zu Jahr zu unserer aller Freude anwuchs. Das innerliche und erhebend schöne Gefühl, daß Deutschland doch einer neuen Zeitepoche entgegenging, wurden meine sämtlichen Verwandten und ich dabei nie los. So kam es endlich, daß dann unser damaliger, jetzt verewigter seliger Herr Reichspräsident und Generalfeldmarschall Paul von Hindenburg am 21. März 1933 zu Potsdam unseren jetzigen geliebten Führer Adolf Hitler zum Reichskanzler ernannte, weil sich das Rad der neuen Weltanschauung im Sinne der N.S.D.A.P. immer mehr, dabei gute Kräfte ausströmend, vorwärts drehte. Ist es da etwa ein Wunder, wenn der Führer dieser so herrlichen und vorwärts

Reichsparteitag 1929 in Nürnberg. Hitler inmitten seiner Anhänger vor dem Hauptbahnhof

strebenden Bewegung im Rathaussaale der Stadt Nürnberg zu Beginn des Reichsparteitages im Jahre 1933 nach erfochtenem Siege bestimmte, daß künftig **alle** Parteitage in dieser alten, aber schönen Meistersinger-Stadt mit ihren altehrwürdigen Türmen, Mauern, Gassen, Zwingern, Basteien, Toren, Winkeln und Erkern stattzufinden haben? Damit hat er nicht nur Nürnberg selbst, sondern das ganze Frankenland, an der Spitze seinen alten Kampfgefährten, Gauleiter Julius Streicher, den tapferen Judenbekämpfer, ausgezeichnet und hoch geehrt. Daß zu Nürnberg auch der historische "Deutsche Hof" als Hotel des Führers mit gehört, will ich nun besonders hier einmal kurz dartun.(...) Ich, Heinrich Wolkersdorfer, wurde am 9.6.1916 zu Nürnberg geboren. Nach meiner Schulentlassung habe ich als Kellner vom 1. 4. 1930 bis dahin 1933 im Hotel "Deutscher Hof" zu Nürnberg gelernt. Es war Vorschrift, das 1. Lehrjahr als Page und Liftboy abzulegen. - Der Deutsche Hof war das einzige Hotel in Nürnberg, in dem unser geliebter, hochverehrter und jetziger Führer und Reichskanzler Adolf Hitler abgestiegen ist und gewohnt hat. Seit 1923 hat ihn mein Chef, Herr K., Pächter des Hotels, immer herzlichst aufgenommen und tapfer sich für dessen große Idee stets wärmstens eingesetzt. Ich muß heute leider sagen, daß der Geschäftsgang oft darunter früher schwer gelitten hat. Mein verehrter Herr Chef ist vielfach boykottiert worden, weil er das Symbol des Dritten Reiches, die Hakenkreuzfahne, auf seinem Hotel hißte. Trotzdem wir im Winter fast keine Gäste zum Übernachten hatten, hielten Herr K. mit seiner Frau Gattin sowie seinem ganzen Personal treu zum Führer. Ich kann es hier wohl kaum in Worten so schildern, was es auf mich für einen starken Eindruck machte, wenn unser Führer gänzlich unverhofft im Hotel erschien. Er ließ durch seinen treuen Herrn Wagenlenker, Julius Schreck, der nun leider viel zu früh infolge eines bedauerlichen Unfalls zur großen Toten-Armee abberufen wurde, jeweils in den Hof des Hotels einfahren, um vor dem Haus unnötiges Aufsehen zu vermeiden, was ja der Führer nicht besonders liebte. Es war als Page dabei meine vornehmste Pflicht, am flinkesten und sofort dort zur Stelle zu sein, wo ich gebraucht wurde. So hörte ich auch immer als erster von dem Personal, das in der Hotelhalle anwesend war, die Wagen im Hofe einfahren. Sofort hinspringen, unseren Führer und seine Begleiter stramm grüßen und die Wagentür schnell öffnen, war eins! Er übergab mir dann, wie gewöhnlich, seinen Mantel, Hut und seine Peitsche, um die Sachen dann in sein Zimmer bringen zu dürfen. War das nicht schon damals eine ganz besonders hohe

Fackelzug der Politischen Leiter vor dem "Deutschen Hof" - Adolf Hitler auf dem Balkon (1937)

*Ehre für mich? Ich faßte dies wenigstens so auf und halte auch heute an diesem Gedanken getreulich fest. Der Führer vergaß auch niemals, mich sowie alle anderen Angestellten des Hotels, welche sich ihm gegenüber immer zuvorkommend verhalten hatten, eigenhändig dafür zu belohnen. (...) Dann kam der erste große Parteitag nach der Machtübernahme, den ich teilweise wiederum im Hotel ganz in der Nähe unseres geliebten Führers mit verbringen durfte. Dabei will ich nur ein Erlebnis herausgreifen, das mir ewig in Erinnerung bleiben wird. Es war an jenem Tage, an dem unsere italienischen Gäste auch zu den Nürnberger Volks- und Parteigenossen gesprochen hatten. Ihnen zu Ehren gab die Regierung damals ein bescheidenes Festessen, das im Salon unseres Hotels stattfand. Es waren 8 Personen, unsere hohen Auslandsgäste, weiter Herr Reichsminister Heß als Führer-Stellvertreter, Herr Reichspropagandaminister Dr. Goebbels und noch 2 andere Persönlichkeiten, deren Namen mir leider aus dem Gedächtnis entschwunden sind. War das schon eine besonders hohe Ehre für mich, das Essen für diese Herren mit servieren zu dürfen, so hatte ich doch vorher ein Erlebnis gehabt, das mir noch heute so stark im Gedächtnis haftet, als wäre es erst gestern gewesen. Mein Kamerad und ich deckten eben die Tafeln für das Festessen. Der Salon war im ersten Stockwerk des Hotels, in dessen Gang auch das Zimmer unseres geliebten Führers lag. Dieses Zimmer wurde von einem SS-Posten stets vorschriftsmäßig bewacht. Dieser rief, als er mich sah, mich zu sich heran und befahl mir in kurzen Worten, ins Zimmer des Führers einzutreten, was ich hocherfreut auch sofort tat. Nun war der Augenblick da, wo ich dem größten Staatsmann Deutschlands, m. E. wohl überhaupt Europas, **allein** gegenüberstand. Mit freundlichem Gesicht verlangte er von mir die Speisekarte. Wie es mir dabei zu Mute war, kann ich hier einfach im Rahmen meines kleinen Erlebnis-Berichtes nicht so schildern, wie das sonst nötig wäre. So hatte ich auf der einen Seite eine sehr große, wahre, echt innerliche Freude und auf der anderen Seite als jüngster Bedienungsmann doch eine gewisse Angst! Man stelle sich nun vor, der Führer fragt plötzlich nach irgend etwas, was vielleicht mein Fach speziell anbetrifft. Ich hätte erstens vor lauter Freude und Aufregung zugleich kein Wörtchen herausgebracht, zweitens waren meine Fachkenntnisse im dritten Lehrjahr noch nicht so hinreichend groß genug, um bei einer derartigen Situation sofort richtige Rede und Antwort geben zu können. Mein damaliger, nunmehr seliger Chef, Herr K., hätte es nicht wissen dürfen, daß ich mich in jenes Zimmer gewagt hatte. Es wäre eigentlich meine Pflicht gewesen, sofort den Herrn Oberkellner zu rufen. Als schlauer Kellner-Lehrling habe ich das aber absichtlich einmal übersehen! Doch schien der Herr "Ober" seinerzeit etwas von meinem Vorhaben gewittert zu haben; denn ich war kaum eine Minute im Zimmer des Führers, da erschien er schon in höchst eigener Person, um die Bestellung des geliebten Gastes selbst entgegenzunehmen. Ich erhielt dann aber von ihm den ehrenvollen Auftrag, das bestellte Essen zu holen und im Zimmer zu servieren. (...) War das nicht eine besondere hohe Ehre damals für mich? Ich muß dies jetzt ohne weiteres bejahen! (...) Darüber noch weitere Worte zu machen, würde jenes Erlebnis nur abschwächen."*[29]

Eine Parteigenossin schreibt:

"Je drückender meine familiäre Lage wurde, umso aufnahmefähiger wurde ich für den Nationalsozialismus. So kam dann der Herbst des Jahres und mit ihm der Reichsparteitag in Nürnberg. All mein Hoffen, Wünschen und Sehnen ging nach dieser Stadt, denn dort kam der Führer hin, der Mann, den uns Gott gesandt, um unser armes gequältes Vaterland zu retten, zu retten aus Schmach und Schande, aus Not und Verzweiflung, von den äußeren Feinden und von dem furchtbaren Verfall im Innern, der Führer, dessen herrliche Worte und Reden ich gelesen hatte! Diesen unseren Führer zu sehen und zu hören war der Traum meiner Tage und Nächte; und dieser Traum wurde trotz aller Hindernisse, die sich mir in den Weg stellten, Wirklichkeit. So fuhr ich denn als einzige Nationalsozialistin mit noch einigen S.A.-Männern und einer Parteifreundin aus Dillenburg am 1. September nach Nürnberg (...) Da wir des Nachts fuhren, waren wir morgens um 7 Uhr in Nürnberg. Als wir dort ankamen, war schon ein mächtiges Leben und Treiben vor dem Bahnhofsplatz. Viele Gruppen von S.A. waren angetreten, andere zogen schon mit klingendem Spiel in ihre Quartiere. Als wir noch so standen und staunten, kam der Führer im Auto angeflitzt. Er stand aufrecht und grüßte seine geliebte S.A., die ihm begeistert dankte. Wir standen und staunten immer, und ehe wir es uns versahen, kam der Führer schon zum zweitenmal, er begrüßte immer wieder die neu angekommenen S.A.-Männer. Nun gab es für uns kein Halten mehr: Wir rannten hinter dem Auto des Führers her, doch vergebens, er war uns für diesmal entwichen. Dann marschierte ein Trupp S.A. mit klingendem Spiel in ihr Quartier, wir hinterher, wir empfanden keinen Hunger, keinen Durst, keine Müdigkeit, nichts! Nur das eine empfanden wir: Wir gehörten dazu, wir waren dabei mit Leib und Seele, denn hier marschierte Deutschland, das Deutschland von Morgen, das Deutschland Adolf Hitlers! (...) Am andern Morgen war die Fahnen- und Standartenweihe im Luitpoldhain, wo sämtliche Stürme der S.A. Aufstellung genommen hatten. Abermals war es ein ergreifendes Bild in seiner wuchtigen geschlossenen Einheit, und als der Führer erschien, nahm der Jubel der Menge kein Ende; immer wieder brauste das 'Heil Hitler!' wie ein Orkan über den weiten grossen Raum. - Doch dann ward es still! - Adolf Hitler weihte mit der Blutfahne des 9. November die Fahnen und Standarten. Alle Hände reckten sich zum Schwur, zum Schwur für unser geliebtes Vaterland, für unseren

Hitler auf dem Nürnberger Hauptmarkt, im Hintergrund die Frauenkirche (11. 9. 1936)

Begeisterte Menge auf dem Hauptmarkt, rechts die Frauenkirche

Führer und unsere Fahne zu leben, und, wenn es sein muß, zu sterben!! Zum Schlusse der gewaltigen Kundgebung kam der Führer im Auto dicht an uns vorbei, wir reichten ihm die Hand und unsere Blumen, die wir mitgebracht, doch er wehrte uns und bat, die Blumen seiner S.A. zu schenken, die sie viel mehr verdient hätte. So **war** der Führer und so **ist** der Führer: Der größte von allen und doch der bescheidenste! 'Nichts für mich, alles für Deutschland', war und ist ja auch die Devise seines Lebens. Am Mittag war dann der Vorbeimarsch der S.A. vor dem Führer. Er stand auf dem Marktplatz in der Nähe des schönen Brunnens in seinem Wagen, vor dem sich ein Berg von Blumen türmte. Nie werde ich die leuchtenden Augen des Führers vergessen, mit denen er seine S.A. grüßte. Sie marschierten stramm und schneidig mit klingendem Spiel an dem Führer vorbei. Auch sie waren geschmückt mit Blumen, die die begeisterten Nürnberger für sie gepflückt. Sie waren aus allen deutschen Gauen herbeigekommen, um ihren geliebten Führer zu sehen (...). Nach diesem herrlichen Aufmarsch gingen mein Bruder, meine Freundin und ich in den 'Deutschen Hof', wohin uns Dr. Göbbels (sic), der meinen Bruder gut kannte, eingeladen hatte. Hier schlugen die Wogen der Begeisterung zusammen, und immer wieder mußten sich der Führer und Dr. Göbbels der begeisterten Menge zeigen. Auch Dr. Göbbels, den unsere Gegner den 'Oberbandit' von Berlin nannten, wie liebte und verehrte auch ihn die S.A.; die S.A.-Männer nannten ihn kurzweg: 'Unseren Joseph!' Hier im Deutschen Hof hatten wir beide, meine Freundin und ich, das unvergeßliche Glück, dem Führer gegenüberzustehen und ihm unvergängliche Treue geloben zu dürfen. (...) Dann hat er uns noch eine Karte unterschrieben, die ich noch heute wie ein Kleinod bewahre. Unser Glück über das Erlebte war unbeschreiblich und unserem Führer und dem Nationalsozialismus waren wir verschrieben hinfort auf Gedeih und Verderb. Später hörte ich den Führer zum erstenmal sprechen. Das war für mich das gewaltigste Erleben des Reichsparteitages 1927. Er sprach von der Politik der Köpfe. Stark und gewaltig war seine Rede und doch so einfach und verständlich, es war mir, als ob der Führer all den Schutt und all den Wust von dem deutschen Denken und Fühlen hinwegräumen würde, den die vergangenen Jahre daraufgewälzt, auf daß unsere arme geknechtete Seele wieder frei und rein und stark werden würde. Er kleidete all das in Worte, was man selbst zu allertiefst an Gutem und Edlem im Herzen trug. Das Schlußwort des Führers war so ergreifend und zu Herzen gehend, daß - ich schäme mich nicht, es zu sagen, - mir heiße Tränen über die Wangen rannen. Er sagte z. B. wörtlich: "Seit drei Tagen schmeckt mir das Essen nicht mehr, wenn ich bedenke, daß so viele arme Jungens den letzten Pfennig geopfert haben, um nur einmal ihrem Führer in die Augen sehen zu können." Auch sagte er: "Wenn ich abends spät durch die Massenquartiere schreite, und es strahlt mich hier und da so ein leuchtendes Augenpaar dieser Jungens an, das ist mir Lob genug!" So war der Führer, seine Worte, sein Tun und Handeln, die Seele, der Inhalt, der Glanz- und Höhepunkt des ganzen Reichs-

parteitages. Ich hatte auch Dr. Göbbels, Julius Streicher und Alfred Rosenberg gehört, auch sie sprachen unvergeßliche und herrliche Worte, doch stand über allen anderen der Führer. Später haben wir uns noch die Stadt Nürnberg angesehen, diese herrliche Stadt, des deutschen Reiches Schatz- und Schmuckkästlein. Wie innig habe ich mich gefreut, über all das unsagbar Schöne, über die Burg, die gewaltigen, himmelstürmenden Dome mit den herrlichsten Kunstwerken, die nur eine deutsche Meisterhand erschaffen konnte, das Germanische Museum mit seinem Reichtum gotischer Kunst. Mir war es immer, als gingen diese großen unvergeßlichen Alten, ein Albrecht Dürer, ein Veit Stoß, Peter Vischer und - nicht zu vergessen - Hans Sachs durch die Straßen und sähen mich an und fragten mich: 'Hast Du Deutschland lieb, dieses Deutschland, für das wir Tag und Nacht diese Kunstwerke geschaffen haben? Kannst Du es mit ansehen, daß man dieses Deutschland verschachern und verhandeln und versklaven will für ewige Zeiten? Willst Du das?' Und ich sagte mir in meinem Innern: 'Nein, das will ich nicht, ich will nicht, daß einst diese herrlichen Dome in Schutt und Trümmer fallen, will nicht, daß die Versailler Ketten uns ewig zu Boden drücken, ich will nicht, daß vielleicht in Kürze der Bolschewismus, der im Osten lauert, uns zermalmt und zertritt und alles vernichtet, was groß, gut, edel und schön in unserem deutschen Vaterland ist!' Darum gehöre ich auch zu Adolf Hitler, in die Reihen seiner Kämpfer! Hinter seiner Fahne will ich mitmarschieren und will versuchen, alle die, mit denen mich das Leben und das Schicksal zusammenführt, zu überzeugen, daß es nur einen einzigen Weg zur deutschen Freiheit gibt: Adolf Hitler und seine Freiheitsbewegung! So fuhren wir denn - ich einige Tage später - zurück in die Heimat. Unerschütterlich stand es für mich fest: 'Nun läßt Du Dich sofort in die Partei aufnehmen, den Beitrag wirst Du Dir verdienen, und sei es durch Waschen und Putzen!' So habe ich es auch gemacht; mein Eintrittsdatum lautet auf den 5. September 1927, und ich trage die Mitgliedsnummer 66 995."[30]

"Anfang August fand der Parteitag in Nürnberg statt. Ungefähr 25 S.A.Männer nahmen an diesem Aufmarsch unter Sturmführer Reis aus Dieburg teil. In Nürnberg holte sich wieder jeder die Kraft, die für den weiteren Kampf notwendig war. War das ein Empfang! Wir trauten unseren Augen und Ohren nicht, als man uns mit Heilrufen grüßte. Am Samstag Abend war ein imposanter Fackelzug mit einem Vorbeimarsch am Führer. Der Sonntagmorgen sah uns auf dem Luitpoldhain bei der Totenehrung. Nachmittags marschierten 70.000 Mann S.A. an Adolf Hitler und dem Obersten S.A.-Führer von Pfeffer vorbei. Der Jubel war unbeschreiblich. Hier reichte man uns Erfrischungen und im übrigen Deutschland stand man uns in unversöhnlichem Haß gegenüber. Gegen Abend kam der rote Mob jedoch aus seinen Verstecken hervor. Wo einzelne S.A.-Männer sich sehen ließen, wurden sie angegriffen. Die SS hatte alle Hände voll zu tun, um die in der Stadt verstreuten S.A.-Männer auf Lastwagen zu sammeln und in ihre Quartiere zu bringen. Vor der Heimfahrt wurde Parteigenosse und S.A.-Mann Erich Johst aus Lorsch am Bahnhof durch einen Stich tödlich verletzt. Doch die S.A. zehrte weiterhin von diesem großen Erlebnis, das wohl keiner empfinden kann, der nicht beteiligt war. So mancher, der auf halbem Wege umkehren wollte, sah das Anwachsen der Bewegung so sinnfällig auf diesem Parteitag, daß er auch weiterhin seine Pflicht tat. Der Reichsparteitag ließ das übrige Deutschland aufhorchen. Selbst von gegnerischen Zeitungen wurden Aufnahmen gebracht. Die Bewegung war für die Systemparteien und die Kommunisten zu einer Gefahr angewachsen."[31]

"Der Völkische Beobachter (...) lud zum Reichsparteitag 1927 nach Nürnberg ein. Was war da zu machen? Voller Erwartung und doch auch wieder mit bangem Herzen fuhren wir nach Nürnberg. Die Fäden, die uns mit Hitler verbanden, waren noch dünn. Die Mitgliedskarte war doch nur ein Stückchen Papier, die Zeitung war auch nur Papier. Uns fehlte das Erlebnis. Es wurde uns, weil wir mit offenem Herzen kamen, in ungeahnter Vollkommenheit zuteil. Ich will versuchen, aus der Erinnerung die Höhepunkte, so wie wir sie empfanden, zu skizzieren. Schon die Sonderzüge mit den Teilnehmern waren etwas völlig anderes, als das, was wir seit 1918 gewöhnt waren. Kritisch betrachteten wir die Gesichter der Insassen. Sie gefielen uns und wir schlossen Bekanntschaften. Hauptbahnhof Nürnberg, Bahnhofsplatz, Jubel und altbekannte Militärmärsche. Tausende junger Männer mit guten Gesichtern, energische Burschen im Braunhemd. Messerscharfe Kommandostimmen. Wir horchten mit den Ohren und mit dem Herzen. Der erste Eindruck war wundervoll und beglückend zugleich. Nur wir selber, in unserem Zivil, trugen nicht gerade zur Verschönerung des Bildes bei. Verkaufsabteilung der Reichszeugmeisterei in der Luitpoldhalle. Hemd, Mütze, Binder und Leibriemen werden gekauft und sofort angezogen. Auch der Rückweg nach dem Kulturvereinshaus wird zu einem Erlebnis eigener Art. Ich erinnere mich nicht, jemals etwas darüber gelesen zu haben, daß es dem einen oder anderen Pg. ebenso ergangen wäre und kann mir doch gut denken, daß er tausend anderen in der gleichen Weise zum Erlebnis geworden ist, unser Gruß, unser Hitlergruß. Noch heute schlägt mir das Herz höher, wenn ich daran denke, wie ich diesen Gruß zuerst übte, wie ich jeden Uniformierten, der mir begegnete, ins Auge faßte, wie die Blicke ineinander hingen und einander nicht loslassen wollten. Sechs Schritte vorher, so wie wir es als Soldaten gelernt hatten, ging der Arm zum Gruß hinaus und helle Funken sprangen von Auge zu Auge und mitten ins Herz. Mit diesem Gruß haben wir uns mitten im Verkehr der Straße einander beschenkt. Es war ein Treueversprechen nie gekannter

Art. Nur Verschworene grüßen einander so. Hitlergeist! Nie haben unsere Gegner diesen Geist auch nur geahnt. Beide konnten wir am Kongreß teilnehmen. Den Fackelzug ließen wir an uns vorüberziehen. Den Festmarsch machten wir mit. Nie mehr habe ich ähnliches erlebt. Wieder sind es die Augen der Marschierer, denen niemand widerstehen kann. Dieser Marsch war einer unserer größten Siege und ich bin stolz, daran teilgenommen zu haben. Der letzte Rest des inneren Schweinehundes wurde in Grund und Boden marschiert und alle fühlten es: in dieser Gemeinschaft und in diesem Geiste muß der Sieg kommen. Den Höhepunkt und die letzte Steigerung brachte der Schlußkongreß. Wir hörten die Stimme des Verkünders der neuen Lehre zum ersten Male. Da kamen alle Saiten zum Klingen und alle Quellen sprangen auf! Jetzt erst wußten wir auch das Letzte; dieser Mann kann mit uns machen, was er will, mit dem gehen wir in die Hölle. Jetzt waren wir zu Jüngern Hitlers geworden. Ein neuer Zeitabschnitt hatte für uns begonnen. Das Erschrecken im Familienkreise, als wir im Braunhemd das Haus betraten, konnte uns kaum berühren. Nur wer zu uns hielt, war unser Freund und konnte mit uns leben. Darüber brauchte kein Wort verloren werden, das fühlten alle, die Umgang mit uns hatten."[32]

Nürnberger Reichsparteitage vor 1933 - sie waren ein Meilenstein auf dem Wege hin zur nationalsozialistischen Machtübernahme. Hier wurde Geschichte umgedeutet; hier wurde der Gegenwart ein Sinn verliehen; hier bündelten sich die Hoffungen für die Zukunft. Sinnfällig ließ Hitler sein Publikum, zugleich seine Mitakteure, die Themen darstellen, die ihn vorantragen sollten: den Weg von der Kriegsgemeinschaft der Vergangenheit über die Kampfjahre der Republik bis hin zur ersehnten "Volksgemeinschaft". Die an diesem Schauspiel Beteiligten waren keine Verführten, Irregeleiteten: Weil es den meisten von ihnen an an einer individualistischen Lebensanschauung mangelte, griffen sie dankbar und begierig das Angebot des Nationalsozialismus auf, ihr Leben zu ordnen und zu bestimmen, ihm eine Aufgabe und eine Richtung zu verleihen.

Anmerkungen:
1. Bundesarchiv Koblenz (BA); NS 26 - 391.
2. W. Dieckmann: Sprache in der Politik, Heidelberg 1969, S. 118.
3. Rundschreiben der Gauleitung Hessen-Nassau vom 2. November 1936, gez. Sprenger; BA, NS 26 - 532.
4. Fragebogen B. Mees; BA, NS 26 - 532.
5. O. Negt: Faschistische Öffentlichkeit, in: Ästhetik und Kommunikation, Beiträge zur politischen Erziehung, H. 26, Jg. 7, Dez. 1976, S. 50.
6. Erlebnisbericht W. Fach; BA, NS 26 - 529.
7. Erlebnisbericht M. Dries; BA, NS 26 - 529.
8. Erlebnisbericht R. Pornschlegel; PA, NS 26 - 532.
9. Erlebnisbericht W. Schneider; BA, NS 26 - 531.
10. E. Knödler-Bunte: Faschistische Öffentlichkeit, S. 47.
11. Ebda., S. 48, Hervorhebung im Original.
12. Erlebnisbericht F. Soldan; BA, NS 26 - 528; hier wurde eine große Anzahl orthographischer Fehler aus Gründen der besseren Lesbarkeit stillschweigend korrigiert.
13. Erlebnisbericht K. Schmidt; BA, NS 26 - 531.
14. Erlebnisbericht G. K. Klinger; BA, NS 26 - 533.
15. Erlebnisbericht A. Lange; BA, NS 26 - 532.
16. BA; Sammlung Schumacher 403.
17. E. Knödler-Bunte: Faschistische Öffentlichkeit, S. 37.
18. W. Mommsen: Nichtlegale Gewalt und Terrorismus in den westlichen Industriegesellschaften. Eine historische Analyse, in: W. Mommsen, G. Hirschfeld (Hg.): Sozialprotest, Gewalt, Terror. Gewaltanwendung durch politische und gesellschaftliche Randgruppen im 19. und 20. Jahrhundert, Stuttgart 1982, S. 450.
19. Erlebnisbericht M. Hetzel; BA, NS 26 - 530.
20. Erlebnisbericht W. Gebhardt jun.; BA, NS 26 - 513.
21. Erlebnisbericht A. Conrad; BA, NS 26 - 514.
22. Völkischer Beobachter Nr. 189 v. 19. 8. 1927.
23. Erlebnisbericht J. Bullmann; BA, NS 26 - 514.
24. Erlebnisbericht O. Schlipp; BA, NS 26 - 528.
25. Erlebnisbericht H. Otto; BA, NS 26 - 529.
26. Erlebnisbericht J. Zehfuß; BA, NS 26 - 533.
27. Erlebnisbericht F. Lang; BA, NS 26 - 529.
28. H. Hattenhauer: Deutsche Nationalsymbole. Zeichen und Bedeutung, München 1984, S. 123.
29. Erlebnisbericht H. Wolkersdorfer; BA, NS 26 - 514.
30. Erlebnisbericht E. Kranz; BA, NS 26 - 533.
31. Erlebnisbericht K. Lund; BA, NS 26 - 529.
32. Erlebnisbericht G. Hering; BA, NS 26 - 533.

Quellen:
Institut für Zeitgeschichte, München: Völkischer Beobachter, (VB) Münchener Ausgabe, 1927. Bundesarchiv Koblenz: NS 26 - 391; NS 26 - 513; NS 26 - 514; NS 26 - 528; NS 26 - 529; NS 26 - 530; NS 26 - 531; NS 26 - 532; NS 26 - 533; Sammlung Schumacher 403.

Literatur:
W. Dieckmann: Sprache in der Politik. Einführung in die Pragmatik und Semantik politischer Sprache. Sprachwissenschaftliche Studienbücher, hrsg. v. L. E. Schmitt, Heidelberg 1969.

H. Hattenhauer: Deutsche Nationalsymbole. Zeichen und Bedeutung, München 1984.

W. Mommsen: Nichtlegale Gewalt und Terrorismus in den westlichen Industriegesellschaften. Eine historische Analyse, in: W. Mommsen, G. Hirschfeld (Hg.): Sozialprotest, Gewalt, Terror. Gewaltanwendung durch politische und gesellschaftliche Randgruppen im 19. und 20. Jahrhundert. Veröffentlichung des Deutschen Historischen Instituts London, Bd. 10, Stuttgart 1982, S. 441 - 463.

Faschistische Öffentlichkeit. Diskussionsbeiträge und Stellungnahmen von P. Brückner, W. Gottschalch, E. Knödler-Bunte, O. Münzberg und O. Negt, in: Ästhetik und Kommunikation, Beiträge zur politischen Erziehung, H. 26, Jg. 7, Dez. 1976, S. 20 - 51.

Ernst Klee

„Evangelische Diakonie und Nationalsozialismus gehören zusammen."*
Wie unsere Schwestern den „Reichsparteitag der Ehre" erlebten

1933 beginnt die "Ausschaltung" und Verfolgung der Juden. Würdenträger beider Kirchen sehen mit Genugtuung zu.
1933 hofieren die Bischöfe Adolf Hitler. Einige verbieten ihren Priestern ausdrücklich jede Kritik am NS-Staat.
1933 - und die Jahre danach - bekennt sich die "Bekennende Kirche" (BK) zum Nationalsozialismus. Selbst ein so verdienstvoller Mann wie Martin Niemöller hat seit 1924 nationalsozialistisch gewählt. Sein Bruder Wilhelm - ebenfalls Pfarrer und nach 1945 der Chronist der BK - ist Parteimitglied seit 1923.
Eine Einrichtung der Inneren Mission betreibt selbst ein Konzentrationslager. Eine andere Einrichtung der Inneren Mission ordnet Diakone als KZ-Wärter ab. Diakone bilden eigene SA-Stürme, die "Heiligenstürme" genannt werden. Diakonissen, Verkörperung stillen und selbstlosen Dienens, preisen die Schläger-Trupps der braunen Schreckensherrschaft als Vorbilder und begrüßen Hitler wie den Messias.
Im September 1933 feiert eine bedeutende evangelische Einrichtung, das Rauhe Haus in Hamburg, sein 100jähriges Bestehen. In seiner Festansprache führte der Präsident der Inneren Mission, Pfarrer H. Schirrmacher, gegenüber Diakonen aus:
"Wir begrüßen euch alle als die SA Jesu Christi und die SS der Kirche, ihr wackeren Sturmabteilungen und Schutzstaffeln im Angriff gegen Not, Elend, Verzweiflung und Verwahrlosung, Sünde und Verderben. (...) Evangelische Diakonie und Nationalsozialismus gehören in Deutschland zusammen." Und weiter: "Ich wünsche, daß unsere jungen Brüder in den Diakonenanstalten sämtlich SA-Männer werden."
Die Kirchenleitung der Deutschen Evangelischen Kirche - der eine nach 1945 sehr geachtete CDU-Ministerin als Oberkirchenrätin angehört - fordert vom Staat, die evangelisch getauften Juden den kirchlichen Gemeinden fernzuhalten. Während die Transporte in die Vernichtungslager rollen, fordern protestantische Kirchenführer, "rassejüdische Christen" des Landes zu verweisen. Das Stuttgarter "Schuldbekenntnis" der evangelischen Kirche, mit dem alles Unrecht als abgegolten gilt, wird den Kirchenführern geradezu abgepreßt. Vertreter des Weltrats der Kirchen lassen keine Wahl: Ökumenische Hilfe ist 1945 nur gegen ein Schuldbekenntnis zu haben. Die katholischen Bischöfe wären zu einem Protest gegen den Massenmord fähig gewesen. Doch der Vorsitzende der katholischen Bischofskonferenz meint z. B., Polen gegenüber erscheine "Humanitätsempfinden" nicht angebracht. Nicht einmal die Deportation katholischer "Nichtarier" erscheint ihm wichtig genug, Protest zu erheben. Das Wort "Jude" kommt den Bischöfen bis 1945 nicht über die Lippen. Für sie bleiben sie das Volk, das Christus ans Kreuz geschlagen hat.
Gewiß, es gab auch andere Vertreter der Kirche. Darunter viele einfache Gemeindeglieder, die tapfer ausharrten, der braunen Lehre widerstanden. Und es gab einige wenige, die damals unzeitgemäß handelten und dafür im KZ leiden mußten und umgebracht wurden. Doch die Minderheit, die widerstand, kann die Mehrheit nicht verdecken. Führende Kirchenvertreter überließen Schutz- und Wehrlose ihren Mördern, trieben sie ihnen manchmal geradezu in die Arme. 1945 versteckten sie sich hinter den Leiden der Märtyrer.
Der Jubel von 1933 kostete Millionen das Leben. Auschwitz entstand 1933, auch wenn der Name damals noch nicht bekannt war. 1933 kamen die Kommunisten und Sozialdemokraten ins KZ, begann die Ausmerzung der "Minderwertigen", wurden die Juden gedemütigt und geschlagen - und die Repräsentanten beider Kirchen applaudierten der neuen Zeit. Der Beifall verebbte, da sie als Trittbrett zur Macht ausgedient hatten und selbst verfolgt wurden.
Die Kirche hat gewiß nicht alleine versagt. Aber nirgends ist der Anspruch an Denken und Handeln größer als hier, verkündigt sie doch die Liebe Gottes zu den Menschen und ganz besonders zu den Armen und Schwachen. Diese aber wurden 1933 aus Überzeugung oder als Preis für die eigene Machterhaltung geopfert.

Fanatische Begeisterung
Auffallend an vielen Zeugnissen aus dieser Zeit ist die fast fanatische Begeisterung vieler Kirchendiener. Beim

117

Besuch Adolf Hitlers (in Begleitung von Joseph Goebbels und Prinz August Wilhelm von Preußen) bei den Diakonissen des Luise-Henrietten-Stiftes in Lehnin in der Mark Brandenburg am 2. Mai 1933, notiert Goebbels in sein Tagebuch: "Die Leute sind toll vor Begeisterung."[1] Die Oberin der Lehniner Diakonissen schreibt: "Es war ein feierlicher Augenblick, als der Kanzler und Prinz August Wilhelm die Schwesternschaft leuchtenden Auges anschauten, und wir sie mit 'Heil' begrüßen konnten. Alle Schwestern wurden vorgestellt und vom Reichskanzler mit Handschlag begrüßt."[2] Die Kinder, die Hitler im Säuglingsheim der Diakonissen besichtigt, können nicht ahnen, daß der Reichskanzler wenige Jahre später die "Vernichtung lebensunwerten Lebens" anordnen wird.

Maßloser Jubel herrschte auch im Mai 1933 im Mutterhaus der "weiblichen Diakonie" in Düsseldorf-Kaiserswerth. Eingeweiht werden soll ein 30 Meter hohes Gedenkkreuz zu Ehren von Albert Leo Schlageter. In der Hauszeitschrift der Kaiserswerther Diakonissen lesen wir unter der Überschrift "Unterm Schlageter-Kreuz": "In den letzten Mai-Tagen wurden wir Kaiserswerther in das große nationale Erleben unseres Vaterlandes abermals ganz unmittelbar mitten hinein gestellt. Es drängt uns, unsere Freude mit unseren Freunden zu teilen." Am Ende des Artikels heißt es: "Wir gehören zusammen, die Kämpfenden, Betenden, Dienenden, Opfernden. Das hat uns die Schlageterfeier aufs neue gelehrt."[3] Die Diakonisse Emma Obermeier dichtet das folgende Lied: "Die braunen Kolonnen. Die braunen Kolonnen marschieren durchs Land, Zum Trauerschwur erhoben die rechte Hand: Wir wollen nicht ruhen, nicht rasten mehr, Bis wieder leuchtet die deutsche Ehr'! Sieg-Heil! / Das Hakenkreuzbanner weht stolz voran, Neu-Deutschland wir bauen dich, Mann für Mann! Das undeutsche Wesen zur Tür hinaus, Wir kehren mit eisernem Besen das Haus. Sieg-Heil! / Und treu bis zum letzten Mann fürwahr, Ist Adolf Hitlers kerndeutsche Schar, Sie lacht der Verfolgung, sie tötet kein Tod; 'Für Deutschland das Leben!' - so heißt ihr Gebot! Sieg-Heil!" (Aus: Die Taube von Kaiserswerth, August 1933).

Am 14. Juli freuen sich Diakonissen eines Essener Krankenhauses über den Besuch von Ministerpräsident Göring. Eine der Schwestern schildert die Erwartung des Verheißenen: "Endlich ist der 14. Juli da. Festtagsstimmung allenthalben. Lachender Himmel, Fahnen und Tannengrün tragen dazu bei, der Stadt Essen ein festliches Ansehen zu geben. Heute gilt es, einen hohen Gast zu empfangen - Ministerpräsident Göring."[4] Der Besuch Görings, der wie ein Heiliger gepriesen wird, dauert nur wenige Minuten. "Es ist wie ein Traum. Erst als das Fragen laut wird: Hast du ihn gesehen? Und: Ist er nicht auch dicht an dir vorübergegangen? Da weiß man, daß es Wirklichkeit gewesen ist." Und dann heißt es: "Noch oft und gerne erinnern wir uns dieses ereignisreichen Tages, wo es uns vergönnt war, einen der Führer des deutschen Volkes von Angesicht zu Angesicht zu sehen, und etwas wie Stolz regt sich in uns, daß wir dabei sein durften." Der Stil erinnert an die Schilderungen von Jüngern, denen der auferstandene Christus erschienen ist. Die Lobgesänge zeigen, daß die Diakonissen den Nationalsozialismus nicht als Knechtschaft, sondern als Erlösung empfinden.

Zum Reichsparteitag nach Nürnberg

Vor diesem Hintergrund kann es nicht verwundern, daß auch die Reichsparteitage von kirchlichen Kreisen begeistert aufgenommen und gefeiert wurden. So reiste z. B. am 8. September 1936 eine Gruppe Diakonissen von Danzig-Langfuhr nach Nürnberg, um dort den "Reichsparteitag der Ehre" zu "erleben". Die "Blätter aus dem Evangelischen Diakonieverein" (XL. Jahrgang Nr. 11, November 1936, S. 190 - 195) sahen diese Reise als so wichtig an, daß sie im November auf sechs Seiten ausführlich darüber berichten.

Auffallend sind die emphatischen Formulierungen, die völlig distanzlose Schilderung der Ereignisse. Hitler, "unser Führer", wird wie eine Heiligengestalt beschrieben. "Der Blick läßt nicht von der Gestalt dort oben, meint, sie sich auf ewig einprägen zu müssen." Die Schwestern sind "beglückt, ihn so lange und so nahe zu sehen", sie sind "außer sich vor Freude. Man greift um sich, drückt die Hände der Nebenstehenden. Irgendwie muß man sich entladen".

Was sich hier schwärmerisch entlädt, läßt sich nur ahnen. Die erotisch aufgeladene Spannung zwischen Führergestalt und Masse findet immer neue Bilder, um die eigene Begeisterung zu umschreiben: Alles ist "prachtvoll" an diesem "erhebenden Weihespiel". Hier die "Männer mit entblößtem braunen Oberkörper und geschultertem Spaten", dort das "großartige Schauspiel unserer jungen Wehrmacht". Hier "ein wogendes braunes Meer", die "braunen Scharen", die wie eine "Offenbarung für Deutschlands Zukunft" erscheinen, dort die Menschenströme, in die man sich "stürzen" möchte. Endlich mal "mittendrin" sein im aufgewühlten Leben.

Und über allem der "Führer", der vor den Frauen eine "ganz persönlich gehaltene", "wundervolle und volkstümliche Rede" zum besten gibt, der ihnen aus der Seele spricht und der es auf den Punkt bringt: "Ich bin überzeugt, daß die Bewegung von niemand mehr verstanden wird, als von der deutschen Frau". "Dank, Freude, Stolz und ein ernstes Treuegelöbnis" schlagen ihm entgegen. Eine fast magnetische Kraft scheint von ihm auszugehen. Das deutsche Herz, "man kann es kaum bändigen, es will die Brust zersprengen".

Eine "Welle von unendlicher Treue und Liebe" strömt dem "Führer" entgegen. "Gott selber hat ihn ausgerüstet, darum können wir uns getrost seinem Wege anvertrauen". Die Schwestern wirken wie überwältigt. Abwehrkräfte sind offensichtlich nicht vorhanden. Christlicher Glaube und kirchliche Gebundenheit lassen keine

Blätter aus dem Evangelischen Diakonieverein

Wer sein Leben verlieret um meinetwillen, der wird's erhalten. Luk. 9, 24.

XL. Jahrgang Nr. 11

November 1936

Die „Blätter" erscheinen monatlich und werden den Mitgliedern des Ev. Diakonievereins unentgeltlich und portofrei zugesandt. Nichtmitglieder erhalten den Jahrgang gegen Zahlung des jeweiligen Bezugspreises bei direkter Zusendung oder durch eine Buchhandlung. Direkte Bestellungen sind unter Beifügung des Betrages an den Verlag des Ev. Diakonievereins in Berlin-Zehlendorf zu richten. Nicht gekündigte Abonnements laufen unbeanstandet fort.
Postscheckamt Berlin: Ev. Diakonieverein. Kontonummer 101 75.

---

skeptische Distanz aufkommen. Das "Erlebnis von Nürnberg" hat sie aller Kritikfähigkeit beraubt. Sie wollen nur noch hingebungsvoll untergehen im Meer der Emotionen. Dies ist offensichtlich die Beglückung, die sie vermißt haben. "Unser Führer, und sein deutsches Volk - und ich auch eine Deutsche - 'lieb Vaterland magst ruhig sein!'."

Aus dem Schwesternleben
Wie unsere Schwestern den "Reichsparteitag der Ehre" erlebten.

Wie im letzten Blatt berichtet wurde, ist in diesem Jahre vom Vorstand mehreren Schwestern die Teilnahme am Reichsparteitag ermöglicht worden. Andere hatten von sich aus Urlaub zu dieser Freude erbeten. Die frischen Berichte über die Nürnberger Erlebnisse möchten wir wenigstens im Auszug in folgendem unseren Schwestern zugänglich machen:

Am 8. September um 9 Uhr morgens versammelten sich die zum Reichsparteitag reisenden Frauenschaftszugehörigen am Eschenweg in Danzig-Langfuhr. Das Wetter versprach schön zu werden. Die Sonne versuchte, sich ihren Weg durch die verhangenen Wolken zu bahnen. Bald war das große Schiff von 1250 erwartungsfrohen, glücklichen Menschen besetzt, und als auch der Letzte gut untergebracht war, verließen wir Zoppot. Auf dem Schiff herrschte ein frohes Leben voll feiner Kameradschaft. Nachts 1 Uhr kamen wir in Swinemünde an und wurden in kürzester Zeit im Personensonderzug aufgenommen, der schon für uns bereit stand. Die Organisation auf dem "Kaiser" war bewundernswert. Aber doch waren wir alle ganz zufrieden, nach 33stündiger Fahrt unser Ziel erreicht zu haben. In Nürnberg empfing uns die Gauleiterin aus Danzig und nachdem unser Gepäck in einem Riesenlastauto verstaut war, ordnete sich der Danziger Transport in Viererreihen und marschierte durch die wunderbar schön geschmückte Stadt in den Stadtpark, der im Norden Nürnbergs liegt. In demselben befand sich unser Gauquartier, dessen Eingang mit Begrüßungstransparenten geschmückt war. Von einheimischen Braunhemden wurden wir dann in unsere Privatquartiere, die alle in den umliegenden Straßen lagen, geleitet. Am anderen Morgen, am 10. September, fuhren wir gleich um 8 Uhr zum Reichsparteitagsgelände, wo auf der Zeppelinwiese die Kundgebung des Arbeitsdienstes vor dem Führer stattfand. Wir hatten großes Glück, fanden durch Zufall einen prachtvollen Platz auf der Haupttribüne, von wo aus wir den Führer prachtvoll sehen konnten. Nach dem Vorbeimarsch sämtlicher Gaue (45.000 Mann) fand ein erhebendes Weihespiel des Arbeitsdienstes statt, bei dem wohl kein Auge trocken blieb. 50 Fahnen flankierten beiderseits die Blocks der Arbeitsdienstschule, die Männer mit entblößtem braunen Oberkörper und geschultertem Spaten standen wie gemeißelt. Der Führer sagte ihnen in seiner Rede: "Ihr wißt gar nicht, wie lieb euch das deutsche Volk hat. Ihr seid in wenigen Jahren zu einem Teil unseres nationalen Lebens geworden, den wir uns gar nicht mehr wegdenken können."

Wir waren so überaus glücklich und dankbar, den Arbeitsdienst, dieses Lieblingskind unseres Führers, in solcher Vollendung gesehen zu haben, daß uns dieser Auftakt zu unseren weiteren Erlebnissen richtig festlich stimmte. Nachmittags durften wir den Führer auf dem Wege zum Parteikongreß, den er täglich besuchte, an uns vorbeifahren sehen. Er fuhr, wie fast immer, stehend im offenen Auto und wurde von der begeisterten Menge strahlend mit Heilrufen begrüßt. Freitag vormittag reihten wir uns wiederum an, um den Führer zu sehen. Dieses Mal fuhr er sitzend mit den Herren seiner Umgebung an uns vorbei. Mittags 1.30 Uhr ging es dann zu der großen Tagung der NS-Frauenschaft in die Luitpoldhalle, auf der wir Frau Scholtz-Klink hören durften. Der rote Faden in ihrer interessanten, groß angelegten Rede war: "Wir wollen Dienerin des Guten sein." "Wir sind", so sprach die Rednerin, "durch die nationalsozialisti-

"Arbeitsmänner"

sche Weltanschauung zum großen Träger einer organischen, sittlichen Lebensordnung geworden im Gegensatz zum Bolschewismus als einer abstrakten, anorganischen Menschheitstheorie." Gekrönt wurde der Frauenkongreß durch eine ganz persönlich gehaltene Rede unseres Führers, aus welcher hervorging, wie viel Verständnis er gerade der Frauenart entgegenbringt und wie er die Verdienste der Frau um die Wiedergeburt des deutschen Reiches vollauf würdigte. Die bis auf den letzten Platz gefüllte Kongreßhalle floß denn auch über von Dank und Begeisterung und eine Welle von unendlicher Treue und Liebe strömte aus unseren Herzen dem Führer entgegen. Am Abend dieses Freitags erwartete uns auf der Zeppelinwiese noch ein ganz grandioses Erlebnis: der Appell der politischen Leiter vor dem Führer. 98.000 Männer füllten in Zwölferreihen das Zeppelinfeld. Sie wirkten in der Dämmerung wie ein wogendes braunes Meer. Aus unsichtbaren Lichtquellen fällt eine strahlende Helle in die Säulengänge der Ehrentribüne. Scheinwerfer beleuchten die Türme des weiten Runds, auf denen die Fahnen des neuen Deutschland in wundersamem Rot flattern. Außen standen in 10 Meter Entfernung um das ganze Zeppelinfeld große Scheinwerfer, deren Strahlen sich in unendlicher Höhe zu einem Dom vereinten und das Ganze feierlich umschlossen. 25.000 Fahnen marschierten unter den Klängen der Musik von verschiedenen Seiten aus ein und füllten zu bei-

den Seiten die Haupttribüne. Das war ein unbeschreiblich herrliches Bild! Fanfaren, Hörner, Trommeln leiteten den Appell ein, der von Dr. Ley eröffnet wurde. Bei gesenkten Fahnen klingt das Lied vom guten Kameraden durch den Dom. Mit erhobener Rechten ehren Hunderttausende die Toten des großen Krieges und der Bewegung. Tausende verließen nach dieser Feierstunde unter dem sternbesetzten Himmelsdom die Stätte, wo die Menge zu einer Andacht vereint, das wundersamste Erlebnis gehabt hatte.

Am Sonnabendmorgen ging es früh zum Stadion hinaus, wo es galt, einen guten Platz zur HJ-Kundgebung vor dem Führer zu erlangen.(...) Die HJ-Kundgebung war wohl mit das Köstlichste der gesamten Darbietungen. Wunderbarer Herbstsonnenschein bestrahlte das weite Rund des Stadions, glitt über die mit Tausenden von HJ und Jungvolk besetzten Tribünen, über die Fanfarenbläser, die zu Dritt in Grätschstellung auf den Türmen standen und wie Statuen wirkten. Baldur von Schirach meldete dem Führer 45.000 Jungvolk und 5000 BDM-Führerinnen, eine gewaltige Zahl. Herrlich war die prachtvolle Disziplin der Jugendformationen! Ergreifend die Worte des Führers an die versammelte HJ! Und mir schien der Anblick dieser braunen Scharen wie eine Offenbarung für Deutschlands Zukunft. Ganz überwältigt von diesem Erleben warteten wir nach der Abreise des Führers noch eine Weile, bis laut Befehl die ganzen Ko-

"Arbeitsmaiden" beim Appell des Reichsarbeitsdienstes (1937)

lonnen abmarschierten, was mit tadelloser Ruhe und Ordnung vor sich ging. Reizend war ja auch der Spielmannszug gewesen mit seinem voranmarschierenden Tamburmajor. Nach kurzer Pause stellten wir uns dann gleich vor die Kongreßhalle, wo um 15 Uhr die Fortsetzung des Parteikongresses stattfand. Besonders weihevoll war hier immer vor der Ankunft des Führers der Einmarsch der gesamten Gaustandarten, angeführt von der Blutfahne der Bewegung. Die Adler der Hoheitszeichen wirkten in der Menge wie hereinschwirrende Vöglein, dazu spielte das Reichssymphonieorchester ein Motiv aus "Lohengrin". Das war einzig schön! (...)

Zwischen 12 und 13 Uhr hatte ich noch schnell einen Blick auf die Zeppelinwiese geworfen, auf welcher mit fieberhafter Eile die Vorbereitungen und Gymnastikproben zum Volksfest getroffen wurden, das ab 13 Uhr von der NS-Gemeinschaft "Kraft durch Freude" veranstaltet wurde.

Sonntag, den 13. September, fand in der Luitpold-Arena der Appell der SA, SS und NSKK vor dem Führer statt. Wir hatten uns an dem Tage schon um 6 Uhr auf den Weg gemacht, um ja einen guten Platz zu erhalten. Die Heldenehrung, der Fahnenaufmarsch, die Weihe der Standarten, die Worte des Führers: "Das ist das Wunder unserer Zeit, daß ihr mich gefunden habt, und daß ihr mich gefunden habt unter so vielen Millionen und daß ich euch gefunden habe. Das ist Deutschlands Glück." Das Schlußwort des Stabschefs ist so eindrucksvoll gewesen, daß man es nie vergessen wird. Montag früh starteten wir bereits wieder um 1/4 6 Uhr zur Zeppelinwiese, denn hier erwartete uns das großartige Schauspiel unserer jungen Wehrmacht. Heer, Luftwaffe, Marine und Flakabteilungen leisteten Phantastisches und als das Horst-Wessel-Geschwader innerhalb der über uns kreisenden 400 Flugzeuge vorüberflog, bemächtigte sich der ganzen schweigenden Menge tiefste Ergriffenheit. Unser Heer besitzt eine solche Disziplin und Tüchtigkeit, daß wir nicht zu zagen brauchen. Unser Führer leitet uns sicher und aufopfernd durch alle Fährnisse hindurch, Gott selber hat ihn ausgerüstet, darum können wir uns getrost seinem Wege anvertrauen.

Am 14. September mittags versammelten wir Danziger uns wieder im Gauquartier und traten vom Südbahnhof aus die Rückreise an. Vor dem Bahnhof grüßte uns noch der "Hindenburg" aus der Höhe. Am 15. September vormittags nahm uns in Swinemünde "Hansestadt Danzig" auf. Köstlicher Herbstsonnenschein über dem weiten Meere und glückliche Gesichter, auf denen noch der Abglanz der festlichen Tage lag, das alles gab eine schöne Symphonie. Bei dem guten Wetter genoß wohl jeder Mitreisende ungestört die Annehmlichkeit der Wasserfahrt. Der Kapitän fuhr flott und wir erreichten Zoppot nachts 1/2 1 Uhr. Dankbaren Herzens werden alle Teilnehmer an die Nürnbergfahrt 1936 zurückdenken und nicht vergessen, was die Gau- und Ortsgruppenleitungen an Mühe und Arbeit für die Fahrtteilnehmer aufbringen mußten. Ich selber kam dankerfüllt und bis ins Innerste bewegt von diesen hohen Festtagen in dem herrlich geschmückten, urdeutschen Nürnberg zurück. Dieses gewaltige Erleben hatte mich in der Tiefe ergriffen, und wie warm danke ich Gott, daß ich in Gesundheit all dieses Erhabene hatte in mich aufnehmen können.

*

Es ist noch früher Morgen. Ich erwache und denke beglückt: "Ich bin ja in Nürnberg!" Mit einem Sprung bin ich aus dem Bett. Ankleiden, Fertigmachen, das alles geht so schnell, getrieben von der Freude, bald wieder den Führer zu sehen und zu hören, Ich jage die Treppe hinunter. Da steht auch schon meine Freundin, und los gehts in den erwachenden Morgen hinein, über Straßen, durch Gäßchen, unter wehenden Fahnen, flatternden Fähnlein dahin, an den langen Ketten absperrender SS-Leute vorbei. Weiter, nur weiter! Je näher wir dem "Deutschen Hof" kommen, desto dichter wird die Menschenmenge. Sie stehen da, Mann an Mann, regungslos. Die Gesichter strahlen. Die Augen spähen, suchen angespannt, daß ihnen nichts entgehe. Wir stürmen weiter. Die Menschenketten werden dichter. Nur ein schmaler Gang bleibt frei. Wir zwängen uns hindurch. Endlich stehen wir vor dem Balkon des Führers. Schnell steht unser Klappstuhl an der Erde. Meine Freundin steht schon darauf, nun ich auch. Ein Bein schwebt in der Luft. Es muß auch so gehen. Jetzt erst kommt man zur Besinnung. Wir sind so froh und glücklich. Wir sind eins mit der Menschenmasse, in der wir stehen. Jetzt sehen wir auch die breite Front der Arbeitsmänner, die dort angetreten sind. Kaum hat unser Auge alles erfaßt, da ertönt ein tausendfaches "Heil, Heil, Heil!!!" Der große Augenblick ist da: der Führer zeigt sich auf dem Balkon. Wir stehen gerade gegenüber, sehen ihn aus nächster Nähe. Er grüßt, grüßt immer wieder. Neue Heilrufe dringen hinauf. Der Blick läßt nicht von der Gestalt dort oben, meint, sie sich auf ewig einprägen zu müssen. Einmal noch grüßt der Führer, und dann verschwindet er. Die allgemeine Spannung löst sich. Freudig bewegte Menschen schauen sich an. Wildfremde Leute erzählen sich leuchtenden Auges ihre Erlebnisse.

Heilrufe! Da kommt der Führer wieder, um die Arbeitsmänner zu begrüßen. Nichtendenwollende Heilrufe brausen dem Führer entgegen. Er schreitet die Front der Arbeitsmänner ab. Wie stolz und freudig mögen die sein! Aber niemand neidet's ihnen. Alle freuen sich mit. Ich stehe hinter einer Lücke. Ich sehe den Führer die Reihe abschreiten. Wie bin ich beglückt, ihn so lange und so nahe zu sehen! Sein Blick ruht auf jedem der Arbeitsmänner. Ab und an spricht er mit einem. Nun ist er am Ende der Reihe angekommen. Ein Schutzmann bahnt

Adolf Hitler nimmt den Vorbeimarsch der HJ-Bannfahnen vom Balkon des Hotels "Deutscher Hof" ab (1937).

einen Weg durch die Masse der Arbeitsmänner. Der Führer schreitet mehrere Reihen weiter nach hinten noch einmal zwischen ihnen hindurch. Wieder sehe ich ihn lange und nahe. Man ist besorgt, ihn nur nicht aus dem Auge zu verlieren oder im entscheidenden Augenblick mit dem leichten Stühlchen umzustürzen. Einer klammert sich an den andern. Da kommt er ganz nahe an uns vorbei. Man ist außer sich vor Freude. Man greift um sich, drückt die Hände der Nebenstehenden. Irgendwie muß man sich entladen. Der Führer kommt immer näher. Zuletzt geht er gerade an uns vorüber. Wir fühlen den Blick seiner Augen. Es ist einem so, als sähe er einem bis auf den Grund der Seele. Die Menschenmasse hält den Atem an, wagt nicht, sich zu rühren. Als alle Reihen abgeschritten sind, wendet sich der Führer und geht zurück ins Hotel. Die Masse jubelt und jauchzt - man muß seine Freude hinausschreien! Ich möchte den sehen, der da ruhig bleiben könnte!

*

Da ich mich morgens immer gleich für den ganzen Tag verproviantierte, auch Mantel, Fernglas und Klappstühlchen mit mir führte, konnte ich mich nach Schluß des Kongresses gegen 6 Uhr sofort in den dichten und breiten Menschenstrom stürzen, der sich nach der Zeppelinwiese zu bewegte und mich willenlos von ihm mittreiben lassen. Zwar gab es auf diesem Wege auch Straßenbahnen und Autobusse, die wie am laufenden Band fuhren, aber einen Platz darin zu erwischen war schwieriger als das große Los zu gewinnen. So war man während der ganzen Tage eigentlich immer nur auf die eigenen Füße angewiesen - und man ging gern, denn dadurch war man noch mehr "mittendrin" und erlebte mancherlei Spaß, und Zeit hatte man auch. Wie lange dieses Vorwärtsschieben von der Kongreßhalle zur Zeppelinwiese - sonst vielleicht eine Entfernung von 20 Minuten - gedauert hat, ich weiß es nicht, jedenfalls saß ich aber beim Appell der politischen Leiter rechtzeitig auf meinem numerierten Tribünenplatz - erste Reihe rechter Hand vom Führer! Und was sich dann vor meinen Augen entwickelte, war einfach ein Bild von märchenhafter Schönheit. Es war 8 Uhr abends, Dunkel lag über dem Riesenrund der Arena, in deren Mittelfeld 150.000 politische Leiter in sieben langen Gliedern aufmarschiert waren und darüber die Tribünen mit 140.000 Zuschauern angefüllt. Auf den Flaggentürmen der Umfassungsmauern flatterten etwa 200 Riesenfahnen im Winde, die plötzlich vom Licht der Scheinwerfer getroffen, wie Feuerflammen aus dem Dunkel aufleuchteten. Punkt 8 Uhr fuhr der Führer in die Arena ein, das Volk jubelte auf und in demselben Moment schickten 150 Militärscheinwerfer, die verdeckt außerhalb der Arena im Kreise aufgefahren waren, ihre weißen Lichtbahnen senkrecht in die Höhe, die sich in etwa 6000 Meter Höhe zu einem einzigen Strahlenbündel vereinigten. Wir saßen dadurch plötzlich wie in einem Riesendom gefangen, dessen ge-

"Lichtdom"

waltige Kuppel aus gleichmäßigen Streifen von weißschimmerndem Licht und blauschwarzem Dunkel sich über uns bis zu schwindelhafter Höhe wölbte. Die Wirkung übertraf wirklich jede Vorstellung. Aber damit noch nicht genug: auf ein Kommandowort begann unter Vorantritt der Spielmannszüge der Einmarsch von 15.000 Fahnen, die wiederum von Scheinwerferlicht getroffen, sich aus der Höhe eines dunklen Hintergrundes lösten und wie fünf breite rote Feuerströme zwischen den Gliederungen der aufmarschierenden politischen Leiter hindurch sich auf die Führerloge zu bewegten - eine überwältigende Symphonie von Licht und Farben, wie sie die Welt wohl noch nicht gesehen hat. Die Begrüßungsworte sprach Dr. Ley, die ausklangen in das Bekenntnis: "Wir glauben an einen Herrgott im Himmel, der uns geschaffen hat, der uns lenkt und behütet, und der Sie, mein Führer, uns gesandt hat, damit Sie Deutschland befreien. Das glauben wir, mein Führer!" Und dann sprach der Führer, immer wieder stürmisch umjubelt von einer begeisterten Volksmenge.

Der folgende Tag, ein Sonntag, den ich mit einem Gottesdienst in der nahen Peterskirche begann, stand im Zeichen der SA und SS. Ich hatte kein festes Programm und wollte durch die festlich geschmückten und mit frohen Menschen angefüllten Straßen schlendern, aber schon nach kurzer Zeit hieß es: Halt! abgesperrt! SA marschiert! und schon stand ich fest eingekeilt, und weil man einer alten Schwester auch in Nürnberg überall freundlich begegnet - sehr bald auf einem Platz in der ersten Reihe. Und ungezählte Tausende zogen singend und Marschweisen spielend in gleichem Schritt und Tritt an uns vorüber, vom Publikum mit Obst, Blumen und Süßigkeiten überschüttet, wonach die Männer eifrig griffen. Die einzelnen Gaue wurden durch Zurufe aus dem Publikum begrüßt, z. B. "Nordsee?" und die Kolonnen antworteten im Chor: "Trotzig und blank" oder: "Danzig?", Antwort: "Bleibt deutsch!".

Mit besonderem Jubel wurden SA-Marine, Leibstandarte "Adolf Hitler" und die Hochländer in kurzen Lederhosen begrüßt. Fünf Stunden dauerte der Vorbeimarsch, fünf Stunden stand ich unbeweglich auf derselben Stelle (...)

Montag, der letzte Tag - brachte mir dann das größte Erlebnis: die Vorführungen der Wehrmacht auf der Zeppelinwiese, die um 2 Uhr nachmittags begannen und bei denen ein herrlicher Sitzplatz auf der Tribüne mir eine vollkommene Übersicht gestattete. Eröffnet wurden die Vorführungen durch die Luftwaffe, die verschiedensten Typen: Beobachter, dicke Bomber, leichte, elegante Jagdflugzeuge - 400 an der Zahl. Während der Luftmanöver schwebte fern am Horizont wie ein harmloser lichtblauer Kinderluftballon das Luftschiff "Hindenburg", das unbeweglich im Aether zu stehen schien. Von uns kaum bemerkt, war es dann herangekommen und stand nun riesenhaft in großer Höhe mitten über der Zeppelinwiese. Dann ein langsames Herabgleiten - 1000 Taschentücher winkten - 10.000 - 100.000, Hurrarufe, Heilrufe flogen auf und plötzlich atemlose Stille: das Geräusch der Motoren und Propeller schwieg und der Vorderbug des Luftriesen senkte sich zum Gruß vor dem Führer. Gleichzeitig zog ruhig und sicher ein riesiges, aus 17 Flugzeugen gebildetes Hakenkreuz durch den Aether. Es war ein grandioses Bild - die Größe des Augenblickes wollte einem fast die Brust sprengen: Unser Führer, und sein deutsches Volk - und ich auch eine Deutsche - "Lieb Vaterland magst ruhig sein!" Dann sprangen die Motoren wieder an, die Propeller surrten, "Hindenburg" stieg unter Tücherwinken, das von der Gondel aus beantwortet wurde, wieder in die Höhe. In demselben Augenblick setzte unten Marschmusik ein, und der Parademarsch sämtlicher Waffengattungen begann vor dem Führer, der auf erhöhtem Platze zwischen seinen Heerführern Göring, Raeder, von Fritsch und von Blomberg stand und neben ihm etwas tiefer auch sein getreuer Eckart Rudolf Heß.

Nachdem auch noch der "Krieg im Frieden", der sich in raschen bunten Bildern vor unseren Augen entwickelte, zu Ende gekommen ist, ergreift der Führer das Wort zu kurzer Ansprache: "Ihr seid von der Nation gerufen, um Wache zu stehen vor unserer Arbeit, Wache zu stehen vor unserem Volk, Wache zu stehen vor Deutschland." "Heute steht die Nation so gerade ausgerichtet wie ihr, meine jungen Kameraden, vor mir steht. Deutschland ist heute wieder seiner Soldaten würdig, und ihr, das weiß ich, werdet dieses Reiches würdige Soldaten sein."

Und noch einmal, zum letzten Mal, tobt die Begeisterung in wildem Jubel auf, als der Führer mit den vier Heerführern sein Auto besteigt und stehend in langsamen Schritt das Riesenrund der Arena umfährt, die von den letzten Strahlen der sinkenden Sonne übergoldet ist. Eine Triumphfahrt ohnegleichen - keiner der Teilnehmer wird diese Augenblicke jemals wieder vergessen. Das Herz schlug einem höher, und ich schäme mich nicht, daß mir die Augen feucht wurden vor Stolz und Ergriffenheit.

*

(...) In der großen Frauenversammlung waren viele Bäuerinnen in ihren wunderschönen Trachten vertreten, sie bekamen alle Ehrenplätze in den vordersten Reihen. Dann zog Frau Scholtz-Klink in Begleitung von Hilgenfeldt ein und wurde mit großer Begeisterung empfangen. Sie sprach über die Frau im nationalsozialistischen Deutschland und im bolschewistischen Rußland und schilderte besonders das Elend der russischen Arbeiterin. Als sie geendet hatte, ertönten plötzlich Fanfaren und der Badenweiler Marsch und der Führer erschien unter grenzenlosem Jubel all der Frauen, die ihn zu Beginn schon tief enttäuscht vermißt hatten. Er hielt nun eine wundervolle und volkstümliche Rede an die deutschen Mütter und die deutsche Frau und sagte zum Schluß:" Ich bin überzeugt, daß die Bewegung von niemand mehr verstanden wird als von der deutschen Frau. Wenn unsere Gegner meinen, daß wir in Deutschland ein tyrannisches Regiment über der Frau aufrichten, so kann ich demgegenüber nur das eine verraten, daß ich ohne die Beständigkeit und wirklich liebevolle Hingabe der Frauen an die Bewegung die Partei nie hätte zum Siege führen können. Und ich weiß, daß auch in schlimmen Zeiten, wenn die neunmal Weisen und die Überklugen unsicher werden, die Frauen ganz sicher aus ihrem Herzen heraus zur Bewegung stehen und sich mit mir für immer verbinden." Beglückt und stolz über diese Worte gingen wir an diesem Abend heim. Am Abend fand dann noch der Appell der politischen Leiter auf der Zeppelinwiese statt, das durch die fantastische Beleuchtung besonders eindrucksvoll war.

*

(...) Neben mir ein Mütterchen wühlt in ihrem armseligen Beutelchen, sucht und sucht; da hat sie's: eine Stange Pfefferminzpastillen, die sie sich wohl für die Grippezeiten aufgespart hat. Schnell drängt sie sich durch die Absperrkette und drückt die Erfrischung einem der SA-Männer in die Hand. Ein dankbarer Blick, ein Gruß mit der Hand machen das Mütterchen glücklich. - Diese deutschen Mütter, die glücklich sind, wenn sie das Letzte für ihre Kinder, ihre Söhne, Deutschlands Söhne geben können! Und Deutschlands Söhne marschieren; ungeachtet aller Strapazen singen sie froh der Zukunft entgegen. Und der Marsch der Hunderttausend hinter der Blutfahne her ist ein unverbrüchliches Gelöbnis: Deutschland muß leben" Und dieses Gelöbnis fühlen die tausend und abertausend Menschen, die die Marschstraßen säumen; und heben sie ihre Hände zum Gruß für die vorbeigetragenen Fahnen, so ist das mehr als nur ein Fahnengruß: Dank, Freude, Stolz und ein ernstes Treuegelöbnis.

Hört ihr das deutsche Herz schlagen? Es schlägt im Marschtritt der Kolonnen, im Rauschen der Fahnen, im Jubeln der Massen und - im Schweigen der Massen: Der Führer gedenkt der Toten. Tiefe Stille über dem riesigen Rund der Luitpoldarena. Nur das Lied vom toten Kameraden ist um uns und in uns. Die Masse schweigt. Und in dem Schweigen bebt das Schlagen unserer Herzen, des deutschen Herzens. Man kann es kaum bändigen, es will die Brust zersprengen: "Dank, Dank, daß du nie zagtest, daß du wagtest bis zum herrlichen Sieg. Unser Führer: Sieg Heil!"

*

Losgelöst vom Alltag schieben sich die Menschen durch die alte, herrlich geschmückte Stadt, geeint von dem Gedanken, den Führer zu erleben. Ganz Nürnberg erscheint als eine große Familie und die Menschen um vieles besser. - Es geht von Erlebnis zu Erlebnis. Jeden Tag sehen wir mindestens zwei-, dreimal den Führer. Frisch und besonders fröhlich sehen wir ihn bei der Kundgebung der Hitlerjugend. Wir haben das Glück, von den Tribünen der Zeppelinwiese aus die Anfahrt der Diplomaten, auswärtigen Gäste, sämtliche Gauleiter usw. und zuletzt den Führer zu sehen. Er erscheint ganz besonders glücklich - fährt er doch durch den strahlenden Sonnenschein zum jungen Deutschland! Es geht eine magnetische Kraft von diesem Manne aus, die auf uns alle stark wirkt. Symbolhaft erscheint uns sein Gang auf der "granitnen Straße" zum Ehrenmal und ganz tief empfinden wir alle das Lied "vom guten Kameraden". Die Worte des Führers: "Ich beuge mich in Demut vor dem Herrn, der uns seinen Segen zu unserer Arbeit gegeben hat" werden wir nie vergessen!

Anmerkungen:

* Vgl. Ernst Klee: "Die SA Jesu Christi". Die Kirchen im Banne Hitlers, Frankfurt a.M. 1989 (Fischer Taschenbuch 4409).
1. Die Tagebücher von Joseph Goebbels, Sämtliche Fragmente, hrsg. von Elke Fröhlich im Auftrag des Instituts für Zeitgeschichte und in Verbindung mit dem Bundesarchiv, Teil I, Band 2, München 1987, S. 416.
2. Oberin Diakonisse Maria Höhne: Der Reichskanzler in Lehnin, in: Lehniner Grüße. Mitteilungen aus der Arbeit des Luise-Henriettenstifts, Mai 1933.
3. Die Taube von Kaiserswerth, Mitteilungen für die Mitglieder des Kaiserswerther Pfennigvereins, Juli 1933.
4. Die Taube von Kaiserswerth, Dezember 1933.

"Haus an Haus in festlichem Schmuck. Fahnen und Kränze schmückten die Fassaden, jedes Fenster war gefüllt mit erwartungsvollen, gespannten Zuschauern, überall grüßten erhobene Hände die Kolonnen, die mit wehenden Fahnen vorübermarschierten" (Originaltext aus: Nürnberg 1933. Der erste Reichstag der geeinten deutschen Nation, Berlin 1933, S. 9).

Lutz Winckler

„Die Meistersinger von Nürnberg"
Eine Exilzeitung berichtet über die Nürnberger Parteitage

Zwischen Dezember 1933 und Februar 1940 erschien in Paris die einzige Tageszeitung des deutschen Exils, das "Pariser Tageblatt", ab Juni 1936 unter dem Titel "Pariser Tageszeitung" (PTB/PTZ). Sie war mit rund 10.000 täglich verkauften Exemplaren eine vielgelesene Zeitung, deren Publikum nahezu über die ganze Welt verstreut war. Außer in Paris und Frankreich fand die Zeitung Leser in Prag, Wien, Warschau und Krakau, in Kopenhagen, Amsterdam, Brüssel und London, aber auch in Palästina, den USA und Südamerika; einige Exemplare gingen selbst nach Shanghai. Die Zeitung folgte den aus Deutschland Vertriebenen und bot sich ihnen und allen im Ausland lebenden deutschen Hitlergegnern als "Tribüne für freiheitliche Ideale", als öffentliches Forum gegen dem Faschismus an. So jedenfalls beschrieb der langjährige Herausgeber, Georg Bernhard, 1933 ihre Aufgabe. Neben Georg Bernhard, dem ehemaligen Chefredakteur der Vossischen Zeitung und Gründungsmitglied der Deutschen Demokratischen Partei, neben bekannten und unbekannten Journalisten der ehemaligen Berliner Presse, schrieben hier die bekannten Literatur- und Kunstkritiker der Weimarer Republik: Alfred Kerr, Paul Westheim, Paul Bekker. Im Feuilleton, vor allem der zweiseitigen Sonntagsbeilage, publizierten nahezu sämtliche ExilschriftstellerInnen: angefangen von Heinrich Mann und Joseph Roth über Irmgard Keun und Else Lasker-Schüler bis hin zu Alfred Döblin, Klaus Mann, Alfred Polgar, Ernst Weiss, Friedrich Wolf und Arnold Zweig. Das PTB/PTZ ist heute, unverdientermaßen, nahezu vergessen – wäre nicht Lion Feuchtwangers Roman "Exil" mit seinem Schlüsselporträt der Zeitung, ihres Verlegers Wladimir Poliakov, übrigens des Vaters des Antisemitismusforschers Leon Poliakov, ihres Chefredakteurs und ihrer Mitarbeiter.

Die Zeitung selbst wollte eine Gegenöffentlichkeit zur zensierten Nazipresse herstellen: für die deutschen Emigranten, für deutsche Auslandsbesucher und für die Öffentlichkeit der Gastländer in der ganzen Welt. Als Stimme des "anderen Deutschland" dokumentierte sie die Zeichen innerdeutschen Widerstands, bezeugte das Vorhandensein einer politischen Emigration und das Überleben deutscher Kultur. Gleichzeitig verstand sich die Zeitung als praktische Ratgeberin ihrer Leser im mühseligen Exilalltag. Stellte sie einerseits Leitfäden zur Verfügung durch den Irrgarten der Asylgesetzgebung, der verschiedenen Hilfskomitees, für das politische und kulturelle Leben der Emigration und des Gastlands Frankreich, so gab sie andererseits mit ihren Nachrichten und Kommentaren kritische Informationen über den Nationalsozialismus, dessen "wahres Gesicht" sie ihren deutschen und ausländischen Lesern enthüllen wollte. Der Berichterstattung über das nationalsozialistische Deutschland diente eine ständige Rubrik "Blick nach Deutschland" bzw. "Blick ins Dritte Reich". Hier wurden Augenzeugenberichte, Informationen exilierter Pressedienste, aber auch kommentierte Informationen aus dem Dritten Reich zur politischen und sozialen Situation, über Verfolgungen und Lager, über die Kirchen- und Kulturpolitik zu einem bisweilen etwas sensationellen Bild der Alltagswirklichkeit im Dritten Reich zusammengefügt. Das Bild wurde vervollständigt durch Kommentare und Berichte zur Wirtschaftspolitik, meist aus der Feder Georg Bernhards, aber auch so qualifizierter Fachleute wie Rudolf Hilferding und Herbert Weichmann. Der von den Nazis wegen seiner Kenntnisse gefürchtete, 1935 vorübergehend nach Deutschland entführte Berthold Jacob, ein ehemaliger Mitarbeiter Carl von Ossietzkys an der Weltbühne, schrieb als Militär- und Rüstungsexperte.

In diesen redaktionellen Kontext gehört die Berichterstattung über die Nürnberger Parteitage zwischen 1934 und 1938. Es handelt sich dabei um aktuelle Presseberichte der offiziellen Reden und Verlautbarungen (zumeist auf Seite 1 der Zeitung), die durch Leitartikel und Kommentare vertieft und durch Hintergrundberichte zum Verlauf der Veranstaltungen (zumeist unter der Rubrik "Blick nach Deutschland" auf Seite 2) ergänzt werden. Wichtig sind auch die Pressestimmen aus französischen, britischen und sonstigen westeuropäischen Zeitungen, die unter der Rubrik "Die Meinung der Welt" (ebenfalls auf Seite 2) laufend abgedruckt werden. – Es kann hier keine eingehende Analyse der Berichterstattung unternommen werden. Aus den ausgewählten Texten kann sich der Leser unschwer einen Eindruck von den publizistischen Strategien, den stilistischen Mitteln und den politischen Kriterien der Berichterstattung verschaffen. Ich beschränke mich auf einige grundsätzliche Bemerkungen.

Über Absicht und Methode der redaktionellen Berichterstattung über das Dritte Reich äußerte sich Georg Bernhard in einem Grundsatzartikel anläßlich des einjährigen Bestehens der Zeitung am 12. 12. 1934:

"Unser Kampf", heißt es dort, "gilt in erster Linie der Entschleierung der Lüge. Tag für Tag haben wir hier den jetzt in Deutschland Herrschenden die Masken vom Gesicht gerissen. Die Masken, die dazu dienen sollen, der Welt eine falsche Vorstellung vom wahren Aussehen des braunen Systems zu geben. Wir haben hinter den Formen der Gesetze ihren wahren Inhalt, hinter der Motivierung der Handlungen die wirklichen Gründe, hinter der Aufgeblasenheit und Großsprecherei der Führer ihre schlotternde Angst und die Winzigkeit ihrer Leistungen aufgespürt."

Bernhard beschreibt hier sehr knapp die Verfahrensweisen eines antifaschistischen Enthüllungsjournalismus, wie sie sich in den Texten zu Nürnberg nachweisen lassen. Es ist ein Programm sachlicher Gegeninformation, ideologischer Kritik und satirischer Bloßstellung, das die Berichterstattung und die Kommentare zu Nürnberg in jeweils spezifischer Weise umsetzen.

Die Berichterstattung dient in erster Linie der Demaskierung des NS-Systems und ihrer politischen Führer. Ihre Mittel sind die Polemik und (häufig in Verbindung mit ihr) die Satire: etwa in den Aufmachern "Das Sechstagereden in Nürnberg" (1934) und "Der Einzug der Meistersinger" (1937) oder in banalisierenden Zwischenüberschriften ("Brauner Kulturbrei") und den Bildlegenden der Photographien. In deutlich satirischer Absicht werden auch Redeauszüge Hitlers und anderer prominenter Nazis ("Nürnberger Kraftworte", "Absolut wirksam") abgedruckt – als Florilegien grammatikalischer Verstümmelungen und stilistischer Fehlgriffe. Eine andere Methode der Demaskierung ist die der Gegenüberstellung: so in der Ausgabe vom 6. September 1934, wenn dem Bericht über die Eröffnung des Parteitags der dokumentarische Erfahrungsbericht eines KZ-Häftlings aus Dachau ("Die Hölle von Dachau"), der Inzenierung der Volksgemeinschaft die tödliche Realität der Lager entgegengestellt wird. – Bei der Berichterstattung handelt es sich stets um Originalmaterial (teilweise aus nationalsozialistischer Quelle), das durch redaktionelle Eingriffe verfremdet wird – mit der Absicht, hinter der täuschenden Fassade das "wahre Gesicht" des Faschismus deutlich zu machen ("Der Parteitag der Langeweile", 1937).

Das eigentliche Mittel, Hintergründe und Zusammenhänge des NS-Systems zu enthüllen, bildet der Kommentar. Er hat in der Regel die Form eines Leitartikels.

Ihre Verfasser, Georg Bernhard und Carl Misch, zwischen März und Juli 1933 Redakteur der Vossischen Zeitung, nach seiner Verhaftung und Freilassung im Pariser Exil, Redakteur der PTZ, freier Mitarbeiter der Neuen Weltbühne, bemühen sich darum, von den Nürnberger Ereignissen ausgehend, jeweils eine kritische Gesamteinschätzung des Systems faschistischer Herrschaft und Propaganda zu geben. Dabei wechselt eine eher sachlich gehaltene Argumentation, die propagandistischen Anspruch und nationalsozialistische Wirklichkeit kritisch gegeneinander abwägt, mit scharfer Polemik wie im Leitartikel Georg Bernhards, "Politisches Irresein" vom 15. 9. 1935. Es wechseln Formen psychologischer Entlarvung, mit grundsätzlichen Überlegungen zur sozialpsychologischen Funktion der Propaganda im "Massenzeitalter" in den Beiträgen Carl Mischs vom 19. 7. 1937 "Festefeierndes Saekulum" und vom 20. 9. 1937 "Voilà Nürnberg". Bernhards Leitartikel stehen deutlich unter dem Einfluß eines von Heinrich Mann („Die Rede") bis zu Lion Feuchtwanger reichenden Faschismusverständnisses, das ganz im Zeichen bürgerlicher Kulturkritik in Hitler und den von ihm mobilisierten Massen den Aufstand der "Barbaren" gegen die Zivilisation sah. Im Gegensatz dazu bemühte sich Carl Misch in seinen analytisch vorgehenden Kommentaren darum, die soziale Funktion der NS-Bewegung und, damit verbunden, die ästhetische Faszination der Nürnberger Masseninszenierungen zu deuten. Es sind nicht zuletzt diese, an Walter Benjamins gleichzeitig entwickelte Einsichten zur "Ästhetisierung der Politik" im Faschismus erinnernden Texte, die zu einer ausführlicheren Beschäftigung mit der Nürnberg-Berichterstattung im PTB/PTZ anregen.

Wie weit die Berichterstattung und Kommentare der PTB/PTZ die damalige Öffentlichkeit beeinflußt haben, muß offenbleiben; ob sie in den westlichen Demokratien zur Verstärkung kritischer Einstellungen gegenüber dem Faschismus beigetragen haben, darf bezweifelt werden. Ihr ausgeprägt kulturkritischer Gestus legt die Vermutung nahe, daß die Berichterstattung vor allem dazu diente, das Selbstbewußtsein einer Redaktion und ihrer Leserschaft zu stärken, die für sich in Anspruch nahmen, im Exil den "deutschen Anteil an der Zivilisation der Menschheit" zu repräsentieren (PTB vom 22. 3. 1934).

Die nachfolgenden Texte sind dem Pariser Tageblatt bzw. der Pariser Tageszeitung (Bibliothèke Nationale, Paris) entnommen. Für die Reihenfolge waren Genregesichtspunkte, nicht das Erscheinungsdatum maßgeblich.

Titelseite des "Pariser Tageblatt" vom 6. September 1934 (verkleinert)

Brauner Kulturbrei

Nürnberg, 5. September.
Auf der sogenannten Kulturtagung des Parteitages hielt Hitler am Nachmittag eine Rede über die Kultur des dritten Reiches, die auf Blut und germanischer Rasse beruhe. Seine Ausführungen waren im Stil eines Halbgebildeten, der schiefe historische Bilder liebt, gehalten. So erklärte Hitler:
"Der Krieg und der Frieden bilden einen natürlichen Wechsel im Leben der Völker, aber der Krieg beherrscht die geschichtlichen Erinnerungen, hundert Jahre konstruktiver schweigender Arbeit nehmen in der Weltgeschichte oft weniger Platz ein, als zehn Jahre Krieg." Seit der französischen Revolution, so meinte der Reichsführer, sei die Welt nicht mehr zur Ruhe gekommen. Der Nationalismus sei das Bollwerk gegen den Bolschewismus. Der jüdische Intellektualismus habe soziale Formen geschaffen, die wurzellos seien und im luftlosen Raum schweben.
Sodann protestierte Hitler gegen den Dadaismus und andere moderne Kunstrichtungen und versicherte, die Kunst müsse ernst sein. Der Nationalismus müsse auf dem Kunstgebiete vermeiden, um jeden Preis neues schaffen zu wollen, weiterhin habe er sich vor futuristischen Kubisten zu hüten, die nichts vom Nationalsozialismus verständen. Diese Leute wüßten nicht, daß Deutschsein auch Klarsein bedeute.
(6. 9. 1934)

Nürnberger Kraftworte

"... Dieses Deutschland steht nun vor uns. Und wir haben das Glück, in ihm zu leben. Andern Deutschen ist dieses Glück zurzeit noch verwehrt. Unsere Herzen aber fliegen zu ihnen hin – so, wie wir wissen, dass ihre Herzen in dieser Stunde mitten unter uns sind! Und wir alle hegen nur ein Gefühl der Verpflichtung: Es ist tausendfach und millionenfach ausgesprochen worden und lässt sich immer wieder zusammenfassen in einem einzigen Wort, in einem einzigen Bekenntnis: Deutschland – Sieg Heil!"
Hitler.

"Wir sind alle Zeit Schiesser gewesen, niemals aber Scheisser."
Göring.

"...Der Führer selbst gab uns diese zündende grosse Freiheitsidee, die uns heute alle erfüllt und beseelt. Und was das Wesentliche ist: er schafft uns dazu die Waffen, um mit ihnen die Ideen und ihre politischen und wirtschaftlichen Resultate zu verteidigen. Jetzt scheuen wir niemanden und nichts mehr."
Göbbels.

"Der Führer hat in seiner Partei und später durch seine Partei im ganzen Volke den Begriff ‚Kapitulation' ausgemerzt. Es ist wiederum eure Aufgabe, durch eure Haltung und durch die Ueberlieferung auf die, die nach euch kommen, dafür zu sorgen, dass nicht auch nur der Gedanke an ‚Kapitulation' je wieder in unser Volk kommt!"
Hess.
(13. 9. 1938)

Absolut wirksam

Julius Streicher, auf dem Nürnberger Nazi-Parteitag Hitlers hochgeschätzter Intimus, druckt in seinem Schand-Blatt "Der Stürmer" folgende angebliche Zuschrift eines Parteigenossen aus Bochum: "Lieber Stürmer! Nun ist es fast ein Jahr her, seit dem deutschen Volke die Nürnberger Gesetze gegeben worden sind. Aber der Jude kümmert sich nicht darum. Er schändet weiterhin deutsche Frauen und Mädchen. Ich frage: 'Sind das Strafen für einen Juden, wenn man ihm ein oder zwei Jahre die Freiheit nimmt?' Hat er die Strafe verbüsst, dann macht er sich dafür noch raffinierter an deutsche Frauen und Mädchen heran. Ich bin zu der Ueberzeugung gekommen, dass es nur ein Mittel gibt, die jüdische Rassenschande für immer aus der Welt zu schaffen. Und dieses Mittel ist die Entmannung. Ein Jude, der auch heute noch Rassenschande begeht, beweist damit, dass ihn auch Freiheitsstrafen nicht abschrecken können. Wollen wir unseren Frauen und Mädchen einen absolut wirksamen Schutz angedeihen lassen, dann müssen wir ganze Arbeit leisten." (14. 9. 1936)

Der Parteitag der Langeweile

Hitlers Botschaft enttäuscht – Rosenberg entdeckt den deutschen Erbadel
Julius Streicher „verspricht" sich

Mit einer Pünktlichkeit, die seine Anhänger entzückt hat, betrat gestern Hitler zur festgesetzten Stunde um 11 Uhr die Kongresshalle, um sich anzuhören, wie sein Sprecher, der bayerische "Gauführer" Wagner, der angeblich eine ähnliche Klangfärbung wie sein Meister haben soll, die Botschaft Hitlers verlas. Erst gab es, während die braunen Halbgötter einzogen, den "Einzug der Götter in Walhall". Dann sprach Hess, rief die Toten der Partei auf, natürlich ohne Röhm und Strasser, und gab den Namen des Parteitages bekannt: Parteitag der Arbeit.

Der berüchtigte Julius Streicher, in dessen Stadt der Parteitag sich abspielt, leistete sich einen falschen Zungenschlag, der möglicherweise beabsichtigt war. Er erklärte, das Deutschland von 1937 sei auf dem Wege zum Untergang und verbesserte sich dann, er habe natürlich 1927 gemeint.

Nun endlich kam Hitlers Botschaft zur Verlesung. Das Manuskript umfasst 17 Seiten Schreibmaschine, bringt aber nicht eine Sensation. Nur mühsam unterdrückten die Hörer ihr Gähnen, als sie eingehend mit der Geschichte der Partei und der Parteitage bekannt gemacht wurden. Dann kam das kontrastreiche Bild der Welt, schwarz in schwarz alles um Deutschland herum, Kriege und Revolutionen und die andringende bolschewistische Welle. Dem gegenüber in strahlender Helle die Inseln des Friedens, der Ordnung, des Wohlstandes und der Kultur, als welche Hitler das fascistische Italien und das Dritte Reich betrachtet.

Natürlich fehlten die Angriffe gegen das Judentum nicht. Sie sind am Bolschewismus schuld und an der Wirtschaftskrise. Dagegen ist der Nationalsozialismus an allem Guten schuld. Leider kann er die Gehälter nicht heraufsetzen, aber das liege nur daran, dass Deutschland noch immer kein Kolonialreich hat.

Das Regime mache sich die grössten Kopfschmerzen, so erklärte Hitler, wie das Ernährungsproblem zu lösen sei. Es sei unerträglich, jedes Jahr von der Ernte abzuhängen.

Deshalb sollen die fremden Mächte endlich die Forderungen der Zeit begreifen und Deutschland die Kolonien geben, die es ja niemandem gestohlen habe.

Hinsichtlich der Aussenpolitik beschränkte sich Hitler auf drei lapidare Feststellungen: erstens: der Vertrag von Versailles ist tot, zweitens: Deutschland ist frei, drittens: Garant dieser Freiheit ist die Wehrmacht. Ausserdem sei Deutschland mit anderen Ländern befreundet und habe mächtige Verbündete.

Abends gab es die "Kulturtagung". Auf ihr sprach Alfred Rosenberg, eben erfreut durch die Verleihung des Hunderttausend-Mark-Preises, den er von der Nobel-Stiftung nie erhalten haben würde.

Rosenberg warnte vor den "Illuminaten", die sich im linken Parteiflügel bemerkbar machten. Vor der Machtergreifung habe die Bewegung sich der politischen Sekten zu entledigen gewusst, die in ihrem Schosse bestanden. Heute sei sie stark genug, um die in der letzten Zeit aufgekommenen "Illuminaten" in Distanz zu halten.

Rosenberg wetterte sodann gegen die Lehre von der Gleichheit der Menschen und gegen das christliche Dogma der Erbsünde. Das deutsche Volk sei jedenfalls ohne Erbsünde, es sei "von ererbten Adel".

Dann gab Göbbels die Träger des Hunderttausend-Mark-Preises bekannt und nun begann Hitler eigenmündig seine gewohnte Kunstrede. Auch in der Kunst sei das Wort nichts und das Handeln alles. Negervölker mögen körperlich gut gewachsen sein, aber sie seien unfähig, Kunstwerke zu schaffen. Das deutsche Volk verabscheue die entartete Kunst, die ihm die jüdische Propaganda aufgeschwatzt habe. Das Recht, sich von dieser Kunst zu befreien gründe sich auf Blut und Rasse. Hitler beklagte sich dann über den großen Mangel an Genie, namentlich auf dem Gebiete der Musik. Trotz aller Einsprüche unter Hinweis auf wirtschaftliche Notwendigkeiten beabsichtige er weiter, grandiose Denkmäler zu errichten, die auf immer von seiner Epoche Zeugnis ablegen sollen. (8. 9. 1937)

Politisches Irresein

Von GEORG BERNHARD

In meiner Jugendzeit besuchte ich – ich glaube, es war Montags von sechs bis acht – das Kolleg des berühmten Professors Emanuel Mendel über "Forensische Psychiatrie". Er las es in einem grossen Auditorium auf einem Hofgrundstück der Berliner Dorotheenstrasse für Studierende aller Fakultäten, besonders aber für die Juristen. Der Saal war stets bis in die oberen Ränge gefüllt. Denn die Vorstellung gemeingefährlicher Geisteskranker, mit der die letzte Stunde der Vorlesung ausgefüllt wurde, bot nicht nur medizinisch und juristisch, sondern auch menschlich viel des Interessanten. Damals habe ich zum ersten Mal aus dem Munde dieser Kranken solche Reden gehört, wie sie jetzt in Deutschland offiziell gehalten werden. Es ist tatsächlich gar kein Unterschied zwischen dem, was die Herren Streicher, Göbbels und Rosenberg im Jahre 1935 in Nürnberg sprechen, und dem, was die Patienten des Irrenarztes Mendel etwa um das Jahr 1896 von sich gaben. Auch damals schon war immer irgendeiner an allem schuld, was den unglücklichen Kranken passierte. Entweder hatten die Juden oder die Sozialisten oder die Pfaffen oder gar der Kaiser höchstpersönlich das Unglück angerichtet. Nur etwas, allerdings sehr wesentliches, war damals anders als heute: anno 1896 wurden die redseligen Kranken von Irrenwärtern behütet, und die Studenten, denen sie ihre Geschichten erzählten, wussten, dass es sich um Phantasien verwirrter Hirne handelte. Heute aber stehen die Redner auf weithin ragenden Tribünen und die Hörer – nicht bloss Studenten, sondern sogar Professoren – spenden ihnen Beifall.

*

Auf jeden Rausch folgt die Ernüchterung. Und einst wird auch der Tag kommen, an dem das deutsche Volk aus dem nationalsozialistischen Rausch sich in die Wirklichkeit zurückfindet. Wie wird er sich dann schämen, dass es sich solange hat von Narren regieren lassen. Man muss die Reden von Streicher, Rosenberg und Göbbels auf dem Parteitag im Wortlaut und sorgsam gelesen haben, um das ganze moralische und geistige Elend zu begreifen, in das Deutschland durch diese Burschen gestürzt worden ist. Dass widerspruchslos vor Massen von Zehntausenden von Menschen ein derartiger Quatsch verzapft werden kann, dass man solche Seichtbeuteleien als Wissenschaft zu verkünden vermag, dass dieses Schleudern von Dreck nicht einen Massenbrechreiz verursacht, ist ein unbegreifliches Phänomen für ein Volk, aus dessen Schoss doch einst wirkliche Wissenschaft und gesunder Kritizismus geboren wurde.

*

Der Nürnberger Parteitag der deutschen Nationalsozialisten nimmt sich diesmal gerade so aus, als ob die augenblicklichen Machthaber über das deutsche Volk einmal der Welt zeigen wollten, welche Abgründe die nationalsozialistische Denkungsart von der Zivilisation aller anderen Völker trennt. Diese Massenhuldigung vor der Göttin der Barbarei und den Dämonen des Wahnsinns bildet geradezu eine Herausforderung der Kultur und der modernen Gesittung. Es kann keinen Menschen mit fünf gesunden Sinnen geben, der nach dem Anhören oder nach dem Lesen dieser Rede anderer Meinung ist. Das alles hat nicht das Geringste mit Politik zu tun. Das ist vollständiger Irrsinn. Irrsinn – nicht etwa als erniedrigende Titulatur gebraucht, sondern als sachliche Kennzeichnung eines Geistes- und Seelenzustandes, den nur der Psychiater richtig würdigen kann. Vor jedem Gerichtshof eines zivilisierten Landes wäre ganz leicht der Wahrheitsbeweis für solche Behauptung zu erbringen.

*

Dabei zeigt das klinische Bild dieses nationalsozialistischen Irreseins, das sich in den Reden vieler "Führer" und leider zu einem Teil auch in dem Verhalten der Massen kundgibt, nicht einmal irgendetwas Besonderes. Es handelt sich hier um kein Edel-Irresein, sondern um eine ganz gemeine Feld-, Wald- und Wiesen-Paranoia. Im Mittelpunkt der Wahnvorstellungen stehen auch hier, wie immer bei der Paranoia die Verfolgungsideen. Die Verschrobenheit, die zu solchen Verfolgungsideen führt, stört gleichermassen das Verhältnis zum eigenen Ich wie zur Umwelt. Die Wichtigkeit des eigenen Ichs ist übersteigert. Es wird so wichtig, dass die Verfolgungsfurcht sich aus der eigenen Grösse erklärt. Es wimmelt eben in der Aussenwelt von Verfolgern, weil diese Welt so böse ist, dass sie naturgemäss danach trachtet, das

Gute zu vernichten, das riesengross durch den Wahnsinnigen personifiziert wird. So bestehen denn auch die Reden, die in Nürnberg vorgetragen werden, zum grössten Teil aus Beschuldigungen und Angriffen. Im Grunde genommen bleibt eigentlich keine Partei, keine andere Gesinnung und auch kein Staat verschont. Je nach der politischen Stellung, Geistesrichtung und Lieblingsbeschäftigung der betreffenden Redner werden der Bolschewismus, die Juden, die Kirche, die frauenschänderischen schwarzen Soldaten Frankreichs sowie die Leiter der Moskauer, der Kownoer, der lettischen und der französischen Politik vorgenommen, und wird das "verjudete Amerika" durchgehechelt. Nur die Engländer mussten es sich gefallen lassen, dass Herr Julius Streicher ausrief: "Wir und die Engländer zusammen, was wäre das für eine feine Sache!" Unser herzliches Beileid dem britischen Volk!

Es gibt selbst in dem vollkommen verwirrten Deutschland von heute noch medizinische Gelehrte von der gleichen Geistesklarheit jenes Irrenarztes Emanuel Mendel, der in den letzten Jahren des vorigen Jahrhunderts allwöchentlich in seiner Vorlesung über "Forensische Psychiatrie" seine Geisteskranken zur Belehrung für Studierende aller Fakultäten vorstellte. Einer von diesen grossen Aerzten hat nach der Gründung des Dritten Reiches von einigen seiner "Führer" gesagt: "Gestern noch haben wir sie behandelt, heute regieren sie uns." Aber die Welt sollte aus dem diesmaligen Nürnberger Parteitag lernen, dass diese Kranken nicht bloss Deutschland, sondern den Erdball beherrschen wollen. Scheint das nicht doch etwas über die Grenzen der "inneren" Politik hinauszugehen, die nach der herrschenden Staatslehre jedes souveräne Volk für sich nach Belieben gestalten kann? (15. 9. 1935)

Festefeierndes Säkulum

Von CARL MISCH

Nie war der Kontrast zwischen Massenelend und Massenfeiern so stark wie in unseren Tagen. Dem tintenklecksenden Säkulum ist das festefeiernde gefolgt. In Spanien führt man seit einem Jahre Krieg, und draussen begeht man Feste. Die soziale Gärung ist ungeheuer, aber Pomp und Luxus häufen sich zu Demonstrationen der Pracht und des Wohlbefindens.
Kein Land nimmt sich davon aus. Manche Länder feiern mehr, manche weniger. Aber feiern tun sie alle.
Augenblicklich spielt sich in München eine ungeheure Massenfeier ab. Die "Hauptstadt der Bewegung", – was auf klassisch Deutsch heissen würde: Geburtsstadt der Partei – ist in ein einziges grosses Kirmesfest verwandelt. Man weiht das Haus der deutschen Kunst ein, Ersatz und Nachfolger des abgebrannten Glaspalastes – dass man bauen kann, dankt man dort häufig den Flammen. München hat eine alte Tradition der Künstlerfeste, sie stammt aus der Zeit, da an der Isar ein Hauptsitz der deutschen Kunst war. Inzwischen ist das vergröbert worden, die Kunst ist geringer, der Aufwand massiger. Heute ist München buchstäblich tapeziert mit bunten Tüchern. Die Strassenwanderungen sind lückenlos farbig, über Türen und Fenster der Häuser breitet sich das bunte Tuch, nicht mehr das Haus ist der Sinn sondern seine Mauer, losgelöst von jedem Zweck. Die Kulisse feiert ihren Triumph.
Das Massen-Zeitalter verlangt die Bewusstmachung der Massen. Die grosse Industrierevolution des 19. Jahrhunderts hat das Massen-Zeitalter eingeleitet. Ein konservativer Denker wie der Historiker Leopold Ranke sprach damals zu König Max von Bayern das Wort: "Die Massen avancieren". Es war ein seherisches Wort. Und um die gleiche Zeit verfiel der Prinzgemahl von England, Albert, auf die Idee, Weltausstellungen zu veranstalten. Gewiss nicht, damit die Massen ihrer selbst bewusst würden. Er wollte den Fortschritt der Menschheit am Fortschritt der Industrie demonstrieren, den Gewerbefleiss als Friedensbürgschaft preisen. Aber zunehmend wurden die Massen Träger der Entwicklung, und die Weltausstellungen ordnen sich der Massen-Idee ein. Jacob Burckhardt hat uns das Zeitalter beschrieben, das an der Wiege der ganzen Neuzeit steht, und dem unser eigenes Zeitalter so verteufelt ähnlich sieht: die Renaissance. Damals wurde die Natur entdeckt und der Giftmord, das Festefeiern und der Macchiavellismus. Wir erreichen eine neue Stufe auf dieser Leiter, und das Massen-Zeitalter, das sich in schweren Geburtswehen zum Lichte ringt, verlangt einen neuen Stil auch im Festefeiern.
Dass es sich nur nicht im Festefeiern erschöpfe! Aber keine Sorge, neben den Festplätzen liegen die Exerzierplätze, und neben den Fahnenfabriken die Tankfabriken. Die Waffenrüstung selbst ist ein Teil der Massenfeiern, und wie der Revolver auf dem Geburtstagstisch des Privatmannes liegt, so die moderne Bewaffnung auf dem Gabentisch der Masse. Früher war eine Parade eine Komposition von Menschen- und Pferdebeinen. Heute zieht man auf flinken Motorfahrzeugen am Staatsoberhaupt vorüber, und Hunderte von Flugzeugen verdunkeln den Himmel, übertönen den Lärm.
(19. 7. 1937)

Voilà Nürnberg

Von CARL MISCH

Wozu die Hitler-Parteitage gut sind, ist leicht zu verstehen, wenn man sich über die Bedingungen des neuen Massen-Zeitalters klar ist. Verharrt man in den Begriffen der versunkenen Epoche, bleibt der Sinn ewig unenträtselbar.

Parteitage waren, als es noch Parteien gab, eine Synode, eine Generalversammlung, ein beratendes und beschliessendes Parlament. Die alte Sozialdemokratische Partei trug da ihre Richtungskämpfe aus, und in Debatten von dramatischer Spannung und Wucht traten die verschiedenen Gruppen einander gegenüber. Die Parteien waren in sich demokratisch verfasst, der Parteitag war ein Instrument zur Willensbildung.

Die nationalsozialistische Partei ist überhaupt keine Partei mehr. Sie ist nicht eine Abteilung des Volkes, der andere Volksabteilungen, organisatorisch erfasst, gegenüberstehen. Sie ist ein Bruchteil des Volkes, der privilegiert ist, und daneben stehen indifferent, oder grollend, oder gegnerisch, oder auch sympathisierend – gewiss, auch das gibt es, man kann es nicht leugnen – andere Volkteile, jedoch amorph, ungegliedert. Damit ist die Partei eine bevorrechtigte Kaste, ein Orden, ein Adel, wie man es nun nennen will. Man mag es auch ruhig "Partei" nennen, muss sich aber den Bedeutungswandel gegenwärtig halten.

Diese Monopol-Partei ist in sich hierarchisch-autokratisch verfasst. Der Befehl kommt von oben. Richtungskämpfe werden nicht auf dem Parteitag ausgetragen, sondern auf dem Schiessstand. Wer anderer Meinung bleibt, wird erschossen. Der Parteitag ist kein Instrument zur Willensbildung, sondern zur Erbauung.

Zunächst dient er der Erbauung der Teilnehmer. Das moderne Massenzeitalter vereint die schweren Kontraste: der Einzelne wird völlig ausgelöscht gegenüber der strahlenden Spitzen-Persönlichkeit – die gleiche Erscheinung, die den Sport-Helden und den Kino-Star schuf, ist wirksam auch in der Politik – und der Einzelne fühlt sich als unerlässlicher Bestandteil der allgewaltigen Masse. Der Parteitags-Teilnehmer von ehemals hatte ein Mandat, er hatte eine Teilnehmerkarte, er bekam Quartier zugewiesen, und er stimmte ab. Der Parteitags-Teilnehmer von heute hat einen Marschbefehl, er hat eine Fahrt-Ordre, er nächtigt im Zeltlager und er defiliert. Aus dem Politiker ist der Soldat geworden. Der Höhepunkt im soldatischen Leben ist die Parade. Voilà Nürnberg!

Auch Parteitage alten Stils dienten der Erbauung. Die Gegensätze gehen ineinander über. Die Vergottung der Hymne, die Hochschätzung des Défilés, der stürmische Einklang der Gefühle, der Sturm hinein in die Massenhysterie sind mitunter auch solchen Veranstaltungen nicht fremd gewesen, die der Willensbildung dienten. Das neu anbrechende Massenzeitalter kündete sich an. Aber primär war die Zweckbestimmung: Willensbildung.

In Nürnberg soll Wille verkündet werden, zur Erbauung und Festigung der Freunde, zur Abschreckung der Feinde. Da liegt die Propaganda-Absicht. Nun kann viel Wille verkündet werden oder wenig, viel Neues oder wenig. Diesmal in Nürnberg war es wenig. Deshalb haben wir die Veranstaltung den Parteitag der Langeweile genannt. Ob die Teilnehmer sich gelangweilt haben, ist eine andere Frage. Die Langeweile steckt in der Inhaltslosigkeit.

Für die Teilnehmer aus der Masse ist Inhalt ohnehin nicht vorhanden. Der interessanteste Parteitag ist für sie ebenso nichts weiter als eine Marschleistung, wie es der langweiligste ist. Wer Soldat war, bewies, dass eine Parade immer eine Parade ist, ganz gleich, ob der Oberste Kriegsherr dabei seinem General den Pour le mérite umhängt oder ihm einen Zylinderhut aufsetzt. (...)

Nürnberg als Parade ist für die Gläubigen genau so oberhalb der Kritik wie für den gläubigen Katholiken die Messe. Es gibt besser gesungene und schlechter gesungene, schönere und minder schöne Chöre, besseres und weniger besseres Orgelspiel, aber der Heilwert des Gottesdienstes bleibt davon unberührt. Die modernheidnische Massenkirche ist in ziemlich derselben Lage. Aber was von der Kanzel des Parteitages verkündet wird, das kann ein Plus und ein Minus haben.

Diesmal wies in dieser Beziehung Nürnberg zweifellos ein Minus auf. Man hätte aussenpolitisch, innenpolitisch, wirtschaftspolitisch oder kulturpolitisch etwas proklamieren können. Man hat auf allen vier Gebieten darauf verzichtet. Aus guten Gründen sicherlich, und auch reiflicher Ueberlegung. Aber das Ergebnis war das Unterlassen. (...)

Auf diese Weise also ist Nürnberg 1937 zum Parteitag der Langeweile geworden. Seine innernazistische Funktion mag er erfüllt haben. Sein äusserer Erfolg ist mager.

(20. 9. 1937)

Die Rede

Von HEINRICH MANN

Der Redner: Wir haben die Gewalt und geben sie nicht wieder her. Nicht wieder her geben wir die Gewalt. Wir ham sie, ha! Die Gewalt (Brausender Beifall im rot ausgeschlagenen Saal).

Der Redner: Nach meiner Machtergreifung tat ich den säkularen Ausspruch: Jetzt alsdann haben wir sie, die Gewalt. Vierzehn Jahre der Schmach –
Hinter dem Redner, dem Publikum unsichtbar, raunt der **Engel des Wahnsinns:** Gibst oans zua, Loisl!
Der Redner: Fünfzehn Jahre der Schmach –
Der Engel des Wahnsinns: Nochmal oans, bist eh der Herrgott!
Der Redner: Sechz – (zum E. d. W.): Haltst die Goschn! (laut in das Publikum): Gegen uns ist eine lächerliche Minderheit; keine zehn Prozent, keine acht.
E. d. W.: Kein halbes Perzent, du musst as wissn, Schücklgruber Loisl.
Der Redner: Wenn ich es sage, ich, der Schückl – der Schicksalsgesandte des arischen, deutschen und artverwandten Blutes. (Getöse der Zustimmung.)
Der Redner (horcht auf den E. d. W.): San so bloss d' Judn. Juda zieht den Draht, da erhebt sich gegen uns die katholische Kirche. Juda winkt, da rücken die alten Frontkämpfer an. Vor mir sitzen nur Arier, nordische Edelrasse, und ich warne euch: Juda könnte sogar euch beikommen –
E. d. W.: Wann i net war.
Der Redner: Ich aber bin euer Retter vor dem jüdischen Gift, beziehungsweise vor dem Bolschewismus. Ich rette das deutsche Volk, beziehungsweise die westliche Zivilisation. Der bolschewistische Jude in Moskau hat der Welt den Krieg erklärt.
E. d. W.: Schmerz lass nach! Du wannst der Stalin warst!
Der Redner: Stahl werden wir sein und die Schwerter halten vor die Stunde der Welt.
E. d. W.: Achtzig Jahre deines Lebens gäbetst du, Loisl, wannst der Stalin warst.
Der Redner: Achtzig Jahre meines Lebens gäbe ich, wenn ich den jüdischen Bolschewismus zu meinen Füssen verrecken sähähä.
E. d. W.: Hähä.
Der Redner: Hähäh. (Sein Anfall geht unter in der begeisterten Raserei des Hauses.)

Der Redner: Der Schein regiert die Welt. Dahinter versteckt sich überall der Jude.
E. d. W.: Der Litauer is a Jud.
Der Redner: Der Litauer ist jüdisch verseucht.
E. d. W.: Die Preistreiber.
Der Redner: Den Preistreibern ihre Mütter haben Rassenschande getrieben, eh dass die Söhne Preise trieben.
E. d. W.: Der Franzos, der Nörgler, der Illegale.
Der Redner: Nix wie Juden. Juda über uns! Zu Hilfe – riefe an dieser Stelle ein Schwacher. Wehe dem aber, der jetzt schwach ist. Der Starke allein besitzt die Freiheit. Volksgenossen, besitzt ihr dank meinen Taten die Freiheit? (Ergriffenes Schweigen im Hause.)
E. d. W.: Ich hör' allweil Freiheit rufen.
Der Redner (fragt den E. d. W.): Sixt den Judn, achtzehnte Reihe hint?
E. d. W.: Den kenn' i. Hat an arisches Dienstmädchen, was no net fümfavierzig ist.
Der Redner: Ich stelle fest, dass Juden eingedrungen sind. Mein Auge erblickt Juden, immer mehr Juden. (Das Publikum springt auf und sucht wild nach Juden. Angstgeschrei und Getrampel, es wird gekämpft).
Der Redner (überbrüllt den Lärm): Der Kampf gegen die inneren Feinde der Nation wird an formalen Bedenken nicht scheitern.
E. d. W.: Schiassn, Loisl! Raus mit 'm Revolver!
Der Redner (greift in die Tasche, trocknet sich mit dem Schnupftuch).
E. d. W.: (rauscht mit den Flügeln. Macht „bum bum"): Da is's schon, hörst as, Loisl? Das jüdisch bolschewistische Bombenflugzeug!
Der Redner (kriecht unter das Pult).

Im Hause werden geräuschvolle Kampfhandlungen vorgenommen. Der Engel des Wahnsinns schwebt über dem Ganzen.

(23. 9. 1935)

Propaganda und „Volksgemeinschaft"

Baustelle Kongreßhalle, im Hintergrund die Zeppelintribüne

Peter Reichel

"Volksgemeinschaft" und Führer-Mythos*

Im irrationalen Weltbild des Nationalsozialismus als politische Bewegung gab es zwei Leitbegriffe, die übergeordnete Fixpunkte für alle anderen ideologischen Elemente waren und auch den Rahmen absteckten für die Ästhetisierung von Politik und Gesellschaft: Das Volk oder die - rassistisch und pseudosozialistisch verstandene - "Volksgemeinschaft" und der von diesem Volk als Erlöser und Retter erwartete "Führer". Diese Leitbilder waren der Bevölkerung seit den späten Tagen des Kaiserreichs vertraut. Damals, in den Augusttagen 1914, schien die Geschichte die Träume von Größe und Harmonie einzuholen, schien aus der Klassengesellschaft eine Gemeinschaft aller Deutschen zu werden, schienen nationaler Mythos und Wirklichkeit zur Einheit zu verschmelzen. Der Krieg versprach das Außergewöhnliche, Erneuerung und Erfüllung, Reinigung von allem Politischen. Mit ihm wurde - wie Friedrich Meinicke es formulierte - die "Idee der Nation" nun endgültig "in die Sphäre der Religion und des Ewigen" erhoben. Die romantische Sehnsucht nach einer "unpolitischen Politik" schien sich zu erfüllen. Doch es sollte anders kommen. Sie erfüllte sich nicht, aber sie blieb lebendig. Ungeachtet des großstädtischen Glanzes der "goldenen" zwanziger Jahre. Die "graue" Novemberrepublik, das materielle Elend, der Parteienstreit und die vermeintliche Perspektivlosigkeit hielten diese Sehnsucht wach und gaben ihr immer wieder neue Nahrung.

Die Nazis kannten diese Sehnsucht nicht nur, denn sie kamen aus diesem Milieu, sie verstanden es auch, diese Gefühle und Wahrnehmungen politisch zu nutzen, differenziert und umfassend zugleich. Die Ästhetisierung der politischen Sphäre verfolgte mit unterschiedlichen Mitteln verschiedene Ziele. Mit dem Führer-Mythos und Personenkult um Hitler intendierte sie eine Überwindung schwer verständlicher komplexer und abstrakter politischer Strukturen zugunsten einer volksnahen *Personifizierung* der Politik. Mit der *Mythisierung* des Regimes im Leitbild des "Dritten Reiches" und der "Volksgemeinschaft" ebenso wie mit der Stilisierung der NS-Ideologie zur politischen Religion sollte eine gleichsam meta-politische Legitimation erreicht werden. Denn auf Legitimation konnte auch das NS-Regime, zumindest in der Vorkriegszeit, nicht verzichten. Mit der *Dekoration* der Macht schließlich konnte die häßliche Seite des NS-Staates buchstäblich zugedeckt, und mit der Selbstinszenierung des Regimes - in öffentlichen Feiern, aufwendiger Symbolik, monumentaler Architektur sowie einem breit gefächerten massenkulturellen Angebot - die Gesellschaft mobilisiert, integriert und über das eigentliche politische Ziel hinweggetäuscht werden: die Entfesselung eines Eroberungs- und Vernichtungskrieges.

Die Personifizierung der Politik, die Mythisierung der Herrschaft und die Dekoration der Macht bedienten sich verschiedener Medien und unterschiedlicher Formensprachen. Der schöne Schein hatte kein einheitliches Gesicht. Für die Überhöhung der Ideologie zur politischen Religion wurden *sakrale* Ausdrucksformen bemüht. Die Choreographie und Dramaturgie und Massenveranstaltungen konnten auf den Fundus *theatralischer* Darstellungs- und Inszenierungskunst nicht verzichten. *Militärische* Ausdrucksformen betonten einmal den kämpferischen Charakter dieses Bewegungsregimes, und zugleich garantierten sie die Disziplinierung und Formierung der Massen, die für das Regime von allergrößter Bedeutung war. *Die architektonische* Formensprache schließlich sollte der Maßlosigkeit der Massenaktionen und politischen Visionen einen räumlichen Ausdruck und zugleich einen begrenzenden Rahmen geben.

Die Inszenierung der "Volksgemeinschaft" hatte ihre bevorzugte Bühne auf dem Reichsparteitag. Sie wurde ebenso für den Personenkult um Hitler genutzt. Er war dort der einzige Hauptdarsteller. Und so wie er zur Darstellung seines Mythos die dort versammelten Hunderttausende als chorische Resonanz und als Statisten-Kulisse benötigte, so benötigten jene ihn als Souffleur, als Regisseur und Hohepriester, um sich als "Volksgemeinschaft" aufführen zu können. Für den thematischen Gesamtzusammenhang der Faszination und Gewalt im Faschismus haben diese beiden Teilthemen überragende Bedeutung.

Der Reichsparteitag

"Niemand, der nicht Zeuge der verschiedenen Veranstaltungen während der eine Woche dauernden Versammlung in Nürnberg gewesen oder der dort herrschenden Atmosphäre ausgesetzt worden ist", schrieb der englische Botschafter Sir Nevile Henderson im Rückblick auf die dreißiger Jahre, "kann sich rühmen, die Nazi-Bewegung in Deutschland völlig kennengelernt zu haben"[1]. Das war vielleicht übertrieben. Schließlich fanden Selbstinszenierungen des Dritten Reiches vielerorts statt, und sie hatten vielfältigen Ausdruck. Schließlich konnte man die Manifestationen nationalistischer Macht an zahlreichen kulturellen, politischen und militärischen Erscheinungen bestaunen und analysieren. Und doch: Vielleicht zeigte sich der Charakter dieses aus einer rechtspopulistischen Bewegung hervorgegangenen Regimes nirgendwo sonst "in so unmißverständlicher und spektakulärer Weise" (H. Burden). Vielleicht war der Reichsparteitag im Rahmen der "faschistischen Öffentlichkeit" (E. Henning)[2] sogar die wichtigste Institution, jedenfalls für die symbolisch-rituelle Vermittlung und audio-visuell effektvolle Inszenierung einer neuen "Volksgemeinschaft". Immerhin war der finanzielle, organisatorische, architektonische, technische und choreographische Aufwand enorm, mit dem das spannungsreiche Neben- und Gegeneinander von klassenübergreifender Massenbewegung, verselbständigter Parteioligarchie und traditionellen Machteliten auf dieser anfangs vier-, später achttägigen Großveranstaltung zur Einheit stilisiert wurde.

Doch erst nach der Machtübertragung auf Hitler und die NS-Führung kam die Ästhetisierung der Politik zu ihrer vollen Entfaltung. Erst die Beendigung der "Kampfzeit", erst die Ausschaltung der Spontaneität an der Basis, insbesondere der in der SA gleichsam institutionalisierten "Bewegungsdynamik", ließ die Parteitage in einer Art "Gesamtkunstwerk" ihre definitive Form finden. Die Eroberung der Staatsmacht hatte deren Darstellung zur Folge, die wiederum die geradezu militärische Präzision der Parteitagsorganisation und die sakrale Strenge des ritualisierten Parteitagsgeschehens möglich und notwendig zugleich machte. Daß die Nazis Politik auf bloße Gewalt reduzierten, um sie andererseits in der Ästhetik inszenierter Massenveranstaltungen und theatralischer Effekte aufgehen zu lassen, hatten einige "linke" Intellektuelle schon vor 1933 erkannt. Aber erst unter der Regie des Regimes kamen diese Ansätze zu ihrer äußersten Ausprägung, veränderten sich Struktur und Funktion faschistischer Öffentlichkeit.

Ein "Weltwunder der Neuzeit", wie manche meinten, war das Nürnberger Parteitagsgelände gewiß nicht. Eher war es eine gigantomanische "Weihestätte der Nation", auf jeden Fall aber bis Kriegsbeginn die größte Baustelle Deutschlands, wobei Nürnberg ja nur eine von fünf städtebaulich bevorzugten "Führerstädten" war.

Die ursprünglichen Pläne von Hitlers erstem Architekten, Paul Ludwig Troost, hatten sich noch auf den Aus- und Umbau des früheren Luitpoldparks mit alter Kongreßhalle, Arena und Tribünen beschränkt, während der

Modell des Kongreßbaus

Blick in das Modell des Kongreßbaus. Die Halle sollte 50.000 bis 60.000 Menschen Platz bieten.

Das Colosseum in Rom

Nürnberger Architekt Ludwig Ruff mit dem Bau der Neuen Kongreßhalle beauftragt wurde.[3] Zu einer Gesamtplanung des Parteitagsgeländes kam es erst im Herbst 1934 unter Speer. Für die verschiedenen Programmteile des Parteitages konzipierte er auf einem axial geteilten Gelände eine funktional differenzierte Bebauung, wobei er das nationalsozialistische Volk-Führer-Prinzip zur Leitschnur der architektonischen Gestaltung schlechthin machte. Das Gelände erstreckte sich von der bis 1937 fertiggestellten Luitpoldarena, die für Totenehrungen und Fahnenweihen von SA und SS genutzt wurde, bis zum Märzfeld, der unvollendet gebliebenen martialischen "Spielwiese" der Wehrmacht, 1000 Meter breit und 600 Meter lang, umrahmt von Tortürmen und Tribünen für 160.000 Zuschauer. Weitgehend Torso blieb auch die Neue Kongreßhalle, obwohl an diesem Lieblingsprojekt Hitlers - trotz des bei Kriegsbeginn verfügten Baustopps - noch bis in den Winter 1942/43 weiter gebaut wurde. Am römischen Colosseum orientiert, sollte dieses 275 Meter breite, 265 Meter lange, 68 Meter hohe, hufeisenförmig-vierstöckige Gebäude der kultische Mittelpunkt des Parteitages werden. Mit einem Fassungsvermögen von rd. 50.000 Menschen wäre es nahezu dreimal so groß gewesen wie die alte Kongreßhalle. Aber bereits dieses Bauwerk, das in den dreißiger Jahren für alle Saalveranstaltungen genutzt wurde, konnte mit Superlativen auftrumpfen. So war es mit der gerade erst erfundenen Neonbeleuchtung bestückt und verfügte über eine der größten elektrischen Orgeln, die je gebaut wurden. Die kleinste der Pfeifen war 60 cm lang, die größte maß 16 Meter.

Das axiale Verbindungsstück zwischen Neuer Kongreßhalle, Luitpoldarena und Märzfeld war die zwei Kilometer lange und 80 Meter breite "Große Straße". Eingefaßt von Kolossalfiguren, Tribünen und Eichen, belegt mit verschiedenfarbigem, für Marschstiefel eigens aufgerauhtem Granit sollte sie der Wehrmacht als Prachtstraße dienen. Flankiert wurde sie auf der westlichen Seite vom "Deutschen Stadion", einem hufeisenförmigen Tribünenbau von 540 Meter Länge, 445 Meter Breite, 80 Meter Fassadenhöhe und einem Fassungsvermögen von 400.000 Zuschauern. Hier sollten NS-Kampfspiele und sportliche Wettkämpfe stattfinden, aber über eine riesige Baugrube kam dieses größte aller Bauvorhaben nicht hinaus. Gegenüber, auf der anderen Seite der "Großen Straße", befand sich das Zeppelinfeld mit der auf Hitlers Anordnung errichteten 20 Meter hohen Haupttribüne an der Nordseite des Feldes. Seinen Namen verdankt es der Landung eines Luftschiffes des Grafen Zeppelin im Jahre 1909. Diese in wesentlichen Teilen erhaltene Anlage war wiederum von Türmen und Tribünen umschlossen und konnte rd. 300.000 Teilnehmer und Zuschauer aufnehmen. Sie wurde insbesondere für die Aufmärsche des Reichsarbeitsdienstes und der Politischen Leiter genutzt.

Daß die "Große Straße" als Hauptachse des gesamten Geländes auf die Nürnberger Kaiserburg ausgerichtet war, wurde von Speer als bloßer Zufall abgetan. Daß zudem die alte Reichsstraße nach Wien am Parteitagsgelände entlang führte, machte den historischen Bezug und großdeutschen Anspruch der Nazis noch augenfälliger, wurde aber in den zeitgenössischen Darstellungen kaum beachtet. Gleichwohl war Nürnberg nicht zufällig die Stadt der Reichsparteitage geworden. Es gab wohl andere Bewerber und gewiß attraktive Alternativen. Aber aus seiner persönlichen Präferenz für Nürnberg machte Hitler kein Hehl.

Nürnberg war im Vergleich mit anderen deutschen Großstädten eher zweitrangig. Aber für die Nazis hatte es den unschätzbaren Vorteil, daß es vom Mittelalter bis zur Renaissance eine der führenden deutschen Städte gewesen war. Und den nationalen Bewegungen des 19. Jahrhunderts galt es als Verkörperung vaterländischer Ideale schlechthin. Wo konnte sich also das "neue Deutschland" des "Dritten Reiches" wirkungsvoller als Erbe des Ersten und Zweiten Kaiserreiches und als

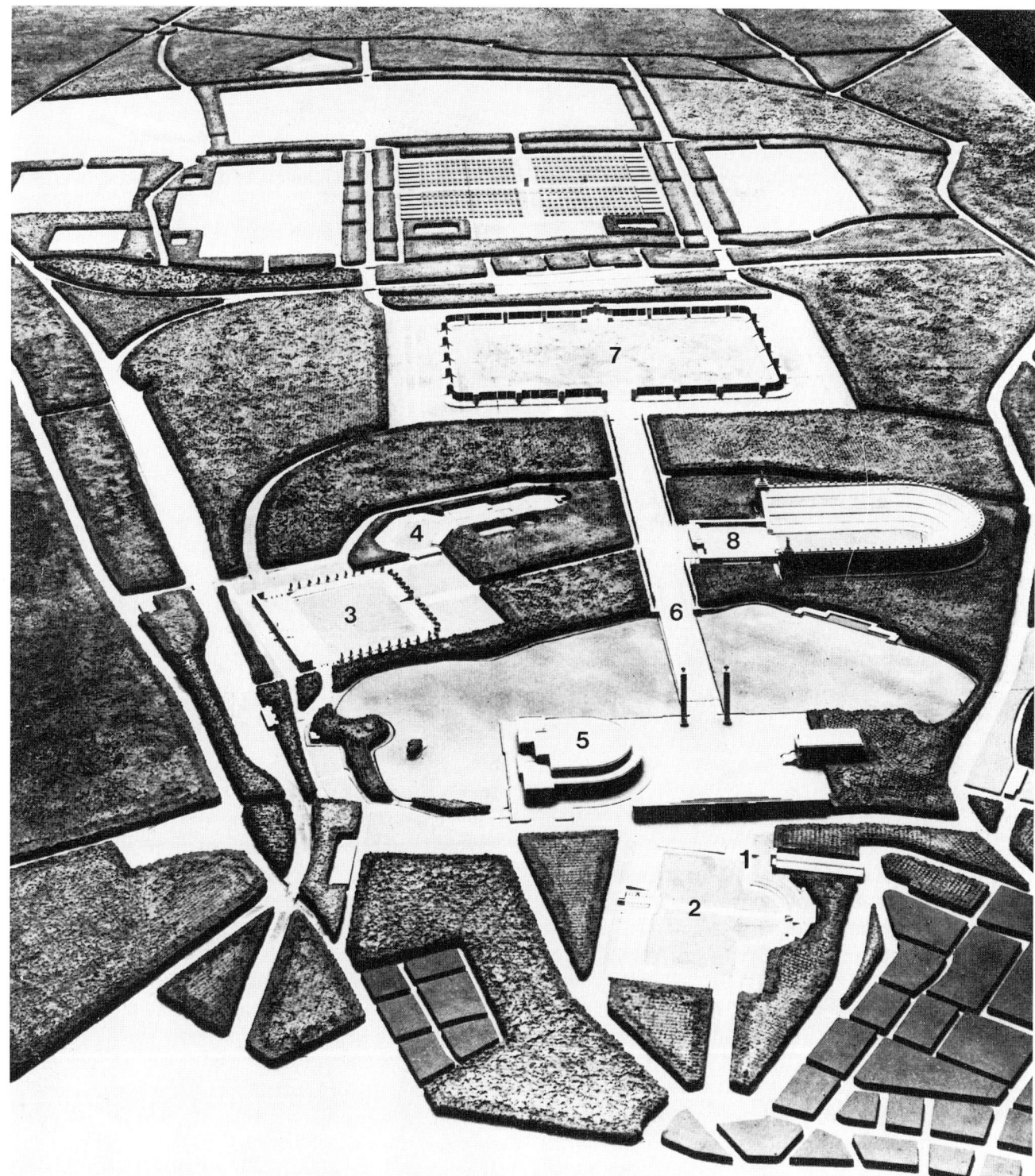

Das Reichsparteitagsgelände:

1) Luitpoldhalle
2) Luitpoldarena
3) Zeppelinfeld
4) Stadion
5) Kongreßbau
6) Die "Große Straße"
7) Das "Märzfeld"
8) Das "Deutsche Stadion"

Erneuerer der alten Reichsherrlichkeit darstellen?[4]
So stand vor allem der Auftakt des Reichsparteitages ganz im Zeichen von Alt-Nürnberg. "Glanzvoller als der Reichstag der alten Kaiser" sollte dieser "Generalappell" der Partei gestaltet werden.[5] Die Kulisse der alten Stadt an der Pegnitz gab dem neuartig-unwirklichen Geschehen mit seiner Vermischung von politischen und sakralen, volkstümlichen und militärischen Elementen den passenden Rahmen. Ein Hauch von Mittelalter lag über der Stadt. Die Verklärung des altdeutschen Ambientes sollte Glück und Geborgenheit versprechen. Das vorgeblich "neue Deutschland" der Nazis suchte Rückhalt in der alten Geschichte.
Auch abends stand Nürnberg auf dem Programm. Eine

Aufführung der "Meistersinger" durch ein Ensemble der Berliner Staatsoper unter der Leitung Furtwänglers beschloß diesen ersten Tag festlich und glanzvoll. Zumindest sollte sie das tun. Das Zeremoniell der Parteitagseröffnung am zweiten Tag trug Züge eines politischen Festgottesdienstes. Nachdem Hitler bereits am frühen Morgen vom Balkon seines Hotels, dem "Deutschen Hof", den Fahnenmarsch der Hitler-Jugend abgenommen hatte, eröffnete er in der alten Luitpoldhalle den Parteitag oder besser: er ließ ihn eröffnen. Denn die Reden hielten hier die anderen: der Stellvertreter, der Gauleiter. Der dramaturgische und dekorative Aufwand war gleichwohl schon am Anfang beträchtlich. Verschwenderischer, aber kalkulierter Bühnenzauber. Das Partei-Publikum sollte schon überwältigt sein, bevor die erste Rede begann.

Am dritten und vierten Tag stand sozusagen die soziale Frage auf dem Programm, inszenierten die Parteitagsregisseure jedenfalls "Volksgemeinschaft". Seit 1934 hatte zunächst der Reichsarbeitsdienst seinen Auftritt. Die choreographische Regie machte daraus eine politische Demonstration und eine sakrale Feier in einem. Zweieinhalb Stunden und mehr dauerte der Auf- und Vorbeimarsch der 50.000 in Vorbereitungslagern gedrillten, muskulösen und braungebrannten Arbeitsdienstmänner auf dem Zeppelinfeld. Sie formierten sich in exakt ausgerichteten "Marschsäulen" um das Symbol des Arbeitsdienstes: "Spaten und Ähre". In seinem "Berliner Tagebuch" beschreibt William L. Shirer anschaulich die optische Wirkung, die davon ausging, wenn die 50.000 im Licht der Morgensonne ihre Spaten zum Präsentiergriff erhoben und eine "Silberwelle" über sie hinwegzurollen schien.[6] Fahnenschwinger ergänzten das ebenso bewegte wie gezirkelt-disziplinierte Bild. Die in konzentrischen Kreisen um die Fahnenmasten formierten sogenannten "Arbeitsmaiden" mit ihren einheitlichen weißen Blusen rundeten es ab. Was mit Glockengeläut und Gesang pseudo-sakral begonnen hatte, endete auch so: Aus allen Kehlen ertönte noch einmal "Werk unserer Hände, laß es gelingen / denn jeder Spatenstich, den wir vollbringen / soll ein Gebet für Deutschland sein."

So optisch auffällig die Fahnen und die symbolischen Zeichen waren, so unvermeidlich die Marschkolonnen und quasi-religiösen Gesänge, das choreographisch-liturgische Kernelement war das Führer-Gefolgschafts-

"Tag der Gemeinschaft" (1937): Massentanz auf dem Zeppelinfeld

verhältnis, war das gleichsam orgiastische Wechselspiel zwischen Sprecher und Chor, zwischen Führer und "femininer" Masse.[7] Das Regie-Raffinement dieses menschenverachtenden Regimes machte Menschenmassen zu beweglichen Kulissen. So läßt beispielsweise Leni Riefenstahl in ihrem Parteitagsfilm "Triumph des Willens" aus den landsmannschaftlichen Gruppen im chorischen Ritual des Arbeitsdienstappells die längst zum realen Mythos verklärte "Volksgemeinschaft" hervorgehen. Auf die vom Sprecher beständig wiederholte Frage: "Kamerad, woher stammst du?" ertönen die jeweils mundartlich gefärbten Antworten: "Aus Friesland - aus Bayern...von der Donau, vom Rhein" usw. - bis diese Wechselrede in das chorische Finale einmündet: "Ein Volk - ein Führer - ein Reich! Heimat!".

Der Parteitag von 1936 führte eine neue Variante des Arbeitsdienstappells vor. Von der Haupttribüne ertönte eine durchdringende Lautsprecherstimme über das weite Feld: "Einmal im Jahr soll der Spaten ruhen. Einmal im Jahr kommt für uns die Zeit, vor unserem Führer zu stehen ... In dieser Stunde entzündet sich ein neuer Glaube." - "Wir sind bereit", ertönte es aus dem Innenraum. Darauf wieder der Sprecher: "Niemand ist zu gut" - "... um für Deutschland zu arbeiten" vollendete die Menge der Arbeitsdienstmänner. Worauf der Sprecher erneut deklamierte: "Niemand ist zu niedrig", und ihm der Chor wiederum zuschrie: "um für Deutschland, das Vaterland, zu arbeiten."

Daß es letztlich um mehr als nur um eine neue kollektive Arbeitsmoral und Arbeitspflicht ging, machte die Schlußsequenz deutlich, in welcher der Sprecher rief: "Wir erheben den Blick und gedenken unserer Brüder, die in den Schützengräben litten und der anderen, die in den Straßen Mord und Haß bekämpften. Sie starben für Deutschland", und der Chor emphatisch erwiderte: "Aber heute dürfen wir für Deutschland leben."[8] Das war wörtlich zu verstehen und fraglos hinzunehmen. Politische Liturgie läßt Zweifel und Widerspruch nicht zu.

Seit der Grundsteinlegung für das gigantische "Deutsche Stadion" im Jahr 1937 wurde der vierte Tag, an dem bis dahin die Politischen Leiter der NSDAP ihren Auftritt hatten, zum "Tag der Gemeinschaft" gemacht und mit sportlichen Schauvorführungen gefüllt. Den Zuschauern zeigte sich das beeindruckende Bild einer Symphonie aus Farben und Formationen, aus Musik und Bewegung. Weiße Sportkleidung auf grünem Rasen, kraftstrotzende Männlichkeit braungebrannter Jünglingskörper und anmutige Weiblichkeit in gymnasti-

"Anmutige Weiblichkeit"

"Kraftstrotzende Männlichkeit"

schen Tanzvorführungen, schwungvolle Rhythmen und Fanfarensignale. Hier wurde augenscheinlich Lebensfreude inszeniert, kameradschaftliche Gemeinschaft vorgeführt und körperliche Schönheit zur Schau gestellt. Allerdings war das Schönheitsideal der Nazis ohne Sinnlichkeit. Der Anblick sollte faszinieren, aber nicht erotisieren. Die Mobilisierung der Massen und ihrer Gefühle war für das Regime von großer Bedeutung, ihre Kontrolle nicht minder.

Einen Höhepunkt anderer Art erlebte der Parteitag am Abend des fünften Tages. Im Mittelpunkt stand die nächtliche Weihestunde der sogenannten Politischen Leiter, also der kleineren und mittleren Parteifunktionäre. Seit der Premiere des "Lichtdoms" im Jahre 1934 galt diese von Speer kreierte Veranstaltung als die spektakulärste, als optische Demonstration täuschender Vollkommenheit. Dabei war ihr Anlaß das genaue Gegenteil. Speer jedenfalls berichtet in seinen "Erinnerungen" (S. 71), wie schwierig es war, diese "Amtswalter" der Partei vorteilhaft in Szene zu setzen. SA und SS, Arbeitsdienst und Wehrmacht beeindruckten durch ihre zum Massenornament stilisierte Disziplin und körperliche Haltung. Die nachgeordneten Parteifunktionäre hatten "ihre kleinen Pfründe in ansehnliche Bäuche umgesetzt; exakt ausgerichtete Reihen konnten ihnen schlechterdings nicht abverlangt werden". Deshalb schlug Speer vor, sie einfach "in der Dunkelheit aufmarschieren" und darin fürs Auge verschwinden zu lassen. In der Dunkelheit ließen die Nazis auch andere, von ihnen als unschön bezeichnete Körper verschwinden. Allerdings für immer.

Im Abstand von nur zwölf Metern wurden um das Zeppelinfeld 130 Flak-Scheinwerfer aufgestellt, deren scharf umrissene Strahlen eine Höhe von sechs bis acht Kilometern erreichten und dort zu einer leuchtenden, kuppelähnlichen Fläche zusammenflossen, wodurch "der Eindruck eines riesigen Raumes (entstand), bei dem die einzelnen Strahlen wie gewaltige Pfeiler unendlich hoher Außenwände erschienen." Gelegentlich hindurchziehende Wolken steigerten den Eindruck dieses Spektakels zur "surrealistischen Unwirklichkeit".

Ein Fanfarenstoß und aufbrausender Jubel kündigten Hitlers Ankunft an. Hunderte von roten Fahnen bauschten sich im Abendwind, von hellen Bogenlampen erleuchtet. Die Rampenlichter im Säulengang der Haupttribüne verbreiteten eine magisch-weiße Helligkeit. An den Eckpfeilern der Tribüne loderten die unvermeidlichen Feuer. Als Hitler dann das Feld betrat und die Tri-

Der "Lichtdom" über dem Zeppelinfeld

"Mit der D-2600 über Nürnberg" - Hitlers Ankunft auf dem Reichsparteitag 1934

genen Bekunden für die filmische Darstellung seiner Person und der Parteitage auserkoren: "Sehr bald, in ein oder zwei Jahren", soll er gesagt haben, "werde ich Deutschlands Führer sein. Und wenn ich es bin, möchte ich, daß Sie nur für mich Aufnahmen machen, nur über mich und die Bewegung."[16]

So drehte die Riefenstahl zunächst - unter dem Titel "Sieg des Glaubens" - den Film vom "Reichsparteitag des Sieges" (1933) Auch im folgenden Jahr wurde die Riefenstahl mit den Dreharbeiten für den Reichsparteitag beauftragt. Ihr standen nicht nur beachtliche finanzielle und technische Mittel zur Verfügung, sondern auch Hitler selbst als Berater. Ein "kongeniales" Regiepaar: der Schauspieler-Politiker und die Filmemacherin. Leni Riefenstahl ging es, wie sie selbst schreibt, nicht um eine bloße Dokumentation oder Reportage in der Art einer Wochenschau-Kompilation. Die hätte zwangsläufig auch das Unheroische, Langweilige und Strapaziöse dieser Mammutveranstaltung zeigen müssen. Und natürlich auch die peinlichen Pannen und Schwierigkeiten hinter den Kulissen und am Rande des Geschehens. Ihr ging es vielmehr um den "Sinn der Tage", den "heroischen Stil" und "inneren Rhythmus".[17] Hier wurde die inszenierte Öffentlichkeit des Parteitages noch einmal inszeniert, die Dramaturgie der Veranstaltung durch akzentuierende Bildauswahl und Schnittechnik noch einmal dramatisiert, der "schöne Schein" gleichsam verdoppelt.

War der Reichsparteitag das bei weitem spektakulärste und aufwendigste Beispiel nazistischer Selbstdarstellung, dann war "Triumph des Willens" die gelungene Inszenierung dieser Inszenierung. Vor allem aber war er ein Film mit und über Hitler. Hier agierten Hunderttausende Statisten, aber nur ein Hauptdarsteller trat auf. Er beherrschte das Bild noch dort, wo er gar nicht zu sehen war - wie beim Anflug auf Nürnberg, dem an Metaphorik überreichen Anfang des Films: Die Türme und Zinnen Alt-Nürnbergs und modernste Flugzeugtechnik, der dramatisch zerklüftete Wolkenhimmel und der von "oben kommende Führer", den die "Vorsehung" schickte. Gewiß, der Film kultiviert eine Vielzahl - gegensätzlicher - ästhetischer Formelemente: Moderne Technik und altfränkisches Ambiente; das Führer-Gefolgschaftsprinzip und den zum "Ornament der Masse" stilisierten Gemeinschaftskollektivismus; Jugend, körperliche Schönheit ohne Sinnlichkeit und romantisch-heroisierende Totenverehrung. Aber im Zentrum steht doch der Führer-Kult, der Hitler-Mythos. Hitler ist einmal der aus den Wolken herabsteigende "Messias". Ein anderes Mal ist er "Hans Sachs", der Meister in der Schar seiner Mitstreiter. Ein Hauptdarsteller mit vielen Rollen und Gesichtern.

Nach "Triumph des Willens" brauchte kein Film mehr über Hitler gedreht zu werden. Und es wurde auch keiner mehr gemacht. "Hier wurde er ein für allemal so gezeigt, wie er gesehen werden wollte."[18] Das weit verbreitete Hitler-Image war nicht deckungsgleich mit der realen Person. Hitler-Bild und Führer-Mythos standen im Spannungsverhältnis von Fiktion und Realität.

Personifizierung der Politik: Hitler und der Führer-Mythos

Wer oder was war Hitler? Als ob in der Antwort auf diese eine Frage letztlich doch der Schlüssel zu allem liegen könnte. Auch mehr als vierzig Jahre nach seinem Tod in den Trümmern der Reichskanzlei wird immer noch und immer wieder diese Frage gestellt und - kontrovers diskutiert: Wer oder was war Hitler? Ein Dämon? Eine demagogische (Un)Heilsfigur? Eine Unperson? Ein "Niemand aus Wien" (J. P. Stern)? Ein früh gescheiterter Durchschnittstyp der entwurzelten Weltkriegsgeneration? Ein verhinderter Architekt, in seinen Raumvorstellungen und Bauplänen so exorbitant wie in seinem Zerstörungswerk? Ein "schwacher Diktator" (H. Mommsen) und doch - zumindest für ein Jahrzehnt - das "Bewegungszentrum der Welt" (J. Fest)? Ein als Privatperson farbloses Individuum und zugleich die Kristallisationsfigur für einen bis heute faszinierenden Mythos? Ein von Ängsten besessener und von Sehnsüchten wie Ressentiments erfüllter, kleinbürgerlicher Künstler-Politiker und zudem der "größte Verbrecher aller Zeiten" (A. Miller)? Ein Revolutionär wider Willen? Der größte Zerstörer und

Beweger dieses Jahrhunderts und insoweit vielleicht doch der "größte Deutsche"? Der letzte "Alleinherrscher" oder eher ein populistisch-moderner Medien-Politiker, durch den jedenfalls die Personifizierung und Personalisierung der Politik erstmals zur äußersten Professionalität und Perfektion gesteigert wurde?

"Wie fühlen wir nicht wieder in dieser Stunde das Wunder, das uns zusammenführte", rief Hitler im September 1936 seinen in Nürnberg versammelten Anhängern zu. "Ihr habt einst die Stimme eines Mannes vernommen und sie schlug an euere Herzen, sie hat euch geweckt, und ihr seid dieser Stimme gefolgt. Ihr seid ihr jahrelang nachgegangen, ohne den Träger der Stimme auch nur gesehen zu haben...Das ist das Wunder unserer Zeit, daß ihr mich gefunden habt...unter so vielen Millionen! Und daß ich euch gefunden habe, das ist Deutschlands Glück!" Die Heerscharen seiner Gefolgsleute mochten das glauben. Glaubte Hitler selbst, was er redete? Er, der gewiefte Taktiker und machtpolitische Realist sprach jedenfalls so, als ob er nicht gewußt oder inzwischen schon verdrängt hatte, daß sein Aufstieg und der seiner Bewegung nicht einem "Wunder" oder übersinnlichen Kräften zuzuschreiben war, sondern einer Vielzahl von Bedingungen.

Als ob er die Entstehung seines eigenen Mythos noch einmal nachspielen und nacherleben lassen wollte, fügte er hinzu: "Wenn wir uns hier treffen, dann erfüllt uns alle das Wundersame dieses Zusammenkommens. Nicht jeder von euch sieht mich und nicht jeden von euch sehe ich. Aber ich fühle euch und ihr fühlt mich! Es ist der Glaube an unser Volk, der uns kleine Menschen groß gemacht hat, der uns arme Menschen reich gemacht hat, der uns wankende, mutlose, ängstliche Menschen tapfer und mutig gemacht hat; der uns Irrende sehen machte und der uns zusammenfügte!...Nun sind wir beisammen, sind bei ihm (gemeint ist Hitler, d.Verf.) und er bei uns, und wir sind jetzt Deutschland!"[19] Als der Schauspieler-Politiker wußte Hitler wohl, daß es keine bessere Kulisse gab, den Reich-Führer-Volksgemeinschafts-Mythos in Szene zu setzen. In der nationalsozialistischen Rundfunk- und Zeitungspropaganda war die - eindimensional-sprachliche und insoweit abstrakte - Verbreitung und Stilisierung des Hitler-Mythos stets auf die assoziative Phantasie und gesteigerte Glaubensbereitschaft der Zuhörer und Leser angewiesen. Hier aber, im Festival-Szenarium des Parteitages, ließ sich dieser Mythos in einer Art mystischen Kommunikation auch audio-visuell zum Ausdruck bringen. Hier konnte man ihn sinnlich-unmittelbar erleben. Ein Jahr später suchte er wieder den pseudo-johanneischen Offenbarungscharakter des Führer-Mythos für seine theatralische Selbstinszenierung zu nutzen: "Daß ihr mich einst gefunden habt, und daß ihr an mich glaubtet, hat eurem Leben einen neuen Sinn, eine neue Aufgabe gestellt! Daß ich euch gefunden habe, hat mein Leben und meinen Kampf erst ermöglicht!"[20]

Das war die Sprache des Propheten, jedenfalls sollte sie es sein. Die Anspielungen auf Textstellen des Lukas-

Hitler als Bannerträger und "Lichtgestalt" (Plakat)

Der deutsche Mann und sein Vorbild (Plakat)

und Johannes-Evangeliums sind zahlreich. Diese Reden beschworen biblische Bilder: Christi Stimme in der Wüste und Christi Epiphanie. Und dazu noch eine Anspielung auf die bekannten und schönen Verse mittelalterlicher deutscher Liebeslyrik. "Du bist min, ich bin din..." Hitler als werbende, messianische Führer-Gestalt, umgeben von einer Glaubensbewegung, seiner Kirche? Hitler war zum personifizierten "Sinnbild der Nation" avanciert. Vielleicht wurde er auf dem Höhepunkt der Wirkung seines Mythos nun selbst ein Opfer desselben. Vielleicht war der "Anfang vom Ende des Dritten Reiches" jener Zeitpunkt, als Hitler an seinen eigenen Mythos zu glauben begann.[21] Die Bedeutung des Hitler-Bildes für den Aufstieg der NS-Bewegung und für die zeitweilig - so Martin Broszat - "trotz aller inneren Friktionen stupende Kohäsionskraft" des NS-Regimes kann jedenfalls kaum überschätzt werden. Aber wie kam es überhaupt dazu?

Hitler und Goebbels haben den Führer-Mythos nicht erfunden. Sie konnten an eine kulturelle Tradition anknüpfen, die bis in die romantisch-konservative Vorstellungswelt des frühen 19. Jahrhunderts zurückreicht. Dem demokratischen Herrschaftsmodell der Französichen Revolution stellte sie das deutsch-germanisch heroisierte Volksführertum entgegen. Eine Tradition, die im nachmärzlichen Deutschland zusehends breiter und einflußreicher wurde, vom Bismarck-Kult nicht weniger profitierte als von der zunehmenden Kritik an Wilhelm II., der als bloß besserwisserisch-bramarbasierender Kostümfetischist und schwächlicher Kaiser galt. Er war im doppelten Sinn ein Kind seiner Zeit, des spät-pubertären Deutschen Reiches.[22]

In der um die Jahrhundertwende ebenso erwartungsvollen wie gelangweilten und verunsicherten wilhelminischen Gesellschaft war das Verlangen nach Erweckung und Erneuerung, nach Führung, Identifikation und Faszination groß. In ihrem Lebensgefühl national, romantisch und heroisch zugleich eingestimmt, hatte sie für eine gesellschaftskritische Wirklichkeitsdeutung wenig, für eine naturwissenschaftlich-technische Wirklichkeitsbeherrschung schon sehr viel mehr übrig und für eine ästhetizistische Wirklichkeitswahrnehmung und -darstellung geradezu eine Leidenschaft.

Das wachsende Krisenbewußtsein verstärkte nicht nur bei der äußersten Rechten, sondern in weiten Kreisen der bürgerlichen Gesellschaft die Kritik an der auf Liberalismus und Rationalität beruhenden Kultur. Zugleich steigerte es den Mythosbedarf und die Hoffnung auf nationale und soziale Erneuerung durch charismatisches Führertum als "die revolutionäre Kraft in traditionell eingebundenen Epochen", wie Max Weber schrieb.

Aristokratisches Ideal und Künstler-Kult hatten Konjunktur. Bündisches und soldatisches Führertum genoß den Glanz pseudo-religiöser Überhöhung. Die barfüßigen, sei es lebensreformerischen, sei es wahrheitssuchenden Propheten hatten Zulauf. Völkische Jakobiner und Freikorpsführer nicht minder. Die Gesellschaft war in Bewegung geraten. Sie schien in ihren überkommenen Grundlagen erschüttert. Die Emotionen der Massen eskalierten zum vehementen Protest gegen die Moderne.[23] Denn die Bedrohungen schienen ebenso zahlreich wie erdrückend und unabwendbar. Da kam viel zusammen. Zunächst das alles überschattende Weltkriegserlebnis und die "Schmach" von Versailles. Die "häßliche" November-Revolution und die "schäbige Sozi-Republik", Inflation und wirtschaftliche Depression. Organisierter Kapitalismus und internationaler Kommunismus. Und nicht zuletzt die sogenannten "Entartungserscheinungen" der ästhetisch-künstlerischen Moderne. Sie schürten Statusfurcht und Existenzangst, steigerten das kulturelle Unbehagen und radikalisierten die kleinbürgerlichen und mittelständischen Klassen schließlich auch politisch.

Hitler kam zu den Deutschen von außen - wie Eberhard Jäckel schrieb -, und er ist ihnen auch wieder von außen genommen worden. Aber wirklich losgeworden sind wir ihn bis heute nicht. Und er wird uns womöglich noch durch Generationen begleiten, "als ewiges Denkmal des Menschenmöglichen"[24].

In der Tat. Hitler war zwar von außen gekommen. Aber als "Sprecher der Nation" konnte er nur deshalb so erfolgreich sein, weil er weitgehend war, was er immer wieder vorgab zu sein: ein typischer "Vertreter seines Volkes", dessen durchschnittliche Sehnsüchte und Ressentiments, Anschauungen, Neigungen und Gewohnheiten er sehr genau kannte, denn es waren weitgehend die seinen. Als das vielleicht "bedeutendste Einzelphänomen" seiner Epoche wird er uns wohl noch lange beschäftigen.[25]

Dabei zeigt sich im Rückblick, daß der Hitler-Diskurs über die anfangs unvermeidlich verkürzten und emotional befangenen Debatten inzwischen hinweggegangen oder hinausgewachsen ist. Hitler wurde zur Inkarnation des Bösen oder zum netten Nachbarn stilisiert. Verteufelung stand gegen Verharmlosung. Moralisierende Attitüde und pädagogischer Impetus verfehlten das Dritte Reich und Hitler aber ebenso wie die alternativ zugespitzte Frage nach dem dominierenden Faktor in der Geschichte: Ist es die Persönlichkeit oder die unpersönliche "Struktur"?

Wenn die Doppelthese dieser Studie von der Ästhetisierung der Politik und der Entdifferenzierung der politischen Sphäre durch den Nationalsozialismus für dessen Verständnis nur irgendwo erhellend ist, dann hier. Hitler-Image und Führer-Mythos - mit äußerster Professionalität und Konsequenz aufgebaut und politisch instrumentalisiert - waren zugleich Produkt und Produzent von Illusionen, Fehlwahrnehmung, Übervereinfachung und (Selbst)Täuschung. Die Differenz von Anspruch und Realität wurde eingeebnet, die Unterscheidung von Schein und Wirklichkeit durch Inszenierungen und Kulissen aller Art verstellt, und die Differenz von Wort und

Tat im ideologisch überhöhten Medium des "schöpferischen Willen" aufgehoben.²⁶ Politik hatte scheinbar ihre Undurchschaubarkeit verloren, schien sich rückverwandelt zu haben in ein Medium religiöser Offenbarung mit einer ebenso unvermittelten wie unwiderstehlichen Naturhaftigkeit. Die *Personifizierung* der Politik schien die strukturellen und anonymen Aspekte der modernen Gesellschaft, also Recht, geregelte Verfahren, Bürokratie etc., zu überwinden. Jedenfalls versprach sie Authentizität, Emotionalität und symbolische Repräsentation und damit Kompensation für die niederdrückende und desorientierende Entfremdungserfahrung unter industrie- und massengesellschaftlichen Lebensbedingungen. Die komplementäre *Personalisierung* der Politik hob zudem die Trennung von privater und öffentlicher Sphäre tendenziell auf. Sei es durch extreme Entpolitisierung, sei es umgekehrt durch eine extreme "Politisierung aller Werte, der privatesten und persönlichsten inbegriffen"²⁷. Das gleichfalls ideologisch stark überhöhte Medium dieser Aufhebung war die zum "gesunden Volksempfinden" verallgemeinerte, nationalistisch und rassistisch radikalisierte "bürgerliche Normalmoral".

Es mag sein, daß die Personifizierung und Personalisierung der Politik Hitlers wichtigster Beitrag zur Theorie und Praxis des Faschismus war. Jedenfalls hat er sich als ebenso fragwürdig wie erfolgreich erwiesen. Und er wird die postfaschistische Ära überdauern. Der Faschismus hat die Struktur politischer Öffentlichkeit nachhaltig beschädigt. Der Hang, Politik auf Personen zu verkürzen und zu elementarisieren, ist längst ein fester Bestandteil unserer Politik- und Medienkultur geworden. Der zeitgenössische Populismus kann - keineswegs nur hierzulande - auf die aufdringliche und selbstgefällige Pose "unschuldiger Privatheit" nicht verzichten.²⁸

Hitler in der Pose "unschuldiger Privatheit"

Anmerkungen:

* Gekürzte Fassung des 4. Kapitels aus: Peter Reichel, Der schöne Schein des Dritten Reiches. Faszination und Gewalt des Faschismus, München 1991 (Carl Hanser Verlag).
1. Nevile Henderson, Fehlschlag einer Mission. Berlin 1937-39, Zürich o.J. (1940), S. 78 f.
2. Siehe Hamilton T. Burdon, Die programmierte Nation. Die Nürnberger Reichsparteitage, Gütersloh 1967; Alan Wykes, The Nuremberg rallies, New York 1970, Robert Fritzsch, Nürnberg unterm Hakenkreuz. Im Dritten Reich 1933-39, Düsseldorf 1983. Zum Gesamtzusammenhang der Öffentlichkeit im Dritten Reich: Karlheinz Schmeer, Die Regie des öffentlichen Lebens im Dritten Reich, München 1956; Eike Hennig, Faschistische Öffentlichkeit und Faschismustheorien, in: Ästhetik und Kommunikation 6 (1975) 20, S. 107 ff.; Faschistische Öffentlichkeit. Diskussionsbeiträge und Stellungnahmen von Peter Brückner, Wilfried Gottschalch, Oskar Negt u. a., in: Ästhetik u. Kommunikation 6 (1976) 26, S. 20 ff.
3. Siehe dazu v. a. Josef Henke, Die Reichsparteitage der NSDAP in Nürnberg 1933-38. Planung, Organisation, Propaganda, in: Heinz Boberach/Hans Booms (Hg.), Aus der Arbeit des Bundesarchivs. Beiträge zum Archivwesen, zur Quellenkunde und Zeitgeschichte. Boppard 1977, S. 398 ff.
4. Siehe dazu Burden, a.a.O., S. 11 ff.
5. Schmeer, a.a.O., S. 106.
6. William L. Shirer, Berlin Diary. The Journal of a Foreign Correspondent, New York 1942. S. 17 u. ders., Das Jahrzehnt des Unheils. Meine Erlebnisse und Erfahrungen in Deutschland und Europa, München 1989, S. 74 f.
7. Siehe Sontag, Faschismus, S. 96 ff. u. Martina Schöps-Potthoff, Die veranstaltete Masse. Nürnberger Reichsparteitag der NSDAP, in: Helge Pross u. Eugen Buß (Hg.), Soziologie der Masse, Heidelberg 1984, S. 148 ff.
8. Zit. nach Burden, a.a.O., S. 181 f.
9. Henderson, a.a.O., S. 80.
10. The New York Times, 12. 9. 1936 u. 13.9.1936.
11. Fest, S. 700.
12. Theodor W. Adorno, Versuch über Wagner, Frankfurt a. M. 1952, S. 155.
13. Karl Friedrich Reimers, Der Reichsparteitag als Instrument totaler Propaganda. Appell, Feier, Kult, Magie, in: Zeitschrift für Volkskunde 75 (1979), S. 216 ff. (219); Klaus Vondung, Magie und Manipulation. Ideologischer Kult und politische Religion des Nationalsozialismus, Göttingen 1971.
14. Reimers, a.a.O., S. 220.
15. Siegfried Kracauer, Von Caligari zu Hitler. Eine psychologische Geschichte des deutschen Films, Frankfurt a. M. 1984, S. 273.
16. Peter Nowotny, Leni Riefenstahls "Triumph des Willens", Dortmund 1981.
17. Thomas Langstien, Die Organisation des Ideologischen im Reichsparteitagsfilm, in: Argument-Sonderband 62, Berlin 1981, S. 307 ff.; Ulrich Pohlmann, Nur die Sieger zählen. Die Funktion der Schönheit bei Leni Riefenstahl, in: tendenzen. Zeitschrift für engagierte Kunst 155 (1986), S. 69 ff.
18. Erwin Leiser, "Deutschland erwache!" Propaganda im Film des Dritten Reiches, Reinbek 1989 (erw. Neuausg.), S. 30.
19. Domarus I/2, S. 641; Fest, S. 713 f.
20. Domarus I/2, S. 722.
21. Ian Kershaw, Der Hitler-Mythos. Volksmeinung und Propaganda im Dritten Reich, Stuttgart 1980, S. 70.
22. Claus Heinrich Meyer, Der Kaiser und ich. Die ferne, nahe Zeit des Wilhelminismus, in: Süddeutsche Zeitung, Nr. 13, 11/12. 6. 1988.
23. Siehe etwa Corona Hepp, Avantgarde. Moderne Kunst, Kulturkritik und Reformbewegungen nach der Jahrhundertwende, München 1987; Edward R. Tannenbaum, 1900. Die Generation vor dem Großen Krieg, Frankfurt a. M., Berlin, Wien 1978; Barbara W. Tuchmann, Der stolze Turm. Ein Porträt der Welt vor dem Ersten Weltkrieg 1890-1914, München u. Zürich 1969; Ulrich Linse, Barfüßige Propheten. Erlöser der zwanziger Jahre, Berlin 1983.
24. Jäckel, Hitler und die Deutschen, a.a.O., S. 720.
25. Joseph Peter Stern, Hitler. Der Führer und das Volk, München 1981, S. 9 ff.
26. Stern, a.a.O., S. 34 ff., 55 ff. u. S. 65 ff.
27. Ebda., S. 59.
28. Karl Heinz Bohrer, Über den Mangel an Symbolischem, in: ders., Nach der Natur. Über Politik und Ästhetik, München 1988, S. 55 ff.

Detlev Peukert

Volksgenossen und Gemeinschaftsfremde*
Die nationalsozialistische „Volksgemeinschaft" zwischen völkischer Propaganda und industriegesellschaftlicher Normalität

Wie wir alle wissen, gibt es eine volkstümliche Erinnerung an den Nationalsozialismus, der alle aufklärerische Publizistik und Wissenschaft wenig anhaben konnte. Daß Hitler die Autobahnen erbaut, die Arbeitslosen von der Straße geholt und eben diese Straße auch noch von Asozialen und Zigeunern gesäubert habe, wird ihm auch von jenen oft zugute gehalten, die ihm den Krieg, den verlorenen zumal, und die Judenverfolgung verübeln. Wir sollten diese hartnäckige, volkstümliche Erinnerung ernst nehmen; denn die Topoi der Autobahn und des Arbeitslagers stehen für die beiden Pole, nicht nur der nationalsozialistischen Volksgemeinschaftsutopie, sondern auch der Alltagserfahrung in den 30er Jahren. Auf der einen Seite: volksgemeinschaftliche Normalisierung und auf der anderen Seite: Aussonderung, Ausmerze gar des Normwidrigen, des Gemeinschaftsfremden.
Die Erfahrung des nationalsozialistischen Alltags erschöpfte sich gerade nicht nur in bombastischen ästhetischen Volksgemeinschaftsritualen, sondern umfaßte - für jeden präsent - eben auch jene angesprochenen terroristischen Ausgrenzungen, Aussonderungen. Damit sind zwei Themenbereiche meines Vortrags angesprochen. Zum einen will ich fragen, wie Konsens in der Masse der Bevölkerung alltäglich immer wieder gestiftet worden ist, wobei diese Frage unterstellt, daß der Konsens, der über solche Rituale gestiftet wurde, ein flüch-

Autobahn - Saalebrücke bei Hirschberg, rechts Pylon mit Hoheitsadler

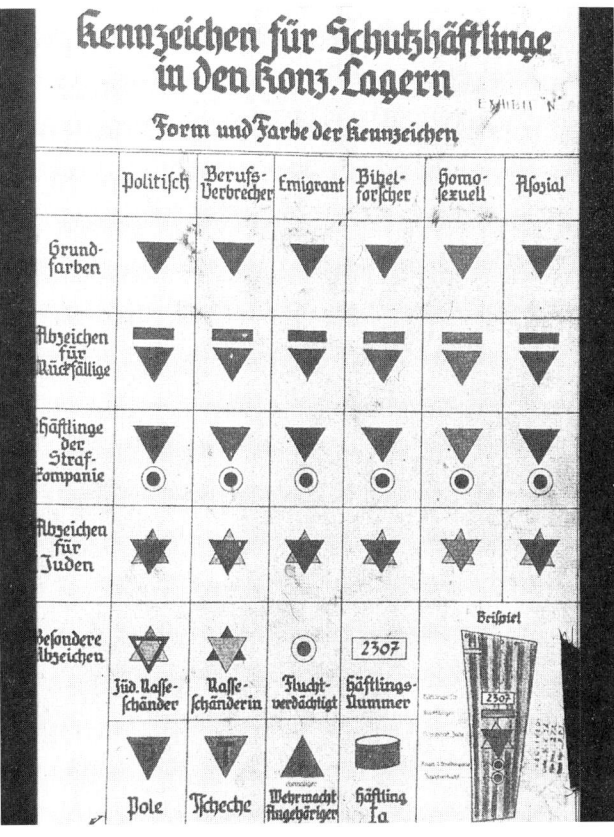

Kennzeichen für Schutzhäftlinge in den Konzentrationslagern

tiger war, der im Alltag schnell abblätterte. Meine zweite Frage ist, wie dieser Konsens neben seiner positiven, zustimmenden Seite eben auch die negative, terroristisch ausgrenzende, umfaßte und auch im Bewußtsein der damals zustimmenden und sich heute noch positiv erinnernden Bevölkerung verknüpfte. Ich will also den Terror gegen die "Gemeinschaftsfremden" als Element des Konsenses schildern, als etwas, das dazugehört zur Volksgemeinschaft, was bewußt in Kauf genommen und gebilligt wurde. Ich werde im folgenden zunächst versuchen, die verschiedenen Gesichter dieser Volksgemeinschaft im Alltag zu skizzieren, Konsens und Terror oder wie das Motto dieses Symposiums sagt, Faszination und Gewalt, zu gewichten. Vor allem aber will ich die historische Entwicklung und innere Dynamik der sog. Volksgemeinschaft verständlich machen. Das ist natürlich ein Programm für mehr als einen Vortrag, aber ich will versuchen, mich auf Thesen zu beschränken. Meine methodische Voraussetzung bei diesem Ansatz ist, daß Volksgemeinschaft als alltägliches Konzept, d. h. als Erfahrungsdimension, eben gerade kein einheitlicher Entwurf ist, der Ideologie Hitlers entsprungen und per Propaganda unters Volk gebracht. Vielmehr will ich unter Volksgemeinschaft jene vagen ideologischen Projektionen verstehen, unter denen die Anhänger der NS-Bewegung bis 1933 und seit 1933 weitere große Teile des deutschen Volkes ihr Bild davon zusammenfaßten, wie denn die NS-Gesellschaft sei und sein solle. Wenn dies der Ansatz ist, dann gibt es, und damit werde ich beginnen, durchaus verschiedene volksgemeinschaftliche Projektionen, volksgemeinschaftliche Bilder in den 30er Jahren. Beginnen wir mit der Bewegungsphase.
Das Volksgemeinschaftsbild der nationalsozialistischen Bewegung vor 1933 könnten wir bezeichnen als Mobilisation des Ressentiments vor allem bestimmter zwischen den Klassen stehender sozialer und kultureller Schichten gegen die Modernisierungskrise des Weimarer Systems. Dies ist eine einigermaßen komplexe Definition. Ich versuche die einzelnen Schichten dieser Definition erläuternd aufzugreifen. Zunächst die Lokalisierung der Träger dieser volksgemeinschaftlich orientierten Bewegung "zwischen den Klassen": Sie meint, daß der Kern, die dynamischen Gruppen in der nationalsozialistischen Bewegung vor 1933, gerade nicht im klassischen Sinne sozial fixierbar ist, wie beispielsweise die Kernträgergruppen der Arbeiterbewegung fixierbar sind, sondern daß es sich um soziale Zwischenschichten oder auch um Individuen und Gruppen, die zwischen den Schichten und Klassen changieren oder sich nicht binden können, handelt. Nicht zuletzt um jene, ja ich will einen gegenwärtigen Ausdruck benutzen, "no-future"-Generation, die um 1928/29 aus der Schule in die deprimierende Erwerbslosengesellschaft der Weltwirtschaftskrise hinein kam, und die Anfang der 30er Jahre genau jenes Alter erreicht hatte, das dann auch die NS-Kerngruppen, etwa der SA, auszeichnete. Eine Generation, die aus vielerlei Gründen, nicht zuletzt, weil sie zum letzten Geburtenberg vor 1914 gehörte, eine biographische und soziale Perspektive innerhalb der Weimarer Gesellschaft, besonders unter den Bedingungen der Weltwirtschaftskrise, nicht finden konnte. Wichtig ist, daß es eine Fehleinschätzung wäre, dem Nationalsozialismus nur traditionale verunsicherte Schichten zuzuordnen, also Gruppen, die sozusagen durch die Moderne irritiert wurden, Kleinbürger, Bauern u. ä. Das Charakteristische der Anhängerschaft des Nationalsozialismus ist vielmehr, daß sie auch Schichten umfaßte, die sich neu formieren, allerdings von der Modernisierungskrise der Weimarer Zeit und der Weltwirtschaftskrise in besonderem Maße getroffen werden. Es gab also auch eine starke Mobilität, einen starken Aufwärtsdrang innerhalb der Anhängerschaft des Nationalsozialismus. Alles dies führt dazu, daß die Bewegung insgesamt sich nicht durch ein Programm, sondern eher durch das Ressentiment der ihr zugehörigen Schichten ausdrückte, wobei ich "Ressentiment" in jenem weiten Sinne verwende, wie dies Nietzsche vorgeschlagen hat.

Man könnte zum Volksgemeinschaftsbild der NS-Bewegung vor 1933, in Abwandlung eines aus anderem politischen Kontext stammenden Wortes sagen, die Bewegung ist alles und das Ziel blieb wolkig. Das Bild von Volksgemeinschaft vor 1933 zielte auf die Erfahrung der Gemeinschaft, der Dynamik der Bewegung, der Rituale der Bewegung, die jenen, die an der Organisation teilnahmen, fraglos mitteilten, was sie tun sollten, die ihnen eine, wie auch immer vage Sinnperspektive und strukturierte Ausfüllung der alltäglichen Leere vorgaukelte. Also eine ritualisierte, ziellose Bewegung als den Kern dessen, was Volksgemeinschaftsdenken vor 1933 ausmachte.

Allerdings - und hiermit stoßen wir auf ein wesentliches Problem, das die Nationalsozialisten mit ihrer eigenen Bewegung nach 1933 hatten -, allerdings läßt sich eine solche hochgestimmte, ritualisierte, dynamische, hektische, charismatische Bewegung nur dann länger durchhalten, wenn auch der Alltag exeptionell ist, daß heißt in diesem Falle, etwa von der außergewöhnlichen Erfahrung der Massenarbeitslosigkeit, daß man den ganzen Tag zu seiner Verfügung hatte und nichts anderes damit anfangen konnte, getragen ist oder von der Außergewöhnlichkeit überhaupt der krisenhaften Situation in der Republik um 1932. Das Außeralltägliche der Lebensweise der Trägergruppen der Bewegung ist also eines der Charakteristika für die außeralltägliche Hochgestimmtheit dieser charismatischen nationalsozialistischen Bewegung vor 1933. Feiertagsstimmung aber hält, das weiß jeder, nie lange an. Nach jeder Feier kommt der Katzenjammer. Feiertagsstimmung verflacht im Alltag, charismatische Bewegungen veralltäglichen sich. Was aber passierte in dem Moment der charismatischen Bewegung des Nationalsozialismus, in dem Moment, als die Bewegung sich in der Macht etabliert hatte? Ich denke, daß hier das bisher selbstverständliche volksgemeinschaftliche Bild, das über die Aktionen auf der Straße vermittelt war, ersetzt werden mußte durch andere Konstruktionen. (Nicht zuletzt könnte man sich fragen, ob der hier gerade gezeigte Riefenstahl-Film "Triumph des Willens", der sozusagen am Ende der Bewegungsphase des Regimes steht, insofern das aktivste Element, die SA, gerade gewaltsam ausgeschaltet worden ist, ob gerade nicht der Riefenstahl-Film ein Versuch ist, das, was von den nationalsozialistischen Massen bisher als reale Bewegung erfahren worden ist, ästhetisch zu überhöhen, gerade weil die bisherige Bewegungserfahrung nicht mehr oder nicht mehr oft hätte gemacht werden können.)

Volksgemeinschaftsdenken nach 1933, die Dynamik der Bewegung der Nationalsozialisten selber, unterlag nach der Hochstimmungsphase der "Nationalen Revolution", also der Monate um März/April 1933, den Gesetzmäßigkeiten der Veralltäglichung. Nun zersplitterte der bisherige bewegungsorientierte Volksgemeinschaftstopos. Was passierte nun mit jenen Trägergruppen und ihren Motivationslagen, die sich vorher im Volksgemeinschaftsbild der Bewegung gesammelt hatten? Wir sehen die Postenjägerei derjenigen, die an die Macht kommen, die Erschlaffung derjenigen, die einen Posten erhalten hatten. Darauf antworten im vergeblichen Protest unter der Parole der sog. Zweiten Revolution, die Zu-kurz-Gekommenen in der NS-Bewegung. Die Partei selber konzentrierte sich gerade nicht auf die Wiederholung dieser Mobilisationsformen der Bewegungsphase bis 1933, sondern auf eine abgehobene Idolisierung des "Führers" und auf eine ebenfalls abgehobene propagandistische Ästhetisierung von Elementen der Bewegung. Die große Zeit der Massenaufmärsche ist schon 1934 vorbei. Was erfolgte statt dessen in der Masse der Anhängerschaft? Postenjägerei auf allen Ebenen habe ich schon genannt. Nicht zu vergessen auch die Jagd nach dem wirtschaftlichen Erfolg in dem sich dynamisierenden nationalsozialistischen System, das sich über Maßnahmen der Arbeitsbeschaffung, der Ausweitung von Berufschancen, durch die Einführung der Wehrpflicht und durch die Aufrüstungskampagnen im sozialen Feld ja durchaus dynamisch weiterentwickelt. Je alltäglicher das wird, was vorher die Dynamik der Bewegung ausgemacht hat, um so mehr verknöchern die ideologischen Gralshüter der Partei in der Konzentration auf bestimmte "Endziele". In der zweiten Hälfte der 30er Jahre ist diese Spannung zwischen der parteiinternen "Endziel"-Projektion und der Parteirealität, der Realität der Postenjäger, am größten.

Zur gleichen Zeit stoßen wir auf eine ganz andere Reaktion gerade jenes "Volks", das in der Volksgemeinschaftspropaganda so "volkstümlich" angesprochen worden war. Hier findet sich manche relative Immunität gegen die Zumutungen des Regimes. Eine gewisse Resistenz traditionalistischer Milieus im Volk, also gerade jener, auf die die Volksgemeinschaftspropaganda am meisten abgehoben hatte, irritiert die polizeilichen "Meinungsforscher" des NS. Gerade die alten, die traditionalen Milieus ließen sich am schwersten penetrieren durch die technokratische Dynamik des etablierten Nationalsozialismus. Die Nationalsozialisten selber beklagen sich in ihren geheimen Stimmungsberichten über eine "Volksgemeinschaft" von "Meckerern" und "Miesmachern", anstelle einer "Volksgemeinschaft" von Begeisterten. Der Alltag der vorher so gepriesenen Volksgemeinschaft des "Dritten Reiches" bleibt Alltag, ist der trockene, der mürrische Alltag, in dem an der Straßenecke, in der Straßenbahn, in der Kneipe über die Partei hergezogen wird, über die Versorgungsschwächen der Wirtschaft geklagt wird, die bis in die Mitte der 30er Jahre schleppende Arbeitsbeschaffung und das Bonzentum der Parteivertreter und derjenigen, die jetzt in Staatskarrieren aufgerückt sind, angeprangert werden. So entstand eine zweite öffentliche Meinung neben der publizierten, propagandistisch gewollten. Damit setzt sich eine dem Regime höchst lästige Dimension von "Volk" durch, die durch die Volksgemeinschaftsutopien eigentlich gerade hätte ausgeschaltet werden sollen. Wir stoßen also auf diese für den Nationalsozialismus an der Macht charakteristische Spannung zwischen dem Festhalten an der Volksgemeinschaftsutopie und der Veralltäglichung der Dynamik der Bewegung, ihrem Versanden in der alltäglichen Meckerei und Miesmacherei.

Dennoch denke ich nicht, daß wir schon uns damit zufrieden geben können, daß wir diese Spannung zwischen Volksgemeinschaftspropaganda und der Realität eines Volkes von "Meckerern" einfach so stehen lassen können. Dies ist nur die Ausgangssituation. Die Nationalsozialisten haben sich überlegt, wie man mit dieser natürlich für die Identität und für den Integrationsanspruch ihrer Bewegung schwierigen Situation umgehen könne. Die nationalsozialistischen Politiker versuchten bewußt oder auch spontan in Reaktionen darauf ein anderes Konzept von Volksgemeinschaft auszuprobieren, das durch widersprüchliche Elemente gekennzeichnet ist. Vor allem setzten die nationalsozialistische Propaganda und die nationalsozialistische Sozialpolitik darauf, daß nicht die großen Sprüche überzeugen, sondern die Befriedigung realer Bedürfnisse der Bevölkerung. Sie setzte auf die Ausdehnung von Konsummöglichkeiten. Zeitzeugen erinnern immer wieder an den relativen Aufschwung in der zweiten Hälfte der 30er Jahre, in denen einige schon den Begriff des Wirtschaftswunders zum ersten Mal gebrauchten, die relative Normalisierung der Lebenssituationen, verglichen mit der schweren Krise zuvor. Die Nationalsozialisten setzten durchaus auf die Beruhigung der Volksstimmung durch soziale Zugeständnisse. Zugleich förderten sie ganz bewußt das Bedürfnis nach unpolitischem Alltag. Am deutlichsten zeigt dies die Ufa-Filmproduktion bis weit in die

Bernd Rosemeyer: Bekannter Rennfahrer der 30er Jahre

Kriegsjahre. Als Gegenpol des Volksgemeinschaftsbildes im "Triumph des Willens" nehmen sie ruhig die berühmte Verfilmung der "Feuerzangenbowle" mit Heinz Rühmann. Ein Film, der vom Lebensstil her in den 30er Jahren spielt. Kleidung, Mode, Autos: das sind die 30er Jahre. Aber in der Schule des Films gibt es kein Führerbild, es gibt nirgendwo Hakenkreuzfahnen. Wir hören Deutschland im O-Ton der 30er Jahre ohne nationalsozialistischen Akzent. Allerdings war in der Kriegssituation die Sehnsucht nach einem unpolitischen Alltag eben gerade ohne die NS-Symbole vielleicht noch stärker als in den Friedensjahren zuvor. Als Befund können wir notieren, daß die Nationalsozialisten bewußt auch ein Bild von Volksgemeinschaft präsentieren, das ihrer ursprünglichen Volksgemeinschaftsutopie diametral gegenübersteht, nämlich ein Bild von Volksgemeinschaft, das die Normalisierung von Alltagssituationen affirmiert, das auf die Ausdehnung der Konsumgesellschaft zielt, das sich der Metaphern der Leistungsgesellschaft bedient, das sich rundum durch unpolitische "Modernität" auszeichnet. Die Helden der 30er Jahre waren doch nicht nur die Leute, die im Leni-Riefenstahl-Film oder in ähnlichen Filmen marschiert sind. Die Helden der 30er Jahre waren Ufa-Stars, Autorennfahrer, Fußballer und entsprechende Boxer. Da war Deutschland so modern wie Amerika, und der positive Vergleich mit Amerika fällt vor 1941 recht oft. In gewisser Weise ist das Bild, das die Nationalsozialisten hier vermitteln wollen, durchaus das einer Anleihen beim Amerikanismus nicht scheuenden Wirtschaftswundergesellschaft, einer modernen Leistungsgesellschaft.

Diese leistungsgesellschaftliche Normalität der 30er Jahre wurde in ihrer nationalsozialistischen Fassung durch einen hohen Preis erkauft. Zum einen wird sie dadurch ermöglicht, daß sich das "Volk" im Alltag aus der aktiven, politischen, selbstbewußten Gestaltung von Öffentlichkeit zurückzieht, weil die Politik und jede Form von Öffentlichkeit die Domäne der nationalsozialistischen Propaganda, und, wenn es um oppositionelle Meinungen ging, die Domäne der Gestapo war. D. h. der Rückzug ins Private, die Isolierung des Einzelnen, bezogen auf die Familie und den engsten Freundeskreis, herrscht vor. Dies kann man sogar in den oppositionellen Bewegungen nachvollziehen, wie die Bezugssysteme für Widerstand immer enger werden und nur noch die engsten Vertrauten diejenigen sind, unter denen man sich erlaubt, oppositionell zu denken, zu reden oder gar zu handeln. Dieser Rückzug ins Private, ins Isolierte, ist der eine wesentliche Preis, der für diese nationalsozialistische Volksgemeinschaft und Normalität der Wirtschaftswunderzeit der zweiten Hälfte der 30er Jahre gezahlt wird. Schon die SOPADE-Berichte, die eine der wichtigsten Quellen für die Stimmung der deutschen Bevölkerung sind, sprechen von der "Atomisierung" der deutschen Bevölkerung. Das Herauslösen des Einzelnen aus verantwortlichen und sozial verbundenen gesellschaftlichen Beziehungen, seine Isolierung in der Privatsphäre, seine passive soziale Rolle als Konsument oder als Objekt von Macht kennzeichnen die "Normalität" der NS-Version von Leistungsgesellschaft auf der einen Seite. Diese Atomisierung, diese Individualisierung bereitet vor, was sich in der Nachkriegsgesellschaft unter anderen gesellschaftlichen und politischen Bedingungen vollendet.

Das ist aber nur die eine Seite des Entwurfes von "Volk", mit dem unter nationalsozialistischen Konditionen das Abflauen der ursprünglichen Bewegung, also die Veralltäglichung des Charisma konterkariert wird. Die Organisierung der Leistungsgesellschaft mit manchen propagandistischen Überhöhungen und Heroisierungen, aber vielen Spielräumen für alltäglichen Privatismus und atomisierten Individualismus besitzt ein terroristisches Gegenstück. Denn die Identität der NS-Bewegung kann nur beibehalten werden, wenn zugleich die Grenzen jenes volksgemeinschaftlichen, alltäglichen Konsenses scharf gezogen werden. Es dürfte nämlich allgemein bekannt sein, daß die Nationalsozialisten bis weit in den Krieg hinein aus Angst davor, es könne sich so etwas wie die Hungerrebellionen oder gar die Revolution im Ersten Weltkrieg wiederholen, alles daran gesetzt haben, den Lebensstandard der deutschen Bevölkerung so hoch wie möglich zu halten, sehr viel höher als den Lebensstandard etwa der britischen Bevölkerung zu der gleichen Zeit. Dieser relativ hohe Standard der deutschen Lebensmittelrationen bis lange nach Stalingrad war nur möglich durch den Export des Hungers in die unterworfenen Regionen Europas. Dies ist die andere Seite des nationalsozialistischen Konsensheischens gegenüber dem eigenen Volk: Die Peitsche für die Europäer, das Zuckerbrot für die Deutschen. Das gleiche erfolgte im Bereich des Arbeitsmarktes. Die Nationalsozialisten haben bis zuletzt gezögert, Frauen in der Intensität einzusetzen wie im Ersten Weltkrieg oder wie in England. Sie haben statt dessen die "deutsche Frau" am Herd gelassen, sie auch, verglichen mit dem Ersten

schismus als Ausfluß der Barbarei etikettiert werden, so ist dem entgegenzuhalten, daß die nationalsozialistische Volksgemeinschaft gerade in ihrer technokratischen Perfektion der Erfassung und Vernichtung gar nicht als Ausgeburt vormoderner Barbarei zu sehen ist. Sie sind vielmehr Resultate einer zugleich gewalttätig und technokratisch radikalisierten Zivilisation, in der die Atomisierung des einzelnen die Verbindlichkeit sozialer und moralischer Verantwortung zersetzt hat. Auschwitz ist ein Produkt der Zivilisation und keineswegs der Barbarei.

Ich habe mit dem Hinweis begonnen, daß eine bestimmte volkstümliche Erinnerung an Hitlers Erfolge auch heute noch hartnäckig präsent ist. Lassen Sie mich zum Schluß sagen, daß ich mir eine humane Bewältigung der gesellschaftlichen Herausforderungen unserer Moderne, auch der gegenwärtigen Probleme, nur vorstellen kann, wenn diese Erfahrungen der nationalsozialistischen Zeit als Pathologie, als Krankengeschichte der modernen Zivilisation, als ein Zeichen dafür, wohin es mit der Moderne kommen kann, was in unserer eigenen Gesellschaft möglich ist, intellektuell wie moralisch von uns bewältigt werden.

* Vortrag vom 27. April 1985 anläßlich des Symposiums „Faszination und Gewalt – Zur Geschichte und Ästhetik des deutschen Faschismus" in Nürnberg.

Standarten

worden sind) nicht marginale Phänomene der NS-Politik sind, sondern daß diese Politik gegen die Gemeinschaftsfremden zugleich auf die innere Verfassung und die Verhaltens- und Lebensbedingungen der gesamten Volksgemeinschaft zielte. Wenn solche Normalitätsstandards polizeilich überprüfbar würden, dann stünde die ganze scheinbar normale Volksgemeinschaft permanent unter Abgrenzungszwang. Diese Normalitätsstandards galten eben nicht nur für bestimmte soziale Randgruppen; vielmehr mußte sich an ihnen auch jeder Volksgenosse zu jeder Zeit messen lassen.

Ich möchte Ihnen die Pointe der Vorgeschichte dieses Gesetzes nicht vorenthalten: Sie reicht bis 1920 zurück. Frühere Entwürfe des Gemeinschaftsfremdengesetzes griffen auf Initiativen zu einem sog. "Bewahrungsgesetz" zurück, das alle "Unerziehbaren" zwangsweise erfassen und internieren wollte. Diese Initiativen zur "Verwahrung" oder "Bewahrung" Unerziehbarer wurden seit 1920/22 von allen demokratischen Parteien des Deutschen Reichstags, auch den Sozialdemokraten und dem Zentrum, getragen, mit dem Zweck, die fürsorgepädagogische Erfassung der Erziehbaren zu ergänzen durch die Zwangsverwahrung derjenigen, die man als unerziehbar definierte. Dieses Gesetz ist zwar nicht zuletzt wegen Definitionsproblemen, Finanzierungs- und Organisationsschwierigkeiten in der Weimarer Zeit nicht durchgekommen. D. h. auch in der terroristisch ausmerzenden Dimension von Volksgemeinschaft gibt es eine Kontinuität des Denkens im Umgang mit gesellschaftlichen Randgruppen, die geprägt ist von bestimmten Normalitätsvorstellungen gesellschaftlicher Leistungsfähigkeit, gesellschaftlicher Tüchtigkeit, die offenbar in jeder modernen Gesellschaft dominieren. Es gibt in der spezifisch nationalsozialistischen Variante der modernen Leistungsgesellschaft nun zwar keine Kontinuität in den Methoden der Behandlung dieser Betroffenen durch Terror und Mord, aber es gibt eine, ich würde fast sagen, industriegesellschaftliche Kontinuität, die in einem Bild von Leistungsgesellschaft kumuliert, das eine erste gesellschaftliche Realisierung im Deutschland der 30er Jahre bekommen hat und dann in den 50er Jahren zum Allgemeinbild der Wirtschaftswundernation wurde.

Lassen Sie mich versuchen, am Ende meines Überblicks diese Kontinuitätsproblematik zwischen einer auf bestimmte leistungsgesellschaftliche Normalitätsstandards abgestimmte Volksgemeinschafts-Konzeption und der Ausgrenzung von Gemeinschaftsfremden zusammenzufassen:

Was als nationalsozialistische Rebellion in einem krisenhaft blockierten Modernisierungsprozeß begonnen hatte, was seine antimodernen ideologischen Ziele mit modernsten Mitteln der nationalsozialistischen Massenbewegung und Propaganda durchsetzte, führte schließlich zu einem am Ende terroristisch beschleunigten und in der Katastrophe des Krieges gipfelnden gesell-

Plakat

schaftlichen Modernisierungsschub. Dabei verschränkten sich die destruktiven Affekte des Nationalsozialismus gegen traditionale Werte mit destruktiven Effekten des Krieges, die allerdings auch unfreiwillige individuelle Mobilität bedeuten konnten, mit einer auch im Nationalsozialismus vorhandenen emphatischen Modernität in der Mobilisierung bestimmter Elemente dieser modernen Massengesellschaft und mit unbeabsichtigten, aber um so wirkungsvolleren Prozessen der gesellschaftlichen Atomisierung, der Herstellung des gesellschaftlich unverantwortlichen, privatistischen Konsumbürgers, allerdings unter Beibehaltung der politischen "Endziele" der Nationalsozialisten. Je mehr die Zugkraft des "Völkischen" zugunsten der Attraktionen einer atomisierten massengesellschaftlichen Normalität schwand, desto schärfer und radikaler wurden die Grenzen zu den "Gemeinschaftsfremden" gezogen. Die nationalsozialistische Option auf eine leistungsorientierte, normierte Massengesellschaft, diese moderne nationalsozialistische Vision von Volksgemeinschaft, die sich eben doch eher am Volksempfänger und am Volkswagen als am Volkstanz und an der Volkstümelei mancher ihrer Ideologen maß, zielte eben zugleich auf die Aussonderung und Ausmerze derjenigen, die diesem Tüchtigkeitsstandard nicht entsprachen oder nicht entsprechen durften. Der Nationalsozialismus zeigt insofern, wohin eine bestimmte Variante moderner Leistungsgesellschaft führen kann, wozu unsere moderne Gesellschaft fähig ist. Wenn die ungeheuren Verbrechen der NS-Zeit immer wieder in hilflosem Antifa-

"bereichert". Die Beseitigung des rechtsstaatlichen Gewaltmonopols gibt die Möglichkeit, Gewalt in Selbstjustiz oder eben in außerhalb des Rechtsstaates organisierten Bereichen, wie den KZs, unbehelligt auszuüben. Radikalisierung der Ausgrenzungsnormen und die Anwendung terroristischer "Ausmerze" überführten die Kontinuitätselemente der Diskriminierung von Randgruppen in eine neue Situation. Die "Gemeinschaftsfremden" und "Volksfeinde" werden nicht mehr nur als asozial diffamiert, sondern in Lager gesteckt, gequält, und der "Vernichtung durch Arbeit" zugeführt.

Ich will aus der Fülle der Maßnahmen, die der Nationalsozialismus hier erbracht hat, nur einige erwähnen, etwa den Asozialenerlaß von 1937, der Leute, die angeblich arbeitsfähig, aber nicht arbeitswillig waren, in Konzentrationslager einweist. Oder die sogenannten Arbeitserziehungslager während des Krieges oder die zunächst mal "experimentell" gedachten Konzentrationslager für Jugendliche in Mohringen und in der Uckermark. Vor allem möchte ich darauf hinweisen, daß schon im Zwangssterilisationsgesetz von 1933 eine Vernichtungsdimension gegen bestimmte "Asoziale" angelegt war. Die medizinischen Techniken, mit denen man Frauen damals sterilisierte, hatten nämlich eine bis an die 40% reichende Todesquote im Gefolge. Wenn man sogenannte asoziale geistesschwache Frauen (was immer dies sei, die Kriterien waren sehr schwankend) sterilisierte, nahm man in Kauf, daß nahezu jede zweite behandelte Frau starb. Schon 1933 begann der Völkermord gerade an der Front des Kampfs gegen die "Asozialen", oder wie die Nationalsozialisten eben in Verdeutschung sagten, der "Gemeinschaftsfremden". Ich will alles dies nur angedeutet haben, um deutlich zu machen, daß wir nicht nur in rückblickender Perspektive diese heterogenen Gruppen zusammenfassen, sondern daß auch die nationalsozialistische Rechtspolitik darauf zulief, diese verschiedenen, im Laufe von 12 Jahren erfolgten Aussonderungs- und Ausmerzestrategien gegen verschiedene Gruppen, die dem Normalitätsstandard nicht entsprachen, konzeptionell zusammenzufassen. Gegen Ende des Krieges einigten sich die damals für Reichsgesetzgebung im Umlaufverfahren zuständigen Stellen auf einen Entwurf eines "Gesetzes zur Behandlung der Gemeinschaftsfremden". Wir müssen zwar erwähnen, daß uns die Praktizierung des Gesetzes, das am 1. Januar 1945 in Kraft treten sollte, erspart geblieben ist, einmal durch bestimmte Kompetenzstreitigkeiten in letzter Minute, die diese Inkraftsetzung noch einmal verschoben haben, zum anderen dann durch den glücklichen Ausgang des Krieges, der mit der Befreiung Deutschlands vom Nationalsozialismus endete. In § 1 dieses "Gesetzes zur Behandlung der Gemeinschaftsfremden" heißt es:

"§ 1
Gemeinschaftsfremd ist:

1. Wer sich nach Persönlichkeit und Lebensführung, insbesondere wegen außergewöhnlicher Mängel des Verstandes und des Charakters außerstande zeigt, aus eigener Kraft den Mindestanforderungen der Volksgemeinschaft zu genügen.

2. Wer
a) aus Arbeitsscheu oder Liederlichkeit ein nichtsnutzes, unwirtschaftliches oder ungeordnetes Leben führt und dadurch andere oder die Allgemeinheit belastet oder gefährdet

oder

einen Hang oder eine Neigung zum Betteln oder Landstreichen, zu Arbeitsbummelei oder Diebereien, Betrügereien oder anderen nicht ernsten Straftaten oder zu Ausschreitungen in der Trunkenheit betätigt oder aus solchen Gründen Unterhaltspflichten gröblich verletzt

oder

b) aus Unverträglichkeit oder Streitlust den Frieden der Allgemeinheit hartnäckig stört

oder

3. Wer nach seiner Persönlichkeit und Lebensführung erkennen läßt, daß seine Sinnesart auf die Begehung von ernsten Straftaten gerichtet ist (gemeinschaftsfeindlicher Verbrecher und Neigungsverbrecher)."

Das ist eine, wie ich glaube, einigermaßen vollständige Liste alltäglicher Untugenden, von Normverstößen und abweichendem Verhalten, aufgrund derer die deutsche Polizei wahrhaft flächendeckend präventiv hätte tätig werden können. "Gemeinschaftsfremde" sollten nämlich generell unter Polizeiaufsicht gestellt sowie in Konzentrationslager eingewiesen werden, falls das im Interesse der Allgemeinheit läge, oder für den Fall, daß sie eine Straftat begangen haben, der deutschen Justiz überstellt werden. Dieses die NS-Rechtspolitik "krönende" Gesetz zeigt, daß die verschiedenen Verfolgungsmaßnahmen des Nationalsozialismus gegen Randgruppen (also gegen Gruppen, die terroristisch an den Rand der nationalsozialistischen Volksgemeinschaft gestellt

Untersuchung auf "Erbgesundheit" vor Gewährung des Ehestandsdarlehens

Weltkrieg, gut versorgt. Die Ehefrauen von Männern, die an der Front standen, bekamen eine einigermaßen fürs Leben ausreichende Versorgung garantiert. Zur gleichen Zeit holten sie, um aber die Kriegsproduktion zu sichern und zu steigern, insgesamt mehr als 10 Millionen ausländischer Arbeiter, Zwangsarbeiter und Kriegsgefangene nach Deutschland herein. Schon diese beiden Maßnahmen der Kriegsjahre zeigen das Doppelgewicht der volksgemeinschaftlichen Normalität. Um eine Illusion von Normalität herzustellen, die dem fragilen Konsens zwischen Bevölkerung und Regime sicherte, (und das Regime war sich dieses Konsenses nie sicher, wie seine sorgfältigen Analysen der Schwankungen der Bevölkerungsstimmungen zeigen) war es nötig, den Hunger zu exportieren und die Zwangsarbeit zu importieren.

Das gleiche, was ich hier am Beispiel von Hungerexport und Zwangsarbeiterimport geschildert habe, läßt sich genereller fassen: Die terroristische Radikalisierung des Volksgemeinschaftskonzepts zielte auch nach innen, durch die Radikalisierung der Abgrenzung gegenüber jenen, die den Normen dieser propagierten Volksgemeinschaft als Leistungsgemeinschaft nicht entsprachen. Dazu gehörte eine mitleidlose Profilierung des Normalitätsstandards "gesellschaftlicher Tüchtigkeit" sowie die Ablenkung der Dynamik des Ressentiments auf die Gruppen, die den Normalitätsstandards nicht entsprachen. Aus der Volksgemeinschaftsutopie, als einer Bewegung ohne Ziel, wurde eine "Volksgemeinschaft", die ihre leistungsgesellschaftliche Normalitätsutopie durch die Ausgrenzung der "Gemeinschaftsfremden" herstellte. Die terroristische Dimension dieser Ausgrenzung der Gemeinschaftsfremden während der zweiten Hälfte der 30er Jahre und während des Krieges realisierte sich im Nationalsozialismus vor allem auf zwei Ebenen: Zum einen dadurch, daß die ohnehin schon vorhandenen Normalisierungstendenzen, die jede moderne Gesellschaft besitzt, von moralischen Vorbehalten entbunden werden. Was will ich damit sagen? Schon vor 1933 gab es spezifisch ausgrenzende Techniken des Umgangs mit Zigeunern, mit Asozialen, mit Nichtseßhaften, mit verwahrlosten Jugendlichen u. a. Die Nationalsozialisten übernahmen zunächst diese Techniken und intensivierten die terroristische Dimension in diesen Techniken. Das eigentlich Neue ist nicht, daß sie solche Ausgrenzungstraditionen weiterführten, denn sie führten sie bloß etwas skrupelloser weiter als zuvor. Das eigentlich Neue ist, daß sie diese Traditionen des Umgangs mit den gesellschaftlichen Randgruppen vom moralischen Vorbehalt, nämlich dem Vorbehalt, daß es sich um Wesen mit Menschenwürde handelt, befreiten, entbanden. Zugleich erfolgte die Entbindung des Ressentiments gegen die Außenseiter aus den bisher noch geltenden Normen des Rechtsstaates. D. h. Außenseiter wurden auch zuvor diffamiert: Häßliche, Krüppel, Homosexuelle, die Reihe ist lang. Jetzt aber wurden diese im Volk längst vorhandenen Ressentiments um neue Möglichkeiten gewaltsamer Artikulation

Privatfoto: "Juden sind unser Unglück"

KZ-Häftlinge in Dachau (1938)

Martin Loiperdinger

„Triumph des Willens":
Führerkult und geistige Mobilmachung

Die nationalsozialistische Herrschaft ist angetreten, das Ergebnis des Ersten Weltkriegs durch den Einsatz militärischer Gewalt zu revidieren. Deutschland soll wieder Weltmacht werden - durch den Sieg in einem Krieg, dessen Vorbereitung von Anfang an tatkräftig betrieben wird. Schon am 3. Februar 1933 deklariert Adolf Hitler vor den Befehlshabern von Heer und Marine die "Eroberung neuen Lebensraums im Osten" als Ziel seiner Regierung. Vordringlich - neben der militärischen Aufrüstung - sei die Ausrichtung der Innenpolitik auf die "Stärkung des Wehrwillens" (vgl. das sog. Liebmann-Protokoll). Hierfür zuständig ist vor allem der Reichsminister für Volksaufklärung und Propaganda. Unumwunden bezeichnet es Joseph Goebbels als seine Aufgabe, "in Deutschland eine geistige Mobilmachung zu vollziehen" (am 25. März in einer Ansprache an die Rundfunkintendanten).

Ziel dieser geistigen Mobilmachung ist die innere Bereitschaft zum Einsatz für Staat und Nation, die vor dem Einsatz des eigenen Lebens nicht Halt macht. Jede Besinnung eines abwägenden Verstands, der noch nach Nutzen und Gründen fragt, muß bei diesem Vorhaben stören. Nationalsozialisten achten deshalb den Verstand gering, legen aber großen Wert auf die Feststellung, daß Nationalsozialismus Gefühlssache sei. Sie fördern das schon vorhandene Nationalempfinden der Bevölkerung nach Kräften: zum einen durch die Erfolge der nationalsozialistischen Revisionspolitik, die als Tilgung der "Schmach von Versailles" gefeiert werden - von der Einführung der allgemeinen Wehrpflicht bis zum "Anschluß" Österreichs; zum andern durch öffentliche Veranstaltungen, die regelmäßig und in großer Zahl eigens zu dem Zweck inszeniert werden, den "Volksgenossen" ein durch Pflichterfüllung starkes Deutschland vorzuführen.

Die Ableistung von bedingungslosem Gehorsam wird sinnfällig demonstriert bei Gelöbnisfeiern, die zu den verschiedensten Anlässen veranstaltet werden und ihren Höhepunkt alljährlich auf dem Reichsparteitag finden. Die gigantischen politischen Rekrutenvereidigungen auf dem Nürnberger Parteitagsgelände zeigen demonstrativ, daß das gesellschaftliche und öffentliche Leben im deutschen Faschismus nach dem militärischen Prinzip von Befehl und Gehorsam vor sich zu gehen hat. Das erfordert den Willen zur absoluten Pflichterfüllung für Deutschland und den "Führer". Die inszenierten Gelöbnisfeiern beweisen, daß es diesen Willen als leuchtendes Beispiel für alle bereits gibt, indem die Gefolgschaft (Parteifunktionäre, SA- und SS-Männer, Hitler-Jugend, Arbeitsdienst) zum Appell vor Hitler antritt und ihren bedingungslosen Gehorsam durch militärische Exerzierübungen sichtbar macht.

Geistige Mobilmachung im deutschen Faschismus operiert vor allem auf dem Feld der Anschauung. Die ästhetischen Szenarien der Nürnberger Gelöbnisfeiern bieten Teilnehmern und Zuschauern ein Schauspiel. Als Wahrnehmungsorgan wird von diesen Veranstaltungen vorrangig das Auge angesprochen. Als Medium zur Weiterverbreitung der Parteitagsappelle eignet sich deshalb am besten der Film.

Dem nationalsozialistischen Regime ist sehr daran gelegen, daß der Parteitag in die Kinos kommt. Die Nürnberger Gelöbnisfeiern können auf diesem Weg weiten Kreisen der Bevölkerung unmittelbar zur Anschauung gebracht werden: Über das massenhafte Kinoerlebnis soll der Parteitag "Kraftquell für die ganze Nation" werden (Nationalsozialistische Partei-Korrespondenz, Pressedienst der NSDAP, Folge 71, 25. 3. 1935).

Nachdem sie mit dem Film "Sieg des Glaubens" bereits eine erfolgreiche Kinoversion des Parteitags von 1933 geliefert hat, wird Leni Riefenstahl von Adolf Hitler beauftragt, auch den "Reichsparteitag der Einheit und Stärke" von 1934 zu verfilmen. Als Frau, die nicht Mitglied der NSDAP ist, zugleich vom "Führer" persönlich protegiert wird und diesmal völlig unabhängig von der Filmabteilung der Partei arbeiten soll, braucht Leni Riefenstahl keine Rücksichten auf Proporz und interne Querelen zu nehmen. Sie kann sich ungestört der Aufgabe widmen, in künstlerischer Freiheit den - wie sie sagt - "Glaubensinhalt" des Parteitags filmisch zur Geltung zu bringen. An subjektiver Eignung bringt die Tänzerin und Bergfilm-Darstellerin ihre scheinbar unpoliti-

Der "Führer"

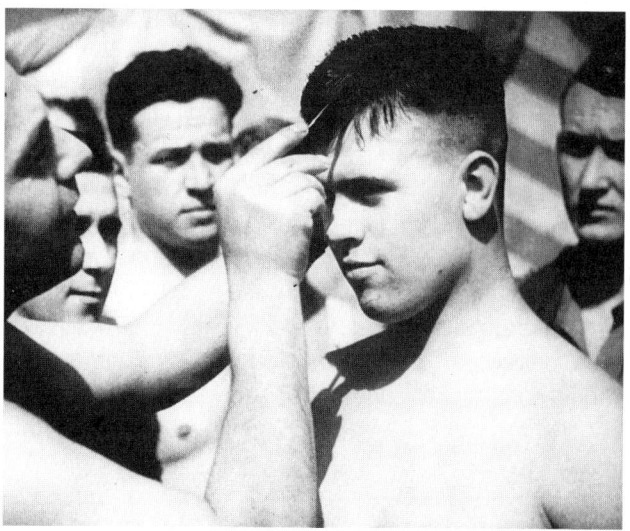
Im SA-Lager

Joseph Goebbels mustert die HJ

sche Begeisterung für die ästhetischen Ideale von "Kraft und Schönheit" mit. Für die objektiven Voraussetzungen sorgen 300.000 RM Verleih-Garantie des Ufa-Konzerns und selbstverständlich die Unterstützung der NSDAP bei den Dreharbeiten. Nie zuvor ist für Dokumentarfilmpropaganda ein derartiger Aufwand getrieben worden: Ganz abgesehen von den Hunderttausenden, die ohnehin als Statisten an den Gelöbnisfeiern teilnehmen, gebietet die Regisseurin über einen Mitarbeiterstab von etwa 170 Mann. Sie kann es sich leisten, an die 130.000 Meter Film belichten zu lassen. Daraus wird in monatelanger Arbeit ein abendfüllender Film von 3000 Meter Länge geschnitten, dem Adolf Hitler den Titel "Triumph des Willens" gibt.

Am Schneidetisch wird eine stoffliche Verdichtung und dramaturgische Überhöhung des Aufnahmematerials vorgenommen. Totenehrung und Führerkult stellt Leni Riefenstahl als Kern der Parteitagshandlung heraus: Das Bekenntnis zur Revision der Niederlage im Ersten Weltkrieg durchzieht den Film wie ein roter Faden.

Unübersehbar ist das zum Beispiel beim Arbeitsdienst-Appell: "Einwandfrei ausgerichtet" sind 52.000 Angehörige des Freiwilligen Arbeitsdienstes angetreten und exerzieren - in Ermangelung von Gewehren - mit ihren Spaten. Ein Chorspiel reklamiert ergänzend den Anspruch der "Soldaten der Arbeit" auf wirkliches Soldatentum:

"Wir standen nicht im Schützengraben, und nicht im Trommelfeuer der Granaten - und sind trotzdem: Soldaten! (...) Hier steht des Reiches junge Mannschaft - wie einst bei Langemarck, bei Tannenberg, vor Lüttich, vor Verdun ..." Zur Abrufung dieser Schlachtenorte ertönt die Melodie von "Ich hatt' einen Kameraden", dann eine Stimme: "Kameraden, die Rotfront und Reaktion erschossen ...", ein Paukenschlag - Stille - und die Antwort des Chors: "Ihr seid nicht tot, ihr lebt - in Deutschland!" Es wird eine Traditionslinie deutschen Soldatentums gezogen von den wilhelminischen Armeen zu den Schlägertrupps der SA-Verbände: jeweils ein Kampf um Deutschland - im Ersten Weltkrieg gegen den äußeren, in der Weimarer Republik gegen den inneren Feind. Der Kampf im Innern wurde durch die Liquidierung der Arbeiterbewegung siegreich beendet, die Revision der Weltkriegsniederlage steht noch aus. Sichtbar und hörbar demonstrieren die Arbeitsdienstmänner dem Kinopublikum ihre Bereitschaft, neues Land nicht nur mit dem Spaten zu gewinnen, sondern auch mit der Waffe zu erobern.

Eine weitere Totenehrung zeigt der Film beim Appell der SA und SS im Luitpoldhain. Diese Szene bildet zugleich einen Höhepunkt in der dramaturgischen Konstruktion des Führermythos: Hitler geht, gefolgt vom SA-Chef Lutze und von Heinrich Himmler, durch die schweigenden Karrees seiner "politischen Soldaten" zum Ehrenmal für die Gefallenen, bleibt dort eine Weile stumm stehen und tritt wieder den Rückweg an. Szenisch empfängt er so

das Vermächtnis der Toten, um es als unumstößlichen Befehl weiterzureichen an die Lebenden.
Die Gefolgschaft beantwortet jede Rede des "Führers" auf dem Parteitag mit einem dreifachen "Sieg Heil!". Damit wird im Ritual der Nürnberger Appellhandlung der Treueschwur besiegelt. Im Gedenken an die für Deutschland Gefallenen wird also das Gelöbnis abgelegt, jederzeit sein eigenes Leben einsetzen zu wollen für die Belange der Nation, über die der "Führer" entscheidet. Treue zum Führer soll gleichbedeutend sein mit der Bereitschaft zum Sterben für Deutschland. Das ist, auf einen Nenner gebracht, die politische Botschaft des Parteitagsfilms "Triumph des Willens".
Ein Führungsanspruch dieser Tragweite erfordert politische Legitimation. Schrankenlose Herrschaft verlangt die schrankenlose Glaubwürdigkeit desjenigen, der sie ausübt. Um das eigene Leben ohne Vorbehalt der Befehlsgewalt Adolf Hitlers zu überantworten, muß die Gefolgschaft dem "Führer" grenzenloses Vertrauen entgegenbringen. Dem politischen Bedürfnis nach Stilisierung und Überhöhung der Führerfigur kommt im Parteitagsfilm die Bildregie entgegen. Die Gestaltungsmittel der Kinematographie, vor allem Kameraführung, Beleuchtung und Schnitt, werden eingesetzt, um den nationalsozialistischen Führerkult wirkungsvoll ins Bild zu setzen.
Die absolute Dominanz des "Führers" über die Formationen der Partei wird durch die geeignete Wahl des Kamerastandpunkts akzentuiert. Beim Appell von SA und SS zum Beispiel fällt ins Auge, daß Hitler immer in Untersicht, die angetretene Gefolgschaft immer in Aufsicht gefilmt ist. Das Führerprinzip wird auf diese Weise visuell auf den Punkt gebracht: Zum "Führer" wird von unten aufgeschaut, die Angehörigen der Partei werden dagegen von oben inspiziert und kontrolliert.
Die sakrale Inszenierung des politischen "Führers" Adolf Hitler betreibt die Filmregie im "Triumph des Willens" vor allem bei seiner Einfahrt in Nürnberg, der Ansprache an die Hitler-Jugend und beim Vorbeimarsch auf dem Hauptmarkt. Die filmische Präsentation des "Führers" als Erlösergestalt arbeitet mit der Ausnutzung des Sonnenlichts und der perspektivischen Veränderung durch Aufnahmewinkel und Brennweiten der Objektive.
Bei der Ansprache an die Hitler-Jugend ist der Redner Hitler zunächst so aufgenommen, daß der Schatten des Tribünendachs auf ihn fällt. Gegen Ende seiner Rede fährt die Kamera langsam gegenschwenkend so um ihn herum, daß der hinter dem Mikrofon stehende Hitler scheinbar selbst aus dem Dunkel ins sonnendurchflutete Freie gefahren kommt. Die von der Kamera bewirkte Bewegung ins Licht geschieht in dem Moment, als der "Führer" an die Jugendlichen die biblischen Worte richtet: "... denn Ihr seid Fleisch von unserem Fleisch, und Blut von unserem Blut".
Ein ähnlicher Effekt wird bei Hitlers Einfahrt in Nürnberg erzielt, indem abwechselnd Licht- und Schattenzonen

"Gefolgschaft"

Im SA-Lager

Die SS

durchfahren werden. Im Gegenlicht der einfallenden Sonnenstrahlen wird mit Weichzeichner ein Lichthof um Hitlers Kopf und Handrücken erzeugt: In Groß- und Nahaufnahme erscheint der "Führer" von einer Lichtgloriole umstrahlt, die einem Heiligenschein gleicht. Hitlers Pose - aufrecht im offenen Verschlag seines Mercedes stehend, den rechten Arm erhoben, Handfläche nach vorn weisend - vervollständigt den Eindruck, daß die Kameraregie an die christliche Ikonographie des Heilands anknüpft.

Beim Vorbeimarsch auf dem Hauptmarkt ist Hitlers gestreckte Rechte schräg von unten mit Teleobjektiv aus einem Winkel so aufgenommen, als würden die SA- und SS-Männer unter der erhobenen Hand des "Führers" wie unter einem Baldachin hindurchmarschieren. Hitler hält seine Hand wie einen schützenden Schirm über sie. Aus diesem Blickwinkel wird die Pose, mit der Hitler den Vorbeimarsch abnimmt, im Film zum Segen, den er "seinen" Männern gibt. Filmisch derart idealisiert, erscheint Adolf Hitler als politischer Messias der Nation.

Diese Stilisierung des "Führes" wurde von der Kameraführung bereits ein Jahr zuvor überdeutlich herausgearbeitet. Im Parteitagsfilm "Sieg des Glaubens" von 1933 beginnt und endet der Vorbeimarsch von SA und SS mit einer Großaufnahme von Hitlers waagrecht ausgestrecktem Arm. Für das Kinopublikum steht im Programmheft zu lesen: "Groß ragt seine Hand ins Bild, kein stereotyper Gruß mehr, sondern das Symbol des Segens." Auch im Hinblick auf die Einfahrt Hitlers in Nürnberg und seine Ansprache an die Hitler-Jugend ist "Triumph des Willens" lediglich ein Remake von Riefenstahls erstem Parteitagsfilm. Allerdings ist dessen Gesamtdramaturgie noch nicht mit der totalitären Ausschließlichkeit auf den Hauptdarsteller Hitler ausgerichtet, wie das dann 1934 der Fall ist. Hier hebt alles darauf ab, daß die Schlußrede des "Führers", obwohl in langen statischen Nah-Einstellungen gefilmt, ihre Wirkung als krönender Abschluß des Films nicht verfehlt.

Die entscheidende Differenz ist jedoch nicht in der filmischen Inszenierung, sondern in der Inszenierung der Parteitage als dem Ausdruck der wirklichen Machtverhältnisse zu suchen: Neben Adolf Hitler steht 1933 noch Ernst Röhm, Stabschef der SA, im offenen Fonds der "Führerlimousine" - der Vorbeimarsch von SA und SS wird von einem Duo abgenommen. Gemeinsam mit seinem "alten Kampfgefährten" vollzieht Hitler auch die Totenehrung beim SA-Appell im Luitpoldhain. Ein Jahr später ist Ernst Röhm tot: Hitler hat ihn mit einer Reihe seiner Gefolgsleute ermorden lassen und damit die Auseinandersetzung zwischen Generalität und SA-Spitze um die Führung der künftigen Wehrmacht unwiderruflich entschieden.

Die Art der sakralen Huldigung, wie sie uns visualisiert im Parteitagsfilm "Triumph des Willens" begegnet, mag von heute aus betrachtet nicht ohne Komik sein. Sie hat jedoch 1934 ihre reale Grundlage im Zusammenfallen der Person Hitler mit einer schier unbegrenzten politischen Machtfülle und ist von daher alles andere als lächerlich. Adolf Hitler verkörpert die faschistische Staatsgewalt, weil der "Führer" tatsächlich über die Gewalt dieses Staats gebietet: Abgesehen von seiner unangefochtenen Stellung an der Spitze der Staatspartei und der Regierung ist Hitler im September 1934 de facto auch "oberster Gerichtsherr", was in Anspielung auf die Morde vom 30. Juni während des Parteitags mehrfach erwähnt wird. Außerdem ist Hitler seit dem Tod des Reichspräsidenten von Hindenburg am 2. August auch noch Staatsoberhaupt und der Oberbefehlshaber des Militärs, das nun auf ihn persönlich vereidigt wird.

"Triumph des Willens" ist der Film über Adolf Hitler schlechthin. Auf den Gelöbnisfeiern wird die schrankenlose Befehlsgewalt des "Führers" bestätigt und bekräftigt. Die Filmversion des Parteitags bringt diesen Führerkult in die Kinos. Das Nürnberger Schauspiel von Gehorsam und Pflichterfüllung wird dem Millionenpublikum zu Nachahmung verabreicht - keine Dekoration der Gewalt, keine ästhetische Fassade, um die Zuschauer hinters Licht zu führen, sondern unmißverständlich: geistige Mobilmachung auf der Leinwand.

Literatur:
Martin Loiperdinger: Rituale der Mobilmachung. Der Parteitagsfilm "Triumph des Willens" von Leni Riefenstahl, Opladen 1987 (Leske + Budrich).

Herbert Heinzelmann

Die Heilige Messe des Reichsparteitags*
Zur Zeichensprache von Leni Riefenstahls „Triumph des Willens"

Leni Riefenstahls Reichsparteitagsfilm "Triumph des Willens" ist für die meisten Deutschen der Nachkriegsgeneration nur Legende. Zur öffentlichen Aufführung wurde er nach 1945 von der Alliierten verboten. Zur historischen oder pädagogischen Analyse stand er jedoch weiterhin zur Verfügung, bis die Regisseurin vor ein paar Jahren durch einen Handel selbst im wissenschaftlichen Rahmen für tabula rasa sorgte. Sie versprach ihr privates Archiv als Erbmasse für das Bundesarchiv, stellte jedoch die Bedingung, daß ihre nationalsozialistischen Filme aus jedem Verkehr gezogen würden. Das geschah. So möchte Leni Riefenstahl ihr Selbstbild von der apolitischen Künstlerin (vgl. Leni Riefenstahl: "Memoiren") vor widersprüchlichen Erkenntnissen behüten. Sie ist ja bis heute bemüht, "Triumph des Willens" als bloß dokumentarische Arbeit zu interpretieren.

Im Vorspann definiert der Film sich selbst als "das Dokument vom Reichsparteitag 1934". Der wurde vom 4. bis 10. September in Nürnberg abgehalten und hatte den Titel "Reichsparteitag der Einheit und Stärke".

Riefenstahls Film aber enthält nichts, was man von einem Dokument erwartet: Keine Informationen über den Verlauf der Veranstaltung, über die Teilnehmerzahl, die Programmpunkte. Nur einige davon werden überhaupt vorgeführt, sind aber nicht gekennzeichnet. Nur wenige Reden sind in den Film eingegangen. Dokument im Sinne eines journalistischen Interesses ist "Triumph des Willens" also keinesfalls. Die Macher - Hitler als Auftraggeber, Riefenstahl als Regisseur - hatten ganz andere Interessen. Die zielten auf Betäubung, Faszinierung, Fanatisierung, Erhebung der Herzen.

"Triumph des Willens" ist kein Kino der Dokumentation, sondern der Ritualisierung. Kein Film über ein politisches Großereignis, sondern ein Evangelium vom Erscheinen des Heilands. Kein Bericht, sondern ein Hymnus. Leni Riefenstahl ist Priesterin und Bardin. Indem sie zu berichten vorgibt, besingt sie bereits. Indem sie zu dokumentieren meint, zelebriert sie die Messe.

Der Nationalsozialismus ließ Politik in Ästhetik umschlagen. Die ästhetischen Zeichen entlieh er aus dem Fundus der Religiosität christozentrischer Ritualformen: der Prozessionen, Litaneien, Choräle, Predigten, der Firmung und des stillen Gebets. Er griff also auf Vertrautes und Tradiertes zurück, schuf nichts Neues. Ziel war die Entrationalisierung, die Bindung an den Führerglauben, an die Hoffnung auf Ewigkeit, für die die 1000 Jahre standen, die das Reich währen sollte. Es ging um die Durchsetzung von Macht über irrationale Regungen. Um die Einbindung des politisch real Existierenden in eine die Realität transzendierende Kausalreligion: Die Geschichte ist auf Adolf Hitler zugelaufen. Mit ihm endet sie eigentlich, denn jetzt ist der unveränderliche Zustand (Stillstand) des rückgewonnenen Paradieses angebrochen.

Ein paar Daten zum Film selbst. Auf der Ufa-Vorstandssitzung am 28. 8. 1934 wurde beschlossen, den Auftrag für den Reichsparteitagsfilm 1934 vom Führer im Namen der Reichsleitung der NSDAP an Leni Riefenstahl zu erteilen.

Ihr Stab bestand aus 170 Mann. 18 Kameramänner und 19 Kamera-Assistenten standen zur Verfügung. Dazu mußten die Wochenschauteams ihr Material für Frau Riefenstahl zur Verfügung stellen. Laut Filmkurier zur Uraufführung wurden insgesamt 130.000 Meter Film belichtet. Der fertige Film ist 3109 Meter lang und dauert 113 Minuten.

Zur Absicht äußerte sich Leni Riefenstahl in "Der Deutsche" vom 17. 1. 1935: "Zwei Millionen können sich wohl in Nürnberg, der Stadt der Reichsparteitage, versammeln, 60 Millionen Deutsche sollen Zeuge werden dieses gewaltigen Aufmarsches, nacherleben und mitfühlen das Aufwühlende dieser Kundgebung ... Über allem stand die Verbundenheit zwischen Führer und Volk, immer wieder war es das große Erlebnis. Das zu zeigen, zum Ausdruck zu bringen, ist eine der Aufgaben, die ich mir gestellt habe."

Darum ging es also: ein Ereignis für zwei Millionen zum Massenspektakel für 60 Millionen zu machen, den Parteitag nachvollziehbar zu machen auf den Leinwänden der deutschen Kinos.

Zunächst zum Inhalt: im Protokoll, wie es abgedruckt ist im Programmheft zu "Triumph des Willens", heißt es:

"Und so zeigt der Film weiter im raschen, gedrängten Ablauf die Vorgänge, die Geschichte wurden: Eröffnung des Parteitages in der Kongreßhalle, Aufmarsch der 52.000 Männer des Arbeitsdienstes, Aufmarsch der Jungarbeiter, Trachtenzug der Bauern und Bäuerinnen, deutsche Jugend vor ihrem Führer, Heldenehrung im Luitpoldhain, Weihe der Standarten durch die Blutfahne, Aufmarsch der SA und SS, Fahnenwald, der Vorbeimarsch vor dem Führer".

Die Reihenfolge ist beliebig. Die Reihenfolge der Kopie, die mir zur Verfügung stand, ist folgende: Ankunft Adolf Hitlers und Prolog des Films, dann abendliches Standkonzert vor dem Hotel "Deutscher Hof", dann "Erwachet", "Nürnberger Morgen", dann Zeltlager; es folgen der Trachtenzug und die Eröffnung des Parteikongresses in der Luitpoldhalle mit Redeausschnitten: Hess, Rosenberg und Reichspressechef Dietrich, Autobahnbeauftragter Todt, NSDAP-Rednerschulenchef Reinhardt, Reichsbauernführer Darré, Streicher, Arbeitsfrontführer Ley, Reichsminister Frank, Goebbels und Arbeitsdienstführer Hierl. Es folgt der Reichsarbeitsdienstappell, den ich als Thingspiel bezeichne. Es folgt der Appell der politischen Leiter. Ich bezeichne dies als Fahnenprozession.

Es folgt für 3 Minuten 30 Sekunden Lutze und die SA. Der neue SA-Führer Lutze wurde hier durch das Massenmedium auch dem Volk nahegebracht. Wir dürfen nicht vergessen, daß am 30. 6. 1934, also nicht allzulange vor dem Parteitag, die sogenannte "Nacht der langen Messer" stattfand oder auch der sogenannte "Röhm-Putsch" niedergeschlagen wurde: die Ermordung der bis dahin führenden SA-Spitze. Und es gab Zweifel, ob die SA als Organisation überhaupt aufgelöst werden sollte. Der Film hatte die Aufgabe, das Vertrauen zwischen Adolf Hitler, dem Führer, und der SA zu dokumentieren und wieder aufzubauen und die neue SA-Leitung mit einzuführen. Das war einer der politischen Aufträge des Films, die Frau Riefenstahl zu erfüllen hatte.

Es folgt der Appell der Hitlerjugend vor dem Führer. Die Vorführung der Wehrmacht, die nur sehr kurz geraten ist: 1 Minute und 30 Sekunden. Es hatte sie verregnet. Daraufhin hat Leni Riefenstahl ein Jahr später noch einmal einen kleinen Film über die Wehrmacht selbst gedreht. Man mochte keine Regenbilder im "Triumph des Willens", da hatte "Führerwetter" zu herrschen. Es folgt der Appell der SA und SS in der Luitpoldarena, die sogenannte Totenehrung, dann der Vorbeimarsch am Hauptmarkt, der Vorbeimarsch von SA und SS und Reichsarbeitsdiensteinheiten vor dem Führer und schließlich die Schlußkundgebung in der Luitpoldhalle mit Reden von Hess und Hitler.

Wenn man die Datierung dieser Ereignisse vergleicht, dann war die Ankunft Hitlers am 4. September. Das abendliche Platzkonzert, das an zweiter Stelle im Film kommt, war am 10. 9., der "Nürnberger Morgen" wurde am 7. 9. aufgenommen, die Szenen im Zeltlager wurden am 5. 9. gedreht. Der Trachtenzug fand am 8. 9. statt, die Eröffnung des Parteitags am 5. 9. usw. Man sieht also, auf die Chronologie des Parteitages hat Frau Riefenstahl keinerlei Wert gelegt. Sie unterwirft das gefilmte Material anderen Gesichtspunkten, Gesichtspunkten der filmischen Ordnung.

In der Broschüre "Hinter den Kulissen des Reichsparteitagsfilms", die Frau Riefenstahl heute nicht mehr geschrieben haben will, lesen wir: "Ich habe den Film so gestaltet, daß er den Hörer und Zuschauer von Akt zu Akt, von Eindruck zu Eindruck überwältigender emporreißt. Die innere Dramatik solcher Nachgestaltung ist da, sobald das Filmmaterial von Nürnberg geformt ist. Sobald sich Rede und Sentenz, Massenbild und Köpfe, Märsche und Musiken, Bilder von Nürnbergs Nacht und Morgen so sinfonisch steigern, daß sie dem Sinn von Nürnberg gerecht werden."

Das Ziel ist also sinfonische Steigerung statt Information. Mehr noch: Zeit wird außer Kraft gesetzt, aus der Erfahrung des Menschen genommen. Durch die Montage, das filmische Mittel par excellence, entsteht eine neue mythische Zeiteinheit. Brüche oder Zeitsprünge sind im Film nicht mehr erkenntlich. Die Reden werden so geschickt geschnitten, daß jede Rede als eigener Komplex erscheint. Tatsächlich sind es aber fast immer nur Redeausschnitte, die Leni Riefenstahl neu zusammenkombiniert hat. Es entstehen neue Einheiten an ihrem Schneidetisch. Die Musik verbindet sowohl disparate Handlungsorte wie disparate Zeiteinheiten. Es entsteht eine mythische Zeit, eine Art Traumzeit. Evoziert wird die Rückkehr des Goldenen Zeitalters, da Götter und Helden unter uns Menschen weilten.

Der Prolog des Films zeigt die Ankunft Adolf Hitlers in Nürnberg. Ein Gott steigt hernieder. Wir sehen Wolken, das Flugzeug. Wir schauen herab auf ameisige Massen. Auf ihnen liegt der Schatten des Flugzeugs wie ein Kreuz, wie der fliegende Reichsadler. Schon hier wird ein Konnotationssystem ausgebreitet, dessen Ursprung im religiösen Vorstellungsbereich zu suchen ist: fliegen, niedersteigen, auferstehen. Der Heros begibt sich unter die Sterblichen, die ihn jubelnd erwarten. Es ist die Erwartung des Messias. Die Blicke sind in diesem Film immer auf Hitler gerichtet. Die Augen mögen im Moment ihrer wirklichen Aufnahme ganz anderes erfaßt haben. Durch die Montage entsprechender Achsen der Kamerapositionen stellt Leni Riefenstahl stets den Blickwechsel zwischen Volksgenosse und Führer her.

Auch J. P. Stern interpretiert in seinem Hitler-Buch "Der Führer und das Volk" den Führer als Erlöser des Reichs. Die NS-Ästhetik befriedigt die Sehnsucht des Volks nach dem metaphysischen Absoluten. Riefenstahl evoziert mit ihrem Filmprolog eindeutig messianische Konnotationen: Einzug in Jerusalem. Hitler erscheint als Lichtgestalt, ist fast nur im Gegenlicht aufgenommen, dazu mit Weichzeichner, so daß ihn stets eine Aura umgibt. Der Mythos ist technisch herstellbar. Der Mythos vom Lichtbringer. Selbst aus Hitlers Hand scheint Licht zu strömen. Diese Hand ist über die dunklen (erlösungsbedürftigen) Massen ausgestreckt, segnend, schützend.

Im Stimmungsbild des "Nürnberger Morgens" mit Überblendung zum Lagerleben erscheint Nürnberg als das Mittelalterliche, das Putzige. Die Stadt ist herausgeputzt. Riefenstahl reproduziert die Stereotypen einer Stadt: Butzenscheiben, die sich öffnen, "deutsche" Steildächer. Die Burg ist auf die Hakenkreuzfahne gekommen. Hakenkreuze wehen auch vor Fachwerk. Über allem liegt Wagners Meistersingerthema. So bietet sich ein Lebkuchen-Nürnberg dar, das ganz aus Trivialmustern gestrickt ist. Die Verwendung solcher Muster erleichtert dem Rezipienten die schnelle Erkenntnis. Er wird nicht mit Überraschungen konfrontiert. Alle Bilder kann er in Klischee-Schubladen sortieren. Klischees entlasten Denken und Erkenntnis, vermeiden die Anstrengung bei der Rezeption von Zeichen. Der ganze Film ist darauf angelegt. Unwillkürlich drängt sich der Begriff Kitsch auf.

Über Nürnberg schreibt Hamilton T. Burden in "Die programmierte Nation": "Jede Ansicht des Stadtbildes mußte dazu herhalten, den neuen Nazi-Gedanken der Synthese von Vergangenheit und Gegenwart zu illustrieren, die in den modernen Veranstaltungen mit historischem: 'altgermanischem' Rahmen besonders deutlich zum Ausdruck kommen sollten. Die deutsche Geschichte selbst hatte den Nazis eine großartige Bühne beschert ..."

In Riefenstahls Film erscheint nur die Bühne, das festliche Nürnberg, Nürnberg als Kulisse. Der Alltag ist in den Bildern nicht enthalten. Man sieht nicht die Arbeit der Menschen, man sieht keine Industrie, keine Wohnung. Nur Fassade wird aufgebaut, das Abbild, das Wunschbild. Realität ist ausgefiltert. Die gleitende Bewegung der Kamera auf der Pegnitz vermittelt den Eindruck: Traumstadt.

Vor der Traumkulisse ist eine zweite Fassade hochgezogen: der Schmuck der Nazi-Fahnen und Symbole. Die Häuser, die Fenster haben Prunk angelegt wie an Fronleichnam, wenn der "Leib des Herrn" durch die Straßen getragen wird: Zeichen der Empfangsbereitschaft, der Verehrung. (Sicher auch des Opportunismus; Zeigen konnte bedeuten: sich bekennen oder so tun, als ob.) Die protestantische Stadt Nürnberg hatte wohl auch ein Nachholbedürfnis an festlicher Religionsausübung.

Dann die lange Überblendung auf das Lagerleben. Aus dem ruhigen Montage-Atem wird Hektik. Die Bilder evozieren nunmehr Begriffe aus dem Völkischen, das auch "gesundes Volksempfinden" heißen kann: Fröhlichkeit und Optimismus, Sauberkeit, Gemeinschaft, Vertrauen, Versorgung.

Die Lager-Sequenz ist die einzige im Film, in der Arbeit gezeigt wird, freilich ohne Schweiß, nicht als Anstrengung, sondern als Vergnügen. Es ist auch die einzige Sequenz, in der das Volk als Gegenüber des Führers, ohne dessen Schatten, ohne Bezug auf ihn, ins Bild kommt. Identifikationsmuster für den Zuschauer werden ausgebreitet: Dabeisein ist alles. Wir unter uns. Das "Wir" dieser Sequenz ist aber eine reine Männergemeinschaft. Es gibt eine Arbeitsteilung in "Triumph des Willens": Männer nehmen teil, Frauen bejubeln die Teilnahme. Frauen erwarten den Führer. Vielleicht wird das Wort Fleisch.

Die Sequenz des Festzugs zeigt das Warten der Frauen. Zwei lecken sich die Lippen. Das ist auch Signal sexueller Erwartung. Der Führer neigt sich, schüttelt Hände: Hautkontakt. Blickkontakte stellt die Regie wieder per Montage her. Blicke des Aufschauens, Blicke des Glaubens. Der Führer ist unter die Menschen gekommen. Die Menschen kommen zu ihrem Führer. Sie bringen Gaben mit. Es ist Erntedank. Die Nazis haben viele Feste des christlichen Kalenders mit den Festen ihres politischen Kalenders verkuppelt. Das ganze Land kommt herbei - symbolisiert in den Trachten, symbolisiert in der Musik, einer Volksliedauswahl. Der ganze

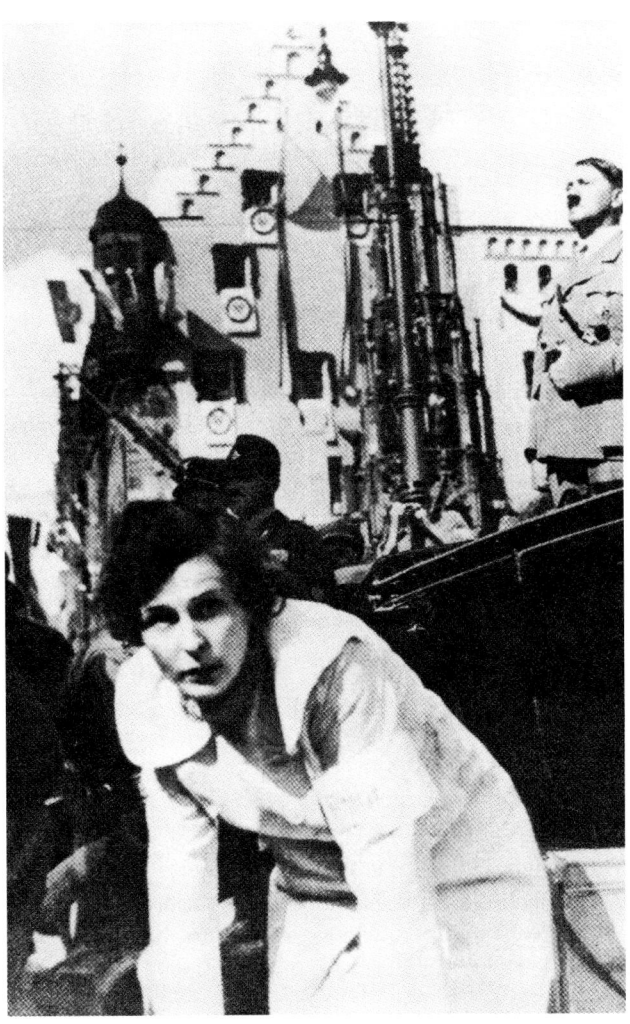

Der Schauspieler und seine Regisseurin. Leni Riefenstahl bei den Dreharbeiten zu "Triumph des Willens" (1934).

Film gibt sich den Anschein, er würde mit der Originalmusik der Festakte arbeiten. Doch fast alle Musik wurde später im Studio zu den Bildern synchronisiert, um sie emotionell aufzuladen.

Es gibt zwei Protagonisten des Films: den Führer und die Masse, die als Volk erscheinen soll. Horst Becker in "Was will Volkskunde" 1934: "Volk ist Wir, Masse ist Es ... Das Volk handelt selbst. Das Volk steht auf, das Volk marschiert, Masse wird beherrscht, Volk wird geführt." Deswegen darf die Masse im Film nicht gesichtslos erscheinen. Immer wieder hebt Riefenstahl Gesichter aus der Masse, Köpfe. In diesen Großaufnahmen erscheinen aber fast nur die "arischen Köpfe": die blonden mit dem markigen Kinn, dem stählernen Blick, wie sie Josef Thorak und Arno Breker idealtypisch in Plastik gemeißelt haben. Riefenstahl folgt dieser Idealisierung. Ihre Großaufnahmen zeigen Vorbilder. Sie hat ausgewählt, läßt für Naheinstellungen nur ein Schönheitsideal zu. Das wird meist aus der heroisierenden Untersicht gefilmt, meist im heldischen Profil. Solche Gesichter entsprechen Leni Riefenstahls eigenem Schönheitsideal: "Mich fasziniert, was schön ist, stark, gesund und lebendig, ich suche Harmonie. Wenn Harmonie hervorgebracht wird, bin ich glücklich." Sie hat in ihrem Film Harmonie geschaffen. Das Gewöhnliche, das Normalmaß des Gesichts, das nicht symmetrisch, nicht markig ist, kommt nur in der Totale vor. Es soll in der Masse verschwinden. Zur Anschauung für das Publikum gelangt nur das Makellose. So etabliert der Film die Lüge.

Parteitage waren und sind Redeveranstaltungen. Eine aktuelle, eine dokumentarische Berichterstattung konfrontiert Redeausschnitte als Information. Riefenstahl reduzierte die Reden, verdichtete sie zu Momentauftritten der Parteigrößen, zu den Signalen der Anwesenheit von Prominenz.

Ein längerer Redeausschnitt wird lediglich der Eröffnungsansprache von Rudolf Hess zugestanden. Sein Text transportiert nämlich eine der politischen Funktionen, die "Triumph des Willens" erfüllen sollte: die Etablierung des Führerprinzips. Am 19. 8. 1934 hatte der "Volksentscheid" stattgefunden, durch den Adolf Hitler nach dem Tod Hindenburgs zum "Führer und Reichskanzler" sowie zum "obersten Führer des deutschen Heeres" bestellt worden war. Hess beschwört dieses Prinzip und Leni Riefenstahl illustriert es: "Sie sind Deutschland ... Wenn Sie handeln, handelt die Nation ... wenn Sie richten, richtet das Volk..."

Ebenfalls politisch propagiert werden sollte durch "Triumph des Willens" der neugeschaffene Reichsarbeitsdienst, dessen "Führer" Hierl im letzten der schnell aneinandermontierten und zum Teil lange nach dem Reichsparteitag in Berlin nachgedrehten Redeausschnitte zu Wort kommt. Dann folgt die Überblendung zum Appell des nationalsozialistischen Arbeitsdienstes auf der Zeppelinwiese, den ich als das Thingspiel innerhalb des Reichsparteitagsfilms bezeichnen möchte.

Politik wurde im Dritten Reich zu Theater. Theater sollte Politik werden. Das Theater sollte Massenveranstaltung sein. Die Reichskulturkammer forderte das Thingspiel als originär völkische Form, eine Art politisches Oberammergau, in massenfassenden Arenen dargeboten, auf eine bewußt mißverstandene Antike zurückgreifend. Man wollte das Prinzip von Chor und Chorführer wieder aufnehmen, um so das gesellschaftspolitische Konzept der Führerdiktatur auf dem Theater widerzuspiegeln. Und man versuchte, das Theater aus der bürgerlich-profanen Sphäre der Unterhaltung wieder in einen quasireligiösen Akt zu entrücken. Die Thingspiel-Bewegung kam über Ansätze nie hinaus. Sie fand ihre Erfüllung aber in den politischen Veranstaltungen, denen durch ästhetische Zugaben Kunstcharakter zufiel: auf den Reichsparteitagen. Wolf Baumüller nannte den Reichsparteitag "die blut- und geistgewordene Thingidee". Leni Riefenstahl formte die Idee mit.

Sie gibt die chorische, am mittelalterlichen Mysterienspiel orientierte Vorstellung des Arbeitsdienstes nicht nur in inszenierenden, nie dokumentierenden Kameraeinstellungen wieder, sie führt gerade in dieser Sequenz die Symbole des NS-Reiches per Montage exemplarisch ein. Sie zeigt in schneller Folge zu den Worten des Chores: "Ein Volk" - eine Halbtotale auf die angetretenen Arbeitsdienstmänner; "ein Führer" - die Großaufnahme Hitlers aus der heroisierenden Untersicht; "ein Reich" - den stilisierten Reichsadler; "Deutschland" - die flatternde Hakenkreuzfahne. Damit weist sie in semantischem Umkehrverfahren jedem Begriff, jedem Bedeuteten ein Zeichen, ein Bedeutendes zu. Die Entleerung der Worte zu sinnfälligen Zeichen (Karl Kraus: "Das Wort entschlief, als jene Welt erwachte.") wird so filmisch vorbereitet. Dem Zuschauer werden die Zeichen eingeübt, die letztlich die Begrifflichkeit ersetzen.

Beim Appell von SA und SS in der Luitpoldarena entwickeln die Zeichen quasi Eigenleben, selbstgenügsame Ästhetik. Fahnen tanzen Ballett, Standarten marschieren auf. Ihre Träger - Menschen - sind kaum noch zu erkennen, außer dem Heros Hitler in seiner Isolation. Vor ihm neigen sich Volk und Reich in ihren Symbolen. Eine Fahne ist nun nicht mehr bloß eine Fahne: die Hakenkreuzfahne als Symbol der NSDAP - auf einer zweiten semiologischen Ebene bedeutet sie jetzt: "Deutschland". Riefenstahls Film hat den Zeichen zweifellos eine neue Definition zugeschrieben, die man in Anlehnung an Roland Barthes als "sekundäres semiologisches System" bezeichnen kann, als Mythos. Barthes schreibt: "Der Mythos ist ein Wert, er hat nicht die Wahrheit als Sicherung." Der Mythos besinge die Dinge. Vor allem aber: "Die Dinge verlieren in ihm die Erinnerung an ihre Herstellung". Der Mythos enthistorisiert und setzt Kultur, Geschaffenes, Entwickeltes also, als Natur. Leni Riefenstahl bedient sich in "Triumph des Willens" durchgehend mythisierender Verfahren.

So tanzen die Zeichen in der Luitpoldarena nicht in

"wertfreier" Schönheit. Sie haben den bürgerlichen Kunstbegriff verlassen, tragen zum Mythos verbrämte Ideologie in sich. Den Zuschauer sollen sie an diesen Mythos als nicht hinterfragbaren Wert binden, d. h. politisch historisch gesprochen: an die Herrschaft des Nationalsozialismus. Noch heute empfinden viele Zeitgenossen der Nazi-Herrschaft beim Anblick dieser Bilder Gefühle von Erhabenheit und Pathos, weil sie für diese ein Wertsystem repräsentieren, das per se Wahrheit impliziert. Die Zeichen des Mythos leuchten für sie stärker als die Realität der Konzentrationslager. Sie überstrahlen das Grauen.

Mit Roland Barthes habe ich definiert, daß die Dinge im Mythos die Erinnerung an ihre Herstellung verlieren. Im Grunde ist "Triumph des Willens" nichts anderes als die Darstellung einer Abfolge von Massenappellen, von deren Vorbereitung nichts zu sehen ist. Auch sie scheinen sich mythisch zu ereignen. Es gibt weder Bilder von den An- noch von den Abmärschen, vom Gedränge, vom Gerangel der Aufstellung, von der Planung, von der Auswahl der Beteiligten. Über die profanen Notwendigkeiten verweigert der Film jede Auskunft. Auch die Hitlerjugend scheint bei ihrem Appell naturhaft im Nürnberger Stadion verwurzelt. Wieder wird das nun schon aus nahezu allen Sequenzen vertraute Ritual rekapituliert: das Warten auf das Erscheinen des Heros. Eigentlich ist "Triumph des Willens" ein strukturell langweiliger Film. Das Heroische war eine der ästhetischen und damit politischen Grundforderungen des Nationalsozialismus. Er versprach ein heldenhaftes Zurechtrücken der Geschichte. Er beschwor den Auferstehungsmythos für Volk und Staat ("Deutschland erwache!"), der aus vielen Heldenepen überliefert ist. Heroische Willenhaftigkeit etablierte der NS-Kulturideologe Alfred Rosenberg als wesenhafte Komponente nationalsozialistischer Kunst und nationalsozialistischen Seins. Das Heroische ist auch die Perspektive des Reichsparteitagsfilms. Fast die Hälfte aller Einstellungen zeigt Kamerapositionen aus der Untersicht. Vor allem Hitler wird so zum Denkmal stilisiert. Wenn er das Nürnberger Stadion betritt, wird er von den Musikinstrumenten empfangen, die literaturgeschichtlich zur Begrüßung eines Helden vorgeschrieben sind: von Pauken und Fanfaren.

Bei seiner Rede vor der HJ bewegt sich die Kamera kreisförmig um Hitler, beschreibt ihn so als statischen Mittelpunkt im Strömenden. Der Führer kommt nun auf die christliche Mythologie zurück, die als Folie über Reichsparteitag und Film gespannt ist. Er beschwört die Heilige Kommunion: "Ihr seid Fleisch von unserm Fleisch und Blut von unserm Blut." Kommunion, das bedeutet: Teilnahme - Gemeinsamkeit. Der Film transportiert das Sakrament des Führers unter die nicht teilnehmenden Massen in den Kinos des Reichs. Der Film ist die Monstranz. Seine Ankunft in den Städten wird als besonderes Fest begangen. Die Filmtheater hüllen sich in Fahnenschmuck, umgeben sich mit einer Fassaden-

"Deutsche Treue"

Architektur der Beeindruckung. So wird das Kino zum Altar, an dem das Sakrament dargereicht wird.

In der Rede vor der HJ beschwört Hitler den Mythos der Fahne: "... und wenn von uns nichts mehr übrig sein wird, dann werdet ihr die Fahne, die wir einst aus dem Nichts hochgezogen haben, in euren Fäusten halten müssen". Die Fahnen bestimmen als Zeichen der Gemeinschaft den Nürnberger Reichsparteitag. Später wird die Fahne als Reliquie vorgetragen werden. Für die Totenehrung in der Luitpoldarena bilden überdimensionierte Hakenkreuzfahnen die gewaltige Kulisse.

Jede Religion braucht ihre Märtyrer. Für den Nationalsozialismus erfüllten diese Funktion die "Gefallenen" des jämmerlichen Putschversuchs vom November 1923. Zugleich nahm er die Toten des Weltkriegs für sich in Anspruch, stellte sich so in die Kontinuität von Geschichte. Das "Opfer" dieser Toten soll nicht umsonst gewesen sein. Der Nationalsozialismus interpretiert sich als Erfüller ihrer Taten, Erlöser aus der Schmach, Vollender ihres Kampfes. So wird die Aufrüstung als Sinngebung des "Opfertodes" an der Front vorbereitet.

Die Totenehrung erfolgt im Ritual. Das hebt als religiöse Form einen Vorgang aus dem Bereich des Alltäglichen, gibt die Weihe des Außergewöhnlichen, des Magischen. Hitler und seine Begleiter schreiten und stehen einsam vor der Menge, zitieren damit einen uralten Trivial-Topos. Die Architektur, die sie umgibt, verweist auf die Feierlichkeit von Opferfesten: Pylone, Feuerschalen, weite Straßen. In solcher Umgebung wurden in archaischen Kulturen auch Menschenopfer gebracht. Der vergangene und der bevorstehende elende Krieg werden so in Götternähe gerückt. Die Ideologie und die Ästhetik bereiten den Selbstmord vor. "Altar sind nun der Feldherrnhalle Stufen" schrieb H. Böhme zum Hitler-Putsch 1923. Altar werden die Steinplatten der Luitpoldarena.

Leni Riefenstahls Kamera ist oben. An den riesigen Fahnenmasten sieht man den Lift fahren, der extra für ihre Optik eingebaut wurde. Niemand außer dem Filmteam und später den Filmzuschauern konnte das Ereignis so wahrnehmen. Das Kino ermöglicht die künstliche Perspektive, den Überblick, den der einzelne Teilnehmer am Parteitag nicht teilen konnte. Der erlebte nur den kleinen, individuellen Ausschnitt. Erst der Film erschuf den Parteitag als Gesamterlebnis und Gesamtkunstwerk. Die Kamera hält die schreitenden Heroen am unteren Bildrand, breitet Weite vor ihnen aus. Das entspricht einem Verfahren der Malerei, wie es etwa Werner Peiner für sein Bild "Deutsche Erde" angewandt hat. Alle Fluchtlinien laufen auf den Horizont zu, auf die Zukunft. Die Massen selbst werden nun Bestandteil der Weihe-Architektur und der Bildarchitektur Leni Riefenstahls. Sie bilden Altarhöfe und Bildränder. Nun sind sie gänzlich ornamental, sind umschwollen von Trauermarsch und Gedenkstille auf der Tonspur. Das soll erhaben stimmen. Das soll stumm machen. Die Mehrheit schweigt.

Die Weihe von Standarten mit der "Blutfahne", die im November 1923 beim Marsch auf die Feldherrnhalle mitgeführt wurde, nimmt Adolf Hitler vor. Diese "Blutfahne" muß als Reliquie des Nationalsozialismus herhalten. Sie wird behandelt wie ein magisches Utensil. Denn sie soll ihre "Kraft", die Kraft der Märtyrer, auf die neuen Fahnen, die Zeichen von Gegenwart und Zukunft übertragen. Das ist ein Glaubensakt, schöpft aus tiefstem Irrationalismus.

In "Triumph des Willens" erscheint Hitler wie ein Bischof bei der Firmung. Er stärkt die anderen. Er, der Magier, trägt die "Blutfahne", berührt damit "jungfräuliches Tuch". Sein Gesichtsausdruck ist tiefernst, würdig. Er adelt das objektiv lächerliche Zeremoniell.

Leni Riefenstahl läßt dem Betrachter ihres Films keine Chance, diese Lächerlichkeit auszumachen. Sie bindet die Bilder in die getragene Fassung des Horst-Wessel-Lieds. Sie zäsiert sie akustisch - und optisch durch parallel erfolgende Schnitte - mit Böllerschüssen. Dem Führer wird in dieser Sequenz per Schnitt jeweils ein glaubensstrotzendes, sich an der Fahne aufrichtendes Individuum gegenübergestellt. Es ist die überflüssigste Szene des Films, die durch Riefenstahls Regie ganz unverzichtbar wirkt.

Religiöse Ekstase ist auch eine Frage der Musik. Murmelnd, singend, trommelschlagend versetzen sich die Schamanen der Naturvölker, versetzen sich Gläubige asiatischer oder afrikanischer Religionen in das Außersichsein. Leni Riefenstahl läßt 18 Minuten lang ohne Unterbrechung Marschmusik dröhnen, während die Kohorten von RAD, SA und SS ununterbrochen an Hitler auf dem Nürnberger Hauptmarkt vorbeimarschieren. Sie feiert damit die Militarisierung des Lebens - ein konkretes politisches Anliegen der Nazis in dieser Phase ihrer Herrschaft - als großes religiöses Ritual. Dieses soll das Kinopublikum in Trance versetzen, damit es die Bilder und Töne nicht rational auf die dahinter liegenden Interessen hinterfragen kann.

Musik bewirkt viel in diesem Film. Sie hat zum Beispiel den Charakter einer Klammer, die inhaltliche Sprünge und logische Widersprüche zusammenhalten soll. Sie zielt aber vor allem auf die emotionale Rezeptionsbereitschaft des Zuschauers. Sie hat die Funktion, einen Teil seines intellektuellen Rezeptionsvermögens zu verzehren, seine kritische Aufnahmefähigkeit zu schwächen und damit eine höhere Gefühlsteilnahme zu ermöglichen.

Gerade der Vorbeimarsch am Führer belegt diese Intentionen. Riefenstahl inszeniert das Ritual, das betrunken macht, enthemmt, gleichschaltet. Der Zuschauer verfällt in den vorgegebenen Rhythmus, klopft und stampft ihn mit. Das Kino selbst wird zum "Adolf-Hitler-Platz". Ohne Musik verliert der Film viel von seiner suggestiven Wirkung. Er richtet sich ja nur selten mit verbalen Aussagen an den Verstand. Er unterläuft ihn vielmehr mit Kompositionen aus Bildern und Tönen, spielt auf einer Partitur der Irrationalität. Riefenstahl sucht die Ekstase, das Außersichsein, will den "Enthusiasmus", den Moment, in dem Gott die frei gewordenen Körper bezieht. Gott ist innen. Der Führer wohnt innen. Auch in dieser Sequenz ragt seine Hand über alles.

Formuliert man die getroffenen Befunde nicht theologisch oder religionswissenschaftlich, sondern psychologisch, so stößt man auf die Mechanismen von Identifikation und Idealisierung, die beide grundlegend sind für das Phänomen der Massenbildung. Idealisierung bedeutet die Übertragung des Ich-Ideals, also der Vorstellung, wie man selbst sein möchte, auf ein Vorbild, in diesem Fall auf den Führer. Idealisierung bedingt dann auch die Aufgabe aller moralischen Verpflichtungen des Gewissens per Identifikation mit dem Führer. Dessen Befehl tritt an die Stelle des Gewissens (Über-Ich), der moralisch verantwortlichen Entscheidung des Individuums. Der Vorgang findet Ausdruck im nationalsozialistischen Slogan: "Führer befiehl - wir folgen".

Sie folgten bis in die Katastrophen des Krieges, der Konzentrationslager und des Zusammenbruchs. Leni Riefenstahls Film "Triumph des Willens" war wesentlicher Wegbereiter dieser historischen Konsequenzen. Er bereitete den Weg, indem er den traditionellen Zeichenfundus von Christentum und Bürgertum dem Faschismus dienstbar machte. Es ist dieselbe Tradition, deren Werte noch heute von konservativer Politik propagiert werden, die aus den Zeiten des Irrationalismus und der autoritären Systeme in die demokratische Gesellschaft hineinragen als benutzbares Potential zur Manipulation von Mehrheiten.

---

* Vortrag vom 27. April 1985 anläßlich des Symposiums „Faszination und Gewalt – Zur Geschichte und Ästhetik des deutschen Faschismus" in Nürnberg.

Albrecht Dümling

Das Rassenprinzip im Nürnberger Musikleben*

Mit der Machtübernahme von 1933, die aus der Sicht der Nazis eine Kulturrevolution sein sollte, verschwanden auch in Nürnberg viele kulturelle Errungenschaften der Vergangenheit. Das Beethoven-Denkmal vor der Oper, das erst 1923 dort aufgestellt worden war, wurde beseitigt.[1] Man ersetzte es durch eine Richard-Wagner-Statue, die dem völkisch-germanischen Denken der neuen Machthaber eher entsprach. Die zahlreichen Arbeiterchöre im „roten Nürnberg" wurden entweder verboten oder gleichgeschaltet.[2] Als Neugründungen entstanden beispielsweise der NS-Chor 1933, der laut Satzung[3] "eine Vereinigung national gesinnter Damen und Herren arischer Abstammung" war, und das der NSDAP zugeordnete Frankenorchester. Auch hier dirigierte ein Kapellmeister Willy Böhm, der sich als Mitglied des "Kampfbundes für deutsche Kultur"[4] verantwortlich fühlte für die "Reinigung" des deutschen Musiklebens von fremden Elementen. Schon vor 1933 hatten Konservative in Nürnberg einen Auftritt des bedeutenden Dirigenten Hermann Scherchen wegen dessen sozialistischer Sympathien verhindert.[5]

Der Kampf gegen die politischen Gegner stand zunächst im Vordergrund. Aber auch für die jüdischen Mitbürger wurden die Arbeitsbedingungen mehr und mehr erschwert. Für ein entsprechendes antisemitisches Klima sorgte Streichers Hetzblatt "Der Stürmer", das in der Druckerei des neuen Oberbürgermeisters Liebel hergestellt wurde. Viele Juden sahen schon damals keine andere Möglichkeit, als Deutschland zu verlassen. Zu ihnen gehörte der aus Nürnberg stammende Komponist Franz Anton Reizenstein (1911 - 1968), der bei den Berliner Professoren Paul Hindemith und Leonid Kreutzer nicht weiterstudieren konnte.

Die Nazis besaßen ihre eigenen Vorstellungen davon, was der arischen Rasse zu entsprechen hatte und was nicht. Da angeblich jeder Germane ein Kämpfer war, sollte auch die Kunst kämpferisch-heldenhaften Charakter besitzen. Dem widersprach beispielsweise die Jugendstil-Ausstattung des Nürnberger Opernhauses. Auf Befehl Hitlers wurde sie zu den Reichsparteitagen 1935 klassizistisch umgestaltet, um so bei den jährlichen "Meistersinger"-Aufführungen besser den Zweck nationaler Repräsentation zu erfüllen. Mit der Umgestaltung wurde der Architekt *Paul Schultze-Naumburg* beauftragt, der rassenpolitische Schriften veröffentlicht hatte und 1930 das ehemalige Bauhaus in Weimar von expressionistischer und kubistischer Kunst "säubern" ließ. In Nürnberg stolperte dieser bewährte Nazi über eine Intrige. Weil die Witwe eines anderen prominenten Nazi-Architekten (Troost) ihn auf die angeblich unpassende blaue Farbe des neuen Teppichs im Opernfoyer aufmerksam machte, ließ Hitler zum Entsetzen einiger Getreuer[6] Paul Schultze-Naumburg fallen. Sein Name wurde in Verbindung mit dem Nürnberger Opernhaus nicht mehr genannt, er war seit 1935 eine persona non grata. Die vielbeteuerte Treue, Fürsorge und Prinzipienfestigkeit der Machthaber entlarvte sich als Opportunismus mit oft barbarischen Konsequenzen. Während selbst alte Anhänger des Regimes offenbar vor Willkür nicht sicher waren, wurde politisch und rassisch Abweichendes ebenso systematisch wie unbarmherzig verfolgt. Das "Fanget an" des Hans Sachs aus den "Meistersingern" mußte am 10. August 1938 dazu herhalten, den Abriß der Synagoge am Hans-Sachs-Platz einzuleiten.[7] Julius Streicher glaubte sich dabei auf Richard Wagner berufen zu können. Er deutete das Lob der "heiligen deutschen Kunst", das schon in den "Meistersingern" fremdenfeindlich und antisemitisch geprägt ist, als Appell zur Aktion - die Barbarei als Kulturmaßnahme.

Legitimation der Macht

Kultur diente der Legitimation der Macht und der Disziplinierung der "Volksgenossen". Wo wäre dies deutlicher zu erkennen als bei den Nürnberger Reichsparteitagen, bei denen Menschenmassen in eine einzige Richtung gedrillt wurden? In den Ausstellungsvitrinen im Germanischen Nationalmuseum befindet sich eine kuriose Komposition von Friedrich Jung, eine "Feierstunde zum Appell der politischen Leiter", minutiös geplant für den "Parteitag des Friedens 1939". Zu eben dem Zeitpunkt, als dieser Parteitag hätte stattfinden sollen, fielen deutsche Truppen in Polen ein. Friedenspropaganda und militaristische Wirklichkeit klafften hart auseinander.

Auch die Begeisterung der Nürnberger für die Reichsparteitage war nicht grenzenlos. Nicht einmal für die jährlichen "Meistersinger"-Aufführungen, das belegen Schreiben im Stadtarchiv, ließen sich genügend Interessenten finden; da manche Parteioffizielle des ständig wiederholten Rituals müde waren, mußten ihre Karten anderweitig verteilt werden.

Hitler dagegen zeigte sich von Wagners Musikdramen und anderen Ritualen immer wieder neu ergriffen. In einem Aufsatz "Kanzler und Künstler" berichtete 1938 ein enger Mitarbeiter über die Musikalität seines Chefs: "Wie stark die Kunst ihm inneres Bedürfnis ist, das hätte man wissen und ahnen müssen, wenn er vor der Machtübernahme manchmal, in schwersten politischen Verhandlungen oder aufreibendsten taktischen Kämpfen stehend, abends allein oder mit ein paar Kampfgefährten irgendwo in der unbeachteten Loge eines Theaters saß und aus den heroisch gesteigerten Takten eines Wagnerschen Musikdramas den künstlerischen Gleichklang mit seinem politischen Wesen vernahm."[8] Man sprach von den Deutschen als dem auserwählten Musikvolk und von der Musik als dem besonderen Ausdruck ihrer Gefühlswelt, ihrer Seele. Führende Nazi-Politiker demonstrierten ihr Deutschtum nicht zuletzt dadurch, daß sie sich als ergriffene Musikhörer in der Öffentlichkeit zeigten.

In einem 1939 veröffentlichten Aufsatz "Vom Wesen deutscher Musikauffassung" hieß es: "Musik spricht am tiefsten das Seelentum unseres Volkes aus; unter diesem Gesichtspunkt erst gewinnt sie wahrhaft Bedeutung für die deutsche Menschenformung und ist letztlich eine Frage der Weltanschauung und der Rassenzugehörigkeit."[9] Der Autor, der Kammermusiker *Rudolf Bauer,* gab damit die nicht nur in der NS-Zeit verbreitete Auffassung wieder, daß Musik als Reflex des Seelischen seelische Prozesse steuern könne. Die Musik erziele diese Wirkung tiefer als andere Künste, sie dringe bis in die Wurzeln der Weltanschauung und der Rassenzugehörigkeit vor. Die "deutsche Menschenformung", die die Nazis auch mit Musik betrieben, zielte nicht zuletzt auf gläubigen Heroismus und Überlegenheitsgefühle.

Beim Eintauchen in die dunkle Tiefe des Unterbewußtseins wurde das helle Licht des analytischen Verstandes als störend empfunden. Die Nazis sprachen häufig von Seele, bekämpften aber die Psychoanalyse. Die verstandesmäßige Wahrnehmung, so meinten sie, behindere beim Musikhören den erwünschten Trancezustand und beeinträchtige damit das seelische Erlebnis. Hitler selbst forderte 1938 auf der Kulturtagung des NSDAP-Parteitages den Verzicht auf Rationalität: "Nicht der intellektuelle Verstand hat bei unseren Musikern Pate zu stehen, sondern ein überquellendes musikalisches Gemüt. Wenn irgendwo, dann muß auch hier der Grundsatz gelten, daß wes das Herz voll ist, der Mund überläuft."[10] Nach der Auffassung Hitlers sollten die Komponisten spontan schaffen. Ähnlich wie *Hans Pfitzner,* den er schon 1923 auf seinem Münchner Krankenlager besuchte, vertrat er damit eine Inspirationsästhetik. Kunst galt ihm als göttliche Eingebung. Wie der Komponist seiner Überwältigung Töne verleihe, solle sich auch der Hörer durch Musik überwältigen lassen. Dies könne ihn dann dazu führen, die Größe oder das Leid seiner Zeit besonders tief zu empfinden.

Eine ähnliche Wirkung wie Hitler wünschte sich auch sein Propaganda-Minister *Joseph Goebbels* von Musik. Wenige Monate zuvor, im Mai 1938, hatte er sich in einer kulturpolitischen Rede auf den 1. Reichsmusiktagen in Düsseldorf diesem Thema gewidmet. In seinen "Zehn Grundsätzen deutschen Musikschaffens" hieß es: "Die Musik ist die sinnlichste aller Künste. Sie spricht deshalb mehr das Herz und das Gefühl als den Verstand an. Wo aber schlüge das Herz einer Nation heißer als in seinen breiten Massen, in denen das Herz einer Nation seine eigentliche Heimstätte gefunden hat."[11] Sein sechster Grundsatz lautete: "Die Musik ist jene Kunst, die das Gemüt der Menschen am tiefsten bewegt; sie besitzt die Kraft, den Schmerz zu lindern und das Glück zu verklären." Von geistiger Erkenntnis beim Musikhören ist bei ihm ebensowenig die Rede wie bei Hitler, ebensoviel dagegen von der Wirkung einer Droge.

In seiner Schrift "Die neue Ästhetik der musikalischen Impotenz. Ein Verwesungssymptom?" hatte *Hans Pfitz-*

Hitler in der Walhalla bei Regensburg vor der von ihm soeben eingeweihten Büste Anton Bruckners am 6. Juni 1937

ner dem "völkerfeindlichen Internationalismus" vorgeworfen, Staaten aufzulösen und "das innerste Leben der Völker, deren Herz sozusagen", zu vergiften. "Daß und inwieweit an der internationalistisch-bolschewistischen Umsturzarbeit die Alljuden beteiligt sind – darüber können gelehrtere Männer als ich, Politiker und Historiker, Aufschluß geben; zu leugnen ist diese Tatsache nicht."

"Entfremdung von den Gesetzmäßigkeiten der Kunst"

Diese bei Richard Wagner vorgeprägte Sicht kehrte in vielen Abrechnungen mit dem Musikleben der Weimarer Republik wieder, so auch bei *Herbert Gerigk,* der ab 1935 die Hauptstelle Musik beim "Beauftragten des Führers für die Überwachung der gesamten geistigen und weltanschaulichen Schulung und Erziehung der NSDAP", bei Alfred Rosenberg also, leitete und außerdem Hauptschriftleiter der Zeitschrift "Die Musik" und Mitherausgeber des berüchtigten "Lexikon der Juden in der Musik" war. In einem Rückblick auf "10 Jahre nationalsozialistisches Musikleben" beschrieb Gerigk die Situation vor 1933 so: "Das Deutsche war nahe daran, im eigenen Vaterland heimatlos zu werden. Die Schlüsselstellungen vor allem waren mit Juden besetzt. Darüber hinaus wirkten auch in der Musik Freimaurer und Exponenten anderer überstaatlicher Mächte. Es ist lehrreich, sich den damaligen Zustand wenigstens in einer gedrängten Übersicht zu vergegenwärtigen." Mit dem Hinweis auf den Musikreferenten Leo Kestenberg, den gewerkschaftlichen Musikerverband und die Konzertdirektion Wolff & Sachs warf er den Juden neben der Vernichtung von Einzelexistenzen vor allem die Zersetzung der Grundauffassungen vor, "die Entfremdung des deutschen Menschen von den angestammten Gesetzmäßigkeiten der Kunst, die Entwurzelung des deutschen Volkes wie diejenige der Völker Europas schlechthin".[12] Gerigk unterstellte den Juden damit eine planmäßige Zerstörung der "Rasseninstinkte" in ganz Europa. Daß die nationale Desillusionierung eine Folge des verlorenen Krieges sein könnte, kam für ihn nicht in Betracht.

Als 1938 in Düsseldorf die Ausstellung "Entartete Musik" eröffnet wurde, konnte ihr Initiator, der Weimarer Generalintendant *Hans-Severus Ziegler,* schon Bilanz ziehen über die massenhafte Vertreibung jüdischer Komponisten und Interpreten. Noch allerdings könne nicht von spontaner Abwehr des jüdischen Wesens die Rede sein, denn immer noch sei der deutsche Rasseninstinkt geschwächt. Ich zitiere aus Zieglers Rede: "Es war nach einer langen Zeit der Entartung von vornherein klar, daß Jahre und Jahrzehnte einer intensiven Erziehungsarbeit notwendig sein würden, um eine vollgültige geistige, seelische und charakterliche Erneuerung Deutschlands herbeizuführen. Der deutsche Mensch ist bei seiner rassenmäßigen Zusammensetzung von jeher verhältnismäßig instinkt-unsicher gewesen und diese Instinktun-

---

LEXIKON DER JUDEN IN DER MUSIK

Mit einem Titelverzeichnis jüdischer Werke

Zusammengestellt im Auftrag der Reichsleitung der NSDAP. auf Grund behördlicher, parteiamtlich geprüfter Unterlagen

bearbeitet von

Dr. Theo Stengel
Referent in der Reichsmusikkammer

in Verbindung mit

Dr. habil. Herbert Gerigk
Leiter der Hauptstelle Musik beim Beauftragten des Führers für die Überwachung der gesamten geistigen und weltanschaulichen Schulung und Erziehung der NSDAP.

BERNHARD HAHNEFELD VERLAG / BERLIN

---

sicherheit sowohl in den primitivsten und elementarsten Fragen des politischen Lebens, erst recht aber in den höheren nationalen Fragen 'Rasse und Volkstum', in den Kulturbezirken, macht den deutschen Erneuerungsprozeß ungewöhnlich schwierig." Es fehle den Deutschen das Überlegenheitsgefühl, wie es für eine Herrenrasse notwendig sei. "Neben dem mangelnden Instinkt für die inneren und äußeren Lebensnotwendigkeiten war es auch der mangelnde Wille zum Leben an sich, der unsere Existenz als Nation oftmals in Frage gestellt und uns sogar zur Selbstentäußerung und zur Selbstaufgabe geführt hat. Es liegt auf der Hand, daß ein Volk, das noch nicht einmal die Kraft der Entscheidung über politische und wirtschaftliche Versklavung oder Freiheit aufbrachte, auch die Kraft vermissen ließ, einer seelischen Versklavung und einer geistigen Vergiftung Widerstände entgegenzusetzen."[13]

Ziegler fühlte sich durch die von ihm diagnostizierte Instinktschwäche der Deutschen zum Volkserzieher berufen. Mit seiner Ausstellung wollte er die instinktive Abwehr alles Jüdischen fordern. Durch die Aufhäufung des Negativen sollten beim Betrachter Gegenkräfte mobilisiert werden, um so die "völkische Erkrankung" zu heilen. Als Schüler des Literaturhistorikers Adolf Bartels war Ziegler von der Existenz volkhafter Grundkonstanten überzeugt, die von Klassenzugehörigkeit unabhängig seien. Da sich für ihn das Volk als eine geschlossene Einheit mit einer Seele darstellte, begriff er auch den

Politiker als Seelenarzt. In seiner Rede zur Ausstellungseröffnung hatte Ziegler formuliert: "Kulturpolitik treiben heißt: Betreuung der Seele des Volkes, Pflege seiner schöpferischen Kräfte und aller völkischen Charakter- und Gesinnungswerte, die wir in dem Generalbegriff Volkstum zusammenfassen."

Geniekult

Der Politiker erfüllt damit nach Ziegler eine ähnliche Aufgabe wie das künstlerische Genie, sollte doch auch dieses exemplarisch Rasseninstinkte stärken und bindende Maßstäbe formulieren. Das Verschwinden dieser Vorbild-Funktion erklärte Ziegler nicht aus Zeit- oder Kunstgeschichte, sondern aus dem Eindringen jüdischer Künstler und Kulturpolitiker. Wie für Gerigk stellte sich für ihn die Verdrängung des deutschen Idealismus durch Skeptizismus als planvolles Werk der Juden dar: "Die unheilvollste Tätigkeit der Juden des 19. Jahrhunderts aber müssen wir wohl in den unentwegten Versuchen sehen, das Volk von seinen schöpferischen Kräften, von seinen Talenten und Genies, zu trennen und damit von den anschaulichsten Beispielen von Rasse und Volkstum zu entfernen." So lautete Zieglers volkserzieherisches Credo: "Jedes Volk kann von seinen Genies die für alle Fragen notwendigen Maßstäbe leihen. Darin sehen wir die Sendung der Genies als der größten Erzieher und als der Repräsentanten der ewig-gültigen (!) Gesetze des Volkstums."

Tatsächlich hatten sich die repräsentativen Komponisten der Weimarer Republik, Paul Hindemith, Kurt Weill, Ernst Krenek, Ernst Toch und Hanns Eisler, nie als göttliche Genies verstanden, sondern als Menschen, als Schöpfer sozialer Experimente. Die NS-Musikpolitiker dagegen züchteten wieder ganz im Sinne des Idealismus vorbildhafte Genies heran, auch wenn diese dann nur Werner Egk, Cesar Bresgen und Gottfried Müller hießen. An diesen Komponisten sollte sich das deutsche Volk seelisch ebenso aufrichten wie an den heroisch gedeuteten Meistern Bach, Beethoven und Wagner oder an seinem Kanzler, von dem es hieß, er sei auch ein Künstler.

Hitlers Musikverständnis galt als vorbildlich. Was ihn begeisterte, vor allem Musikdramen von Richard Wagner und Symphonien von Anton Bruckner, sollte das ganze deutsche Volk begeistern. Was ihn aber verunsicherte oder abstieß, beispielsweise die Badeszene aus der Hindemith-Oper "Neues vom Tage", sollte dem ganzen Volk vorenthalten bleiben. Der NS-Boykott gegen Hindemith ging bekanntlich auf die Prüderie des Führers zurück, der für sich beanspruchte, auch ein Opern- und Konzertführer zu sein. Man wußte von seiner Askese, von seinem Verzicht auf Alkohol, Zigaretten und alle fleischlichen Genüsse; er war Vegetarier und Junggeselle. Es war etwas Mönchisches um ihn, eine Verwandtschaft zu den Wagnerfiguren Lohengrin und Parsifal. Die Realität begriff Hitler als einen Wagnerschen Mythos, in dem der positiven Welt des starken Germanentums die dunkle Welt des Bösen, des Bolschewismus und der Juden gegenüberstand. Hitler, der sich als Heilsbringer verstand, schied mit Feuer und Schwert das Negative, das Zerstörende aus. Damit degradierte er die Deutschen zu Unmündigen, die - wie auch Ziegler unterstrichen hatte - dieser Hilfe und einer starken Führung bedurften.

Nichts war den Nazis gefährlicher und peinlicher als Unsicherheit, als Meinungsstreit und das Aufeinandertreffen gegensätzlicher Argumente. Unsicherheit schwächte, machte verletzlich. Schrecklich die Vorstellung, man könne einem Phänomen mit ambivalenten Gefühlen gegenüberstehen. Da es für die Nazis nur Eindeutigkeit geben konnte und auch nur eine einzige Führung, wurden alle politischen Parteien verboten, wurde alle Kunst unter die Führung des Propagandaministers gestellt und Kunstkritik verbannt. Daß kritische Kunst nicht akzeptiert wurde, verstand sich von selbst. Damit waren Voraussetzungen geschaffen für die Reinigung der Gefühle, für ihre Ordnung und Neuprägung.

Rassenprinzip in der Musik

Der "Fränkische Kurier" berichtete über die Düsseldorfer Reichsmusiktage eher zurückhaltend. Musikschriftleiter *Adalbert Heller* registrierte die vielfach einfachen, ja primitiven musikalischen Mittel in den dort aufgeführten Werken jüngerer Komponisten. Sein Bericht über die Ausstellung "Entartete Musik"[14] enthielt sich jedes Kom-

---

ENTARTETE MUSIK

Eine Abrechnung

von Staatsrat Dr. Hans Severus Ziegler

Generalintendant
des Deutschen Nationaltheaters zu Weimar

Druck und Verlag:
Völkischer Verlag G. m. b. H., Düsseldorf

mentars. Eine versteckte Auseinandersetzung mit der Eröffnungsansprache stellte sein Kommentar "Musik und Charakter" vom 30. Mai dar. Den von Ziegler behaupteten Zusammenhang von Rasse und Harmonik ("germanischer Dreiklang") konfrontierte Heller mit der Einheit von Musiksprache und Charakter.[15] Darüber hinaus sah er offenbar keine Möglichkeit, die als entartet gebrandmarkten Komponisten zu verteidigen.

Auch in der Stadt der Reichsparteitage mußte das Musikleben das Rassenprinzip verdeutlichen. In der Festschrift zur Wiedereröffnung des Opernhauses erklärte *Julius Streicher* die Charakteristik der Kunstwerke aus der "rassischen Verschiedenheit des Blutes".[16] Neben die Entlassung jüdischer Musiker und die "Arisierung" jüdischer Firmen trat die Tilgung nichtarischer Elemente aus den Musikwerken. Diese Aufgabe erfüllte eine von Goebbels eingerichtete "Reichsstelle für Musikbearbeitungen", in der der Musikwissenschaftler *Hans Joachim Moser* führend tätig war. Das bekannte Händel-Oratorium "Judas Makkabäus" verwandelte sich so zu einem sogenannten Freiheitsoratorium "Der Feldherr", das in dieser Form auch in Nürnberg erklang.[17] Mit Musik von Mozart und Beethoven feierte die NSDAP hier 1941 den Rassentheoretiker Paul de Lagarde[18], dessen Leitidee eines deutschen Herrenvolks großen Einfluß auf Houston Stewart Chamberlain, Alfred Rosenberg und Hitler ausgeübt hatte.

Kein Bereich im NS-Staat war frei von propagandistischen Zielen, nicht die Schule, wo nationale Feierstunden an der Tagesordnung waren,[19] nicht das Städtische Konservatorium, dessen Direktor *Max Gebhardt* mit den nationalen Kantaten "Deutsches Volk" (1936), "Jungenschwur" (1937) und "Ewiges Deutschland" (1939) hervortrat, nicht die Hitler-Jugend und erst recht nicht die jährlichen Reichsparteitage. Nachdem sich dort Aufführungen der "Meistersinger" und Brucknerscher Symphonie-Sätze bewährt hatten, schlug man 1935 vor, den Massengesang durch Orgelmusik zu begleiten. Bereits zum Parteitag 1936 konnte in der Luitpoldhalle ein Rieseninstrument der Firma Walcker eingeweiht werden. Auf dieser mit 220 klingenden Registern größten Orgel Europas fanden auch außerhalb der Parteitage Konzerte statt, mit so passenden Orgelwerken wie "Ein Volk - ein Reich - ein Führer" des Münchner Komponisten *Ed. Kissel*.[20] Bei den Bombardierungen vom August 1942 brannte mit der Luitpoldhalle die Reichsparteitags-Orgel aus. Die Herstellerfirma wies 1951 in einer Publikation stolz auf die "Konzertorgel zu Nürnberg" als ihr größtes Werk hin, ohne Funktion und Auftraggeber zu nennen.[21] Der Broschüre ist ferner zu entnehmen, daß diese Orgelbaufirma vor 1933 große Aufträge von Synagogen erhalten und ausgeführt hatte.

Kompositionsaufträge

Jährlich wurden für die Reichsparteitage Kompositionsaufträge vergeben. Manche Tonsetzer stellten sich sogar freiwillig zur Verfügung. Zu ihnen gehörte der junge Dresdner *Gottfried Müller*, der schon sein "Deutsches Heldenrequiem" Hitler gewidmet hatte. In einem Brief an Hauptmann Fritz Wiedemann, den Chef von Hitlers Reichskanzlei, erklärte er im März 1939: "Da der Führer es mir freigestellt hat, für den Parteitag ein rein instrumentales Stück oder einen Chorsatz zu wählen, habe ich mich entschlossen, dem Führer zur Eröffnung des Parteitages den ersten Chor meines neuen Chor- und Orchesterwerkes vorzuschlagen. Die Möglichkeit, die große nationalsozialistische Gemeinschaft künstlerisch zu erfassen, ist bei einem Stück mit Text viel eher gegeben als bei einem rein instrumentalen Stück. Da zudem der Text ein Führerwort ist, so ist der Boden für ein wirklich nationalsozialistisches Gemeinschaftserlebnis in wunderbarer Weise bereitet."[22] Trotz der guten Beziehungen des jungen Komponisten zur Staatsführung wurden Müllers "Führerworte" nicht in das Programm der Reichsparteitage 1939 aufgenommen. Stattdessen war dort zum Empfang des Führers ein "Festliches Vorspiel" von *Ludwig Lürmann* vorgesehen.[23]

Für *Friedrich Jungs* "Feierstunde zum Appell der politischen Leiter" existierte bereits ein genauer Ablaufplan. Am Höhepunkt des Fahneneinmarsches sollte zu einem Extra-Orchester von 120 Trompeten und Posaunen schließlich noch die Orgel hinzutreten. Zur Fertigstellung seiner Komposition war Jung im Sommersemester 1939 von seiner Lehrtätigkeit an der Berliner Musikhochschule beurlaubt worden. Das Resultat, eine Chorpartitur, die Jung für die 6000 Laiensänger im Selbstverlag herausgebracht hatte,[24] wirkt heute grotesk und verlogen. In Nr. 10 ("Das Reich") dieses bis ins letzte Detail festgelegten Werks hatten die 6000 Politischen Leiter zu singen "Nur der Knecht schreit nach Freiheit", um dann mit dem Ruf "Keiner ist freier als wir!" zu enden.

Nach 1945

Das kriegszerstörte Nürnberg wurde nach 1945 in den Kriegsverbrecher-Prozessen mit der Schuld der Politiker und Militärs konfrontiert. Wurde aber auch die Rolle der Musik bedacht? Im September 1963 kehrte ein ehemaliger Nürnberger, der 1933 nach England vertrieben worden war, in seine Heimatstadt zurück. Im "8-Uhr-Blatt" konnte man aus diesem Anlaß lesen: "Besonderes Interesse erregte die Wiederbegegnung mit dem 1901 geborenen Nürnberger und Konservatoristen Franz Reizenstein in seiner Vaterstadt. Reizenstein lebte seit 1933 in London und wirkt dort als geachteter Musikprofessor." Der Autor dieser Rezension, *Dr. Heinz Drewes,* hatte bis 1945 in Berlin die Musikabteilung im Propagandaministerium geleitet. Neben Goebbels war er damit der Hauptverantwortliche für die Steuerung des deutschen Musiklebens, auch für die Ausscheidung von Juden. Ihm unterstanden die Düsseldorfer Reichsmusiktage, für die sein Freund Hans-Severus Ziegler die Ausstellung "Entartete Musik" beigesteuert hatte.

25 Jahre später, mittlerweile Dozent und Kritiker in Nürnberg, gab Drewes sich jovial und begrüßte in Reizenstein freundlich einen jener Komponisten, für deren Vertreibung er verantwortlich gewesen war. Von dieser Verantwortung oder von Schuldgefühl ist allerdings in seiner Rezension nicht die Rede. Es wird vielmehr suggeriert, die Übersiedlung des jüdischen Komponisten nach London sei ein freiwilliger Akt gewesen, der allein der angeblich so glänzenden Karriere diente.

Von entarteten Komponisten mochte Drewes 1963 nicht mehr sprechen. In einem Kommentar zur Konzertreihe "Ars Nova" schrieb er stattdessen: "Klug hat Spilling sein Programm 'landmannschaftlich' aufgeteilt. Die Abende sind fränkischen Komponisten ebenso vorbehalten wie italienischen Avantgardisten, den kräftig vorstoßenden Polen und der Musica Nova Pragensis. Dagegen kommt den verblassenden Urvätern A. Schönberg und – cum grano salis – Webern beinahe historisierende Wiederholungsbedeutung zu."[25] Hatte Drewes vom Propaganda-Ministerium aus Schönberg-Aufführungen wegen ihrer angeblich zersetzenden Wirkung verhindert, so versuchte er dies nach dem Kriege als Nürnberger Kritiker dadurch, daß er ihnen gerade umgekehrt bleibende Wirkung absprach.

Wiederum 25 Jahre später, im Herbst 1989, rezensierte ein bayerischer Professor den Ausstellungskatalog "Entartete Musik".[26] Er empörte sich darüber, daß darin sein Vater Hans Joachim Moser und sein akademischer Lehrer Wolfgang Boetticher erwähnt wurden. Beide Musikwissenschaftler hätten doch keine Verbrechen begangen. Wer aber trug die Verantwortung in jenen braunen Jahren? Gab es nur Mitläufer? Oder war das Musikleben als Ganzes ein harmloser, ungefährlicher Sonderbereich? Daß dies nicht so war, kann vielleicht die Ausstellung "Entartete Musik" zeigen.

Anmerkungen:

* Dieser Beitrag stellt die erweiterte Fassung der Ansprache dar, die der Autor am 5. Dezember 1989 zur Eröffnung der Ausstellung "Entartete Musik. Eine kommentierte Rekonstruktion 1938/1988" im Nürnberger Opernfoyer hielt. Die Ausstellung wurde bis Ende Februar 1990 im Germanischen Nationalmuseum (Katharinenkirche) gezeigt.
1. Hermann Luppe, Mein Leben. In Zusammenarbeit mit Mella Heinsen-Luppe aus dem Nachlaß, hrsg. vom Stadtarchiv Nürnberg. Nürnberg 1977, S. 315.
2. Vgl. als Beispiel die Akten des Arbeiter-Gesang-Vereins Nürnberg-Röthenbach. Stadtarchiv Nürnberg, C 7/V Vereinspolizeiakten der Hauptregistratur, Nr. 6394.
3. Satzung des NS-Chores Nürnberg 1933. Stadtarchiv Nürnberg, C7/V Vereinspolizeiakten der Hauptregistratur, 1832–1940, N.S. Chor 1933–38 Nr. 6881.
4. Vgl. Durchbruch der Nation. Kampfblatt für nordische Weltanschauungen. Mitteilungen der Ortsgruppe Nürnberg des Kampfbundes für deutsche Kultur, hrsg. von Fritz Hufnagel. Stadtarchiv Nürnberg, D 7/V Vereinspolizeiakten der Hauptregistratur, 1832-1840, Nr. 12601/1.
5. Luppe S. 273.
6. Vgl. die Memoiren des Rassentheoretikers Hans F. K. Günther, Mein Eindruck von Adolf Hitler. Verlegt bei Franz von Bebenburg in Pähl, 1969.
7. Fritz Nadler, Eine Stadt im Schatten Streichers. Nürnberg 1969, S. 8 f.
8. Ernst Lüdtke, Kanzler und Künstler. In: Die Musik-Woche, 5. 2. 1938, zitiert nach Joseph Wulf, Musik im Dritten Reich. Gütersloh 1963, S. 299 f.
9. Rudolf Bauer, Vom Wesen deutscher Musikauffassung. In: Die Musik-Woche, 2. 12. 1939. Zitiert nach Wulf S. 332.
10. Adolf Hitler auf der Kulturtagung des Parteitags Großdeutschland. In: Adolf Strube, (Hg.), Deutsche Musikkunde für die höhere Schule, Leipzig 1942. Zitiert nach Wulf S. 298.
11. Vgl. Albrecht Dümling/Peter Girth (Hg.), Entartete Musik. Eine kommentierte Rekonstruktion. Der Kleine Verlag Düsseldorf 1988.
12. Herbert Gerigk, 10 Jahre nationalsozialistisches Musikleben. In: Die Musik, Januar 1943. Zitiert nach Wulf S. 215 f.
13. Hans-Severus Ziegler, Entartete Musik. Eine Abrechnung. Düsseldorf 1938. Zitiert nach Dümling/Girth, Düsseldorf 1988, S. 128 f.
14. Die Reichsmusiktage in Düsseldorf. Fränkischer Kurier vom 25./26. Mai 1938.
15. Dr. Adalbert Heller, Musik und Charakter. Fränkischer Kurier vom 30. Mai 1938.
16. Julius Streicher. Was ist Kunst und wer ist ein Künstler? In: Festschrift anläßlich der Wiedereröffnung des Nürnberger Opernhauses, Sept. 1935, hrsg. von Robert Plank.
17. Vgl. Programm des Lehrergesangvereins Nürnberg. Konzert 1940: G. F. Händel "Der Feldherr". Stadtarchiv Nürnberg, C 29 Dir A Nr. 57 Bd. 2.
18. NSDAP: Programm zur Morgenfeier für Paul de Lagarde am 21. 12. 1941. Stadtarchiv Nürnberg, C 29 Dir A Nr. 57 Bd. 2.
19. Vgl. Lyzeum an der Findelgasse-Frauentorgraben: Feierstunde "Schaffendes Volk", 11. April 1938. Stadtarchiv Nürnberg, C 29 Dir A Nr. 57 Bd. 2.
20. Orgelkonzert in der Luitpoldhalle. Fränkischer Kurier vom 23. Mai 1938, S. 10.
21. Orgelbau E. F. Walcker und Co., Ludwigsburg 1951.
22. Zitiert nach Fred K. Prieberg, Musik im NS-Staat, Frankfurt a. M. 1982, S. 237.
23. Programm zu den Reichsparteitagen 1939. Stadtarchiv Nürnberg, C 32 Z/RPT 1108.
24. Friedrich Jung, Feierstunde zum Appell der politischen Leiter. Reichsparteitag zu Nürnberg. Selbstverlag Friedrich Jung, Berlin-Lichterfelde 1939. Archiv der Hochschule der Künste, Berlin-W.
25. 8-Uhr-Blatt vom 23. 10. 1963.
26. Dietz-Rüdiger Moser, Der Unterschied. Ein Kommentar. In: Literatur in Bayern, Nr. 17, Sept. 1989, S. 40 f.

Architektur als Weltanschauung

Neue Reichskanzlei: Tür zum Arbeitszimmer des "Führers", Architekt: Albert Speer

Jochen Thies

Hitler - „Architekt der Weltherrschaft"*

I

Hitler, so berichten mehrere Beobachter übereinstimmend, hat sich in den letzten Wochen seines Lebens mit Architekturplanungen beschäftigt. Anscheinend hat der tägliche Gang zu einem Modell von Linz, das für ihn im Bunker der Berliner Reichskanzlei aufgebaut worden war, zu seinen Lieblingsbeschäftigungen gehört. Es waren vorzugsweise die Nachtstunden, während der es ihn hier hinzog, nach den Frontberichten des Tages, die nichts anderes verhießen, als daß das Ende des Dritten Reiches gekommen war. Hermann Giesler, Architekt wie Albert Speer und sein Konkurrent der letzten Stunde, hat am genauesten darüber berichtet: Regulierbare Scheinwerfer simulierten am Modell den Stand der Sonne im Tagesablauf. Licht und Schatten verdeutlichten den Aufbau der Gebäudekomplexe und ließen die Gebilde aus Holz und aus Pappe nahezu Realität werden.

Während sich sowjetische Truppen von der Oder her Berlin näherten, entwickelte Hitler Pläne für die Linzer Grabstätte seiner Eltern und seinen eigenen Alterssitz am Ufer der Donau. Linz, so hatte er bereits früher festgelegt, sollte das neue Europäische Kulturzentrum werden. Manches Bild und manche Skulptur, die während der Kunstraub-Aktionen in den besetzten europäischen Ländern verschwanden, hätten hier ihren Haken und ihren endgültigen Aufstellplatz bekommen. Was dem Diktator insgesamt vorschwebte, war die Umwandlung der Stadt zu einer Art von deutschem Budapest, zugleich aber auch zu einer ernstzunehmenden Konkurrenz für Wien, das Hitler verachtete. Linz war darüber hinaus die Stadt gewesen, in der Hitler einen wichtigen Teil seiner Jugendjahre verbracht hatte. Seine Freunde von damals berichteten, wie er selbst, daß er bereits als junger Mensch Vorstellungen von einer Umgestaltung besaß. So sieht Adolf Kubizek, ein Schulkamerad, in den Entwürfen des 15jährigen Hitler über Linz getreue Kopien dessen, was der Diktator als 50jähriger errichten lassen wollte. Auch Begleiter Hitlers aus den frühen Jahren der "Kampfzeit", wie sein erster Pressesprecher Hanfstängl oder der Photograph Hoffmann, schreiben in ihren Memoiren übereinstimmend, daß er sich Anfang der 20er Jahre mit detaillierten Bauplänen für die Stadt an der Donau auseinandersetzte.

Solche Beobachtungen sind auch für andere Städte bezeugt, voran München, Nürnberg und Berlin.[1] Entscheidend und auffällig ist dabei jedoch die Koinzidenz mit einer anderen Aktivität Hitlers, die die Historiker für grundlegend halten: der Niederschrift eines politischen Programms, genannt "Mein Kampf", das während der Festungshaft in Landsberg und in den Monaten danach entstand, also 1925/26. Was der damals 37jährige hier niedergelegt hat, ist nichts anderes als ein Entwurf zur Weltherrschaft - ein Ziel, das Hitler in den ersten Jahren des Zweiten Weltkriegs versucht hat, in die Tat umzusetzen. Die in diesem zweiteiligen Buch auch zur Architektur formulierten Überlegungen bilden gewissermaßen die Kehrseite ein und derselben Medaille - Bauten, wie sie die Welt bisher nicht gesehen haben würde, nicht einmal die antiken Weltreiche Ägyptens oder Roms.

So spricht Hitler in "Mein Kampf" von einer "Mission", die dem deutschen Volk zur Erfüllung vom Schöpfer des Universums zugewiesen sei. Darunter ist die Bildung eines Staates zu verstehen, schreibt er später, der seine höchste Aufgabe in der Erhaltung und Förderung der unverletzt gebliebenen edelsten Bestandteile unseres Volkstums, ja der ganzen Menschheit ansieht. Oder an anderer Stelle: Es könnten in ferner Zukunft Probleme an den Menschen herantreten, die nur von einer höchsten Rasse als Herrenvolk gelöst werden könnten, gestützt auf die Mittel und Möglichkeiten eines ganzen Erdballs. Auch indirekt lassen sich Hitlers Absichten, die er in "Mein Kampf" abgefaßt hat, deutlich erahnen. So spricht er vom Zufall der Grenzen, vom freien Spiel der Kräfte auf dem Globus, den er später sogar als "Wanderpokal" apostrophieren wird, freilich mit dem entscheidenden Zusatz, daß die Trophäe endgültig in den Besitz des Gesünderen und Stärkeren übergehen müsse. Das Ziel sei bewußt so weit gesteckt, denn nach den Erfahrungen der Weltgeschichte, so Hitler in seiner Programmschrift, wären die Erfolge um so ungeheurer, je größer dabei das Kampfziel sei. Daher müsse das für die letzten und größten Entscheidungen auf diesem Erdball reife Geschlecht geschaffen werden. Das Volk aber, folgert Hitler, das diesen Weg zuerst betritt, wird siegen. Dieser Grundsatz wird am Ende des Buches im vorletzten Satz des Schlußwortes wiederholt, also an einer bewußt gewählten Stelle. Dort heißt es: "Ein Staat, der im Zeitalter der Rassenvergiftung sich der Pflege seiner besten rassischen Elemente widmet, muß eines Tages zum Herrn der Erde werden".[2]

Aus dieser Bemerkung wird ein weiteres Motiv für Hitlers globales Machtstreben deutlich, das sich ebenso wie ein roter Faden durch die Seiten von "Mein Kampf" zieht: das vermeintlich marxistisch-jüdische Weltherrschaftsstreben. Es gestattet Hitler mit einer simplen Umkehr der Vorzeichen, eine rassische Sonderrolle für das deutsche Volk zu konstruieren. So heißt es in Hitlers Buch, sollte das Schicksal aus unerforschlichen Gründen den Endsieg der Juden in ewig unabänderlichem Beschluß wünschen? Sollte diesem Volk, das sich nur für das irdische Dasein interessiert, die Erde als Belohnung zugesprochen sein?[3] Daher ist "Mein Kampf" auch eine massive Aussage der Sorge vor der "jüdischen Weltherrschaft", symbolisiert durch das internationale Finanzjudentum und die Bolschewisierung Rußlands; Befürchtungen, die Hitler mit manchem deutschen Kleinbürger teilt, der in diesen Jahren seine wirtschaftliche und soziale Lage gefährdet sieht.

Es ließe sich leicht einwenden, daß Hitlers Weltherrschaftsanspruch bei einer Bevölkerungszahl des Deutschen Reiches von 80 Millionen Menschen absurd sei. Aber hier erweist sich der kommende Diktator als verspätetes Kind der Kolonialzeit, das von Rhodes, Kipling und Filmen wie "The Life and Death of a Bengali Lancer" träumt. Daher fällt es Hitler nicht schwer, seit 1920 bei Reden einleitend immer wieder darauf zu verweisen, daß Großbritannien mit wenigen Millionen Menschen praktisch ein Fünftel der Erde beherrsche. Besonders imponierend findet Hitler die Rolle des bewunderten Inselstaates in Indien, wo man mit ein paar tausend Mann eine Masse von 300 Millionen Menschen in Schach gehalten habe. Hitlers Fazit aus solchen Beobachtungen: auch kleine Völker könnten bei richtigem Verhalten die Erde beherrschen.[4]

Was Hitlers Vorstellungen vom Bauen betrifft, so entwickelt er in "Mein Kampf" eine Theorie, die erneut beweist, daß er das Erbe der bisherigen Weltreiche anzutreten gedenkt. Er ist übrigens auch nach 1933, vor allem bei den sogenannten "Kunstreden" der Reichsparteitage in Nürnberg auf seine Überlegungen von 1925/26 immer wieder zurückgekommen. Hitler zufolge gab es keine Baustile, sondern nur eine ewige Kunst, die sich an den Formenelementen antiker Bauten auszurichten habe. Da Römer und Germanen für ihn in einer "Grundrasse" vereinigt waren, ergab sich auch der historische Brückenschlag für eine Fortsetzung der Weltmachtsgeschichte der einstigen Mittelmeerbeherrscherin unter deutschem Vorzeichen. Auf die Architektur und Stadtplanung unseres Jahrhunderts bezogen, bedeuteten

Der Große Platz, Zentrum der Nord-Süd-Achse in Berlin nach einem Entwurf von Albert Speer (Modellaufnahme von 1941 mit Blick von Süden)

Hitlers abstruse Geschichtsvorstellungen, erneut Foren, Tempel, Thermen und Zirkusse zu errichten und zur Akropolislage vor 2500 Jahren zurückzukehren. Spätere Baustile wie die Romanik und die Gotik fügten sich übrigens in Hitlers Vorstellungen bruchlos ein. Mittelalterliche Kathedralen waren für ihn nichts anderes als "Riesen" und "Giganten", also nur gewaltige umbaute Räume. Dank der technischen Möglichkeiten unseres Jahrhunderts könne man sie, wie er meinte, deutlich übertreffen - Bauen als Rekordmaß. Das mythisch-archaische Geschichtsbild, in das seine Vision von der Architektur nahtlos paßt, wird vielleicht in der folgenden Passage von "Mein Kampf" am deutlichsten sichtbar. Die geopolitische Bedeutung eines zentralen Mittelpunktes einer Bewegung könne nicht überschätzt werden, heißt es dort. "Nur das Vorhandensein eines solchen Ortes, umgeben mit dem magischen Zauber von Mekka oder Rom, könne auf Dauer einer Bewegung die Kraft schenken, die in der inneren Einheit und der Anerkennung einer dieser Einheit repräsentierenden Spitze begründet liegt".[5] Hitler als Führer, Augustus und Mohammed zugleich.

Von "Mein Kampf" sind bis zum Tag der Machtergreifung Hitlers, dem 30. Januar 1933, 287.000 Exemplare gekauft, also aus relativ freiem Entschluß erworben worden. Wie ist es dennoch zu erklären, daß die Absichten Hitlers dem Zeitgenossen nicht klar waren, nicht einmal dem, der ihn wählte? Sicher, es hat Einzelgänger im In- und Ausland gegeben, die auf den Gehalt der außenpolitischen Passagen des Buches hingewiesen haben, aber es waren eben zu wenige. Große Parteien oder Organisationen haben sich nicht geäußert und vielleicht das, was sie über das Buch und seinen Verfasser wußten, nicht genügend ernst genommen. Stellvertretend für die Stimmen derer, die vor der Machtergreifung Hitlers aufgrund des Buches warnten, mag Helmut Klotz genannt sein, ein Berliner Journalist und Verfasser einer Flugschrift vom September 1931. Er kam anhand einer Auswertung von "Mein Kampf", dem "Völkischen Beobachter", dem "Angriff", weiterer NS-Blätter sowie Äußerungen prominenter Nationalsozialisten zu dem Schluß, daß der deutsche Faschismus kein lediglich auf dieses Land begrenztes Problem darstelle. Es bestehe vielmehr die Gefahr eines Untergangs von Deutschland, verbunden mit einer Katastrophe für Europa und die ganze Welt. Denn Hitler, so die Analyse des Autors, wolle nichts anderes als die Weltherrschaft.[6]

Gern wird damit argumentiert, daß Hitler nach seinem ersten großen Wahlsieg im September 1930, der die Partei von 12 auf 107 Sitze im Reichstag katapultierte, aus taktischen Gründen geschwiegen habe. Daher hätte der Zeitgenosse auch keine Chance gehabt, so diese Beweisführung, sich über die wirklichen Ziele der Nationalsozialisten zu informieren. Um dies zu prüfen und ein wenig von der Stimmung zu erfassen, die in der Schlußphase der Weimarer Republik bei Wahlveranstaltungen der Nationalsozialisten herrschte, wollen wir uns nach Offenburg begeben, einem kleinen südwestdeutschen Provinzstädtchen mit knapp 20.000 Einwohnern.

Es ist Anfang November 1930. Offenburg befindet sich im politischen und wirtschaftlichen Dornröschenschlaf, denn die nahe Grenze zu Frankreich, verbunden mit dem Verlust manchen Kontaktes zum Elsaß seit 1918 und der Entmilitarisierung des Rheinlandes haben der Stadt schwere Substanzverluste zugefügt. Vorübergehend ist sie Anfang der 20er Jahre von den Franzosen widerrechtlich besetzt worden. Hier in Offenburg hielt Hitler am 9. November eine Rede[7], also gut zwei Monate nach dem sensationellen Reichstagswahlergebnis. Den Berichten der lokalen Presse zufolge waren etwa 12.000 Menschen herbeigeströmt, um den neuen politischen Matador zu sehen. Vor diesem Auditorium wich Hitler dann keinen Schritt von dem ab, was er ein paar Jahre zuvor in "Mein Kampf" geschrieben hatte. In Anspielung auf den Ersten Weltkrieg sagte er, das deutsche Volk sei in seinem Durchschnitt jedem anderen überlegen gewesen. In einem 1930 und später gern benutzten historischen Rückblick ging er dann auf weltmachtpolitische Fragen der letzten Jahrhunderte ein. Man habe erleben müssen, führte er in Offenburg aus, daß sich die Portugiesen und Holländer mit den Briten die Welt aufgeteilt hätten. Gehört hätte sie aber uns, so Hitler, denn keine Nation könnte sich mit dem deutschen Volk an Kraft und Bedeutung vergleichen. Heute sei es genauso. Und wie die bereits zitierten Passagen von "Mein Kampf" mutet die rhetorische Frage gegen Ende der Offenburger Rede an: "Wann wird ein Volk auf dieser Erde siegen? Ich sage: Wenn es einen großen Eigenwert besitzt. Aber auch, wenn es in der Konstruktion seines Staatslebens den Grundsatz berücksichtigt, daß die Völker als geschlossene Masse wie die einzelnen Menschen voneinander verschieden sind. Ein Volk muß daher am höchsten steigen", so Hitler, "wenn sein Leben von den fähigsten Köpfen bestimmt wird."

Es trifft sich, daß vom November 1930 zwei weitere Hitler-Reden im Wortlaut überliefert sind, die den Inhalt von Offenburg vollauf bestätigen. Während die Mannheimer Rede vom 5. November der Offenburger sehr gleicht, sind die Formulierungen von Hitler zu den Zielen der Nationalsozialisten am 13. November in Erlangen noch prägnanter. Sie beweisen, daß Hitler seit dem September-Wahlsieg politisch keineswegs auf Tauchstation ging, sondern unbeirrbar und von seinem politischen Sendungsbewußtsein überzeugt, an den Zielen von "Mein Kampf" festhielt. Es hat einen Taktiker Hitler auf diesem Gebiet nie gegeben.

Es kam jedoch geradezu einer Fanfare gleich, was er in Erlangen vor Studenten und Professoren einer bekannten deutschen Universität sagte. "Wir wissen folgendes", bemerkte er dort, "jedes Wesen strebt nach Expansion und jedes Volk strebt nach der Weltherrschaft.

179

Nur wer dieses letzte Ziel im Auge behält, gerät auf den richtigen Weg. Ein Volk, das zu feige ist oder den Mut oder die Kraft nicht mehr besitzt, sich dieses Ziel zu stellen, betritt den zweiten Weg und zwar den des Verzichtes und der Selbstaufgabe, der in der Vernichtung seinen Abschluß findet. (So hat sich Hitler dann in der Tat Anfang 1945 geäußert und seinen "Nero-Befehl" motiviert.) Es gibt nur zwei Wege: der eine Weg führt ununterbrochen nach vorwärts und ist nur begehbar, wenn solche bestimmten Erkenntnisse ein Volk leiten, der zweite Weg führt nach abwärts, wenn sich ein Volk stattdessen mit falschen Grundsätzen zufrieden gibt."

Auch an dieser Stelle sei ein mutiger Einzelgänger erwähnt, der es wagte, diesem Wahnsinn zu widersprechen. Es war Bernhard Schmeidler, Ordinarius für Mittlere und Neuere Geschichte an der Universität Erlangen, der Hitlers Äußerungen als zügellose Demagogie und sachlichen Irrsinn bezeichnete. Der Professor wurde wenige Tage später bei einer studentischen Veranstaltung aufgefordert, nochmals Stellung zu seiner Kritik zu nehmen. Doch eine sachliche Argumentation war Ende 1930 an den deutschen Universitäten nicht mehr möglich. In Erlangen als erster deutscher Universität hatte zu diesem Zeitpunkt bereits der Nationalsozialistische Deutsche Studentenbund (NSDStB) seit November 1929 eine Mehrheit der Kommilitonen hinter sich.

Doch kehren wir nochmals nach Offenburg zurück, um zu erfahren, wie die Zeitungen über Hitlers Auftritt am 8. November 1930 berichtet haben. Der Herausgeber eines Offenburger Mundartblattes, ehemaliger Reichstags- und Landtagsabgeordneter für die SPD, kam zu dem Schluß, daß da recht viel mit Schlagworten gearbeitet worden sei. Sie würden sich als recht fraglich und inhaltslos erweisen, wenn man sie nur einigermaßen auf ihren Gehalt hin prüfe. Anders die bürgerliche Offenburger Presse. Während sich die liberale Zeitung des Ortes für eine knappe, allgemein gehaltene Wiedergabe der Hitler-Rede ohne Wertung entschied, kam es bei der dem Zentrum nahestehenden Zeitung offenbar zu einer Spaltung der Meinungen innerhalb der Redaktion. Denn überraschenderweise erschien nach einem ersten kritischen Bericht am 10. November nur einen Tag später ein äußerst wohlwollender Kommentar. Da war dann zu lesen, daß Hitler ein ausgezeichneter Redner sei, dessen Stärke darin liege, auf unanfechtbaren Tatsachen (!) aufzubauen. Wer einen Demagogen zu hören hoffte, sei enttäuscht worden. Eine weitere Feststellung des Redakteurs war im Gegensatz zu seinem sozialdemokratischen Kollegen, daß Hitler einen einfachen, klaren Stil habe. Er vermeide geflissentlich Schlagworte und hohle Phrasen und lasse sich nur ab und zu zu einer gewissen, aber nicht übertriebenen Begeisterung in seiner Rede hinreißen.

Die Zeilen dieses Journalisten enthüllen das Dilemma der bürgerlichen Parteien der Weimarer Republik. In der vermeintlich gemeinsamen Abwehrfront gegenüber den Bestimmungen des Friedensvertrages von Versailles wurde von ihnen übersehen, daß Hitler ganz andere Absichten hatte. Er ging mit seinen Plänen nicht nur weit über die damaligen traditionellen revisionistischen Forderungen hinaus, sondern strebte auch qualitativ etwas ganz anderes an als europäische Großmachtpolitik bisher gewesen war, wie "Mein Kampf" und die Reden des Jahres 1930 beweisen. Textvergleiche zwischen Hitlers Offenburger Ansprache und Zusammenfassungen der dem Zentrum nahestehenden Zeitung beweisen, daß das Weltherrschaftskonzept nicht erwähnt bzw. kommentiert wurde. Traf es möglicherweise auf Resonanz in der deutschen Bevölkerung? Ganz ist eine solche Annahme nicht von der Hand zu weisen, denn die seit 1918 sorgsam gehütete Dolchstoßlegende bedeutete doch auch, daß die Deutschen einen besonderen Rang unter den Völkern einnehmen würden. Schließlich hätten sie einer großen westlichen Militärallianz über Jahre hinweg allein standgehalten. Hitler hat nie verzichtet, darauf in seinen Reden hinzuweisen, was vom Publikum mit brausendem Beifall quittiert wurde. Die junge Nation von 1871, voran ihre Führungsgruppen aus Diplomatie, Armee, Wirtschaft und Wissenschaft, waren sich zu wenig bewußt, wo die Grenzen und das Ende der deutschen Möglichkeiten beim Gerangel um den "Platz an der Sonne" lagen. Der Macht- und Geltungsanspruch der wilhelminischen Eliten, symbolisiert durch den persönlichkeitsschwachen Kaiser, ist nicht zu bestreiten. General Gröner hat nach der Niederlage von 1918 selbstkritisch eingeräumt, man habe unbewußt nach der Weltherrschaft gestrebt.

Ob der Offenburger Journalist nun grundsätzlich mit Hitler übereinstimmte oder nicht, so gilt dies wohl weitgehend für die Politiker, Militärs und Fachleute der verschiedensten Sparten, die von 1933 an im vertraulichen Kreis oder bei offiziellen Anlässen Hitlers außenpolitische Vorstellungen erfuhren. Sofern es von ihnen unmittelbare Niederschriften, Zeugenaussagen oder Erinnerungen gibt, stellt man fest, daß sich die Notizen und Eindrücke auf innenpolitische Themen konzentrieren. Gewiß, manches muß dem Zuhörer Hitlers angesichts der wirklichen Machtverhältnisse auf der Welt sonderbar vorgekommen sein, aber der Grundkonsens war vorhanden. Er hat in den 20er Jahren in mancher militärischen Denkschrift seinen Niederschlag gefunden. Deutschland, so hieß es dort, müsse seine politisch-militärische Ohnmacht so bald wie möglich hinter sich lassen, um im Konzert der Mächte wieder einen führenden Part zu übernehmen. Hitler ist es daher leicht gefallen, seine außenpolitischen Schritte in den ersten Jahren des Dritten Reiches zu unternehmen. Er konnte auf eine breite Zustimmung rechnen.

Nicht nur an jenem Herbstabend in Offenburg wird deutlich, daß Hitler elementare Bedürfnisse der Deutschen befriedigte, die Sehnsucht nach Vereinfachung, nach Entlastung von Gewissensfragen, von der Verantwor-

Josef Thorak: Danziger Freiheitsdenkmal (1942)

KZ-Häftlinge

tung und von der Entscheidung. Zugleich befreite er die Menschen von Zweifeln und stillte einen tiefsitzenden Wunsch nach Aggression und Macht. Auch die Klaviatur des deutschen Narzißmus wurde von Hitler vollendet bedient: sie seien das tüchtigste und tapferste Volk der Erde, die künftige Herrenrasse. Das war das Zuckerbrot. Die Peitsche dagegen die Brutalität, die entweder den Unterwerfungsinstinkt anspricht oder den Weg zur Aggression freigibt, den Haß auf Minderheiten und Andersartige, zugleich die Suggestion des geschlossenen Zustands der Masse.

Es war bezeichnenderweise Charlie Chaplin, der schon 1940 in "The Great Dictator" Hitlers wechselnde Rollen schonungslos offenlegte: den Super-Blaubart und großdeutschen de Sade mit österreichischem Charme, die Personifikation von Größenwahn und Untergang, die Schicksalsnorne der Industriemacht Deutschland, den germanischen Al Capone mit Weltherrschaftsphantasien sowie den völkischen Erlöser, umringt von den Nazi-Aposteln Göring, Goebbels, Himmler und Hess. Chaplins Film ist mehr als 30 Jahre später, auch wenn auf sehr unterschiedliche Art und Weise, ein deutscher Film nahe gekommen, der das Verhältnis der Deutschen zu ihrem Diktator zum Inhalt hat. gemeint ist der Hitler-Film von Hans-Jürgen Syberberg, der seine Welturaufführung sinnigerweise in London hatte.

II

31. Januar 1933 - die Festtagsstimmung in Berlin ist verflogen, die Fackelzüge, die den neuen Reichskanzler begrüßt haben, aufgelöst. In einem kleinen Zimmer neben dem Empfangsraum des Kanzlers ist Hitler mit einigen Getreuen noch beieinander und hält einen seiner endlosen Monologe. Es ist damit eine Situation gegeben, die sich in den nächtlichen Runden in den Führerhauptquartieren des Zweiten Weltkrieges noch oft wiederholen wird. Allerdings ist das Thema, das Hitler in dieser Nacht anschlägt, wenige Stunden nach seiner Ernennung zum Reichskanzler, bereits bekannt. Sein Wirken, so sagt er, eröffne den Schlußkampf des weißen Mannes, des Ariers, um die Herrschaft über die Erde. Die Nichtarier, die Farbigen, die Mongolen, seien schon im vollen Aufbruch, um unter dem Deckmantel des Bolschewismus die Herrschaft an sich zu reißen. Doch mit diesem Tag beginne die "größte germanische Rassenrevolution der Weltgeschichte".[8] Und auch ein anderes wichtiges Stichwort fällt in diesen Stunden. Der verhinderte Architekt und Baumeister, der als junger Mann aufgrund fehlender Zeugnisse und eines nur mittelmäßigen Talents an den Aufnahmebedingungen der Wiener Akademie scheiterte, kündigt den Umbau der Reichskanzlei an. Noch im Jahre 1939, wenige Monate vor Kriegsausbruch, wird die Neue Reichskanzlei fertiggestellt. Obwohl auch sie für Hitler ein Provisorium darstellt, das er spätestens 1950 verlassen will, vermag sie bereits eine Menge von dem zu vermitteln, was man sich fortan unter Repräsentationsarchitektur im Dritten Reich vorzustellen hat.[9] Bereits drei Tage später, am 3. Februar 1933, werden Hitlers wirkliche Absichten bei einer Begegnung mit den Oberbefehlshabern von Heer und

Neue Reichskanzlei von Albert Speer (Westportal)

Reichsmarschallamt: Front zur Nord-Süd-Achse, Entwurf: Albert Speer

Marine erneut deutlich. Als der neue Reichskanzler auf die Ziele der deutschen Außenpolitik zu sprechen kommt, bezeichnet er die Eroberung von neuem Lebensraum im Osten und dessen rücksichtslose Germanisierung als eine der künftigen Aufgaben. Ein Jahr später, als sich die Krise zwischen der Reichswehr und der SA zuspitzt, wird diese Zielangabe bei einem Treffen mit der Präzisierung wiederholt, die neue Armee müsse innerhalb von 8 Jahren für Angriffskriege aufgebaut sein.[10]

Bis zum sogenannten "Hoßbach-Protokoll" Ende November 1937 tritt nun in der Tat auf den ersten Blick eine Lücke an Äußerungen Hitlers zur bevorstehenden Expansionspolitik des Dritten Reiches ein. Untersucht man jedoch "Nebenkriegsschauplätze", dann läßt sich leicht feststellen, daß Hitler auch in den nun folgenden Jahren bis zum Vorabend des Zweiten Weltkrieges seine Vorhaben niemals aus den Augen verloren hat. Vor allem seine Aktivitäten in der Architekturpolitik sind wohl der beste Beweis dafür. Zu verfolgen, was sich von 1933 an auf diesem Gebiet getan hat, bietet sich nicht nur wegen der vermeintlichen Quellenlücke an. Bekanntlicherweise hat Hitler ein Konzept des Blitzkriegs vertreten. Ihm und der Wehrmachtführung war also klar, daß das Dritte Reich nur dann Gewinnchancen in Kriegen mit den Nachbarländern haben würde, wenn es nicht zu einer Neuauflage der erstarrten Fronten und der Abnutzungsschlachten des Ersten Weltkriegs käme. Mit anderen Worten, die durch Kriege gekennzeichnete Expansionsphase des Deutschen Reiches mußte und sollte knapp bemessen sein. Da man bei Bauten mit Planungszeiten von 10 - 15 Jahren sowie einer Vielzahl vorbereitender Maßnahmen zu rechnen hatte, erscheint es logisch, daß sich auf diesem Gebiet also wesentlich früher etwas tun mußte, um für den Tag des militärischen Triumphes gewappnet zu sein. Aus einer Anzahl von Äußerungen Hitlers darf geschlossen werden, daß er für 1950 mit einem Ende aller kriegerischen Verwicklungen mit fremden Mächten rechnete. Die 15 Jahre Vorplanung abgezogen, wäre zu fragen, ob in der Tat etwa von 1935 an auf dem Gebiet der Städteneugestaltung und der Repräsentationsarchitektur wichtige Entscheidungen gefallen sind, die die Handschrift Hitlers verraten.

Geradezu als Leitmotiv könnte eine Rede Hitlers auf dem Nürnberger Reichsparteitag des Jahres 1935 dienen, bei der er Großbauvorhaben als Therapie gegen schlechte Zeiten empfahl. Dadurch werde bewiesen, daß das Leid des Augenblicks vergänglich gegenüber den schöpferischen Kräften der Nation sei. Ähnlich hatte sich Hitler bereits 1933 bei der Einbringung des Ermächtigungsgesetzes geäußert, als er sagte, daß gerade in der Zeit beschränkter politischer Macht der Lebenswille einer Nation einen um so gewaltigeren kulturellen Ausdruck finden müsse. Blut und Rasse, so Hitler, sollten wieder Quelle der künstlerischen Intuition sein.[11]

Joseph Goebbels, der bereits in einem Tagebucheintrag vom Sommer 1926 festgehalten hatte, daß sich Hitler zum Architekturbild des Landes geäußert habe und dabei ganz Baumeister gewesen sei, vermerkte am 3. Februar 1932 erneut: "Der Führer beschäftigt sich in seinen Mußestunden mit Bauplänen für ein neues Parteihaus sowohl als auch für einen grandiosen Umbau der Reichshauptstadt. Er hat das Projekt fix und fertig, und man staunt immer wieder, mit wie vielen Fragen er sich fachmännisch auseinandersetzt." Ähnliche Beobachtungen aus dieser Zeit kurz vor und nach der Machtergreifung liegen von Rauschning, O. Strasser, O. Dietrich, Frank, dem Prinzen zu Schaumburg-Lippe sowie Schwerin von Krosigk, dem Reichsfinanzminister, vor. Zahlreiche weitere werden in den nun folgenden Jahren hinzukommen. Sie beweisen - und darauf kommt es an -, daß das Thema Stadtplanung und Architektur bei Hitler vom ersten Tag seiner Amtsübernahme als Reichskanzler an absoluten Vorrang hatte.[12]

Bereits im Spätsommer 1933 hat der verhinderte Architekt Gelegenheit, seine Kenntnisse und Absichten zur Neugestaltung von Berlin erstmalig im Kreis von Fachleuten vorzustellen. Anlaß und Vorwand liefert ihm dazu ein Streit zwischen der Berliner Stadtverwaltung und der Reichsbahn über die Trassenführung zwischen drei Bahnhöfen. Hitler fungiert bei den Gesprächen, die am 19. September 1933 beginnen und sich über Monate hinziehen, als Schlichter und benutzt die Gelegenheit, seine Vorhaben zu erläutern. Dabei bringt er die Errichtung eines Triumphbogens und einer Versammlungshalle für 250.000 Menschen ins Spiel.[13] 1936 wird er Albert Speer zwei Skizzen der beiden Projekte mit den Worten übergeben: "Diese Zeichnungen machte ich vor 10 Jahren. Ich habe sie immer aufgehoben, da ich nie daran zweifelte, daß ich sie eines Tages bauen werde. Und so wollen wir sie nun auch durchführen."[14] Speer gelang es dann, das Fassungsvermögen der Kuppelhalle auf 180.000 Menschen zu senken, was immer noch den siebzehnfachen Innenraum des Petersdoms ergeben hätte. 1939 waren bereits die Abrißarbeiten für den Bauplatz im Gange, der Granit war bestellt.

Wichtigster Ratgeber für Hitler auf dem Gebiet der Architektur ist in den Jahren kurz vor und nach 1933 Paul Ludwig Troost, der allerdings schon Anfang 1934 stirbt. Seine Frau Gerdy zählt auch danach noch zum Kreis der wenigen, die gegenüber Hitler ein offenes Wort wagen, ohne dadurch bei ihm in Ungnade zu fallen. Troost, einem kleinen Kreis von Fachleuten als Innenausstatter von Schnelldampfern bekannt, zeichnet u. a. für die Bauten am Königsplatz und für das Haus der Deutschen Kunst in München verantwortlich, zu dem der Grundstein bereits am 15. Oktober 1933 gelegt wurde. Spötter haben die Gemäldegalerie, die ironischerweise den Krieg unzerstört überdauerte, wegen ihrer unglücklichen Proportionen als gestrandetes Dampfschiff bezeichnet, Einheimische wegen ihrer funktionslosen Säulenfassade als Weißwursttempel - übrigens auch ein Hinweis dafür, daß Hitlers Hoffnungen nicht verfingen, die Bauten des Dritten Reiches würden den Deutschen ein neues Machtgefühl vermitteln. Auch wenn Troost ein gewisser Einfluß auf Hitler nicht abgesprochen werden kann, bleibt festzuhalten, daß der Diktator eine eigenständige Vorstellung vom Bauen besaß, lange also, bevor Speer in Erscheinung tritt. Hitler fing zu einem Zeitpunkt mit Aktivitäten auf diesem Gebiet an, als noch keine Architekten in seiner Umgebung feststellbar sind. Über diese Zeit, die Wiener Jahre, wird er im September 1941 sagen: "Ich habe während dieser Jahre im Geiste in Palästen gelebt; damals ist mir das Bild vom Neubau der Stadt Berlin entstanden." Vielleicht kommt der Realität die Bemerkung seines persönlichen Adjutanten Fritz Wiedemann nahe, den Hitler später aus seiner Umgebung als Generalkonsul nach San Francisco ab-

Triumphbogen, Skizze von Adolf Hitler, um 1925. Foto aus: Albert Speer: Erinnerungen, S. 160.

Triumphbogen für die Nord-Süd-Achse, Architekt: Albert Speer. Entwurf "nach den Ideen des Führers".

Paul Ludwig Troost: Haus der Deutschen Kunst, München

schiebt. Er hat Hitler als den eigentlichen Baumeister des Dritten Reiches bezeichnet. Speer ist diese Erkenntnis spätestens in der Spandauer Haft gekommen, wie seine Tagebuchaufzeichnungen beweisen.[15]

Ins Rollen kommt die Städteneugestaltung im Sommer 1936, als Speer von Hitler den Auftrag bekommt, mit der Projektierung der einzelnen Vorhaben zu beginnen. Den offiziellen Auftrag erhält er dazu im Januar des folgenden Jahres zusammen mit dem pompösen Titel ei-

nes "Generalbauinspektors für die Neugestaltung der Reichshauptstadt". Weitere Ernennungen, allerdings nicht mit den gleichen Vollmachten, erfolgen bald darauf für Hermann Giesler in München, Konstanty Gutschow in Hamburg und Roderich Fick in Linz. In Nürnberg, wo bereits seit 1935 im großen Stil gebaut wird, regelt ein "Zweckverband Reichsparteitag" die Angelegenheiten. Allerdings ist auch hier Speer für die meisten Projekte zuständig, wenn man von der Kongreßhalle einmal absieht, für die Ludwig Ruff und sein Sohn Franz als verantwortliche Architekten zeichnen.

Die sprunghaft gesteigerte Bauaktivität hängt möglicherweise mit den außenpolitischen Erfolgen Hitlers in diesem Jahr zusammen. Deutschland ist Veranstalter der Olympischen Spiele in Berlin, die dem Regime einen beachtlichen Propagandaeffekt bescheren und den im Innern gegen politische Gegner und jüdische Mitbürger aufgenommenen Terrorkurs übertünchen helfen. Längst hat man im Ausland die Besetzung des Rheinlands vom März 1936 vergessen, die für Hitler den klaren Beweis erbringt, daß die Westmächte auch künftig Wochenendcoups des Dritten Reiches hinnehmen werden. Bei der Eröffnung der Ordensburg Crössinsee, einer der künftigen Eliteschulen des Landes, sagt Hitler am 24. April 1936: "Ich habe die Überzeugung und diese stolze Überzeugung, sie ist im letzten Vierteljahr erst recht bestätigt worden, daß es kein Volk der Welt gibt, das besser ist als das deutsche. Ich habe weiter die Überzeugung, daß unser deutsches Volk wirklich das beste Volk dieser Welt ist ... Wo ist das Volk, das, auf sich allein gestellt, uns entgegentreten kann?".[16] Zumindest auf sportlichem Gebiet behält Hitler bald darauf Recht, denn bei den Sommerspielen in Berlin gewinnt das Gastgeberland die meisten Goldmedaillen und überflügelt damit in der Nationenwertung auch die Vereinigten Staaten - trotz eines Jesse Owens.

Hitler ist nun in seinem Element. Längst hat er sein Arbeitszimmer in Berlin und das lästige Aktenstudium aufgegeben. Kabinettsitzungen werden nur noch sporadisch abgehalten und hören bald ganz auf. Bevorzugter Aufenthaltsort des Führers wird nun der Obersalzberg, wohin er die Abordnungen der Städte gern bestellt, in denen große Bauvorhaben im Gange sind. Findet die Begegnung in Berlin statt, wird die Delegation gelegentlich im Flugzeug herbeigeschafft, die Modelle per Lastwagen transportiert. Auf den Fahrten zwischen Berlin und München benutzt Hitler am liebsten einen schweren Wagen mit offenem Verdeck. Unterwegs wird Halt gemacht, um architektonische Sehenswürdigkeiten zu besichtigen und über anstehende Projekte zu beraten. Neue Städte für das gewaltige Bauprogramm kommen hinzu. Bald werden es fünfzig sein, praktisch alle damaligen deutschen Großstädte oder, wie die meisten nun heißen, "Gauhauptstädte".

Ob man nach Nürnberg zum Reichsparteitagsgelände geht oder das studiert, was nur Modell geblieben ist, den

Paul Ludwig Troost: Ehrentempel am Königsplatz in München

Bückeberg (1934)

Innenraum der Berliner Kuppelhalle, Beschreibungen der geplanten Parteihochschule am Chiemsee, die pseudoreligiöse Rolle Hitlers ist nirgendwo zu übersehen. Trotz der riesigen Dimensionen hob die Architektur immer seinen Standort hervor, verliehen die Führerbalkone auf den Tribünen ihm Ubiquität, die er bereits vor 1933 erprobt hatte. Damals entdeckte er bei seinen Wahlkampagnen die Möglichkeiten, die ein Flugzeug bietet: vormittags in Königsberg zu sein, mittags in Bremen und abends vielleicht in Augsburg; das Einschweben am Abendhimmel mit beleuchteter Kabine über einer hunderttausendköpfigen Menschenmenge. Den Sakralcharakter, den die Riefenstahlschen Parteitagsfllme vermitteln, besaß in vielleicht noch stärkerem Maß das Erntedankfest, zu dem Hitler jedes Jahr nach Bückeburg in der Nähe von Hannover kam. Dort stand er dann auf der Kuppe eines weithin sichtbaren Berges einem Moses gleich, um die Huldigungen der norddeutschen Landbevölkerung entgegenzunehmen, die etwa eine Million Teilnehmer betrug. In der Hohen Schule der NSDAP am Chiemsee war in einem Turm eine Sendeanlage geplant, die Hitler Radiobotschaften über den ganzen Erdball hinweg gestatten sollte. Nur für ihn wäre der Weg zu einer Art von Observatorium zugänglich gewesen. Mancher Versuch, Hitler den Status eines Übermenschen zu verleihen, ging freilich nicht ohne kitschige Züge ab. Für ein Rednerpult in Nürnberg lautete der Auftrag, eine versteckte Abflußeinrichtung zu entwikkeln, die ein Ansammeln von Regenwasser auf dem darüber gespannten Baldachin verhindern sollte.

Von den Riesenbaustellen, die seit 1935 existierten, war Nürnberg sicherlich die imposanteste.[17] In der Planung eine Fläche von 10 km x 6 km einnehmend, machte sie bereits in ihren Anfängen auf einen kritischen Beobachter den Eindruck, er müsse sich nach Babylon oder nach Assur verirrt haben. Vor allem das Stadion konnte zu einer solchen Einschätzung beitragen, denn es sollte 405.000 Zuschauer fassen, also auch die größten heutigen Sportarenen der Welt um das Doppelte übertreffen. Als Speer im Frühjahr 1937 Hitler auf die nichtolympischen Maße des Spielfeldes hinwies, wurde er von ihm mit den aufschlußreichen Worten belehrt: "Ganz unwichtig. 1940 finden die Olympischen Spiele noch einmal in Tokio statt. Aber danach, da werden sie für alle Zeiten in Deutschland stattfinden, in diesem Stadion. Und wie das Sportfeld zu bemessen ist, das bestimmen dann wir." Da die obersten Ränge der Arena mit 92 Metern Höhe auch eine geradezu phantastische Distanz zum Spielfeld aufwiesen, erwog man allen Ernstes die Einführung von Spezialbrillen für die Zuschauer. In der Nähe eines kleinen Dörfchens im fränkischen Jura wurde ein kompletter Tribünenrang errichtet, um möglichst realitätsnahe Verhältnisse zu schaffen. Als der Krieg ausbrach, waren die Ausschachtungsarbeiten für das "Deutsche Stadion", zu dem Hitler am 9. September 1937 den Grundstein gelegt hatte, gerade im Gange. An der Stelle, wo die gigantische Arena stehen sollte, liegt heute ein See inmitten eines Naherholungsgebietes. Neben der für 60.000 Menschen geplanten Kongreßhalle, an der noch 1943 gebaut wurde, sind von den Nürnberger Vorhaben das Zeppelin- und das Märzfeld besonders zu erwähnen. Ersteres war bei den Parteitagen, deren Ritual stellenweise nach den Worten Hitlers für die nächsten 800 Jahre feststand, als Versammlungsraum der politischen Leiter und des Reichsarbeitsdienstes (RAD) gedacht. Es umfaßte 250.000 Steh- und 70.000 Sitzplätze. Das Märzfeld hätte bei einer Innenfläche von 610 m x 955 m sogar 500.000 Menschen Platz geboten. Hier sollte die Wehrmacht in Divisionsstärke alljährlich ihren Ausbildungsstand demonstrieren.

180 Kilometer südlich der fränkischen Stadt waren in München eine Reihe von Bauwerken geplant, die ebenfalls Weltrekordmaße aufwiesen.[18] Voran der neue Hauptbahnhof, auf dessen Fundamente man im Sommer 1979 bei Straßenbauarbeiten in einem Vorort des Westends stieß. Die größte Stahlskelettkonstruktion der Welt hätte zusammen mit dem Bahnhofsvorplatz ihr Vorbild, die Anlage des Petersdomes, um das Sechsfache übertroffen. Auch die reizvolle Stadtsilhouette Münchens wäre dahin gewesen, denn abgesehen von dem riesigen Hallendurchmesser von 378 Metern wären die 99 Meter hohen Türme der Frauenkirche von der Bahnhofskuppel um 37 Meter überragt worden. Auf dem anderen Ende der 6,6 Kilometer langen Ost-West-Achse mit 120 Metern Breite, die vom Bahnhofsvorplatz ausgehen würde, war eine 214,5 Meter hohe Siegessäule geplant. Hitler stellte für sie eigenhändig einen genauen Entwurf her und ordnete den Baubeginn für Ende 1946 an. Fertig sollte sie im Januar 1950 sein, versehen mit einem 11 Meter hohen Gigantenfries, der Szenen aus der "Kampfzeit" darstellen sollte, und einem Adler mit 33 Metern Spannweite auf der Spitze.

Vorläufiger Abschluß dieser Beispiele für "Das Bauen im Neuen Reich", wie eine aufwendig gemachte Zeitschrift hieß, soll Hamburg sein, wo das Flußufer auf einer Länge von etwa 50 Kilometern neu gestaltet und der Stadtkern aus seiner bisherigen Lage kilometerweit nach Westen verlegt werden sollte.[19] Prunkstück der Planungen war hier eine Hochbrücke über die Elbe, die ihr Vorbild von San Francisco, die Golden-Gate-Bridge, deutlich übertrumpft hätte. Allein die Brückenpfeiler sollten 180 Meter hoch werden. Der nördlichen Auffahrtrampe der Brücke wäre, hätte man sie errichtet, ein berühmter Villenvorort komplett zum Opfer gefallen. Noch vor wenigen Jahren waren im Hamburger Hafengebiet die Reste eines Brückenpfeilers zu sehen, an dem man anhand verschiedener Gesteinsproben die Gesamtwirkung des Bauwerks studiert hatte. Sein Widerlager sollte ein Wolkenkratzer bilden, der zunächst höher als das New Yorker Empire State Building geplant war, damals das höchste Bauwerk der Welt. Wegen der ungünstigen Bodenverhältnisse in Hamburg mußte dann jedoch die Höhe des Gebäudes auf 250 Meter zurückgenommen werden. Auf seinem Dach hätte ein riesiges Neon-Hakenkreuz nachts den aus der Deutschen Bucht in die Elbe einlaufenden Schiffen den Weg gewiesen. Anfang 1939 begründete Hitler bei einer Rede vor den Truppenkommandeuren des Heeres in Berlin, warum er in Hamburg derartige Bauten errichten lasse. Anlaß für das Treffen war übrigens die Fertigstellung der Neuen Reichskanzlei, die Speer nach der angeblichen Rekordbauzeit von nur einem Jahr Hitler schlüsselfertig übergeben hatte. Er wolle der Nation das Gefühl geben, sagte Hitler am 10. Februar 1939, daß sie jedem anderen Volk der Welt ebenbürtig sei, auch Amerika. Daher lasse er in Hamburg auch diese Brücke bauen. Sie solle jedem Deutschen, der vom Ausland komme oder sich dorthin begebe, die Möglichkeit geben, Vergleiche anzustellen. Hitler wörtlich: "Was heißt Amerika mit seinen Brücken? Wir können genau das Gleiche". Und daher lasse er in Hamburg jetzt Wolkenkratzer hinstellen von der gleichen Gewalt der größten amerikanischen und aus dem gleichen Grund Berlin zu einer gewaltigen Hauptstadt ausbauen und in Nürnberg diese gigantischen Anlagen schaffen. Und wie eine Passage aus "Mein Kampf" oder aus der Offenburger Rede mutet das an, was Hitler im Anschluß in Berlin sagte, nachdem seine Offiziere durch die Neue Reichskanzlei geführt worden waren. 1918 habe das ziffernmäßig stärkste Volk Europas, so der Diktator, seine machtpolitische Stellung verloren. Es handele sich wirklich um das stärkste Volk nicht nur Europas, sondern praktisch der gesamten Welt. Die Stoßrichtungen dieser Äußerungen Hitlers war bereits im Frühjahr 1937 bei einer Ansprache auf der Ordensburg Vogelsang in der Nähe von Köln klar geworden. Dort hatte Hitler vor Kreisleitern gesagt, die Auseinandersetzung mit den westlichen Demokratien werde unausweichlich sein. Nur müsse man hoffen, so Hitler, daß der Konflikt nicht heute, sondern erst in ein paar Jahren ausbreche, je später, desto besser.[20]

Daß Hitler seine politischen Absichten in den zurückliegenden Jahren niemals aus den Augen verloren hatte, beweist auch eine Ansprache vor Generälen im Januar 1938, die einer der Anwesenden mitgeschrieben hat. Es sei nötig, hatte Hitler hier ausgeführt, neuen Raum zu gewinnen, den man sich gewaltsam schaffen müsse. Und nun der aufschlußreiche, mittlerweile in Umrissen bekannte Vergleich Hitlers, der nur noch an Schärfe zunimmt. Wenn man die herrschenden Völker der Erde betrachte, Briten, Franzosen und Amerikaner, so ergebe sich, daß nur 40 - 50 Millionen reinblütiger Angehöriger des Führerlandes Millionen andere Menschen und riesige Flächen der Welt beherrschten. Es existiere aber ein Volk auf der Erde, so Hitler vor den Generälen, das in großer Geschlossenheit, mit einer Rasse und Sprache, dicht gedrängt in Europa wohne. Es sei das deutsche mit einer Bevölkerungszahl von 110 Millionen Menschen in Mitteleuropa. Dieser Vergleich, fuhr Hitler fort, mache ihn hoffnungsfroh, denn diesem geschlossenen Block werde und müsse einmal die Welt gehören. Hitler ist von diesem Bild, das bereits 1920 in seinen Reden anklingt, niemals mehr abgewichen. Ein Tagebucheintrag von Goebbels aus dem Jahre 1943 unterstreicht dies: "Der Führer gibt seiner unumstößlichen Gewißheit Ausdruck, daß das Reich einmal ganz Europa beherrschen wird ... Von da ab ist praktisch der Weg zu einer Weltherrschaft vorgezeichnet. Wer Europa besitzt, der wird damit die Führung der Welt an sich reißen."[21]

Kein Zweifel, Hitler ließ seine Militärs seit 1937 nicht länger im unklaren darüber, wohin die Reise gehen sollte. Allein der Blick auf das Bauprogramm des Dritten Reiches, auf das, was in den fünf "Führerstädten" Berlin, München, Nürnberg, Hamburg und Linz bis 1950 fertiggestellt sein sollte, zeigt, daß deutsche Ressourcen dafür nicht ausgereicht hätten. Ohne einen weltweiten Eroberungskrieg waren weder dieser Teil von Hitlers Programm noch andere zu bestreiten. Dabei ist zu vergegenwärtigen, daß Deutschland in dieser Zeit bereits eine massive Aufrüstung betrieb, bei der jede Teilstreitkraft allein Forderungen präsentierte, die eine seriöse Finanzierung unmöglich machten. Superschlachtschiffe wurden aufgelegt, Kolonialtruppenteile aufgestellt und Fahrzeuge für den Tropeneinsatz entwickelt.[22] Wozu, muß man fragen, denn der deutschen Öffentlichkeit erzählte man, es ginge um den Danziger Korridor, um das Sudetenland und den Anschluß der österreichischen Brüder.

Neben den Militärs wurde auch die gleichgeschaltete Presse zunehmend über die neuen außenpolitischen Zielsetzungen informiert und damit auf bevorstehende Ereignisse eingestimmt. Am 10. November 1938 sagte Hitler ihren Vertretern, Wert und Zahl der Menschen seien ausschlaggebende Faktoren der Weltgeschichte. Das deutsche Volk stelle gegenwärtig den Höchstwert auf der Erde dar. Die vermeintliche deutsche Überlegenheit wurde anschließend von Hitler anhand einiger Zahlen demonstriert. Obwohl die USA, so der Diktator, 125 Millionen Einwohner hätten, blieben nach Abzug der Einwanderer und rassisch minderwertiger Bevölkerungsgruppen nicht einmal 60 Millionen übrig. In der Sowjetunion, so die Fortsetzung des grotesken Zahlenspiels, gebe es nur 55 Millionen echte Russen, im britischen Empire nur 46 Millionen Briten und in der französischen Einflußsphäre nur 37 Millionen Franzosen. Dagegen würden von 1940 an 80 Millionen Menschen einer Rasse in Deutschland leben. Hitlers Fazit: er glaube bedingungslos an diese Zukunft.[23]

Juden mußten ihre Häuser verlassen, als im Sommer 1939 in Berlin die Abbrucharbeiten für die geplanten Großbauten begannen - der Auftakt zum "Holocaust".[24] Arbeiterstädte wurden errichtet. Während zusammen mit Speer und anderen prominenten Architekten Tausende weiterer Menschen die Arbeit auf diesem Gebiet aufnahmen, gingen Hitlers Gedanken den tatsächlichen Ereignissen weit voraus. Speer dazu während der Haft in Spandau: das Bauen und die Vorstellung vom Lebensraum seien Hitlers wirkliche Obsession gewesen. Gemeinsam wäre beiden das Denken in riesigen Dimensionen, die Megalomanie der Zeiten und der Räume. Ein Zeitgenosse, der sah, was 1939 in Berlin vor sich ging, stellte fest, er befinde sich in der Hauptstadt eines Weltreiches. Von Preußen sei nicht mehr viel zu merken. Es war in dieser Zeit, als Hitler Speer zu einer Korrektur am Dach der Großen Halle aufforderte, die von einem Reichsadler in 290 Metern Höhe bekrönt wer-

Modell der Volkshalle in Berlin. Reichsadler mit Weltkugel

den sollte. "Das hier wird geändert", sagte Hitler, "hier soll nicht mehr der Adler über dem Hakenkreuz stehen, hier wird er die Weltkugel beherrschen". Die Bekrönung dieses größten Gebäudes der Welt muß der Adler über der Weltkugel sein." Dazu vermerkt Speer in seinen "Erinnerungen", Hitler habe einen Anspruch auf die Weltherrschaft angemeldet, lange bevor er ihn seiner engsten Umgebung mitzuteilen wagte. Die Weltkugel auf dem Kuppelbau, heißt es bei Speer weiter, wurde von Hitler nicht nur im Symbol angestrebt. Und im Epilog desselben Buches findet sich dann auch die Erkenntnis des Berliner Chefplaners und späteren Rüstungsministers, an einem Krieg teilgenommen zu haben, von dem die Mitglieder des engeren Kreises um Hitler niemals im Zweifel sein durften, daß er der Weltherrschaft galt.[25]

III

Am 12. März 1940 unterrichtete der britische Gesandte in Bern, Sir David Kelly, das Londoner Außenministerium über Informationen, die ihm von einem Schweizer Industriellen zugegangen waren. Wenn diese Berichte zutrafen, bestand eine der Hauptaktivitäten Hitlers zu diesem Zeitpunkt darin, sich intensiv mit den Plänen für die Neugestaltung von Berlin zu befassen. "Hitler is still as mad as ever about his building projects", heißt es im Schreiben des Diplomaten, das zugleich detaillierte Angaben zu den tatsächlich geplanten bzw. begonnenen Bauvorhaben enthält.[26] Offiziell ruhte jedoch der Baubetrieb in diesen Wochen. Er war zu Beginn des Polenfeldzuges im September 1939 eingestellt worden. Aber wie der Bericht von Sir David Kelly zeigt, konnte nicht einmal das bevorstehende Norwegen-Unternehmen der Wehrmacht und die zermürbenden Diskussionen und Verschiebungen des Angriffstermins für den Frankreichfeldzug Hitler davon abhalten, seiner Lieblingsbeschäftigung nachzugehen. Seine Beteuerungen gegenüber ausländischen Staatsmännern in den Jahren 1940/41, er habe wider Willen die Rolle des Feldherrn übernommen, klingen glaubhaft. Gern fügte Hitler bei solcher Gelegenheit hinzu, daß er sich viel lieber seinen Bauten widmen würde. Immer wieder zog es ihn während des Krieges in die Modellsäle, die für ihn in den Hauptausbauorten errichtet worden waren, um sich über den Stand der Planungen zu informieren. Fachmännisch, wie die Augenzeugen berichten, nahm er dort die großmaßstäbigen Gebilde in Augenschein, wußte über jedes Detail Bescheid und gab ruhig und bestimmt seine Anweisungen.

Adolf Hitler verläßt St. Madeleine. Links Prof. Speer und Prof. Giesler, rechts Prof. Breker

Hitler in Paris. Im Hintergrund der Eiffelturm

Am besten wird Hitlers architektonische Leidenschaft vielleicht durch den Paris-Besuch 1940 unterstrichen, zu dem sich der Diktator drei Tage nach Inkrafttreten des Waffenstillstands mit Frankreich entschloß. Innerhalb weniger Stunden, noch bevor die Stadt richtig aus dem Morgenschlaf erwacht war, ließ er in kleiner Begleitung ihre Sehenswürdigkeiten an sich vorbeiziehen und verblüffte durch seine architekturgeschichtlichen Kenntnisse. Dazu trug vor allem eine kleine Szene in der Grand Opéra bei, wo Hitler darum bat, einen kleinen Raum vorgeführt zu bekommen, der sich seiner Ansicht nach hinter einer bestimmten Mauer befinden müsse. Als die französische Führung des Hauses die Existenz dieses Zimmers verneinte, ließ Hitler nicht locker, bis sich herausstellte, daß er Recht hatte. Der Raum existierte. Mit ähnlichen Detailkenntnissen verstand es Hitler übrigens immer wieder, auch Experten wie seine Generale und Admirale zu überraschen, wie ein weiteres Beispiel von den ersten kritischen Tagen des Norwegen-Unternehmens im April 1940 zeigt. Als deutsche Überwasserschiffe keinen Nachschub mehr wegen der britischen Überlegenheit transportieren konnten, mußten dringend Granatwerfer nach Nordnorwegen gebracht werden. Die militärischen Fachleute sagten, sie gingen nicht durch die Turmluks von U-Booten, die allein zum Transport übriggeblieben waren. Daraufhin Hitler, er habe beim Anschluß von Österreich ein Werfermodell gesehen, das erheblich kleiner sei und hineinpassen würde. Es paßte.

Die unmittelbare Konsequenz, die Hitler aus dem Sieg über Frankreich zog, war seine Anordnung, unverzüglich die Arbeiten an den Großbauten des Dritten Reiches wiederaufzunehmen. Das gesamte Programm erfuhr in den folgenden Monaten eine riesige Ausweitung, denn nach der Niederlage des Erzfeindes und dem schmählichen Abzug seines Verbündeten aus Dünkirchen machte sich in Deutschland eine ungeheure Siegeseuphorie breit. Sie wurde nochmals im Sommer 1941 um einiges gesteigert, als es für wenige Wochen so aussah, als wenn das Unternehmen "Barbarossa" tatsächlich innerhalb weniger Wochen mit einer totalen militärischen Niederlage der Sowjetunion enden könnte. In diesem Zeitraum, also vom Juni 1940 bis zum September 1941, hat nicht nur Hitler in Erwartung des bevorstehenden militärischen Triumphes über die wichtigsten Nachbarländer am deutlichsten über seine Ziele und die Zeit nach dem Ende des Krieges gesprochen. Der Größenwahn erfaßte auch Gruppen außerhalb des engen Führerkreises um Hitler, bis dahin skeptische Militärs und Diplomaten, die nach dem gewonnenen Frankreich-Feldzug Weltmachtpolitik treiben wollten oder Behörden, die ihre Städte nun auch umgestaltet haben wollten, und vor allem viele viele deutsche Bürger aller Schichten, die dem Regime bisher distanziert bis ablehnend gegenübergestanden hatten. Wenn man so will, herrschte in Deutschland wieder die Stimmung vom August 1914. Etwas davon kommt in dem Brief zum Ausdruck, den der Heeresadjutant Hitlers, Engel, zur Jahreswende 1940/41 an einen Kameraden schrieb. Im Hinblick auf die Nachkriegsaufgaben der Wehrmacht hieß es dort, viele Aufgaben stünden bevor, um den großdeutschen Lebensraum zu schützen. Der kämpferische Geist im Heer werde durch die Unruhe und den ewigen Wachwechsel erhalten bleiben. Engel wies dabei auf die Gegenden hin, in denen der deutsche Soldat künftig Posten stehen müsse, in Kirkenes, in Lublin und in Flandern, vor allem aber in den neuen Kolonien, wohin jede deutsche Division jeweils für ein Jahr verlegt werde. "Sie sehen daraus", schloß der Brief, "daß es auch nach dem Krieg für uns Soldaten nicht langweilig werden wird und wir immer viel, viel Arbeit haben werden, um das, was der Führer von uns verlangt, auch künftighin zu erfüllen."[27]

Faßt man die Planungen dieser eineinhalb Jahre zusammen, dann ergibt sich in etwa folgendes Bild eines von Hitler-Deutschland beherrschten Europas. Die einschneidendsten Veränderungen, dies sei vorausgeschickt, galten Osteuropa, wo ganze Städte wie Warschau oder Leningrad hätten verschwinden sollen. Davon einmal abgesehen, ging es im wesentlichen um die Infrastruktur, den Bau von Fernstraßen, Bahnlinien und Häfen sowie die Landschaftsplanung. So war 1940 ein Autobahnsystem unter der Federführung der Organisation Todt (OT) im Entstehen begriffen, das u.a. Strecken von Calais nach Warschau und von Klagenfurt nach Trondheim umfassen sollte. Die dänischen Inseln wären dabei mit der Halbinsel Jütland und dem südschwedischen Schonen durch Brücken über den Kleinen und Großen Belt sowie den Sund bei Helsingborg verbunden worden. Auf einer weiteren Autobahn von Deutschland zur Krim sollten die neuen Herrenmenschen, wie es Hitler voraussah, nach Beendigung des Rußland-Feldzuges im Volkswagen rollen. Die Münchner Eisenbahndirektion erhielt von ihm 1940 die Direktive, im geplanten Superbahnhof ein vier Meter breites Hauptgleis vorzusehen. Auf ihm sollten doppelstöckige Züge nach Rostow am Don in Südrußland jagen, Fassungsvermögen pro Waggon 600 Personen bei einer Geschwindigkeit von 200 km/h.[28] Das norwegische Trondheim war als künftiger wichtigster Kriegshafen Europas ausersehen. Hier sollten die Schlachtschiffe der Z-Plan-Flotte ankern, deren Bau Hitler 1939 angeordnet hatte. Entwürfe zeigen, wohin auch auf diesem Gebiet die Entwicklung gegangen wäre: bei einer Tonnage von 100.000 Tonnen, 335 Metern Länge und 50 Metern Breite Geschützkaliber bis zu 53 Zentimeter, Werte, neben denen sich die großen japanischen Schlachtschiffe des Zweiten Weltkrieges geradezu bescheiden ausnehmen. Hitlers Flotte, 800 Einheiten umfassend, sollte bis 1944 schwimmen. Trondheim wäre im übrigen als Neugründung mit Terrassenhäusern für 300.000 Einwohner errichtet worden, dazu eine Kriegsmarinewerft und ein riesiges Arsenal. Ebenso war der Ausbau der deutschen Nord- und Ostseehäfen geplant, u. a. als Stationen der zu schaffenden Kraft-durch-Freude-(KdF)-Flotte. Sie, deren erste Schiffe bereits fuhren, hätte dem germanischen Weltbürger auch auf den Meeren das Gemeinschaftsgefühl von Nürnberg und vielen anderen Anlässen zu Feiertagen und Aufmärschen beschert. Auf der Ostseeinsel Rügen war der größte Badeort der Welt im Bau, mit einer Strandlänge von 75 Kilometern und einem Zentralgebäude von 10 Kilometern Länge. Seine Betongerippe sind noch heute zu sehen. Schiffe und Strände sollten in der Endplanung 14 Millionen Urlauber pro Jahr aufnehmen.

Deutsche Städtegründungen im eroberten Osteuropa sollten sich Hitlers Vorstellungen zufolge an mittelalterlichen Vorbildern wie Regensburg, Augsburg, Heidelberg oder Weimar orientieren. Ländliche Siedlungen hätten in einem Abstand von 30 - 40 Kilometern diese Städtegründungen umgeben, wie er seine Gedanken in den "Tischgesprächen" häufig darlegte. Für die überlebende Bevölkerung Osteuropas, sofern sie nicht vernichtet oder zu Arbeitseinsätzen ins Reich abtransportiert worden war, gab es in Hitlers künftiger Welt keinen Platz. So bemerkte er Anfang September 1941, die Russen sollten in den ihnen verbliebenen Räumen nach ihren Wünschen leben. Falls es zu einer Revolution komme, brauche man nur ein paar Bomben auf ihre Städte zu werfen und die Sache sei erledigt. "Einmal im Jahr", so Hitler, "wird dann ein Trupp Kirgisen durch die Reichshauptstadt geführt, um ihre Vorstellung mit der Gewalt und Größe ihrer steinernen Denkmäler zu erfüllen".[29]

Weitere Großbauvorhaben können nur in Stichworten genannt werden: Opernhäuser und Thingstätten, Kriegerdenkmäler und Totenburgen, Thermen und Hotelbauten, Einheitswohnungen in den Städten, Gemeinschaftshäuser in den Dörfern, Schulen, Kasernen, Flugplätze und Massenverkehrsmittel. Was davon zur Sicherung der Festung Europa während des Krieges gebraucht wurde, ist noch heute vom Nordkap bis nach Sizilien und von der französischen Atlantikküste bis tief nach Ostmitteleuropa zu sehen: Bunker, Beobachtungsstände und Geschützstellungen, die das Ende des Dritten Reiches zwar nicht hinausgezögert, aber überlebt haben - Kriegsarchitektur als Mahnmal des Größenwahns.

Hitlers Bauprogramm, das erweisen bereits erste grobe Schätzungen, war weder aus deutschen noch aus europäischen Ressourcen zu finanzieren. Nicht einmal das Hartsteinmaterial der wichtigsten europäischen Produzenten hätte ausgereicht, um den Bedarf der Baustellen zu befriedigen. Welcher Weg zur Verwirklichung der Bauten eingeschlagen werden sollte, deuten schon vor Kriegsbeginn angelaufene Maßnahmen an. Im Jahre 1938 wird das Wachpersonal der Konzentrationslager, die Totenkopfverbände, verdoppelt. Neue Lager entstehen in der Nähe von Natursteinvorkommen. Sie heißen Natzweiler, Flossenbürg, Mauthausen, Groß-Rosen und Neuengamme. Wo diese Voraussetzungen fehlen, werden Baubetriebe geschaffen, wie in Buchenwald, Sachsenhausen und in Oranienburg. Die SS gründet mit den 'Deutschen Erd- und Steinwerken' (DEST) ein Unternehmen, das speziell für die Führerbauten arbeitet. Der Betrieb ist schnell Branchenführer.[30] Ende 1941, nach dem Rußland-Feldzug, so sehen die Pläne vor, sollen drei Millionen Osteuropäer auf die Großbaustellen im Reich gebracht werden, um in den kommenden 20 Jahren an ihrer Verwirklichung zu arbeiten. Dies entspricht vermutlich einer anderen Form der Menschenvernichtung, denn an eine ordnungsgemäße Unterbringung, Verpflegung und Bezahlung der Zwangsarbeiter wird man wohl kaum gedacht haben. Geht man von kostendeckenden Größenordnungen aus, dann dürfte das Programm bei einer Laufzeit der engeren Vorhaben von 20 Jahren auf 100-150 Milliarden RM zu veranschlagen sein. Hitler verbot bezeichnenderweise genaue Berechnungen; und wie unrealistisch die Finanzierung bereits in der Anfangsphase war, zeigt das Beispiel von Nürnberg. Speer schätzte die Gesamtkosten für das Parteitagsgelände auf 125 Millionen RM. Aber allein die als Torso verbliebene Halle verschlang bis zum Abbruch der Arbeiten 208 Millionen RM. Der erste Kostenvoranschlag für das Gebäude hatte 1934 auf 2,2 Millionen RM gelautet und mußte bald darauf auf 10 Millionen RM erhöht werden.

Auf dem Höhepunkt seiner Macht, im Spätsommer 1941, sah sich Hitler mit seinen machtpolitischen Ambitionen dicht vor dem Ziel. "Wer die Reichskanzlei betritt", sagte er in diesen Tagen, "muß das Gefühl haben, vor den Herrn der Welt zu treten und schon der Weg dahin durch den Triumphbogen auf den breiten Straßen an der Soldatenhalle vorbei zum Platz des Volkes soll ihm den Atem nehmen". In einem neben der Großen Halle vorgesehenen Führerpalais, der neuen Reichskanzlei, plante er auf einer Fläche von 2 Millionen Quadratmetern zu residieren. Allein der Diplomatenweg durch die Gebäudefluchten sollte einen halben Kilometer betragen[31]. Hitler bekräftigte 1941 auch, welches Vorbild er mit seinen Großbauten in den Schatten stellen wollte. Es war das antike Rom, dem er allein das Prädikat eines wirklichen Weltreiches zubilligte. In der Erkenntnis, daß Nachfolger nicht seine Persönlichkeit besitzen würden, war das Baumaterial Granit ausgesucht. Dank ihm, so Hitler, würden die Bauten 4.000 Jahre halten, aber viel-

KZ-Häftlinge im Steinbruch von Mauthausen

Das Innere der "Volkshalle" in Berlin, Entwurf: Albert Speer

Das Innere des Hadrian-Pantheon

leicht auch noch in 10.000 Jahren stehen. Wer sich vom Gegenteil überzeugen möchte, sollte einmal die beiden verbliebenen Gebäude am Königsplatz im München oder die bröckelnden Fassaden von Nürnberg in Augenschein nehmen.

Hitlers erneuter Verweis auf das antike Vorbild Rom läßt Fragen nach der Funktion der Städte und nach der wirtschaftlichen Organisationsform des künftigen Großreiches aufkommen. Viel deutet daraufhin, daß nicht nur antike Bauformen, sondern auch die damalige Wirtschafts- und Gesellschaftsordnung readaptiert werden sollten. Die Skulpturen Brekers oder der mitunter obszöne Realismus in der NS-Malerei, sind sie nicht erste Indikatoren jenes Züchtungswahns, wie er sich in den "Lebensborn"-Aktionen und im NS-Schul- und Ausbildungswesen bereits ansatzweise niedergeschlagen hat? Nationalsozialistische Städteplanungen mit ihrer Einheitslösung im Zentrum: Aufmarschstraße, Appellplatz, Versammlungshalle, Turm und Verwaltungsblöcke weisen auf vorindustrielle, agrarische Lebensformen hin. Sie wirken wie Residenzstädte, aus denen die bis dahin in der Produktion und in Teilen der Dienstleistungsgesellschaft tätige Bevölkerung schrittweise in die eroberten "Lebensräume" ausgelagert worden ist. Alles in allem ein absurder Kompromiß zwischen der Großstadtfeindlichkeit, die Anfang des Jahrhunderts in Deutschland Mode war, und agrarromantischen Vorstellungen.

Der aufgeblähte Neo-Klassizismus der Führerbauten, stellenweise mit Assoziationen an Assyrien und Ägypten durchsetzt, war also der Rahmen für einen Versuch, die Geschichte um Jahrtausende zurückzudrehen. Mit der Züchtung einer arischen Herrenrasse sollte gleichzeitig ein Stillstand der Menschheitsgeschichte erreicht werden. Nach der Vorstellung Hitlers war dazu die Vernichtung der Juden die entscheidende Voraussetzung, damit an die Stelle des alten ein neues "auserwähltes Volk" treten könne. Aber das sozialdarwinistische Organisations- und Herrschaftsprinzip der neuen Weltmacht hätte auch vor anderen Minderheiten kaum Halt gemacht. Zwar wäre es das beste, das Christentum langsam "ausklingen" zu lassen, meinte Hitler im Oktober 1941, aber das deutsche Volk brauche alle 15 Jahre einen Krieg, um seinen Machtinstinkt nicht zu verlieren.

Die Auslandspropaganda bemühte sich übrigens zu dieser Zeit, das genaue Gegenteil vom beabsichtigten Bild einer künftigen deutschen Weltmacht zu vermitteln. In Hochglanzbroschüren über die Großbauten, die in den Vereinigten Staaten verteilt wurden, stellte man auch den Kirchenbau im Dritten Reich heraus. In entsprechenden deutschen Traktaten fehlte dieser Bereich selbstverständlich. Die Planungen für neue Wohngebiete wiesen für derartige Einrichtungen keine Flächen aus. In München ist es sogar zum Abriß einer Kirche gekommen, die den Baumeistern Hitlers im Wege stand. Die SS besetzte den Dom von Quedlinburg und wandelte ihn in eine Kultstätte um. Ähnliches war mit den Domen von Braunschweig und Straßburg vorgesehen. Und in einer Denkschrift der Hamburger Planer heißt es, die Bauarbeiten würden so radikal sein, daß "kaum ein Stein auf dem anderen belassen werden" könnte.

Bis Ende 1941 hatte der Zweite Weltkrieg mehr oder weniger eine europäische Dimension. Das änderte sich mit Pearl Harbour und der deutschen Kriegserklärung an die USA. Was auch immer Hitler zu diesem Schritt bewogen haben mag, fest steht, daß die Machthaber des Dritten Reiches ihre Rechnung ohne Großbritannien und die Vereinigten Staaten gemacht hatten. Hitlers Hoffnung, daß sich London nach der Niederlage Frankreichs über kurz oder lang der neuen europäischen Vormacht anschließen müsse, hatte getrogen. Die Luftschlacht um Großbritannien war im Herbst 1940 mit einer empfindlichen deutschen Schlappe ausgegangen. Danach ging der Strom ausländischer Besucher in Berlin merklich zurück. Man wartete ab, wie sich die Dinge weiter entwickeln würden. Zu den großen Zauderern gehörten die Spanier und Russen, die freilich nicht ahnten, daß die Pläne für das "Barbarossa"-Unternehmen bereits in den Schubladen lagen.

Hitler hatte vergeblich auf Neutralitätsströmungen in den USA spekuliert, die es der Regierung unter Präsident Roosevelt unmöglich machen würden, in den europäischen Konflikt einzugreifen. Und wenn die Stimmung in Amerika doch noch umschlagen sollte, so hoffte er, werde der Krieg entschieden sein und Deutschland absolute Handlungsfreiheit haben. Als Voraussetzung dafür waren noch für den Herbst 1941, also nach einem Sieg über die Sowjetunion, vier weitere Operationen mit schnellen Truppenverbänden geplant.[32] Die erste Gruppe sollte an die afghanisch-indische Grenze vorstoßen, deren Stämme bereits mit Waffen beliefert und zur Erhebung gegen die britische Herrschaft ermuntert wurden. Eine zweite Gruppe sollte zum Persischen Golf und die dritte an das nördliche Ende des Suezkanals marschieren. Eine vierte Abteilung hätte den Auftrag bekommen, Spanien in einer Überrumpelungsaktion zu durchqueren, falls es den Durchmarsch noch immer verweigert hätte. Nach der Wegnahme von Gibraltar sollte der Verband nach Marokko übersetzen und mit der Inbesitznahme strategischer Positionen bis hinunter nach Dakar einem amerikanischen Festsetzen an der westafrikanischen Küste zuvorkommen. Auf die Azoren und andere dem Schwarzen Kontinent vorgelagerte Inselgruppen sollten Fernbomberverbände verlegt werden. Terrorangriffe auf New York und Washington, sowie sporadische Bombardements von Rüstungsindustrien an den Großen Seen wären ihr Auftrag gewesen.[33] Hitler glaubte, daß Amerika dadurch noch stärker zu einer Neutralitätspolitik tendieren werde. Außerdem verband sich mit der Aussicht auf Flugzeugbombardements ein geradezu ureigenstes Element Hitlers. Nichts konnte ihn mehr in Erregung versetzen, wie wir von Speer wissen, als die zerstörerische Kraft des Feuers. So ließ er sich in der Reichskanzlei Filme des brennenden London vorführen, das Feuermeer Warschaus, und jedesmal erfaßte ihn die Gier dabei. Als sich die amerikanischen Invasionstruppen Deutschland näherten, beschrieb er den Untergang New Yorks in Flammenstürmen. Er sah, wie sich die Wolkenkratzer in riesige, brennende Fackeln verwandeln und durcheinanderstürzen würden. Dabei stünde der Widerschein der berstenden Stadt am dunklen Himmel. Mit Luftangriffen auf New York, so sagte Hitler bei anderer Gelegenheit, könne man auch den Juden eine Lektion erteilen.

Es ist bezeichnend, daß Marine und Luftwaffe sich noch gegen Kriegsende ernsthaft mit diesen Fernbomberplänen trugen, die Hitler seit 1943 fallengelassen hatte. Überraschend dürfte jedoch sein, daß es in Deutschland eine Maschine gab, die diesen Auftrag hätte erfüllen können. Sie kam nicht zum Einsatz, weil sich die Erprobung und Serienfertigung verzögerte. Aber immerhin sind von der Messerschmitt 264 zwei Prototypen geflogen. Die Geschichte dieses Fernflugzeuges scheint aufregend genug, um sie in Kürze zu skizzieren. Im November 1937 besuchte Hitler die Firma des 1978 verstorbenen Konstrukteurs, der sich eines besonders engen Drahtes zum Diktator rühmen durfte. Dabei stellte ihm Messerschmitt die Attrappe eines viermotorigen Fernbombers vor, die er trotz eines Entwicklungsverbots von Luftwaffenchef Göring hatte bauen lassen. Er erhielt danach tatsächlich grünes Licht für die Konstruktion der Maschine. 1940 lautete der endgültige Auftrag, ein Langstreckenflugzeug zu bauen, das mit 2 Tonnen Nutzlast Störflüge in die USA unternehmen könne. Eine der Varianten der Maschine sollte bei einer Flugdauer von bis zu 60 Stunden eine Reichweite von 20.800 Kilometern haben! Da die Strecke Brest-New York nur 5.500 Kilometer beträgt, war der Amerika-Einsatz der Me 264 tatsächlich in greifbare Nähe gerückt. Ihr Erstflug fand aber erst im Dezember 1942 statt. Der für 1943 geplante Serienbau fiel wegen anderer Verteidigungsaufgaben ins Wasser. Insgesamt wurden siebzig Testflüge mit der Me 264 unternommen. Nach dem Urteil eines Testpiloten waren ihre Flugeigenschaften erstklassig. Darüber hinaus scheint das Flugzeug wegen seiner günstigen Produktionskosten für die Massenherstellung sehr geeignet gewesen zu sein. Bis zum September 1944 flammte die Diskussion immer wieder auf, mit der Produktion der Me 264 endlich zu beginnen, die dann aber aufhörte. Die britische Luftaufklärung war übrigens über die Entwicklung der beiden Prototypen in

Augsburg bestens informiert. Auch die Aufgabe der Maschine für Angriffe auf die USA wurde zu einem frühen Zeitpunkt erkannt.

Auch wenn es fraglich bleibt, ob ein paar deutsche Fernflugzeuge Ende 1941 für Aufregung und Zerstörungen in den USA hätten sorgen können, bleibt festzuhalten, daß Hitler und die Führung der Wehrmacht keinerlei realistische Vorstellungen vom Rüstungspotential Amerikas besaßen. Vor allem Hitler fehlte, abgesehen von den Kriegsjahren in Belgien und Frankreich, nahezu jede Auslandserfahrung. Beengt in einer europazentrischen Sicht der Ereignisse war ihm nicht klar, in wie kurzer Zeit der neue Hauptgegner eine Rüstungsindustrie und ein Millionenheer aus dem Boden stampfen konnte. So geriet im September 1941 eine amerikanische Wochenschau in Hitlers Führerhauptquartier, an deren Szenen er sich ergötzte. Sie zeigte eine der beiden vollmotorisierten US-Divisionen, Material, das an Lächerlichkeit nichts zu wünschen übrig lasse, wie er meinte. Hitler schätzte, daß das amerikanische Rüstungspotential erst 1946 voll zum Tragen käme. Dann aber wäre der Krieg vorbei.

Die stereotypen Züge von Hitlers Amerika-Bild verdienen an dieser Stelle eine kurze Erwähnung. Beachtung hat er den Vereinigten Staaten seit 1928 geschenkt. In einem nicht veröffentlichten zweiten Buch, dessen Manuskript in den 50er Jahren in den USA entdeckt wurde, schrieb er damals, nur Deutschland könne eines Tages Nordamerika die Stirn bieten.[34] Die USA waren für Hitler eine Dependance Europas, deren rassischer Kernbestand von 60 Millionen Menschen vorwiegend deutschem Einwandererpotential entstamme. Den Rest der amerikanischen Bevölkerung hielt er nicht für beachtenswert und ließ ihn in der Regel bei seinen Betrachtungen über Bevölkerungsziffern fortfallen. Mitunter schwankte seine Beurteilung hinsichtlich der Rolle, die die Juden in Amerika spielen würden. Einmal hatten sie den Kontinent bereits unter Kontrolle, ein anderes Mal bestanden noch Aussichten, die rassisch wertvollen Bestandteile Amerikas zu retten. Hitlers sah übrigens voraus, daß es zwischen den beiden Seemächten USA und Großbritannien im Verlauf des Krieges zu einem Konflikt kommen werde, der mit der Vernichtung eines der Kontrahenten enden müsse.

Gewichtet man die Äußerungen Hitlers im Zeitraum vom Juni 1940 bis zum September 1941, vielleicht auch noch bis ins Frühjahr 1942 hinein, als sich der Vormarsch in der Sowjetunion und die Lage auf dem nordafrikanischen Kriegsschauplatz ungeahnt günstig gestalteten, dann spricht viel dafür, daß Hitler sich den entscheidenden Kampf um die Weltherrschaft mit Amerika als eine Form von "Anschluß" vorgestellt hat, also eine Lösung, die in Europa bis 1939 mehrfach erfolgreich erprobt worden war. Rassenideologische Vorstellungen, ein fanatischer Antisemitismus und geopolitische Leitideen haben ihn dazu bewogen, dem Gang der Ereignisse zu vertrauen. Mehrfach sagte er seit Mitte 1940, Deutschland stelle mit seinen Verbündeten eine Macht dar, die keine Kombination der Welt mehr angreifen oder besiegen könne. Eine Art europäische Monroe-Doktrin wurde in diesen Monaten konstruiert und mit dem Hinweis untermauert, daß 500 Millionen Europäern nur 230 Millionen Amerikaner gegenüberstünden. Am 5. April 1941 schrieb ein enger Mitarbeiter Hitlers an den deutschen Generalkonsul in New Orleans: "Jedenfalls haben wir nicht die geringste Angst vor Amerika. Auch der Führer beschäftigt sich kaum mit diesem Problem, da ihm andere viel akuter und ausschlaggebender erscheinen. Ich glaube absolut, daß der Katzenjammer in Amerika, der früher oder später einsetzen wird in diesem politisch so dummen Volk, außerordentlich weitreichende Folgen haben wird."[35] Vor allem in den September- und Oktoberwochen des Jahres 1941 kamen Hitlers Vorstellungen dann ungebrochen zum Vorschein. Der Kampf um die Hegemonie in der Welt werde für Europa durch den Besitz des russischen Raumes entschieden, prophezeite er, Europa sei dann eine uneinnehmbare Festung, sicher vor jeder Bedrohung durch eine Blockade. Daraus ergäben sich ökonomische Perspektiven, mutmaßte er, die die liberalsten westlichen Demokratien dazu zwängen, sich in Richtung auf die neue Ordnung zu orientieren. In einer Umkehrung der Verhältnisse sollte die Alte Welt die kommende Neue werden. Hitler: "Europa und nicht länger Amerika wird das Land der unbegrenzten Möglichkeiten sein." Riesige Rückwanderströme würden die sich bietenden Chancen in Osteuropa ergreifen und die nach Meinung Hitlers seit dem 30jährigen Krieg eingeleitete Fehlentwicklung korrigieren.

Amerika, so lautete immer wieder das Fazit des Diktators, sei ohne Chance gegen die neue Hegemonialmacht, die die dominierende Stellung auf der Welt habe. Gegen 130 Millionen Amerikaner stünden 130 Millionen im Reich, 90 Millionen in der Ukraine, dazu die anderen Staaten des Neuen Europas: zusammen 400 Millionen Menschen. Weltherrschaft, das bedeutete für Hitler die Kontrolle einer arischen Herrenrasse über den gesamten Globus. Auch wenn die Intentionen im einzelnen nebulös blieben, ist der Grundgedanke zu erkennen: ein Kolonialregime im Stil der vermeintlichen Herrschaft Großbritanniens in Indien über alle Zeiten hinweg zu retten. Flankierend gesichert sollte es durch legitimierten Völkermord werden, zunächst an den Juden, später auch an anderen Minderheiten und Schwachen; der permanente Bürgerkrieg in einer vom Kampfgetümmel des Stärkeren erfüllten Welt. Da die Denkstrukturen bei diesem Rohmodell der Hitlerschen Herrschaftstechnik so äußerst primitiv und niederträchtig sind, alles Brutale im Menschen an die Oberfläche befördern wollen, ist es vielleicht auch eine Erklärung dafür, daß man vergeblich nach Bemerkungen Hitlers über die Beherrschung anderer Erdteile wie Amerika fahndet. Begibt man sich jedoch in den Dschungel der Hitlerschen Gedankenwelt,

193

dann läßt sich am besten anhand einiger Zahlenbeispiele erfassen, wie seine künftige Weltordnung aussah. 6.000 Spartiaten hätten 350.000 Heloten beherrscht, pflegte er zu sagen. Eine andere Denkschablone galt den 60.000 Briten, die 300 Millionen Inder im Schach gehalten hätten. Die Briten hätten ferner mit der Hälfte der deutschen Bevölkerungszahl ein Viertel der Erde mit ca. 500 Millionen Menschen kontrolliert. Geht man einen Schritt weiter, dann kalkulierte Hitler offenbar so, daß die Addition der deutschen und britischen Bevölkerungszahlen zur Beherrschung der Welt ausreichen würden. Die Briten bewunderte er und akzeptierte sie als ebenbürtige Arier, von deren Kaltschnäuzigkeit und ökonomischem Einsatz an Kräften die Deutschen noch eine Menge lernen könnten. Mit ihnen an der Seite und kleinen arischen Rassekernen in Nord- und Südamerika könne eines Tages, so Hitler, auch das Problem "Japan" im Sinne der weißen Rasse gelöst werden.[36] Als die Nachricht vom Fall Singapurs eintraf, reagierte Hitler, so wird berichtet, äußerst bedrückt. Wenige Monate zuvor hatte er bekräftigt, daß man gegen Japan werde kämpfen müssen, wenn es zu einem unkontrollierten Zusammenbruch des britischen Weltreiches käme.

Es kann daher kein Zweifel bestehen, daß Hitler den Konflikt mit den USA bewußt anging. Speer erinnerte sich in Spandau an eine Situation, in der Hitler zu ihm sagte, er sei zwar schon 54 Jahre alt, aber er werde die große Auseinandersetzung mit den Vereinigten Staaten noch führen müssen. Wenn er auch für nichts anderes mehr Zeit haben sollte, so werde es für ihn das Schönste sein, in diesem Entscheidungskampf an der Spitze seines Volkes zu stehen. Das war 1943. Im April 1945, als der von Hitler hochstilisierte Entscheidungskampf in der Schlußphase war, hatte er für sein Land nur noch die Bemerkung übrig, es habe sich als zu schwach erwiesen und solle daher untergehen. Er selbst wählte dann den Freitod.

Ob man will oder nicht, man wird dem Nationalsozialismus die Qualität einer Revolution nicht absprechen können. Er erwies sich jedenfalls mit seiner Dynamik 1933 der demokratischen Republik als überlegen und damit ebenso dem Konkurrenzmodell der Diktatur der Kommunisten. Spätestens nach München im Jahre 1938 hatte Hitler dann die Deutschen mehrheitlich hinter sich und wäre er in diesem Augenblick von der politischen Bühne abgetreten, würden ihn die Deutschen, wie der Hitler-Biograph Joachim Fest mit Recht vermutet, heute als den größten Staatsmann aller Zeiten verehren. Es darf als sicher gelten, daß seine Anhängerschaft 1940/41 nicht geringer geworden war. Erst als die Nach-

"Sieg um jeden Preis"- Mannheim (1945)

richt vom "Gefallen für Führer und Vaterland" in jedem größeren Wohnblock Deutschlands zum Normalfall geworden war, trat Ernüchterung und Lähmung ein, die erst nach der Nachricht vom Tod Hitlers und dem 8. Mai 1945 einer bleiernen Niedergeschlagenheit und bald einem "Wir-haben-es-nicht-gewußt" wich. Für seine rassenideologischen Weltherrschaftsziele hätte Hitler nicht so viele Anhänger gebraucht. Es reichte bereits eine Zahl von 50.000 Sicherheitsbeamten aus, um ein Land mit alten westlichen Traditionen, allerdings mit wenig individuellem Freiheitsbedürfnis, 12 Jahre lang geknebelt zu halten. Eine größere Aufstandsbewegung, wie in zahlreichen besetzten europäischen Ländern, hat es, vom 20. Juli 1944 in Deutschland abgesehen, nicht gegeben. Während des Krieges hatte der Diktator genügend Helfer für seine den Globus umspannenden Ambitionen. Es waren nicht allein die Fanatiker in seiner Partei, die ein Schreckensregiment in den besetzten Gebieten errichteten. Es waren Generäle und Admirale, die den Panama-Kanal und Detroit bombardieren lassen wollten und Flottenoperationen gegen die ostamerikanische Küste entwarfen, als die Kriegsführung im Atlantik mit Überwassereinheiten bereits aufgegeben worden war. Genügend Helfershelfer gab es auch in den Behörden, wo man schon Arbeitsbücher auf Kisuaheli für die künftigen deutschen Kolonien in Afrika entwarf und der Andrang von Bewerbern für den Dienst in den Tropen beachtliche Ausmaße annahm.

Die militärische Niederlage des Dritten Reiches mit ihren moralischen und politischen Folgewirkungen bis zum heutigen Tag war Jahre zuvor durch eine unnatürliche Kriegskoalition zwischen Ost und West eingeleitet worden, zu der im Lauf der Jahre fast alle Staaten der damaligen Erde, sei es auf Druck, sei es freiwillig oder mit dem Appetit auf Beute, hinzustießen. Es kann kein Zweifel bestehen, daß dieses Bündnis erforderlich war, um einer globalen Herausforderung des Staates, den Adolf Hitler führte, zu begegnen. In den Trümmern von 1945 und dem allgemeinen Entsetzen der Weltöffentlichkeit über den millionenfachen Massenmord hinter den Fronten kam weder bei den Besiegten noch den Siegern der Gedanke auf, welche Gefahr von dieser vorübergehenden europäischen Hegemonialmacht der Jahre 1940-1942 ausgegangen war. Ihr Zusammenbruch war zu schnell und zu total gekommen. Übrig blieben nur Dokumente, die von den Absichten der Nationalsozialisten zeugen und die auch teilweise Gegenstand der Anklagen bei den Nürnberger Prozessen waren. Ihrer bedienen sich noch heute die Historiker. Mehr als Papier scheinen jedoch die Bauten des Dritten Reiches zu beweisen und das, was außer den Plänen von ihnen übrig blieb. Sie stellen mehr Realität und Zukunftsentwurf dar als das, was Hitler vielleicht beiläufig im kleinen Kreis sagte. Diese unvollendet gebliebene Architektur ist damit nichts anderes als die Vorwegnahme einer Weltherrschaft, die Hitler spätestens von 1925 an fest im Visier hatte.

Dem Besucher Nürnbergs, der sich heute von der Zinne der Burg, die die Altstadt beherrscht, einen Überblick über die fränkische Metropole verschaffen will, bietet sich im Südosten ein ungewohntes Bild. Ein imposantes Bauwerk, das dort liegt, will nicht so recht in seine Umgebung passen. Mangels Beschilderung muß man den Weg zu ihm selbst finden. Bei der Anfahrt erschrickt man dann. Wie ein Urtier lauert ein steinernes Monstrum im Gelände, das sich beim Näherkommen als die Versammlungshalle des ehemaligen Reichsparteitagsgeländes entpuppt. Äußerlich einen fertigen Eindruck vermittelnd, übertrifft sie ihr Vorbild, das römische Colosseum, in der Länge um das 1,3fache, in der Breite sogar um das 1,7fache. Heute liegt ein Teil des Geländes im amerikanischen Kasernenbereich und ist damit der Öffentlichkeit nicht zugänglich. Aber überall stößt man auf Spuren der Vergangenheit, die die umfangreichen Sprengungen nach Kriegsende und nochmals 1967 nicht ausgelöscht haben. Stiege man in ein Flugzeug, würden die Konturen von Speers Bauten noch deutlicher: die breite Aufmarschstraße, das Zeppelin- und das Märzfeld, deren Tribünen heute noch teilweise stehen. Es herrscht eine unwirkliche Stimmung in diesem Teil von Nürnberg, wo sich der, der nach den Trümmern des Dritten Reiches stöbert, unwillkürlich an einen Ausspruch Hitlers bei der Grundsteinlegung der Halle im Jahre 1935 erinnert fühlt. Wenn die Bewegung jemals schweigen sollte, hatte der deutsche Diktator damals gesagt, würde dieser Zeuge hier noch nach Jahrtausenden reden.[37] Davon kann glücklicherweise keine Rede mehr sein, im Gegenteil, der mißtrauisch gemusterte Fremde hat in Nürnberg den Eindruck, er betreibe dort Archäologie nach nur 50 Jahren.

Anmerkungen:

* Vortrag vom 26. April 1985 anläßlich des Symposions "Faszination und Gewalt - Zur Geschichte und Ästhetik des deutschen Faschismus" in Nürnberg.
1. Hermann Gielser: Ein anderer Hitler, Leoni 1977, 21, 96 ff.; Joachim C. Fest: Hitler. Eine Biographie, Frankfurt a. M.-Berlin-Wien 1973, 44; vgl. ferner Anm. 12.
2. Adolf Hitler: Mein Kampf, München 1939, 782; ferner: 234, 422, 437-440, 475 und 740.
3. Ebd., 69; ferner: 343, 475, 504, 703 und 723.
4. Völkischer Beobachter, Süddeutsche Ausgabe, 10. März und 28. April 1921.
5. Mein Kampf, 381; ferner: 288 ff.; dazu auch: Jochen Thies: Architekt der Weltherrschaft. Die "Endziele" Hitlers. Düsseldorf, 1976²; Taschenbuchausgabe 1980, 70 ff.
6. H. Klotz: Die Außenpolitik der Nationalsozialisten, Berlin 1931, 3, 19, 32; allgemein: Karl Lange: Hitlers unbeachtete Maximen. Stuttgart 1968.
7. Jochen Thies: Adolf Hitler in Offenburg (8. November 1930). Eine Dokumentation, in: Die Ortenau 57 (1977), 296 - 312.
8. Zitiert nach Fest, 510; vgl. auch ebda. 1059 Anm. 201.
9. Angela Schönberger: Die Neue Reichskanzlei von Albert Speer, Berlin 1981; allgemein zu Berlin: Lars Olaf Larsson: Die Neugestaltung der Reichshauptstadt, Stockholm und Stuttgart 1978.

10. Thilo Vogelsang: Neue Dokumente zur Geschichte der Reichswehr 1930 - 1933, in: Vierteljahreshefte für Zeitgeschichte (VfZ) 2 (1954), 397-436; Klaus Hildebrand: Deutsche Außenpolitik 1933 - 1945, Stuttgart 1971, 38.
11. Die Reden Hitlers am Parteitag der Freiheit 1935, München 1935, 32; Die Reden Hitlers als Kanzler, München 1934, 18.
12. Literaturangaben bei Thies, Architekt, 35 ff. und 67.
13. Dokumente abgedruckt in: Jost Dülffer/Jochen Thies/Josef Henke: Hitlers Städte, Köln-Wien 1978, 90 ff.
14. Albert Speer: Erinnerungen, Frankfurt a. M.-Berlin 1969, 88, 168 ff.
15. Ders.: Spandauer Tagebücher, Frankfurt a. M.-Berlin-Wien 1975, 404, 634.
16. Archiv Institut für Zeitgeschichte München, Fa 88, Fasz. 52 - 24. April 1936.
17. Zu Nürnberg: Dülffer/Thies/Henke, 209 ff.
18. Zu München umfassend: Hans-Peter Rasp: Eine Stadt für tausend Jahre, München 1981; Dülffer/Thies/Henke, 157 ff.
19. Zu Hamburg: Dülffer/Thies/Henke, 189 ff.; Jochen Thies: Hitler's European Building Programme, in: Journal of Contemporary History 13 (1978), 413-431.
20. Hildegard von Kotze/Helmut Krausnick: "Es spricht der Führer", Gütersloh 1966, 174 - 29. April 1937; Rede am 10. Februar 1939 abgedruckt in Dülffer/Thies/Henke, 283 ff.
21. Goebbels Tagebücher aus den Jahren 1942-43, Zürich 1948, 327; Bundesarchiv/Militärarchiv Freiburg RH 26/255 (WK XIII/823) - Rede am 22. Januar 1938.
22. Jost Dülffer: Weimar, Hitler und die Marine, Düsseldorf 1973; Klaus Hildebrand: Vom Reich zum Weltreich, München 1969.
23. Wilhelm Treue: Rede Hitlers vor der deutschen Presse (10. November 1938), in: VfZ 6 (1958), 175 - 191.
24. Dazu: Matthias Schmidt: Albert Speer: Das Ende eines Mythos, Bern-München 1982, S. 216 f.
25. Speer, Erinnerungen, 175; ferner: 83, 524 f.
26. Public Record Office London, Foreign Office 371, 24380/C 3867/5/18.
27. Bundesarchiv/Militärarchiv Freiburg N 118/5 - Brief Engel vom 31. Dezember 1940.
28. Anton Joachimsthaler: Die Breitspurbahn Hitlers, Freiburg 1981.
29. Henry Picker: Hitlers Tischgespräche im Führerhauptquartier 1941 - 1942, Stuttgart 1963, 143 f., 190.
30. Enno Georg: Die wirtschaftlichen Unternehmungen der SS, Stuttgart 1963.
31. Libres Propos sur la Guerre et la Paix, Paris 1952, 81; Abbildung in: Albert Speer: Architektur. Arbeiten 1933-1942, Frankfurt a. M.-Berlin-Wien 1978.
32. Andreas Hillgruber: Hitlers Strategie, Frankfurt a.M. 1965, 377 ff.; ders.: Der Faktor Amerika in Hitlers Strategie 1938 - 1941, in: Beilage zum "Parlament" B 19/66 vom 11. Mai 1966.
33. Thies, Architekt, 136 ff.; Speer, Spandauer Tagebücher, 126 f.
34. Hitlers Zweites Buch, Stuttgart 1961, 130.
35. Politisches Archiv Auswärtiges Amt Bonn, Handakte Hewel, Deutschland S-St - 5. April 1941; Libres Propos, 92; Thies, Architekt, 168 ff.
36. Albert Zoller: Hitler privat, Düsseldorf 1949, 157; Libres Propos, 92.
37. Max Domarus: Hitler, Reden und Proklamationen 1932-1945, 2 Bde. Würzburg 1962/63, 527 - 11. September 1935; Dokumentarfilm Baustelle Reichsparteitagsgelände 1938/39 vom Institut für den Wissenschaftlichen Film, Göttingen.

Joachim Petsch

Architektur als Weltanschauung*
Die Staats- und Parteiarchitektur im Nationalsozialismus

Bei der Aufarbeitung und Analyse der Architektur der ersten Hälfte des 20. Jahrhunderts steht das "Neue Bauen" und damit die moderne Architektur im Mittelpunkt. Verantwortlich hierfür ist eine Baugeschichte, die bis zur Gegenwart von der Stil- bzw. Formgeschichte bestimmt ist. Ihr Hauptinteresse gilt daher den formalen Neuerungen, weshalb sie bis zum Beginn der 70er Jahre die Architekturproduktion zwischen 1933 und 1945 weitgehend ignorierte.[1] Eine Auseinandersetzung mit der Architektur dieser Zeit wurde vor allem aus ästhetischen Gründen abgelehnt: "Was die nationalsozialistische Architektur in Deutschland angeht, so ist jedes Wort über sie zuviel"; eine Beschäftigung mit der "Unkunst" lohne sich nicht.[2]

Am Gesamtbauvolumen der Weimarer Republik hatte das "Neue Bauen" jedoch nur einen relativ geringen Anteil, wobei es die größte Bedeutung und weiteste Verbreitung in dem neu geschaffenen sozialen Wohnungsbau fand. Getragen wurde das "Neue Bauen" vom Deutschen Werkbund, dem Bauhaus, den beiden linken Parteien sowie Teilen der Intelligenz, während es, wie die Geschichte des Bauhauses zeigt, von Anfang an von der politischen und kulturellen Reaktion bekämpft wurde. Diese konservativen und reaktionären Kräfte hatten die von den modernen Architekten angestrebte klassenlose Alltagskultur, die die Ablehnung der Hierarchie von Bauaufgaben, die Forderung nach gleichwertigen architektonischen Ausdrucksformen für alle Bauaufgaben und das Streben nach gesellschaftlicher Gebrauchsfähigkeit und Bedürfnisgerechtheit der Architektur beinhaltete, schon 1921 als "undeutsch" bezeichnet und als "kulturbolschewistisch" abqualifiziert. Die konservative Architektur bestimmte das Baugeschehen der Weimarer Republik. Der Begriff "konservative Architektur" umfaßt auf der einen Seite die verschiedenen Architekturströmungen, die eine formale Fortführung schon bestehender und bewährter historischer Architekturformen und Gestaltungsweisen anstrebten, auf der anderen Seite die Architekturbewegungen, die ihr Ziel nicht in einer Veränderung der Gesellschaft, sondern lediglich in ihrer "Veredelung" suchten. Ihre Vertreter hielten an vorindustriellen Wertsystemen und Gesellschaftsvorstellungen fest, zu denen u. a. die Ablehnung der Großstadt, die Bevorzugung des Dorfes und der Kleinstadt, das Eigenheim als architektonisches Leitbild und die Rückkehr zur ständischen Gesellschaftsordnung zu zählen sind. Konservative Architekturauffassungen waren weit verbreitet vor allem im Ausbildungsbereich, so an Bauakademien und Baugewerkeschulen, bei der Baubürokratie, in den bürgerlichen Parteien (mit Ausnahme der DDP), in der Bauwirtschaft, beim Kleinbürgertum und bei verschiedenen Vereinigungen (u. a. den Heimatschutzvereinen).

Zwei Hauptrichtungen lassen sich unterscheiden: Eine neoklassizistische Strömung, für deren Anhänger die monumentale Architektur des Wilhelminischen Deutschland als Vorbild diente - sie läßt sich nicht nur bei öffentlichen Bauaufgaben, sondern auch bei Verwaltungsbauten bestimmter Wirtschaftsgruppen, insbesondere bei der Schwerindustrie, finden (Beispiel: Mannesmannverwaltungsgebäude in Düsseldorf von Peter Behrens, 1911/12) - , und zweitens die Heimatschutzbewegung. Ihre Vertreter bevorzugten bodenständige Bauweisen, handwerkliche Produktionsmethoden und heimische Baumaterialien. Schon ab 1925 läßt sich die rassistische Radikalisierung der Heimatschutzbewegung (u. a. durch Paul Schultze-Naumburg) nachweisen. Die Verfechter beider Architekturrichtungen schlossen sich mit dem Beginn der organisierten NS-Kulturpolitik fast ausnahmslos dem 1928 gegründeten "Kampfbund für Deutsche Kultur" an, der sich für eine Hierarchie der Bauaufgaben und damit für Bedeutungsunterschiede in der Baukunst einsetzte, sich für die Ständegesellschaft ausspracht und die gesellschaftliche Vermassung durch individuelle Gestaltung überwinden wollte - der Kampf gegen das "Neue Bauen" war die Konsequenz und daher erklärtes Ziel.

Erst Mitte der 70er Jahre - 1974 fand in Frankfurt die erste Ausstellung über die "Kunst im 3. Reich" statt - setzte ein Umdenkungsprozeß ein, wurde die "Bewältigung durch Verdrängung" teilweise aufgegeben. In zunehmender Zahl erschienen wissenschaftliche Publikationen, die sich um eine Analyse und Wertung der Kunst des Dritten Reiches vor dem Hintergrund des gesellschaftlichen Bezugssystems bemühten. Das Hauptinteresse der Architekturpublikationen galt der Aufarbeitung der Baukunst des Nationalsozialismus und ihrer verschiedenen Bauaufgaben in Form von Übersichten. Seit der 1978 erschienenen Publikation von Larsson über "Die Neugestaltung der Reichshauptstadt"[3] ist eine verstärkte Hinwendung auch der traditionellen Architekturgeschichte zu der "offiziellen Architektur" des Dritten Reiches, den Staats- und Parteibauten, festzustellen, während der Bereich des Industrie-, Verkehrs- und Siedlungsbaus nach wie vor weitgehend ausgeklammert wird. Man beginnt nun, eine stilistische Einordnung der offiziellen Baukunst vorzunehmen: Es wurden "die grossen Parteibauten am Königsplatz und das Haus der deutschen Kunst in München von Paul Ludwig Troost ... in streng vereinfachtem klassizistischem Stil gebaut, deutlich beeinflußt von Klenze und Schinkel und ähnlich den Bauten von Perret aus derselben Zeit". "Dieser Stil ... wurde in der Folge richtungsweisend für die nationalsozialistische Monumentalarchitektur."[4] Die Bauten von Albert Speer für das Reichsparteitagsgelände in Nürnberg und die Neue Reichskanzlei in Berlin werden in dieser stilistischen Tradition gesehen und ihr Stil als eine Art Neoklassizismus definiert, dem jedoch eine "spezifische Härte" attestiert werden müsse. Der Neoklassizismus habe in fast allen Ländern, unabhängig von den jeweils bestehenden politischen Systemen, seit Ende der 20er Jahre vorgeherrscht, er sei im Dritten Reich lediglich wieder zum "offiziellen Stil" geworden.[5]

In dem ebenfalls 1978 erschienenen Prachtband über die Architektur Albert Speers wiederholt Larsson diese These, indem er den Neoklassizismus der offiziellen Bauten des Dritten Reiches als Teil eines international verbreiteten Architekturstiles dieser Zeit ausweist und die Meinung vertritt, der Faschismus habe die Architektur wenig beeinflußt.[6]

Die Klassifizierung der offiziellen Baukunst des deutschen Faschismus als neoklassizistisch, die von anderen Autoren übernommen wurde[7] - die "Maßlosigkeit" der Bauten wird allerdings durchgängig beklagt -, trägt sicherlich unbeabsichtigt, da auf den Funktionszusammenhang der Architektur auch nur am Rande eingegangen wird, zu ihrer Aufwertung bei. Mehr oder minder unberücksichtigt bleiben auch die Folgen der faschistischen Umbauprogramme und der Architekturproduktion - es sei nur auf die Zerstörung ganzer historischer Stadt-

Aufstellung der Formationen am 9. November 1935 auf dem nahezu vollendeten Königsplatz. Im Hintergrund der Führerbau am Königsplatz (links) und die beiden Ehrentempel. Architekt Paul Ludwig Troost.

viertel verwiesen - und auf die Voraussetzungen für ihre Realisierung, beispielsweise die Materialbeschaffung durch die Arbeit von KZ-Häftlingen. Ziel des vorliegenden Beitrages ist es, nachzuweisen, daß diese, die faschistische Architektur aufwertende Stilkategorie Neoklassizismus auf die offizielle Baukunst des Dritten Reiches nicht nur nicht zutrifft, sondern sogar falsch ist. Die Architektur des Dritten Reiches schloß inhaltlich und formal nahtlos an die Entwicklung der Weimarer Republik an, auch wenn der Nationalsozialismus mit dem Anspruch auftrat, das Bild der Baukunst von Grund auf neu zu formen. Seine "Architekturtheorie" der "Neuen Baukunst" offenbarte sich als ein Konglomerat verschiedener Architekturströmungen, deren teilweise unterschiedliche Positionen entsprechend ihrer politisch-propagandistischen Wirksamkeit gezielt eingesetzt wurden. Die Nationalsozialisten verfügten also zu keinem Zeitpunkt über ein geschlossenes, homogenes Architekturprogramm: Die ökonomische Funktionalität des Bauens einerseits und die sich voneinander unterscheidenden Architekturvorstellungen der sozialen Massenbasis sowie der wirtschaftlichen und politischen Führungsschichten andererseits verhinderten die Entstehung und Ausbildung eines einheitlichen faschistischen Architekturstiles. Nach der Machtübernahme vollzog sich die Architekturentwicklung auf mehreren Ebenen. Nach formalästhetischen Kriterien lassen sich drei Architekturrichtungen unterscheiden:

1) Die heroisch-faschistische Staats- und Parteiarchitektur, die der Selbstdarstellung des Regimes und der Lenkung der Massen diente und den architektonischen Rahmen für die kultischen Inszenierungen des faschistischen Systems bildete.

2) Der Heimatschutzstil, der an bodenständige Bauweisen und Bautraditionen anknüpfte sowie auf heimische Baumaterialien zurückgriff und vor allem bei Bauten des "sozialen Lebens", das heißt unter anderem im Wohnungsbau, bei Schulungs- und Ordensburgen, Jugendherbergen und auch bei Kasernenanlagen bevorzugt wurde.

3) Der "sachliche Baustil", der in erster Linie bei der Industrie- und Ingenieurarchitektur (u. a. Fabriken, Brücken) sehr verbreitet war und auf die Verkörperung und Vermittlung nationalsozialistischer Architekturinhalte weitgehend verzichtete. Die "sachliche Baukunst" bediente sich modernster Konstruktionsweisen und Materialien (u. a. Skelettkonstruktionen - Beton/Glas) und orientierte sich an Formen des "Neuen Bauens" der 20er Jahre.

Im Rahmen dieses Beitrages wird nicht auf die beiden zuletzt aufgeführten Architekturrichtungen, den Heimatschutzstil und die "sachliche Baukunst", eingegangen, da in diesem Zusammenhang lediglich der monumentale heroisch-faschistische Stil der Partei- und Staatsbauten des Dritten Reiches interessiert; er wird ausschließlich behandelt.

Bei der Bewältigung der Wirtschaftskrise mit Hilfe öffentlicher Arbeitsprogramme fiel dem Baugewerbe als zweitgrößtem Wirtschaftszweig eine Schlüsselrolle zu. Schon in der Weimarer Republik hatte die öffentliche Hand über staatliche Kreditzusagen und Zuschüsse eine aktive Konjunkturpolitik betrieben. Sie war aber im Gegensatz zu der des Dritten Reiches insofern sozial orientiert, als die öffentlichen Mittel primär in den sozialen Wohnungsbau flossen und somit der Behebung der Wohnungsnot dienten. Nun erfolgte jedoch eine Umverteilung dieser öffentlichen Gelder. Wurden bis 1935 vor allem der Kleinsiedlungs- und Autobahnbau gefördert - die Anzahl der in dieser Zeit ausgeführten kapitalintensiven öffentlichen Großbauten ist niedrig -, so erfolgte danach eine Verlagerung der Ausgaben zugunsten öffentlicher Großbauvorhaben bei gleichzeitiger Privatisierung der Finanzierung des sozialen Wohnungsbaus. Schon 1935 war der Anteil der öffentlichen Bauten (u. a. Verwaltungsbauten des Staates und der Partei, Kulturbauten) an der Bauproduktion auf 70 Prozent gestiegen, während der Wohnungsbau nur noch mit 20 Prozent beteiligt war. Bis 1939 wuchs der Prozentsatz der öffentlichen Bauten auf gut 90 Prozent an. Der Nutzeffekt dieser zahlreichen Staats- und Parteibauten war ein zweifacher: Er lag einmal im ökonomischen Bereich - die Auslastung der Kapazitäten war eine der Hauptforderungen der Bauwirtschaft gewesen -, zum anderen im politisch-ideologischen, nämlich in der herrschaftstechnischen Funktion der öffentlichen Bauwerke. Man legitimierte die ungeheuren Ausgaben, indem man die Bauwerke in den Rang einmaliger Kunstwerke, das heißt Denkmäler, erhob, bei denen die Frage nach den Kosten nicht gestellt werden dürfe. Die Konsequenz dieser Baupraxis war eine rapide Verschlechterung der Wohnsituation und eine Beschleunigung der Konzentrationsbewegung in der Bauwirtschaft.

Nach der Machtübernahme unterlagen zunächst weder der institutionelle Rahmen noch die Kompetenzbereiche der zuständigen Baubehörden einer grundlegenden Neuordnung. Die Planungshoheit verblieb nach wie vor bei den zuständigen Baudezernaten, wie auch die Zuständigkeit der Baupolizei bei Baugenehmigungen vorerst uneingeschränkt beibehalten wurde. Allein die personelle Besetzung dieser Dienststellen erfuhr - wie überall - einen Austausch (juristische Handhabe: "Gesetz zur Wiederherstellung des Berufsbeamtentums"). 1936 kam es dann zur Neuregelung der baupolizeilichen Verfahrensweisen: Die Baupläne für Staats- und Parteibauten mußten lediglich vom Reichsschatzmeister geprüft und beim Regierungspräsidenten angezeigt werden; eine Bauüberwachung fand nicht statt. Die Verordnung über die Baugestaltung (1936) bot der Baupolizei die Möglichkeit und die Handhabe, formale Vorstellungen des Systems durchzusetzen. Um Berlin als Hauptstadt des Reiches zur gigantischen Machtzentrale auszubauen, wurde zur Planung und Durchführung dieser

Absicht 1937 eine neue Behörde geschaffen - der "Generalbauinspektor für die Neugestaltung der Reichshauptstadt" -, zu deren Leiter Albert Speer ernannt wurde. Diese Behörde unterstand, einem Ministerium gleichgestellt, direkt dem "Führer".[8] Ihre Zuständigkeit beschränkte sich nicht auf Berlin, sondern sie war "reichsweit" wirksam: hier wurden ab 1943 auch die Wiederaufbauprogramme für die zerstörten Städte entwickelt.

Die politische und personelle Formierung und Gleichschaltung geschah durch die Überführung der Berufsverbände in die Reichskulturkammer (Reichskammer der Bildenden Künste, Fachgruppe Baukunst), die eine Lenkung und Kontrolle der Architekturszene gewährleistete; jeder Architekt mußte Mitglied der Fachgruppe sein - die Nichtzulassung bedeutete Berufsverbot. Das "Führerprinzip" wurde im Bund Deutscher Architekten schon 1933 - zwei Jahre vor der gesetzlichen Regelung - eingeführt.

Die Partei- und zugleich Staatsarchitektur des Dritten Reiches sollte sowohl der Darstellung der nationalsozialistischen Weltanschauung dienen als auch gleichzeitig auf sie hinweisen: Sie sollte "steingewordene Weltanschauung" sein und war damit Teil der NS-Propaganda. Zu nennen sind in diesem Zusammenhang die bereits 1933 begonnenen Parteibauten am Königsplatz in München und seine gleichzeitig erfolgte Umgestaltung ("Versteinerung") sowie das "Haus der Kunst" (ebenfalls von Paul Ludwig Troost, 1933-37): Sie stellen die ersten spektakulären, von viel publizistischem Aufwand begleiteten offiziellen Baumaßnahmen des Dritten Reiches dar. Der erste Großbau, der in Berlin unter den Nationalsozialisten errichtet wurde, war der 1934 begonnene Erweiterungsbau der Reichsbank (Architekt Heinrich Wolff).[9] Alle Medien, insbesondere die Zeitschriften und Zeitungen, aber auch der Film, wurden eingesetzt, um das Dritte Reich als eine "einzige Baustelle" vorzuführen. Die Nationalsozialisten verstanden es darüber hinaus meisterhaft, Aufnahmen von Architekturmodellen so abzubilden, daß sie den Eindruck realisierter Bauten erweckten.

Weitere wichtige ausgeführte Projekte sind der Bau des Zeppelinfeldes auf dem Parteitagsgelände in Nürnberg von Albert Speer (1934), das Reichsluftfahrtministerium in Berlin von Ernst Sagebiel (1935/36), der Großflughafen Berlin-Tempelhof, ebenfalls von Sagebiel (Baubeginn 1935), sowie das Berliner Reichssportfeld von Werner March (1934-36). Diese Bauten und Anlagen stehen in der neoklassizistischen Architekturtradition des Wilhelminischen Deutschland und der Weimarer Republik. Zur Symbolisierung des auf Dauer angelegten Herrschafts- und Machtsystems trat jedoch als Bedeutungsträger das Material stärker als der historische Formenapparat in den Vordergrund: Schmucklose, versteinerte Oberflächen herrschen vor, plastische Gliederungselemente wurden zurückgedrängt; allein "strukturschaffende" Schmuckformen wie Pfeiler und Pilaster waren zugelassen ("germanische Tektonik").

Hatten zunächst einzelne Bauten im Mittelpunkt des architektonischen Interesses gestanden, die der Selbstdarstellung des NS-Systems sowie als architektonischer Rahmen für den NS-Kult dienten, so wurden ab

Reichsbankenerweiterungsbau in Berlin 1934 - 1940 (Fotomontage), Entwurf: Heinrich Wolff

Albert Speer: Zeppelintribüne

1937 für Berlin, München und Hamburg und, in deren Gefolge, für sämtliche "Gauhauptstädte" "Neugestaltungsprogramme" von "megalomanen" Ausmaßen entwickelt (Gesetz zur Neugestaltung deutscher Städte 1937). Grundmotive aller Neugestaltungsprogramme waren ein zentrales Achsenkreuz, eine Prachtstraße und ein großer Platz (Parteiforum), an dem die wichtigsten Staats- und Parteibauten aufgereiht waren (u. a. Volkshalle, Verwaltungspalast des Gauleiters). Wegweisend für diese Bauten wurde der "neue deutsche Stil", in dem Speer die Tribünenanlage des Zeppelinfeldes in Nürnberg errichtet hatte. Unter dem Eindruck der ersten siegreichen Angriffskriege erfolgte bei den einzelnen Projekten eine nochmalige Steigerung der Proportionen und Volumina; alle bedeutenden historischen Bauten auf der Welt sollten an Größe übertroffen werden.

Zur Symbolisierung des auf "ewige Dauer" angelegten Herrschafts- und Machtsystems wählte man für die NS-Staats- und Parteiarchitektur Massenbauwerke. Die Wirkung von Massenbauwerken erzielte man entweder durch die Umhüllung der Skelettkonstruktionen mit einem monumentalen architektonischen Gewand oder durch die Anwendung der Massivbauweise, bei der ab 1936 eine deutliche Zunahme zu verzeichnen war, um Stahl und Beton für die Produktion von Waffen und für militärische Bauten wie Bunker einzusparen. Bei diesen heroisch-monumentalen Gebäuden spielte - wie zuvor schon angedeutet - das Material und weniger der Formenapparat die entscheidende Rolle, da durch den Charakter der verwendeten Materialien die verabsolutierten Ordnungs- und Kompositionselemente (u. a. symmetrische Verhältnisse - Axialität) sehr viel deutlicher zur Anschauung gelangen konnten. Die Forderungen nach Bodenständigkeit, Schlichtheit, Dauerhaftigkeit, Größe und Macht sowie nach der Versinnbildlichung der "unerschütterlichen Kraft und Wehrhaftigkeit nationalsozialistischer Weltanschauung" ließen vor allem den Werkstein (u. a. "edler Granit", Muschelkalkstein) als besonders geeignetes Material erscheinen. Das ausgewählte Material, das auf handwerklichen Produktionsweisen beruhte, sollte einmal den ästhetischen Wert der Bauwerke erhöhen, zum anderen diente die Hervorhebung der handwerklichen Produktionsweise dazu, die "Fiktion des Handwerks" weiter aufrecht zu erhalten. Der kleinbürgerlichen Massenbasis, insbesondere den Handwerkern, sollte das Gefühl vermittelt werden, daß das NS-System ihren ständischen Interessen diene.

Die Vermittlung nationalsozialistischer Architekturinhalte geschah nicht nur durch die Bevorzugung bestimmter handwerklicher Baumaterialien, sondern daneben auch durch die Festlegung der Architektur und des architektonischen Raumes mit Hilfe einer eigengesetzlichen

Ordnung und durch die Hervorhebung der monumentalen isolierten Form. Die großen glatten, mit Werksteinplatten verkleideten Wandflächen - die wenigen tief eingeschnittenen Fenster sind durch steinerne Fensterkreuze unterteilt, die den Eindruck von Kompaktheit eher noch steigern und eine Wirkung der Undurchdringlichkeit schaffen - unterstreichen den festungsartigen Charakter der Bauwerke; zusätzlich betonen symmetrische und axiale Verhältnisse sowie massive Kantenstrukturen ihre Geschlossenheit. Die Verabsolutierung der statischen Rahmen- und Bezugssysteme unterdrückt jeden Eindruck von Bewegung, ungeteilte Baumassen dominieren. Da applizierte Ornamente der nationalsozialistischen Architekturauffassung nach dem historischen Wandel unterliegen, waren lediglich "strukturschaffende Schmuckformen" wie Pfeiler und Pilaster zugelassen. Ziel der architektonischen Bestrebungen war es, ein "zeitloses Herrschaftssymbol" zu schaffen. Man rückte daher die Staats- bzw. Parteibauten von der alltäglichen Erfahrungswelt ab: Sie wurden fast immer in der Stadtmitte und häufig voneinander isoliert auf neu geschaffenen Plätzen als Platzarchitekturen errichtet.

Formen, Proportionen und Dimensionen hatten den Sinn, den Betrachter durch ihre architektonische Monumentalität zu beeindrucken und ihn durch die Ausstrahlung düsterer Atmosphäre einzuschüchtern. Diese Architektur sollte sowohl den einzelnen wie auch die Massen in ihren Bann ziehen und forderte seine/ihre Ein- und Unterordnung. Die Staats- und Parteiarchitektur wurde damit zu einem wichtigen Mittel gesellschaftlicher Lenkung, denn indem sie autoritäre Verhaltensweisen einübte, kam ihr eine disziplinierende Funktion zu. Die Monumentalität der Architektur sollte darüber hinaus sowohl die Übermacht und Allmacht des Systems versinnbildlichen als auch "Vertrauen" in die Stärke und Größe des Staates vermitteln. Die architektonische Selbstdarstellung entsprach den Kunst- und damit auch den Architekturvorstellungen der Massenbasis des Faschismus "vom starken Staat" und schuf somit Indentifizierungsmöglichkeiten.

Die Architektur diente - wie schon ausgeführt wurde - nicht nur der Selbstdarstellung des NS-Systems, sondern auch als Rahmen für den nationalsozialistischen Kult. Ein kanonischer Feierkalender mit festgelegten Ritualen bestimmte das öffentliche Leben mit der Intention, die Gefolgschaft zu sichern und die Massenbasis zu instrumentalisieren. Der Architektur fiel dabei die Aufgabe zu, einen "sinnerfüllten Wirkungsraum" zu schaffen. Für die Gestaltung nationalsozialistischer Feiern bevorzugte man Formen der christlichen Liturgie; daneben bediente man sich der Organisationsformen und Symbole der Arbeiterbewegung. Vor allem die vertrauten und erprobten Abläufe der Liturgie erleichterten die Vermittlung der NS-Mythen, wobei die Inszenierung des Führermythos im Mittelpunkt stand. Die Voraussetzungen für die Schaffung eines "sinnerfüllten Wirkungsraumes" sah man in der Übernahme bewährter historischer Architekturtypen (z. B. Basilika, Zentralbau) gegeben; daneben griff man auf erprobte Architekturformen und -motive sowie Architektursymbole, beispielsweise Pinienzapfen und Feuerschalen, zurück, um mit ihrer Hilfe die Überzeugungskraft des neuen Architekturinhaltes zu steigern und die Mythen zu vergegenständlichen. Der Nationalsozialismus stellte alle die historischen Formen in seinen Dienst, die sich für die Darstellung seiner Weltanschauung eigneten. Die Auswahl beruhte hierbei nicht so sehr auf ästhetischen Kriterien, sondern es waren ihre Bedeutung und Brauchbarkeit für die Vermittlung nationalsozialistischer Inhalte, die den Ausschlag gaben für die Übernahme der historischen Formen. Folglich wurden vor allem sakrale, memoriale und fortifikatorische Bedeutungsformen verfügbar gemacht und aus ihrem historischen Zusammenhang herausgelöst, um den NS-Kultraum zu weihen und zu erhöhen. Die Art der Aneignung historischer Formen im Nationalsozialismus läßt sich als ahistorisch charakterisieren.

Die Hinwendung des Nationalsozialismus zur Geschichte, genauer, das Verweisen auf historisch-architektonische Bezugsfelder, erfolgte also nicht, um die historische Kontinuität im Bereich der Architektur zu wahren, sondern, um mit Hilfe vertrauter Architekturformen und -symbole die Überzeugungskraft der NS-Weltanschauung zu steigern und die "religiöse Potenz" der Massenbasis zu aktivieren. Deshalb boten sich in erster Linie Formen an, die sich auf bestimmte historische Momente unumschränkter Herrschaft beziehen ließen, wie das Sakralkaisertum, die feudale Lehnsherrschaft, der bourbonische Absolutismus und der orientalische Despotismus. Hinzu kamen sakrale Bedeutungsformen wie Architektursymbole des christlichen Kultes, die, auf das politische Geschehen übertragen, der gesellschaftlichen Legitimierung des faschistischen Systems dienten.

Übernahm die Staats- bzw. Parteiarchitektur auch ver-

Zeppelintribüne, seitliches Abschlußteil mit Feuerschale, Entwurf: Albert Speer

traute historische Architekturtypen, Architekturformen, Architekturmotive und Architektursymbole, so hatten umgekehrt die NS-Architekturinhalte nicht immer Auswirkungen auf die Formen. In erster Linie galt es, Härte, Disziplin und Wehrhaftigkeit durch die Architektur zu versinnbildlichen. Aus diesem Grund faßte man die historischen Formen zu einer neuen Formeinheit zusammen, vereinfachte sie erheblich und spannte sie in ein monumentales Rahmen- und Bezugsystem ein. Hierbei galt das Bestreben des Nationalsozialismus weniger der Schaffung originärer Formen als der überzeugenden Vergegenständlichung und Versinnbildlichung der NS-Inhalte.

Obgleich sich die Baukunst des Dritten Reiches als ein Konglomerat verschiedener konservativer Architekturströmungen formal und inhaltlich nahtlos an die Entwicklung in der Weimarer Republik anzuschließen scheint, erweist sich die These, die neoklassizistische Repräsentationsarchitektur in den Diktaturstaaten sei keine einmalige Erscheinung gewesen, sondern habe ihre Entsprechung in anderen Ländern gefunden, als unhaltbar. Die Anwendung der Stilkategorie Neoklassizismus auf die offizielle Baukunst des Dritten Reiches stellt - wie anfangs bereits angedeutet - eine gefährliche Verharmlosung dar und wertet diese Architektur auf. Selbst wenn die nach der Jahrhundertwende errichteten Verwaltungsgebäude des Staates und der Wirtschaft, die als formale Vorbilder dienten, auch politische und wirtschaftliche Macht, Kraft und Stärke demonstrieren, so erweist sich die Übertragung dieser Stilkategorie Neoklassizismus auf die „neue deutsche Baugesinnung" des Dritten Reiches als unangebracht. Neoklassizismus als Stilkategorie setzt die Aufarbeitung des Klassizismus, eine Auseinandersetzung mit ihm sowie seine systematische Aneignung voraus. Der Nationalsozialismus bediente sich jedoch nur solcher historischer Formen, die sich für die Darstellung seiner Weltanschauung eigneten. In der ahistorischen Aneignung historischer Formen aber liegt der entscheidende Unterschied zu dem Neoklassizismus konservativer Architekten, denn selbst bei der Verwendung historischer Zitate veränderte der nationalsozialistische Architekturinhalt die Formen doch so weitgehend, daß auch stilistische Kriterien die Bezeichnung neoklassizistisch für die offizielle Baukunst des deutschen Faschismus nicht zulassen. Ebensowenig läßt sich der Neoklassizismus der 20er Jahre als präfaschistischer Baustil bezeichnen, denn zum faschistischen Baustil wurde er erst durch ganz bestimmte Sinn- und Funktionszusammenhänge.

Zwar finden sich bei den geplanten Berliner Museumsbauten, die anstelle der historischen Bausubstanz „die Uferzonen der Spree zwischen Bahnhof Friedrichstraße und Lustgarten zukünftig baulich prägen" sollten, antike Architekturelemente und -motive, doch treten die Arkaden auf dorischen Säulen, die Triglyphenfriese etc.... in ihrer Anschaulichkeit infolge der gewaltigen Maßstäbe

Modell der Nord-Süd-Achse, letzte Fassung von 1943. Blick auf den Südbahnhof, den Triumphbogen und die Kuppelhalle in Berlin. Entwurf: Albert Speer

und Proportionen der Bauwerke völlig in den Hintergrund: sie verlieren ihre Wahrnehmbarkeit. „Zugunsten einer vordergründigen Monumentalität, die sich über Masse und Volumen herleitet und in ihrer Wirkung auf Disziplinierung und Einschüchterung abzielt, ist die Struktur brutal vergröbert und damit die Individualität der Details aufgehoben."[10] Um bestimmte Formqualitäten zu erzielen, die sich als hart, machtvoll und wuchtig charakterisieren lassen, verzichtet man auf die Vielschichtigkeit des Bedeutungs- und Aussagegehaltes - die Bildhaftigkeit wird geopfert zugunsten der Verkörperung des eindeutigen „zeitlosen Herrschaftssymbols". Die gesellschaftliche Unterdrückung des Individuums findet damit in der Architektur ihre formale Entsprechung, nämlich in der Unterdrückung des einzelnen Architekturteils. Bei der geplanten neuen Reichskanzlei in Berlin verwandte Speer im Erdgeschoß unter anderem freistehende gekuppelte Säulen, schuf eine pilastergeschmückte Mittelpartie und ließ das Gebäude mit einer hohen Attika abschließen. Kräftige Fenstereinrahmungen, aus plastisch vor die Wand gesetzten Säulen und Architraven gebildet, sind das Hauptmotiv des Wandgeschosses bei dem ebenfalls von Speer stammenden Entwurf für das Reichsmarschallamt. Es galt in erster Linie, den fortifikatorischen Charakter der Architektur hervorzuheben. Der Rückgriff auf historische Architekturformen und

203

-elemente diente lediglich dazu, den Kunstcharakter der Architekturformen und -motive nicht systematisch rezipiert, sondern lediglich zu oberflächlichen und vordergründigen Anspielungen genutzt; an der historischen Architektur interessierte primär ihre "Möglichkeit zur Monumentalität".[11] Das vorgeprägte Anknüpfen an historische (gemeint sind die antike und die klassizistische) Baukunst hatte in Wirklichkeit nur die Funktion, die Umgestaltungspläne und -maßnahmen des Dritten Reiches zu rechtfertigen, die, wären sie alle realisiert worden, die historischen Stadtkerne weitgehend zerstört hätten.[12]

Während der heroische Monumentalismus der Bauwerke an den Achsen dazu diente, die Größe und den Ewigkeitsanspruch des NS-Systems zu versinnbildlichen, knüpfte man bei den Kultbauten im Zentrum - Ausbildung eines "heiligen Bezirks" in profaner Umgebung (u. a. Forum, Volkshalle, "Dom", Ehrentempel, Türme) - an religiöse und politische Weltherrschaftsansprüche bestimmter Epochen an. Dies wird am deutlichsten bei dem Projekt der Kuppelhalle für Berlin von Speer. Die geplante Berliner Kuppelhalle war als "religiöser" und

politischer Mittelpunkt und damit zugleich als wichtigster Bedeutungsträger vorgesehen; sie sollte sowohl Sinnbild der Wiedergeburt des Imperium Romanum als auch der "neuen Glaubensgemeinschaft" sein. Aus diesem Grund griff Speer auf den Typus des Zentralbaus zurück und implizierte damit die Bedeutung eines Pantheon, neue Peterskirche oder neuen Karlsdom. Imperiale Zielsetzung demonstriert darüber hinaus die die Kuppelhalle bekrönende Weltkugel. Die Verbindung von Dom und Palast (Neue Reichskanzlei) war als eine Wiederbelebung sakralen Herrschertums gedacht.
Die neue Stadt sollte Abbild der neuen Volksgemeinschaft sein. Das politische Zentrum wurde daher von einem kommerziellen Ring umgeben, an den sich aufgelockerte Wohnzonen anschlossen. Sie umfaßten, entsprechend der sozialen Hierarchie, Wohneinheiten für alle gesellschaftlichen Klassen: von den Arbeiterquartieren bis hin zu großbürgerlichen Villenvororten. Die städtebaulichen und architektonischen Ordnungen wurden ihrerseits auf die Gesellschaft projiziert; sie formulierten das Modell des NS-Systems und sollten den von diesem postulierten Endzustand versinnbildlichen.

Anmerkungen:

* Vortrag vom 27. April 1985 anläßlich des Symposiums "Faszination und Gewalt – Zur Geschichte und Ästhetik des deutschen Faschismus" in Nürnberg.

1. Der vorliegende Beitrag orientiert sich weitgehend an folgenden Texten des Verfassers: Baukunst und Stadtplanung im Dritten Reich. Herleitung/ Bestandsaufnahme/ Entwicklung/ Nachfolge. München 1976. Kunst im Dritten Reich. Architektur. Plastik. Malerei. Köln 1987². Die Rezeption der klassischen Architekturtradition in den Staats- und Parteibauten des "Dritten Reiches", in: Studien zu Renaissance und Barock. Manfred Wundram zum 60. Geburtstag. Eine Festschrift, hrsg. von M. Hesse und M. Imdahl. Frankfurt a. M., Berlin, New York 1986, S. 241-252.
2. Vgl. N. Pevsner: Europäische Architektur. München 1963, S. 466.
3. L. O. Larsson: Die Neugestaltung der Reichshauptstadt. Albert Speers Generalbebauungsplan für Berlin. Stuttgart 1978.
4. L. O. Larsson: a.a.O. (Anm. 3), S. 7.
5. L. O. Larsson: a.a.O. (Anm. 3), S. 105.
6. L. O. Larsson: Klassizismus in der Architektur des 20. Jahrhunderts, in: Albert Speer: Architektur. Frankfurt a. M., Berlin, Wien 1978.
7. Vgl. W. Pehnt, in: V. M. Lampugnani (Hrsg.): Hatje/Lexikon der Architektur des 20. Jahrhunderts. Stuttgart 1983, S. 60 ff.
8. Vgl. W. Schäche: Zu Geschichte und Aufbau des "Generalbauinspektors für die Reichshauptstadt Berlin" (GBI), in: H. J. Reichardt und W. Schäche (Hrsg.): Von Berlin nach Germania. Über die Zerstörungen der Reichshauptstadt durch Albert Speers Neugestaltungsplanungen, Berlin 1985, S. 35 ff.
9. Vgl. W. Schäche: Architektur und Stadtplanung während des Nationalsozialismus am Beispiel Berlin, in: a.a.O. (Anm. 8), S. 9 ff.
10. Vgl. W. Schäche: Nationalsozialistische Architektur und Antikenrezeption. Kritik der Neoklassizismus-These am Beispiel der Berliner Museumsplanung. In: Ergänzungsband zum Katalog "Berlin und die Antike" Berlin 1979, S. 557 ff.
11. Vgl. W. Schäche: a.a.O. (Anm. 10), S. 564.
12. Vgl. W. Schäche: a.a.O. (Anm. 10), S. 568.

Hajo Bernett

Albert Speers „Deutsches Stadion" war eine gigantische Fehlkonstruktion*

Am 9. September 1937 setzte Hitler mit drei Hammerschlägen ein Werk in Gang, dessen Vollendung der Nachwelt glücklicherweise erspart geblieben ist. Wäre dieses Nonplusultra des Stadionbaus verwirklicht worden, stünde die Stadt Nürnberg heute vor der unlösbaren Aufgabe, ein Monument des Nationalsozialismus für die Gegenwart nutzbar zu machen. Es ginge ihr wie mit dem Torso der Kongreßhalle, die 50.000 Parteigenossen fassen sollte. Der Abriß der gewaltigen Granitmauern würde die Stadt 20 Millionen kosten. Um Speers Riesenbauwerk zu beseitigen, hätten die Stadtväter ein Mehrfaches aufbringen müssen. Es wäre ihnen jedoch nichts anderes übriggeblieben, denn der Koloß hätte sich als architektonisch indiskutabel und für sportliche Zwecke unbrauchbar erwiesen.

Nationalsozialistische Kampfspiele

Was hatte Hitler im Sinn, als er den 31jährigen Architekten beauftragte, alle Stadionbauten der Antike und der Moderne zu übertreffen? Als die NSDAP 1936 in Nürnberg den „Parteitag der Ehre" beging, lagen die Olympischen Spiele in Berlin nur wenige Wochen zurück. Hitler hatte den sportlichen und politischen Triumph ausgekostet, aber er war auch an seine Grenzen gestoßen und hatte die Autorität des IOC anerkennen müssen. Indem er sich über die „Wackelgreise des Komitees" amüsierte, entwarf er das Zukunftsbild eines „Deutschen Olympia" in der Stadt der Reichsparteitage. Die Idee nationaler Kampfspiele war nicht neu und 1922 zum ersten Mal verwirklicht worden. Neu war jedoch Hitlers Bestimmung, die Durchführung „Nationalsozialistischer Kampfspiele" in Zukunft der SA zu übertragen.

Nachdem die SA ihre politische Bedeutung als Kampfverband der Partei eingebüßt hatte, war sie mit der Kompetenz für die Wehrertüchtigung des deutschen Mannes abgefunden worden. Nun wollte Hitler ihr in Nürnberg eine Arena verschaffen, um die unüberwindliche Wehrkraft der Nation zur Schau zu stellen. Mit dieser Entscheidung wurde der Sport an den Rand gedrängt und in eine Gastrolle verwiesen.

So kam es 1937 bei den 1. NS-Kampfspielen zu einer unverträglichen Mischung von Wehrsport und Leistungssport. Vor der Errichtung des Riesenbauwerks mußte man sich mit dem städtischen Stadion zufriedengeben. Hier hatte man für die „Wehrwettkämpfe" der Partei-Formationen, der Polizei, des Heeres und Arbeitsdienstes „Wehrkampfbahnen" aufgebaut. Hinderniskauläufe in Uniform begeisterten das abkommandierte Parteivolk; aber nur die Sportwettkämpfe zogen das Interesse der Öffentlichkeit auf sich.

Herrschaftsarchitektur statt Sportpark

Die Architekten Schweizer und Hensel hatten in Nürnberg eine vorbildliche Sportanlage geschaffen, die bei den Olympischen Kunstwettbewerben in Amsterdam 1928 mit einer Goldmedaille ausgezeichnet worden war. Sie hatten die Hauptkampfbahn und das Schwimmstadion mit einem Kranz von Sportplätzen umgeben. Kinderspielplätze und Kleingärten bildeten den Übergang zum Naherholungsgebiet. Damit besaß Nürnberg einen „Sportpark", dessen Struktur der Gesellschaftsordnung angemessen war. Die Umwandlung zur „Stadt der Reichsparteitage" forderte jedoch ihren Tribut: Das Erholungsgebiet wurde dem Aufmarschgelände geopfert.

Als hier die ersten Repräsentationsbauten und Massenschauplätze entstanden, mußte der vielfältig gegliederte Sportpark wie ein Fremdkörper erscheinen. Die funktionell gestaltete Hauptkampfbahn aus Stahlbeton verkörperte eine Architektur, die Hitler rigoros ablehnte.

Als es notwendig erschien, die Kampfbahn für die Massenveranstaltungen des Reichsparteitages in Anspruch zu nehmen, stand Hitler zum zweiten Mal vor der Alternative, ein Stadion auszubauen oder durch ein neues zu ersetzen. In Berlin hatte er den bescheidenen Plan des olympischen Organisationskomitees verworfen, das „Deutsche Stadion" der Kaiserzeit aufzustocken. Er verwarf auch den Entwurf des Architekten Werner March, der einen zeitgemäßen Bau aus Beton und Glas vorsah, und beauftragte Albert Speer für die Verkleidung mit Naturstein zu sorgen. Die enormen Mehrkosten spielten dabei keine Rolle.

Deutsches Stadion, Entwurf: Albert Speer

Das Olympiastadion fand den Beifall der Welt, aber es konnte Hitlers utopischen Maßstäben nicht genügen. Die NS-Kampfspiele sollten die internationalen Olympischen Spiele in den Schatten stellen. Darum revidierte Hitler den anfänglichen Plan, das Nürnberger Stadion zu erweitern, und erteilte Speer die Order, mit einem Monumentalbau ohnegleichen Architekturgeschichte zu machen. Nun stand das "alte Stadion" zur Disposition; Speer trennte die Nebenanlagen im Norden ab, um Platz für das "Zeppelinfeld" zu schaffen. Wo sich Freizeitsportler, Kinder und Kleingärtner getummelt hatten, versammelten sich nun die politischen Leiter, die "Goldfasanen" der NSDAP, zum Appell vor ihrem Führer. Ein unübersehbares Zeichen für die Ablösung der Sport- und Volkspark-Idee durch die Herrschaftsarchitektur.

Die Vermessenheit des obersten Bauherrn

Der selbsternannte oberste Bauherr des Dritten Reiches hatte schon in Berlin als Bauherr des Sports posiert. Er hatte das "Reichssportfeld" nach seinem Willen gestalten lassen, aber die Anlage des Olympiastadions war an die Normen des internationalen Sports gebunden. Auf dem Gelände des Nürnberger Parteitages war Hitler jedoch unumschränkter Herr. Hier konnte er seinem "Bauwillen" ein Fest geben. Da ihm die standardisierten Maße des Leistungssports gleichgültig waren, kannte sein Ehrgeiz keine Grenzen. Er wollte Denkmäler des Nationalsozialismus schaffen, unvergängliche "steinerne Zeugen" seiner Herrschaft. Sie sollten wie die Großbauten der Antike Jahrtausende überdauern und in die Ewigkeit hineinragen.

Noch wirksamer ließ sich der Größenvergleich im Bild darstellen: in einer Grundrißzeichnung bedeckte das

	Olympia-stadion	"Deutsches Stadion"
Länge	300 m	540 m
Breite	225 m	445 m
Höhe	17–29 m	82 m
Umbauter Raum	280.000 m²	8,5 Mill. m²

Olympiastadions gegenüberzustellen:

stand es, sie effektvoll den Berliner Abmessungen des die 1937 Schlagzeilen machten. Die Propaganda verrechnete Speer die genauen Raum- und Flächenmaße, fenbar nicht zur Diskussion. Nach dieser Vorgabe erdionbau für 400.000 Zuschauer zu schaffen, stand ofseiner Bauten verwundert, Hitlers Weisung, einen StaIm Alter hat sich Albert Speer über die "Megalomanie"

Das Projekt Albert Speers – das Dreifache der Cheopspyramide

zu nehmen.
fähig genug, die Verwirklichung dieser Utopie in Angriff dions", und sein Favorit Albert Speer war anpassungsauch die extremen Abmessungen des "Deutschen StaDimension, die aller Vernunft spottete. Er bestimmte sentieren. Hitler forderte triumphale Architektur in einer ten hatte es den Typ der neuen "Staatskunst" zu repräsozialismus" darstellen, mußte die Zweckbestimmung sekundär erscheinen. Im Ensemble der Parteitagsbaubau aus. Sollte sich das Stadion als "gebauter NationalHitlers Zukunftsvision schloß einen sportlichen Zweck-

Römische Colosseum nur ein Drittel des Innenraums, und in einer Aufrißzeichnung erreichten die Türme der Nürnberger St.-Lorenz-Kirche nicht einmal den Stadionrand. Wie erhebend war der Vergleich mit historischen Bauten, die aus Cäsarenwahn und Pharaonenkult hervorgegangen waren! Die Zahl der Zuschauer des Circus Maximus sollte verdoppelt, der Rauminhalt der Cheopspyramide verdreifacht werden. Folglich mußten auch die Kosten alle Rekordmarken überschreiten. Da für Hitler und Speer nur natürlicher Werkstein in Frage kam, war mit einem Kostenaufwand von 1 Milliarde Reichsmark zu rechnen.

Albert Speer entschied sich für eine Hufeisenform, angeblich unter dem Eindruck des Stadions in Athen, das für die Olympischen Spiele 1896 rekonstruiert worden war. Von der wundervollen Intimität dieser Arena schien er allerdings nichts verspürt zu haben. Wenig überzeugend erscheint auch seine rationale Begründung, mit der offenen Form einem möglichen Hitzestau vorzubeugen. Wahrscheinlicher ist die Annahme, daß er es vermeiden wollte, mit einem geschlossenen Ovalbau den Eindruck einer Eigenwelt des Sports zu erzeugen. Hätte er gegenüber den drei großen Aufmarschfeldern nicht "introvertiert" gewirkt? Speer bevorzugte eine Front- und Schauseite, um den gewünschten Monumentalcharakter hervorzubringen. Das gigantische Halbrund öffnete sich zur "Großen Straße", der 2 km langen und 60 m breiten Paradestraße. Er verstärkte diese Offenheit für das politisch-militärische Geschehen des Reichsparteitages durch zwei gewaltige Pylone an den Flanken der Zuschauertribüne.

So war das Stadion darauf angelegt, sich zur Schau zu stellen und den Betrachter in seinen Bann zu ziehen, nicht als Stätte des Sports, sondern eben als "gebauter Nationalsozialismus". Um es vollends zu einem Denkmal zu gestalten, bemühte Speer das überlieferte Repertoire antiker Bauelemente. Er entwarf einen Vorhof, "Ehrenhof" genannt, und akzentuierte ihn an der Stirnseite mit der sogenannten "Standartenhalle" zur Aufbewahrung der Fahnen der an den Kampfspielen beteiligten Formationen. Die Kolonnaden dieser Propyläen umfaßten ein Geviert von 360 und 180 m Seitenlänge, einen Kultplatz zu Ehren der Toten der grauen und braunen Heere. Den Abschluß zur "Großen Straße" bildete eine 150 m lange Stufentribüne. Hier sollten die Ehrengäste des Führers der Parade beiwohnen. Mit ihren 18 m hohen Pfeilern erfüllte die "Standartenhalle" die Funktion, "das Ungeheure maßstäblich faßbar zu machen", wie ein Zeitgenosse treffend bemerkte.

Speer hatte also die Absicht, das "Deutsche Stadion" architektonisch und symbolisch in das Nürnberger Parteiforum zu integrieren. Damit signalisierte er die weltanschauliche Orientierung der "politischen Leibeserziehung".

Für die Bauten des "Dritten Reiches" war die Ausstattung mit genehmen Kunstwerken obligatorisch. Um die Sprache seiner Architektur zu verstärken, besetzte Speer das 80 m hohe Gesims der Arena mit einem Kranz von Feuerschalen - eine Konzession an nationalsozialistischen Feuerkult und an den populären Geschmack. Der Hoheitsadler der NSDAP durfte nicht fehlen. Er erhielt seinen Standort über der zentralen Anzeigetafel. Zur Bekrönung der beiden Ecktürme waren weibliche Aktfiguren vorgesehen - eine seltsame Pointe für ein Stadion, das den Männern vorbehalten war. Den Auftrag für das Hauptwerk erhielt Hitlers Günstling Joseph Thorak, der für das Olympiastadion einen kraftstrotzenden "Faustkämpfer" beigesteuert hatte. Am Fuß der beiden Tribünenwangen sollten monumentale Standbilder errichtet werden, 24 m hohe Figurengruppen aus Bronze. Auf einem Sockel von 18 m Höhe wären sie einem Weltwunder der Antike, dem Koloß von Rhodos, gleichgekommen. Für diesen Auftrag hätte Thorak sein haushohes Atelier aufstocken müssen. Seine Entwürfe sind nicht bekannt, aber sie hätten gewiß den Typus des Über- und Herrenmenschen variiert.

Albert Speers Selbstvertrauen, gestützt auf die Gunst des Diktators, muß grenzenlos gewesen sein. Soviel bekannt ist, entwickelte er die Stadionpläne, ohne einen Fachmann des Sportstättenbaus zu konsultieren. Dabei mangelte es wahrlich nicht an hervorragenden Sportarchitekten. Mit Hitlers Zustimmung setzte Speer sich souverän über die internationalen Normen hinweg. Die Abmessungen des Innenraums entsprachen eher dem Römischen Circus Maximus, einem Hippodrom. Für die Sportfläche war ein langgestrecktes Oval von 380 m Länge und 150 m Breite vorgesehen, eine fatale Folge der Auflage, Tribünenwälle für 400.000 Zuschauer zu errichten. Was sollte auf einer Nutzfläche von 53.000 qm geschehen? Das Berliner Olympiastadion umfaßte mit 17.150 qm nur ein Drittel dieses Areals. Hatte Speer die Anlage von "Wehrkampfbahnen" im Auge? Sollten Reiter und Kraftfahrer die Bahn umkreisen? Die Fragen müssen offenbleiben, denn die in Nürnberg und München archivierten Baupläne geben darauf keine Antwort. Ein grotesker Sachverhalt: unter den Plänen befindet sich kein Programm für die sportliche Einrichtung! Das einzige Indiz ist das Idealbild, das ein Maler nach dem Modell für die Große Deutsche Kunstausstellung 1942 anfertigte. Zur Verblüffung eines sportlich versierten Betrachters zeichnete Otto A. Hirth "zwei ineinanderliegende Laufbahnen in rechteckiger Form".

Weitsichtige in der Sportführung mußten erkennen, daß dieser Schauplatz für den Leistungssport nicht taugen würde. Sie konnten sich mit dem Gedanken beruhigen, für internationale Wettkämpfe das Olympiastadion zu besitzen. So hätte Speer sich eigentlich die Frage nach dem Nutzeffekt stellen müssen. Voraussichtlich wäre sein größtes Stadion der Welt an 360 Tagen des Jahres geschlossen geblieben. Ein kolossales Denkmal mit hohem "Ruinenwert", für Besichtigungszwecke durchaus geeignet.

Die Grundsteinlegung am 9. September 1937

Den Akt der Grundsteinlegung ließ man sich 142.000 Reichsmark kosten. Ein Waldbestand wurde abgeholzt, um für eine Tribüne Platz zu schaffen. Hier erwarteten 7000 geladene Zuschauer ihren Führer. Vor ihnen waren 17.000 Männer der Parteiformationen, der Wehrmacht, der Polizei und des Arbeitsdienstes aufmarschiert. Die Wettkämpfer waren jedoch nicht vertreten. Die "Blutfahne", das Allerheiligste der Partei, wurde hereingetragen und stumm gegrüßt. Neben Speers Modell des Stadions hatte die Bauleitung einen Granitblock als symbolischen Grundstein aufstellen lassen. Um 10 Uhr nahte Hitler unter den Klängen des Präsentiermarsches. Nach dem Verlesen der Urkunde, die Kampfspiele "bis in fernste Jahrhunderte hinein" verhieß, trat Hitler an den Block, um drei Hammerschläge mit drei "heißen Wünschen" zu begleiten und die 1. NS-Kampfspiele zu eröffnen. Die Ufa-Wochenschau hat diese Haupt- und Staatsaktion festgehalten. Die kurze Sequenz dokumentiert einen völlig indisponierten Hitler, der die Phrasen von "Kraft und Schönheit" mit verkrampfter Gebärde und ausdrucksloser, stockender Stimme vom Blatt abliest. Über die Gründe kann man sich in vertraulichen Mitteilungen für die Pressekonferenz des Propagandaministeriums informieren. Danach hat Hitler "einen völlig geistesabwesenden Eindruck" gemacht, weil ihn aktuelle politische Krisen bedrückten, vor allem die Auseinandersetzung mit Wirtschaftsminister Hjalmar Schacht.

Der "Festakt von mitreißender Schönheit" (Völkischer Beobachter) wurde auch durch interne Spannungen belastet. Zum Ärger der SA-Führung hatte Hitler angeordnet, SA und Wehrmacht in paritätischer Stärke aufmarschieren zu lassen. Zudem hatte er den Redetext des Stabschefs Viktor Lutze rigoros zusammengestrichen, um den Absolutheitsanspruch der SA zu entschärfen.

Beginn und Ende

Als ein Jahr vergangen war und der "Reichsparteitag Großdeutschlands" bevorstand, wurden deutsche und ausländische Journalisten zur Besichtigung des Parteitagsgeländes eingeladen. Sie bestaunten die Entwicklung der Großbauten und das ungeheure Loch für die Fundamente des "Deutschen Stadions". Die Parteipresse artikulierte Stolz auf die "größte Baustelle der Welt". Hier hatte die Bauleitung einen Befehlsturm errichtet und eine "riesige Grundwasserpumpanlage" installiert, um im Zeitplan zu bleiben, denn ab 1940 sollten 1150

Teilmodell der Zuschauertribünen des Deutschen Stadions in natürlicher Größe, um die Sichtverhältnisse für die 400.000 Zuschauer zu erproben (Hirschbachtal/Oberpfalz)

Maurer, 1200 Facharbeiter und 1750 Hilfsarbeiter eingesetzt werden. Am Rande der Grube mehrten sich die Lagerhallen für den kostbaren Granit. Speer hatte auf dem Baugelände Teilmodelle in natürlicher Größe errichten lassen, um die Wirkung des Werksteins zu überprüfen. Baustraßen, Gleisanlagen und Großbagger erweckten den Eindruck rapider Baufortschritte.

Aber der oberste Bauherr setzte andere Prioritäten. Nachdem er sich für die kriegerische Expansion entschieden und den Bau von "Westbefestigungen" angeordnet hatte, benötigte die "Organisation Todt" 350.000 Arbeitskräfte. Damit waren die Nürnberger Bauten zur Stillegung verurteilt. Vier Wochen nach Kriegsbeginn arbeiteten an der "größten Baustelle der Welt" nur noch die Pumpen. Erst im Januar 1945, als die "Stadt der Reichsparteitage" durch drei Bombenangriffe ruiniert wurde, ließ die Bauleitung die Pumpen abstellen.

Der 21. April 1945

Albert Speer wußte um die Risiken seines abenteuerlichen Entwurfs. Weil es keine Erfahrungswerte gab, beschloß er, die Sichtverhältnisse zu testen. Zu diesem Zweck wurde an einem Steilhang bei Oberklausen (Oberpfalz) ein Teilmodell der Zuschauertribüne in natürlicher Größe angelegt. 400 einheimische Arbeiter waren Tag und Nacht beschäftigt, um ein Segment aus Beton und Holz zu errichten, auf dem 40.000 Menschen Platz gefunden hätten. Hitler würdigte den Millionenbau 1938 mit seinem Besuch. Nach Speers Erinnerung verlief der aufwendige Sehtest durchaus befriedigend.

Während der Kriegsjahre sah man nur eine SS- und Polizei-Wache im stillen Hirschbachtal. Als Reichsminister für Bewaffnung und Munition konnte sich Albert Speer nicht mehr darum kümmern.

Am 18. April 1945 erreichten amerikanische Panzerspitzen die "Stadt der Reichsparteitage". Hitler befahl, sie bis zum letzten Blutstropfen zu verteidigen; aber ausgerechnet an seinem Geburtstag ließ der Kampfkommandant das Feuer einstellen. Als vom Truppenübungsplatz Grafenwöhr Einheiten der Waffen-SS zu einem Entlastungsangriff auf Nürnberg vorstießen, kam es zu einem Gefecht in der Nähe des Stadionmodells. Dabei fiel die Ortschaft Achtel in Schutt und Asche. Den Amerikanern war das Symbol nationalsozialistischen Größenwahns ein Ärgernis. Sie ließen das Mauerwerk abtragen und erlaubten den Wiederaufbau der zerstörten Häuser mit dem Holz der Speerschen Konstruktion.

* Aus: Olympisches Feuer, 1.1989, S. 20 - 25.

Modellausschnitt, 1938. Die Große Straße mündet in das Märzfeld. Rechts von der Großen Straße das Deutsche Stadion, links davon Stadion mit Freibad der Stadt Nürnberg.

Modell des "Märzfeldes", im Hintergrund die Haupttribüne mit der Figurengruppe von Josef Thorak

Silke Wenk

Die weibliche Aktskulptur über der Führertribüne*

Innerhalb der Aufmarscharchitektur des "Nationalsozialismus" findet man eine Reihe weiblicher Aktskulpturen, die als Allegorien ausgezeichnet sind, und zwar vor allem als "Sieg". Sie bilden das Pendant zu den männlichen Allegorien des NS-Staates (Wehrmacht, Partei, Kameradschaft).

Für die Bekrönung der Haupttribüne des Märzfeldes auf dem Nürnberger Parteitagsgelände konzipierte Josef Thorak eine Gruppe von männlichen Akten, Schwert- und Schildträgern und Rosselenkern, in deren Mitte leicht erhöht ein 12 m großer weiblicher Akt mit einem (Sieges-)Kranz schwebt (Abbildung 1 und 2) (vgl. Förster 1985).

Zwei überlebensgroße weibliche Aktskulpturen mit dem allegorisierenden Titel "Ehrung" und "Glaube" von Kurt Schmid-Ehmen waren für die Ehrenhalle bei der Zeppelin-Haupttribüne des Parteitagsgeländes vorgesehen. Im Berliner Reichssportfeld stand Arno Brekers "Siegerin" (1936), ebenfalls eine weibliche Aktskulptur, mit einem Lorbeerzweig in der Hand. Durch Attribut oder Haltung als Allegorien ausgezeichnete weibliche Aktskulpturen findet man nicht nur in der Aufmarscharchitektur, sondern zum Beispiel auch vor dem Deutschen Haus, mit dem das nazistische Deutschland auf der Weltausstellung 1937 in Paris repräsentiert wurde (vgl. Wagner 1986).

Neben dieser Gruppe weiblicher Allegorien gibt es weitere weibliche Aktskulpturen innerhalb der Staatsarchitektur (Abbildung 3 und 4).

Das Bild des Weiblichen als Bild harmonischer Ordnung

In der NS-Kunst gibt es eine sehr deutliche Polarisierung der Geschlechterrollen. Die geschlechtliche Differenz wird zusätzlich noch durch unterschiedliche Modellierung der Körper unterstrichen. Vergleicht man etwa Brekers fast "kantig" geformte Männerakte mit den weiblichen, so erscheinen diese geradezu "weich" modelliert. In der vorliegenden Literatur wird dies häufig als unmittelbarer Ausdruck der faschistischen Politik der Aufteilung der gesellschaftlichen Bereiche in eine dominierende "Männerwelt" und eine ihr untergeordnete "Frauenwelt" gesehen. Das Problem scheint mir jedoch, daß man so den Status der weiblichen Allegorien nicht erklären kann. "Der Sieg", das ist das, wofür der faschistische Staat die Männer in den Krieg schickte. Die Allegorien des Sieges sind weiblich und in den angeführten Figurengruppen stets über den männlichen angeordnet.

Das "Monumentale" verweist auf das Bild des Herrschers bzw. des Staates. Das Bild des "geschlossenen", "harmonischen", man könnte auch sagen, des "ganzen" weiblichen Körpers fungiert als Bild der Macht, als Bild der durch den faschistischen Staat organisierten Ordnung.

Um das Bild des "ganzen Körpers" ging es auch in der nazistischen Kampagne gegen die "entartete Kunst".[1] Dies zeigt bereits ein Blick in den Ausstellungsführer von 1937. Darin finden sich (bis auf eine Ausnahme) nur Bilder menschlicher Körper und Gesichter - von Beckmann über Grosz und Dix zu Nolde. Was die Faschisten auszugrenzen versuchten, waren Bilder von aufgelösten Körpern, von durchbrochenen Körperpanzern. Es waren Bilder, in denen der Blick, der nach Vereinheitlichung, nach dem Ganzen sucht, in Frage gestellt wurde - was zum ästhetischen Programm der Moderne gehörte (vgl. dazu auch Schade 1987).

Als "entartet" wurden zum einen Kunstobjekte bekämpft, in denen es auch um die Folgen des Krieges ging: Bilder, in denen der Zusammenbruch des soldatischen Mannes thematisiert wurde. Zum anderen waren es Bilder von zerstörten, "zerstückelten" weiblichen Körpern. Der Kriegskrüppel, der alte Mann und die Frau als Prostituierte oder als Opfer des "Frauenmörders" - diese Themen hatten gerade Dix und Grosz mit einer ungeheuren Kompromiß- und Schonungslosigkeit ins Bild gesetzt. Sie fehlten wiederum in keiner Darstellung der "Entarteten". - In dem nazistischen Angriff gegen den Kult des sogenannten Primitiven in der Kunst seit der Jahrhundertwende, vor allem der Expressionisten, ging es um die Rettung des überlieferten - westeuropäischen - ganzheitlichen Körperideals.

Darin hat das Bild des "ganzen" weiblichen Körpers eine

Abb. 1: Josef Thorak, Allegorie des Sieges, Mittelfigur der Figurengruppe auf dem Märzfeld in Nürnberg, "Große Deutsche Kunstausstellung" 1938

zentrale Funktion. Bilder vom "Frauenmörder" - bei Dix, Grosz und Beckmann zu finden - wurden immer wieder veröffentlicht. Angeprangert wurde deren "Beschmutzung der Frau" (Dresler 1938, 44). "Die entartete Kunst kannte keine Würde der Frau und Mutter mehr. (...) Sie verherrlichte die Dirne und beschimpfte die Mutter. Damit war sie Teil des bolschewistischen Großangriffes auf die Familie und die Gesundheit des Volkes."(Ebd.) Bilder der Moderne, in denen das Bild der "ganzen Frau" irritiert wird, werden so zu unmittelbaren Angriffen gegen die Institution der Familie und damit gegen das "Volk".

Schlägt man Willrichs "Säuberung des Kunsttempels" (1937) auf, so findet man gleich gegenüber dem Titel das erste Bild: eine stehende, blonde Frau in einem langen weiten Gewand; die Hände überm Schoß gefaltet präsentiert sie sich als Schwangere. Es handelt sich um Willrichs Gemälde "Hüterin der Art". Das Bild der Frau ist hier ohne Umschweife im unmittelbaren Kontext der Rasseerhaltung artikuliert. Das Bild der Frau als Bild des Überlebens der Rasse, das ist es offenbar, was im "gesäuberten" Tempel der Kunst wiedererrichtet werden soll.

Enthüllung der Allegorie

Die wichtigste weibliche Allegorie des Faschismus ist die des "Sieges". Die Skulptur des "Nationalsozialismus" knüpft damit an eine lange Tradition an. "Viktoria" ist aus der Denkmalsplastik des 19. Jahrhunderts nicht wegzudenken. Sie hatte eine Funktion für die Selbstunterstellung der preußischen Männer unter den Staat, für den sie notfalls auch in den Tod zu gehen bereit sein sollten. Das Bild des Weiblichen fungierte als Bild einer "imaginären Gemeinschaftlichkeit". Es verwies auf Mutter und Braut und war zugleich als versteinerter Idealkörper entrückt, transformiert zu etwas Unzugänglichem. Die Allegorie als in Marmor gehauene Weiblichkeit ist zugleich anziehend und abstoßend, begehrte und unnahbare "Ideal-Mutter". Das Begehren wird in ein "Jenseits" verschoben und scheint nur über den Tod des "Männlichen" erreichbar (vgl. Wenk 1986).

Diese Tradition wird in der Skulptur des "Nationalsozialismus" aufgenommen, aber auch gebrochen. Die Viktoria des 19. Jahrhunderts war bekleidet, wie überhaupt fast alle weiblichen Allegorien dieser Zeit. Die Allegorie des "Sieges" im Faschismus wird als Nackte, als Entkleidete vorgestellt. Damit nimmt die NS-Skulptur auch eine andere Traditionslinie der öffentlichen Skulptur auf: den weiblichen Akt, wie er etwa seit 1900 zunehmend auf öffentliche Plätze gestellt wurde (vgl. Wenk 1987). Die in Stein gehauenen Bilder des nackten Weiblichen haben keine Attribute und keine Bezeichnungen, die sie unmittelbar mit dem Staat in Verbindung setzen. Aber die historische Durchsetzung der Darstellung der nackten Frau in der öffentlichen Skulptur und die Bedeutungszusammenhänge, in denen die öffentliche weibliche Aktskulptur zunächst auftaucht, läßt erschließen, daß es sich dabei auch immer um den Mutter-Körper handelt. Dieser wird präsentiert in einer Weise, die den Schutz des Mannes, die Verantwortung der Männer assoziieren läßt. Die Bilder des nackten Weiblichen in der Aktskulptur sind als Bilder für die männliche Leistung zu lesen, die Reproduktion der Gattung und der Natur zu sichern, und verbinden sich mit vielfältigen Strategien der Bevölkerungspolitik, dem Aufstieg des "Sozialen". Die weiblichen Aktskulpturen können als Allegorien des "Lebens", zugespitzter noch als Allegorien des Sozialstaates begriffen werden (Wenk 1987). Die öffentliche Skulptur im Nationalsozialismus kann auch auf diesen Typus zurückgreifen. Sieg und Fortpflanzung des "deutschen Volkes" werden so miteinander verknüpft.

Die weiblichen Aktskulpturen des deutschen Faschismus unterscheiden sich jedoch auch auf markante Wei-

Abb. 2: Josef Thorak, Figurengruppe zur Bekrönung des Märzfeldes in Nürnberg

se von ihren Vorläuferinnen aus der Zeit vor 1933: Sie sind aufgerichtet, häufig stehen sie, und ihr Körper wird offen präsentiert.

Die früheren öffentlichen Aktskulpturen liegen oder hocken, nur in seltenen Fällen stehen sie. Ihr Kopf ist häufig gesenkt, oder, wenn sie in aufrechter Haltung vorgestellt werden, zur Seite gewandt. Häufig bedecken sie "schamvoll" ihre Brüste. Anders die allegorischen weiblichen Akte von Thorak, Schmid-Ehmen, Breker oder auch von Klimsch, wie sie für die Staatsarchitektur des "Nationalsozialismus" vorgesehen waren: Ihr Körper wird als "ganzer" präsentiert, geöffnet, mit markiertem Schamdreieck und vor allem immer wieder betonten, geradezu erigierten Brüsten.

Die weibliche Allegorie der NS-Skulptur verdeckt, umhüllt weibliche Körperlichkeit und Zeichen ihrer Sexualität *nicht*, sondern verspricht, sie "ganz" zu zeigen. Sie mobilisiert die Lust am Schauen - und gibt zugleich vor, sie voll zu befriedigen. Es scheint kein Verbot, gegen das man sich durchsetzen muß, und kein Geheimnis mehr zu geben. Kein Blick durchs Schlüsselloch ist mehr vonnöten.

Die weiblichen Aktskulpturen präsentieren sich, und sie zeigen zugleich, daß sie sich zeigen. Nicht nur die Einheitlichkeit der Ausrichtung der sekundären Geschlechtsmerkmale auf den Betrachter hin ist von Interesse, sondern auch die Art und Weise, wie diese nochmals markiert werden. Brekers "Schreitende" im "Runden Saal" der Reichskanzlei (Abbildung 3) zeigt ebenso wie Klimschs stehender weiblicher Akt im Reichsministerium für Volksaufklärung und Propaganda (Abbildung 4) noch den Vorgang der Enthüllung: das Tuch, das sie vom Leib genommen hat, umrahmt ihren Schoß. "Psyche" von Breker faßt mit offener Armhaltung ihren Schoß ein. Thoraks Akte heben durch verschiedenste Armbewegungen ihre Brüste hervor, so auch die Allegorie des Sieges, die über den männlichen Aktskulpturen auf dem Märzfeld angeordnet sein sollte. Sie zeigt ihren Körper unverdeckt und frontal.

Die weibliche Allegorie wird insofern sexualisiert, als die "ganze Wahrheit" versprochen wird, jedes Tabu und jedes Verbot aufgehoben scheint. Das macht den "prostitutiven Charakter" aus, von dem in der Literatur immer wieder die Rede ist (vgl. Hinz 1974, 87; Wolbert 1982, 42 u.a.). Zu präzisieren wäre allerdings, daß das Prostitutive hier nicht als tabuisierte Form der Sexualität präsentiert wird, sondern eher als öffentliche, staatlich garantierte Form. Jeder kann potentiell an ihr teilhaben. Der Staat präsentiert sich im Bild des Weiblichen, das jedem versprochen wird - unter der Voraussetzung, er unterstellt sich dem Staat, wie die organisierte Masse im Reichsparteitagsgelände vor der Führer-Tribüne, über der die Allegorie des Sieges schweben sollte.

Diese Voraussetzung scheint in Thoraks Figurengruppe für das Märzfeld durch die Anordnung der männlichen Aktskulpturen unterstrichen. Sie präsentieren sich frontal und standhaft, mit Schild und Schwert, neben der höhergestellten weiblichen Allegorie ebenfalls als ganze Körper. Von ihnen kann der Blick zur weiblichen Allegorie gehen.

Der weibliche Körper ist in zweifacher Hinsicht aufgerichtet: die Frau im Bild des Sieges hat sich aufgerichtet, und sie bietet sich dem männlichen Gegenüber als klare Spiegelungsfläche dar. Der Mann kann sich ihr gegenüber aufrichten und sich darin selbst als Ganzes imaginieren, dem keine Gefahr zu drohen scheint.

Das Bild des ganzen Weiblichen: Ausblick in den Tod

An der Allegorie des Sieges von Thorak können wir verfolgen, wie das Bild des nackten weiblichen Körpers in Blick *über den Körper hinaus leitet*. Es geschieht hier

Abb. 3: Arno Breker, Schreitende, 1940, Figur für den Runden Raum der Neuen Reichskanzlei

Abb. 4: Fritz Klimsch, Weiblicher Akt, 1939, Figur für das Treppenhaus des Reichsministeriums für Volksaufklärung und Propaganda

etwas, was sich auch an anderen Skulpturen verfolgen ließe, hier aber besonders konzentriert und verdichtet erscheint. Verschiedene Gestaltungselemente sind hier gebündelt.

Die Gesamtgruppe der männlichen und weiblichen Aktskulpturen ist in der Form einer Pyramide aufgebaut. Vergleichbares finden wir bei den beiden Gruppen "Familie" und "Kameradschaft" vorm Deutschen Haus in Paris. Die Pyramide ist ein Monument des Toten- und Ahnenkultes, eine Form, in der Staatsmacht sakralisiert wurde. Die weibliche Allegorie bildet in dieser Anordnung die Spitze.

Die Bewegung der weiblichen Figur ist eine, die sie entrückt. Das Bild des Weiblichen wird präsentiert *und* entschwebt zugleich - und bleibt als Entschwebendes doch auch fest: als Monument, das alles überdauern kann.

Über ihrem klar gegliederten, fast symmetrisch gebauten Körper hält die Siegesallegorie einen Lorbeerkranz, nicht einen Zweig, sondern einen Kranz, also eine ebenfalls geschlossene Form, die die Form des Körpers zu wiederholen scheint. Der Blick wird nicht nur durch ihre Bewegung des Entschwebens, sondern auch durch diesen (versprochenen) Kranz an ihrem Körper hinaufge-

führt und endet im Blick durch den Kranz. Er kann Sieges-, aber auch Totenkranz sein.

Der Blick auf den nackten ganzen weiblichen Körper wird damit zum Blick auf ein Jenseits gemacht. Auch hier scheint jede Gefahr, jede Drohung der Auflösung des "Ganzen" gebannt. Der weibliche Körper wird aufgerichtet, überhöht, sein Bild entrückt - und damit wird auch der Blick auf das Bild des Begehrens verschoben - in ein Jenseits, in dem der Tod zum (imaginären) Sieg wird.

Ein solches Bild des "Weiblichen" war es offenbar, was die NS-Kunstkritik gerade in Zeiten des Krieges neben der Darstellung "heroischer" Männer für unentbehrlich hielt (so z. B. Rittich 1943, 99 ff.). K. L. Tank weiß in seiner Besprechung von Klimschs Skulpturen von einem persönlichen Erlebnis an der Front 1939 zu berichten: "Monatelang hatten wir keinen Zivilisten, kein weibliches Wesen gesehen." Es war eine Zeit der Ruhe, des Wartens auf die nächsten Angriffe. "Wir überlegten, wie die Frauen in dieser Zeit (...) wohl aussehen würden. Aber kein Bild stand uns bei den nächtlichen Wachen, beim Stollenbau und Kabellegen vor den Augen." (1942, 47) Diesem Mangel an konkreten Bildern sollte *ein* Bild abhelfen: in der Sonntagsbeilage einer Berliner Tageszeitung erschien eine Reproduktion von Klimschs "Maja"[2] (Abbildung 5). Die meisten seiner Kameraden "verstanden sofort, daß hier nicht nur der unendliche Zauber weiblicher Anmut und Ruhe wiedergegeben war, die wir entbehrten, sondern weit mehr: diese Frauengestalt war uns Sinnbild all der *wartenden zuversichtlich-ernsten deutschen Frauen* daheim. Ein magischer Zauber ging von der (...) Wiedergabe aus. Das Bild prägte sich ein (...) Täglich stand es uns mit der gleichen eindringlichen Gewalt vor unseren Augen, ein *Sinnbild des Krieges,* obgleich nicht das Männlich-Kämpferische, sondern das Bewahrend-Frauliche den Schicksalsernst der Zeit und die *deutsche Siegeszuversicht* wiedergab." (Ebd., Hervorh. d. d. Verf.)

Auch eine weibliche Aktskulptur, die nicht allegorisch ausgezeichnet ist, sollte offenbar als Bild von Krieg und Sieg fungieren. Der "Sieg" kann allerdings letzten Endes nur der Sieg der Gattung, der "Rasse" und des Staates sein. Dieser soll das Individuum überleben.

Das Bild des weiblichen aufgerichteten Körpers, der "alles verspricht" - ohne Gefahr -, überführt den Blick auf sich in den "Ausblick" auf den Tod. Daß dieser Tod mit dem Sieg, dem Überleben des anderen "Ganzen", dem faschistischen Staat verknüpft ist, daran erinnerte die weibliche Allegorie des Sieges auf dem Märzfeld: Sie entschwebt, entrückt den Blick und ist zugleich ewig, weil aus Stein.

Abb. 5: Fritz Klimsch, Maja, 1939 (Teilansicht)

Anmerkungen:

* Gekürzte Fassung des Artikels "Aufgerichtete weibliche Körper. Zur allegorischen "Skulptur im deutschen Faschismus", erschienen in: Neue Gesellschaft für bildende Kunst (Hg.): Inszenierung der Macht. Ästhetische Faszination im Faschismus, Berlin 1987.
1. Zur Kampagne gegen "Entartete Kunst" und ihren Mechanismen, der "organisierten Faszination" der Bilder vom "zerstückelten Körper" vgl. den ungekürzten Beitrag im Katalog "Inszenierung der Macht" ebd.
2. Die "Bild-Beschaffung" für die Soldaten an der Front war offenbar eine zentrale kulturpolitische Aufgabe. In der kleinformatigen "Wehrmachtsausgabe" der Zeitschrift "Kunst dem Volke" (passend für den Tornister) mangelt es nicht an weiblichen Akten aus Skulptur und Malerei.

Literatur:

Adolf Dresler: Deutsche Kunst und entartete "Kunst". Kunstwerk und Zerrbild der Weltanschauung. München 1938.

Karin Förster: Staatsaufträge für das Reichsparteitagsgelände in Nürnberg. In: Magdalena Bushart u. a. (Hg.): Entmachtung der Kunst. Architektur, Bildhauerei und ihre Institutionalisierung 1920 bis 1960. Berlin 1985, S. 156 - 182.

Berthold Hinz: Die Malerei im deutschen Faschismus. Kunst und Konterrevolution. München/Wien 1974.

Werner Rittich: Das Lyrische in der Plastik. Zu einigen zeitgenössischen Bildhauerwerken. In: "Die Kunst im Deutschen Reich", Jg. 7. Folge 4/5, April/Mai 1943, S. 99 -107.

Sigrid Schade: Der Mythos des "Ganzen Körpers". Das Fragmentarische in der Kunst des 20. Jahrhunderts und die Dekonstruktion bürgerlicher Totalitätskonzepte. In: Ilsebill Barta u. a. (Hg.): Frauen-Bilder, Männer-Mythen. Kunsthistorische Beiträge. Berlin 1987, S. 239 - 260.

Kurt Lothar Tank: Deutsche Plastik unserer Zeit. München 1942.

Frank Wagner: Staatliche Repräsentation auf der Pariser Weltausstellung 1937. Ein Vergleich des deutschen Pavillons mit denen der UdSSR und der Republik Spanien unter besonderer Berücksichtigung der Skulptur und ihrer Einbindung in das architektonische Ensemble. Magisterarbeit FU Berlin 1986.

Silke Wenk: Warum ist die (Kriegs-)Kunst weiblich? Frauenbilder in der Plastik auf öffentlichen Plätzen in Berlin. In: "Kunst + Unterricht", H. 101, April 1986, S. 7 - 14.

Silke Wenk: Der öffentliche weibliche Akt: Eine Allegorie des Sozialstaates. In: Ilsebill Barta u. a. (Hg.): Frauen-Bilder, Männer-Mythen. Kunsthistorische Beiträge. Berlin 1987, S. 217 - 238.

Wolfgang Willrich: Säuberung des Kunsttempels. Eine kunstpolitische Kampfschrift zur Gesundung deutscher Kunst im Geiste nordischer Art. München/Berlin 1937.

Klaus Wolbert: Die Nackten und die Toten des "Dritten Reiches". Folgen einer politischen Geschichte des Körpers in der Plastik des deutschen Faschismus. Gießen 1982.

Fritz Klimsch bei der Arbeit an den Marmorfiguren für das Treppenhaus des Reichsministeriums für Volksaufklärung und Propaganda

Klaus Wolbert

Die figurative NS-Plastik*

Unter den Bildenden Künsten im Dritten Reich nimmt die Plastik eine besonders exponierte Stelle ein: Ihr wurde nicht nur von den Kunstideologen der NS-Zeit selbst der höchste Rang als politischer Sinnträger zuerkannt, - die Malerei fiel in der Bewertung dagegen mehr und mehr zurück -, auch die kritische Nachwelt wollte und will in den Plastiken eines Breker, Thorak, Wamper, und wie die Bildhauer alle heißen mögen, die typischen Merkmale von totalitären und geschichtlich singulären Kunstschöpfungen erkennen, d. h. von Kunst war in diesem Zusammenhang nicht die Rede: Faschistische Plastik ist Unkunst, so wurde in der Regel konstatiert. Meist glaubte man, mit dieser Feststellung auch das kritische Geschäft erledigt zu haben.
1. War die faschistische Plastik alles andere als einzigartig, sie setzte eine beschreibbare Tradition der Bildhauerei fort, eine Traditionslinie, die noch heute weiterbesteht. Diese Art der Bildhauerei erscheint heute den meisten so unverdächtig, daß selbst authentische NS-Plastiken im öffentlichen Raum aufgestellt werden können - unbeanstandet, wie z. B. in Bitburg.
2. Die faschistische Plastik ist selbstverständlich Kunst, eben Kunst im Dritten Reich. Nur von einem extrem metaphysisch überhöhten und zeitlos verabsolutierten Kunstbegriff aus ist das zu bezweifeln. Diesen metaphysischen Kunstbegriff haben aber auch die Nazis schon verteidigt gegen die "bolschewistische Gossen- und Asphaltkunst" der 20er Jahre.

In vielen Kritiken der NS-Plastik werden als Merkmale der "Unkunst" folgende Kennzeichen genannt: der Gigantismus, Pathos, aggressives Imponiergehabe der Figuren, muskelstarrende Körperlichkeit etc. Doch wollte man allein an diesen Kennzeichen "Unkunst" erkennen, man müßte zahllosen Werken der Bildhauerei von der Antike bis zur Gegenwart dasselbe Etikett ankleben.

Breker wird heute nicht müde, mit entsprechenden Beispielen von sakrosankten Werken der Kunstgeschichte dies zu belegen. Wenn er nicht überhaupt zeigen will, daß seine im politischen Auftrag entstandenen Werke nichts anderes seien als harmlose "Genremotive", der Alltagserfahrung entnommen. Überhaupt - so Breker, der erste Staatsbildhauer des Dritten Reiches - arbeite er doch heute noch ebenso wie vor 45 Jahren an der Verkündung der Schönheit des menschlichen Körpers, und was heute nicht beanstandet werde, das könne auch damals nicht negativ gewesen sein. Und dementsprechend verkauft er heute neben seinen neueren Produktionen auch Arbeiten aus der Zeit des Nationalsozialismus im Kleinformat. Damit - so meint er - sei der Beweis erbracht, daß seine NS-Arbeiten nicht im mindesten von den politisch-ideologischen Implikaten jener Zeit geprägt seien. Er habe nichts anderes als schöne, gut gebaute Menschengestalten geschaffen im Geiste der Antike. So nennt er die Werke, die er als hochdotierter Staatsbildhauer des Dritten Reiches in unleugbar machtpolitischem Auftrag hergestellt hatte, die Werke seiner "klassischen Periode".

Wenn nun bei Breker wie bei den sonstigen NS-Bildhauern - trotz des bemühten Anspruchs - auch nicht entfernt von Klassizität im Sinne der idealistischen Kunsttheorie geredet werden kann, so ist zumindest ein charakteristisches Moment der NS-Plastik hier angegeben; wenn man so will, das einzige, dem so etwas wie geschichtliche Einzigartigkeit zugesprochen werden kann: die NS-Bildhauer produzierten - sieht man von Adlern, Löwen oder Pferden einmal ab - so ziemlich ausschließlich Gestalten nackter Frauen und Männer. Wo man im Dritten Reich auch hinblickte, alle für staatlich repräsentative Zwecke gebauten oder projektierten architektonischen Anlagen waren besetzt von nackten Gestalten; auf Plätzen, Brunnen, Ehrentribünen, Monumenten oder Staatsgebäuden standen - meist in Bronze gegossen, weniger häufig in Stein gehauen - Akte in meist beachtlicher Größe.

Nun ist dies für sich genommen noch nichts Ungewöhnliches; menschliche Aktfiguren waren schon stets ein Standardthema der Bildhauerei von der Antike an. Dennoch - in dieser Ausschließlichkeit, mit der im Dritten Reich die nackte Gestalt favorisiert wurde, gab es dies noch nie, auch in der Antike nicht. Kein Staat hatte jemals mit einer solch manischen Einseitigkeit versucht, alle seine politisch programmatischen Botschaften allein über die Sprache des Körpers zu verkünden. Dies war in der Tat ein Spezifikum der Kunstproduktion im Dritten Reich, das ist in jeder Hinsicht historisch einzigartig, womit der Bildhauerei im Nationalsozialismus wenigstens eine epochale Besonderheit zugesprochen wäre.

Arno Breker: Bereitschaft (1939)

Die Ausschließlichkeit, mit der das "nackte Ideal" des menschlichen Körpers - wie es hieß - Aufstellung in der öffentlichen Sphäre des Dritten Reiches fand, ging sogar soweit, daß man vergebens nach Bildwerken von konkret benennbaren Personen sucht. Selbst Hitler legte offenbar keinen Wert darauf, in aller Öffentlichkeit, in Bronze nachgebildet, aufgestellt zu werden, es gab kein Hitlerdenkmal und es war auch nie eines geplant. Für Mussolini allerdings sollte in Berlin ein Monument errichtet werden, doch für die Bekrönung war die elf Meter hohe Figur "Bereitschaft" von Arno Breker vorgesehen. Diese Plastik, welche zusammen mit den sogenannten "Kameraden" von Josef Thorak als die typischen NS-Plastiken vorgestellt werden, repräsentieren doch eher den Ausnahmefall innerhalb des nationalsozialistischen Figurenprogramms: Dieser gespannt aggressive und unmittelbar auf ein als Gegner anvisiertes Gegenüber gerichtete Ausdruck ist nicht die Regel. Viel häufiger sieht man selbstherrlich aufgerichtete, unnahbare Geschöpfe, die nichts anderes vorweisen als die aufgeladene Pracht ihrer Leiber; die Präsentation der "verklärten Physis" in göttergleicher Nobilität war die eigentliche Absicht.

Zumindest als Tendenz ist dies ablesbar, zumal bei den Arbeiten Brekers: Die früheren wenden sich noch unmittelbar einem - wenn auch imaginären - Gegner in bedrohlicher Haltung zu, später wird das elitäre und unbeeindruckt souveräne Element in den Haltungen der Figuren immer stärker betont. Besonders bei Frauenfiguren ist diese betonte Körperpräsentation auffällig, bei ihnen ist der prostituierende Ausdruck zunächst deutlicher, läßt er sich doch auch unschwer mit der tatsächlichen biologistischen Auffassung von der Frau im Dritten Reich, von ihrer Rolle als Objekt des Mannes her verstehen.

Doch auf wessen Sinnlichkeit sind die Männerfiguren ausgerichtet? Frauen kommen als Empfängerinnen dieser körperästhetischen Botschaften wohl kaum in Frage, ihre Rolle als willenloses Sexualobjekt des Mannes war festgelegt, und ein zweiseitig bestimmtes Geschlechterverhältnis gab es in der Sexualideologie der Nazis nicht. Kein Zweifel, diese männlichen Körper sollten die Sinnlichkeit von Männern affizieren, sie waren Ausdruck einer männlichen Erotik, sie wendeten sich an die Selbstliebe des Mannes. Doch das narzißtische Lustversprechen, das über diese Körperästhetik verkündet wurde, war nicht einlösbar, für keinen irdischen Menschen.

Denn hier präsentierten sich Mitglieder eines göttlichen Geschlechts, ein neuer Olymp war im Dritten Reich gegründet worden. Womit eine weitere Merkwürdigkeit der NS-Kunstprogrammatik angesprochen ist: Die antiken Götter kehrten zurück! Titanen, Nymphen, Musen usw. bevölkerten in erheblicher Anzahl die Repräsentationssphäre des NS-Staates: vor allem Dionysos und Prometheus erlebten eine ungeahnte Wiedergeburt. Aber auch jene Gestalten, welche nicht unmittelbar durch einen antiken Götternamen kenntlich gemacht wurden, zeigen in ihrer Erscheinungsweise, daß sie eine unübersehbare Familienähnlichkeit mit olympischen Wesen aufweisen sollen. Wenigstens meinten dies die nationalsozialistischen Kunstdeuter; immer wieder wurde die "klare, klassische Formauffassung" der NS-Bildhauerei hervorgehoben.

Kein Zweifel, hier sollte eine mythische Welt etabliert werden, eine Welt "ewiger Formen", wie es hieß. Zur Gestaltung dieser ewigen und kritikenthobenen Sphäre bemächtigte man sich der antiken Muster, denn diese garantierten - kraft ihrer rezeptionsgeschichtlich gewordenen ästhetischen Geltung - zeitlose Dignität.

Daß die NS-Bildhauer das klassische Ideal in Form und Inhalt total verfehlten, liegt jedoch auf der Hand: ihr prätentiöser, hochfahrender Anspruch war nicht zu vermitteln mit der ausbalancierten Harmonie des authentischen klassischen Körperideals, die inhumane Überheblichkeit ihres Menschenideals hatte nichts gemeinsam mit dem humanistischen Konzept jenes Menschenbildes, das gemäß der idealistischen Ästhetik Winckelmanns in klassischen Statuen zur Anschauung kommen sollte. Die NS-Theoretiker lagen daher völlig falsch, wenn sie propagierten, daß in ihrer Zeit "die ewigen Formen der Kunst wieder nahe und das Griechentum in jener höchsten Reinheit der perikleischen Zeit, nicht unerreichbares Vorbild, sondern lebendige Wirklichkeit" sei (Wilfried Bade 1942).

Das demonstrative "Pathos der Distanz", mit dem die NS-Kunstfiguren in Szene gesetzt wurden, sollte nichts anderes bewirken als die Etablierung einer idealen Metasphäre des Staates, einer unvergänglichen Wertsphäre, die der realen Welt weit enthoben war.

Das Erstaunliche aber ist dabei zusätzlich, daß diese mediterrane Götterwelt inmitten einer von Nordlandsehnsüchten, Germanenbegeisterung und nach Walhall orientierten Gesellschaft auftauchen konnte.

Wo blieben da Wotan und Thor, Freia und Fricka? Sie hatten merkwürdigerweise im germanischen Reich der Nationalsozialisten keine künstlerische Berücksichtigung gefunden, als Repräsentanten des arischen Rasseadels waren sie wohl ungeeignet.

Dieses Defizit bemerkten freilich auch schon die "Alten Kämpfer" der NSDAP. Die Bevorzugung der antiken Götter blieb nicht unwidersprochen, dies belegt eine heftige innerparteiliche Kontroverse um das eigentlich wesenhafte germanische Kunst- und Körperideal.

Die gestandenen Vertreter einer "wurzelechten" deutschen Kultur, welche aus Völkerwanderung und Romantik (Naumburg) ihre Vorbilder bezogen, widersetzten sich der antikisierenden Tendenz, sie wollten eine "völkische Kultur" mit Fachwerk, Haustein und Holzschnitzkunst. Wären sie zum Zuge gekommen, so hätte es im Dritten Reich im Bereich der Bildkunst ein alldeutsches Oberammergau gegeben. Wichtig aber ist, daß

Josef Thorak: Prometheus (1943)

die Vertreter einer ur- und wesenhaften deutschen Kultur in der NSDAP zunächst durchaus in der Mehrzahl waren.

Als renommierter Anwalt des deutsch-faustischen Wesens wie als Ankläger gegen die antike Norm des nackten Ideals trat vor allem Oswald Spengler in die Schranken. Im "Untergang des Abendlandes" meinte er, daß der "antike Hang, den Leib allein reden zu lassen, ... durchaus nicht aus einem Überschwang der Rasse" folge. Der "ausschließlichen Darstellung des nackten Leibes" maß er ebenso wie dem "Peripteros kein Innen, das heißt keine 'Seele' " zu ... Im vollendeten Sein des freistehenden nackten Körpers wird das Tiefenerlebnis abgeschnitten. Dies aber war nach Spengler das Entscheidende für den abendländischen Menschen, für den "faustischen Menschen", dem "das Portrait die eigentlichste und einzig erschöpfende Ausdruck seines Lebensgefühls" sei. Demnach entbehre es auch der Wahrheit, "daß (die) Sprache der Außenfläche die vollkommenste, natürlichste oder auch nur nächstliegende der Menschendarstellung sei. Das Gegenteil ist der Fall. ... Für gotische Bildwerke... kommt die Sprache der Muskeln nirgends in Frage." Im "Widerstreit dieser Formideale" offenbart sich nach Spengler "der volle Gegensatz zweier Welten". Dies war in der Tat so; für die völkisch-germanophil eingestellte Massenbasis der NSDAP waren die Traditionen der Antike ein Gegenpol zur eigenen Kulturtradition, trotz der rassenideologisch gezogenen Querverbindung.

Für Rosenberg war zwar die "griechische Schönheit" genuin nordisch, aber dennoch "Zeugnis einer abgeschlossenen Eigengesittung". Die "äußere Schönheit (war) ... nie der Höchstwert des nordisch-abendländischen Wesens gewesen".

Daß gegen die Auffassungen der Mehrheit schließlich dennoch die an klassischen Mustern orientierten Körperideale an die höchste Stelle der Staatsrepräsentation rückten, ist ein Sachverhalt, der mit Sicherheit nicht allein kunstimmanent zu begreifen ist.

Die Inthronisierung des "Klassischen" als NS-Kunstprinzip muß als Ausdruck der Absetzung der Parteielite von der NS-Massenbasis gewertet werden. Das heißt mit anderen Worten: Nach 1933 kamen völlig andere politische und ökonomische Zielsetzungen zur Geltung als die "alten Kämpfer" in Anbetracht des ursprünglichen Parteiprogramms der NSDAP angenommen hatten. Die - im Selbstverständnis der NS-Kunstinterpreten - antikisch zugerüstete nackte Gestalt brachte durch ihre Dominanz dies zum Ausdruck. Ergebnis dieser Absetzung ist auch der uneinheitliche Stilcharakter der Kunst im Dritten Reich: Die Kunstszene im Dritten Reich ist charakterisiert durch einen hierarchischen Aufbau ihrer Formprinzipien, wobei am unteren Ende der Skala völkische Regionalstile deutscher Tradition sich noch behaupten können, während ganz oben in der Sphäre der Staatsrepräsentation etwas ganz anderes - Antivölkisches - hervortritt: ein klassisch-imperialer Hoheitsstil. Diese Differenz zwischen z. B. einer Jugendherberge oder einer Ordensburg, einer (im Bereich der Plastik) holzgeschnitzten Bauernfigur in altdeutscher Manier und den Berliner Triumphalbauten und -Plastiken ist nicht einfach zufällig. Sie demonstriert die Dominanz einer staatlichen Übermacht über den Bereich des Volkes. Eine verselbständigte staatliche Übermacht, die - nachdem sie einmal etabliert war - keiner plebiszitären Zustimmung mehr bedurfte, die keine Loyalität im Volk mehr propagandistisch zu erzeugen brauchte.

Die NS-Plastik war im Kern keine Propagandaplastik - wenn dies auch oft so behauptet wird: Sie war in Gehalt und Funktion eine Repräsentationsplastik, sie war der ästhetische Ausdruck eines absoluten Staates, der seine Zwecke unabhängig auch von den Interessen derjenigen durchsetzte, die ihn durch ihre Wahlstimmen ermöglicht hatten.

Der Staat und die Partei des deutschen Faschismus drückten ihre Hoheit durch einen Formenapparat aus, dessen Distanz zum Volk beabsichtigt war und der sich durch betonte Differenz zu völkisch regionalen Heimatstilen auszeichnete.

Die repräsentative Architektur und Plastik sollten ihre Geltung aus überzeitlichen und objektivierten Wertsetzungen beziehen, plebiszitärer Beifall war für einen solch unbedingten Hoheitsanspruch entbehrlich. Der deutsche Faschismus wollte auch in seiner künstlerischen Symbolik nicht auf die propagandistische Erzeugung von Loyalität setzen. Mit der These, daß die NS-Gestalten in der Plastik nicht vorrangig propagandistisch konzipiert waren, deute ich freilich nur auf den politisch-ästhetischen Gehalt dieser Körperideale. Keine Frage ist, daß diese Plastiken in ihrer Zeit von vielen begeistert aufgenommen wurden. Man sah in ihnen tatsächlich Erscheinungen aus einer höheren Sphäre, ausgezeichnet mit höchstem Rassenadel und überwirklicher Schönheit.

Schönheit und Rassenadel waren schließlich auch die Klammern, die das antike Ideal mit dem germanischen Rassen-Hochbild verbanden; hilfreich war dabei jene schon im 19. Jahrhundert konstruierte innere Verwandtschaft der alten Hellenen mit den Nordgermanen. Man imaginierte sich ein graeco-germanisches Idealbild.

Ein Idealbild oder Schönheitshochbild, das in der Geschichte der Rassenlehre eine mehr und mehr übersteigerte, lebensferne Rolle übertragen bekam.

Der Zugang aber zum verborgenen Gehalt der in den Plastiken erscheinenden Körperideale erschließt sich über die zentrale Bestimmung der körperlichen Qualität in der Kunst wie in der Vorstellungswelt des deutschen Faschismus. Diese Bestimmung heißt "Schönheit".

Schönheit war zunächst vor allem der Ausweis der Ungleichheit der Menschen. Sie wurde gegen die "Lehre vom demokratischen ... 'Menschenrecht' ", mit der "sich

Arno Breker: Der Herold (1942)

die europäische Gesellschaft geradezu als Hüterin des Minderwertigen, Kranken, Verkrüppelten, Verbrecherischen und Verfaulten 'entwickelt' " hatte, wie Rosenberg dies interpretierte, polemisch angeführt. Mit aufgespieltem missionarischem Eifer kämpften die Propagandisten des Faschismus gegen die "Häßlichkeit" der Zustände in der Weimarer Republik und deuteten einer mehr und mehr gläubigen Anhängerschaft die "aufkommende Flut des Untermenschen" nicht zuletzt als eine Bedrohung der unveräußerlichen Gesetze des Schönen. Häßlichkeit war in den Behauptungstheorien der radikalisierten Bürgerschichten das Stigma all ihrer Gegenbilder: häßlich war die soziale und politische Realität der Demokratie, häßlich waren die Großstädte, häßlich war aber vor allem der von ihnen als "Untermensch" geschmähte Proletarier. Dieser und die Juden, sie wurden zusammen als die "Drohung" des "Urbösen" angeprangert. So zielsicher die NS-Ideologen ihre häßliche Gegenwelt auch darstellen konnten, mit dem Vorweisen des idealen Schönheits- und Rassenhochbildes in der Wirklichkeit taten sie sich schwer. In idealer Form war es überhaupt nicht zu finden, am wenigsten konnten ja die NS-Parteigrößen selbst als Musterbilder vorgezeigt werden.

Denn das Schönheitsideal, dem allein Geltung zugesprochen worden war, konnte in der Wirklichkeit nicht angetroffen werden. Es war "die unbewußte Sehnsucht aller Schauenden, die einmal einen Adel der Menschheit in der Wirklichkeit finden wollen," was nichts anderes hieß, als daß es diesen Idealtypus erst noch zu verwirklichen galt. Die Forderung wurde immer wieder gestellt: "Solch ein Geschlecht zu wollen, zu schaffen und aufzurufen - das sei das Bestreben, das ist die Aufgabe, die uns gestellt ist zu eigenem Adel."

So der Rassentheoretiker Hans F. K. Guenther, der daraus den Gedanken der Zucht des "Auslesevorbildes" entwickelte. Durch Verdrängungskreuzungen, so Walter Darré, wollte man, ähnlich wie beim Auerochsen, das rassenreine Urbild des Ariers rekonstruieren, ein "Zuchtziel", das in weiter Ferne lag.

Bis dahin aber war das Ideal allein in der Kunst zur Anschauung zu bringen, d. h. vor allem in der Plastik. Der Plastik kam im Dritten Reich die Aufgabe zu, die höchste Schönheit und das Ideal eines edlen Menschen stellvertretend für dessen Ausbleiben in der Wirklichkeit zu vergegenwärtigen.

Dies aber führt zu einer weiteren Konsequenz: Nach der strikten Auffassung der NS-Rassentheoretiker war nur der makellos schöne Mensch lebenswert, allein Schönheit adelte den Menschen und immunisierte ihn. Daher auch der auffällige Hang von reaktionären Sozial- und Kulturkritikern, ihre Gegner vor allem ästhetisch zu disqualifizieren, sie als auszurottendes Ungeziefer darzustellen.

So forderte auch Konrad Lorenz 1943 eine "bewußte, wissenschaftlich unterbaute Rassenpolitik", um die Aus-

Arno Breker: Flora (1943)

breitung der Minderwertigen - die "Ausfalltypen innerhalb der modernen Großstadtbevölkerung" - zu verhindern. Denn es führt nach seiner Überzeugung die beträchtliche "Verbreitung von Ausfalltypen innerhalb moderner Großstadtbevölkerungen nur allzuleicht zum Falle der in der Minderheit befindlichen Vollwertigen!" Das ästhetische Urteil aber hat die Funktion, "zwischen Gut und Böse, gesund und krank zu entscheiden". Das gesellschaftlich Kranke aber müsse wie eine Krebsgeschwulst zu entfernen sein.

Wenn aber allein Schönheit zum Überleben berechtigt, Unvollkommenes oder gar Häßliches beseitigt werden darf - wie steht es dann mit der Gesamtheit der Menschen - deutschen und nichtdeutschen?

Denn der "ideale Soll-Typus" wird - nach Auffassung von Lorenz - von keinem "Artgenossen" voll verkörpert. Auch Lorenz konnte in seinem Aufsatz keinen lebenden Menschen als Schönheitsvorbild abbilden, er illustrierte seine Vorstellung mit einem Photo des "Dionysos" von Arno Breker.

Also konnte nur in der figürlichen Plastik der ideale "Soll-Typus" gezeigt werden, der wirkliche Mensch war von vornherein hinfällig. Die Plastik verkörperte das unvergängliche Ideal!

Demgemäß konnten die nackten Figuren auch die Toten als Denkmal vertreten, sie sollten über den Gräbern die Existenz eines unbesiegbaren Übermenschen dokumentieren.

Das Insistieren auf dem "Ewigkeitswert" der "Schönheit", die anschaulich in der nackten menschlichen Figur der Plastik als Imago idealer Vollkommenheit von Geist und Gestalt aufleuchtete, bestimmte die Äußerungen zur Ästhetik im deutschen Faschismus einhellig. Kein Zweifel sollte bleiben, daß die "Schönheit in ihrer ersehnten Vollendung ... sich von Vervollkommnung zu Vervollkommnung dem Gleichnis der Unsterblichkeit, der Ewigkeit" nähere, und daß der "letzte Sinn aller Schönheit ... die Überwindung der Vergänglichkeit" sei. Dem Künstler war die Aufgabe des Schöpfers übertragen, er sollte das in der Realität niemals in idealer Vollkommenheit mögliche Bild des Menschen in der nackten Schönheit antizipierend gestalten: er war dazu bestimmt, gleich "Pygmalion" ein "an Seele, Geist und Körper vollendetes Geschöpf den Göttern abzuringen" (Hans Bodenstedt).

"Menschen sterben, Werke bestehen", meinte Wilfried Bade 1942 ausdrücklich in bezug auf die Plastik im Dritten Reich und fügte hinzu: "Daher erfüllt auch unsere Künstler das Streben nach dem Allgemeingültigen und somit Dauerhaften. Auch unser Tun will Ewigkeit - wie dieses Wollen Kennzeichen jeder göttlichen Schöpfung ist. Der einzelne Mensch ist seinem Schicksal und seiner Gestalt nach zufällig und daher nicht zur Dauer bestimmt. Über dem Zufälligen aber erhebt sich das ewige Gesetz der Welt". Dieses "ewige Gesetz der Welt", das ohne Zögern stets mit dem ebenfalls als unbedingt und zeitlos bezeichneten Gesetz des faschistischen Staates identifiziert wurde, es konnte nur in gleichfalls "ewigen Formen" in die Anschauung treten.

"Schönheit" und Nacktheit hatten mit dem dezidiert in sie verlegten Gehalt an ewiger Geltung und höchster Dignität der endlichen Wirklichkeit und allem Lebendig-Menschlichen zu kontrastieren. Immunität wurde dem Ideal mit solch forcierter Ausschließlichkeit zugesprochen, daß die Realität dagegen hoffnungslos abfiel. Sie war das Belanglose, Vorübergehende und Hinfällige.

Die "Schönheit" der nackten Gestalt in der Plastik des deutschen Faschismus beinhaltete als Maßstab des Lebenswertes in der Tat die Anweisung zum Mord, ihr übersteigertes Maß lieferte intentional all diejenigen der Knechtung und Vernichtung aus, die ihrem ästhetischen Anspruch nicht genügen konnten: das waren theoretisch alle Menschen, tatsächlich waren es Millionen.

Zuletzt verweise ich noch auf einen Tatbestand, der fast kurios anmutet, hätte er nicht einen beängstigend fatalen Hintergrund: Vor dem Großklinikum in Höxter wurde 1970/71 eine Figurengruppe mit dem Titel "Ewiges Leben" aufgestellt. Es handelt sich dabei um authentische NS-Plastiken von Arno Breker, die ursprünglich als Einzelfiguren - wohl für Berliner Bauten - gestaltet worden waren und hier - unter Hinzufügung eines Kindes - zu einer Kleinfamilie zusammengestellt wurden. Die Frau hat den Körper der "Flora" und den Kopf der "Demut", der Mann ist der "Herold". Rund um diese Gruppe sieht man fast nur körperbeschädigte Menschen, Rollstuhlfahrer zumeist, und die NS-Gestalten erheben sich darüber als "Ewiges Leben".

* Vortrag vom 27. April 1985 anläßlich des Symposiums „Faszination und Gewalt – Zur Geschichte und Ästhetik des deutschen Faschismus" in Nürnberg.

Arno Breker: Ewiges Leben, aufgestellt 1970/71

Das Erbe

Trafostation auf dem ehemaligen Reichsparteitagsgelände mit entferntem Adler

Wolfgang W. Weiß

„Ruinen-Werte"

Das Nürnberger Reichsparteitagsgelände nach 1945

"Die Verwendung besonderer Materialien sowie die Berücksichtigung besonderer statischer Überlegungen sollte Bauten ermöglichen, die im Zerfallszustand, nach Hunderten oder (so rechneten wir) Tausenden von Jahren, etwa den römischen Vorbildern gleichen würden" (Albert Speer zur Erläuterung seiner "Theorie vom Ruinenwert" der nationalsozialistischen Kolossalbauten).[1]

Repräsentationsbauten hat das NS-Regime in vielen Städten hinterlassen. Doch oft wissen heute nicht einmal mehr die Einheimischen Genaueres über die Geschichte dieser Gebäude. Denn nach 1945 wurde die Erinnerung daran weitgehend verdrängt. Hierzu bediente man sich zweier höchst wirksamer Methoden: der Profanierung und der Sprengung.

Bei der Profanierung wurde das Gebäude einer Art Oberflächenbehandlung unterzogen, d. h. man entfernte Hakenkreuze und andere Hinweise auf das NS-Regime und besann sich ggf. eines neuen Namens, ansonsten aber nutzte man die vorhandene Infrastruktur entsprechend der ursprünglichen Gebäudefunktion. So wurde z. B. in München aus dem "Haus der deutschen Kunst" das "Haus der Kunst", aus dem "Volkshotel Platterhof" am Obersalzberg das "Hotel General Walker", und das "Berliner Olympiastadion" behielt auch ohne Namensänderung seine ursprüngliche Funktion bei.[2] Auf diese Weise glaubte man den einstigen "Ort der Täter"[3] verwandelt zu haben in neutrale "Gebrauchsarchitektur" - scheinbar ohne Geschichte.

Bei besonders symbolträchtigen Orten wie den Münchner "Ehrentempeln"[4], der Berliner "Reichskanzlei" und Hitlers "Berghof" am Obersalzberg allerdings war man

Die Zeppelintribüne nach Sprengung der Säulengalerie 1967

Eine der beiden Feuerschalen der Zeppelintribüne (vgl. Vorderseite auf den Seitenpylonen), die mittlerweile im Städtischen Stadionbad als Planschbecken dient.

nicht sicher, ob derart unbekümmerter Umgang mit der nationalsozialistischen Vergangenheit nicht doch Probleme mit sich bringt. Vor allem aus der Furcht heraus, daß diese Bauten zu Wallfahrtsstätten der Alt- und Neonazis würden, entschloß man sich sehr bald zu deren Sprengung. Soweit es ging, ließ man die Fundamentreste, zum Teil durch gezielte Anpflanzungen, zuwuchern.[5] Die Zeugnisse des Nationalsozialismus sollten verschwinden.

Ratlosigkeit

Auch in Nürnberg versuchte man, diesen Weg zu beschreiten: Es kam sowohl zu profaner Umnutzung einzelner NS-Bauten wie auch zur Sprengung bestimmter Gebäude(teile). Doch eine "Gesamt-Verdrängungslösung" war für das ehem. Reichsparteitagsgelände damit nicht zu erreichen. Denn zum einen waren die Monumentalbauten dort zu groß, um einfach weggesprengt zu werden. Zum anderen war deren bruchlose Umnutzung nicht möglich, nicht nur weil die Reichsparteitagsbauten großteils unvollendet waren, sondern vor allem, weil sie keinerlei Funktion hatten, die in einer demokratischen Gesellschaft Sinn machen würde: Sie waren ausschließlich geplant als Kulisse für die Reichsparteitage, also für die weihevollen Kultfeiern der Nationalsozialisten. Adolf Hitler sprach von den "Worten aus Stein", die noch "nach Jahrtausenden" von der Größe des NS-Regimes künden sollten.[6] Einen rationalen Zweck hatten diese Monumentalbauten jedenfalls nicht. Auch vor 1945 standen sie deshalb die längste Zeit des Jahres leer und ungenutzt herum.[7]

Dementsprechend groß war in Nürnberg die Ratlosigkeit, wie man mit diesem NS-Erbe umgehen sollte. Im Laufe der Zeit wurden zwar Teillösungen erarbeitet, doch jeder neue Nutzungsvorschlag löste immer neue Diskussionen um die Zukunft des ehem. Reichsparteitagsgeländes aus. Dabei bewegte man sich weitgehend im Spannungsfeld von Vermarktung, Verdrängung und

- erst viele Jahre später einsetzend - politischer Aufklärung. Eine zufriedenstellende Perspektive ist allerdings auch heute noch nicht in Sicht, wie nachfolgend vor dem Hintergrund dieser Entwicklung skizziert werden soll.

Das Erbe

Bereits 1933 wurde nach dem Willen Adolf Hitlers Nürnberg "für alle Zeiten" zur "Stadt der Reichsparteitage" bestimmt.[8] Der für die Gesamtplanung des Geländes zuständige Architekt Albert Speer sah die besondere Herausforderung seiner Aufgabe darin, "einen Rahmen für eine Kundgebung von mehreren hunderttausend Menschen auf einem großen Platz so zu gestalten, daß er trotz seiner Größe immer noch als Architektur wirksam ist."[9]

Deshalb wurden die Bauten dort, obwohl "Ewigkeitswert" (Hitler) beanspruchend[10], nicht wie in sich geschlossene Pyramiden konzipiert, sondern als überdimensionale Raumfassungen, die mit einschüchternder Gestik riesige Menschenmassen ordnen und lenken sollten, um damit die Übermacht der Partei als Träger des Staates zu dokumentieren.[11]

Die Große Straße, ca. 2 km lang und, einschließlich der Tribünenwälle, 80 m breit, hatte dabei die Funktion, verschiedene Plätze und Kolossalbauten des Reichsparteitagsgeländes miteinander zu verbinden. Gedacht für die Paraden der Wehrmacht wurde sie "in der pseudo-religiösen Haltung des Nationalsozialismus zu einem Prozessionsweg, an dem nicht nur die Formation der Marschkolonnen und der (Kriegs)geräte teilhaben, sondern ebenso die Masse der Zuschauer. (...) Das Plattenraster, der Wechsel heller und dunkler Steine, das Plattenmaß selbst sollte bewirken, daß die strenge blockhafte Ausrichtung der Marschkolonnen während der Paraden erhalten bliebe."[12] Individuelles "Ausscheren" sollte schon durch die Architektur unterbunden werden, der Einzelne nur als Teil des Ganzen seine Funktion erfüllen können - in geschlossener Ordnung ausgerichtet auf den Führer.

In diesem Sinne waren sämtliche Plätze und Bauten des ehemaligen Reichsparteitagsgeländes (RPG) angelegt (vgl. Abb.). Es hatte mit ca. 25 qkm Gesamtfläche die fünfzehnfache Ausdehnung der Nürnberger Altstadt und war in zwei Zonen aufgeteilt: im Norden die "Monumentalbauzone" mit Kongreßhalle, Zeppelintribüne, Luitpoldarena usw. und, davon streng durch einen neu aufgeschütteten Bahndamm abgetrennt, die "Lagerzone" im Süden[13] mit Baracken, Straßen, festen Bauten und Plätzen für Großzelte, um zusätzliche Unterbringungsmöglichkeiten für die Parteitagsbesucher zu schaffen. Hier hatten HJ, SA, SS, NSKK und RAD ihre Lager.

Speers Gesamtplan wurde, bevor man 1941 die Arbeiten daran endgültig einstellte, schrittweise realisiert und mehrfach verändert. Um die formalrechtlichen Voraussetzungen für Planung, Finanzierung und Unterhalt der Anlagen zu sichern, gründeten am 29. 3. 1935 die

Luftbild (1965) vom ehem. Reichsparteitagsgelände: (1) Luitpoldhain mit Ehrenmal, (2) Kongreßhalle, (3) Zeppelinfeld mit Zeppelintribüne, (4) das städtische Stadion, (5) der Silbersee - die ehem. Baugrube des "Deutschen Stadions", (7) das ehem. Märzfeld und, daran anschließend, das ehem. Barackenlager - heute Wohngebiet der Trabantenstadt Langwasser.

NSDAP, das Deutsche Reich, das Land Bayern und die Stadt Nürnberg den "Zweckverband Reichsparteitage Nürnberg" (ZRN) als eine Körperschaft des öffentlichen Rechts.

Nach Kriegsende beschlagnahmte die US-Militärregierung das ZRN-Vermögen, das vor allem aus Liegenschaften, Baumaterial und Beteiligungen bestand. Später übertrug sie es an das Land Bayern. Zur Verwaltung des Vermögensbestandes wurde am 3. 5. 1946 ein Treuhänder bestellt. In den Nachkriegsjahren übte diese Funktion Stadtkämmerer Georg Zitzmann aus.

1948 erhielt die Stadt Nürnberg die 1935 unentgeltlich in den ZRN eingebrachten Grundstücke wieder zurück. Mit Ausnahme der von der US-Armee benutzten RPG-Areale (gegenwärtig z. B. noch das Zeppelinfeld) fielen ab diesem Zeitpunkt alle entsprechenden Angelegenheiten wie Verkauf, Verwaltung usw. unter die Zuständigkeit des städtischen Liegenschaftsamtes. Seitdem bestimmt die Stadt Nürnberg selbst, was mit den Gebäuden und Anlagen dort geschieht.[14]

Pragmatismus

Im stark zerstörten Nürnberg gab es 1945 kaum mehr größere Gebäudekomplexe, die noch nutzbar waren. Wohl vor allem deshalb faßte der Stadtrat Ende 1946 den Beschluß, die zum RPG gehörige frühere **SS-Kaserne**, die vergleichsweise wenig Schäden davongetragen hatte, als künftigen Sitz der Stadtverwaltung bzw. als Rathaus zu verwenden.[15] Politische Bedenken, nämlich in den Repräsentationsbau einer politischen Terrororganisation zu ziehen, wurden seinerzeit nicht diskutiert. Die Realisierung dieses Plans scheiterte lediglich an der Tatsache, daß die US-Militärregierung die Anlage nicht freigab, sondern für sich selbst herrichtete und bis zum heutigen Tag für militärische Zwecke nutzt. Solche pragmatischen Überlegungen bestimmten von Anfang an den Umgang mit den Hinterlassenschaften der Nationalsozialisten. So wurden auch die vom ZRN errichteten **Barackenlager** für Wohnzwecke genutzt: In einem Teil des früheren SA-Lagers brachte man im Auftrag der UNO sog. Displaced Persons und Flüchtlinge unter. Es entstand das sog. Valka-Lager.[16] In einem anderen Teil, den die Nazis zu einem Kriegsgefangenenlager umfunktioniert hatten, internierte die US-Militärregierung unmittelbar nach Kriegsende führende Mitglieder von SS und NSDAP. Das in Altenfurt gelegene SS-Lager wiederum diente ehemaligen Kriegsgefangenen und Zwangsarbeitern als Unterkunft. Etwa 3000 Personen lebten 1949 in diesen meist aus Holz gezimmerten Baracken.

Anfang der 50er Jahre ließ das Land Bayern Steinbaracken neben dem Valkalager bauen, um dort das "Sammellager für Ausländer" zu errichten. Im März 1954 lebten dort mehr als tausend Ausländer. Erst 1960 wurde dieses Lager aufgelöst, als die letzten zwölf Bewohner in das mittlerweile eingerichtete Bundesauffanglager nach Zirndorf übersiedelten.

Das **städtische Stadion**, bereits 1928 fertiggestellt, und von Speer in das RPG für die Aufmärsche der Hitlerjugend einbezogen, war nach Kriegsende von der US-Armee zur eigenen Nutzung beansprucht worden. Nach langjährigen Verhandlungen und der Errichtung eines Ersatzstadions auf dem Zeppelinfeld, wurde es 1961 der Stadt Nürnberg zur Nutzung übergeben. Heute trägt dort der Bundesligaclub 1. FC Nürnberg seine Fußballspiele aus. Seit den baulichen Erweiterungen von 1953, 1964 und 1988/91 faßt das Stadion ca. 53.000 Zuschauer.

Die **Große Straße**, die, wie bereits erwähnt, für Wehrmachtsparaden gedacht war, wurde 1951 von der US-Armee gesperrt und vorwiegend als Luftlandebahn benutzt und erst 1968 wieder freigegeben. Seitdem dient sie als Großparkplatz für den Besucherandrang bei Fußballspielen, Volksfesten, Messen und Christkindlesmarkt.

Auch die beiden größten Reichsparteitagsbauten, nämlich die 1935 weitgehend fertiggestellte Zeppelintribüne und die erst halbfertige Kongreßhalle, wurden nach 1945 ganz pragmatisch in Dienst gestellt - so wie es sich mehr oder weniger zufällig ergab.

Die **Zeppelintribüne** wurde so zum Ort von Großkundgebungen[17], Gottesdiensten[18], Stunt-Shows, Polit-Theater und Rockfestivals.[19] Die Innenräume der Seitenflügel vermietete die Stadt ebenso wie die Mittelhalle mit dem pompösen sog. Goldenen Saal[20] an verschiedene Firmen als Lagerraum. Hauptmieter war der ortsansässige Motorsportclub, der, die Tribünenanlagen dort nutzend, seit den 50er Jahren die "200 Meilen von Nürnberg" ausrichtet, ein sportliches Großereignis von internationaler Bedeutung.

Auch die Räumlichkeiten der **Kongreßhalle** wurden soweit möglich an verschiedene Firmen als Lagerraum vermietet. Außerdem entschied der Stadtrat 1946, den Rundbau für Ausstellungs- und Messezwecke zu nutzen.[21] So fand dort im September 1949 die Deutsche Bauausstellung statt, 1950 die 900-Jahrfeier der Stadt Nürnberg, 1951 die Gaststättenausstellung, und in den Folgejahren trafen sich dort sudetendeutsche Landsmannschaften, Trachtenvereine und Oberschlesier zu ihren Großveranstaltungen und Heimattagen.

Große Pläne

Mit dieser pragmatisch-ökonomischen Nutzung des RPG hatte man sich in Nürnberg im Laufe der Zeit einigermaßen arrangiert und daraus auch wirtschaftliche Vorteile ziehen können. Doch von Anfang an gab es Stimmen, die für eine gezielte Nutzungsplanung und ggf. auch ergänzende Baumaßnahmen plädierten, um die in den NS-Bauten steckenden Investitionen effektiver zur Wirkung zu bringen.

In der Tat hatte das NS-Regime riesige Summen in dieses Gelände gesteckt, vermutlich weit über eine Milliarde Reichsmark.[22] Es wurde deshalb immer wieder die Frage gestellt, "ob diese riesigen Investierungen irgendwie nutzbar gemacht werden könnten", wie es 1955 in einer Stadtratsvorlage hieß.[23] Darin präsentierte das Hochbauamt "Vorschläge über Verwendungsmöglichkeiten der ehemaligen Kongreßhalle" und setzte dabei 3 Schwerpunkte:

- Verwendung des Rundbaus für "Massenquartiere": Insgesamt 4.000 Betten im 1. und 2. Stockwerk, dazu Toiletten und Waschräume (geschätzte Gesamtkosten: 680.000 DM).
- Verwendung des Innenhofes als "Stadion": ein Sportspielfeld (100 m x 70 m) und in 3 übereinanderliegenden Rängen rund 82.000 planmäßige Zuschauerplätze[24] (Gesamtkosten: 6,7 Mio. DM).
- Verwendung der Kopfbauten als "Saalbau": Festsäle, Eingangs- und Garderobenhallen, Nebensäle, Säulen- und Wandelhallen mit einer Gesamtfläche von weit über 10.000 qm (Gesamtkosten: 5,3 Mio. DM).

Bei einem Ausbau in diesem Sinne würde nach Meinung der Verfasser die Kongreßhalle "sicher einen bedeuten-

Die Große Straße (1991)

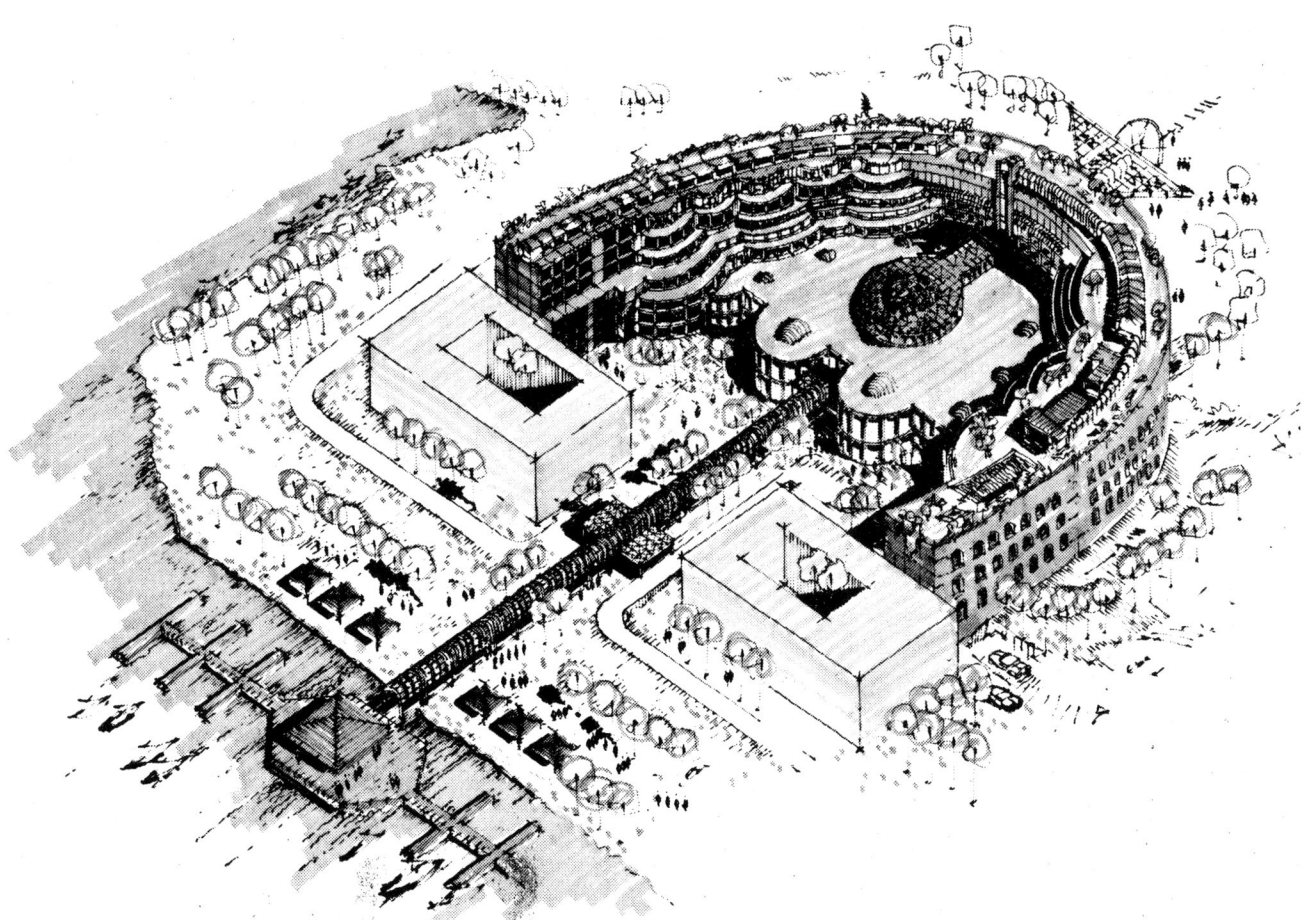

Planungsskizze der Kongreßhalle als Freizeit- und Shoppingcenter (1987)

den Anziehungspunkt bilden und den Ruf Nürnbergs als Kongreß- und Tagungsort wesentlich fördern."[25]

Dieser Plan landete wie fast alle anderen Investitionsvorhaben - sie bezogen sich in aller Regel auf die Kongreßhalle[26] - im Archiv. Die Palette der Ausbauvorschläge[27] reicht von Hauptbahnhof (1945) über Sportarena (1958), Fußballstadion (1961)[28], Autokino und Altersheim (1963) bis zum Großlagerhaus (1969), Filmhaus (1989), Museumsstandort (1990) und Rockpalast (1991).

Besonders heftige Diskussionen lösten im März 1987 drei Nürnberger Geschäftsleute mit dem Vorschlag aus, die Kongreßhalle in ein Shopping- und Freizeitcenter zu verwandeln. In einer Größenordnung von 500 Mio. DM sollten dort extravagante Wohnstudios, exclusive Geschäfte, Reitstall, In-door-Golfplatz, Open Air-Disco, Delikatessenrestaurants usw. entstehen, verbunden durch eine "überdachte, 24 Std. begehbare Prachtstraße".

Die Regionalpresse begrüßte zunächst diese "mutigen Pläne für den Kongreßhallentorso"[29], auch der Kämmerer und der Wirtschaftsreferent signalisierten zunächst deren wohlwollende Prüfung, doch die Stadtverwaltung zog drei Monate später, unmittelbar vor der entscheidenden Ratssitzung, ihre eigene Vorlage wieder zurück. Zwei Gründe waren dafür ausschlaggebend: erstens der "mögliche historische Fehlgriff", wenn ein derartiges Symbol der NS-Zeit rein kommerziell genutzt wird; zweitens die Unsicherheit darüber, welche Auswirkungen dieses Mammutprojekt auf die ökonomische und verkehrstechnische Entwicklung in Nürnberg haben würde. Zwar betonten die Initiatoren: "Unser Ziel (...) war von Anfang an, eine Belebung der Kaufkraftströme nach Nürnberg zu erreichen"[30], und sie verknüpften damit die Erwartung, auch den "gewerbetreibenden Einzelhändlern der Innenstadt (...) zu mehr Umsatz" zu verhelfen[31], aber die Skepsis der Stadträte überwog.

Kleine Rendite

Gemessen an diesen Plänen sind die tatsächlich getätigten Investitionen auf dem RPG, insbesondere bei der Kongreßhalle, recht bescheiden: Am 17. Mai 1969 meldeten die Nürnberger Nachrichten (NN): "Nürnbergs teuerstes Erbstück soll mit dem geringsten Kostenaufwand der Stadt den größten Nutzen bringen". Der Stadtrat erwog nämlich, in den Rundbau einen zweiten Lastenzug und obenauf ein wetterfestes Dach zu installieren.

Anlaß war wohl der drohende Ausfall der städtischen Mieteinnahmen von bislang jährlich 400.000 DM. Einer der seinerzeit zehn Kongreßhallenmieter hatte nämlich mit Kündigung gedroht, da nach Regenfällen sein Lagergut im Wasser stand. "Das leidige Thema Kongreßhalle kam damit erneut ins Gespräch", meldete die NN und fuhr fort: "Eingehend beschäftigten sich die Mitglieder des Bauausschusses mit dem weiteren Schicksal des Erbes aus der NS-Zeit. Das Geld gab den Ausschlag. Denn schließlich kann die Stadt pro Jahr weit mehr als 400.000 DM einnehmen, wenn sie den einmaligen Betrag von 852.600 DM für das Dach und 280.700 DM für den Aufzug aufbringt. Auch andere werden sich dann für die noch leerstehenden Räume interessieren. Bisher werden über 20.000 Quadratmeter genutzt, die Kongreßhalle hat jedoch 34.000 zu bieten".[32]

Anders als 1987 spielte 1969 in der öffentlichen Diskussion der Symbolwert der Kongreßhalle nur eine untergeordnete Rolle. Aus dem Bauausschuß werden die "mutigen Worte" eines SPD-Stadtrats folgendermaßen zitiert: "Ob es ein Überbleibsel vom Dritten Reich ist, ist unwichtig. Andere Einrichtungen werden auch genutzt. (...) Nutzen wir die Chance, sorgen wir für anständige Verhältnisse. Ein höheres Mietaufkommen ist uns gewiß!"[33]

Sprengung der Märzfeldtürme (1967)

Er dürfte damit der damals wohl vorherrschenden Meinung Ausdruck verliehen haben. In jedem Fall ging die Rechnung auf, wenngleich sich die Kongreßhalle nicht gerade als "Goldgrube" erwies: 1990 ca. 1,2 Mio DM Mieteinnahmen jährlich (gegenüber 800.000 DM Unterhaltskosten). Hauptmieter ist ein Fürther Versandhaus, aber auch Schaustellerverband, Katastrophenschutz, Technisches Hilfswerk, verschiedene städtische Ämter, die Nürnberger Symphoniker, Polizei- und Feuerwehrsender, ein Schallplattenverlag mit Musikstudio und viele andere Institutionen sind hier untergebracht.

Umgestaltung

Deutlich höhere Investitionen mußte die Stadt an einer anderen Stelle des RPG tätigen: Das Dutzendteich-Gelände war bereits vor 1933 als großzügige Parkanlage für Sport und Erholung angelegt. Zu ihr gehörten damals Luitpoldhain, Stadion (s. o.), Tiergarten[34], eine Freilichtarena, Spielplätze, Blüten- und Duftgarten, die Dutzendteiche, u. a. m. Im Frühjahr 1954 faßte der Stadtrat den Beschluß, dieses "außerordentlich wichtige Erholungsgelände" (H. Schmeißner) auf dem RPG wieder im ursprünglichen Sinne zu nutzen und den **"Volkspark Dutzendteich"** anzulegen.[35] Die ausgetrockneten Weiher wurden mit Wasser gefüllt, die Ufer teilweise umgestaltet, die um die Kongreßhalle herumliegenden Granitquader mit Erdreich überzogen und begrünt, verschiedene Verbindungswege angelegt und der Silberbuck als Aussichtsberg aufgeschüttet. Er entstand aus dem Aushub der Baugrube für das "Deutsche Stadion", aus herumliegendem nun nicht mehr gebrauchtem Baumaterial des RPG und vor allem aus Trümmerschutt, der mit einer eigens angelegten Bahnstrecke aus der Nürnberger Altstadt zum Dutzendteich transportiert wurde.

Zur Verwendung des bereits 1906 angelegten **Luitpoldhains** gab es unterschiedliche Vorschläge, z. B. dort eine Motor- und Pferderennbahn oder einen Volksfestplatz anzulegen. Die Stadt entschied sich zur Umgestaltung als Parkanlage mit Lehrgarten, Rodelbahn und Spielplatz. Im Nordteil entstand nach einem Ratsbeschluß von 1958 die Meistersingerhalle (vollendet 1963). Im Zuge dieser Arbeiten wurde 1959 der 100 m lange Tribünentrakt der Luitpoldarena gesprengt[36], die u. a. für SS- und SA-Aufmärsche sowie für die "Blutfahnen"-Kulthandlung des NS-Regimes gedient hatte.[37]

Auch durch die Pläne der Stadt, eine große Wohnsiedlung in Langwasser anzulegen, wurde das RPG berührt. Es mußten dort große Flächen als Bauland erworben werden. Im März 1957 konnte schließlich die Grundsteinlegung für die **Trabantenstadt Langwasser** erfolgen. Sechs Jahre später lebten dort bereits 10.000 Menschen. Heute, nach Errichtung verschiedener Großbauten wie Einkaufszentrum, Gemeinschaftshaus, Gesamtschule, U-Bahn usw. sind es ca. 40.000.

Im Zuge dieser Arbeiten wurden von den RPG-Bauten das Valkalager (s. o.) beseitigt und die **Märzfeld-Türme** gesprengt. Denn das unvollendet gebliebene "Märzfeld"[38] und insbesondere seine elf 36 m hohen Türme waren den geplanten Langwasserbauten im Wege. Die Sprengung erfolgte 1966 und 1967 jeweils im April. Aus dem Trümmerschutt der Türme (ca. 130.000 m³) wurde ein 14 m hoher Lärmschutzwall für die zukünftige Trabantenstadt angelegt.

Verdrängen

Auch in Nürnberg wurden also NS-Bauten gesprengt und mit Erdreich zugedeckt. Außer den Märzfeldtürmen (1966/67) auch der Tribünentrakt (1959) und die Tribünenunterführungen (1960) im Luitpoldhain sowie verschiedene Gebäudeteile der **Zeppelintribüne** (1967, 1969, 1976). Insbesondere die im Juni 1967 erfolgte Sprengung der Säulengalerie erregte großes Aufsehen. Es kam zu Protesten, Leserbriefaktionen und sogar einer Bombendrohung. "Daß die Beseitung des schadhaften Bauwerkes nicht aus politischen Gründen erfolgt sei, sondern es sich um ein bautechnisches beziehungsweise finanzielles Problem gehandelt habe, stieß immer wieder auf Skepsis und zwar in allen 'Lagern'", berichtete später der Nürnberger Schul- und Kulturreferent Hermann Glaser.[39] Aber da die Zeppelintribüne seinerzeit in hektischer Eile und in z. T. schlampiger Bauweise hochgezogen worden war - ganz im Gegensatz zur Kongreßhalle - und 1943 bei einem Bombenangriff zusätzlich Schäden genommen hatte, wurde dieses "für Tausend Jahre" konzipierte Gebäude bereits 30 Jahre später baufällig. Schon allein die Sanierung der Säulengalerie, von der Steinbrocken auf Zuschauer herunterzufallen drohten, hätte damals 830.000 DM gekostet, eine Gesamtwiederherstellung sogar 3 Mio DM. Die Sprengung hingegen kostete nur 150.000 DM.[40] Sie erfolgte also aus rein finanziellen Gründen und hatte nach den Ausführungen von Bürgermeister Franz Haas nichts "mit der Beseitigung des Zeitgeistes" zu tun.

Daß sich Zweifel daran bis heute erhalten haben, liegt wohl daran, daß die Sprengung dem doch weitverbreiteten Wunsch, die NS-Relikte endlich verschwinden zu lassen, sehr entgegenkam - vor allem in jener Zeit, da die NPD auch und gerade in Nürnberg unerwartete Wahlerfolge feierte. Bezeichnenderweise berichtete die NN über die geplante Sprengung: "Nürnberg ist bemüht, die Erinnerung an seine Vergangenheit als Stadt der Reichsparteitage auszumerzen."[41]

Vermutlich wäre auch die Kongreßhalle schon längst gesprengt worden, wie es der Bund Deutscher Architekten in seiner Denkschrift "Schöneres Nürnberg" 1963 vorgeschlagen hatte, wären die geschätzten Kosten mit 12-14 Mio DM nicht so hoch gewesen.[42] Nach diesem Konzept sollten die Kongreßhallentrümmer unter einem Hügel verschwinden - so wie auch im Silberbuck und im Lärmschutzwall am ehem. Märzfeld viele Baurelikte der NS-Zeit verschwunden sind.

Diese "Begrünungsstrategie" ist außerhalb Nürnbergs, wie z. B. bei den Münchner "Ehrentempeln" (s. o.), ganz gezielt eingesetzt worden[43], nur sehr viel früher und mit dem deutlich ausgesprochenen Ziel, diese Erinnerungsstücke an die jüngste Vergangenheit im Erdboden verschwinden zu lassen. In Nürnberg gab es gewiß ebenfalls solche Verdrängungsmotive, aber sie wurden fast immer überlagert von in der Tat rein bautechnischen Überlegungen, z. B. wenn im Rahmen der Stadtentwicklungsplanung die NS-Gebäude im Wege standen.

14 m hoher (inzwischen begrünter) Lärmschutzwall, der aus dem Trümmerschutt der Märzfeldtürme angelegt wurde

Ausschnitt aus einem Werbeplakat, mit dem in Nürnberg seit 1988 für die "Serenadenhofkonzerte" geworben wird

Vergessen

Doch ob gezielt oder nicht, die Wirkung solcher Spreng- und Bepflanzungsaktionen ist letztlich die gleiche: Die NS-Relikte verschwinden zunächst von der Bildfläche und dann allmählich auch aus dem öffentlichen Bewußtsein. Möglicherweise noch effektiver als dieses Bemühen, "Gras über die Sache wachsen zu lassen", ist allerdings die Umgestaltung bzw. gezielte Umnutzung der NS-Bauten (s. o.).

Ein Konzept, das beide Verdrängungsstrategien, also Umnutzung und Begrünung, miteinander kombiniert, legte die "Arbeitsgruppe Bundesgartenschau" im Dezember 1988 vor. Nach diesen Plänen der Stadtverwaltung sollte in den 90er Jahren eine "Nürnberg-typische Bundesgartenschau" durchgeführt werden. Dabei sollten "un- bzw. untergenutzte Potentiale der NS-Bauwerke" nutzbar gemacht werden, um eine stärkere "Identifikation der Bürger mit ihrer Stadt" zu bewirken.[44] Hierfür plante man u. a. die Große Straße in eine "Skulpturenallee" und die Zeppelintribüne in eine "Blumenarena" zu verwandeln. Der zentrale Ausstellungsbereich sollte "durch ein besonders attraktives Ereignis besonders aufgewertet werden." Hier dachte man daran, "den NS-Kongreßhallentorso zu einem einzigartigen Großgewächshaus mit verschiedenen angemessenen Freizeitnutzungen ('Plantopolis'/'Ökopolis') umzugestalten."[45]

Dieser Plan wurde "angesichts der engen finanziellen Spielräume"[46] nicht mehr weiter verfolgt. Allerdings argumentierten einzelne Stadträte auch politisch gegen dieses Konzept und meldeten Zweifel an, daß über das geplante "Großgewächshaus" ein "grundlegender Impuls" gegeben würde für "die notwendige Grundsatzdebatte über den Umgang mit diesen gebauten Zeugen einer schrecklichen Zeit", wie es die Verfasser des Verwaltungsvorschlags ausdrückten.

Stattdessen wäre mit solch einer Bundesgartenschau wohl eher ein Schritt zur romantisierenden Vereinnahmung der NS-Bauten gemacht worden, so wie es gegenwärtig, wenn auch in kleinerem Rahmen, von den Veranstaltern der Serenadenhof-Konzerte praktiziert wird: Seit 1986 finden im mittlerweile begrünten Innenhof des Kopfbaus der Kongreßhalle Musik- und Theaterveranstaltungen statt. Für das Programm dieser Freilichtbühne wird derzeit von allen Plakatwänden Nürnbergs unter dem Motto geworben: "Genießen Sie bei schönem Wetter die romantische Atmosphäre". Das entsprechende Plakat zeigt auf einem Farbfoto die Kongreßhallenruine mit eingemaltem Sonnenuntergang und funkelnden Sternen.

Nichts im Serenadenhof oder sonst irgendwo an der Kongreßhalle und schon gar nichts auf diesem Plakat erinnert an die Geschichte dieses Baus. Sie scheint in Vergessenheit geraten zu sein.

Ein besonders prägnantes Beispiel für solche durch Vermarktung geförderte Tendenzen, die eigene Geschichte zu ignorieren, stammt aus den 60er Jahren: Die Besitzer mancher Wohnzimmertische dürften sich nicht mehr an die eigentliche Herkunft jener Tischplatten erinnern, die ihnen 1966 an der Breslauer Straße zum Verkauf angeboten worden waren. 20.000 Kubikmeter Travertingestein, ursprünglich für die RPG-Bauten herangeschafft, türmten sich seinerzeit dort. Diese Steinblöcke verarbeitete man zu Wand- und Bodenverkleidungen, Fensterbänken oder eben Tischplatten.[47] Daß diese Steine möglicherweise von Zwangsarbeitern im 150 km entfernten Konzentrationslager Flossenbürg gebrochen worden waren[48], war mittlerweile wohl verdrängt oder vergessen worden.

Ge-Denkstätten

Derart unbekümmerter Umgang mit dem NS-Erbe war bis in die 70er Jahre hinein eher die Regel und ist auch heute noch zu beobachten, wie die Pläne, aus der Kongreßhalle ein Shopping-Center oder ein Großgewächshaus zu machen, auch für die jüngste Zeit belegen. Doch das Unbehagen daran wuchs zunehmend und führte Ende der 70er Jahre auch seitens der Stadtverwaltung zu konkreten Plänen, sich auf dem RPG offensiv mit der nationalsozialistischen Vergangenheit auseinanderzusetzen.

Die ersten Ansätze hierfür reichen weit zurück. Bereits 1945 ließ die Stadt Nürnberg auf dem 1928/30 gebauten Kriegerdenkmal im Luitpoldhain eine Inschrift anbringen, in der sie der Opfer der beiden Weltkriege "und der Gewaltherrschaft 1933 bis 1945" gedachte. Jedes Jahr finden dort am Volkstrauertag die offiziellen Gedenkver-

Eingang zur Ausstellung "Faszination und Gewalt" auf der Rückseite der Zeppelintribüne. Im Vordergrund die 1988 aufgestellte Anti-Kriegsplastik "Overkill" von Hans-Jürgen Breuste.

anstaltungen der Stadt statt. Im Mai 1946 erhielt der im Nordwesten des Luitpoldhains liegende Wodanplatz die Bezeichnung "Platz der Opfer des Faschismus". An dem dort aufgestellten Gedenkstein wurden in den folgenden Jahren die Gedenkfeiern für die Opfer des Nationalsozialismus abgehalten.

Doch darin erschöpfte sich für lange Zeit das Bemühen, die Vergangenheit aufzuarbeiten. Zwar wurde gelegentlich neuer RPG-Nutzungsvorschläge hin und wieder auch der Vorschlag gemacht, einzelne Bauten als Mahnmal zu gestalten. So z. B. regte 1960 das Bischöfliche Ordinariat in Eichstätt an, einen der Märzfeldtürme zu einem Kirchturm umzubauen als Siegeszeichen "des Kreuzes über das Hakenkreuz"[49], doch waren dies nur vereinzelte Initiativen, die auch keine Wirkung zeigten. Ein Bewußtseinswandel setzte erst später ein. Ausdruck hierfür ist die Neufassung des bayerischen Denkmalschutzgesetzes von 1973, mit dem der "Kolossalstil" der NS-Bauten als denkmalschutzwürdig eingestuft wurde. Zunehmend machte sich die Einsicht breit, daß man Geschichte nicht dadurch bewältigen kann, daß man ihre Spuren beseitigt.

1978 legte eine aus Journalisten und Historikern zusammengesetzte Initiativgruppe eine Denkschrift vor, in der gefordert wurde, ein "Institut zur Faschismusforschung" in den Räumen der Kongreßhalle einzurichten.[50] In drei Stufen sollten realisiert werden:

- "Eine Dauerausstellung, die dem Besucher einen Überblick über den Nationalsozialismus und andere Erscheinungen des Faschismus in Europa ermöglicht und Zusammenhänge transparent macht.
- Ein Dokumentationszentrum, das nach wissenschaftlichen Gesichtspunkten Material sammelt und der Öffentlichkeit in Sonderausstellungen zugänglich macht.
- Ein Forschungszentrum, das sich in kontinuierlicher wissenschaftlicher Arbeit mit der Analyse und Wertung des Faschismus aus historischer und aktueller Sicht befaßt, Zeitströmungen beobachtet und einordnet sowie aufkeimenden Faschismus frühzeitig aufdeckt."[51]

Träger des Projektes sollte eine Stiftung sein. Die Finanzierung war über die Stadt Nürnberg, aber auch über bundesweite und internationale Bildungs- und Friedensorganisationen geplant. Dieses Institut sollte nach Meinung der Verfasser nicht die Aufgabe haben, "die Ge-

Informationsturm zwischen Zeppelintribüne und Kongreßhalle

schichte als abgeschlossenes Stück Vergangenheit zu präsentieren", sondern müßte sich, über die historische Darstellung hinaus, "mit den der Geschichte zugrunde liegenden und bis in die Gegenwart hineinreichenden Denk- und Verhaltensweisen"[52] auseinandersetzen.

Information und Aufklärung

Einen ersten Schritt in diese Richtung ging die Stadt Nürnberg 1984 mit einer Tonbildschau, die in der mittlerweile vom Motorsportclub geräumten Mittelhalle der Zeppelintribüne gezeigt wurde. Es war ein Versuch, mit Hilfe moderner Medientechnik die "faszinierende Seite nationalsozialistischer Selbstdarstellung" als Kehrseite von Gewalt und Terror zu entlarven. Publikums- und Presseecho waren beeindruckend: Mehr als 8000 Besucher in 14 Tagen und Berichte in vielen Tageszeitungen der Bundesrepublik und auch des Auslands.

Vorausgegangen waren mehrjährige Planungsarbeiten des Schul- und Kulturreferats. Eine 1979 eingesetzte Planungsgruppe hatte verschiedene Konzepte erarbeitet, wie sich die Stadt Nürnberg aus Anlaß des 50. Jahrestages der sog. Machtergreifung am 30. Januar 1983 mit dem Thema "Nationalsozialismus - Neofaschismus" auseinandersetzen könne, und zwar am "Ort der Täter" auf dem Reichsparteitagsgelände.

Zunächst war von einem "Museum Nationalsozialismus" die Rede, doch die Pläne wurden mehrfach umgeworfen bzw. überarbeitet, z. T. aus inhaltlichen Gründen, vor allem aber weil klar wurde, daß die chronisch von Geldmangel geplagte Stadt die jeweils projektierten Finanzmittel nicht aufbringen würde.

Aufgrund dieser Umstände konnte auch der Ausstellungstermin für Januar 1983 nicht gehalten werden. Ersatzweise fand eine kleine Ausstellung in den Räumen des Pellerhauses statt. Doch im selben Jahr fällte der Stadtrat eine Grundsatzentscheidung: Er bewilligte 493.000 DM für Baumaßnahmen an der Zeppelintribüne[53] und schuf damit die äußere Voraussetzung für eine Ausstellung dort. Die allerdings vom Stadtrat speziell für die Ausstellung zur Verfügung gestellten Gelder (80.000 DM) ließen alle bisherigen Konzepte obsolet werden, da man bislang von einer deutlich höheren Finanzausstattung ausgegangen war. Um die seit langem angekündigte Ausstellung trotzdem möglichst bald präsentieren zu können, wurde die Firma "Nürnberger Medientechnik", die sich in dieser Situation als Geldgeber angeboten hatte, mit der Produktion der o. g. Tonbildschau beauftragt.

Die Resonanz war, wie gesagt, sehr groß. Doch es gab viele kritische Stimmen. Immer wieder wurde die Befürchtung geäußert, daß die Produzenten dieser im "Goldenen Saal" gezeigten Medienschau der Faszination, die sie eigentlich als Kehrseite der NS-Gewalt entlarven wollten, selbst erlegen seien. Ob zu dieser Einschätzung die Befürchtung beigetragen hat, man könne in Nürnberg mißverstanden werden, wenn man sich mit dem Nationalsozialismus als Faszinosum auseinandersetzt, oder ob der Geldgeber, der sich bislang durch Light-Shows und Werbefilme hervorgetan hatte, mit der Medienumsetzung des ursprünglichen Ausstellungsansatzes überfordert war, läßt sich nur schwer entscheiden.

In jedem Falle wurde ein völlig neues Ausstellungskonzept erarbeitet, indem man aus der Not knapper Geldmittel eine Tugend machte: Man arbeitete vor allem mit der Wirkung des Raumes und mit einfach präsentierten Fotos und Texten.[54] Unter dem Ausstellungstitel "Faszination und Gewalt" setzte man sich insbesondere mit der politischen Ästhetik des Nationalsozialismus auseinander und bemühte sich zu zeigen, wie sich die menschenverachtende NS-Ideologie in ihrer größenwahnsinnigen "Übertrumpfungsarchitektur"[55] spiegelt.

Das Ausstellungskonzept wurde vom Pädagogischen Institut der Stadt Nürnberg und hier insbesondere von Bernd Ogan erarbeitet, der die Intention dieses Projektes folgendermaßen erläutert:

"1. **Faszination und Gewalt** liegen im Nationalsozialismus eng beieinander. Das eine war die Kehrseite des anderen. Beides zusammen erst vermittelt das januskköpfige Gesamtbild des Faschismus in Deutschland. Was den 'Volksgenossen' vordergründig beeindrukkend erschienen sein mag, war in der Regel gleichzeitig ein Akt des Terrors und der Gewalt gegen die 'Gemeinschaftsfremden'.

2. Entgegen der landläufigen Legende, daß alles noch hätte gut ausgehen können, wenn Hitler nur rechtzeitig seine Grenzen gefunden hätte, will die Ausstellung zeigen, daß **Anfang und Ende** - ähnlich wie Terror und Faszination - nicht voneinander zu trennen sind. Ohne die Euphorie des Anfangs hätte es nicht zu diesem Ende kommen können. Was 1933 von vielen als Zeichen einer erwachenden Zukunftshoffnung verstanden wurde, erwies sich alsbald - und nicht erst ab 1939 - als Vorschein der Endkatastrophe. Die anfänglich vielleicht verwirrende Vieldeutigkeit war schnell einer barbarischen Eindeutigkeit gewichen. Was sich schließlich in den Konzentrationslagern als nationale Todesfabrik entlarvte, hatte als nationale Traumfabrik begonnen".[56]

Die Ausstellung "Faszination und Gewalt" wurde im Juli 1985 eröffnet und wird seitdem in den Sommermonaten im sog. Goldenen Saal und seinen Nebenräumen gezeigt. Außerdem stehen seit 1989 an markanten RPG-Stellen Texttürme, die die Besucher über die Funktion des Geländes, die Vergangenheit der Gebäude und ihren Stellenwert für das NS-Regime informieren. Ergänzend hierzu bietet die Stadt regelmäßig Geländebege-

hungen an und führte mehrere Symposien über den Umgang mit NS-Architektur durch, die bundesweite Diskussionen auslösten.

Mittlerweile liegen auch Rezeptions- und Wirkungsstudien zur Ausstellung vor, sowie mehrere regionalgeschichtliche Untersuchungen über die Zeit des Nationalsozialismus, ebenso verschiedene Informationsschriften und Videofilme speziell zum RPG-Thema.

All dies kann sich durchaus sehen lassen und wird offensichtlich auch positiv aufgenommen wie Presseberichte und kontinuierlich steigende Besucherzahlen[57] zeigen. Trotzdem wirken all diese Maßnahmen improvisiert - vielleicht weil eine umfassende Konzeption zur künftigen Nutzung des Reichsparteitagsgeländes, mit der "die Last des NS-Erbes" als Chance für Erinnerungsarbeit und politische Aufklärung begriffen würde, nach wie vor nicht in Sicht ist und eine grundsätzliche Entscheidung des Nürnberger Stadtrats in dieser Sache noch aussteht.

Perspektiven

Bevor nicht solch eine Entscheidung gefallen ist, werden wohl auch weiterhin höchst unterschiedliche Nutzungsvorschläge produziert und dann wieder - nach einer mehr oder weniger aufgeregten öffentlichen Diskussion - in der Schublade verschwinden. Bestes Beispiel für ein derartiges Verfahren, mit dem die "offene Frage" RPG-Nutzung immer wieder neu ins Bewußtsein gerufen wird, waren die Vorschläge der neuen Kulturreferentin Karla Fohrbeck, die mittels Baumpflanzungen und Bibelsprüchen auf Panzerglastafeln das Zeppelinfeld in eine nationale Gedenk- oder besser gesagt Gefühlsstätte verwandeln wollte.[59] Auch dieser Plan ist mittlerweile vom Tisch.[60]

Gegenwärtig liegen der Stadtverwaltung bzw. den politischen Entscheidungsträgern folgende Nutzungskonzepte zur Prüfung vor:

- **Große Straße:** statt der geplanten Renovierung der Granitplatten[61] eine künstlerische Umgestaltung zur "Straße der Erinnerung", gedacht als eine "allmählich entstehende Boden-Relief-Skulptur", die sich "allem Pathos entzöge".[62]
- **Zeppelinfeld:** "Umwidmung" in einen großen "Sport- und Freizeitpark" mit Schwimm- und Eissporthalle.[63]
- **Kongreßhalle:** (a) Einrichtung eines "Teleologischen Museums", in dem man NS-Kunst zeigt und verfallen läßt[64], (b) Umgestaltung des Innenhofs zu einer "begehbaren Landkarte" mit den Standorten sämtlicher Konzentrationslager[65], (c) Aufbau eines "Museums für Zeitgeschichte" mit Ausstellungen, Forschungszentrum, Sammlungen, pädagogischer Betreuung etc.[66], (d) Installierung eines Informations- und Dokumentationszentrums im Obergeschoß eines Kopfbaus[67], (e) Ausbau des sog. Standartenhofes zu einem "Rockpalast"[68], sozusagen als Gegenstück zum Serenadenhof, der im gegenüberliegenden Kopfbau untergebracht ist.

Art und Vielfalt der Vorschläge zeigen, wieweit man gegenwärtig noch von einer "Gesamtlösung" entfernt ist. Doch möglicherweise liegt in dieser Nicht-Lösung sogar eine besondere Chance für Nürnberg. Denn mit jeder "endgültigen" Lösung verknüpft sich die Gefahr, daß die notwendige Auseinandersetzung mit dem allzu gerne verdrängten Geschichtskapitel als abgeschlossen betrachtet wird, sozusagen "entsorgt" in einer wie auch immer gestalteten Gedenkstätte.

Aus diesem Grund plädiert Hermann Glaser lediglich für zwei bis drei Informationsstätten anstelle eines größeren "Museums für Zeitgeschichte", das seiner Meinung nach ohnehin die NS-Bauten nur unnötig aufwerten würde. Denn deren gegenwärtig banale Nutzung als Lagerhalle, Abstellraum, Tenniswand, Übungsplatz für Katastrophenschutz usw. sieht er eher positiv und empfindet es "als Zeichen höherer Gerechtigkeit, wenn ein Bauwerk des hybriden Machtrausches, das der Brutalität zur Apotheose und der Gemeinheit zur Aura verhelfen sollte, 'parterre' genutzt wird - und damit als etwas Gemeines in den Orkus der Banalität zurückgestoßen wird."[69]

Auch für den Leiter des Bayerischen Landesamtes für Denkmalpflege, Michael Petzet, ist "die jetzige Nutzung in gewissem Sinn schon optimal. Ich glaube, ein ganz wesentlicher Punkt ist an dem Bau das Unvollendete,

Plakatfolge (vgl. Vorderseite) zur Ausstellung 1985, 1986 und 1987

Informationstafeln in einem der Nebenräume der Zeppelintribüne

also diese wahnwitzige Gigantomanie und dann letztlich das Scheitern, also in gewissem Sinne ein babylonischer Turm der Nazi-Zeit."[70]

Solange dieser "babylonische Turm" unvollendet stehen bleibt, und weiterhin Ratlosigkeit verbreitet, kommt sein "Ruinen-Wert" als "didaktisches Material" (Mittig) noch immer am besten zur Geltung. Denn stets gibt es neue Anlässe für die Frage, wie man künftig mit diesen Bauten umgehen soll: Gedenktage[71], notwendige Bauerhaltungsmaßnahmen oder neuerdings auch die geplante Freigabe bestimmter RPG-Areale durch die US-Army. Und mit der Frage nach der Zukunft dieser Bauten ist automatisch die Auseinandersetzung mit ihrer Vergangenheit verknüpft. Insofern wirkt die "Nürnberger Nicht-Lösung" durchaus wider die Verdrängung.

Anmerkungen:

1. A. Speer: Erinnerungen, Frankfurt a. M. u. a. 1975, S. 69. - Vermutlich hat Speer diese "Ruinenwert-Theorie" erst nachträglich in seinen "Erinnerungen" konzipiert. Jedenfalls gibt es in der nationalsozialistischen Literatur hierfür keinen Quellenbeleg (vgl. H. E. Mittig: NS-Architektur für uns; in: Beiträge zur politischen Bildung Nr.10/1991, Pädagogisches Institut Nürnberg, S.17 ff.). Ungeachtet dessen wird die entspr. Passage aus Speers Erinnerungen immer wieder im Zusammenhang nationalsozialistischer Monumentalbauten zitiert. Im vorliegenden Artikel wird die Nürnberger "Wert-Nutzung" dieses NS-Erbes nach 1945 skizziert. - Für Anregungen und Hinweise danke ich Herrn Dr. Eckart Dietzfelbinger.
2. Der Begriff Profanierung umfaßt in diesem Zusammenhang nicht nur die pragmatische Umnutzung der NS-Kultbauten (z. B. als Lagerhaus), sondern auch deren profane Weiternutzung entspr. der ursprünglichen Funktion (z. B. als Museum) - profan deshalb, weil der politische Macht- und Erhabenheitsanspruch, den das NS-Regime mit diesen Bauten verknüpfte ("Stein gewordene Autorität", wie es Hitler 1937 in seiner "Kulturrede" ausdrückte), durch die Alltagsnutzung konterkariert wird. Im einzelnen vgl. die Beiträge von W. Nerdinger (München), W. W. Weiß (Obersalzberg) und H. E. Mittig (Berlin) in diesem Band.
3. Vgl. P.Steinbach: Gedenkstätten zu Denkstätten. Ausstellung auf dem Nürnberger Parteitagsgelände; in: Werk und Zeit, 3/1988, S.19.
4. Gewiß hätte man auch den symbolträchtigen sog. "Führerbau" am Münchner Königsplatz dazu rechnen können, wo Hitler residierte und u. a. das sog. Münchner Abkommen geschlossen wurde. Doch hier entschloß man sich zu profaner Umnutzung für Zwecke der Musikhochschule.
5. Vgl. die Beiträge von Nerdinger, Weiß und Mittig in diesem Band.
6. Vgl. z. B. die Rede Hitlers bei der Grundsteinlegung für die Kongreßhalle (1935): "Eine Halle soll sich erheben, die bestimmt ist, die Auslese des nationalsozialistischen Reiches für Jahrhunderte alljährlich in Mauern zu versammeln. Wenn aber die Bewegung jemals schweigen sollte, dann wird noch nach Jahrtausenden dieser Zeuge hier reden."
7. Schon 1933 wurde der Wunsch der Nürnberger Stadtväter, die RPG-Bauten doch gewissermaßen als Mehrzweckbauten anzulegen, abschlägig beschieden (vgl. H. U. Thamer: Von der "Ästhetisierung der Politik": Die Nürnberger Reichsparteitage der NSDAP; in: Werk und Zeit, 3/1988, S.6 f.).
8. Zu den Gründen vgl. W. W. Weiß: Nürnbergs Umgang mit dem NS-Erbe; in: B.Ogan / W. W. Weiß (Hg.): Faszination und Gewalt - Nürnberg und der Nationalsozialismus, Nürnberg 1990, S.4 f. - Daß sich Nürnberg, das bis 1933 stets über eine linke Mehrheit von SPD und KPD verfügte, durchaus zögerlich zeigte, darauf verweist eine Äußerung Hitlers, gem. Niederschrift über ein Ge-

Informationsbroschüre der Stadt Nürnberg über das ehem. Reichsparteitagsgelände (1991, 1. Auflage 1977)

spräch mit Stadtvertretern am 24. 7. 33: "Grundsätzlich muß sich die Stadt Nürnberg sofort entscheiden, ob sie für die nächsten etwa 100 Jahre den Parteitag (...) in ihrer Stadt haben will, oder ob sie diesen für die Geschäftswelt Nürnbergs außerordentlichen Vorteil daran scheitern läßt, daß sie eine Anzahl von alten Bäumen im Luitpoldhain erhalten will" (zit. T. Wunder: Das Reichsparteitagsgelände in Nürnberg, Nürnberg 1984, S. 25).

9. A. Speer im Gespräch mit W. Pehnt, zit. W. Lübbeke: Denkmäler des Übertreffens; in: Denkmalschutz Informationen, Juni 3/1989, S. 11.
10. "Die Größe der Gegenwart wird man einst messen nach den Ewigkeitswerten, die sie hinterläßt" (A. Hitler, zit. W. Lübbeke, a.a.O., S. 12.)
11. Vgl. G. Marano, Hauptkonservator des Bayer. Landesamts für Denkmalpflege, in einem Brief an die Denkmalschutzbehörde Nürnberg vom 6. 1. 1989.
12. Marano, ebd., S. 2.
13. Vgl. T. Wunder, a.a.O., S. 39.
14. Vgl. E. Dietzfelbinger: Der Umgang der Stadt Nürnberg mit dem früheren Reichsparteitagsgelände; in: Beiträge zur politischen Bildung, 9/1990, S. 6.
15. Vgl. ebd., S. 24; Lübbeke, a.a.O., S.9 f.
16. Vgl. Dietzfelbinger, a.a.O., S.6 ff. und S. 38.
17. Z. B. die Feiern des DGB zum 1.Mai 1946/47, die Heimattreffen der sudetendeutschen Landsmannschaften 1953 und 1955.
18. Z. B. die "Groß-Evangelisation" des amerikanischen Predigers Billy Graham 1963 und das "Christival" 1988.
19. Z. B. "Der anachronistische Zug" (1980) und die "Legende vom toten Soldaten" (1986) nach B. Brecht; Theater- und Tanzveranstaltungen des "Kulturzirkus" (1988: "Schuldig geboren - Kinder aus Nazifamilien" von P. Sichrowsky; "Einmarsch" von und mit der "Laokoon (DANCE)Group", u. a.); die Rockgruppe "Einstürzende Neubauten" (1986).
20. Die Bezeichnung "Goldener Saal" wurde nicht von den Nationalsozialisten eingeführt, sondern erst nach 1945 umgangssprachlich geprägt, wohl weil sich in diesem Raum ein goldfarbenes Deckenmosaik befindet.
21. Die mit Blick auf diese Nutzung seinerzeit erfolgte Umbenennung der Kongreßhalle in "Ausstellungsrundbau" wurde sehr bald wieder fallen gelassen.
22. Laut Speer lagen die Baukosten bei 700 - 800 Mio. Reichsmark. Doch da die zuletzt bekannt gewordenen Kostenvoranschläge alleine für Kongreßhalle und Deutsches Stadion die Höhe dieses Betrages erreichten, lag die Summe aller Kosten wohl sehr viel höher. Hitler hatte, angesichts der ständigen Kostensteigerungen, exakte Kostenermittlungen untersagt (vgl. Wunder, S.34 f.).
23. Hauptamt für Hochbauwesen: Vorschläge über Verwendungsmöglichkeiten der ehemaligen Kongreßhalle, Nürnberg, 26. 8. 1955. In dieser Vorlage werden die bereits investierten Mittel für die Kongreßhalle mit 82 Mio. Reichsmark angegeben. Zwischen 1949-55 seien weitere 880.000 DM investiert worden, u. a. wohl auch für die 134 überdimensionalen Fenster, die dort wegen der Ausstellungsnutzung installiert wurden.
24. Zu den benötigten Zugängen und Treppenanlagen für das Stadion heißt es: Sie "sind bereits im Rohbau vorhanden und so reichlich bemessen, daß sie für größten Massenverkehr ausreichen würden" (S. 5). Als "Verwendungsmöglichkeiten" des so ausgebauten Stadions werden u. a. genannt: Große Sport- und kulturelle Veranstaltungen, sowie "Kirchentage, Sudetendeutscher Tag, Zeugen Jehovas, Schlesiertreffen" (ebd.).
25. Ebd., S.16.
26. Nur gelegentlich bezogen sie sich auf die Zeppelintribüne (Ausbau der Tribünen- und Toilettenanlagen für Großveranstaltungen), auf die Große Straße (Begrünung) oder auf den Silbersee (Errichtung eines Freibads).
27. Vgl. Dietzfelbinger, S.13 ff.
28. Als Architekt für ein entspr. Gutachten wurde auf Empfehlung des DFB pikanterweise Werner March verpflichtet, der schon für den NS-Großbau "Berliner Olympiastadion" verantwortlich zeichnete. Die Stadt Nürnberg honorierte seine Vorlage mit 116.250 DM (vgl. ebd., S. 25).
29. Nürnberger Nachrichten (NN), 12. 3. 1987.
30. Congreß & Partner, hektogr. Pressemitteilung ohne Datum, S. 2.
31. Ebd., S. 4.
32. NN, 17. 5. 1969
33. Zit. NN, 29. 4. 1969
34. Der Tiergarten wurde im Zuge der RPG-Gestaltung an den Schmausenbuck verlegt.
35. Vgl. Dietzfelbinger, a.a.O., S. 11
36. "Eine Nürnberger Sprengfirma geht dieser ehemaligen, leeren, steingewordenen Verkörperung einer vergangenen Epoche mit einigen hundert Sprengpatronen aus Ammongelit 'an den Kra-

Theateraufführung ("Aus den Protokollen Adolf Eichmanns") 1988 im sog. Goldenen Saal der Zeppelintribüne

gen'. (...) Die Sprengungen (...) dauern insgesamt zwei Wochen an", NN, 24. 2. 1959.
37. Vgl. die Beiträge von H. U. Thamer und S. Zelnhefer in diesem Band.
38. Die Bauarbeiten für das für Wehrmachtparaden gedachte Märzfeld begannen 1938. Er hatte eine Grundfläche von 1000 m x 600 m. Insgesamt waren 24 Türme geplant (Grundfläche 16 m x 16 m, Mauerdicke 1 m). Außer den elf bereits fertiggestellten Türmen wurden auch die im Rohbau befindlichen Tribünenanlagen gesprengt. Nach Abschluß der ersten Sprengungen meldete die NN am 28. 8. 1966: "Unter sanften Hügeln ist auf dem Märzfeld verschwunden, was 20 Jahre nach Kriegsende noch von der NS-Zeit gezeugt hatte."
39. H. Glaser: Rumpelkammern im deutschen Kolosseum; in: Rheinischer Merkur, 16. 6. 89, S. 15.
40. Vgl. Dietzfelbinger, a.a.O., S.21 f.
41. NN, 17. 5. 1967
42. Vgl. NN, 9. 11. 1963
43. Auch im nahe Nürnberg gelegenen Hirschbachtal, wo ein Segment des geplanten "Deutschen Stadions" im Verhältnis 1:1 zu Versuchszwecken errichtet worden ist (vgl. den Beitrag von H. Bernett in diesem Band), kam dieses Verfahren mehr oder weniger gezielt zur Anwendung. Die seinerzeit mächtige Anlage ist heute überwuchert, hohe Bäume versperren die Sicht. Initiativen, wenigstens eine Informationstafel auf dem direkt unterhalb liegenden Parkplatz anzubringen, hatten bislang keinen Erfolg.
44. Grobkonzept für eine Bundesgartenschau Nürnberg, Dezember 1988, Stadt Nürnberg/Arbeitsgruppe Bundesgartenschau, S. 1.
45. Ebd., S. 3.

46. Stadtratsbeschluß vom 18. 1. 1989.
47. "Wer will, kann sich sogar einen Tisch mit einer Platte vom Reichsparteitagsgelände in die gute Stube stellen", NN, 24. 8. 1966.
48. Speer "gilt in der NS-Forschung als einer der Initiatoren des Häftlingseinsatzes in den Steinbrüchen. So verhandelte er z. B. am 30. 6. 1938 mit der Firma 'Deutsche Erd- und Steinwerke' (DEST) über Lieferung von Baumaterialien (...). Die DEST war von führenden Funktionären der SS und der Polizei am 29. 4. 1938 gegründet worden mit dem Ziel, den Bedarf an Natur- und Ziegelsteinen für die Bauprogramme der Nationalsozialisten abzudecken. Die DEST errichtete z. B. je ein Großziegelwerk in Sachsenhausen und bei Buchenwald und kaufte die Granitsteinbrüche bei Flossenbürg und Mauthausen. Diese Erwerbung von Steinbrüchen war ausschlaggebend für die gleichzeitige Errichtung je eines neuen Konzentrationslagers bei den Ortschaften Flossenbürg, Mauthausen und Gusen" (Dietzfelbinger, a.a.O., S. 37 f.; vgl. auch Wunder, S. 36 ff.)
49. Vgl. NN, 9. 12. 1961.
50. H. Cramer/C. Jahn/W. Simon: Projekt eines Instituts zur Faschismusforschung (Vorentwurf), hektogr. Mskr. o.O., o.J.
51. Ebd., S. 1.
52. Ebd., S. 3.
53. Laut Stadtratsprotokoll vom 16. 3. 1983 waren von dieser Summe 313.000 DM vorgesehen v. a. für den Erhalt der Bausubstanz gem. Denkmalschutzgesetz von 1973 (v. a. Einziehen einer Zwischendecke und Restaurierung der Eingangshalle, des sog. Goldenen Saals). Die restlichen 180.000 DM waren vorgesehen für sanitäre Anlagen, die bei Großveranstaltungen wie Motor-

Treppenstufen im Außenbereich der Zeppelintribüne (1991)

sportrennen und Rockfestivals gebraucht wurden. In diesem Beschluß wird zugleich die allmählich sich anbahnende Doppelnutzung der NS-"Ruinenwerte" deutlich: Einerseits ökonomisch-pragmatische Nutzung (Autorennen etc.), andererseits Information und Aufklärung (die geplante Ausstellung über Nationalsozialismus).

54. Die Ausstellung ist mit Texten und Bildern dokumentiert bei: B. Ogan/W. W. Weiß (Hg): Faszination und Gewalt - Nürnberg und der Nationalsozialismus, Nürnberg 1990, zu beziehen über das Pädagogische Institut der Stadt Nürnberg, Insel Schütt 5, 8500 Nürnberg 1.
55. Die RPG-Bauten sind großteils klassischen Vorbildern nachempfunden (Zeppelintribüne: griech. Pergamonaltar; Kongreßhalle: röm. Kolosseum; Planungsvorlage "Deutsches Stadion": Athener Olympiastadion), übertreffen aber deren Dimensionen bei weitem (vgl. W. W. Weiß: Größenwahn in Stein. Das ehem. Reichsparteitagsgelände; in: W. Doni u. a.: Nürnberg. Ein Kultur- und Wirtschaftsportrait, München 1990, S. 81. - B.Ogan/W. W. Weiß: Steine für die Ewigkeit. Das ehem. Reichsparteitagsgelände; in: "Nürnberg zu Fuß", Hamburg 1988, S.190 ff. - W. D. Reuter: Die Macht der Planer und Architekten, Stuttgart u.a., 1989, S.85 f.). - 1939 sagte Hitler in einer Rede vor Bauarbeitern: "Warum immer der Größte? Ich tue es, um dem einzelnen Deutschen wieder das Selbstbewußtsein zurückzugeben" (zit. Reuter, a.a.O., S. 86).
56. Ebd., S. 9.
57. Seit 1985 sind die Besucherzahlen der nur jährlich ca. 4 Monate geöffneten Ausstellung "Faszination und Gewalt" von 12.000 auf über 40.000 im Jahr 1990 gestiegen.
58. Das Zeppelinfeld steht bis zum heutigen Zeitpunkt der Stadt Nürnberg nicht zur Verfügung. Aber in Erwartung des Abzugs der US-Armee werden auch jetzt schon Nutzungsvorschläge für dieses Areal vorgelegt (vgl. auch Fußnote 63).
59. Vgl. Mittig, a.a.O., S. 11 f.
60. Angesichts der heftigen Kritik, die von Parteien und Öffentlichkeit an diesem Konzept geübt wurde, zog es Karla Fohrbeck wieder zurück. In der Sitzung der Sportkommission am 8. 3. 1991, wo ein Nutzungsvorschlag des BLSV diskutiert wurde (vgl. Fußnote 63) erklärte sie, daß sie "von sich aus ihre ursprünglichen Pläne ncht mehr weiterverfolgen wird."
61. Es ist eine Gesamtrenovierung der Großen Straße geplant. Die Kosten von rund 16 Mio. DM sollen aus dem Topf der "Stellplatzablöse" genommen werden. Nach längeren Verhandlungen mit dem Bayer. Landesamt für Denkmalschutz, das in der Großen Straße ein historisches Dokument von "überragender Bedeutung" sieht, wurde ein Renovierungskonzept erarbeitet, das eine zumindest teilweise Erhaltung und offensive historische Auseinandersetzung mit diesem NS-Relikt erlaubt (vgl. Fußnote 11; außerdem: NN, 13. 3. 1991).
62. Vorlage des Künstlers Winfried Baumann, hektogr. Manuskript, Nürnberg 1991.
63. Schreiben des Bayerischen Landes-Sportverbands/Kreis Nürnberg e.V. vom 9. 2. 1991 an den Bürgermeister der Stadt Nürnberg. Die Beratung erfolgte in der Sportkommission am 8. 3. 1991. Zur Zielsetzung heißt es in diesem Schreiben u. a.: Ein "Sport- und Freizeitpark (...) wäre eine einmalige Chance in dieser Art, Nürnberg wieder an die Spitze in Deutschland zu bringen", und an anderer Stelle: "Es bleibt zu hoffen, daß sich über diesen Weg das üble Image der Stadt Nürnberg als 'Stadt der Reichsparteitage' abbauen läßt. Schließlich ist auch aus München, der 'Stadt der Bewegung', die geliebte 'Weltstadt mit Herz' geworden."
64. H. Ambos/P. Weidenhammer: Das teleologische Museum. Ein Konzept zur Nutzung der Kongreßhalle, Nürnberg/München 1988.
65. Ein Vorschlag des Künstlers Werner Sünkenberg, den die Nürnberger SPD am 14. 3. 1990 der Presse vorstellte (vgl. NN, 15. 3. 1991).
66. T. Brons/G. Gerstner/C.Jahn: Denkschrift über die zukünftige Nutzung des ehem. NSDAP-Reichsparteitagsgeländes, vorgelegt 1989 von der SPD-Arbeitsgruppe Reichsparteitagsgelände, in der wesentliche Elemente der Denkschrift von Helge Cramer u. a. (vgl. Fußnote 50) wieder aufgenommen werden.
67. Vorlage des Pädagogischen Instituts der Stadt Nürnberg vom 22. 4. 1991.
68. Vgl. Nürnberger Zeitung, 26. 7. 1991; Nürnberger Anzeiger, 25. 7. 1991
69. Glaser, a.a.O., S. 15
70. Zit. G. D. Liedtke: Das Erbe Albert Speers. Sendung des Bayer. Rundfunks, 2. Progr., am 1. 12. 1987, 22.30-23.00 Uhr.
71. Vgl. W. W. Weiß: Wider die Schleichende Verdrängung. Gedenktage und der alltägliche Umgang mit NS-Architektur; in: Die Demokratische Schule, 11/1988, S.5 ff.

Winfried Nerdinger

Umgang mit der NS-Architektur
Das schlechte Beispiel München*

Wie mit historischer Bausubstanz umgegangen wird, ist weniger ein Problem der Architektur als Ausdruck eines Bewußtseins zu der in den Bauten verkörperten Geschichte. Als sich die Alliierten wie alle Sieger der Weltgeschichte zuerst einmal in die Repräsentationsbauten der Besiegten setzten, dokumentierten sie damit auch die Niederwerfung des Gegners. In München wurde das Haus der deutschen Kunst Offizierskasino, das Luftgaukommando PX-Laden und die Reichszeugmeisterei Sitz des Standortkommandanten, der auch heute noch dort residiert, so wie sich entsprechend in Berlin das US-Headquarter im ehemaligen Luftgaukommando-Gebäude befindet.

Demokratische Institutionen in NS-Bauten - der "bruchlose" Übergang

Wo die Sieger allmählich auszogen, rückten in beiden Teilen Deutschlands zumeist Politiker und Militärs einfach nach. Die neugegründete Bundeswehr zog in die alten Wehrmachts- und SS-Kasernen ein, der Geheimdienst bezog die ehemalige SS-Siedlung in München-Pullach, und in der Ordensburg Sonthofen, wo Hitlers "blonde Bestien" gezüchtet wurden, wird heute der Offiziersnachwuchs gedrillt. In Görings Berliner Luftwaffenministerium sind die DDR-Ministerien untergebracht, so wie sich auch in München zwei bayerische Ministerien in NS-Bauten befinden, und selbst der bayerische Ministerpräsident empfängt Staatsbesucher in dem für Mussolini zum Gästehaus umgebauten Prinz-Karl-Palais. Daß diese Bauten wieder genutzt werden, auch mit zum Teil ähnlichen Funktionen, ist sicher verständlich, daß sich aber dieser Übergang ohne die geringste Diskussion um die in der Architektur überlieferte Geschichte vollzog, dokumentiert Haltung und Bewußtsein gegenüber jüngster Vergangenheit.

Eine Auseinandersetzung mit den in der NS-Zeit errichteten Repräsentationsbauten fand in München nur kurz nach dem Krieg um die sogenannten Ehrentempel statt. Es wurden jedoch nur Abbruch, Neubebauung oder Umnutzung diskutiert, und als Kardinal Faulhaber auch noch vorschlug, dieses höchste NS-Heiligtum für die sogenannten "Blutzeugen der Bewegung" in eine katholische und eine evangelische Kirche umzuwandeln, ordnete General Eisenhower 1947 persönlich die Sprengung an. Neben der Schleifung der Reichskanzlei ist dies meines Wissens der einzige konkrete Akt einer "Vergangenheitsbewältigung durch Abbruch" von NS-Bauten, ansonsten begnügte man sich mit der Durchführung eines alliierten Kontrollratsbeschlusses zur Entnazifizierung der Architektur und entfernte die NS-Inschriften, Embleme und Hoheitszeichen. Daß hier buchstäblich eine Oberflächenbehandlung angewendet wurde, ist noch heute ablesbar, denn die NS-Adler an den sogenannten Führerbauten wurden zwar zerschlagen, aber die Konsolen und Verankerungen - die Basen blieben erhalten.

Bei dem etwas weniger typischen Adler am Finanzamt begnügte man sich mit dem Herausmeißeln des Hakenkreuzes, auf dem Gedenkstein für die NS-Mustersiedlung Ramersdorf machte ein geschickter Steinmetz aus der "Adolf-Hitler-Linde" nur noch eine "Linde", und die deutschen Stahlhelme zwischen gesprengten Giebeln am Luftgaukommando störten offensichtlich die Münchner ebensowenig wie heute den bayerischen Wirtschaftsminister, der nun dort residiert.

Münchens geheime Hoffnung: die Zeit heilt Wunden

Mit dieser abgestuften architektonischen Entnazifizierungskosmetik korrespondiert eine entsprechende Differenzierung bei der Nutzung von NS-Bauten. War die Herkunft der Bauten nicht allzu deutlich erkennbar, blieb die alte Nutzung gleich erhalten, wie zum Beispiel beim Finanzamt, oder es zogen Verwaltungen wie das Wirtschafts- und Landwirtschaftsministerium ein. Der für die Reichsbank nur bis zum Erdgeschoß ausgeführte Block an der Ludwigstraße wurde sogar erst in den fünfziger Jahren nach dem ursprünglichen Entwurf für die Landeszentralbank fertiggestellt; ein besonders bemerkenswertes Beispiel für Kontinuität. Die repräsentativen NS-Bauten wurden dagegen durch Kultur langsam im Bewußtsein der Bürger neutralisiert. Der sogenannte Führerbau ist nicht mehr die Stätte, wo der größte Mas-

Luftgaukommando, heute Wirtschaftsministerium

senmörder der Geschichte residierte oder wo das "Münchner Abkommen" zur Vergewaltigung des tschechischen Volkes zustande kam, sondern der Ort zum Üben für Musikhochschüler und zum abendlichen Konzertbesuch.

Im Haus der deutschen Kunst fand in der Nachkriegszeit durch große Ausstellungen zur Moderne eine Art Umerziehung der Bevölkerung statt. Im Bewußtsein der meisten Münchner ist dieser NS-Tempel für eine zum "Fanatismus verpflichtende Kunst" nur noch der Ort, wo sie Picasso, van Gogh oder das Gold des Tutanchamun gesehen haben. Gegen die Umnutzung beider NS-Bauten ist an sich nichts einzuwenden, aber die historische Chance, Millionen von Besuchern und Zehntausende von Studenten über die Geschichte des Hauses immer wieder mit dem Nationalsozialismus zu konfrontieren und dadurch mitzuwirken am Aufbau eines antifaschistischen Bewußtseins, wurde nie erwogen. Im Gegenteil war und ist bis heute das Bestreben darauf gerichtet, alle mit der Architektur verknüpften Bezüge zum Nationalsozialismus systematisch auszulöschen.

Wir wollen unser liebes München wieder!

Schon in der ersten Sitzung des Münchner Stadtrats nach dem Krieg im August 1945 gab der alte und neue Stadtbaurat (Karl Meitinger) die Leitlinie aus, nach der in der Folge Wiederaufbau und Geschichtsverdrängung Hand in Hand arbeiteten: "Wir müssen unter allen Umständen trachten, die Erscheinungsform und das Bild der Altstadt zu retten...,damit wir in einigen Jahrzehnten unser liebes München wieder haben, wie es war ... (dann) wird München eines Tages wieder Brennpunkt für den neuen Fremdenverkehr sein und sein alter Ruf als deutsche Kunststadt erblühen." Erinnerungen an Verbrechen, die in München stattfanden und von hier ihren Ausgang nahmen, hätten natürlich in diesem idyllischen Bild gestört. An keinem einzigen NS-Bau ist irgendein Hinweis auf die Entstehungszeit angebracht. Erinnerung findet in München nur als Pflichtübung in möglichst neutraler Form statt: Ein Gedenkstein hinter dem Künstlerhaus verweist wenigstens noch auf den Standort der abgerissenen Synagoge, die Schrift am Siegestor könnte sich dagegen auf jeden beliebigen Krieg beziehen, und der zu zwei Dritteln als Parkplatz benützte "Platz der Opfer des Nationalsozialismus" ist geradezu ein Hohn. Daß diese keineswegs anonymen Opfer schräg gegenüber im Gestapo-Hauptquartier, dem berüchtigten roten Haus, ehemals Wittelsbacher-Palais, verhört, bestialisch gefoltert und massakriert wurden, soll wohl niemand mehr wissen, denn dort steht der Neubau der Landesbank. Daß im Keller des heutigen Landwirtschaftsministeriums an der Ludwigstraße der Gauleiter bis in die letzten Kriegstage morden ließ, im Polizeipräsidium eine Zeitlang Frick, Himmler und Heydrich ihr Unwesen trieben, im Justizpalast Unrechtsurteile gefällt und in Stadelheim die bayerischen Widerstandskämpfer hingerichtet wurden, all das wird nicht durch den geringsten Hinweis an diesen Bauten ins Bewußtsein der Bewohner der ehemaligen "Hauptstadt der Bewegung" gebracht.

Münchens Denkmalpflege, paradox oder systematisch?

Erinnerung darf - klar abgetrennt - ab und zu für Schulklassen im fernen Dachau stattfinden, aber in München, das an seinem Image als "Weltstadt mit Herz" arbeitet,

Finanzamt

wird die in Architektur konkretisierte Erinnerung an den Nationalsozialismus systematisch weiter zerstört. Ohne die geringste Diskussion verschwand 1987 das flächenmäßig größte NS-Monument, der mit Granitplatten belegte Königsplatz samt Einfriedungsmauern, während paradoxerweise gleichzeitig das Landesamt für Denkmalpflege im Inneren der sogenannten Führerbauten sogar Toiletten unter Denkmalschutz stellte. Die zentrale Nazi-Kultstätte Münchens, mit der sich Bücherverbrennung, Aufmärsche und der 9.-November-Appell, die ideologisch bedeutsamste Feier des Regimes, verknüpften, ist aus der sichtbaren Stadtgeschichte verschwunden.

Der begrünte Königsplatz führt scheinbar bruchlos wieder zu Klenze und Ludwig I. zurück, und weil man schon dabei ist, sollen nun auch noch die allerletzten Reste, die an den Blutkult der Nazis erinnern könnten, nämlich die noch erhaltenen Fundamente der Ehrentempel, beseitigt werden. Die beiden Eckpalais, die ehemals den Ehrentempeln weichen mußten, sollen in ähnlicher Form wiedererstehen, dann wäre bis auf die Führerbauten die Geschichte endlich zurückgedreht und das Bild des "lieben München" wieder ein Stück geflickt.

Das selektive Geschichtsbewußtsein

Das Erschreckende an diesem Bewußtsein ist nicht nur die ganz offen gezeigte Verdrängung durch Zerstörung, sondern die damit verknüpfte Illusion, sich durch eine Entfernung der Bauten auch von der Geschichte zu befreien. Der Königsplatz kann aber nie wieder nur ein klassizistischer Platz sein, genausowenig wie die Feldherrnhalle nach der Entfernung der NS-Tafel und der 16 Pylonen mit Opferschalen für die "Blutzeugen" wieder zur Loggia-dei-Lanci-Kopie der Ludwig-I.-Zeit wurde. Der Nationalsozialismus liegt als Geschichte, als historische Schicht darüber. Während sich die Münchner Bürger blind stellen, wußten die jungen Münchner Neonazis offensichtlich genau über die historische Bedeutung der Feldherrnhalle Bescheid, als sie sich am 18. August 1987, in der Nacht von Rudolf Heß' Tod, dort mit Fackeln versammelten und ihre Lieder grölten. Spätestens hier zeigt sich nicht nur, wie töricht und geschichtsblind es ist, die sichtbaren Spuren der Geschichte zu beseitigen, sondern auch, daß es fast ein halbes Jahrhundert versäumt worden ist, die mit dem Nationalsozialismus verknüpften Bauten und Plätze mit Zeichen eines neuen demokratischen und antifaschistischen Bewußtseins zu besetzen.

Hier schließt sich natürlich sofort die entscheidende Frage an, ob dieses antifaschistische Bewußtsein überhaupt vorhanden ist, denn es geht ja letztlich nicht um irgendein Zeichen oder Denkmal an geschichtsträchtigen Orten oder NS-Bauwerken, sondern um den Ausdruck unserer Haltung zu unserer eigenen jüngsten Geschichte. Konnte diese Haltung bisher als Verdrängung, Blindstellen und Totschweigen bezeichnet werden, so mehren sich in letzter Zeit die Hinweise auf einen ebenso fatalen wie symptomatischen Wandel im Umgang mit der NS-Geschichte.

Erhabenheit im Aufwind: Sind wir wieder wer?

Parallel zur diskussionslosen Beseitigung der architektonischen Spuren des Nationalsozialismus am Königsplatz betrieb Gerhard Merz im Kunstverein sein berechnend perverses Spiel mit der Evokation und Vermischung von Monumentalität, Erhabenheit und NS-Symbolik. Als nächstes wurde für die Ausstellung "Nibelungen" zum ersten Mal seit Kriegsende der monumentale Hauptsaal im Haus der Kunst wieder in voller Größe vorgeführt, zur Steigerung der Wirkung und in "harmonischem" Einklang mit dem Thema. Diese neue Form eines "Aus-dem-Schatten-der-Geschichte-Tretens" führte der Veranstalter der Gedächtnisausstellung "Entartete Kunst" im gleichen Haus anschließend noch schamloser vor, indem er die politisch-ideologischen Hintergründe dieser Einübung in die physische Vernichtung sogenannter "artfremder" Elemente schlichtweg ausklammerte und jene Schandaktion auf der "besonnenen" Ebene einer angeblichen Auseinandersetzung zwischen dem kunstliebenden Hitler und der ihn verwirrenden Moderne behandelte. Daß in der folgenden Ausstellung Gerhard Merz ein sogenanntes "Inferno" installierte, in Anlehnung an das von Terragni zur Verherrlichung des italienischen Faschismus geplante Danteum, korrespondiert mit dem Wunsch von Merz zur Übernahme des Thorak-Ateliers in Baldham. Ein adäquater Ort für seine Arbeit. Nachdem jahrzehntelang nur verdrängt wurde, glaubt die neue Schamlosigkeit sich mit dem Gerede der späten Geburt der NS-Geschichte und ihrer Zeichen bedienen zu können.

---

* Vortrag vom 8. Juli 1988 anläßlich des Symposions "Das Erbe - vom Umgang mit NS-Architektur" in Nürnberg.

Die Rückfront des südlichen Ehrentempels, 1937

Die gesprengten Ehrentempel, Januar 1947

Hans-Ernst Mittig

NS-Architektur für uns*

Gegenwärtig

Bauten, die das NS-Regime hinterließ, umgeben uns noch. Viele sehen kaum anders aus, als wenn dieses Regime den Krieg überstanden hätte. An der Ostseite des Berliner Olympiageländes, dem Olympischen Tor, fehlt fast nur das Sonnenrad. Als zweckgerecht gemilderte Version des Hakenkreuzes hatte es 1936 am "Preußenturm", dem rechten Eingangspfeiler, die Besucher der 11. Olympischen Spiele begrüßt, der groß angelegten Werbeveranstaltung des nationalsozialistisch genannten Staates und seiner Wehrmacht[1]. An diese Tage erinnern Tafeln, die in den frühen 1960er Jahren erneuert und ergänzt wurden, ohne Distanzierung. Vielleicht hätten auch die Nazis moderne Regendächer über einem Teil der Tribüne errichtet. Bestimmt wäre dann unter den möglichen Konstruktionen diejenige gewählt worden, die den Altbau des Stadions am wenigsten überschnitt, eine Konstruktion, die die "kraftvolle Fassade" und das "harmonische Innenrund" erhielt, "der äußeren und inneren Gestalt des Olympiastadions so wenig wie möglich schaden" konnte - Zitate von 1970, die ein "unverzichtbares Gebot" bezeichnen sollten[2]. Nach kriegsbedingter Zerstörung hätten die Nazis den Glockenturm wiedererrichten lassen, gewiß wieder durch den Architekten Werner March - wie es auch die Bundesregierung 1961/1962 für selbstverständlich hielt[3]. Das Berliner Stadion ist nur eines der Beispiele dafür, daß NS-Bauten weitergenutzt und darum beibehalten, zum Teil rekonstruiert werden. Repräsentative Großbauten dürfen nicht davon ablenken, daß das NS-Regime auch in anderen Sparten Architektur hinterließ, die weiterhin verwertet, namentlich bewohnt werden muß.
Vor diesem Hintergrund zeigt der empörte Ruf "Nazi-Kunst ins Museum?"[4] besonders deutlich seine Halbheit und Aussichtslosigkeit. Der vielbeachtete Protest zielt darauf, bewegliche Kunstwerke vor dem Museumspublikum zu verbergen, obgleich sie dort in einen kritischen Zusammenhang gebracht werden können; die Diskussion umgeht Bauten, die als unentbehrlich gelten und deshalb auf ein viel breiteres Publikum wirken dürfen. *Sie* lassen sich nicht aus der Öffentlichkeit verbannen, ausgrenzen oder einschließen. Nur der Abriß könnte das Publikum vor ihrem Anblick bewahren. Aber auch Abrißvorschläge, wie sie fast in jeder Diskussion über den Umgang mit NS-Architektur wieder auftauchen[5], werden noch einen Grad fragwürdiger, wenn zunächst nach der Gegenwärtigkeit der Bauten gefragt wird, die bereits abgerissen worden *sind*. Einige Großbauten des NS-Regimes sind verschwunden. So vor allem die Neue Reichskanzlei in Berlin, die 1936 bis 1939 nach Albert Speers Plänen errichtet worden war. Ihre Ruine ist 1949 beseitigt worden[6]. Aber dieses Gebäude war ohnehin dazu bestimmt, durch Fotografie und Film bekanntgemacht zu werden. Das Bild des Äußeren und der den meisten "Volksgenossen" unzugänglichen Repräsentationsräume wurde bei der Einweihung im Juli 1939 aufwendig publik gemacht. Dieses Bild wurde vom Abriß nicht erfaßt. Es ist noch so gegenwärtig, daß der Bau in Diskussionen über spätere Architektur oft als bekannt vorausgesetzt wird[7].
Es ist also eine Illusion, daß der Abriß von NS-Bauten ihre Fortwirkungen beseitige. Programmatischer Abriß wird ohnehin stets nur bei den herausragenden Bauten gefordert. Gerade diese bleiben jedoch durch interpretierende Medien aus ihrer Entstehungszeit im Bild erhalten. Abriß würde hier das, was jetzt noch materiell untersucht und geprüft werden kann, zur NS-Legende machen. Präzisere Information würde dann zum Privileg für diejenigen werden, die sich aus Bibliotheken und Archiven zu informieren wissen. Das wäre nicht einmal dann angemessen, wenn die wissenschaftlich ausgebildeten Informierten immer auf der Höhe der Faschismusforschung wären. Selbst dann könnten sie ihre Erkenntnisse nicht ohne Gegenstände weitervermitteln, an denen die Angesprochenen selbständig Beobachtungen anstellen könnten. Als didaktisches Material sind NS-Bauten unentbehrlich.
Elitärer Zauber geht, wenn man manchen Autoren glauben darf, erst recht von den größten der geplanten NS-Bauten aus, die nicht einmal vorübergehend vorhanden waren. Sie wurden damals in Publikationen gefeiert, mittels Modellfotografie und -film vorgestellt, als seien sie

245

Steine der Zeppelintribüne *Seitenwand der Zeppelintribüne*

schon vollendet[8]. Diese Bauten, die nie existiert haben, scheinen auch dadurch für viele unserer Zeitgenossen in eine Sphäre gerückt zu sein, die wie eine Traumwelt fasziniert[9]. Der entlastende[10] Ruf nach Abriß ginge hier vollends ins Leere.

Die Gegenwärtigkeit erhaltener, bildlich überlieferter oder im Entwurf bekannter NS-Architektur weckt sehr verschiedene Emotionen und wirft viele Fragen auf, auch die nach der Bewertung der NS-Architektur. Ich suche den Zugang über eine Frage, die beim Blick auf den gegenwärtigen politischen Meinungsstand als dringlicher erscheint: **Wie gefährlich ist NS-Architektur heute noch als stumme Nachhut des faschistischen Herrschaftsapparates oder als Vorhut rechtsextremer Veränderungen?** Aufschluß über die Gefährlichkeit von NS-Bauten ist nötig für die ebenso aktuelle Frage, wie wir heute mit ihnen umgehen sollten. Antworten darauf sind nicht nur von der Betrachtung der Bauten selbst zu erwarten. Zu fragen ist auch, welche Dauerwirkung sie nach der Intention der Nazis haben und behalten sollten: **Wie stellten sich die Nazis selbst die Wirkung ihrer Architektur auf künftige Generationen vor, wie weit also erreicht uns ihre Absicht noch in ihren Bauten?** Es kann nicht gleichgültig sein, ob wir vielleicht durch Bewunderung, vielleicht aber schon durch Gedankenlosigkeit ein Verhalten hervorbringen, wie es die Nazis von späteren Betrachtern und Benutzern ihrer Werke erwarteten[11]. Die Frage nach dem Anspruch dieser Kunst an die Nachfahren der ursprünglich Angesprochenen reichert den Entscheidungsprozeß um eine Überlegung an; einfache Rezepte kann sie allerdings nicht liefern. Versuche, schematisch das Gegenteil des Erwarteten zu tun, würden eine negative Fixierung an die Absichten der Nazi-Architekten bewirken. Ein Gebot, äußerliche Ähnlichkeiten mit der damaligen Praxis um jeden Preis zu vermeiden, führt zu absurden Direktiven[12]. Solche "formale Analogie, die von historischen Inhalten absieht"[13], liefert keine verläßliche Aktualisierung von NS-Geschichte. Historischer Wandel ist auch bei der Frage zu bedenken, wie sich die Nazis die Wirkung ihrer Architektur auf spätere Generationen dachten. Wir selbst sind ja nicht ein Publikum, das sie sich gewünscht hätten, und auch kaum eines, das sie sich hätten vorstellen können[14]. Wenn die Erwartungen der Urheber im folgenden als ein Gesichtspunkt unter mehreren herangezogen werden, ist also ein historischer Wandel der Rezeptionsbedingungen mitzubedenken[15]; erst nach der Erörterung von Beispielen wird er auch einzuschätzen sein.

Kontrovers

Kunsthistoriker haben eine anhaltende Gefährlichkeit der NS-Kunst bisher mit den verschiedensten Mutmaßungen und Gleichnisssen umschrieben, aber kaum konkret ermittelt. Die Kunstwissenschaft betreibt auch sonst so gut wie keine Wirkungsforschung. "Rezeptionsforschung" befaßt sich meist nur damit, wie Kunstwerke von Künstlern und Literaten aufgenommen und weiterverarbeitet wurden; gegenüber NS-Kunst ist das besonders unzureichend, wenn von ihnen eine Wirkung auf breiteste, wortlose Empfängergruppen befürchtet wird.

Diese Befürchtung scheint erst 1973/74 öffentlich diskutiert worden zu sein. Damals bereitete eine Frankfurter Arbeitsgemeinschaft die Ausstellung "Kunst im Dritten Reich. Dokumente der Unterwerfung" vor, die erste Ausstellung, die Kunst (einschließlich Architektur) des deutschen Faschismus kritisch vorführen sollte. Ein Haupteinwand gegen dieses Unternehmen war, daß die Berührung mit Werken des NS-Regimes immer noch Schaden anrichten könne. Die Diskussionen bestätigten eher die Vermutung, der Anblick der Werke habe möglicherweise einige Unbelehrbare erfreuen, aber jüngere Menschen kaum anwerben können[16]. Damit war immerhin deutlich geworden, daß bei der Frage nach gefährlichen Wirkungen verschiedene Alters- und Einstellungsgruppen zu unterscheiden waren und daß neue Generationen, die keine selbstgewonnenen Erinnerungen an den deutschen Faschismus zu verarbeiten hatten, die wichtigsten Rezipienten werden würden.

Besuchergruppe auf der Zeppelintribüne

Die ursprünglich mit der NS-Architektur erstrebten Wirkungen hatte Kunst schon 1971 eindringlich beschrieben[17]. Er erwartete sie von den symbolischen und formierenden Elementen, die auf Unterwerfung und Opfer hinweisen. Die daran 1972/75 anknüpfende Untersuchung zu Speers Berliner Straßenlaternen auf der ehemaligen Ost-West-Achse ging davon aus, daß vor allem disziplinierende Wirkungen auch eingetreten seien und daß die Laternenreihen Haltungen und Meinungen noch modellieren könnten, wenn sie unreflektiert weiterbenutzt werden würden[18]. Nach einer Erhebung über den Eindruck, den die Fassaden von Monumentalbauten machen, kam Krampen 1983 zu dem Schluß, daß "die NS-Architektur immer noch ihre Botschaft der Gleichschaltung und Einschüchterung des Individuums ausstrahlt und den Eindruck erweckt, als solle dies in Ewigkeit so weitergehen"[19]. Ob aber diese Botschaft heute noch meinungsbildend wirke, blieb ungeklärt.

Daß man hierüber wenig weiß, zeigte sich in der Folgezeit daran, wie Autoren sich in undeutliche Umschreibungen und Gleichnisse flüchteten und stets bei Vermutungen blieben[20]. Als die Ausstellung "Inszenierung der Macht. Ästhetische Faszination im deutschen Faschismus" in Berlin-Wedding (1987) die Wirkung von NS-Kunst mittels Großfotos und ungeschickter Rekonstruktionen erlebbar zu machen versuchte, um sodann Wege dieses Stoffes in einen nichtfaschistischen Emotionshaushalt zu bahnen[21], nannten einige Kritiker dies ein gefährliches "Zündeln"[22], als könnte wie beim Spiel mit Streichhölzern ein Brand namens "Faschismus" ausbrechen. Mit dieser Ausstellung überschlug sich der Glaube an die Wirkungsmacht dessen, was "faschistische Ästhetik" genannt wird, insbesondere an die "Übermacht der deutschen Architektur"[23].

Nach so vielen Andeutungen und unbewiesenen Behauptungen verwundert es nicht, daß die Faszinationskraft und damit eine gefährliche Fortwirkung von NS-Werken bald pauschal bestritten wurde. Eduard Beaucamp behauptete 1987, daß wir "ohne Schaden das Münchener Haus der Kunst besuchen, die Führerbauten in der Nähe des Königsplatzes passieren oder als Sportfreunde auf das Berliner Olympiagelände strömen"[24]. Entweder wurde dabei die Affinität zwischen Stadionbetrieb und Neonazismus vergessen, oder es wurde im Gegensatz zum bereits erreichten Stand der Erforschung des Fan-Verhaltens[25] angenommen, daß sich solche Tendenzen unabhängig von der Form der Architektur auslebten. Martin Warnke zog 1988 schon die "Faschisierung" der Zeitgenossen durch ästhetische Wirkungsmittel in Zweifel[26], lenkte durch beharrliches Vermuten aber von Erkenntnissen ab, die trotz des Mangels an empirischer Forschung bereits gesichert waren. Die Zeichen und die künstlerischen Propagandamittel des NS für von vornherein belanglos zu erklären, ist unvereinbar mit den Erinnerungen vieler Zeitzeugen. Das NS-Regime hat so viele Mittel der Beeinflussung eingesetzt, daß pauschale Aussagen zu deren Wirkung unmöglich sind. Zeichen wie das Hakenkreuz, die ihre Bedeutung nur aus dem jeweils hergestellten Kontext erhalten, unterscheiden sich von den komplexen sinnlichen Angeboten der Malerei, Plastik und der Architektur. Schon allgemeine Erfahrung lehrt, daß ein überall verbreitetes Symbol auf eine andere Weise wirkt als ein Gemälde, das in Museum oder Ausstellung aufgesucht wird; wieder ein anderes Medium ist Skulptur, die die Menschen auf Straße und Platz überragt, und die größte Macht über Stimmung und Befinden hat Architektur, die ihre Adressaten umschließen kann und die gesehen und genutzt werden *muß*.

Wirkungen von NS-Architektur sind nicht nur im öffentlichen Raum anzunehmen, sondern womöglich noch intensiver da, wo sie die Arbeit und andere Alltagstätigkeit mitbestimmen. Bei genauerer Forschung wäre zu unterscheiden, wie lange man einem Bau ausgesetzt ist und aufgrund welcher Lebenssituation. Wer jahrelang in einem der NS-Monumentalbauten arbeiten muß, unterliegt einer Dauerwirkung, wird von ihr beeinflußt. Selbst wenn dagegen Abwehr, Gewöhnung und Indifferenz aufgebaut wird, ist dies eine Anstrengung, die andere Gebäude so nicht aufnötigen, und überdies ein Verhalten, das die bejahende Integration in einen gegenständlichen Lebensbereich verbaut. Dies kann ich sicher sagen nach vielen Gesprächen mit Kollegen und Kolleginnen, die ebenfalls im vormaligen Verwaltungsbau der NSDAP in München gearbeitet haben[27]. Völlig ungeklärt ist, welche spezifischen Einflüsse *Wohn*architektur aus der NS-Zeit auf ihre heutigen Benutzer hat. Was den Kasernenbau betrifft, so sind die Bauten selbst der Wissenschaft noch nahezu unbekannt[28]. Die Siedlungsarchitektur ist besser erschlossen[29], aber zu ihrer Wirkung sind allenfalls Vermutungen aufzufinden.

Obgleich die Sachlage so unzureichend erforscht ist, lassen sich einige Folgerungen dazu ziehen, wie wir mit NS-Architektur umgehen sollten und welche der kontroversen Einschätzungen und Empfehlungen jedenfalls falsch sind[30].

Beeindruckend

Die Diskussion über die Gefährlichkeit von NS-Architektur folgt bisher der Vorstellung von BetrachterInnen, die freiwillig und aufmerksam am Wochenende oder auf Reisen gerade ihre Freizeit verbringen. Wie Museumsbesucher können sie *gezählt* werden[31], ohne daß auch bekannt wäre, was - außer einem "hohen Grad an Informationsbedürfnis"[32] - sie zu Stätten wie dem Reichsparteitagsgelände in Nürnberg hinzieht und was sie dort erleben.

Von Gebäuden geht ein ganzes Bündel von Wirkungen aus. Davon sprechen kunstwissenschaftliche, aber auch alltägliche Beschreibungen nicht erst seit der Herausbildung einer "Architekturpsychologie"[33]. Bauten können, ohne daß solche Wirkungen bedacht werden müßten, auf die Stimmung und selbst das körperliche Befinden derer wirken, die sie betreten oder auch nur betrachten. Die Sprache stellt solcher spontanen Berührtheit viele Ausdrücke zur Verfügung: Bauten können einladend, abweisend, hoheitsvoll, überwältigend, beklemmend usw. wirken, noch bevor die geringste Gedankenarbeit über Funktion, Alter, Stil, Mitteilungsabsichten der Urheber und dergleichen eingesetzt hat. Ich verwende für solche Wirkungen deshalb den Ausdruck "Spontanwirkungen".

Diese Spontanwirkungen werden zwar als "unmittelbare" erlebt, beruhen aber auf Voraussetzungen, die der Rezipient mitbringt. An Größe und Beweglichkeit des eigenen Körpers mißt man Größe und Weite eines Gebäudes. Eine architekturpsychologische Einsicht, die heute Allgemeingut ist[34], ergibt sich aus der Frage, warum sehr große Bauten zwar erheben, aber auch bedrücken können. Wenn die Maße des Baus die des Körpers sehr weit hinter sich lassen, kommt es darauf an, ob das Gebäude durch Unterteilungen und durch Einzelmotive noch auf das Körpermaß Bezug nimmt, eine Vergleichsmöglichkeit eröffnet, oder ob der Sprung des Maßstabs unüberbrückt bleibt. In diesem Fall ist die Grundlage einer manchmal "monumental", in Extremfällen "schroff" oder "erschlagend" genannten Wirkung gegeben, die sich mit anderen Mitteln ausbauen läßt. Solche Mittel sind zum Beispiel Treppen, Türen, Fenster und Balkone, die das Gebäude als begehbar und benutzbar ausweisen, andererseits zum Beispiel geschlossene Mauern und schattenerfüllte Vorhallen, die verbergen, welche Aktivitäten das Innere des Gebäudes zuläßt. Verschlossen kann ein Bau auch auf den wirken, der weiß, was innen vor sich geht: Spontanwirkungen ergeben und erhalten sich aus den *allgemeinen* Wahrnehmungsgewohnheiten, die auf der Kenntnis von Vergleichbarem beruhen.

Angeblich bauten die Nazis, "um dem einzelnen Deut-

Zeppelintribüne

schen wieder das Selbstbewußtsein zurückzugeben"[35], aber eingesetzt wurde frühzeitig eine Architektur, die den Maßstab der Einzelperson zurückweist. Die spektakulärste "Überwältigungsarchitektur" sollte die "Große Halle" für Berlin werden. Vor allem dieses Projekt hat oft die Diagnose "Gigantomanie" oder "Megalomanie" herausgefordert. Äußerungen Hitlers und seiner Architekten belegen aber, daß sie bei solchen Plänen nicht manisch handelten, sondern die Spontanwirkungen auf die Rezipienten vorausplanten. Der Raum der "Großen Halle" sollte den Besucher "zerschmettern". Großheit, die alle sich aneignen könnten, *vermieden* die Monumentalbauten des NS. Sie sollten unter anderem durch Stützen wirken, deren Maße und Proportionen außer Verhältnis zu denen des menschlichen Körpers traten, und durch Räume, in denen die Stimme eines Besuchers sich hätte verlieren müssen.

Konvergierend mit diesen auf Dimensionen gegründeten Imponiermitteln wurden weitere eingesetzt, die sich nicht nur auf die Körperlichkeit der Rezipienten bezogen, sondern auf ihren sozialen Erfahrungsbestand. Frühzeitig ist an der NS-Architektur, besonders auch an den eingesetzten städtebaulichen Mitteln, ein militärischer Grundzug aufgefallen und ebensosehr eine Verarbeitung von Elementen des Totenkults. Militärförmigkeit und Anklänge an den Totenkult laufen inhaltlich insofern zusammen, als ein immer wiederholter Appell zu Opferbereitschaft im Zentrum der NS-Propaganda stand. Noch direkter konvergieren die Assoziationen von Militär und Tod als Gleichnisse von Unterordnung und Distanz; auch sie teilen sich der Architektur so mit, daß ihre Stärke nicht angeeignet, sondern als übermächtiges Gegenüber erlebt wird. Die starre Motivreihung, die frühzeitig an der Monumentalarchitektur und der Fest- wie Straßendekoration auffiel[36], schafft Ähnlichkeiten mit Motiven wie Kolonnen und Kriegergräbern, die sich schon im Ersten Weltkrieg eingeprägt hatten und die in der NS-Kunst gebündelt verarbeitet wurden. Viele dieser Elemente wirken ja selbst spontan auf Körpergefühl und Bewegungsgefühl. Und das auch weiterhin. Bestimmte Strukturen werden nämlich wirken, solange es eine sinnlich auftrumpfende militärische Ordnung[37] von Menschen und Geräten gibt - kantige Gesichter, schneidige Stimmen, verknappte Befehle und Gesten, Gleichschritt, Stiefelschäfte, Waffen und von ihnen abgeleitete Abzeichen - und solange Hilflosigkeit und Distanzbedürfnis gegenüber dem Tod eben in bewegungslosen Formen und auch in *Trauerfarbe* vergegenständlicht werden. Eine andere Wirkungsebene benutzen Räume von "kalter Pracht", Räume, in denen einen frösteln soll[38]. Eine solche Metapher, die die psychophysische Reaktion auf Temperaturen verarbeitet, belegt, daß die damals eingesetzten sinnlichen Ansprechmittel fortwirken können. "Warm" und "kalt" waren Zentralbegriffe in einer authentischen Abhandlung über Zeit und Ort von Propagandareden[39].

Spontane Wirkungen drängen sich vor und in den hinterlassenen Großbauten auf, aber auch an Siedlungen und Gemeinschaftsbauten aller Art wird häufig eine NS-spezifische Anmutung bemerkt. Diese (oft bestrittene) Spezifik scheint zum Teil darin zu liegen, daß die NS-Architektur zwar verschiedenste Traditionen fortsetzte und die Modi für Repräsentation, Produktion und Wohnen hierarchisierend unterschied, aber alle diese Elemente doch nicht unvermischt ließ, vielmehr auch durch einen Wechsel der Sprachebenen[40] wirken sollte[41]. Wie an Paul Ludwig Troosts Münchner Bauten auch "gemütliche" Elemente gezeigt werden konnten[42], so enthalten die Siedlungen "ländlichen Charakters"[43] und die Bauten des "Heimatstils"[44] häufig Verweise auf Anordnungsprinzipien, auf Portal- und Balkonmotive der Monumentalarchitektur, die die Heimeligkeit stören. "Ungemütlich werden zu können" gehört auch zum Repertoire militärischer Vorgesetzter.

NS-Architektur wirkt in all diesen Fällen durch einen Bezug auf Erfahrungen, die außerhalb des Bereiches Kunst aufgenommen werden. Das zu erkennen, halte ich für wichtiger als den Versuch, die Wirkungen der NS-Architektur auf ihre Zitate aus der Kunsttradition zurückzuführen. Daß z. B. die Tribüne des Zeppelinfeldes in Nürnberg auf die Grundform des Pergamon-Altares zurückgeht, kann als Faktum wenig auf die dort jeweils Versammelten gewirkt haben, jedenfalls nicht auf die Mehrheit, die den Pergamon-Altar gar nicht kannte. Eher wirkte die vom Pergamon-Altar abgeleitete *Form* sinnlich-direkt als eine besondere Ausprägung des Alltagsmotivs "Tribüne": etwas von Tribünen schon Bekanntes, vor allem das inaktive Versinken der Einzelnen, wird mittels der seitlichen Pylonen und der beherrschenden Pfeilerkolonnade unentrinnbarer. Daß damit zugleich ältere Architektur zitiert wurde, war vielen schon damals nicht einsichtig und wird weiter vergessen werden.

Zitate besonders nach der Antike sollen damit keineswegs ganz aus den Wirkungsmitteln der NS-Architektur ausgegrenzt werden. Im Besitz klassischen Bildungsgutes zu sein, Zitate nach der Antike vorbringen und erkennen zu können, stärkte das Selbstgefühl der Auftraggeber und einer wichtigen Zielgruppe der NS-Propaganda, des Bildungsbürgertums[45]. Eine Aufwertung des Regimes war es, wenn seine Zeichen einem gebildeten Verstehen Nahrung gaben, aber auch, wenn sie sich als durchschnittlichem Verstehen überlegen erwiesen. Die spontan mögliche Apperzeption von Vertrautem oder Unvertrautem mündete in weitergehende Wirkungen.

Werbend

Anerkennende Worte unter dem Eindruck der NS-Großbauten begrenzen sich oft auch heute nicht auf ästhetisch Faßbares, sondern erstrecken sich auf ihre Qualität als Leistungen des NS-Regimes. Dabei wird ein auf der Spontanwirkung beruhender Eindruck verbalisiert, der sich der Erinnerung an das NS-Regime mitteilt und der die Wertung der erinnerten Geschehnisse und Propagandasätze beeinflussen kann: entsprechend der ursprünglichen Intention! Denn die Nazis nutzten möglichst großartige Kulissen zu ihren Propagandareden.[46] Die Architektur sollte ein werbendes, meinungsbildendes Mittel sein. Nach einem schon damals hervorgehobenen Diktum Hitlers entstanden die Bauten zur Stärkung der Autorität gegenüber Gegnern und Anhängern des Regimes[47]. Nach innen und außen sollten sie auch in einem *gewinnenden* Sinne werben. Dies zeigt sich besonders deutlich im Text der Filme, die die künftige Architektur vorstellten und in dem Plan, die Berliner Großbauten im Vollendungsjahr 1950 zum Bestandteil einer Weltausstellung zu machen[48]. Die Möglichkeit, daß sich die Wirkung von NS-Bauten auch heute der Erinnerung an Propagandasätze und Geschehnisse der NS-Zeit aufwertend mitteilt, ist also geradezu eine Fortsetzungsgefahr; da sie, wenn auch auf der Spontanwirkung basierend, über diese hinausreicht[49], möchte ich sie "Werbewirkung" nennen.

Ein Beispiel gibt der immer noch gebrauchte Spruch "Aber er hat die Autobahnen gebaut". Bei dem Eindruck, den die Autobahnen machen, verweilt dieser Satz nicht, sondern er zieht eine Folgerung für die Einschätzung Hitlers. Er transportiert überdies die Selbstdarstellung des NS-Regimes, nach der alles Geschehene abschließend aus dem Willen und der Arbeit eines Führers abzuleiten sei[50].

Aber nicht nur den technischen Leistungen des NS-Regimes werden derartige Botschaften abgenommen. Das Haus der Kunst in München, Symbol der damals verkündeten Kunstpolitik, soll von Rühmlichem künden: "Die Architektur erzähle von der alten Sehnsucht der Deutschen nach Griechenland, also nach der Demokratie"[51]. Bei einem Lob, das sich auf die Architektur begrenzte, bleiben auch die Bewunderer der Nürnberger Parteitagsbauten fast nie stehen. Schreiber (1988) bescheinigte den Bauten "Größe", nannte das Zeppelinfeld eine "so monumental wie sachlich anmutende, eigentlich nur große und durchaus nicht einschüchternde Anlage", nahm "feierliche Leere und achsenbezogene Ordnung" wahr und sprach in feststellendem Ton von einer "ästhetischen Rehabilitierung der NS-Bauten"[52]. Der Autor gab sich Mühe, nicht zugleich das NS-Regime zu rehabilitieren, erinnerte ausdrücklich an KZ und Mord und gab doch zu erkennen, daß der Eindruck der Bauten ihm das NS-Regime in milderem Licht erscheinen lasse.

Statt nur eine allgemeine Aufwertung oder Verharmlosung des NS-Regimes zu entwickeln, transportieren solche Lobredner manchmal einzelne Ideologeme, die 1933 bis 1945 mit den Bauten verbunden worden waren. Auf Griechenland (nicht allerdings auf die Demokratie) beriefen sich die Nazis selbst schon. In dem zitierten Artikel wurde nicht ihr berechnendes, technokratisch versiertes Machtstreben erkannt, sondern der Verfasser bescheinigte ihnen die Emotionalität, die sie selbst posierten, sieht sie getrieben von einer "todessüchtigen Aufmarsch-Ästhetik" und getragen von einer "seelische(n) Konstante, kaum zu trennen von der Sehnsucht nach Unsterblichkeit und dem romantischen 'Alles ist eins'-Gefühl". Auf die Romantik berief sich schon Hitler[53].

Entsprechende allzu ähnliche heutige Auslassungen leisten Dienste, die die Architektur allein nicht erbringen könnte. Die Bauten, die für das NS-Regime werben sollten, sind selbst stumm. Erst der Gebrauch durch ihre Urheber konnte ausdrückliche und besonders anschauliche Propaganda sein[54]. Bei den Reichsparteitagen in Nürnberg wurden die Versammelten durch Festordnung und Architektur zusammengehalten und der Rede vollends ausgeliefert. Erst die Kombination der Medien Architektur und Rede konnte die "Werbewirkung" optimieren: die Spontanwirkung der Architektur bestärkte das Gefühl, untergeordnet und eingeordnet zu sein, die an diese Wirkung anknüpfende Rede warb *explizit* für "Führertum" und "Volksgemeinschaft".

Diese Arbeitsteilung zwischen Architektur und Rede zu erkennen, ist wichtig für die Frage, wie gefährlich die NS-Bauten heute noch sind. Neonazis können dort allenfalls heimlich und hastig sprechen. Die Bauten allein, und wirkten sie noch so faszinierend, können Unvorbereiteten nicht faschistische Lehrsätze übermitteln, sondern allenfalls Neigungen dazu bestärken, Stimmungen schaffen, die für ausdrückliche Agitation heute empfänglich machen.

Solche wird manchmal nachgeliefert, wo die Wiederherstellung und Weiternutzung von NS-Bauten amtlich gerechtfertigt werden soll. So wurde der rekonstruierten Japanischen Botschaft in Berlin bestätigt, "Charisma" zu haben, dem Olympiastadion, funktionsgerecht und als zentrale deutsche Sportstätte geeignet zu sein, dem HJ-Heim Melle, "typische niedersächsische Atmosphäre" zu vermitteln[55]. Unbedachte fortgesetzte Propaganda kommt bei solchen Gelegenheiten nicht nur von rechtsextremen Gruppen und von halbinformierten Journalisten, sondern von Amtsträgern des Bundes, der Länder und der Gemeinden. Sie ist dann mit besonderer, neu fundierter Autorität ausgestattet, wäre als "verlängerte Werbewirkung" noch verharmlosend benannt: angemessen scheint es, hier von "erneuerter Werbewirkung" zu sprechen.

In diesen Fällen wird besonders deutlich, wohin Einspruch und Abwehr zu adressieren sind. Zu bekämpfen ist nicht das jeweilige Werk, sondern die Wirkung auf Uninformierte und Gedankenlose: Wirkung, die im Werk selbst angelegt ist, aber nur zu oft von heutigen Amtsträgern vervollständigt und intensiviert wird.

Aufzulösen ist nicht die sinnliche Präsenz der Bauten, sondern ihre Werbewirkung. Die Hoffnung, schon die Spontanwirkung sei dahin, wird durch die vielen Bekundungen einer "Faszination" vor NS-Architektur wider-

Besuchergruppe auf der Zeppelintribüne

Blick vom Dutzendteich auf die Zeppelintribüne

Kongreßhalle mit Dutzendteich

legt. Auch Ideenreichtum und Sorgfalt in der Aufmachung und Stilisierung heutiger Fans verböten den hochmütigen Irrtum, die ästhetische Empfänglichkeit breiter Schichten sei so minimal und unaktivierbar, daß man deshalb öffentlich zugängliche Bauwerke des NS für ungefährlich halten könnte.

Eine Abwehrstrategie, die auf Dickfelligkeit setzte, wäre auch mit Widersprüchen belastet. Sensibilisierung, nicht Desensibilisierung ist Lernziel im Kunstunterricht - ganz richtig! Desensibilisierung gegenüber Architektur würde zwar manche Trabantenstädte und Autobahntrassen erträglicher erscheinen lassen, Widerstand dagegen abbauen, aber die schon recht gut erforschten schädlichen Wirkungen einer undifferenzierten, reizarmen baulichen Umgebung würden vorweggenommen werden: mit den gefährlichen Wirkungen faschistischer und faschistoider Architektur würden auch die besseren Einflüsse abgedämmt werden, die moderne Architekten erstreben können.

Diesen Nachteil vermiede der Versuch, die Werbewirkung und nur sie durch Vergessen auszuschließen. Dies liegt im Trend: eine "Entsemantisierung" vorher faschistisch gebrauchter Motive wird auch en detail für möglich gehalten und zur Erweiterung des heute verfügbaren künstlerischen Motivarsenals empfohlen. In der Tat ist eine solche "Entsemantisierung" möglich, weil die Bedeutung von Zeichen, selbst die des Hakenkreuzes, kontextabhängig und letztlich verabredet ist. Zu fragen ist jedoch, ob eine solche Abtrennung der Bedeutungen wünschenswert ist. Sie ist es generell nicht, weil anschauliche Erinnerung an den Faschismus nötig ist, nötiger als die Erweiterung des ohnehin großen Bestandes an Spielmaterial für postmoderne Künstler[56].

Immer wieder werden jedoch spezielle Gründe für den Vorschlag vorgebracht, den Zusammenhang einzelner NS-Bauten mit der Geschichte zu vergessen. Dies liegt zum Beispiel angesichts der Darbietungsweise des Hauses der Kunst in München nahe. Es trägt nicht wie andere markante Gebäude der Stadt eine Informationstafel mit Daten zu Entstehung und ursprünglicher Funktion. In den Vorräumen ist auch kein Informationsmaterial hierüber zu bekommen. Ein Artikel Udes (1987) argumentierte nicht zum ersten Mal mit den Ausstellungen nach 1945: "Die hierorts gezeigten, wohlbedacht vorbereiteten Veranstaltungen haben uns immer wieder mit Weltkunst konfrontiert und gottlob vergessen lassen, daß hier einmal kurzfristig für 'deutsche' (lies: NS-)Kunst geworben worden ist"[57].

Vorsätzliches Vergessen wird auch von Amtsträgern als Ziel künftiger "wohlbedacht vorbereiteter" Veranstaltungen angesehen. Die Berliner Olympia-Planung für das Jahr 2000 bezieht das Olympiastadion erneut als "Mittelpunkt" ein, aber die Spiele sollen "nicht die geringste Erinnerung an 1936 aufkommen lassen"[58].

Zugunsten solcher Appelle ließe sich erwägen: Wird nicht das, was geschichtsneutral dargeboten und gewertet wird, gerade dadurch wirklich neutralisiert, vom Nazismus abgekoppelt, also ungeeignet, ihn etwa noch zu propagieren? Dagegen ist zunächst zu sagen, daß sich Bauten wie die Ruinen in Nürnberg diesem Rezept von vornherein entziehen. Diese Versammlungsarchitektur ist glücklicherweise nicht in unseren gesellschaftlichen Umgang integrierbar, ist so dysfunktional und auffällig, daß sie selbst bei geringem Informationsstand an die Geschichte des NS erinnert. Aber auch bei besser nutzbaren Bauten gehört zur Ausgangslage, daß viele Betrachter noch eine Verbindung mit dem NS-Regime herstellen. Erst jenseits dieser Grundkenntnis fehlen einer Mehrheit Informationen. Beläßt man es dabei, so werden die Werke zwar mit dem "Nationalsozialismus" assoziiert, aber von großen Teilen seiner *Realität* abgekoppelt. Genau das war von vornherein beabsichtigt. Es war eine Funktion der Werke, durch gewaltig-spontanes Erleben von Bedürfnissen nach Information und Durchblick abzulenken; insofern hatten die Bauten an der oft hervorgehobenen Informationsfeindlichkeit des NS-Systems teil. Sie sollten dem NS-Staat eine kulturelle Fassade geben, die Schinderei und Mord kaschierte, aber auch von der Mißachtung menschlicher Bedürfnisse, zum Beispiel Wohnbedürfnisse, ablenkte. Diese Funktion bleibt den Bauten, wenn sie heute ohne prüfendes Erinnern von neuem repräsentativ oder pragmatisch genutzt werden - ohne Erinnerung an die Gesamtheit ihres Hintergrundes, namentlich an das, was diese Bauten in den Hintergrund zu drängen halfen. Gerade eine uninformiert-unreflektierte Faszination durch die Kunstwerke kann sich heute auf den bloßen Namen des "Nationalsozialismus" oder sein diffuses Vorstellungsbild aufwertend und werbend übertragen. Werden die realen Zusammenhänge vergessen, so kann dies also die Werbewirkung der NS-Bauten eher fördern als überwinden.

Wer die kausalen Verknüpfungen zwischen der architektonischen Fassade des deutschen Faschismus und dem Ganzen seines Systems unklarer erscheinen läßt als sie sind, unterstützt - zumindest flankierend - eine Rehabilitierungsstrategie von Künstlern wie Arno Breker, von Nazi-Schriftstellern wie Robert Scholz und namentlich von rechtsextremen politischen Gruppierungen. Denn sie alle lavieren in dem Bereich der angeblich nur lockeren Zusammenhänge, sie suchen aus der faschistischen "Weltanschauung" die heute für zumutbar gehaltenen Teile heraus. Sie ziehen NS-Kunst heran, identifizieren die Werke aber doch nicht mit der Herrschaft, der sie dienten: die Eigengesetzlichkeit und Eigenwertigkeit jeglicher Kunst verbiete das[59]. Dies sollten Kunsthistoriker weder durch geschichts- und funktionsblinde Interpretationen unterstützen noch dadurch, daß sie die NS-Bauten gegen informierende Medien abdichten und einer "unbefangenen" Nutzung überlassen.

Die Inhalte angemessener Gegeninformation können sich viele nur als pathetischen Hinweis auf unvorstellbare Verbrechen, Leichen und Blut vorstellen[60].

Wenn idealische und monumentale NS-Kunst mit Bildern konfrontiert wird, die an die Vernichtung von Menschen erinnern, so durchleuchtet dies die Fassade, die mit diesen Werken errichtet werden sollte; es gibt keinen Grund, bei der Darbietung von NS-Kunst samt Architektur auf bewegende Gegenüberstellungen wie die in einem Heft der Zeitschrift "Tendenzen" zu verzichten, wo unter anderem Josef Thoraks Plastik "Zwei Menschen" mit dem fotografischen Bild eines russischen Bauernpaars vor der Erschießung verglichen werden kann[61]. Solche Kontraste beleuchten auch die Realität eines Krieges, dessen Teilnehmer sich mit der Feldpost Fotografien Brekerscher Aktplastik senden lassen konnten[62].

Die Einsicht, daß diese Realität derart gespalten war, ersetzt aber nicht die Frage, welcher Art der Zusammenhang zwischen künstlerischer Systemfassade und systematisch durchgeführten Verbrechen war. War eins für das andere kausal? Besteht eine Kausalverknüpfung derart, daß beide Seiten des NS auf gemeinsame Ursachen zurückzuverfolgen sind? "Rerum cognoscere causas" als Devise jeder Wissenschaft deckt sich hier mit der Forderung nach "politischer Ursachenforschung"[63]. Ursachenforschung mit Mitteln aller einschlägigen Wissenschaften ist unentbehrlich, wenn eine Untersuchung des NS zu Aufschlüssen über die seither entstandene Lage und über künftige Gefahren weiterführen soll. Dies nämlich erfordert mehr als Mahnungen und Beschwörungen: etwa noch fortbestehende Ursachenkomplexe des historischen Faschismus sind zu ermitteln, damit sie bekämpft werden können.

Kausalverknüpfungen zwischen der architektonischen Außenseite des deutschen Faschismus und seinen Verbrechen bestehen zum Teil sehr direkt. Die *Existenz* von Bauten wie denen in Nürnberg setzte Zwangsarbeit voraus, schon ihr Material wurde zum Teil von KZ-Häftlingen gewonnen, ihre Finanzierung konnte allenfalls auf die Ausbeutung künftig besiegter Länder abgestützt werden. Eine schwierigere Herausforderung enthalten die Wirkungen der Nürnberger Parteitagsbauten, die manchmal als "positiv" verzeichnet werden. Die "Pracht"[64] dieser Architektur und der Feiern, denen sie erkennbar diente, hatte nach einem der Erklärungsmodelle Entlastungsfunktionen, sollte "helfen, die Leidenden und die Toten in den Lagern aus dem Bewußtsein zu verdrängen"[65], war ein Mittel zur Beseitigung der Bedenken und Gewissensbisse, deren Abwesenheit zu den unerklärtesten Funktionsbedingungen des KZ-Imperiums gerechnet wird. "Erhebende" Feiern konnten zugleich kompensieren helfen, daß viele Täter selbst

Unterdrückte waren. Die "Übersichtlichkeit" der Anlagen läßt sich unter anderem als Instrument der kleinlichen Direktive "Nicht auffallen" interpretieren: der Einzelne, der beim Aufmarsch und bei der Aufstellung der Abertausenden aus dem Glied getreten wäre, wäre mehr als alle anderen bemerkt worden und hätte sich unmöglich gemacht. Die "Großzügigkeit" der Anlage, zu der auch eine SS-Kaserne und zwei Bahnhöfe gehören, läßt sich nicht nur als Mittel zur Massenlenkung, sondern als eine Vorübung zu Ausbeutung und Vernichtung von Massen erklären: Ähnlichkeiten mit der Anlage[66] und der Verkehrsanbindung eines Konzentrationslagers können daran erinnern, daß hier Deportationszüge zusammengestellt wurden[67].

Ob sich diese und weitere Zusammenhänge an der Erscheinung der Architektur aufweisen lassen und ob die am Ort anwendbaren Medien dazu taugen, braucht hier nicht entschieden zu werden. Allein daß danach gefragt werden muß, spricht gegen solche konfrontierende Verfahren, die sich mit einem schockierenden "Aber er hat die KZs gebaut" begnügen. Der kurze Hinweis auf Terror und Massenmord setzt der Werbewirkung der NS-Architektur zwar den massivsten Einspruch entgegen, aber destruiert sie nicht, ja läßt die von ihr Faszinierten anscheinend in das Trotzverhalten verfallen, von dem manche Zeitungsberichte[68] zeugen.

Außer der Arbeit mit Fotografien des Schreckens begegnet ein auf andere Weise konfrontierendes Verfahren; es setzt den Werbewirkungen der NS-Bauten eine Art Gegenwerbung entgegen. Die Ansätze dazu suchen teils eine politische, öfter eine religiöse Argumentationsbasis. So wurde in Nürnberg 1960 der Umbau eines der Märzfeldtürme zum Kirchturm als "Sieg des Kreuzes über das Hakenkreuz" vorgeschlagen[69]. Wo mittels Mahnmälern ein ablehnender Rückblick unternommen wurde, reichten die gewählten Symbole von der gereckten Faust bis zur Dornenkrone. Sollen *Texte* der Botschaft von NS-Bauten entgegentreten, so stellt sich die Frage, welches Buch dazu aufzuschlagen ist. So bei dem neuen Plan[70], in das Bild der Nürnberger Parteitagsbauten an Ort und Stelle einzugreifen. Daß er abgelehnt werden würde, war zwar vorauszusehen, doch sollte der damit verdeutlichte Scheideweg für künftige Fälle kommentiert werden. Die Initiatorin Karla Fohrbeck zitiert in ihrem Memorandum, wie es zu einer politischen Gegenstrategie gehören könnte, die beiden heute in Nürnberg geltenden Verfassungspräambeln, läßt aber im Bereich der Architektur selbst eine Fortsetzung vermissen und wechselt zu einer religiösen Beschwörung. Panzerglastafeln, die an der Tribüne des Zeppelinfeldes zu befestigen seien, sollen in acht oder neun "Stationen" "Wege zum Frieden" weisen. Unter den Titeln "Einsicht / Umkehr / Freiwerden / Grenzen erkennen / Vergebung / Versöhnung / Verdrängung? / Entscheidung!" erinnert am ehesten noch der dritte an eine politische (Gegen)wertsetzung. Auf den vorgesehenen Platten stehen jeweils in drei Registern ("Altes Testament", "Neues Testament", "Welt") kurze Sprüche[71].

Mit der Propagandaarchitektur konfrontierte Bibelzitate sollen offenbar einem falschen Glauben entgegentreten, für einen älteren, richtigeren werben. Diese eines Glaubenskrieges würdige Strategie wird durch die These gestützt, die Judenverfolgung selbst sei ein "Glaubenskrieg"[72] gewesen, in dem "die Juden wegen ihres Gottes umgebracht" worden seien. Diese Behauptung versimpelt den Forschungsstand in mehrfacher Hinsicht[73].

Die Wahl einer religiösen, die Übernahme einer irrationalen Argumentationsebene enthält Aussagen zum Sachverhalt selbst. Sie impliziert den Glauben, die Massenvernichtung sei durch und durch irrational gewesen. Damit wird vor jeder Prüfung der Sache der Blick auf das wirklich Geschehene verstellt[74]. Unbestreitbar ist, daß die *Technik* der Massenvernichtung eine industriell-rationale war. Zu prüfen statt zu verdrängen sind aber auch die Anzeichen dafür, daß Gleiches bereits für die *Intention* der Massenvernichtung gilt, daß nicht nur irrationaler Rassenwahn am Werk war, sondern zynisch konsequentes kriegswirtschaftliches und herrschaftssicherndes Kalkül[75].

Wer in dem zitierten Alten Testament weiterläse, würde auch nicht zu historischem Denken angeleitet werden, sondern auf imaginierte Zornestaten schlimmster Art stoßen, auf "Undeutbares", auf "irrationales Geschehen", das selbst nach einschlägigen Lexika wiederum "nicht zu verstehen", "manchmal rätselhaft" ist[76].

Die Idee, hier mit Bibelsprüchen zu Felde zu ziehen, grenzt diejenigen aus, die einen "absoluten Herrschaftsanspruch gegenüber den Völkern und Menschen im allgemeinen", eine "Gewalt über die ganze Erde"[77] weder diesseitig noch jenseitig begründet sehen wollen, vielmehr *das Glauben selbst* ablehnen, zumal ja das Vertrauen auf etwas, das nicht die geringste Empirie für sich hat, auch ein Grundpfeiler der "nationalsozialistischen Weltanschauung" war[78].

Die zweite Textschicht mit Zitaten aus dem Neuen Testament kann als hier deplacierte Werbung für eine Lehre wirken, die die historischen Exempel der Judenverfolgung eher deckte als verhinderte[79]. "Zermalmt zwischen Kreuz und Hakenkreuz", überschrieb Friedrich Heer 1967 ein Kapitel des neueren Antisemitismus[80]. Eine Erinnerungsstätte darf nicht Gruppen Verfolgter zurückweisen, indem sie mit untauglichen Zeichen[81] Glauben gegen Glauben setzt.

"Zeitlos"

In Vorschlägen zum Umgang mit NS-Architektur finden sich auch Versuche, nonverbale Mittel einzusetzen, zum Beispiel Kunstwerke aufzustellen, die Bauten mit Pflanzen zu bedecken, Ruinen weiter verfallen zu lassen oder im Gegenteil die Tätigkeiten der Denkmalpfle-

Fensterfront der Kongreßhalle

ge auf die Bauten zu erstrecken. Auch solche Verfahren sind an den Absichten der Nazis zu messen: Helfen sie vielleicht nur, etwas zu praktizieren, das von Anfang an vorgesehen war? Die Frage: "Wie stellten sich die Nazis selbst die Wirkung ihrer Bauten auf künftige Generationen vor?", enthält auch die: "Mit welchen *Mitteln* wollten sie die Wirkung ihrer Architektur in die Zukunft verlängern?"

Die Bauten stellten sich nicht nur als Kulissen der jeweiligen Tagespropaganda dar, sondern beanspruchten es, "Jahrhunderte" zu überdauern[82]. Ausdrücklich wurden Prädikate wie "ewig" und "zeitlos" auf die Festbauten übertragen[83], künftige Generationen als Empfänger ihrer Botschaften angerufen[84], wie man es stets bei Denkmälern[85] getan hatte. Das waren traditionelle Mittel, anwesende, jedenfalls angesprochene *Zeitgenossen* zu überzeugen. Darüber hinaus ist zu erkennen, daß die Propagandisten des NS wirklich auch an künftige Rezipienten dachten.

Die Architektur eignete sich als ein Propagandamittel besonderen Anspruchs. Der Kunst wurde und wird eine zeitenthobene Seinsweise zugeschrieben. Bau*kunst* konnte prätendieren, über die Bedingungen einer Entstehungssituation hinauszureichen. Sie erhielt dazu einen Habitus, der sich von zeitgebundenen Stilen absetzen sollte. "Denn in der Zeit liegt keine Kunst begründet, sondern nur in den Völkern. Es hat daher auch der Künstler nicht so sehr einer Zeit ein Denkmal zu setzen, sondern seinem Volke... Was nur aus einer bestimmten Zeit heraus allein leben würde, müßte mit ihr vergänglich sein" (Hitler 1937)[87]. Später legte Hitler auch ein eklektizistisches Konzept dar, nach dem die Zeitgebundenheit der Stile überwunden werden könne[88].

Den damals *aktuellen* Rezepten zu vermeintlich zeitloser Kunstsprache konnte eine Architektur des NS-Regimes nicht konsequent[89] folgen, weil Neue Sachlichkeit und Neues Bauen grundsätzlich abgelehnt wurden. Konnten die Bauten nicht mit modernen Mitteln Zeitlosigkeit prätendieren, so war es um so dringlicher, ihnen verbal die Ewigkeitsansprüche anzuheften, die mit großer Kunst üblicherweise verbunden werden. Dieser Tradition hat sich Hitler selbst in seinen Kulturreden ausgiebig bedient, die Ewigkeitsprätention gilt bis heute als Hauptmerkmal der damaligen "großen Absichten"[90].

Abwehr dagegen beruft sich oft auf zeitgemäßere, moderne Kunst, die von den Nazis nicht zufällig unterdrückt worden sei und von ihren geistigen Erben noch heute angefeindet werde[91]. Ein gleichlaufendes Verfahren im praktischen Umgang mit NS-Architektur besteht darin, ihr an Ort und Stelle neue, moderne Kunst entgegenzusetzen. Beispiele sind ein Umbauentwurf für die Japanische Botschaft in Berlin (1984) und der neueste Vorschlag, zur Umgestaltung des Nürnberger Reichsparteitagsgeländes Künstlergruppen und den Bildhauer Alfred Hrdlicka heranzuziehen[92].

Solche Einsprüche mittels Architektur und Plastik bewegen sich auf derselben medialen Ebene wie die ererbten NS-Bauten. Es kann also - anders als bei Informationstafeln - der Eindruck entstehen, daß Kunst mit Kunst konkurrieren solle. Werden neue Arbeiten dann allzu äußerlich an den NS-Bauten gemessen, so muß das künstlerische Gegenaufgebot einer solchen Anlage wie den Nürnberger Parteitagsbauten unterlegen bleiben; gegen deren Größe ein "Gesamtkunstwerk" als "einzige Lösung"[93] aufzubieten, könnte einen aussichtslosen und irreführenden Vergleich der Quantitäten zur Folge haben. Der gleiche Effekt ist von den baulichen Zutaten zu befürchten, die die Umgebung des Berliner Olympiastadions wieder olympiareif machen sollen[94]. Leicht könnten moderne Einrichtungen zeitgebundener wirken als die massiven Bauten des "Tausendjährigen Reichs". Etwas einleuchtender erscheint die manchmal bemerkbare Absicht, eine *qualitative* Gegenüberstellung von NS-Kunst und Moderne zu inszenieren und die Moderne gewinnen zu lassen[95]. Daß die Nazis mit ganz anderen Mitteln und Begriffen "Deutsche Kunst und 'entartete Kunst', Kunstwerk und Zerrbild"[96] gegenübergestellt hatten, kann eine Konfrontation nicht für die Zukunft verbieten. Aber selbst wo ein heutiges Publikum von der Überlegenheit der Moderne überzeugt werden könnte, wäre der Ertrag gering. Der Vorwurf, daß die Nazis statt ewiger Kunst schlechte, rückständige hinterlassen hätten, ist eher nebensächlich, sobald dies gegen ihre anderen Taten abgewogen wird.

So bleibt die Möglichkeit, statt vermeintlich isolierbarer ästhetischer Kriterien eine historische Interpretation der NS-Hinterlassenschaft zugrundezulegen. Sie rekonstruiert den Zusammenhang der Werke, namentlich ihrer Form, mit der Entstehungssituation, und sie tritt zugleich der nach Zeitlosigkeit lechzenden, realitätsflüchtigen Kunstauffassung entgegen, die bis heute verbreitet ist und auch die Fortwirkung von NS-Architektur offenbar begünstigt.

Auch mit neuen Kunstwerken kann versucht werden, gegenüber dem Ewigkeitsanspruch der NS-Architektur auf den historischen Nexus hinzuweisen, der sie mit dem Ganzen des gestürzten NS-Regimes verbindet und sie zu einer Erkenntnisquelle für dieses Ganze macht[97]. Verknüpfung statt nur Konfrontation könnte der Vorschlag (1989/90) bieten, "ein Environment des Bremer Künstlers Werner Sünkenberg mit dem Titel 'Deutschland grenzenlos bis 1945' im Innenhof der Kongreßhalle anzulegen. Es handelt sich dabei um eine begehbare Landkarte Mitteleuropas in den Maßen 40 m x 50 m, auf der Konzentrationslager mit Außenlagern und Orte mit Gestapogefängnissen gekennzeichnet werden würden"[98]. Im Gegensatz zu einer Bepflanzung der "Großen Straße"[99] und des Zeppelinfeldes[100] wäre dies ein Beispiel für Veränderungen, die die Vorstellung vom früheren Aussehen der Szenerie nicht erheblich behindern. Hrdlickas Darstellung des "Schreibtischmörders" auf der Nürnberger Führerkanzel[101] wäre ebenfalls ein Schritt zur Darstellung von Handlungszusammenhängen. Das Werk würde die Erinnerung an die dort gerufenen großen Worte nicht wie so oft mit der *Ausführung* niedrigsten Mordes konfrontieren, sondern auf zweckorientierte *Planung* und *Verwaltung* hinweisen. Dies jedoch durch die Skulptur an Ort und Stelle zu tun, ist unvereinbar mit dem Ziel, zunächst eine Vorstellung von der Szenerie entstehen zu lassen, der die Bauten dienten. Das erfordert bereits eine schwierige Vorstellungsarbeit, die die beschädigte Architektur ergänzt und sodann noch Kenntnisse vom Ablauf der Feiern heranzieht. Dieser Beginn konkreter Erinnerungsarbeit würde durchkreuzt werden, wenn die Leere der Führerkanzel und der Aufmarschflächen einer zentral aufgestellten Skulptur, symbolischen Säulen und Gedenksteinen weichen müßte. Soweit "Friedenshain" und "Friedensallee" auch Baum und Strauch mobilisieren sollen, zeigt sich überdies ein weiteres Problemfeld, denn die Nazis selbst haben dort nicht nur gebaut, sondern auch mit Bedacht *gepflanzt*.

"Naturhaft"

Ihre Versuche, den auf Ewigkeit des Volkes selbst zielenden Anspruch mittels Architektur darzustellen, blieben schwierig, weil die Vergangenheit trotz bemühter Suche[102] kaum geeignete germanische Bauformen zur Anknüpfung anbot. "Germanische Tektonik"[103] blieb undeutliches Postulat. Konnte eine überzeitlich-germanische Architektur nicht mittels eines architekturikonographischen Erbes konstituiert werden, so blieb noch der Versuch, die Bauten in einem allgemeineren Sinne an *Natur* anknüpfen zu lassen. Denn "Natur" war eine Konstante völkischen Geredes. Naturreligion des "ältesten Volk(es) der Erde"[104] wurde herangezogen[105] und sollte "die natürlichste Weltanschauung"[106] speisen. Einen "deutschesten und natürlichsten Teil unseres Volkes" wollte Hitler bei seiner schon zitierten Kulturrede von 1937 auch im 19. Jahrhundert noch ausmachen können. Eine "baukünstlerische Gesundung" beschwor er in seiner letzten Kulturrede 1939 als Beitrag zu einer "organischen Volksbildung"[107]. Die biologistische Scheinargumentation der NS-Kulturpolitik erstreckte sich auch anderweit auf die Architektur[108].

Daß mit großen Teilen der NS-Architektur ein naturnahes und naturhaftes[109] Auftreten erstrebt wurde, haben spätere Untersuchungen an Siedlungen und an der Autobahn[110] samt ihren Nebenanlagen bereits hervorgehoben. Zu besonderer Naturverbundenheit waren durch ihre Lage auch viele "Bauten der Jugend" und "Ordensburgen" disponiert, denen das blühende Jugendherbergswesen und militärische Nutzung nach 1945 ebenfalls starke Breitenwirkung bewahrten. Material und

Form orientierten sich jeweils an der Umgebung[111].
Das "Haus des Führers", der "Berghof" bei Berchtesgaden, sollte zeigen, wie rastlose Arbeit und Privatleben miteinander verschmolzen, staatsmännische Aktivität und Naturerleben verschwistert gewesen seien[112]. Die nach außen gegebenen Informationen über die Bauten am Obersalzberg zeigten das Regime mit der Natur im Bunde, waren auch "Inszenierung der Macht". Dem Insider stellten sich die dortigen baulichen Eingriffe als Vergewaltigung der Natur dar. Görings "Karinhall" bezog den Ausblick in die Natur wiederum in luxuriöse Interieurs ein, gab aber auch zurückhaltendere Bilder einer propagandagerechten Naturverbundenheit her. In "tiefer Waldeinsamkeit" gelegen, zeigte es die dort auffindbaren Materialien. Wenn es schon nicht an germanische Baukunst anknüpfte, bewies es doch angeblich die Verbundenheit des Bauherrn mit der "nordischen Landschaft"[113].

Erstrebte oder prätendierte Naturhaftigkeit scheint auf den ersten Blick nicht auch der Monumentalarchitektur des NS-Regimes zu eignen. Das Konzept einer "Landschaftsarchitektur" war dort von vornherein ungeeignet, und die (nur) dort dominierende Verarbeitung klassizistischer Kunstformen beschränkte die Möglichkeiten zu einem naturähnlichen Bauen. Trotzdem wurde auch in diesem heute meistbeachteten Bereich der NS-Architektur versucht, eine "Synthese von Architektur und Natur" zu erzwingen (Verspohl 1976)[114].

Die unablässig hervorgehobene Hauptrolle spielte dabei das Material. Naturhaftigkeit war eine der Zielvorstellungen bei der "Ideologisierung des Natursteins"[115], die solche Bauten miteinander verbindet. Das Gebäude, in dessen Planungsgeschichte der Werkstein, "dieses schönste natürliche Baumaterial"[116], richtungweisend durchgesetzt wurde, war das Berliner Olympiastadion[117]. Seiner angeblichen Naturnähe konnte auch die Lage am Stadtrand dienstbar gemacht werden, sodann die Form der verwendeten Hochfläche. Teile der Anlage konnten "-wall" und "-feld" genannt werden, eine Eiche im Zugangsbereich war als Denkmal[118] verwendbar, und die technisch gebotene Einsenkung der Kampfbahn in den Boden diente laut Sedlmayr 1939 der "Aufgabe, den bodenlos gewordenen Menschen an die Erde zurückzubringen, von der er sich losgelöst hat"[119].

Das "Reichsparteitagsgelände" in Nürnberg knüpfte an das "Reichssportfeld" an, schon durch das Verfahren, Menschenmengen zwischen Wällen[120] eingeschlossen am Boden festzuhalten. Eine offizielle Erläuterung von 1938 betont hier wiederum die "Einordnung in die Landschaft", läßt Gebautes sich " in den Wassern spiegeln", hebt "Feld" und "Heerlager", also Grenzformen von Architektur zu Landschaft hervor; ein "Hain von Eichen" wurde um diese Zeit gepflanzt[121].

Am "Königlichen Platz" in München, dem "steinernen Platz", sollten nach einer offiziösen Interpretation Licht, Sturm und Sterne ungehindert zu den dort Bestatteten gelassen werden[122]. Die Neue Reichskanzlei erhielt eine Gartenseite und einen Park, die in die mediale Vermittlung der Anlage eingingen[123]. Die "Ideologisierung des Natursteins" erreichte hier einen Gipfel[124]. Bei einem "Gang durch die Neue Reichskanzlei" wurden die Materialprovenienzen fast pedantisch angezeigt[125].

Daß solche Selbstdarstellung mittels Naturnähe, Naturform und Naturstoffs Traditionen benutzte, liegt auf der Hand[126]. Wichtiger ist im vorliegenden Zusammenhang, welche Nachwirkungen sich insoweit nachweisen lassen. Sie finden ihre emotionale Basis auch heute in einer Natursehnsucht, die nicht zuletzt durch naturverachtendes und naturzerstörendes Bauen stimuliert wird. Naturnähe und Naturmotive haben sich bei vielen NS-Werken tatsächlich als Elemente erwiesen, die über den Sturz des Regimes hinauswirkten. So wurde zum Beispiel das Teehaus auf dem Kehlstein als "Eagle's Nest" naturalisiert. Und erst kürzlich wollte Karl Prantl Granitplatten vom Reichsparteitagsgelände als "Elemente der Urnatur", als "Gebeine der Erde" bearbeiten; die Beziehung zu den "Spuren menschlicher Geschichte" wurde als Thema benannt und doch auf einem "Parcours der Sinnlichkeit" von einem Kult des Natursteins überrundet[127].

Naturelemente waren längst dazu aufgeboten worden, der Wirkung von NS-Architektur an Ort und Stelle entgegenzutreten. Wo Relikte unangenehmer Vergangenheit weder abgerissen werden noch unbehelligt bleiben sollten, wurde ein Mittelweg im Bepflanzen und Begrünen gesucht. "Um den Königsplatz gegen die ehemaligen NS-Verwaltungsbauten abzuschirmen", die Bauten "sichtmäßig vom Platz auszugrenzen", "wurden 1948 am Ostrand des Platzes wieder Bäume gepflanzt ... Im Winter 1956/1957 wurden die Treppenanlagen im Osten der Ehrentempel abgebrochen. Anschließend wurden die Ehrentempel mit Bäumen und Büschen bepflanzt"[128]. Noch vor kurzem nahm ein Ordinarius für Entwerfen, Raumgestaltung und Sakralbau dies symbolisch: "...überwuchernde Natur, die andere Zeitbegriffe kennt und ein '1000jähriges Reich' leicht überdauert"[129].

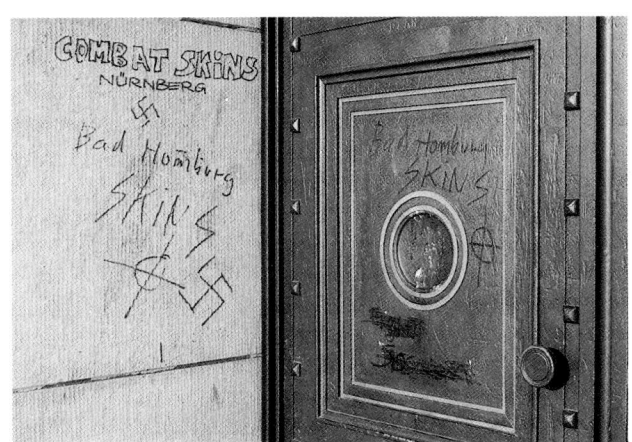

Tür der Zeppelintribüne

Interessenten, die ihre Aufgabe nicht in der Reflexion von Geschichte sehen, scheinen den Griff ins Pflanzenreich bis heute besonders geeignet zu finden. Die Firma Congreß & Partner AG plante in ihrem Nutzungsvorschlag an die Stadt Nürnberg 1988: "Die Kongreßhalle wird oben total begrünt mit richtigem Rasen, mit richtigen Bäumen"[130]. Andere Nutzungsziele erstrebt das Fohrbecksche Umgestaltungskonzept mit einem "Friedenshain oder Friedenspark" auf dem Zeppelinfeld, einer "Vielfalt versöhnender Baumpflanzungen als Sinnbild für Toleranz, Völkervielfalt und multikulturelle Gesellschaft", des weiteren "Friedensalleen" mit Gedenksteinen. Das hieße hier, die Bepflanzung durch die Nazis zu erweitern, die von ihnen geplanten Monumente[131] als Medium zu übernehmen.

Auch daraus muß Skepsis folgen, denn Friedenshain und Friedensalleen auf dem Zeppelinfeld wären zwar im Sinne der Erbauer dysfunktional, doch würde neues Pflanzen die Überzeugung der Erbauer bekräftigen, daß sich die Bauten mit "Natur" verschwistern lassen. Der Eindruck, daß auch so "über etwas Gras wächst", bliebe unüberwindlich[132], zumal er vielen erwünscht ist. Das "Wachsen" wird in dem Vorschlag mit seltener Deutlichkeit zwar nicht als Prozeß des Vergessens, aber doch eines Entlastens eingesetzt: "Später einmal werden die Bäume des Freiheitshains größer sein als die Gedenksteine, die jetzt noch schwer lasten". Hier liegt der grundsätzlichere Fehler. Wenn der Umgang mit dem NS-Erbe *reflektiertes* Handeln sein soll, kann er sich nicht angemessen in Naturprozessen darstellen. Das Wachsenlassen von Parkbäumen ist zwar ein von Menschen überlegter Prozeß, ähnelt aber unbeabsichtigt dem Naturgeschehen bis zur Verwechselbarkeit. Dieser Einwand trifft nicht eine von Prantl vorgeschlagene "Ge-

treideanpflanzung in der Kongreßhalle"[133]. Aber es bliebe zweifelhaft, welchen Vorzug inszenierte bäuerliche Arbeit vor den heute dort ausgeübten, am Rande einer Stadt anfallenden Tätigkeiten hätte. Ein Pflüger in der Kongreßhalle bliebe Bote des agrarisch verkleideten Mißtrauens gegen alles Großstädtische, aus dem gerade die NS-Propaganda Nutzen gezogen hatte.

Deshalb drängt sich die Forderung auf, daß die heutige Nutzung der Nürnberger Ruinen mittels provisorischer Zäune, Markierungen, Stapelflächen, Gerüste und Kleinbauten den Vorzug vor jeder gärtnerischen Bearbeitung behält. Auch ohne der Verwahrung beschlagnahmter Kraftwagen oder dem Hundetraining reflexiven Gehalt zu unterstellen, kann man an solchen Nutzungsprozessen ablesen, daß ein Geschichts- statt ein Naturprozeß die Situation verändert hat, daß Staats- und Parteimächte sich dieser Bauten nicht mehr bedienen können und wollen.

"Ruinengerecht"

Diese wünschenswerte Mitteilung wird allerdings mit Gefahren erkauft, zu deren Einschätzung wiederum auf die Intentionen der Erbauer geblickt sei. Sie hatten versucht, selbst ihrer städtischen Monumentalarchitektur naturhafte Züge zu verleihen. Es scheint, als wäre von vornherein auch ein Eingriff der Naturkräfte in den Bestand der größten Bauten imaginiert worden. Speer berichtete darüber im Jahre 1969: "Die Verwendung besonderer Materialien sowie die Berücksichtigung besonderer statischer Überlegungen sollte Bauten ermöglichen, die im Verfallszustand, nach Hunderten oder (so rechneten wir) Tausenden von Jahren etwa den römischen Vorbildern gleichen würden"[134]. Dies gilt als Erklärung für die Verwendung von Naturstein, den Einsatz von tragendem Mauerwerk statt Skelettbauweise.

Daß die NS-Architektur moderne Zweckbautechnik vermied, weil ihr Verfall nicht rostende Eiseneinlagen und bröckelnden Beton hinterlassen sollte, sondern antikische Naturstein- und Backsteinruinen, ist ein gewinnender Gedanke. Speer will ihn 1935 bei einer Besichtigung der Nürnberger Baustelle gefaßt haben. So sollte es möglich werden, "die von Hitler verlangte Traditionsbrücke zu den künftigen Generationen zu bilden". Ruinen könnten in "Schwächeperioden", nach "einer langen Periode des Niedergangs" von der einstigen Macht sprechen und wie in Rom die Begründung eines "neuen Nationalbewußtseins" unterstützen. Eine Zeichnung, die diesen Überlegungen nachkam, "stellte" angeblich "dar, wie die Tribüne des Zeppelinfeldes nach Generationen der Vernachlässigung aussehen würde, überwuchert von Efeu, mit eingestürzten Pfeilern, das Mauerwerk hie und da zusammengefallen, aber in den großen Umrissen noch deutlich erkennbar".

Speers "Ruinen-" oder "Ruinenwerttheorie" beeindruckt Wissenschaftler und Journalisten[135] trotz der Quellenkritik, die Angela Schönberger vorgebracht hat[136]. Sie wies darauf hin, daß es überhaupt keinen zeitgenössischen Beleg für die sogenannte "Ruinenwerttheorie" gebe. Eine "Ruinenwerttheorie" habe allenfalls Verfahren zur Einsparung von Baustahl bemäntelt, die der wirtschaftlichen Kriegsvorbereitung gedient hätten[137]. Ein Wunschbild kultivierten Verfalls sei auch geeignet gewesen, die Gefahr oder die Ergebnisse *jäher* Zerstörung zu verdrängen[138].

Speziell auf künftige Generationen berechnet, wäre die "Ruinenwerttheorie" ein Programm, dessen Reize gerade heute ein Interesse an Geschichte und erst recht an Gegenwart berühren. Denn Ruinen werden geradezu mit "dem Geschichtlichen" gleichgesetzt, und als bildliche Metaphern von Katastrophenfurcht sind sie auch Motive neuer Filme, Bauten[139] und "Fantasy"-Drucke. Die Frage, ob schon die NS-Führung "programmierte Ruinen" (Schönberger) für uns erdachte, verdient also weiter untersucht zu werden.

Weitere Spuren führen nur bis in das Jahr 1952 zurück: Walter Görlitz' und Herbert A. Quints Biographie "Adolf Hitler" erwähnte ohne Quellenangabe "eine Skizze ... wie sich dann die Kongreßhalle als Ruine ausnehmen würde"[140]. Eine entsprechende Perspektive zum Zeppelinfeld, aber noch keine entsprechend einer "Ruinenwerttheorie" geplante Bauweise erwähnte Speer anscheinend erstmals gegenüber Journalisten 1966[141]. 1977 berichtete Speers Neider Hermann Giesler, 1944 habe auch er mit Hitler über Ruinen gesprochen; Hitler habe gegen einen bronzeverkleideten Denkmalbau aus Stahlbeton eingewandt: "Es könnten Zeiten kommen, da reißt man die Bronze vom Stahlbetonkern, wie man beim Kolosseum in Rom die Steine aufmeißelte, der Bronzeanker wegen". Für diese Angabe spricht, daß Hitler ein Bild römischer Ruinen als Zimmerschmuck besaß[142].

Auch die im 18. Jahrhundert entstandenen Korkmodelle antiker Ruinen, die Schönberger als Anregung erwog, können bekannt gewesen sein, aber sie galten anscheinend in keinem Falle der ruinenhaften Darstellung von Neubauten[143]. Eher konnten "künstliche Ruinen" dazu anregen, bei einem Neubau Bilder des Verfalls zu entwerfen. Speer sollte "künstliche Ruinen" als akademisch ausgebildeter Architekt gekannt haben, Hitler jedenfalls - worauf schon mehrmals hingewiesen wurde - aus Schönbrunn[144]. In der zweiten Hälfte des 18. Jahrhunderts hatten französische und englische Architekten Neu- bzw. Umbauten als künftige Ruinen dargestellt; in Deutschland mit Sicherheit bekannt und auch in NS-Kunstbüchern reproduziert waren Werke Caspar David Friedrichs, auf denen ältere, aber intakte Bauten als Ruinen erscheinen[146].

Ein Interesse der Nazis für Ruinen ließe sich aus einem auffallenden Grundzug ihrer Propaganda erklären. Sie war von einem Totenkult durchzogen, der nicht nur auf diffuse Ergriffenheit abzielte, sondern mittels Zeremonien und Reden Unterordnung, Pflichterfüllung und Aufopferung veranschaulichte. Eine "Ruinenwerttheorie" wäre als - eventuell unbewußte - Übertragung dieses Totenkults auf Objekte der Architektur verständlich, sollten doch manche Bauten von Beginn an Todesgedanken fördern, indem sie Motive ägyptischer und römischer Grabbauten, aber auch die noch von Aufbahrungen her bekannten Feuerschalen einbezogen.

Die "Ruinenwerttheorie" könnte also eine geheimnisvolle Intention des Führers selbst[147] und seines führenden Architekten gewesen sein, ein Fantasiespiel, ein Motiv der Selbstverklärung oder Selbstbestärkung. Sie heute an den - teilweise ruinösen - NS-Bauten bewährt zu sehen oder sie als ein Element nationalsozialistischer Propaganda hervorzuheben, ist trotzdem verfehlt. Daß sie die Beschaffenheit von NS-Bauten[148] geprägt habe, hat schon Schönberger widerlegt. Es zeigt sich aber auch, daß die "Ruinenwerttheorie" kein Teil der damals aktuellen Propaganda war. Speer selbst berichtete, die als "Ruinenwerttheorie" bezeichnete Vorstellung sei auf einen Teil der Führungsspitze beschränkt gewesen. Daß sie vor 1945 keinerlei Verbreitung fand, zeigt die Durchsicht damaliger Publikationen. Anscheinend hat eine "Ruinenwerttheorie" dort nirgends eine Spur hinterlassen, selbst wo die jeweilige Thematik dazu Anlaß geboten hätte[149]. Die "Ruinenwerttheorie" als eine *Botschaft* an die lesende und Bauten betrachtende Öffentlichkeit gehört also der Nachkriegszeit an.

Aber auch bei ihrem späten Auftreten war sie zur Ergänzung und Verklärung faschistischer Architekturpolitik bestimmt: seitens des führenden Nazi-Architekten und manchmal seitens Autoren, die an der Ehrenrettung der NS-Architektur weiterarbeiten. Auch als eine nach 1945 aus Elementen "nationalsozialistischer Weltanschauung" zusammengebraute, allseits geglaubte Interpretation wäre sie ernst zu nehmen. Denn sie schreibt den NS-Bauten nachträglich zu, substantiell und wahrhaft bis in den Untergang zu sein; sie vertuscht, daß die NS-Architektur von kriegswirtschaftlicher Planungsweise geprägt wurde; sie lenkt auch ganz direkt davon ab, warum z. B. die Nürnberger Bauten Ruinen sind: als Bauruine die Kongreßhalle, als Resultat ungenügend bedachter späterer Teilzerstörung die Tribüne des Zeppelinfeldes.

Wir sollten uns also nicht zu Dienern einer wirklichen oder konsequenten Erwartung machen, daß die NS-Bauten als ehrwürdige Ruinen wirken würden. Schon deswegen sind Vorschläge abzulehnen, erhaltene Bauten wie das Haus der Kunst in München[150], die italienische Botschaft in Berlin[151] und namentlich die Nürnberger Bauten[152] dem Verfall zu überlassen und sie dadurch eines Tages loszuwerden[153]. Zu leicht könnten sie Emotionen, wie Ruinenmotive sie nicht grundlos wecken, auslösen. Das Ruinendasein würde sie mit Bauten wie den Rheinburgen und dem Heidelberger Schloß verbinden, eine kritische Sicht nicht begünstigen. Eine vaterländische Ruinenpoesie, wie sie zum

Beispiel vor einem Jahrhundert den Aufbau des Kyffhäuser-Denkmals begleitete[154], ist auch für die Zukunft nicht auszuschließen. Sehnliches Mitgefühl, Trauer um verlorene Größe als jahrhundertelang eingeübte Elemente gebildeter Ruinenbetrachtung und Ruinenromantik würden vor NS-Bauten besonders deswegen schwerlich haltmachen[155], weil sie antiken Bauten in manchem ähneln. Diese Emotionen könnten sich auf die faschistischen Urheber gerade dann erstrecken, wenn die nähere Kenntnis der historischen und ideologischen Hintergründe so diffus bliebe, wie sie heute vielfach schon ist.

Undeutlich würden auch die Absichten derer bleiben, die den Verfall beschlossen hätten. Der Vorschlag einer Bürgerinitiative sah 1987 vor, Verfall und Nutzung der Nürnberger Kongreßhalle so lange nebeneinander hergehen zu lassen, bis der Verfall die Oberhand gewinne[156]. Aber das Bröckeln von Mauern eignet sich als Ausdruck *bedachten* Umgangs mit Geschichte so wenig wie das Pflanzenwachstum.

Deshalb ist zu fragen, ob die augenblickliche Nutzung des Kongreßhallenbereichs nicht immer noch zu stark für die Urheber dieser Bauruine wirbt. Ruinenfaszination kann gerade angesichts späterer Nutzung leicht so umschlagen, daß ein "Kontrast zwischen einstiger Größe und jetziger Erniedrigung", "Bedauern über den tiefen Fall"[157] empfunden wird. In Nürnberg könnte sich der irrtümliche Eindruck einstellen, die Wände der Kongreßhalle - je ruinöser desto ehrwürdiger - überragten ein unwürdiges Wirtschaften heutiger Nutzer. Dieser Kontrast würde eher theatralisch gesteigert als bekämpft werden, wenn in die Kongreßhalle ein wiederum gewaltiger "Konsumtempel"[158] eingebaut werden würde, wie ihn 1987 die Firma Congreß & Partner AG vorschlug. Auf den ersten Blick könnte dies als eine radikale Umwidmung erscheinen, als konsequente Absage an den Reichsparteitagsbetrieb[159]. Aber die Aktiengesellschaft hätte, wie es eine Nebenbedeutung ihres Namens bereits anzeigt, die eindrucksstarke Ruine eher als Partner denn als Widerpart genutzt[160]. Der Einbau wäre ein substanzverändernder Umbau gewesen[161]; er hätte die trotzdem noch sichtbar bleibenden Reize der Ruinenarchitektur verwertet statt zurückgewiesen. Alle diese Einwände träfen auch den Plan, dort eine der kommerzgeprägten Bundesgartenschauen zu veranstalten (1987)[162].

Die intakten und die ruinösen NS-Bauten sind deshalb so zu erhalten, wie sie heute sind. Auch ein Teilabriß verbietet sich. Eingetretene Schäden sind wie in Nürnberg auszubessern. Dies hätte ein fortbestehendes NS-Regime zwar ebenfalls getan. Aber daran bestätigt sich nur, daß der in dieser Arbeit verfolgte Gesichtspunkt nicht als schematische Strategie der Unähnlichkeit verabsolutiert werden darf. Die Distanzierung vom konservierten NS-Erbe muß aufrechterhalten werden, aber diese Aufgabe kann wiederum anderen Medien zugewiesen werden.

"Dauerhaft"

Daß die Nazis auf einen "Ruinenwert" spekulierten, bleibt unbewiesen, doch er würde ohnehin nur eine Dauerhaftigkeit ihrer Architektur überhöhen. Dauerhaftigkeit war jedenfalls ein zentrales Motiv der Reden und Erläuterungen, die der Staats- und Parteiarchitektur mitgegeben wurden. "Wir bauen nicht für unsere heutige Zeit, wir bauen für die Zukunft! Daher muß *groß, solide* und *dauerhaft* gebaut werden", behauptete Hitler 1938[163]. Einige der Bauten sind tatsächlich nur wegen ihrer dauerhaften Ausführung trotz Abriß- und Veränderungsvorschlägen erhalten geblieben[164]. So finden wir uns als Erben teilweise wohlerhaltener NS-Werke, die bereits manchen Nachkriegsbau überlebt haben. Wir sind zu Adressaten von Erwartungen geworden, die die Nazis gerade mit der Solidität ihrer Bauten verbanden.

Der Architekt Werner March verkündete, der Naturstein symbolisiere die "unerschütterliche Kraft und Wehrhaftigkeit der nationalsozialistischen Weltanschauung"[165]. Speer, der die Natursteinfassaden zu dessen Berliner Olympiastadion entworfen haben will[166], bezeichnete den Naturstein als das Material, das "allein späteren Zeiten durch seine Beständigkeit die Tradition gibt, die für uns heute in den steinernen Bauwerken unserer Vergangenheit liegt"[167].

Solche Äußerungen[168] hoben die Forderung nach Dauerhaftigkeit aus dem Bereich banaler Zweckmäßigkeit heraus. Sie zielten auf die psychische Wirkung der Materialien und Bauweisen, die Dauerhaftigkeit *versprechen*. Diese Wirkung setzten die Nazis politisch ein. Die massiv anmutenden Bauten boten etwas an, das die Architekturpraxis und -theorie der Weimarer Republik schuldig geblieben war; die Monumentalbauten des NS-Regimes sollten mit "Dauerhaftigkeit" und "Beständigkeit" zugleich eine Zukunft versprechen, in der sich die Solidität dieser Bauten erweisen würde.

Dieses Wirkungsmittel erhaltener NS-Großbauten hat an gefährlicher Aktualität eher noch gewonnen. Die früher hochrangige Zielsetzung "Beständigkeit" ist angesichts veränderter Bau- und Haustechnik so gut wie aufgegeben. Die Lebensdauer von Gebäuden wird, nach neueren Arbeiten zu urteilen, auch nicht systematisch erfaßt und erforscht. Grobe Schätzungen genügen anscheinend deshalb, weil die technische Lebensdauer neuer Gebäude nur als Faktor bei Kostenberechnung und Abschreibung interessiert[169]. Die architekturpsychologische Tragweite dieses Wandels ist nicht annähernd erkannt. Es ist sehr wahrscheinlich, daß die heutigen Bauten, indem sie offenkundig nicht auf Dauer berechnet sind, eine Erwartung unbefriedigt lassen, die keineswegs nur in architekturtheoretischen Traktaten seit Vitruv, sondern auch im weniger bewußten Rezeptions- und Benutzungsprozeß auftritt, selbst beim Übernachten in Burghotels und ehemaligen Klöstern spontan aktualisiert wird. Sichtbare, gegenständliche Kontinuität, wie sie alte Gebäude wirklich oder scheinbar der

Die Zeppelintribüne vor, während und nach der Sprengung. Die Sprengung der Säulengalerie erfolgte am 8./9. Juni 1967.

Antike oder dem Mittelalter verleihen, würde sicherlich mancher Architekturbetrachter und -benutzer auch der Welt wünschen, in der er selbst lebt und an die Zukunft denkt. Daß die gebaute Umwelt sich der Prägung dieser Zukunft enthält oder Zukunft sehr kurz kalkuliert, kann schwerlich ohne Folgen für ihre Wirkung sein. Manche Architekturkritik läßt wenigstens ahnen, daß hier ein Defizit im Angebot der heutigen Architektur empfunden wird. Die Nazis jedenfalls, findig im Aufspüren sozialpsychischer Defizite und geschickt darin, sie falsch zu bedienen, haben auch diese Schwäche[170] genutzt. Sie boten keinen Wohnbau in Natursteinmauerwerk an, propagierten den Naturstein aber als Absage an eine "Zeit, die nur den Grundsatz der Rentabilität gelten läßt, die nur durch das gefesselt wird, was schnell und billig und in großer Masse produziert werden kann"[171]. Ein Hauptargument bei der anhaltenden Diffamierung der Weißenhofsiedlung von 1927, das einen Topos der Architekturkritik aufgriff, war schlechte Machart, die sich alsbald in Rissen geäußert habe. Die NS-Architektur sollte den angeblichen "Schundbau der Nachkriegszeit"[172] ersetzen. Was sie den nicht nur technisch verstandenen Mängeln ausfüllend, erfüllend entgegensetzen sollte, waren Bauten von offenkundigem Anspruch auf Dauer: die Monumentalbauten posierten Dauerhaftigkeit nicht nur als ideologische Metapher eines "Tausendjährigen Reichs", sondern als Antwort auf ein Bedürfnis.

Eine Gegenstrategie darf sich deshalb heute nicht auf den Umgang mit erhaltener NS-Architektur begrenzen. Am wirksamsten wäre es, überall die Defizite zu bekämpfen, von denen die falschen Versprechungen der NS-Architektur lebten und leben. Wenn sich auf Dauerhaftigkeit/Beständigkeit architekturpsychologisch erkennbare, von den Nazis bereits ausgebeutete Bedürfnisse richten, dann verlängert besonders die heute massenhaft hergestellte Wegwerfarchitektur für Wohnungen, Schulen und Behörden ein Defizit, baut unbedacht am Image der NS-Architektur weiter, unterstützt nachträglich deren Legitimationsstrategie. Wünschenswert wäre eine Nutzbaupraxis, die auch "Dauerhaftigkeit", "Solidität" als Faktor der *Nutzung* erstrebte, nicht nur als Rechnungsposten bei Kalkulation und Abschreibung.

Dieser Wunsch bleibt unter den Bedingungen des gegenwärtigen Baubetriebes unerfüllt. Die Natursteinverkleidung heutiger Bauten täuscht in der Regel kein tragendes Mauerwerk vor, sondern gibt sich als das, was sie ist[173]. Um so wichtiger ist es, das Defizit an Dauerhaftigkeit reflexiv zu bearbeiten, bevor es mittels NS-Monumentalarchitektur kompensiert wird. In Nürnberg, aber auch beim Berliner Olympiastadion läßt sich an Bauschäden zeigen, daß schon die NS-Bauten die behauptete Dauerhaftigkeit nur teilweise realisierten[174]. Darüber sollte an Ort und Stelle informiert werden; bisher ist es noch möglich, daß ein Laie die Nürnberger Bauten "eher gediegen" nennt und die tadelt, die sie nach 1945 reparieren mußten: "Gesprungene Natursteinplatten wurden mit Zement und Asphalt geflickt", das sei "Geschichtsfälschung"[175].

Gegenwärtig

Haltbar in einem nicht nur materiellen Sinne zu sein, erwies sich als eine Zielvorgabe für die NS-Architektur, die zentral genannt werden kann. Ihr diente auch ein Habitus der Zeitlosigkeit, sie nahm eine "Vorstellung der Dauerhaftigkeit durch Bodenständigkeit"[176] und Naturhaftigkeit auf, nachträglich wurde sie sogar den Ruinen abgefordert, und Grundlage für alles dies war die Inszenierung des Materials und der Materialbehandlung.

Alle diese Mittel, die auch künftig wirken sollten, finden tatsächlich noch Resonanz. Eine emotionale Basis ihrer heutigen Wirkung konnte jeweils benannt werden. Selbst ablehnende Reaktionen auf NS-Architektur belegen dies, ja sie bestehen immer wieder darin, daß verwandte Mittel *gegen* eine angenommene, offenbar empfundene Nachwirkung von NS-Architektur aufgeboten werden. Dauerhaftigkeit ist eine wahrhaft populäre Zuschreibung[177] an die Bauten des "Tausendjährigen Reichs", die besonders deutlich auf ein heute erst recht unerfülltes Bedürfnis, auf ein meist unbewußt aber sensibel bearbeitetes Problemfeld hinweist. Auch die auf Dauer zielenden Kulte der Zeitlosigkeit, des Naturbezugs und des Ruinösen wurden lange vor 1933 begründet. Daß das NS-Regime sie nutzte, hat ihre Kräfte offenbar nicht verbraucht, sondern eher gebündelt und in die Gegenwart gelenkt: zu uns.

Anmerkungen:

* Der bei der Tagung "Das Erbe. Vom Umgang mit NS-Architektur" in Nürnberg am 8. Juli 1988 vorgetragene Text erscheint hier umgearbeitet ohne den einleitenden Überblick (jetzt: Wie gehen wir mit NS-Bauten um? Beispiele in Berlin, in: Werk und Zeit 1988, 3. Quartal, S. 26-29) und die Fallstudie zum ehemaligen Reichssportfeld Berlin (jetzt: Kunst und Propaganda im NS-System, in: Moderne Kunst. Das Funkkolleg zum Verständnis der Gegenwartskunst, Bd. 2, Rowohlts Enzyklopädie, Reinbek 1991, S. 443-446).

1. Hajo Bernett, Symbolik und Zeremoniell der XI. Olympischen Spiele in Berlin 1936, in: Sportwissenschaft 16, 1986, S. 357-397.
2. Friedrich Wilhelm Krahe, Entwurfserläuterung, laut Teilweise Überdachung des Olympiastadions Berlin, in: Bauwelt 61, 1970, Bd. 4, S. 1785.
3. Zu Marchs ungefähr gleichzeitiger Tätigkeit für Nürnberg siehe Eckart Dietzfelbinger, Der Umgang der Stadt Nürnberg mit dem früheren Reichsparteitagsgelände = Beiträge zur politischen Bildung Nr. 9/1990, S. 15.
4. Titel der von Klaus Staeck herausgegebenen Sammelschrift, Göttingen 1988.
5. Mittig, Wie gehen wir mit NS-Bauten um? 1988, S. 26; irrig Robert Frank, Am Ende unserer Geduld, in: Bauwelt 78, 1987, Heft 28/29, S. 1066. Abrißwünsche deutet auch Martin Krampen, Zur heutigen Wirkung von Nazi-Architektur, in: Kunst Hochschule Faschismus, Dokumentation der Vorlesungsreihe ..., Berlin 1984, S. 283, 286, 291 als einzige Gegenstrategie an. Zu Nürnberg besonders Dietzfelbinger 1990, S. 20-21, 25.

6. Angela Schönberger, Die Neue Reichskanzlei von Albert Speer, Berlin 1981, S. 71; ähnlich Hitlers Berghof, vgl. Josef Geiss, Obersalzberg, 3. Aufl. Berchtesgaden 1958, S. 176, 181-183.
7. Z. B. in populärer Kritik der Kulturschirn in Frankfurt a. M. laut Christoph Harwarth, Beispiele für Denkmalpädagogik in unterschiedlichen Situationen der Bildungsarbeit, Referat bei der Tagung "Architekturvermittlung - Denkmaldidaktik" des Ulmer Vereins - Verband für Kunst- und Kulturwissenschaften, Berlin, 13. 10. 1990; aufschlußreich Martin Damus, Postmoderne und regionalistische Architektur, in: Inszenierung der Macht , Ausstellungskatalog Neue Gesellschaft für bildende Kunst Berlin 1987, S. 297-304.
8. Karl Arndt/Hartmut Döhl, "Das Wort aus Stein". Filmdokumente zur Geschichte, hrsg. vom Institut für den wissenschaftlichen Film, Göttingen 1965.
9. Dagegen Heft 28/29 der Bauwelt 78, 1987.
10. Dazu die Schlagzeilen aus der Mitte der 1960er Jahre bei Dietzfelbinger 1990, S. 9, die Diskussion 1967 ebenda S. 21-22.
11. Klaus Herding/Hans-Ernst Mittig, Kunst und Alltag im NS- System. Albert Speers Berliner Straßenlaternen, Gießen 1975, S. 58.
12. Immer wieder wird z. B. so getan, als dürfe moderne Kunst nicht kritisiert werden. Christoph Hackelsberger, Das steinerne Erbe des Dritten Reiches, in: Süddeutsche Zeitung 20./21. 10. 1990 meinte sogar, unter keinen Umständen dürfe ein einzelnes Buch absichtlich verbrannt werden; das Einstampfen ganzer Auflagen erlaubt er.
13. Wolfgang Fritz Haug, Vom hilflosen Antifaschismus zur Gnade der späten Geburt, Hamburg/Berlin 1987, S. 147.
14. So Hitler selbst am 2. 8. 1938 laut Schönberger 1981, S. 179.
15. Dies übersieht Krampen 1984, S. 283.
16. Betrifft: Reaktionen. Anlaß: Kunst im 3. Reich , hg. vom Frankfurter Kunstverein, Frankfurt a. M. 1974. Ähnlich noch Klaus Backes, Hitler und die bildenden Künste, Köln 1988, S. 194.
17. Hans-Jochen Kunst, Architektur und Macht. Überlegungen zur NS-Architektur, 1971, wieder abgedruckt in: Reichsautobahn, hg. von Rainer Stommer, Marburg 1982, S. 193-198.
18. Herding/Mittig 1975, S. 57-58.
19. Krampen 1984, S. 283-305. Allzu begrenzt wie das Material sind auch die (von Arndt/Döhl 1965 übernommenen) Qualifizierungsmerkmale.
20. Z. B. Maria Otto/Gunter Otto, Gewalttätigkeit und Überheblichkeit, in: Kunst und Unterricht 1985, Heft 98, S. 14 nach Berthold Hinz, S. 13 nach Bertolt Brecht.
21. Inszenierung der Macht 1987; Darlegungen der Arbeitsgruppe in Diskussionsveranstaltungen am 15. 4. und am 17. 5. 1987, wo z. B. nach der "Idolfähigkeit" Brekerscher Aktplastik gefragt wurde. Etwas anders akzentuiert Wieland Elfferding, Politik der Sinne oder Legoland der Gefühle, in: Erbeutete Sinne. Nachträge ..., Berlin 1988, S. 33 und 34.
22. Frank Wagner, Vorwort ebenda S. 7-8.
23. Führungsblatt der Ausstellung sub "Bauformen der Macht".
24. Eduard Beaucamp, Weites Feld, in: Frankfurter Allgemeine Zeitung 29. 7. 1987.
25. Dazu schon Thomas Schmidt, Das Berliner Olympiastadion und seine Geschichte, Berlin 1983, S. 52-53.
26. Martin Warnke, Das dämonisierte Hakenkreuz, in: Die Zeit 28. 10. 1988. Susanne Deicher, Die Propaganda und der Wunsch, in: Erbeutete Sinne 1988, S. 14, neigt zu der Annahme, "die Faszination dieser Werke" sei "heute größer ... als sie es für die Zeitgenossen war".
27. Ein neueres Statement zur Arbeit im dortigen Haus der Kunst zitiert Hans-Joachim Müller, Die Entsorgung des Kunsttempels, in: Die Zeit 26. 1. 1990.
28. In Braunschweig arbeitet ein "Arbeitskreis für Militärgeschichte" (Projektleiter Oliver Dix) über "Geschichte der Standorte und ihrer Kasernen in den Grenzen des heutigen Bundeslandes Niedersachsen".
29. Neuerdings Architektur in Regensburg 1933-1945, Ausstellungskatalog Neuer Kunstverein Regensburg, 1989.
30. "Zehntausende" seien Beleg für die "pathetische und suggestive Ausstrahlung" (Rainer Büschel/Eckart Dietzfelbinger, The Nazi Horror Picture Show? In: Plärrer 13, Oktober 1990, Nr. 10, S. 36).
31. Vgl. Dietzfelbinger 1990, S. 44 Note 17; belegt ist dies auch für die vielen BesucherInnen der Ausstellung "Topographie des Terrors" in Berlin, die außer einem authentischen Gelände nur Informationsmedien benutzen.
32. Ähnlich Büschel/Dietzfelbinger 1990, S. 36.
33. Z. B. Eduard Geisler, Psychologie für Architekten. Eine Einführung in die architekturpsychologische Denk- und Arbeitsweise, Stuttgart 1978, bes. S. 64 -69.
34. Vgl. z. B. Friedrich Heer, Der Glaube des Adolf Hitler, München und Eßlingen 1968, S. 596, zur Peterskirche, die er fälschlich wie Arndt als NS-Bau beschreibt; richtiger Albert Speer u. a., Architektur. Arbeiten 1933-42, Frankfurt a. M./Berlin/Wien 1978, S. 8. Referierend Hans-Ernst Mittig, Wandlungen des deutschen Denkmals im frühen 20. Jahrhundert, in: Kunstgeschichtliche Gesellschaft zu Berlin. Sitzungsberichte, N.F. Heft 19, 1970, S. 4-5.
35. Hitler am 9. 1. 1939 laut Schönberger 1981, S. 184; vgl. Backes 1988, S. 190. Zur Einbeziehung einladender Motive Hans-Ernst Mittig, München, 50 Jahre nach der Ausstellung "Entartete Kunst", in: Kritische Berichte 16, 1988, Heft 2, S. 79; falsch gewichtend Barbara Miller Lane, Die "steinernen Dokumente" des Dritten Reiches I, in: Albert Speer. Kontroversen um ein deutsches Phänomen, hg. v. Adelbert Reif, München 1978, S. 245.
36. Karl Arndt, Filmdokumente des Nationalsozialismus, in: Zeitgeschichte im Film- und Tondokument, Göttingen/Zürich/Frankfurt a. M. 1970, S. 39 -68.
37. Als "Anregung" der Rituale hebt Karl Arndt, Die NSDAP und ihre Denkmäler, in: Denkmal-Zeichen-Monument, Skulptur im öffentlichen Raum heute, hg. v. Ekkehard Mai und Gisela Schmirber, München 1989, S. 75, sie hervor; "fast soldatisch" nannte ein Zeitgenosse die "Straffheit" der Gliederungen an den Münchner Bauten (Ludwig Friedrich Barthel, Neues München, in: Kunst und Volk 4, 1936, S. 167).
38. Z. B. Eberhard Schulz, Ein Günstling des Schicksals in: Albert Speer, HG. Reif 1978, S. 270.
39. Adolf Hitler, Mein Kampf, 34. Aufl. München 1933, 2. Bd., 6. Kapitel, S. 530-532; vgl. Barthel 1936, S. 167-169; auch bei Arndt 1989, S. 73; Friedrich Tamms, Die Bedeutung des Natursteines für die Baukunst, in: Die Kunst im Deutschen Reich, Ausg. B., Die Baukunst, November 1943, S. 200.
40. Ein Hauptkennzeichen der "Lingua Tertii Imperii" laut Victor Klemperer, LTI. Notizbuch eines Philologen, Berlin 1947, Kapitel XXXV. "Die Wechselbrause", S. 270: "Das ist wie ein Hautreiz unter dem Wechsel kalter und heißer Dusche, genauso physisch wirkungsvoll ".
41. Z. B. beginnt Barthels (1936, S. 166) Erläuterung der Münchner Neubauten mit einer Absage an Behaglichkeit, lobt schließlich aber, daß der alte Botanische Garten zu einer Atempause in einer steinernen Welt lade (S. 169).
42. Arndt 1989, S. 70 mit Hinweis auf Adolf Dresler, Das Braune Haus, München 1937, S. 17.
43. Guido Harbers, Anregungen zur weiteren Siedlungstätigkeit, in: Der Baumeister 33, 1935, S. 142 mit bezeichnendem Modellfoto.
44. Diese Terminologie z. B. bei Krampen 1984, S. 286. Die häufigere Bezeichnung "Heimatschutzstil" ist noch beschönigender: sie macht das wertbewahrende Element der Schultze-Naumburgschen Bestrebungen zum Namen einer NS-Baupraxis, die naturvernichtend war, vgl. Albert Speer, Erinnerungen, Frankfurt a. M./Berlin 1969, S. 98-99.
45. Yasmyn Doosry, Formale und inhaltliche Aspekte der Antikenrezeption in der Architektur des Nürnberger Reichsparteitagsgeländes, in: Hephaistos 1, 1979, S. 116. Treffend spricht Klemperer 1947, S. 269 (Kapitel XXXV) von "getrennter Buchführung für Gebildete und Ungebildete".
46. Klemperer 1969, S. 57 (Kapitel VIII) bezeichnet Halle oder Arena als Bestandteil der Rede selbst.

47. Hitler am 7. 9. 1937, zitiert auch bei Hermann Giesler, Symbol des Deutschen Reiches, in: Kunst im Dritten Reich 3, 1939, S. 289.
48. Hans-Ernst Mittig, Die Reklame als Wegbereiterin der nationalsozialistischen Kunst, in: Die Dekoration der Gewalt. Kunst und Medien im Faschismus, Gießen 1979, S. 42-43 auch betreffend die benutzten Formen.
49. Diese Unterscheidung fehlt bei Krampen 1984 trotz einer Andeutung auf S. 290 unter 4.1 a.E.
50. Zum Stand dieser Grundsatzfrage im Bereich Kunst Backes 1988 S. 7-8 und passim.
51. Ein von Hans-Joachim Müller, Die Entsorgung des Kunsttempels, in: Die Zeit 26. 1. 1990 wiedergegebener Artikel in der Frankfurter Allgemeinen Zeitung.
52. Mathias Schreiber, Brutale Bauten? In: Frankfurter Allgemeine Zeitung 15. 7. 1988.
53. Siehe Anm. 54.
54. Der Führer eröffnet die "Große Deutsche Kunstausstellung 1937", in: Kunst im Dritten Reich 1, 1937, 2. Halbjahr, besonders S. 47 und 48 (Bildunterschrift).
55. Mittig, Wie gehen wir mit NS-Bauten um? 1988, S. 28-29; Wiedereröffnete Jugendherberge in Melle. Ein Kleinod der Stadt in: Jugendherberge 1991, Heft 3, S. 10.
56. Hans-Ernst Mittig, NS-Motive in der Gegenwartskunst: Flamme empor? In: NS-Kunst, 50 Jahre danach. Neue Beiträge, Marburg 1989, S. 95/106.
57. Karl Ude in: Süddeutsche Zeitung (Münchner Stadtanzeiger) 24. 7. 1987. Entsprechend erklärt Friedrich Kurrent, Leserbrief in: Süddeutsche Zeitung 4. 1. 1991 das Gebäude für "ent- nazifiziert".
58. Willi Daume, zitiert nach Berthold Grzywatz, Schrecken deutscher Geschichte, in Zitty Berlin 14, Nr. 22, 18.-31.10.1990, S. 24-25; implizit auch Werbeschriften wie Berlin 2000. Olympia-Konzept, Berlin 1990.
59. So z. B. Robert Scholz, Architektur und Bildende Kunst 1933-1945, Preuß. Oldendorf 1977, S. 59, 81 im Widerspruch zu anderen Passagen. Vgl. Mittig, NS-Motive 1989, S. 105.
60. So neuerdings Walter Grasskamp in der Plenarsitzung "Kunst der 30er und 40er Jahre" des 22. Deutschen Kunsthistorikertages Aachen am 27. 9. 1990.
61. Nazikunst ins Museum? Antworten auf eine Umfrage, in: Tendenzen Heft Nr. 157, 1987, S. 8/9; vgl. Faszination und Gewalt. Nürnberg und der Nationalsozialismus. Eine Ausstellung, hrsg. von Bernd Ogan/Wolfgang W. Weiß, Nürnberg 1990, S. 82-85.
62. Vgl. die Feldpostausgabe des Ausstellungskataloges Arno Breker, Garnisonmuseum Potsdam 1944.
63. Bernd Siegler, NS-Entsorgungsstätte Nürnberg? In: Die Tageszeitung Hamburg u. a. 17. 9. 1990.
64. "Prächtig" nennt sie z. B. Leon Krier, Die Angst der Architekten vor der Architektur, in: Internationale Sommerakademie, Salzburg 1982, Wien 1983, S. 30.
65. Sprecher 2 bei Gerd Dieter Liedtke, Das Erbe Albert Speers. Zwischen Bann und Faszination, Bayerischer Rundfunk Studio Nürnberg, 5. 12. 1987, S. 7; ähnlich Eckart Dietzfelbinger mündlich am 7. 7. 1988.
66. Joachim Petsch mündlich bei einer Tagung des Ulmer Vereins - Verband für Kunst- und Kulturwissenschaften im Künstlerhaus Karlsruhe, 17.-19. 6. 1983.
67. Dietzfelbinger 1990, S. 6, 27-28; vgl. a. S. 3.
68. Z. B. Schreiber 1988 mit einem Fächer von Invektiven.
69. Dietzfelbinger 1990, S. 9.
70. Karla Fohrbeck, Gestaltung des ehemaligen Reichsparteitagsgeländes - eine deutsche, eine Nürnberger, eine internationale Aufgabe, Maschinenmanuskript 10. 9. 1990; 2 S. Beilage mit Abbildungen.
71. Z. B. auf der dritten Platte:
    AT: Meinst du, daß ich Gefallen habe am Tode des Gottlosen, spricht Gott, der Herr, und nicht vielmehr daran, daß er sich bekehrt von seinen Wegen und am Leben bleibt? (Hesekiel 18, 23).
    NT: Was hülfe es dem Menschen, wenn er die ganze Welt gewänne und nähme Schaden an seiner Seele? (Markus 8, 36 f.).
    Welt: Mauern durchbrechen, Seele freilegen, Individualisierung, in der Gegenwart leben, Zwänge abbauen, anders leben.
72. Karla Fohrbeck in: Bäume und Steine zum Gedenken, in: Nürnberger Zeitung 31. 8. 1990. Hitler selbst benutzte die "Religionskriege" zum Vergleich, um die gläubige Hingabebereitschaft seiner Gefolgsleute zu kennzeichnen (Adolf Hitler, Monologe im Führerhauptquartier 1941-1944. Die Aufzeichnungen Heinrich Haims, Hamburg 1980, S. 23).
73. Selbst Heer 1968, S. 349-350, der die Bedeutung religiöser Motive gewiß nicht unterschätzt, nimmt hier nur die *Einkleidung* eines pathologischen Vernichtungswillens an und wägt gegen das kriegswirtschaftliche Motiv ab.
74. Ein Beleg dafür sind die wirren Auslassungen zum "Sinn sinnloser Taten" bei Rainer Volp, Zeichen der Mahnung, in: Denkmal-Zeichen-Monument, München 1989, bes. S. 22. Dagegen Siegler 1990.
75. Heer 1968, S. 349. Zur Verdrängung des Gegenwartsbezuges vgl. Mittig, NS-Motive 1989, S. 98 und Dietzfelbinger 1990, S. 45-46 Note 2.
76. W. Eichrodt, Zorn Gottes, in: Die Religion in Geschichte und Gegenwart, 6. Bd., 3. Aufl. Tübingen 1962, Sp. 1930; H. Reinelt, Zorn Gottes, in: Bibel-Lexikon 2. Aufl. Einsiedeln/Zürich/Köln 1968, Sp. 1934; Lexikon für Theologie und Kirche, 10. Bd., 2. Aufl. Freiburg i. Br. 1965, Sp. 1403. Leicht könnten die dort besprochenen Taten als eine Relativierung der NS-Verbrechen mißverstanden werden, als Exempel der Tötung aus Mißfallen (1. Mose 38, 7, 10; 1. Chronik 2, 3), der Vertreibung und Vernichtung von Völkern (Josua 23, 3-9), der Massentötung auch von Frauen und Kindern (1. Mose 19, 24-25) und der Sippenhaftung (1. Mose, 9, 22-27). Vgl. "an Methoden Hitlers erinnernd" bei Karl-Heinz Deschner, Kriminalgeschichte des Christentums, 1. Bd. Reinbek 1986, S. 86.
77. Lexikon für Theologie und Kirche 10, 1965, Sp. 1403; Reinelt 1968, Sp. 1934.
78. Vgl. Klaus Vondung, Magie und Manipulation. Ideologischer Kult und politische Religion des Nationalsozialismus, Göttingen 1971. Ohne atheistische Folgerung bemerkt dies auch Friedrich Heer, Gottes erste Liebe. Die Juden im Spannungsfeld der Geschichte, 2. Aufl. München 1981, bes. S. 384, der sich (Heer 1968) mit dem Glauben *des* Adolf Hitler beschäftigt hatte. Zu dem weit aufschlußreicheren Glauben *an* Hitler z. B. Klemperer 1947, Kapitel XVIII. 1989 hat auch Bazon Brock diesen Gesichtspunkt entdeckt (Kunst auf Befehl? in: Kunst auf Befehl? Hg. von Bazon Brock/Achim Preiß, München 1990, S. 17: "War Hitler ein Gott?").
79. Siegler 1990.
80. Heer 1981, S. 330-331.
81. Zu dem Kreuz des Nonnenklosters neben dem KZ Auschwitz schrieb Simon Wieseltier, Ein verruchter, kein heiliger Ort, in: Die Zeit 15. 9. 1989: "Sein Schatten, man muß es mit allem Respekt sagen, erweckt Ekel".
82. Zu diesem Übergang Rudolf Wolters, Werk und Schöpfer, in: Die Kunst im Deutschen Reich 3, 1939, Ausgabe A, S. 296; Hitler am 2. 8. 1988 laut Schönberger 1981, S. 179, ähnlich S. 180.
83. Z. B. Hitler 1937, zitiert bei Berthold Hinz, Die Malerei im deutschen Faschismus, München 1974, S. 158; Hitler 1939 ("für die Ewigkeit"), zitiert bei Manfred Sack, Sterben und Sterben lassen, in: Die Zeit 10. 8. 1990. Seltener "zeitlos", vgl. Willi Best, Olympische Jugend, in: Berliner Tageblatt 3. 8. 1936, Abendausgabe.
84. Backes 1988, S. 191-192.
85. Ausdrückliche Analogie bei Hitler am 2. 8. 1938 laut Schönberger 1981, S. 180.
86. Hitler am 2. 8. 1938 gesondert für "Zweckbau" und Monumentalbau laut Schönberger 1981, S. 178, 179. Vgl. Arndt 1989, S. 77-79.
87. In: Die Kunst im Dritten Reich 1, Juli 1937, S. 51-52 in der schon zit. Rede, die der Ablehnung des Zeitbezuges mehrmals auch widerspricht.
88. Hitler 1939 (zit. bei Hinz 1974, S. 183-184).
89. Vgl. z. B. die vorsichtigen Worte Barthels 1936, S. 166-167; zur

Moderne Günter Bandmann, Der Wandel der Materialbewertung in der Kunsttheorie des 19. Jahrhunderts, in: Beiträge zur Theorie der Künste im 19. Jahrhundert, Bd. 1, Frankfurt a. M. 1971, S. 140 mit Note 45.
90. Christoph Hackelsberger, Das steinerne Erbe des Dritten Reiches, in: Süddeutsche Zeitung 20./21. 10. 1990.
91. Ein Beispiel bei Heer 1968, S. 159.
92. Wolfgang Schäche, Das Gebäude der ehemaligen japanischen Botschaft in Berlin-Tiergarten, Berlin 1984, S. 64-68; zu Nürnberg schon Anm. 70. Keine derartige Erwägung findet sich z. B. bei Teilweise Überdachung 1970, S. 1781-1794.
93. Lt. halef, Ratlosigkeiten, in: Nürnberger Zeitung, 15. 9. 1990.
94. Til Radevagen, Olympia 2000 in Berlin, in: Zitty 18.- 31. 10. 1990, S. 21.
95. Dietzfelbinger 1990, S. 20 zu einem rezenten Vorschlag ("Moderne Kunst als Kontrapunkt" sic! "zu dem NS-Bau"); neuerdings Thomas Kliemann, "Große Straße", in: Nürnberger Zeitung Nr. 112, Mai 1991.
96. Buchtitel von Adolf Dresler (München 1938).
97. Arbeiten und Vorschläge erwähnt Dietzfelbinger 1990, S. 31-32.
98. Ebenda S. 20.
99. Vorgeschlagen in den 1950er Jahren, vgl. ebenda S. 13.
100. Siehe noch unten.
101. Auch dieses Werk wurde vorher für Berlin vorgeschlagen, vgl. Hans-Ernst Mittig, Das Denkmal, in: Kunst. Die Geschichte ihrer Funktionen, hg. von Werner Busch/Peter Schmoock, Weinheim/Berlin 1987, S. 487-488.
102. Gertrud Hohmann, Germanische Bauten, in: Kunst und Volk 4, 1936, Heft 1, S. 88-92; vgl. Bodo Ebhardt, Burgen, in: Die Kunst im Deutschen Reich 7, 1943, Ausg. B, Die Baukunst, S. 99 und Speer 1969, S. 108.
103. Hans Kiener, Germanische Tektonik, in: Die Kunst im Dritten Reich 1, 1937, Folge 1, S. 48-64 griff ein Wort Hitlers auf, vgl. Alexander Heilmeyer, Das junge Deutschland baut seiner Kunst ein eigen Haus, in: Die Kunst im Dritten Reich 1, Juli 1937, S. 18.
104. So ein Bericht über das neugegründete "Vaterkunde-Museum" in Bremen in: Leipziger Illustrirte Zeitung 1935, Hbd. 2, S. 414-415.
105. "Am Anfang der Geistesgeschichte unseres Volkes stand der Baum, der Himmel und Erde, Götter und Menschen, Tiere und Pflanzen verband" (Heinrich Wiepking-Jürgensmann, Landschaftsgestaltung im Olympischen Dorf, in: Kunst und Volk 4, 1936, S. 286).
106. Hitler 1933, zit. nach Joseph Wulf, Die bildenden Künste im Dritten Reich, 1966, Taschenbuchausgabe Frankfurt a. M./Berlin/Wien 1983, S. 64. Zur ideologischen Bedeutung der Natur im NS vgl. Robert Pois, National Socialism and the Religion of Nature, London/Sydney 1986, bes. S. 34, 39.
107. Zit. nach Hinz 1974, S. 187, 185.
108. Entartung z. B. bei Barthel 1936, S. 166; "Die Baukunst entartet" heißt es in einer Diapositivserie (Bildband für die Schulung in der Hitler-Jugend) "Gesundes Leben" (um 1939).
109. Mary Wigman, "Totenklage ...", in: Olympische Jugend. Festspiel, Berlin 1936, S. 42.
110. Dittmar Machule, Die Kameradschaftssiedlung der SS in Berlin-Zehlendorf - eine idyllische Waldsiedlung? In: Faschistische Architekturen, hg. von Hartmut Frank, Hamburg 1985, S. 251-270.
Rainer Stommer, Triumph der Technik. Autobahnbrücken zwischen Ingenieuraufgabe und Kulturdenkmal. In: Autobahn 1982, S. 69-76, 95, 118.
111. Fritz Abt, Das Auslandshaus der Hitlerjugend, in: Die Kunst im Dritten Reich 2, 1938, S. 355; Rudolf Vogler, Ordensburg Sonthofen, in: Die Kunst im Dritten Reich 2, 1938, S. 68-75; ferner Hans Kiener, Die Ordensburg Vogelsang in der Eifel, in: Die Kunst im Dritten Reich 1, 1937, Folge 1, S. 104; Otto Biedermann, Jugendherbergen - Erziehungsstätten, in: Die Kunst im Dritten Reich 2, 1938, S. 142-149.
112. Wilhelm Brückner, Der Führer in seinem Privatleben, in: Adolf Hitler. Bilder aus dem Leben des Führers, bearb. v. Heinrich Hoffmann, Altona/Bahrenfeld 1935, S. 35-43; Auf dem Berghof ..., in: Berliner Illustrirte Zeitung 1936, S. 1360-1361. Wie die Widersprüche dieser Beschreibungen aufzulösen sind, zeigt Speers Bericht vom Leben auf dem Obersalzberg, Speer 1969, S. 59-61, 99-108.
113. Richard Pfeiffer, Jagdhaus "Karinhall", in: Die völkische Kunst 1, 1935, Heft 1, S. 19-24.
114. Backes 1988, S. 192; Franz-Joachim Verspohl, Stadionbauten von der Antike bis zur Gegenwart, Gießen 1976, S. 219 (mit Gedankenverbindung zur "Ruinentheorie").
115. Schönberger 1981, S. 162-170 (mit Hinweis auf die ökonomische Dimension des Massivbaupostulats).
116. Speer 1937 laut Schönberger 1981, S. 166.
117. Mittig, Kunst und Propaganda, Reinbek 1990, S. 443-457. Zum Olympischen *Dorf* vgl. z. B. Wiepking-Jürgensmann 1936, S. 286-289.
118. Zu der Tradition des Denkmalbaumes vgl. Lutz Tittel, Vom Freiheitsbaum zum Kanzlerbaum, Referat bei dem Symposion "Ephemere Denkmäler", Kulturwissenschaftliches Institut Essen, 7. 12. 1990.
119. Hans Sedlmayr, Die Kugel als Gebäude, oder: Das Bodenlose, in: Das Werk des Künstlers 1, 1939, S. 309-310.
120. Zur "Westwall"-Assoziation beim Olympiagelände Mittig, Kunst und Propaganda, Reinbek 1990, S. 443 und Note 7.
121. Wilhelm Lotz, Das Reichsparteitagsgelände in Nürnberg, in: Die Kunst im Dritten Reich 2, 1938, S. 264-269; Arndt 1989, S. 77 mit Hinweisen auf geplante Monumente.
122. Barthel 1936, S. 169.
123. Adolf Hitler, Die Reichskanzlei, in: Die Kunst im Deutschen Reich 3, 1939, S. 280; Hermann Giesler, Symbol des Deutschen Reichs, ebenda S. 282, 286-287, 308. Vgl. Schönberger 1981, S. 79-83.
124. Zum Rückgang der praktischen Bedeutung vgl. Stommer 1982, S. 72; die Ideologisierung blieb um so zäher, z. B. bei Tamms 1943.
125. Wilhelm Lotz, Ein Gang durch die Neue Reichskanzlei, in: Die Kunst im Deutschen Reich 3, 1939, S. 302-305; entsprechend zu den Platten des "Königlichen Platzes" in München, Barthel 1936, S. 167.
126. Vgl. z. B. Lutz Tittel, Monumentaldenkmäler von 1871 bis 1918 in Deutschland, in: Kunstverwaltung, Bau- und Denkmalpolitik im Kaiserreich, hg. von Ekkehard Mai und Stephan Waetzoldt = Kunst, Kultur und Politik im Deutschen Kaiserreich, Bd. 1, Berlin 1981, bes. S. 218-250 und Hans-Ernst Mittig, Das deutsche Marine-Ehrenmal in Laboe, in: Übersee. Seemacht und Seefahrt im deutschen Kaiserreich, hg. von Volker Plagemann, München 1988, S. 378.
127. Zwei Erläuterungsblätter der Ausstellung Karl Prantl. Steine der Großen Straße, Kunsthalle Nürnberg 1991.
128. Der Königsplatz 1812 - 1988, Ausstellungskatalog, Staatliche Antikensammlungen und Stadtarchiv München 1988, S. 67-71. Häufig sind begrünte Luftschutzbunker; ein Beispiel in Hattingen bei Essen, August-Bebel-Straße.
129. Friedrich Kurrent, Leserbrief in: Süddeutsche Zeitung 4. 1. 1991. Lesenswert zur Verknüpfung mit "Zeitlosigkeit" Karl Markus Michel, Die Magie des Ortes, in: Die Zeit 11. 9. 1987.
130. Gerd Dieter Liedtke, Das Erbe Albert Speers, Bayerischer Rundfunk 5. 12. 1987, Skript S. 4.
131. Siehe Arndt 1989, S. 77 und die von "halef" in: Nürnberger Zeitung 15. 9. 1990 gestellte Frage: "Kann das gelingen: die Form zu wiederholen und doch den Inhalt zu ändern?"
132. Entgegen Fohrbeck, Gestaltung ... 10. 9. 1990, die diese Redensart zitiert.
133. Bernd Zachow, Redende Steine, in: Nürnberger Nachrichten 16. 5. 1991.
134. Speer 1969, S. 69.
135. Z. B. Hinz 1974, S. 129; Joachim C. Fest, Hitler. Eine Biographie, Frankfurt a. M./Berlin/Wien 1973, S. 724; Backes 1988, S. 192. Lesenswert Karl Hermann, Duce - zweimal läuten! Das alte

Berliner Diplomatenviertel erwacht zu neuem Leben. In: Die Zeit 3. 6. 1988.

136. Angela Schönberger, Die Staatsbauten des Tausendjährigen Reiches als vorprogrammierte Ruinen? Zu Albert Speers Ruinenwerttheorie, in: Idea 6, 1987, S. 97-107; angedeutet schon bei Schönberger 1981, S. 169.

137. Einen anderen Aspekt der Massivität hatte Elias Canetti, Hitler, nach Speer, in: Albert Speer, hg. v. Reif 1978, S. 295 benannt.

138. So Schönberger 1987 mit Begründung aus Speers Ästhetizismus (S. 99-100). Bei Kriegsende diente jedenfalls die Naturstein-Schwärmerei einer Flucht vor der Realität.

139. Unter anderem bei den BEST-Warenhäusern der Architektengruppe SITE, deren Interpretation auf Katastrophenfilme Bezug nimmt. Vgl. Wolfgang Ebert, Pop-Paläste, Frankfurt a. M. 1983, S. 57-61; Revision der Moderne, Ausstellungskatalog Frankfurt a. M. 1984, München 1984, S. 258-263 (Heinrich Klotz). Weitere Rezeptionsbedingungen der "Ruinenwerttheorie" untersucht Hans-Ernst Mittig, Dauerhaftigkeit. Zu einem Argument deutscher Propaganda seit dem 19. Jahrhundert, Referat bei dem Symposion "Ephemere Denkmäler", Kulturwissenschaftliches Institut Essen, 6.12.1990 (im Druck).

140. Stuttgart 1952, S. 476. Dem folgt Joachim C. Fest, Das Gesicht des Dritten Reiches, München 1964, S. 278 mit Anm. 26.

141. "Die Bürde werde ich nicht mehr los". Spiegel-Gespräch mit Albert Speer in: Der Spiegel 7. 11. 1966, S. 50-52.

142. Hermann Giesler, Ein anderer Hitler, 1977, 2. Aufl. Leoni am Starnberger See 1978, S. 296-299; Speer 1969, S. 104.

143. Schönberger 1987, S. 89 und Anm. 3; vgl. Anita Büttner, Korkmodelle von Antonio Chichi, Entstehung und Nachfolge, in: Die Kunst in Hessen und am Mittelrhein 1969, Beiheft, S. 3-36.

144. Heer 1981, S. 649.

145. Näheres bei André Corboz, Peinture militante et architecture révolutionnaire = Geschichte und Theorie der Architektur 20, Basel/Stuttgart 1978, S. 45 - 51; Marie-Catherine Sahut, Le Louvre d'Hubert Robert, Ausstellungskatalog, Louvre, Paris 1979, S. 31-32.

146. Z. B. Kurt Karl Eberlein, Caspar David Friedrich. Ein Volksbuch Deutscher Kunst, Bielefeld/Leipzig 1939, Tf. 68, S. 42. Speer sammelte romantische Landschaftsgemälde (Speer, in: Der Spiegel 26. 9. 1966, S. 50).

147. Zu Hitlers eigenen Untergangs- und Todesahnungen z. B. Fest 1973, S. 43, 446, 736-737.

148. Doosry 1979, S. 114 schreibt den Nürnberger Bauten, wenn sie zwischen den Veranstaltungen verödeten, bereits einen "ruinenartigen Zustand" zu. Aber sie zeigten dann weder Beschädigungen noch die ruinen(bild)typische Vegetation und Nutzung.

149. Die Aufsätze des Juni-Heftes Die Kunst im Deutschen Reich 7, Ausg. B, Die Baukunst, 1943 über Burgen gehen auf die Ruinenwirkung trotz dazu einladender Abbildungen nicht ein, "Ruine" ist, S. 103, nur negativ besetzt (Gertrud Harms, Die staufischen Burgen unter Friedrich II.). Das November-Heft, gänzlich dem Thema Naturstein gewidmet, streift Ruinen mit keinem Wort. Friedrich Tamms, Das Große in der Baukunst, in: Die Kunst im Deutschen Reich 8, 1944, Ausg. B, Die Baukunst, S. 60, wollte am Beispiel eines stehengebliebenen Brückenpfeilers eine Wirkung des Unvollendeten zeigen, nicht des Ruinösen. Zerstörung wird, S. 49, nur im Zusammenhang mit Wiederaufbau erwähnt. Gerade weil der "Ruinenaspekt" damals Allgemeingut war (Hinz 1974, S. 129), hätte eine Ruinenwerttheorie die Möglichkeiten der Beschönigung überzogen. Goebbels' Versuch zur Verharmlosung frischer Kriegsruinen (zitiert bei Klemperer 1947, S. 271, Kapitel XXXV) setzte anders an und bezog sich nicht auf Monumentalbauten.

150. Neuerdings erwähnt bei Müller 1990.

151. Bei den Diskussionen über die Einrichtung einer Akademie der Wissenschaften in diesem Gebäude (um 1987) wurde geltend gemacht, daß es besser Ruine bliebe als von neuem staatlich genutzt zu werden (freundliche Mitteilung von Wolfgang Wippermann, Berlin, am 17. 11. 1990); offizielle Erwägungen in dieser Richtung gab es nicht (freundliche Mitteilung von Wolfgang Schäche, Berlin, am 15. 11. 1990).

152. Vorschlag einer Bürgerinitiative 1987 (Dietzfelbinger 1990, S. 19), nochmals zitiert von Siegler 1990.

153. Neuerdings Sack 1990. Verdächtig ähnlich sind biologistische Wunschvorstellungen zur Überwindung der NS-Ideologie selbst, vgl. Hans-Ernst Mittig, München, 50 Jahre nach der Ausstellung "Entartete Kunst", in: Kritische Berichte 16, 1988, Heft 2, S. 83-84.

154. Beispiele bei Arndt 1978.

155. Renate Franke, Ruinen und der Lauf der Welt, in: Der Tagesspiegel 17. 7 . 1988 (verklausuliert). Zur Selbstprüfung kann es dienen, den Abschnitt "Autobahnruinen" von Dieter Mayer-Gürr, in: Reichsautobahn 1982, S. 135-153, durchzublättern.

156. S. Anm. 152.

157. Alois Riegl, Der moderne Denkmalkultus, Wien/Leipzig 1903, S. 21, der diese Sicht noch für barock und überwunden halten konnte.

158. So nennt Sack 1990 das Projekt; zu diesem Dietzfelbinger 1990, S. 18, zu einem Vorläufer (1969) S. 25.

159. "Entmythologisierung", vgl. ebenda S. 19.

160. Symptomatisch auch der Firmenname "Colosseum" für einen dort schon ansässigen Schallplattenverlag.

161. Durch nichts begründbar war die Absicht der Denkmalpflegebehörde, nur die Außenseite der Kongreßhalle zu schützen (Dietzfelbinger 1990, S. 19).

162. Ebenda S. 23.

163. Zit. nach Hinz 1974, S. 179.

164. Vgl. Dietzfelbinger 1990, S. 13, 15, 35; zu dem Berliner Großbelastungskörper von 1941. Von Berlin nach Germania, Ausstellungskatalog, Landesarchiv Berlin, 4. Aufl. 1986, S. 61, Abb. 16.

165. Zit. nach Susanne Schröder, Das Olympia-Stadion auf dem Reichssportfeld in Berlin 1936, in: Der Historismus in der Architektur des 19. und 20. Jahrhunderts, Berlin 1983, S. 280.

166. Das kann nachträgliche Fiktion Marchs und Speers sein, vgl. Mittig, Kunst und Propaganda , Reinbek 1990, S. 450 Note 19.

167. Speer 1937 laut Schönberger 1981, S. 167; ebenso Paul Bonatz, Steinerne Brücken, in: die Kunst im Deutschen Reich 3, 1939, Ausgabe D, S. 337. Auf Anfang 1938 datiert Stommer 1982, S. 63 - 65 die Bauschäden an den geschweißten Teilen der Rüdersdorfer Autobahnbrücke, die den Stahlbau diskreditierten.

168. Hitler 1938 und 1939, zit. nach Schönberger 1981, S. 177, 186. Zur Bildkunst z. B. Paul Schultze-Naumburg, Nordische Schönheit, München/Berlin 1937.

169. Karlheinz Pfarr, Grundlagen der Bauwirtschaft, Essen 1984, S. 164-171, 183-185; ähnlich schon: Dauerhaftigkeit, in: Wasmuths Lexikon der Baukunst, 2. Bd., Berlin 1930, S. 130 131; weitere Nachweise bei Hans-Ernst Mittig, Gebaut für "Geist und Herz" (1788) ... zum 200. Jahrestag der Einweihung des Neubaus Kloster Medingen, in: Heimatkalender für Stadt und Kreis Uelzen 1989, Note 19.

170. Zur Nutzung von Defiziten an Repräsentation siehe Klaus Herding/Hans-Ernst Mittig, Objektanalysen zur NS-Kunst: Reaktionen und Perspektiven, in: Kritische Berichte 4, 1976, Heft 4, S. 51-52; ähnlich Backes 1988, S. 190.

171. Wilhelm Tiedje, Natursteinmauerwerk, in: Die Kunst im Deutschen Reich 7, 1943, Ausg. B, Die Baukunst, S. 203; S. 208, auch gegen "die billigen Zinspaläste einer verlogenen Zeit".

172. Klaus Herding/HansErnst Mittig, Ästhetik im Spätkapitalismus, in: Kritische Berichte 1, 1973, Heft 3, S. 140-141.

173. Vgl. zur Postmoderne Damus 1987, S. 299-300, 309.

174. Dietzfelbinger 1990, S. 20-21.

175. Schreiber 1988.

176. Verspohl 1976, S. 281.

177. Oft zugleich gläubig und ironisch: "Quadern, die 1000 Jahre halten sollten" (Bildunterschrift von 1959 laut Dietzfelbinger 1990, S. 12).

Wolfgang W. Weiß

Spurensuche am Obersalzberg

NS-Geschichte(n) zwischen Vermarktung und Verdrängung

"Der Trümmerstätten sind genug in Deutschland. ... Aber die schaurigste von allen ist doch unser Obersalzberg. Denn hier ist der Eingang zur Hölle des zweiten Weltkrieges, hier reiften die Pläne, die einen halben Weltuntergang herbeiführten" (Johannes Baumann 1946)[1]

Als Mauritia Meyer 1877 das "Steinhauslehen" auf dem Obersalzberg bei Berchtesgaden erwarb und dort den "Platterhof" mit der "Pension Moritz" aufbaute, schuf sie damit einen Prominenten-Treffpunkt. Erholungssuchende Staatsminister und Herzöge waren hier bald ebenso zu Gast wie Maler, Schriftsteller und Musiker: u. a. Clara Schumann, Johannes Brahms, Franz von Lenbach, Ludwig Ganghofer und Richard Voß, der dem "Platterhof" mit einem dort spielenden Roman noch zusätzliche Publizität verschaffte.[2]

Um diese Zeit wurde das gesamte Berchtesgadener Land zunehmend als Erholungsort und "Zufluchtsstätte aus dem Getriebe der Großstadt" (Georg Waltenberger) erschlossen. Der Ausbau von Straßen und Eisenbahnlinien beschleunigte diese Entwicklung. Gut betuchte Städter bauten hier ihren Zweitwohnsitz[3], neue Hotels

Bildunterschrift in einer Propagandabroschüre von 1933: "Das Häuschen des Führers Adolf Hitler auf dem Obersalzberg"

Der Korridor von Hitlers "Häuschen" nach dem Umbau

und Gasthöfe entstanden, Spazierwege wurden angelegt. Einheimische richteten Gästezimmer für die Urlaubsaison her. Immer stärker prägte der Fremdenverkehr das Gebiet um Königssee und Watzmann.

Der Obersalzberg jedoch änderte ab 1933 sein äußeres Erscheinungsbild grundlegend. Denn hier hatte Adolf Hitler seinen Privatwohnsitz, den er in der Folgezeit immer weiter ausbauen ließ. Hinzu kamen viele Verwaltungs- und Repräsentationsbauten sowie weitere Privathäuser der NS-Prominenz, so daß schließlich ein riesiges Sperrgebiet entstand, das der Öffentlichkeit nur mehr per zensierter Pressefotos zugänglich war. Offiziell jedoch pflegte die NS-Propaganda die Legende vom "Berghäuschen" des "bescheidenen Führers", der sich dort ausschließlich zu privaten Zwecken aufhielt - ein Mythos, der auch heute noch lebendig ist, aber mit der Realität nichts zu tun hat. Denn der Obersalzberg war spätestens ab 1937 zu einem heimlichen Regierungssitz der Nationalsozialisten geworden.

Um so wichtiger wäre heute eine offensive Auseinandersetzung mit diesem NS-Erbe, eine Auseinandersetzung, die der politischen Bedeutung dieses Ortes angemessen ist. Doch statt dessen wird dort lediglich der Privatklatsch der Nazi-Größen vermarktet, ansonsten aber dieses Geschichtskapitel verdrängt.

Nachfolgend sollen dieser Prozeß und seine Folgen dokumentiert werden.

Hitlers "Berghof"

Wann Adolf Hitler zum ersten Mal den Obersalzberg besuchte, ist nicht eindeutig zu belegen. Die Angaben hierüber differieren, da die NS-Propaganda gerade diesen Teil seiner Lebensgeschichte mystifizierte und dabei erheblich verfälschte.[4] Sicher scheint jedoch, daß er An-

Unterirdische Schießanlage der "SS-Kaserne Obersalzberg"

fang der 20er Jahre eine Zeitlang bei Dietrich Eckart, dem Chefredakteur des "Völkischen Beobachters", wohnte und nach dem Münchner Putschversuch von 1923 und seiner Haftentlassung aus der Festung Landsberg in einer Blockhütte oberhalb des Platterhofs "Mein Kampf" fertig schrieb.

1925 mietete er dort von der Witwe eines Lederfabrikanten das "Haus Wachenfeld"[5], jenes "Berghäuschen", das er 1933 schließlich kaufte[6] und zu einer Art Regierungssitz ausbauen ließ. Erste Umbaupläne skizzierte Hitler bereits Anfang der 30er Jahre.[7] Umgesetzt wurden sie zunächst von dem Architekten Josef Neumeier. Später zeichneten Alois Degano und Hermann Gieseler für die immer neuen Erweiterungsbauten verantwortlich.[8]

Bereits im Mai 1933 wurde damit begonnen - noch vor Inkrafttreten von Hitlers Kaufvertrag. Zunehmend verwandelte sich das ursprünglich einfache und eigentlich stilvolle Haus in ein hypertrophes Gebäude mit einer viermal größeren Grundfläche, zwei Obergeschossen, einer riesigen Sonnenterrasse, Garagen, einer Kegelbahn und insgesamt etwa dreißig Räumen. Berühmt wurde die breite Freitreppe, die zu einem arkadenmäßigen Vorbau führte. Von dort aus gelangte man in das Erdgeschoß: zunächst in eine "gotische Halle" mit breiten Säulen und schließlich zum Konferenzzimmer mit dem großen, versenkbaren Fenster.[9]

"An Geld war nicht gespart worden. Die Säulen in der Halle waren aus Carrara-Marmor, alle Fenster bleigefaßt, die Kachelöfen mit eigens dafür entworfenen Kacheln belegt. Auch das Mobiliar im von Hitler bevorzugten Dampferstil entsprach keinesfalls dem Mythos vom 'anspruchslosen Führer'."[10]

Doch dieser Mythos wurde bewußt weitergepflegt. Nach wie vor war in den Propagandaschriften nur vom "Häuschen" bzw. dem "Berghof" als Privatquartier des Führers die Rede[11], wo er "immer wieder neue Kraft und neue Energie (sammelt), die er nötig hat, um Deutschland hinaufzuführen, auf den Platz, der ihm unter den Völkern gebührt".[12]

Eine Art Regierungssitz

Doch allzu privat ging es auf dem Obersalzberg nicht zu, ganz im Gegenteil: Der Berghof wuchs immer stärker in die Funktion eines Regierungssitzes hinein, wo Adolf Hitler Gesetze und Verordnungen unterzeichnete,[13] Rundfunkreden hielt, Interviews gab[14], amtliche Besprechungen mit Ministern, Parteiführern und Militärs durchführte[15] und ausländische Gäste empfing. Die Liste der offiziellen Berghof-Besucher ist lang und hochkarätig: Nicht nur Schriftsteller und Journalisten, Botschafter und Gesandte, sondern auch Außenminister, Staatschefs und Könige waren zu Gast.[16] Hier wurden weltpolitische Entscheidungen verhandelt und Verträge geschlossen.

Zwei herausragende Beispiele: Am 12. Februar 1938 ließ Hitler den österreichischen Bundeskanzler Kurt Schuschnigg auf den Berghof kommen. Dort wurden ihm ultimative Forderungen gestellt, die letztlich zu dem einen Monat später vollzogenen "Anschluß Österreichs" führten. Im selben Jahr war am 15. September der britische Premierminister Neville Chamberlain zu Besprechungen über die "Sudetenfrage" auf dem Obersalzberg. 14 Tage später schlossen Hitler, Chamberlain, Daladier und Mussolini das entsprechende "Münchner Abkommen".

Die hohe politische Bedeutung des Obersalzbergs für das NS-Regime wurde durch die Errichtung "eines neuen Dienstgebäudes für die Reichskanzlei" unterstrichen, für die man am 18. 1. 1937 in Berchtesgaden Richtfest feierte. Staatssekretär Lammers erläuterte dabei die Notwendigkeit einer solchen Verbindungsstelle: "Der Führer ist immer im Dienst, ob werktags, feiertags oder im Urlaub."[17]

Großbaustelle Obersalzberg

Daß der Obersalzberg für die Nationalsozialisten einen besonderen Stellenwert hatte, spiegelt sich auch in der immensen Bautätigkeit dort. Innerhalb kürzester Zeit

Besuch von König Carol II. von Rumänien (li.) und Kronprinz Michael (2. v. re.) bei Hitler und v. Ribbentrop auf dem Obersalzberg

kaufte Martin Bormann als Reichsleiter der NSDAP ein 10 km² großes Gelände auf und erklärte es kurzerhand zum "Führergebiet".

Die Besitzer wurden teils großzügig abgefunden, teilweise aber auch unter massivem Druck umgesiedelt: Lokal- und Ladenboykott, Entlassung, Enteignungsdrohung u. ä. machten auch Hartnäckige gefügig. In zwei Fällen, darunter im Fall des unterhalb vom Berghof ge-

(1) Hitlers Haus ("Berghof"), (2) Reichssicherheitsdienst (Hotel zum Türken), (3) Kindergarten, (4) Verwaltung, (5) Modellhaus, (6) SS-Kaserne: Mannschaftsunterkunft, (7) Sporthalle, (8) Wirtschaftsgebäude, (9) Kasernenhof, (10) Fahrzeughalle, (11) Fahrerwohnhaus, (12) Gärtnerei, (13) Postamt, (14) Postenhaus, (15) "Volkshotel" Platterhof, (16) Personalhaus des Hotels. - Nicht mehr sichtbar sind die Privathäuser

legenen Hotels "Zum Türken", kam es zu Zwangsenteignung und KZ-Einweisung.[18]

Mit diesen Methoden wurden neben mehreren hundert Hektar Wald- und Wiesenflächen insgesamt 27 Bergbauernhöfe, Fremdenverkehrsbetriebe und Privathäuser erworben und großteils abgerissen. Mehr als 400 Menschen mußten den Berg verlassen. Betreten war nun nur noch mit Passierschein möglich. Postenhäuser wurden aufgestellt, Sperrgebiete mit scharfen Kontrollen errichtet und um das Ganze ein 2 m hoher Zaun von ca. 30 km Gesamtlänge gezogen.

Innerhalb des Sperrgebiets entwickelte sich dann an mehreren Stellen gleichzeitig rege Bautätigkeit. Jahrelang waren dort mehrere tausend Arbeiter beschäftigt. "Die Maschinen-, Material- und Wagenparks wurden ständig vergrößert. Viele Ziegeleien, Zementfabriken, Steinbrüche, Sand- und Kiesgruben, Sägewerke und Eisenfabriken arbeiteten ausschließlich für den Obersalzberg"[19] - bis in die letzten Kriegstage hinein.

"Ohne jedes Empfinden für die unberührte Natur", so schreibt Albert Speer in seinen Erinnerungen, "durchzog Bormann die herrliche Landschaft mit einem Netz von Straßen. Aus Waldwegen, bisher mit Tannennadeln bedeckt und von Wurzeln durchquert, wurden asphaltierte Promenaden. (...) Wohnbaracken für Tausende von Bauarbeitern klebten an den Berghängen, Lastwagen mit Baumaterial befuhren die Straßen. Des Nachts waren verschiedene Baustellen erleuchtet, denn es wurde in zwei Schichten gearbeitet. Gelegentlich dröhnten Detonationen durch das Tal."[20]

Bei dieser Bautätigkeit wurden drei Schwerpunkte gesetzt: Privathäuser für die NS-Prominenz, Dienstgebäude für die Angestellten und Repräsentationsbauten.

NS-Prominenz

Außer Hitler hatten auch sein Stellvertreter Hermann Göring, sein Privatsekretär Martin Bormann und der Generalbauinspekteur und spätere Rüstungsminister Albert Speer ihre Privathäuser am Obersalzberg, wo sie mit ihren Familien wohnten.[21] Erworben wurden diese Gebäude allerdings nicht aus dem jeweiligen Privatvermögen, sondern von Martin Bormann in seiner Funktion als "Reichsleiter der NSDAP und Stabsleiter des Stellvertreters des Führers", wie es in den Kaufverträgen hieß. Auch die umfangreichen Um- und Erweiterungsbauten der vormals eher gediegenen Häuser wurden aus Bormanns Schatulle bezahlt, und auch hier sparte man bei der Inneneinrichtung nicht mit Luxus. Hinzu kamen vielfältige Ergänzungsbauten: bei Göring ein Schwimmbad, bei Speer ein abseits vom Wohnhaus gelegenes Arbeitsstudio und bei Bormann eine Vielzahl von Projekten, mit denen er seinen Ambitionen als ehemaliger Landwirt nachkommen konnte. Sein Gutshof z. B. umfaßte 200 Tagwerk Wiesen- und Ackerland, 80 Kühe und 100 Schweine in neu errichteten Gebäuden, eine Most- und Apfelkelterei, ein Bienenhaus für 100 Bienenvölker mit eigens dafür abgestelltem Bienenwart. Finanziell war dieser Gutshof wegen des rauhen Klimas ein Zuschußbetrieb. Doch über die Rentabilität mußte der Betreiber keine Rechenschaft ablegen, ebensowe-

von Göring, Bormann, Goebbels (Bechsteinhaus), Speer sowie die Adjutantur, Bormanns Gutshof, Speers Studio, das Gästehaus "Hoher Göll", die Theaterhalle und einige andere NS-Gebäude

nig wie bei dem Bau eines riesigen, mit moderner Heizungsanlage ausgestatteten Gewächshauses, wo Bormann Blumen und Champignons züchtete.

"Volksbauten"

Darüber hinaus wurden am Obersalzberg Privatquartiere für linientreue Anhänger errichtet. Gedacht für höhere Beamte und Angestellte, entstanden zwei Modell-Siedlungen: "Klaushöhe" und "Buchenhöhe".[22] Wegen des schwierigen Unterbodens mußten zum Teil besonders tiefe Fundamente geschaffen werden. Bäche wurden 30 - 40 m tiefer gelegt, Erdbewegungen von vielen hunderttausend Kubikmetern durchgeführt und ganze Waldstücke gerodet.

Nicht nur die vielen tausend Arbeiter, sondern auch Dienstpersonal, Wachmannschaften und Verwaltungsangestellte, die in großer Zahl dort Dienst taten, brauchten Unterkünfte, Arbeitsräume und eine Wohninfrastruktur. So entstanden im Laufe der Zeit nicht nur sehr viele Baracken und Straßen, sondern auch solide Wohnhäuser, Verwaltungs- und Wirtschaftsgebäude, eine Sport- und eine Theaterhalle, eine SS-Kaserne mit unterirdischer Schießanlage, eine Fahrzeughalle, die Adjutantur sowie Kindergarten, Postamt, verschiedene Einkaufsmöglichkeiten und ein Koksbunker. Im enteigneten Hotel "Zum Türken" war die Kommandozentrale des Reichssicherheitsdienstes untergebracht.

Die frühere "Pension Moritz" wurde zunächst ausgebaut, 1938 dann weitgehend abgerissen und als 'Hotel Platterhof' in größtem Stil neu aufgebaut - eine Antwort auf die gewaltigen Besuchermassen: An manchen Tagen waren es bis zu 5000 Menschen, die Hitler sehen und begrüßen wollten.[23] Ursprünglich als "Volkshotel" geplant, wurde es letztlich doch "ein Hotel mit allem erdenklichen Luxus. Schwere Teppiche und kostbare Bilder, ein Spiegelsaal, eine Bibliothek, ein großer Kaffeesaal, dessen Decke über 20.000,- DM kostete, eine bombensichere Kegelbahn (...). Alleine der Aushang "Hotel Platterhof" wurde in mehrere Monate dauernder Arbeit vergoldet."[24]

Repräsentation

Doch der im "Volkshotel" betriebene Aufwand war noch unbedeutend im Vergleich zu den Investitionen für das "Diplomatenhaus"[25], das Bormann auf dem Gipfel des 1834 m hohen Kehlstein errichten ließ. Unter härtesten Arbeitsbedingungen - viele Arbeiter verloren dabei ihr Leben - wurde innerhalb eines Jahres eine Straße auf 1700 m Höhe geführt und dort ein großer Parkplatz angelegt, von dem aus man durch ein großes doppelflügeliges Tor aus Kupfer und Bronze in einen 3 m breiten Stollen gelangte. Er war mit Natursteinen ausgemauert, hell erleuchtet und endete nach 124 Metern bei einem messingverkleideten Aufzug, der durch einen 124 m hohen Schacht direkt in das Vestibül des Kehlsteinhauses führte. Dort befanden sich Arbeits-, Speise- und Wohnzimmer, Küche, Wasch-, Ruhe- und Wachräume und ein großes Kellergeschoß. Herzstück war der Kaminraum mit einem großartigen Rundblick. Auch hier wieder verschwenderische Ausstattung: imposante Balken-

Stolleneingang zum Aufzug, der direkt in das "Diplomatenhaus" (heute: Kehlsteinhaus) in 1834 m Höhe führt

decke, Marmorfußboden mit kostbarem Teppich, Mauern aus Granitquadern gefügt, großer roter Kamin aus Carrara-Marmor, ein Geschenk Mussolinis.

Hitler besuchte nur fünfmal dieses 30-Millionen-Reichsmark-Projekt, das vor allem der Bewirtung hoher Staatsgäste dienen sollte. Für deren Unterkunft war es jedoch nicht geeignet. Für diesen Zweck wurde vielmehr die ehemalige "Villa Bechstein" umgebaut, in der Mussolini untergebracht war, aber auch sehr häufig Goebbels mit seiner Familie wohnte. Außerdem stand das Parteigästehaus "Hoher Göll" zur Verfügung.

Eine besondere Attraktion, nicht nur für ausländische Gäste, sollte die neuangelegte "Roßfeld-Alpenhochstraße" werden, gedacht als eine der Reichsregierung vorbehaltene Ausflugstraße, die in 1600 m Höhe herrliche Rundblicke in das Berchtesgadener und Salzburger Land bietet. Sie wurde erst nach Kriegsende fertiggestellt.

Adolf-Hitler-Spende

Die Gesamtkosten der Obersalzbergbauten lassen sich nachträglich schwer berechnen. Sie sollen bei ca. einer halben Milliarde Reichsmark gelegen haben, wobei die Auftraggeber im Mai 1945 lediglich 17 Millionen Reichsmark Schulden an Baufirmen und Handwerker hinterlassen haben.[26] Deshalb stellt sich die Frage, wie das alles finanziert wurde, da hierfür - zumindest offiziell - weder in die Staats- noch in die Parteikasse gegriffen wurde. Denn die Grundstücksverkäufe z. B. gingen direkt an Bormann, der auch staatlichen Besitz am Obersalzberg aufkaufte. Und Reichsschatzmeister Franz Xaver Schwarz hatte keinerlei Chancen, Einblick in die finanziellen Transaktionen von Hitlers Privatsekretär zu bekommen.

Die Erklärung liegt in der "Adolf-Hitler-Spende der Deutschen Wirtschaft", die auf Vorschlag von Gustav Krupp v. Bohlen und Halbach vom "Reichsverband der Deutschen Industrie" und der "Vereinigung der Deutschen Arbeitgeberverbände" beschlossen worden war. Danach hatte jeder Arbeitgeber regelmäßig Beiträge in einen Privatfond zu zahlen, der - am Reichsschatzmeister vorbei - Hitler privat und ganz persönlich zur Verfügung stehen sollte. In diesen Spendentopf dürften jährlich fast hundert Millionen Mark gekommen sein, über deren Verwendung der Führer zu keinerlei Rechenschaft verpflichtet war. Es lag lediglich seine Zusicherung vor, dieses Geld zur "Förderung der Kultur" zu verwenden.[27]

Darüber hinaus verfügte der "bescheidene Hitler" über ganz erhebliche Finanzmittel aus Autorenhonoraren von "Mein Kampf", aus persönlichen testamentarischen Schenkungen seiner Anhänger und aus dem "Briefmarkengeschäft", da er für den Abdruck seines Konterfeis ebenfalls Gebühren erhielt.

Die Verwaltung dieser riesigen Einnahmequellen hatte ausschließlich Martin Bormann in Händen, der dadurch eine einzigartige Machtstellung erhielt und zum obersten Bauherrn am Obersalzberg avancierte. Da er zudem auch die abwegigsten Forderungen als ausdrücklichen Wunsch Hitlers proklamieren konnte, war es ihm auch in Kriegszeiten möglich, das monumentale Bauprojekt weiter voranzutreiben.

Bunkeranlagen

Gespräche über Luftschutzmaßnahmen waren auf dem Obersalzberg aus propagandistischen Gründen verpönt. Zwar hatte sich Göring bereits 1941 einen Bunker mit drei Meter dicken Wänden aus Eisenbeton an sein Haus bauen lassen, doch erst Mitte 1943, als die deutsche Wehrmacht an allen Fronten ihre Offensivfähigkeit verloren hatte und sich der Luftkrieg über Deutschland Tag für Tag steigerte, sprach man offiziell vom notwendigen Bau eines "Stollensystems zur Sicherheit des Führers".

Im August 1943 wurde damit begonnen. Ursprünglich sollte lediglich ein Stollen für Hitler und Eva Braun sowie die engste Begleitung errichtet werden. Doch wurden die Pläne ständig erweitert und in höchster Eile umgesetzt[28], so daß gegen Ende des Krieges acht verschiedene Stollenanlagen existierten, die großteils untereinander verbunden waren: Berghof, Bormann, Göring, Flakbefehlsstelle, SS, Platterhof, Klaushöhe und Antenberg. Die Stollengänge (1,75 m breit, 2,80 m hoch) hatten eine Gesamtlänge von 2.775 m. Das Flächen-

Und da Berchtesgaden überwiegend vom Fremdenverkehr lebt, wurde insbesondere die Freigabe von Platterhof und Kehlsteinhaus, aus dem man ein Alpenhotel machen könne, angemahnt. Gut ein halbes Jahr später kam es zu einem erneuten publizistischen Vorstoß. Am 4. 6. 49 erschien auf einer Sonderseite aller zehn Kopfblätter des "Südost-Kuriers" ein ganzseitiger Artikel, in dem die Möglichkeiten der "Wiedererschließung des Obersalzbergs" abgeklopft wurden. Dabei hob der Autor die infrastrukturelle Bedeutung des NS-Erbes hervor: "Die Erbschaft waren Trümmer, Bombenkrater und etwas sehr Wertvolles: ein weit verzweigtes Netz moderner Hochgebirgsstraßen, wie sie sich Berchtesgaden aus eigener Kraft und normalen Verhältnissen nie hätte leisten können. Diesen einzigen positiven Teil einer belastenden Erbschaft verkommen zu lassen, wäre sündhafter Frevel." Deshalb sollten insbesondere die Roßfeld-Hochalpenstraße und das Kehlsteinhaus freigegeben werden. Denn diese beiden Bauten würden den Fremdenverkehr in besonderer Weise ankurbeln: "Der entscheidende Faktor liegt in der wirtschaftlichen Auswirkung dieser Anziehungskraft. ... Millionen schlummern im Fels.[47] Sie stammen aus deutscher Arbeitskraft, bezahlt mit deutschem Volksvermögen. Sie tragen keine Zinsen. Ihr Kapitalwert verringert sich durch unnützes Brachliegen."

Eine der gängigen Kiosk-Broschüren, in denen das Privatleben der NS-Prominenz auf dem Obersalzberg vermarktet wird (1990)

Zwischen Vermarktung und Verdrängung

Zu diesem Zeitpunkt waren das Sperrgebiet bereits verkleinert und die entsprechenden Bestimmungen "erfreulich gelockert" worden. Die Verhandlungen zur Freigabe insbesondere des Kehlsteinhauses zogen sich aber noch fast drei Jahre hin, bevor es ab 1. April 1952 an die Alpenvereinssektion Berchtesgaden verpachtet wurde. Seitdem ist der ganze Kehlsteinkomplex aus dem Sperrgebiet herausgelöst. Das Kehlsteinhaus und die Roßfeld-Höhenring-Straße, für deren Besuch Auffahrt- bzw. Mautgebühr entrichtet wird, "entwickelten sich rasch wie Königssee und Salzbergwerk zu einem der Brennpunkte des Fremdenverkehrs. ... Alle Überschüsse fließen in die 1960 ... geschaffene Landesstiftung, deren Mittel im Landkreis bleiben und seit 30 Jahren vieles ermöglichten, was sonst nicht geschehen wäre."[48]

Die Freigabe des Kehlsteingebietes war mit der Auflage verbunden, die NS-Ruinen, insbesondere Hitlers Berghof, abzutragen. Denn die Befürchtung der Militärbehörde, daß es zu "Wallfahrten" und rechtsradikalen Kundgebungen an diesem symbolträchtigen Ort käme, hatte sich um die Jahreswende 1951/52 bestätigt. Nicht zuletzt wegen der Forderung, die NS-Ruinen zu sprengen, kam es dort zu Protestversammlungen der Unbelehrbaren, die von einem "Wiedererwachen aus den Trümmern" faselten und das Horst-Wessel-Lied sangen.[49] Berchtesgaden erntete dafür spaltenlange Berichte in den Zeitungen.

Deshalb bestand die Militärbehörde ebenso wie die bayerische Staatsregierung unter Ministerpräsident Högner darauf, die "Relikte des Dritten Reiches" vollständig abzutragen - in der Hoffnung, dadurch politischen Demonstrationen künftig den Boden zu entziehen.

Am 30. April 1952 begann man mit den Abbrucharbeiten. Teilweise, so auch beim Berghof, mußte gesprengt werden. Görings "Landhaus" überstand auch diese Maßnahme, da er sein Erdgeschoß in den letzten Kriegsmonaten völlig mit Beton hatte ausgießen lassen. Deshalb wurde dort ein Erdwall aufgeschüttet und bepflanzt. Die Bunkereingänge wurden vermauert und zugeschüttet.

Wer sich heute auf die Suche macht, wird am ehesten fündig, wenn er den Schildern "Betreten verboten - Einsturzgefahr" bzw. "Danger of cave in" nachgeht. Doch viel ist nicht mehr zu sehen. Wenn überhaupt etwas, dann nur einige Fundamentreste.[50]

Trotzdem begeben sich jährlich viele Touristen aus dem In- und Ausland auf die Spuren der nationalsozialistischen Vergangenheit. Sie fragen die Einheimischen nach dem "Hitlerberg", versuchen mit Brechstangen und Pickel in die Stollen einzudringen, bewaffnen sich mit Metallsuchgeräten - immer in der meist vergeblichen Hoffnung, "irgendetwas zu finden".

Dies zeigt, daß sich Geschichte nicht einfach wegsprengen läßt. Die Einheimischen mögen noch so sehr beto-

die Obersalzberg-Verteidigung zuständige Kommandant.[40] Schwer beschädigt waren auch das ehemalige Hotel "Zum Türken", der Platterhof samt Personalgebäude, das Verwaltungsgebäude und viele Häuser auf der Klaushöhe. Die Barackenlager Riemerfeld und Antenberg waren ebenso wie der dortige Gefechtsstand völlig zusammengebrochen.

Relativ unzerstört blieben lediglich das Fahrerhaus, Bormanns Gutshof, einige Häuser auf der Buchenhöhe und der Koksbunker.[41]

Eines der Hauptziele, nämlich das Kehlsteinhaus, hatte allerdings keinen einzigen Treffer abbekommen, wohl auch deshalb, weil es in seiner an den Fels angeschmiegten Granitbauweise aus der Luft nur sehr schwer auszumachen war.

Die Bunker und Stollen, in denen 3500 Menschen Schutz gesucht hatten, hielten der Bombenwucht stand.[42]

Der äußeren Zerstörung folgte unmittelbar der Zusammenbruch: Die Arbeiter, die nun ohne Unterkunft waren, wurden in die Heimat entlassen, ebenso die Gebirgstruppen, der Volkssturm und schließlich auch die SS. Heime wurden von Kindern und Personal zwangsweise geräumt. Hohe NS-Funktionäre und deren Familien setzten sich ab. Klare Befehlsstrukturen existierten nicht mehr, zumal sich Bormann mittlerweile in der Berliner Reichskanzlei aufhielt, und Göring zwei Tage zuvor verhaftet worden war.[43]

Die Bevölkerung stürmte die Vorratsdepots und transportierte aus den NS-Ruinen ab, was brauchbar geblieben war. Am 4. Mai 1945, kurz vor der kampflosen Übergabe Berchtesgadens an die einziehenden amerikanischen Truppen, gossen zurückgebliebene SS-Leute Benzin in die Berghof-Ruine und steckten sie in Brand.

Sperrgebiet
Die Militärverwaltung der Amerikaner nahm am 12. 5. 45 ihren Dienst auf. Als erstes verhängte sie eine strenge Ausgangssperre, die erst nach und nach gelockert wurde. Ab September 1945 war wieder freier Verkehr von Zivilpersonen möglich, allerdings nur innerhalb eng begrenzter Gebiete. Ansonsten waren Passierscheine notwendig. Der Obersalzberg allerdings blieb striktes Sperrgebiet, zu dem Ausländer nur mit Sondergenehmigung und Deutsche überhaupt keinen Zutritt hatten.

Dieses Gelände wurde von der Militärregierung zunächst gar nicht und dann überwiegend pragmatisch als "Recreation Area Berchtesgaden" für Armeeangehörige und deren Familien genutzt. Auf Bormanns ehemaligem Gutshof errichteten die Amerikaner einen Golfplatz und ein Skizentrum. Einer der Skilifte endet direkt vor der Göringhaus-Ruine. Ab 1953 wurde der Platterhof wieder auf- und ausgebaut. Als "Hotel General Walker" ist es, ebenso wie das Speer-Studio, in dem amerikanische Jugendgruppen untergebracht sind, bis auf den heutigen Tag für Deutsche gesperrt. Auch die Obersalzberg-Führungen, die von dort aus zu den NS-Stätten und in

Hitlers Berghof nach der Bombardierung im April 1945

das Bunkersystem führen, werden ausschließlich in englischer Sprache angeboten. Deutsche sind offiziell nicht zugelassen.

Anlaß für diese Bestimmungen war die Befürchtung, der Obersalzberg könne zu einem Wallfahrtsort für Nazis werden. Deshalb dachte Militärgouverneur Stanley R. Place im September 1948 öffentlich darüber nach, "alle Bauten, die noch auf diesem Gebiet stehen", zu entfernen.[44]

"Millionen im Fels"
In der Folgezeit entbrannte eine heftige Debatte über den künftigen Umgang mit dem NS-Erbe. Die Kurdirektion brachte am 15. 9. 1948 eine Denkschrift heraus, in der sie elf prominenten Bürgern die Frage stellte: "Was soll mit dem Obersalzberg werden?"[45]

Ergebnis war eine breite Palette von Vorschlägen, z. B. aus der Kehlsteinstraße "die schönste Rodelbahn Deutschlands" zu machen, auf dem Kehlstein ein "mit elektrischen Glühbirnen bestücktes Kreuz" aufzustellen, das "an geschichtlich bedeutsamen Tagen" vom Gipfel leuchten solle, die wirtschaftlich nutzbaren Gebäude an politisch Verfolgte zu verpachten, eine "Sühnekirche" zu errichten usw. Vereinzelt wurde auch überlegt, die Berghof-Ruine zu einem Mahnmal auszugestalten. Häufiger wurde gefordert, den Obersalzberg wieder zu besiedeln und "restlos an die Urbevölkerung bzw. deren Abkömmlinge zurückzugeben."[46]

Fast durchgängig aber war die Forderung nach einer pragmatisch-wirtschaftlichen Nutzung des Geländes.

Postkartengruß vom Obersalzberg (1990)

fe und eine Verzögerung des Kriegsendes um viele Monate. Solche Überlegungen bewogen General Eisenhower schließlich, der darin von seinem Geheimdienst zunächst unterstützt wurde, das strategische Ziel der Eroberung Berlins abzubrechen und rasch nach Süden vorzustoßen, um möglichst wenigen deutschen Truppenverbänden ein geordnetes Zurückweichen auf die Alpenfestung zu gestatten.[33]

Auf deutscher Seite wurden entsprechende Memoranden allerdings erst im November 1944 (von dem Tiroler Gauleiter Hofer) und im Februar 1945 (von General Jodl) vorgelegt. Am 28. April schließlich, also neun Tage vor der Kapitulation der Wehrmacht, erging der Befehl zum Ausbau der "Alpenfestung".

Hitler selbst glaubte nicht mehr an deren rettende Wirkung. Zwei Tage später nahm er sich das Leben.[34]

Das Ende

Mehrfach kündigten englische Zeitungen ab Februar 1945 die Bombardierung des Obersalzbergs an.[35] Ursprünglich hatten die Alliierten wohl ein "Teppichbombardement" für den gesamten Berchtesgadener Talkessel erwogen[36], sich dann aber für eine gezielte Zerstörung bestimmter Gebäude entschlossen. Es ging dabei vor allem um den Berghof und um das Kehlsteinhaus[37], in dem man nach wie vor militärische Zwecke vermutete, zumal dort - wie auch an neun anderen Gipfelpunkten der Umgebung - Flakgeschütze und eine Nebelabteilung mit 270 Nebelgeräten und über 600 Mann installiert waren.[38]

Am 25. April 1945 um 10 Uhr war es soweit. 318 RAF-Lancasterbomber zerstörten in einem Großangriff mit 5000 kg Bomben das "Führergebiet"[39]: "Die Straßen aufgewühlt von dicht aneinandergereihten Bombentrichtern. Das Gelände bis zur Unkenntlichkeit gesprengt, geschwärzt, zerfetzt (...) Der Berghof, die Häuser Bormanns und Görings einschließlich der SS-Kaserne waren zum großen Teil bis auf den Grund zerstört oder schwer beschädigt." - so Bernhard Frank, der für

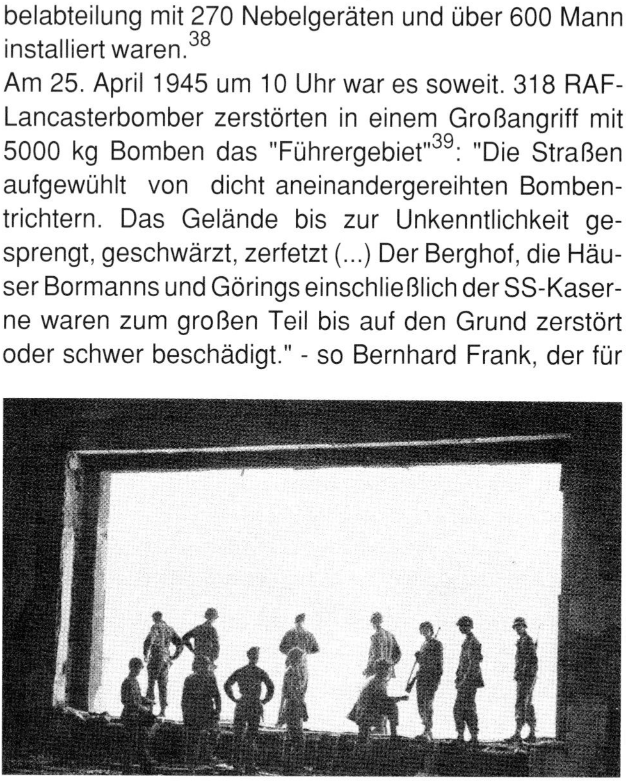

US-Soldaten im "großen Fenster" des zerstörten Berghofs (1945)

Eva Braun und Freundin vor dem Marmorkamin im "Teezimmer" des "Diplomatenhauses" auf dem Kehlstein

ausmaß der Kavernen (3,50 m breit) betrug 4.120 qm. Die Stollenanlage war für einen längeren Aufenthalt unter der Erde ausgerichtet. Es gab Wohn- und Schlafräume, Speisezimmer, gekachelte Bäder und Duschen, Ankleidekabinen, einen Hunderaum, komplett eingerichtete Küchen, eine Telefonanlage mit 800 Anschlüssen, Zentralheizung und Klimaanlage. Die Ausstattung war gediegen: Parkettboden mit Teppichen, Holzvertäfelung, Schleiflacktüren, Hartholzmöbel, schwere Schreibtische, Roll- und Stahlschränke, gepolsterte Ledersessel usw.. Dieser Standard galt allerdings nicht für die Arbeiter und die "normalen" Menschen am Obersalzberg: In dem Stollen des Barackenlagers Antenberg teilten sich 1000 Personen insgesamt 3.385 qm Flächenraum. Sickerwasser tropfte durch das Mauerwerk, an manchen Stellen war der Boden voller Schlamm, Türen fehlten, und nicht jeder fand auf den Holzbänken einen Sitzplatz.[29]

Mythos "Alpenfestung"

Hitler war im Sommer 1944 das letzte Mal auf dem Obersalzberg. Bald nach seinem Weggang am 14. Juli trafen neue Anordnungen zur Erweiterung des Bunkersystems ein: Für die Berchtesgadener Reichskanzlei wurde ein großer Bunker in Angriff genommen, der allerdings nicht über den Erdaushub hinauskam. Außerdem sollte unter das bereits fertige Obersalzberger Stollensystem ein weiteres im gleichen Ausmaß, aber 50 m tiefer liegend gezogen werden. Darüber hinaus war ein Stollen geplant, der Platz bieten sollte für mehrere tausend Menschen, für ein ungewöhnlich großes Verpflegungs- und Munitionslager und für einen Wagenpark von mehr als 100 Fahrzeugen mit einer 500 m langen und so breiten Einfahrt, daß zwei Wagen bequem nebeneinander ein- und ausfahren konnten.[30]

Wie weit diese Aktivitäten die Diskussion um die sog. Alpenfestung beeinflußten oder dadurch erst bewirkt wurden, ist nicht zu sagen. Fest steht, daß seit Juli 1944 von Schweizer Zeitungen und später auch von amerikanischen Journalisten immer nachdrücklicher die Überlegung eines deutschen militärischen "Reduits" im Alpenraum ins Spiel gebracht wurde.[31] Man ging dabei von schweizerischen Realitäten aus: "Kurz nach Kriegsausbruch hatte das eidgenössische Militär geeignete Gebirgszonen zu einem gut befestigten und mit allen wichtigen Versorgungsgütern ausgestatteten Bollwerk ausgebaut, das, zusammen mit der kleinen, aber schlagkräftigen Schweizer Armee, Hitler davon abhielt, seinen ursprünglichen Plan der Besetzung der Schweiz in die Tat umzusetzen."[32] Es lag nahe, eine ähnliche Strategie auch bei den Deutschen anzunehmen. Man befürchtete für diesen Fall überdurchschnittlich verlustreiche Kämp-

Die letzten sichtbaren Reste von Hitlers Berghof: der ehemalige Garagenanbau (1991)

nen, daß die 12 Jahre "Führergebiet" doch ein Nichts seien im Vergleich zur vielhundertjährigen Geschichte der Bergbesiedelung. Doch in diesen 12 Jahren wurde der Obersalzberg zu einem weltbekannten Symbolort für den Nationalsozialismus. Deshalb ist der Wunsch, diese Gegend "möge wieder ein Höhenluftkurort ... werden - ohne Vergangenheit"[51], wie es in einer der einschlägigen dort in Großauflage verkauften Broschüren heißt, deren Autoren genau mit dieser Vergangenheit kein schlechtes Geschäft machen, wenig aussichtsreich - und außerdem unsinnig. Denn je stärker dieses Kapitel der jüngsten Geschichte verdrängt wird, um so abstruser werden die Formen, mit denen es sich an die Touristen drängt.

"Der Geist des Führers"

In einer Propagandabroschüre anläßlich des 50. Geburtstags von Adolf Hitler ist über den Obersalzberg zu lesen: "Auf allen Wegen fühlt man den Geist des Führers." Wer heute einen Kiosk dort oder am Königssee betritt, dem könnte dieses an sich unsinnige Zitat einfallen. Denn hier werden Diaserien angeboten über die Privathäuser von Hitler, Göring und Bormann vor und nach der Zerstörung, Bildbände von der Innenausstattung des Berghofes ("Eva Brauns Schlafzimmer", "Adolf Hitlers Arbeitszimmer" usw.), Postkarten wie "Obersalzberg 1936-45". "Hitler-, Göring- und Kehlsteinhaus", "Auf dem Obersalzberg von 1935 - 1952" mit dem entsprechend vergleichenden Bildmaterial oder auch retuschierte[52] Originalaufnahmen von Hitleranhängern unterhalb des Berghofs. Videofilme berichten über die "grandiosen Ingenieurleistungen" des NS-Regimes beim Bau des Kehlsteinhauses. Für 70,- DM sind Hitlers Aquarelle erhältlich, in offenbar limitierter und numerierter Druckauflage mit einem ausführlichen Informationsblatt über "Adolf Hitler als Maler und Zeichner, den es wiederzuentdecken gilt".[53] Außerdem eine Fülle einschlägiger Broschüren, für die auch in den Straßen per Plakat geworben wird - direkt neben den Fernrohren, die, wie darauf angebrachte Schilder anpreisen, auf das "ehemalige Diplomaten- und Gästehaus Hitlers" gerichtet sind (Einwurf 1,- DM).

Die "Neueste Ausgabe" von "Adolf Hitler und Eva Braun auf dem Obersalzberg" kostet 15,- DM und kann auch aus dem Automaten gezogen werden, ebenso wie "Der Obersalzberg im 3. Reich", "Das Kehlsteinhaus. Von Adolf Hitler bis heute" und viele andere Broschüren, die meist auch in englischer, französischer, italienischer, spanischer und schwedischer Sprache erhältlich sind. Diese Publikationen enthalten i. d. R. weder Auflagenzahl noch Erscheinungsjahr und stammen überwiegend aus dem Plenk-Verlag, dessen Inhaber bis vor kurzem Bürgermeister von Berchtesgaden war, sowie aus dem Verlag von Silvia Fabritius, der Pächterin des Kiosks am

Bildunterschrift in einem Zigarettenbilder-Sammelband 1936: "Eintopf, auch beim Reichskanzler". - Bildunterschrift in einer Kioskbroschüre 1991: "... zu Tisch geladen von Hitler, wo nur fleischlose, aber schmackhaft zubereitete Speisen gereicht wurden"

Hintereck, von wo aus die Busse zum Kehlsteinhaus abfahren.

Sie selbst verfaßte eine "Biographie des 3. Reiches"[54], die sich offenbar gut verkauft. Jedenfalls liegt diese Hochglanzbroschüre in sämtlichen Kiosken und vielen Buchhandlungen am Königssee, am Obersalzberg und in Berchtesgaden seit Jahren in großen Stößen aus.

Da diese Publikation kennzeichnend für die gegenwärtig praktizierte "Geschichtsverarbeitung" ist, ein Blick auf den Inhalt: Die Autorin beschränkt sich weitgehend auf primitive Hofberichterstattung über die NS-Prominenz; wir erfahren viel über deren Eß- und Lesegewohnheiten, über Freundschaften, Freizeitvergnügen, Spaziergänge und Gäste, kurz: über das Privatleben, vor allem von Adolf Hitler und Eva Braun.

Gleich zu Beginn zelebriert die "Dokumentation" das Klischee des sich für den Staat aufarbeitenden Politikers: "Sehr selten hatte Adolf Hitler Gelegenheit, unbeschwert und frei von Regierungsgeschäften sich zu einer privaten gemütlichen Kaffeestunde im Kreise seiner Freunde zusammenzusetzen, wie im Bild unten mit Frau Schneider, einer Freundin von Eva Braun, ohne von Telefonaten oder anderen Dringlichkeiten gestört zu werden"(S.4).

Einen besonderen Informationswert mißt die Autorin offenbar seinen Wohnverhältnissen zu: Sieben Seiten lang werden die Zimmer des "Berghofs" einzeln dokumentiert und das Ganze schließlich auch geschmacklich gewürdigt: "Man muß Hitler zugestehen, daß er guten Geschmack bei der Einrichtung des Berghofs bewiesen hat. Mit viel Gefühl wurden schwere handgeschnitzte Holzdecken und Vertäfelungen mit eleganten Sitzgarnituren, unterstrichen mit Gemälden und Kunstgegenständen, kombiniert. (...) So wertvoll und gediegen die allgemeinen Räumlichkeiten waren, so einfach und spartanisch waren die Privaträume von Adolf Hitler und Eva Braun" (S. 10).

Und in diesem Stil geht es dann weiter. Die Kapitelüberschriften sprechen für sich selbst: "Der Alltag des Führers am Obersalzberg", "Kleiner Besuch auf dem Obersalzberg" ("Gerne umgab sich Hitler mit Kindern"), "Der Tierfreund Adolf Hitler", "Ein Ferientag am Obersalzberg" usw.. Kritisches über den Nationalsozialismus oder die Person Adolf Hitlers ist in diesem 106-Seiten-Machwerk nicht zu finden, bestenfalls einmal zwischen einigen Zeilen, die sich mit der Zeit nach Kriegsbeginn befassen, so auf S. 99: "Hitler gelang ein erfolgreicher Feldzug gegen Polen. Hätte Hitler zu diesem Zeitpunkt den Krieg beendet, die Weltgeschichte wäre anders verlaufen." - unausgesprochen: Deutschland wäre vielleicht Großmacht geblieben. Hitler habe das verspielt. Deshalb sei es nun "an der Zeit, die Vergangenheit ruhen zu lassen und Schuldgefühle abzulegen" (S. 106). Zusammenfassend: Eine Scheindokumentation mit gefährlich verharmlosender bzw. geschichtsklitternder Tendenz, geschrieben aus der Schlüssellochperspektive unter systematischer Ausblendung der Tatsache, daß das NS-Regime Terror verbreitete und seine Repräsentanten, deren Privatleben hier geschildert wird, politische Verbrecher waren.

Perspektiven

Mehrfach schon war das Geschäft mit solchen "Gedenkbroschüren" Anlaß zu offiziellen Anfragen bei den zuständigen Behörden. So z. B. Mitte der 80er Jahre, als sich Berchtesgaden als Austragungsort für die Olympischen Winterspiele bewarb. Eine Bürgerinitiative bezog sich ausdrücklich auf o. g. "Biographie des III. Reiches", um deutlich zu machen, daß "unsere schöne Heimat von Geschäftemachern als Nazi-Wallfahrtsstätte mißbraucht wird", und appellierte an das IOC, keine Olympischen Spiele nach Berchtesgaden zu vergeben, solange dort nicht energisch gegen die "Hitler-Nostalgie" vorgegangen wird.

Der Landtagsabgeordnete Peter Kurz wandte sich in dieser Angelegenheit an den Bundespräsidenten, das Bundeskanzleramt und die Bayerische Staatskanzlei. Er schilderte die "nostalgische Glorifizierung der Nazi-Zeit", wie sie in den Büchern, Broschüren und Postkarten beschrieben wird und zitierte u. a. aus dem o. g. Fabritius-Text: "Adolf Hitler, wer kennt den Namen nicht. Millionen Menschen, nicht nur aus Deutschland, schauten hoffend und bewundernd zu ihm auf, selbst seine erbittertsten Gegner mußten seine überragende Persönlichkeit widerwillig anerkennen" (S. 47).

Zwar wurde dem Abgeordneten allenthalben zugestanden, daß diese Verharmlosungs- wenn nicht Verherrlichungstendenzen ein Mißstand seien, aber letztlich fühlte sich niemand zuständig. Auch nicht das Bayerische Finanzministerium, das vom Freistaat Bayern mit der Verwaltung der ehemaligen NS-Liegenschaften beauftragt wurde, seit ihm mit der Kontrollratsdirektive 50 der Alliierten das Vermögen der NSDAP als Eigentum übertragen worden war.

Und erst recht nicht fühlt sich die Kurdirektion des Berchtesgadener Lands zuständig. Kurdirektor Dyckerhof verwies in einem Schreiben vom 30. 11. 84 an den Landtagsabgeordneten Peter Kurz auf die Nichtzuständigkeit der Gemeinde, auf die freie Marktwirtschaft und fand im übrigen den Fabritius-Text zwar "flach und sicher auch verniedlichend", wollte ihn aber nicht als "Nazipropaganda" bezeichnen. Außerdem fragte er sich "in diesem Zusammenhang auch, warum die Gäste am Obersalzberg so viele dieser Broschüren kaufen."

Die Antwort liegt auf der Hand: Die Obersalzbergbesucher wünschen Informationen auch und gerade über die Zeit des Nationalsozialismus. Und solange hierfür amtlicherseits keine Angebote gemacht werden, greifen sie auf die marktschreierischen Kioskprodukte zurück. Abhilfe könnten deshalb sachlich informierende Publikationen schaffen, die sich nicht auf private Klatschgeschichten konzentrieren, sondern die politische Bedeutung des Obersalzbergs für das NS-Regime herausstellen und eine Verbindungslinie von den privaten Alltagsschilderungen der NS-Größen zu deren politischer Wirkung ziehen.

Dies könnte über Broschüren, wissenschaftliche Studien, offizielle Führungen, Informationstafeln und ggf. auch über Ausstellungen und Begleitveranstaltungen erfolgen, ohne das Ansehen Berchtesgadens und die wirtschaftlichen Einkünfte der Anwohner zu schädigen [55], ganz im Gegenteil. Denn solche Maßnahmen dürften dem unwürdigen NS-Vermarktungstreiben auf Kioskebene den Boden entziehen. Der geplante Abzug der US-Army vom Obersalzberg könnte hierfür neue Chancen eröffnen.

Anmerkungen:

1. Zit. H. Schöner/R. Irlinger (Hg.): Der alte Obersalzberg bis 1937, Berchtesgadener Schriftenreihe Nr. 20/1989, S. 15.

2. Vgl. J. Geiß: Obersalzberg. Die Geschichte eines Berges von Judith Platter bis Hitler, Berchtesgaden 1985 (17. Aufl.). - Dieses Buch wurde 1951 geschrieben (in engl. Sprache bislang 14 Auflagen). Der Autor war bei der Bauverwaltung der "Arge Obersalzberg" dienstverpflichtet.

3. Auf dem Obersalzberg z. B. Carl von Linde, Erfinder und Produzent von "Eismaschinen" aus München, und der Pianofabrikant Edwin Bechstein aus Berlin (vgl. Schöner/Irlinger, S. 66 ff.).

4. Vgl. z. B. W. Bade: Deutschland erwacht. Werden, Kampf und Sieg der NSDAP, vom Cigaretten-Bilderdienst Altona-Bahrenfeld 1933. Auf S. 138 ist dort zu lesen: "Adolf Hitler der Mensch, - er ist kaum zu trennen von dem kleinen Bauernhäuschen auf dem Obersalzberg bei Berchtesgaden, das ihm immer wieder Heimat und Zuflucht, Arbeitsstätte und ruhiger Hafen geworden ist. Dies Häuschen, das seiner Schwester gehörte und noch gehört, (...) hat in der Bewegung eine ausschlaggebende Rolle gespielt. Hier trafen sich die Mitarbeiter mit Adolf Hitler schon in den Jahren 1922 und 23, hier berieten sie sicher und ungestört, und die schlichte, naturnahe Einfachheit dieses Bauernhauses (...) gab den Beschlüssen dieser Männer etwas ebenso schlicht Großes, Reines und Sicheres." - Richtigstellung: Das "Häuschen" war ein Haus, das zudem ständig vergrößert wurde. Der Kaufvertrag lautete auf "Regierungsrat Adolf Hitler". Lediglich der vorausgegangene Mietvertrag war, aus steuerlichen Gründen, auf Hitlers Halbschwester A. Raubal ausgeschrieben.

5. Meist wird als Beginn des Mietverhältnisses 1928 angesetzt, in der sehr gut recherchierten Studie von Schöner/Irlinger (S. 116) ist jedoch 1925 angegeben.

6. Der Kaufvertrag wurde notariell bereits am 17. 9. 1932 (!) geschlossen (vgl. ebd., S. 109 ff.). Er trat am 26. 6. 33 in Kraft.

7. Vgl. F. Schaffing u. a.: Der Obersalzberg. Brennpunkt der Zeitgeschichte, München/Wien 1985, S. 43 ff.

8. Degano und Gieseler planten, zusammen mit Roderich Fick, sämtliche Um- und Neubauten des NS-Regimes auf dem Sperrgebiet des Obersalzbergs.

9. Es war 9 m breit und 3,60 m hoch. A. Speer schreibt dazu in seinen Erinnerungen (Frankfurt a. M./Berlin/Wien 1975), daß Hitler die Pläne zum Umbau des Berghofes nicht nur skizzierte,

sondern maßstäblich selbst aufzeichnete. "Jede fremde Hilfe lehnte er dabei ab. (...) Ein für seine Ausmaße berühmtes versenkbares Fenster in der Wohnhalle war Hitlers Stolz; es gab den Blick auf den Untersberg, auf Berchtesgaden und auf Salzburg frei. Unterhalb dieses Fensters hatte Hitlers Eingebung die Garage für seinen Wagen placiert, bei ungünstigem Wind drang intensiver Benzingeruch in die Halle. Es war ein Grundriß, der in jedem Seminar einer Technischen Hochschule abgelehnt worden wäre. Andererseits waren es gerade diese Mängel, die dem Berghof eine stark persönliche Note gaben" (S. 99 f.).

10. W. Schwarzwäller: Hitlers Geld. Bilanz einer persönlichen Bereicherung, Rastatt 1986, S. 222.

11. "Unter Berghof verstand die breite Masse nicht mehr als ein sauber hergerichtetes Gutsgebäude, das in seiner Bauart ebenso wie in seiner Ausstattung einen bergbäuerlichen Charakter haben sollte. Beim Berghof waren solche Kennzeichen nach dem Umbau nicht vorhanden" (Geiß, S. 68). - Hitler selbst wird, die Größe der Berghofs betreffend, folgendermaßen zitiert: "Meine erwartungsvollste Fahrt auf den Berg", erzählte er 1942, "war die Fahrt, als ich nach Monaten zum ersten Mal wieder hinaufkam und den Rohbau des Neubaus fertig sah. Ich hatte Angst, daß es doch vielleicht durch seine Größe aus der Landschaft herausfällt, und war dann glücklich, daß es gut ausgesehen hat. An sich wollte ich es ja noch größer haben" (zit. J. Frank: Eva Braun, Preußisch Oldendorf 1988, S. 120).

12. Aus: Unser Führer. Zum 50. Geburtstag Adolf Hitlers am 20. April 1939, München 1939, S. 121; vgl. auch Bade, S. 138.

13. Z. B. 24. 8. 36: Verlängerung der aktiven Dienstpflicht auf 2 Jahre; 18. 2. 37: Gesetz zur Verhinderung der Teilnahme am spanischen Bürgerkrieg; 12. 7. 40: Erlasse für städtebauliche Maßnahmen; 11. 1. 41: "Weisung Nr. 22" betr. Mithilfe deutscher Kräfte im Mittelmeerraum u. v. a. (vgl. M. Domarus: Hitler. Reden und Proklamationen 1932 - 1945, 4 Bde., Leonberg 1988).

14. Z. B. die Rede anläßlich des Saarwahl-Ergebnisses am 15. 1. 35 aus dem Postamt Berchtesgaden; Interviews am 16. 1. 35: Pierre Huss, amerik. Journalist; Lord Rothermere, engl. Zeitungsverleger; August 38: Alphonse de Chateaubriand, frz. Schriftsteller, (vgl. ebd.).

15. Z. B. 23. 8. 36: N. v. Horthy, ungar. Reichsverweser; 19. 11. 37: Lord Halifax, künftiger brit. Außenminister; 13. 8. 38: Italo Bulbo, ital. Luftmarschall; 20. 9. 38: der ungar. Ministerpräsident Imredy; 5. 1. 39: der pol. Außenminister Oberst Beck; 27. 7. 40: der bulgar. Ministerpräsident Filoff; 8./9. 1. 41: die Generäle Keitel und Jodl; 19./20. 1. 41: Mussolini; 2. 6. 43: "führende Männer der deutschen Rüstungsindustrie"; 4. 7. 44: Tagung der "Wehrwirtschaftsführer" (vgl. ebd.).

16. Z. B.: 22. 10. 37: Herzog Windsor; 24. 11. 38: der rumän. König Carol; 19. 11. 40: der belg. König Leopold; 7. 6. 41: der jugoslaw. König Boris (vgl. ebd.).

17. Zit. ebd., S. 664.

18. Vgl. Schöner/Irlinger, S. 115; Schwarzwäller, S. 219 ff.

19. "Die Baufirmen Polensky & Zöllner, Leonard Moll, Philipp Holzmann, Hild & Franke u. a. stellten die Mehrzahl der Beschäftigten" (Geiß, S. 96). - Beim Bau wurden nicht, wie mancherorts berichtet, KZ-Kompanien eingesetzt. Die Arbeiter waren in Baracken, aber keinesfalls in Elendsquartieren hinter Stacheldraht untergebracht. Die Verpflegung war gut, wenn auch einförmig. Die Bezahlung lag über dem Tarif ("Obersalzberg-Zulage"). Deutsche wie ausländische Arbeiter (bei Kriegsende über 70 %) hatten außerhalb der Arbeitszeiten alle Freiheiten (vgl. ebd. S. 178 ff.).

20. Speer, S. 98.

21. Bormann hatte die Privatvilla von Dr. Seitz übernommen, der das in der Nähe liegende, dann abgerissene Kindersanatorium leitete, Göring das Forsthaus Vordereck am Eckerbichl, Speer das Waltenbergerheim, in dem der Kunstmaler Georg Waltenberger bis 1917 seinen Wohnsitz hatte (vgl. Schöner/Irlinger, S. 39 f. u. 74).

22. Klaushöhe: 4 Reihen mit je 8 Häusern für 2 - 3 Wohnungen mit damals modernen Küchen und Bädern. Die Ausstattung entsprach den Ansprüchen eines hohen Beamten in der Stadt. In der Nachkriegszeit wurden die noch bewohnbaren Häuser den Heimatvertriebenen zugewiesen. - Buchenhöhe: Etwa 40 Wohnhäuser mit 2 - 4 Wohnungen, jeweils 5 - 8 Zimmer, außerdem ein Kaufhaus mit Kühlraum, Gasthaus, Kindergarten, Freibad, Schule, Turnhalle, großes Heizwerk für zentrale Beheizung aller Häuser.

23. Diese "Wallfahrten" wurden von der NS-Propaganda weidlich ausgeschlachtet und dabei insbes. das Bild des kinderfreundlichen Volkskanzlers zelebriert: "Rührend, wie so ein Berchtesgadener Kind vom guten Onkel Adi erzählt, der ihm Zuckerl kauft und mit ihm spielt. Ganze Stunden stehen sie vor dem Bauernhäusl, die Kinder schauen herein und warten. Und wenn dann der Führer kommt, dann treten sie still und ein wenig scheu näher, aber ihre Augen leuchten, und sie packen seine Hände fest und sagen ein paar Gedichte auf, oder was sie gerade gelernt haben in der Schule (...) und gehen dann wieder beglückt von dannen" (Bade, S. 139).

24. Der Obersalzberg im 3. Reich, Berchtesgaden 1982 (keine Autorenangabe), S. 61. - "Der Bau war schon ziemlich fortgeschritten, als Hitler bei einer Besichtigung die Bar vermißte. (...) Die Bar wurde nachträglich eingebaut, was aber einen neuerlichen Abbruch des halben Neubaus nötig machte" (Schwarzwäller, S. 224).

25. Das Kehlsteinhaus wird häufig fälschlicherweise als "Teehaus" bezeichnet, möglicherweise weil das zentrale Kaminzimmer auch Teezimmer genannt wurde, oder auch, weil es in den Bauplänen als "D-Haus" (für Diplomaten-Haus) eingezeichnet war. Das eigentliche "Teehaus" befand sich jedenfalls an anderer Stelle: eine Viertelstunde Fußweg vom Berghof entfernt, ein eigenwilliger Rundbau am Mooslänerkopf, 1937 entworfen und fertiggestellt von Roderich Fick, ausschließlich für private Zwecke Hitlers (vgl. J. Frank, S. 113; Schaffing, S. 130 ff.).

26. Vgl. E. Schwarz: Nationalpark Berchtesgaden, Plenk's Spezialführer, Berchtesgaden 1989/90, S. 39; Geiß, S. 193.

27. Vgl. Schwarzwäller, S. 212 ff.; Speer, S. 100 f.

28. "Ein bestimmter Abschnitt sollte bis zum 24. 12. 43 fertig sein. Man rechnete mit dem Besuch Hitlers. (...) Nach beispiellosem Hetzen wurde der Termin eingehalten. Je Meter stand ein Maurer, der die Bogen einwölbte. Zwischen den Beinen der Maurer krochen die Hilfsarbeiter auf allen Vieren und schafften Mörtel und Steine herbei. In drangvoller Enge arbeiten dazwischen Schreiner, Isolierer, Elektroarbeiter, Telefonleger und Installateure. So wurden in 8 Wochen ca. 130 m Stollengänge mit anliegenden Kavernen fertiggestellt, angefangen von der ersten Betonmischung bis zum polierten Parkettfußboden, einschließlich Vertäfelung und Möblierung" (Geiß, S. 168). - Hitler soll sich übrigens kategorisch geweigert haben, die Stollenbauten zu betreten. Bei Luftalarm blieb er in seinem Arbeitszimmer (vgl. Schaffing, S. 233).

29. Vgl. Geiß, S. 174.

30. Auch dieses Projekt kam über erste Vorarbeiten nicht hinaus, rettete jedoch auch schon in seinem Anfangsstadium bei der Bombardierung ca. 200 Kindern das Leben (vgl. ebd., S. 176 f.).

31. Vgl. hierzu auch eine Meldung der Bostoner Zeitung vom 26. 4. 45: "Das schwere Bombardement von Berchtesgaden und die Hauptvormarschrichtungen der amerikanischen Armeen in Bayern lassen auf die Absicht der alliierten Strategen schließen, sich wirksam und schnellstens mit dem sogenannten deutschen Reduit als letzte ausgebaute Befestigungsanlage des Reiches zu befassen. Es wird nämlich erwartet, daß der Kampf um diese bayerische Festung der letzte Akt des festorganisierten deut-

"Hier in den bayerischen Bergen, umgeben von naturnahen, einfachen Menschen, reiften ihm seine höchsten und klarsten Gedanken."
(Zitat aus: "Deutschland erwacht", Altona-Bahrenfeld 1933)

32. R. Weiß: Alpenfestung, in: W. Benz (Hg.): Legenden - Lügen - Vorurteile, München 1990, S. 17.
33. Ebd.
34. Am 30. 4. 45, am Tag von Hitlers Selbstmord, versuchte sein Chefpilot Baur ihn umzustimmen, schlug ihm eine Flucht aus Berlin vor. Hitler lehnte ab: "Ich habe noch zwei Möglichkeiten: Ich könnte in die Berge gehen oder zu Dönitz nach Flensburg. Vierzehn Tage später wäre ich genauso weit wie heute, ich stände vor der gleichen Alternative. Der Krieg geht mit Berlin zu Ende" (zit. Domarus, S. 2244).
35. Hitler am 24. 2. 45: "Ich habe in diesen Tagen in britischen Zeitungen gelesen, daß man die Absicht habe, meinen Berghof zu vernichten. Ich bedaure fast, daß dies nicht schon geschehen ist, denn was immer ich selbst mein Eigentum nenne, ist nicht mehr wert als das, was meinen Volksgenossen gehört" (zit. ebd., S. 2206).
36. Vgl. Schöner, S. 20 f.
37. Die Zielinformation für die alliierten Bomberpiloten datierte auf den 5. 10. 44 und lautete: "The TARGET comprises a complex of two individual forgets as follows: (A.) The EAGLES NEST on the OBER KEHL ALP; (B.) WACHENFELS at the village of OBER SALZBURG", zit. B. Frank: Die Rettung von Berchtesgaden und der Fall Göring", Berchtesgaden 1987, 2. Auflage, S. 113.
38. Vgl. ebd., S. 20 ff. und 34 ff.
39. Die Nebelabteilung trat an diesem Tag überhaupt nicht, die Flak nur sehr begrenzt in Aktion. Zu den Ursachen vgl. ebd., S. 111 ff.
40. Ebd., S. 118.
41. Der Inhalt wurde von frz. Besatzungstruppen in Brand gesetzt und glühte noch bis in den Oktober 1945 hinein.
42. Insgesamt kamen bei diesem Angriff 6 Menschen ums Leben; "Wachsoldaten, die auf ihrem Posten ausgeharrt hatten (weisungsgemäß hätten auch sie Luftschutzräume aufsuchen müssen)" (B. Frank, S. 118 f.).
43. Über diese mythenumwobene Aktion berichtet der Augenzeuge SS Obersturmbannführer Bernhard Frank ausführlich: Göring hatte, vorgeblich in der Annahme, Hitler sei seiner "Handlungsfreiheit beraubt", einen Funkspruch nach Berlin geschickt, in dem er ankündigt, als sein Stellvertreter, "die Gesamtführung des Reiches" zu übernehmen, sofern "bis 22 Uhr keine Antwort erfolgt". Statt dessen kam per Funkspruch aus Berlin der Befehl, Göring zu verhaften. Bormann an Bredow in einem ergänzenden (evtl. nie angekommenen) Funkspruch: "Ihr haftet mit Eurem Kopf für die Durchsetzung des Führerbefehls. (...) Alles umsichtig, aber blitzschnell" (vgl. B. Frank, S. 122 ff. und S. 138 ff.).
44. Berchtesgadener Kurier vom 8. 9. 1948, S. 6.
45. Dokumentiert bei Schöner/Irlinger, S. 12 ff.
46. Zit. ebd. - Die Rückgabe ist bislang weitgehend unterblieben, auch im Fall Johann Hölzl, obwohl ihm (bzw. seiner Tochter, die den Prozeß 1969 angestrengt hatte) gerichtlich zugebilligt wurde, daß der Kaufvertrag unter sittenwidrigen Umstän-den (Enteignungsdrohung) zustandegekommen war. Die Klage einer Rückeignung oder auch nur Entschädigungszahlung wurde am 9. 7. 70 zurückgewiesen, da der Eigentumsverlust zwar nicht durch den Zwangsverkauf an Bormann, wohl aber durch den auf Grund der Anweisung der Militärregierung vom 10. 2. 49 vom BLVW vorgenommenen Übertragungsakt eingetreten sei. - Lediglich im Fall der Zwangsenteignung des "Hotel Türken" gelang es der Tochter des Besitzers, die bereits 1945 mit der Instandsetzung des Hauses begonnen hatte, es aber 1946 auf Anweisung der Militärbehörde wieder räumen mußte, im Jahr 1949 eine Anerkennung des Eigentumsanspruchs zu erwirken und dann dort eine Wohnung und ein Café einzurichten. Heute führt die Tochter dort einen Hotelbetrieb. Dort ist für Deutsche die einzige Möglichkeit, einen kleinen Teil des Bunkersystems zu besichtigen.
47. Hier assoziiert man unwillkürlich jenen Spruch, den Spötter aus der Umgebung Hitlers gerne kolportierten: Der Obersalzberg sei eine Goldgrube. "Nur daß Bormann keines findet, sondern reinschmeißt" (vgl. Speer, S. 98). - Zu den Versuchen, "Millionen" aus dem NS-Erbe herauszuholen, gehören auch die Vorgänge, die Ende der 50er Jahre unter dem Stichwort "Hotelaffäre" für Schlagzeilen sorgten: Generalkonsul Steigenberger wurden vom Landkreis zu äußerst günstigen Konditionen u. a. Platterhof, Gutshof und Speer-Studio zum Kauf angeboten, in der Erwartung, daß seine renommierte Hotelgesellschaft für gute Belegung und entspr. Belebung des Fremdenverkehrs sorgen würde. Gutachter bezifferten den Wert der veräußerten Objekte auf 10 Mill. DM, statt der vereinbarten 3 Mio. 1967 erklärte der BGH die Kaufverträge für nichtig, da sie gegen die bayer. Verfassung verstießen. Steigenberger, der nie wirklich über die Hotels verfügen konnte, klagte seinerseits und erhielt 1970 schließlich 5,75 Mill. DM. Gemeinde und Landkreis kassierten bei diesen Transaktionen gleich zweimal die Grunderwerbsteuer, insges. über eine halbe Mill. DM (vgl. Schöner/Irlinger, S. 113 f.).
48. Schöner/Irlinger, S. 9.
49. Vgl. Geiß, S. 201.
50. Hitlerhaus: lediglich das zugewachsene Grundgeschoß des Garagenbaus und einige verfallene Mauern, Göringhaus: ein Teil des Erdgeschoß-Betonklotzes, verfallene Treppen und ein Tümpel, wo sich das Schwimmbad befand. Bormannhaus: Standort läßt sich kaum noch erahnen, zugewachsen von Gestrüpp und Bäumen. - Die einzige erhaltene Ruine ist das Gästehaus "Hoher Göll".
51. Obersalzberg im 3. Reich, S. 86.
52. Die Gesichter sind, vermutlich aus rechtlichen Gründen, unkenntlich gemacht.
53. Vorsichtshalber ist dieser Text in französischer Sprache abgefaßt unter dem Titel "un peintre á redécouvrir".
54. S. Fabritius: Biographie des III. Reiches. Obersalzberg vor und nach der Zerstörung. Illustriert mit sensationellen Farb- und Schwarz/Weiß-Aufnahmen aus der Hitlerzeit, Berchtesgaden. Verlag Silvia Fabritius o. J. - Der Versuch, die Broschüre gerichtlich verbieten zu lassen, hatte als einzigen Erfolg eine Veränderung der Titelseite, wo ein Hakenkreuz entfernt wurde.
55. Schöner/Irlinger haben inzwischen einen Vorschlag zur künftigen Nutzung des Obersalzberggebietes präsentiert, der unter ökologischen Gesichtspunkten an sich begrüßenswert ist (S. 9 ff.): "Eine volle Wiederherstellung der 1937 abgebrochenen alten Besiedlung (kann) kaum mehr verantwortet werden. (...) Es wäre ein elementarer Fehler, die Erhöhung der Bettenkapazität in den Mittelpunkt von Wiederaufbauungsplanungen zu stellen." Deshalb solle man statt einer Streusiedlung lediglich das alte Zentrum des Obersalzbergs wiederherstellen. Von dieser Taktik des status quo ante erhoffen sich die Autoren, daß "die Spuren des tausendjährigen Reichs (...) dann endgültig getilgt" (S. 9) sind. Doch der Berg behält seine NS-Geschichte. Solange sie nicht offensiv aufgearbeitet wird (und diesen Aspekt blenden die Autoren in ihrem Vorschlag völlig aus), wird die Vermarktung auf Kioskebene weitergehen.

Wolfgang Schäche

Überlegungen zur Kontinuität der NS-Architektur*

So, wie die "Machtergreifung" Hitlers am 30. Januar 1933 qualitativ keine Revolution war, zu der sie von den Nazis propagandistisch hochstilisiert wurde, sondern im Grunde Konsequenz der politischen Entwicklung in Deutschland, welche sich von der Bismarckschen Reichsgründung über Kaiserzeit und Ersten Weltkrieg bis hin in die ungelernte Demokratie von Weimar vorbereitete, ist auch die oft beschworene "Stunde Null" der Kapitulation im Mai 1945 nur eine hartnäckige Legende, die schon begrifflich die damit verbundene "Bewältigung durch Verdrängung" des Naziregimes im Nachkriegsdeutschland charakterisiert. Insofern ist auch die Architektur des Nationalsozialismus inhaltlich wie formal in einer Kontinuität zu begreifen, die weit vor 1933 ihre Wurzeln hat und nicht mit dem Jahre 1945 endet.[1]

Die Architekturentwicklung während des deutschen Faschismus sowie ihre Vorgeschichte war schon wiederholt Gegenstand verschiedener Untersuchungen.[2] Im folgenden möchte ich einige Anmerkungen machen, die die Kontinuität der Entwicklung über das Jahr 1945 hinaus bis in die Gegenwart belegen. Dabei geht es mir nicht darum, das Spektrum der architektonischen Programme und ästhetischen Äußerungen der 40 Jahre seit Kriegsende darzulegen, sie zu gewichten und ihre jeweilige Bedeutung gegeneinander auszubalancieren - ohnehin wäre das in dem gebotenen Rahmen aufgrund der Komplexität des Themas in wissenschaftlich seriöser und differenzierter Form nicht möglich -, noch kann es darum gehen, die graduellen Unterschiede, z. B. regionaler Art bzw. die unterschiedlichen Entwicklungen zwischen Stadt und Land sowie die der einzelnen unterschiedlichen Phasen herauszuarbeiten.

Vielmehr kommt es mir darauf an, beispielhaft aufzuzeigen, daß die sogenannte "Stunde Null" ein herbeigeredetes Phantom ist, das demzufolge auch keine Bruchlinie markiert, hinter der sich ("jenseits vom Bösen") eine neue Qualität formulierte. Deshalb bildet der Schwerpunkt meiner Untersuchungen vor allem den zeitlichen Übergang zu einer vermeintlich "neuen Gesellschaft" und konzentriert sich auf die Aufbauphase der Bundesrepublik, welche in ihren wesentlichen Strukturen zum Ende der 50er Jahre abgeschlossen war. Ich beschränke mich dabei bewußt auf die Entwicklung der Bundesrepublik einschließlich West-Berlins, wo aufgrund der politischen Verhältnisse ein qualitativ anderer Entwicklungsverlauf stattfand als in der DDR. Beide verbindet in ihrer ansonsten offenkundigen Unterschiedlichkeit, um mit dem Architekturhistoriker Dieter Hoffmann-Axthelm ein Ergebnis vorwegnehmend zu konstatieren, "...nur das Unglück, ...daß die allgemeinen Bedingungen des Bauens (hier wie dort) gerade das nicht (zuließen), was man auf dem Hintergrund der großen europäischen Baugeschichte Architektur nennt!"[3] Diese - wie mir scheint - richtige Feststellung war eine Teilaussage, mit der verschiedene Autoren die Entwicklung des Bauens in der Bundesrepublik Deutschland kritisch unter der Fragestellung bilanzierten: "Die 50er Jahre - oder warum es keine deutsche Architektur gibt!?" Ich werde mich deshalb im folgenden noch wiederholt auf diese Beiträge beziehen.

Schließlich muß in dem methodisch bedingten, eng abgesteckten Rahmen auch eine explizite Auseinandersetzung mit der sogenannten Architektur der Postmoderne ausgeklammert bleiben, weil sie meines Erachtens das eigentliche Problem nur verunklären würde. So diffus und ungenau dieser von Charles Jencks geprägte Begriff ohnehin ist[4], nur dies, sie ist als die (vorläufige) Folge, als heftige und notwendige Reaktion auf die Entwicklungsetappen der Nachkriegsarchitektur zu begreifen, die in Ablehnung des totgelaufenen Funktionalismus, der uns die "Unwirtlichkeit der Städte" mit bescherte (Mitscherlich), nur im europäisch-amerikanischen Maßstab in ihrer inhaltlichen Dimension nachvollziehbar wird. Sie hat deshalb mit der Kontinuitätsproblematik der Aufbauphase nach 1945 allenfalls mittelbar etwas zu tun und resultiert nicht genuin aus der deutschen Entwicklung. Vielmehr ist sie Bestandteil ausländischer (zumal englischer, französischer, italienischer, skandinavischer - vor allem aber amerikanischer) Entwicklungen, die in der Not fehlender Substanz und der damit verbundenen Unfähigkeit zur Innovation eilfertig adaptiert wurde, um von den eigentlichen inhaltlichen Problemen, die gesellschaftspolitisch determiniert sind, abzulenken. Die Erkenntnis des skizzierten Zusammenhangs deckt sich mit der Schlußfolgerung, die von Pierre Vago, Julius Posener, Hermann Henselmann, Hardt-Waltherr Hämer und Hermann Fehling anläßlich eines "Zeitzeugengesprächs" zum Thema "Verordnete Architektur..."[5] in Berlin ausgeführt wurde, nach der "die Gegenwart in allen Aussagen ernstzunehmen und erkennbaren Gefahren in ihren Anfängen zu wehren sind... Solche Gefahren sind jedoch (in erster Linie) in politischen Entwicklungen zu sehen und nicht in vordergründig formal-ästhetischen Diskussionen, an denen man nicht die Kraft verschwenden sollte".[6]

Gleichwohl bedarf das vermeintlich harmlose Planspiel auch und gerade mit den von den deutschen Faschisten in Dienst genommenen bzw. entwickelten Architekturrepertoires (Leon Krier, Maurice Culot, u. a.) ob ihrer unreflektierten Aneignung einer dezidierten Zurückweisung und schonungsloser Kritik. Denn Architektur ist eben nie - wie leichtfertig behauptet - "wertfrei" benutzbar, sondern immer in der Dialektik zur Gesellschaft zu sehen und zu verantworten. Da in dieser Interdependenz einsichtig wird, daß nicht die Gesellschaft via Architektur faschisiert werden kann, ist der Schluß naheliegend, den verklärten Rückwärtsblick in die Architektur als ein zunehmendes Indiz für einen deformierten Bewußtseinszustand der Gesellschaft zu werten, die solche Bedürfnisse freisetzt. Und noch einmal die genannten "Zeitzeugen": Konkrete Aufgaben für Architekten und Planer gibt es genug: die Wiederbewohnbarmachung unserer Städte, die bedrohlich steigende Vermarktung von Boden und Wohnungen, die Explosion der Weltbevölkerung und ihre Bedrohung durch die zerstörerischen Massen geben mehr Anlaß zur Besorgnis als banale Versuche, das Leben der Menschen durch Versuche zur Wiederbelebung vergessener (fragwürdiger) historischer Formen verbessern zu wollen."[7] Dem kann - wie ich meine - voll zugestimmt werden! Um nun einen nachvollziehbaren Einstieg in die oben genannte Problemstellung zu geben, lassen sie mich thesenhaft einige grundsätzliche Aussagen zur Entwicklung, zu Charakter und Rollenfunktion der Architektur der Nationalsozialisten zusammenfassen.

- Wiewohl die unterschiedlichen avantgardistischen Strömungen die Architekturdebatte der 20 Jahre zeitweise maßgeblich beherrschten, zielt es an der damaligen gesellschaftlichen Realität vorbei, wenn man sie heute als eine Zeit darstellt, in der es architektonisch neben dem Expressionismus nur "Bauhaus", "Neue Sachlichkeit" und "Internationalen Stil" gegeben hat. So nachhaltig der Einfluß der avantgardistischen Position auf die internationale Entwicklung in der Folgezeit des 20sten Jahrhunderts war, so bescheiden war ihr Anteil an dem, was in der Zeit zwischen dem Ende des Ersten Weltkriegs und der nationalsozialistischen Ära in Deutschland gebaut wurde[8]. In der Tat vermochte die Moderne zu keinem Zeitpunkt ihre dem Bauen zugrundeliegenden gesellschaftlichen Inhalte breiten Schichten des Volkes zu vermitteln. Die formale Erscheinung der Bauten blieb demzufolge der Masse unverständlich und bot keine ausreichenden Identifikationsmöglichkeiten; somit auch keine Solidaritätsbereitschaft, für sie zu streiten!

Demgegenüber wurde zunehmend zum Ende der 20er Jahre in der Feindbildpropaganda die "beseelte Tradition" gesetzt, die sich in heimattümelnden, "bodenständigen" Architekturkonzepten vermittelte[9], wie sie u. a. von Paul Schmitthenner und Paul Schultze-Naumburg vertreten wurden. Sie fanden im Bereich des städtischen Repräsentationsbaues in der schweren monumentalisierenden Architektur, wie sie ab 1910, an der Schwelle des Ersten Weltkriegs, formuliert wurde und durchgängig ihre Bedeutung behielt, ihre programmatische Ergänzung. Bauten wie die Deutsche Botschaft in St. Petersburg sowie die Mannesmann-Verwaltung in Düsseldorf charakterisieren diese Architektur, die bis in das "Dritte Reich" gültig blieb. Personell standen für die Kontinuität Namen wie Peter Behrens, German Bestelmeyer, Paul Bonatz, Wilhelm Kreis, Werner March, Paul Mebes, und Paul Emmerich sowie Paul Ludwig Troost. Die Moderne verlor hingegen mit dem Brüning'schen Sparprogramm des Jahres 1931, das u. a. den totalen Baustopp für das Wohnungsbauprogramm mit sich brachte[10], ihren letzten gesellschaftlichen Rückhalt, und "noch bevor der Nationalsozialismus imstande ist, sein Guillotine-Urteil zu vollstrecken, ist die Neue Sachlichkeit als offizieller Ausdruck tot."[11] Insofern stellt der 30. Januar 1933 nicht die große Zäsur dar; die "Verengung der Perspektive" war bereits schon vorher vollzogen.

- Eine eigenständige faschistische Architekturtheorie gab es weder in der "Kampfzeit" vor der Machtübernahme 1933, noch ist eine solche während der 12 Jahre des "Tausendjährigen Reiches" entwickelt worden. Das, was anstelle einer Theorie stand, war ein Konglomerat

Mannesmann-Verwaltungsgebäude in Düsseldorf, Architekt: Peter Behrens, 1911/12, straßenseitige Hauptfassade und Seitenfassade

Kuppelhalle am "Großen Platz" in Berlin, geplanter Höhepunkt der Nord-Süd-Achse, Entwurf: Albert Speer, Modellaufnahme, Planfassung 1941/42

verschiedenster bestehender konservativer bis reaktionärer Architekturauffassungen, deren zum Teil divergierende Positionen jeweils entsprechend ihrer politisch propagandistischen Wirksamkeit gezielt eingesetzt wurden. Demzufolge verfügten die Nazis dann auch zu keinem Zeitpunkt über ein geschlossenes, homogenes Architekturprogramm. Wiewohl man schon lange vor 1933 wußte, wie nicht gebaut werden sollte, war hingegen nicht eindeutig definiert, wie sich der Nationalsozialismus architektonisch darzustellen gedachte. Die Bauten bzw. Bauplanungen seiner Herrschaft belegen dies.

Es lassen sich in ihrer Bestimmung im wesentlichen drei Richtungen unterscheiden: Mittel der ideologischen und politischen Lenkung waren

1. die monumentalistische Staats- und Parteiarchitektur, die sowohl der Selbstdarstellung des Regimes diente als auch den architektonischen Rahmen für die kultischen Inszenierungen des faschistischen Systems bildete sowie

2. der an "Blut und Boden" orientierte "Heimatstil", der an bodenständigen Bauweisen und Traditionen anknüpfte sowie heimische Baumaterialien verwendete und vor allem bei der Gestaltung der Bauten des "sozialen Lebens" bevorzugt wurde, zu welchen man u. a. sowohl Wohnbauten als auch Jugendherbergen, Schulungs- und Ordensburgen zählte.

3. Bei der Industrie- und Ingenieurarchitektur, als dritter Richtung, verzichtete man dagegen auf die Verkörperung und Vermittlung nationalsozialistischer Inhalte. Moderne Konstruktionsweisen und Materialien dokumentieren den Stand der Produktionstechniken. Indem hier von "reinen Zweckbauten" gesprochen wurde, man sie damit von der Architektur unterschied, die man altväterlich wieder als "Baukunst" begriff, konnte die materialadäquate formale Gestaltung der ansonsten verteufelten "Moderne" verbindlich bleiben.

Wichtigste Leitbildfunktion hatte jedoch die Architektur der Partei- und Staatsbauten. Sie hat als quasi "offizielle Architektur" herrschaftstechnisch den bedeutsamsten Stellenwert, sie spiegelt deshalb auch am sinnfälligsten das (ästhetische) Selbstverständnis der Nazis.

- Architektonisch sind dabei entsprechend der politischen Entwicklung zwei Phasen zu unterscheiden: Die Bauten der ersten Phase (bis 1936/37), in der sich das politische Handeln primär auf die Konsolidierung der Macht ausrichtete und ökonomisch nach der Depression der Jahre ab 1928 insbesondere auf dem Bausektor durch eine rasche Reaktivierung der Kapazitäten gekennzeichnet war, hatten noch - ungeachtet ihres propagandistischen Einsatzes (Arbeitsbeschaffung!) - reale Zweckbestimmungen. Ihre architektonischen Lösungen waren vergleichsweise jeweils von ihren funktiona-

285

len Erfordernissen bestimmt, wobei ihre äußere Gestalt schon dem starren, steinernen, "soldatischen" Gusto nationalsozialistischer Repräsentationssucht entsprach. Ihre Maßstäblichkeit hatte sich jedoch noch nicht von der des Einzelmenschen gelöst.

Die zweite Phase (ab 1937/38) war hingegen von Bauplanungen geprägt, die nach der Konsolidierung der politischen Macht weitgehend eines realen Gebrauchswertes entbehrten und vornehmlich memorialen Charakter hatten. Das Architekturprinzip richtete sich nicht mehr auf Funktionalität und Zweckgebundenheit, sondern war primär auf die formal-ästhetische Ebene reduziert. Die Rolle der Architektur als systemstabilisierender Faktor war nun ausschließlich herrschaftstechnisch festgelegt. In diesem Rahmen wurden ab 1937 für Berlin, Hamburg, München, Nürnberg "Neugestaltungsprogramme" megalomanen Ausmaßes entwickelt, wobei Architektur zu einem additiven Arrangement von Achsen, Plätzen und Baukörpern verkommen war. Architektur war zur Gestaltung von Oberflächen instrumentalisiert, wobei das entscheidende Kriterium ihre suggestive Wirkung auf den Beschauer darstellte. Monumentalität verkam angesichts solcher Intentionen zu maßstabsloser Übergröße; Größe vergröberte zu dimensionslosen Volumina.

- Die totale politische Indienstnahme der Architektur bedeutete in ihrer Inhaltlichkeit den Vorgriff auf den Krieg. Architektur und Krieg standen somit in einer unmittelbaren Wechselbeziehung.

Sinnfälliger Ausdruck dieses Zusammenhangs ist die 1942 vollzogene Ernennung Albert Speers zum "Reichsminister für Rüstung und Kriegsproduktion". Er und die maßgeblichen Abteilungen seiner Generalbauinspektion[12] managten fortan die deutsche Kriegswirtschaft. Die Architektur hatte zu diesem Zeitpunkt ihre Schuldigkeit getan. Sie fand im Krieg ihre Fortsetzung. Die vorbereitete, aber durch den Krieg verzögerte Zerstörung der deutschen Städte durch die monströsen "Neugestaltungsprogramme" fand schließlich im Bombenhagel der Alliierten ihre grausame, ungeplante Realisierung. Noch ehe die Städte vollends in Schutt und Asche fielen, wurde im Ministerium Speer ab Oktober 1943 der Wiederaufbau der Nachkriegszeit vorbereitet. Nur wenige Tage nach einer Rede vor den Reichsleitern der Partei und den Gauleitern, in der Speer ausführte: "ich bin... der Meinung, daß, wenn wir den Krieg gewinnen wollen, wir auch in erster Linie die Opfer zu bringen haben"[13], ließ er sich von Hitler für die zukünftige Planung aller bombengeschädigten Städte einsetzen. Den dafür organisierten "Wiederaufbaustab" übertrug er seinem Mitarbeiter Rudolf Wolters. In ihm wurden die Architekten der Generalbauinspektion zusammengefaßt und mit den Wiederaufbauplanungen einzelner Städte betraut. In der Tat waren dann auch viele von ihnen - z. T. federführend - während der Aufbauphase nach 1945 in den ihnen zugewiesenen Städten tätig; so Hanns Dustmann, Konstantin Gutschow, Friedrich Hetzelt, Hans Hermann Klaje, Werner March, Cäsar Pinnau, Willy Schelkes, Hans Stephan, Friedrich Tamms und Rudolf Wolters, um die wichtigsten zu nennen. Jene Planungen dieser ersten Jahre, die letztlich das einleiteten, was wir inzwischen kritisch als die "Zweite Zerstörung" begreifen, waren insofern noch eine Geburt des Faschismus: "Keine hochkünstlerischen Ideen mehr, sondern Sparsamkeit; eine großzügige Verkehrsplanung, die dem Ersticken der Städte durch Verkehrsnot entgegentreten sollte; industrielle Herstellung von Wohnungen, Altstadtsanierung und Geschäftshäuser in den Zentren."[14]

In diesem Zusammenhang drängt sich mit der Frage schon fast die Antwort auf, woran es wohl gelegen hat, daß ein wirklicher gesellschaftlicher Neuanfang als Chance verpaßt wurde. In der Tat ist es bedauerlich, konstatieren zu müssen, daß der Aufbau der Demokratie baulich von den gleichen Architekten vollzogen wurde, die die 1000jährigen Kulissen des Hitlerfaschismus planten. Die Emigranten hingegen wurden in der beschworenen "Stunde Null" nicht gerufen. Die meisten von ihnen sind dementsprechend auch in der Folgezeit in skeptischer Distanz geblieben und niemals zurückgekommen.

Da der Faschismus - trotz anfänglicher partieller Bemü-

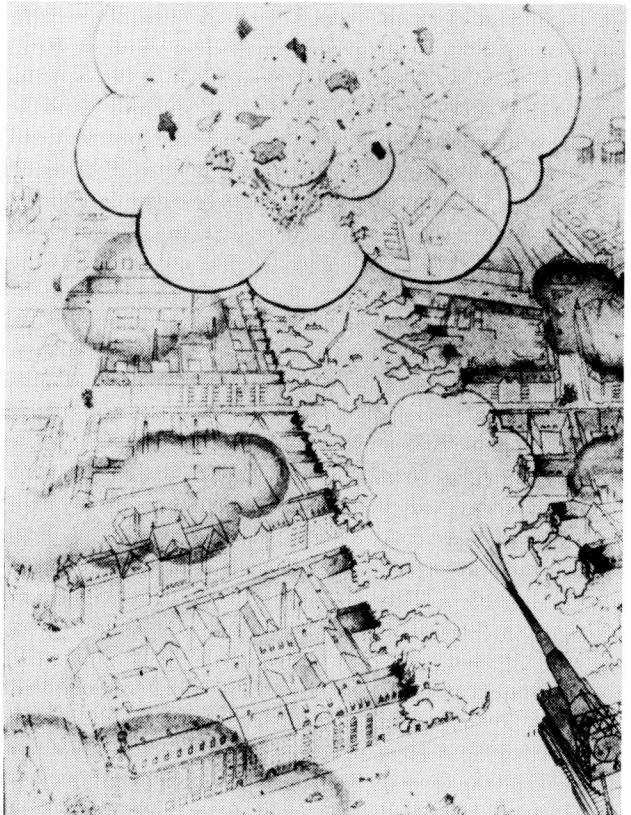

Zynismus der Planer: Karikatur von Hans Stephan (Abteilungsleiter der GBI), 1942, Originaltext: "Vorschlag nach der Ernennung von Albert Speer zum Rüstungsminister: die Nord-Süd-Achse wird durchgeschossen".

Siedlungshäuser aus dem "Dritten Reich" und den 50er Jahren: Dresden-Lockwitz, Architekt: C. F. Buchka, und Essen-Fischlaken, Architekt: H. Benzinger, 1956

hungen der vergleichsweise wenigen, der brutalen Naziverfolgung entkommenen fortschrittlichen Kräfte - nicht in allen seinen gesellschaftlichen Dimensionen diskutiert und in seinen Determinanten schonungslos offengelegt, sondern im Grunde durch die schon o. g. "Verdrängungsstrategie" auf eine moralische Ebene abgedrängt wurde (einerseits: nur der Führer "war schuld" andererseits die/wir armen Opfer...Juden, Vertriebene, Vergewaltigte...), blieben auch die so dringend notwendigen gesellschaftlichen Konsequenzen aus, die eine wirklich neue Gesellschaft gebraucht hätte. Mit Hilfe der damaligen westlichen Besatzungsmächte, deren Interessen darauf gerichtet waren, die territoriale Verfügungsgewalt für die Westzonen zu konsolidieren - gegen die vermeintliche Bedrohung aus dem Osten -, restaurierte sich alsbald mit den alten (wirtschaftlichen) Führungscliquen - ausgenommen der politischen Nazielite - das gesellschaftliche System, das sich eine demokratische Verfassung gab (Grundgesetz), dessen qualitative Verwirklichung bis heute in wichtigen Teilen noch aussteht. So wurde in der zentralen Frage der "heiligen Kuh" des Privateigentums an Grund und Boden hartnäckig festgehalten, was eine grundlegende Bodenordnung als Voraussetzung eines umfassenden Neuan-

fangs verunmöglichte. In dieser Strategie lebte die Stadtfeindlichkeit und damit der tradierte Siedlungsgedanke wieder auf. Vor dem Hintergrund städtebaulicher Programme, wie Hans Reichows "organischer, gegliederter und aufgelockerter Stadt" (Sennestadt bei Bielefeld), welche im "Dritten Reich" entwickelt und mit den Ideen des "Urnazis" Gottfried Feder korrespondierte, der mit der "Neuen deutschen Stadt"[15] die Städtebaufibel des Faschismus schuf, lebte die bodenständige, heimattümelnde Architektur Paul Schmitthenners und Paul Schultze-Naumburgs sowie Julius Schulte-Frohlindes ungebrochen weiter, ja wurde sogar allgemein verbindlich und architektonisch konstituierend. Statt "Blut und Boden" gab es nun die demokratisch gewendete Orientierung von "Gott und Natur" - gleichermaßen irrational -, deren irdischer Sachwalter Konrad Adenauer war, in dessen CDU-Staat die Bausparkasse der Schlüssel zum Eigenheim wurde, der Sehnsucht des entpolitisierten bundesrepublikanischen Kleinbürgers, der den damit verbundenen Antikommunismus deshalb hinnahm, weil ihm das noch nicht angesparte "Häuschen im Grünen" vergesellschaftet werden sollte. Dem Leitbild der "aufgelockerten und entmischten Stadt" entsprach deshalb die Architektur des Eigenheims und übersetzte sich in die Architekturen des Mehrfamilienhauses wie auch des städtischen Wohnblocks. Hoffmann-Axthelm spricht in diesem Zusammenhang von "Postfaschismus,... zunächst atemlos, kahl, geschrumpft, oft asymmetrisch, aber niemals ohne einen Minimalanspruch an hohler Repräsentation."[16]

Dieser Stil, der die bundesrepublikanische Szene bis in die späten 50er Jahre dominiert, setzte sich auch bei den öffentlichen Bauten um, die unsere Städte so tragisch anonym machten: "Bei den kleineren öffentlichen und kommunalen Bauten (Rathäuser, Postgebäuden, Schulen, etc.) fehlt oft die Distanz zu einer bewußten Entscheidung - die jeweiligen staatlichen Bauämter bauten einfach in jenem gehobenen Amtsstil weiter, der auch schon den Nazis annähernd Genüge getan hatte."[17] Indem man nun den monumentalen Nazistil der Partei- und Staatsbauten als schlechten Geschmack Hitlers abtat und ihn ästhetisch "denunzierte", meinte man seitens der konservativen Rezipienten den "Heimatschutzstil" aus der NS-Zeit herauslösen zu können und ihn vom ideologischen Stigma zu befreien.[18]

Da in den Amtsstuben der Planungsämter - zudem, wie ausgeführt, in leitenden Funktionen - die gleichen Architekten den "neuen" Staat verwalteten, die das mit ihrem technokratischen Eifer schon im 1000jährigen Reich taten, tut es nicht wunder, daß die wenigen Heimgekehrten abgewiesen oder aber naßforsch bis reaktionär kritisiert wurden. So wie von Karl Bonatz, ab 1947 Leiter des Amtes für Bau- und Wohnungswesen in Berlin, der in einem Artikel in der Bauwelt auf einen Vortrag von Walter Gropius im Berliner Titaniapalast vom 22. August 1947 wie folgt reagierte: "Mit einiger Sorge vernehme

Reichsluftfahrtsministerium in Berlin, Architekt: Ernst Sagebiel, 1934-36, und Oberfinanzdirektion Berlin, Architekt: H. Fulge, 1955-57

Wohnbebauung Knobelsdorffstraße in Berlin, Architekten: Salvisberg/Krämer, 1927-29; Altenwohnheim Charlottenburg-Nord in Berlin, Architekt: W. Binder, 1939-42; Miethausgruppe Wundstraße/Riehlstraße, Architekt: K. Müller-Rehm, 1952/53

ich schon längere Zeit die Botschaften, die uns von alten Kollegen aus Amerika, dem Lande der unbegrenzten Möglichkeiten, herüberklingen... Man kann billigerweise nicht erwarten, daß ein Mann, der eben aus den vom Krieg und seinen Folgen vergleichsweise unberührten USA kommt, in wenigen Tagen Lage und Stimmung in Deutschland überschaut, und daß er uns gleich ein brauchbares Rezept an die Hand gibt, nach dem wir nun verfahren sollen."[19] Und weiter: "Die... (im Vortrag) vorgetragenen Erkenntnisse sind uns schon seit 2 oder 3 Jahrzehnten vertraut... Die öffentliche Herausstellung seines Freundes Scharoun als tüchtigsten Mann Deutschlands und als besten Planer und Architekten wirkt (zudem) reichlich befremdend... Zusammenfassend ist noch einmal zu sagen: wir sind hier in Berlin illusionslose, nüchterne Realisten, die sich in rastlosem, zähen Kampf unter schwierigsten Verhältnissen und oft mit kleinsten Mitteln als mit genialen Einfällen aus dem "Sumpf" herausarbeiten wollen und unverdrossen diese schwerste und undankbarste Aufgabe einer Übergangszeit auf sich nehmen. Es fehlt uns selber weder an Kenntnissen noch Erfahrungen, die heute überhaupt noch möglichen technischen und taktischen Wege zu finden, auch nicht an Schwungkraft, Hindernisse zu überwinden, noch an der klaren Schau der Phantasie zur Konzeption großer Pläne. In allen diesen Punkten bedürfen wir keiner Anregung."[20]

Diese hier zum Ausdruck gebrachte, vor Selbstgerechtigkeit triefende Haltung kennzeichnet letztlich exemplarisch die unmittelbare Nachkriegszeit. Nach dem Abschluß der Aufbauphase zum Ende der 50er Jahre und den neu erklommenen wirtschaftlichen Höhen gab es schließlich, dem amerikanischen Beispiel folgend, einen Leitbildwechsel, der die "Stadt in der Verdichtung" wiederentdeckte. "Die architektonischen Muster konnten hierbei schrittweise modernisiert werden und dem amerikanischen Material-, Konstruktions- und Design-Standard angeglichen werden, bis in den makrostrukturellen, öden Rasterfassaden der 'faschistische Vorstellungskern' nicht mehr erkennbar war."[21] In dieser Phase erhielten einige der Emigranten noch eine späte Wie-

VDE-Haus in Berlin, Architekt: H. Hertlein, 1931, und Deutscher Herold in Bonn, Architekt: J. Kofferath, 1949/50

Verwaltung der RWB Münster, Architekt: Cäsar Pinnau, 1980, Fassadenansicht

dergutmachung (Walter Gropius, Ludwig Mies van der Rohe) und die Aufforderung zu bauen. "Gleichwohl muß man sich klarmachen, daß das Fortleben von konservativer, durch den NS-Staat hindurchgegangener Architektur sich bevorzugt in den Repräsentationsbauten von Handel, Banken und Industrie vollzog."[22] Und man muß hinzufügen... sich bis heute vollzieht. Darüber hinaus bildeten und bilden bis heute die vermeintlich wertfreie Bauordnungslehre bzw. vor allem die Bauentwurfslehre von Ernst Neufert, beides Werke mit dem Geist und den gesellschaftlichen Vorstellungen des Nationalsozialismus durchdrungen, zwei wichtige, ja fundamentale Lernmittel in der bundesrepublikanischen Architekturausbildung, die auch in vielen Baugesetzgebungen aus der Zeit des Nationalsozialismus ihre Entsprechung finden. Eine subtilere Ebene der Kontinuität, die um so grundsätzlicher und hartnäckiger ist, wie die der formalen Adaption...

Die Stunde Null, den Anfang aus dem Nichts, den Augenblick, von dem an alles hätte neu bedacht werden können, hat es nicht gegeben.[23] Im Gegenteil: der Kontinuität im Personellen von der "Neugestaltung" über den 1943 ernannten Wiederaufbaustab für die zerstörten Städte entsprach die Kontinuität planerischer Gewaltakte. Die verwüsteten Städte wurden für die Aufnahme des Verkehrs präpariert. Die Achse, als ehrfurchtgebietender Kanal für die Formung der Marschkolonnen, wurde umfunktioniert für das Auto als dem Symbol des neuen Zeitalters. An die Stelle der starren monumentalen Raumausrichtungen traten die gewalttätigen Schlingengebilde von Kreiseln und geschwungenen Rampen als Ausdruck einer neuen Verkehrsordnung. In der Dynamik des Wiederaufbauwillens erscheint die Gewalt als neurotische Komponente, als unbewußter Wunsch, das Kaputte nochmals zu zerstören, als abstruser Akt der Aneignung von Geschichte. Stadtautobahnen und Kahlschlagsanierungen sind zutiefst irritierende Kapitel der Nachkriegsgeschichte, der Planung und Baupolitik. - Kontinuität aber auch in den Ideologien gesundbeterischer Stadtfeindlichkeit wie in der "autogerechten Stadt" von Reichow. - Unreflektierte Kontinuität schließlich in den Stilelementen der Repräsentationsarchitektur der Banken und Versicherungen.

Die "Demokratie als Bauherr"[24], ein von Adolf Arndt in seinem berühmt gewordenen Vortrag in der Akademie der Künste Berlin 1965 geprägter Begriff, blieb ein Abstraktum, ein Ideal. Bonn als "Provisorium" erzeugte mehr Unsicherheit als Inspiration für Gestalt und Ausdruck der neuen Bauten des demokratischen Staatswesens.

Die Frage, was aus dem deutschen Faschismus zu lernen sei, ist isoliert für die Architektur kaum zu beantworten. Erkennbar wird die politische Dimension des Planens und Bauens und die nachwirkenden Kräfte sozialer

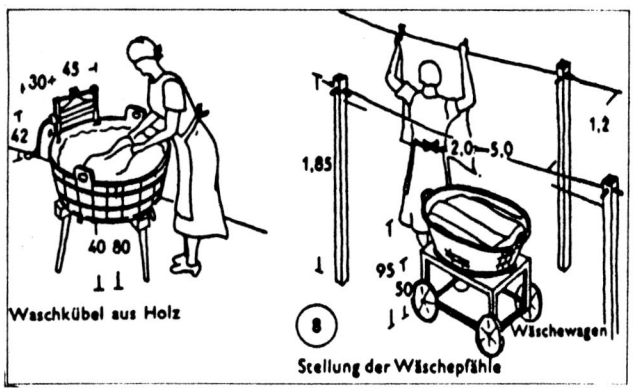 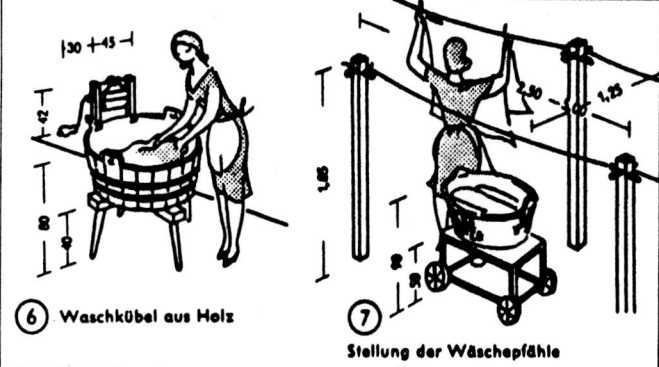

Kontinuitäten: Ernst Neufert, Bauentwurfslehre, Abbildungsbeispiel aus der ersten Auflage 1936 und der 31. Auflage 1982. Die Rollenfunktion der Frau ist ungebrochen festgelegt. Die gesellschaftliche Veränderung der letzten 40 Jahre reduziert sich auf die gewandelte Frisur, das kürzere Kleid sowie den tieferen Ausschnitt.

Deformation. "Das Ideal, das souveräne Volk als Bauherr seiner öffentlichen Bauten zu sehen, läßt sich mit keiner Mechanik messen noch durch das Dekret irgendeiner Organisierung erzwingen. Auf dem unendlichen Weg zur Annäherung an dieses Ideal läßt sich nur in der freiheitlichen Weise fortschreiten, daß Bauten zur Diskussion gestellt werden, ob sie mit dazu dienlich sind, dem Menschen dazu zu verhelfen, sich ihrer mündigen Mitmenschlichkeit, ihrer Gemeinschaft, der von ihnen zu formulierenden sozialen Aufgabe bewußt zu werden."[25] (Adolf Arndt, 1965)

Anmerkungen:

* Vortrag vom 26. April 1985 anläßlich des Symposions "Faszination und Gewalt - Zur Geschichte und Ästhetik des deutschen Faschismus" in Nürnberg. - Der Beitrag ist ebenfalls erschienen in: Entmachtung der Kunst. Bildhauerei und ihre Institutionalisierung 1920 bis 1960, hrsg. von Magdalena Bushart, Bernd Nicolai und Wolfgang Schuster, Berlin 1985.
1. Vgl. Wolfgang Schäche, Architektur und Städtebau im Nationalsozialismus, in: Bauwelt 1983, H. 4, S. 119 ff.
2. S. Anm. 1, sowie: Architektur und Stadtplanung während des Nationalsozialismus am Beispiel Berlin, In: Hans J. Reichhardt/Wolfgang Schäche, Von Berlin nach Germania, Über die Zerstörung der Reichshauptstadt durch Albert Speers Neugestaltungsplanungen, Berlin 1984.
3. Dieter Hoffmann-Axthelm, Deutschland 1945-80 - Der Architekt ohne Architektur in: Arch +, H. 56, Aachen 1981, S. 13.
4. Vgl. Charles Jencks, Die Sprache der postmodernen Architektur, Stuttgart 1980.
5. Zeitzeugengespräch am 23. 1. 1983 anläßlich des 50. Jahrestags der sogenannten Machtergreifung durch Adolf Hitler im Rahmen der vom Bund Deutscher Architekten Berlin veranstalteten Ausstellung "Verordnete Architektur..." im Foyer der Freien Volksbühne Berlin.
6. S. Anm. 5, unveröffentlichtes Wortprotokoll des Zeitzeugengesprächs. Das Protokoll befindet sich im Besitz von Wolfgang Schäche und Stephan Schroth, Berlin.
7. Wie Anm. 6.
8. Durch die verzerrende Rezeptionsgeschichte der Nachkriegszeit, die in der Verdrängungsstrategie des "1000-jährigen Reiches" die Moderne unreflektiert idealisierte, erscheint die Geschichte der 20er Jahre heute fälschlicherweise noch immer als die Geschichte der Moderne schlechthin.
9. Vgl. Anna Teut, Architektur im Dritten Reich 1933-45, Berlin, Frankfurt a. M., Wien 1967, S. 7 ff.
10. Ebd., S. 10.
11. Ebd., S. 10.
12. Unter der Abkürzung "GBI" steht die Dienststelle des Generalbauinspektors für die Reichshauptstadt Berlin, dessen Leiter Albert Speer war. Er wurde am 30. 1. 1937 von Adolf Hitler offiziell zum "GBI" ernannt.
13. Albert Speer, Erinnerungen, Frankfurt a.M., Berlin, Wien, S. 325.
14. Ebd., S. 328.
15. Gottfried Feder, Die neue Stadt, Berlin 1939.
16. Wie Anm. 3, S. 15.
17. Ebd. S. 17.
18. Vgl. Joachim Petsch, Zum Problem der Kontinuität nationalsozialistischer Architektur und Stadtplanung in den fünfziger Jahren am Beispiel der Zeitschrift "Baumeister", in: Berthold Hinz, u. a. (Hrsg.), Die Dekoration der Gewalt, Gießen 1979, S. 231 ff.
19. Karl Bonatz, Anmerkungen zu den Presseinterviews mit Prof. Gropius und zu seinem Vortrag im Titania-Palast am 22. August 1947, in: Neue Bauwelt, H. 35, 1947, S. 550/551.
20. Ebd., S. 551.
21. Hoffmann-Axthelm (wie Anm. 3), S. 15.
22. Ebd. S. 17.
23. Der folgende Text (bis zum Ende) ist im wesentlichen identisch mit dem Text der Tafel 19 der BDA-Ausstellung "Verordnete Architektur...", Berlin 1983 (Vgl. Anm. 5), Autoren: Jacob, Schäche, Schroth.
24. Adolf Arndt, Demokratie als Bauherr, Berlin 1961.
25. Ebd., S. 32.

Georg Bussmann

„Ich kann beim besten Willen kein Hakenkreuz erkennen"*

So lautet der Titel eines Bildes von Martin Kippenberger (Abb. 1). Was ärgert mehr, der "Mißbrauch" der Malerei, um einen Witz zu machen, oder der absolut unernste Ton dem Thema gegenüber? Eine unerträgliche Provokation, wenn man an den Faschismus als historische Realität und an dessen Opfer denkt, aber ist das überhaupt das Thema?

Kippenberger zielt auf die Art, wie Faschismus im öffentlichen Bewußtsein umgeht, wie er in den Medien verhandelt, in den Reden der Politiker eingesetzt wird. Er zielt auf die Gegenwart des Faschismus heute, auf seine Realität als verbales Phantom und als gesellschaftliche Projektion. Und er reagiert damit auf die seltsame Mischung von neuer Faszination und alten Ängsten, von der wir ständig umgeben sind, er reagiert auf die Mischung von Beredsamkeit und Sprachlosigkeit, die wir ständig erleben können (z. B. Höfer-Diskussion und der Papst beim Staatsbesuch in Österreich). Was ist die Situation?

Wir haben eine weitgespannte, aufklärerische, antifaschistische Literatur, aber wir haben auch dies: "Ich finde, daß über den Faschismus zuviel geredet wird. Durch die vielen Informationen wird man total verwirrt. Außerdem wird nur über die Nachteile vom Faschismus gesprochen. Daß diese Zeit auch Vorzüge gehabt hat, daran denkt keiner. Es gab kein Ausländerproblem, es gab keine Arbeitslosigkeit und keine Jugendkriminalität ..." Eine ganz normale Schüleraussage, wie man sie heute immer wieder mal hören oder lesen kann, zitiert in der Frankfurter Rundschau vom 5. 8. 1983. Mittlerweile sind diese Schüler Studenten, so daß man ähnliches gelegentlich auch mal in Seminaren hört, wobei man fast schon den Mut bewundern möchte, solches so gegen die herrschenden Konventionen auszusprechen.

Antifaschist? Was ist das?

Mit "Verdrängung des Faschismus" ist das nicht so einfach abzutun, hier dreht es sich nicht um Mangel an Aufklärung, hier war eher falsche Aufklärung oder besser Verunklärung am Werk. Irgendwie scheint es nicht auszureichen, gegen den Faschismus, d. h. Antifaschist, zu

Martin Kippenberger: Ich kann beim besten Willen kein Hakenkreuz entdecken (1984)

sein. Antifaschismus, das ist eine politische Position, die so und so besetzbar ist, je nachdem, wie einer gerade dieses "Anti" für sich in Anspruch nimmt. Am schönsten wird das vom bayerischen Ministerpräsidenten vorgeführt, der - genau kalkuliert - von "Entartung der Kultur" spricht und sich noch im selben Atemzug als "Antifaschisten der ersten Stunde" bezeichnet. Eine offen schizophrene Situation, und sie wird uns jeden Tag neu vorgelebt. Jüngstes Beispiel: Der Frankfurter Oberbürgermeister ermahnt die Jugend, nicht zu vergessen, und läßt dann die Reste des Frankfurter Ghettos zubetonieren - nachdem er vorher festgestellt hat, Ghettos hätten zum Schutz der Juden gedient.

Die borniertn Linken

Aber da ist nicht nur die Gespaltenheit bei den anderen. Wenn ich die Argumente eines linken Antifaschismus - dem auch ich mich zurechne - ernst nehme, stelle ich zwar ihre unzweifelbare politische wie ökonomische Stringenz fest, sehe aber zugleich, wie in der Haltung, mit der da argumentiert wird, eine Art linke Borniertheit entsteht, die darin besteht, daß man glaubt, mit genügend Aufklärung, mit genügend richtigem Denken sei ein neuer Faschismus zu verhindern. Der Faschismus erscheint dabei immer als ein böses Spiel um Macht, dem immer die anderen verfallen. "Faschisten sind beschränkt, getäuscht und ohne Durchblick, uns könnte so etwas nicht passieren", dieser Satz stand - natürlich unausgesprochen - hinter vielen Faschismusdiskussionen, die ich erlebt habe. Meine Gefühle dabei sind immer dieselben: Ohnmacht.

Kippenberger macht aus dieser Ohnmacht einen Witz. Die Frage, ob das die Verhältnisse ändert, ist dabei weniger wichtig, als daß er diese erst mal schlaglichtartig beleuchtet und sie dem Lachen preisgegeben sind. Kippenberger kennt die Vorwürfe gegen Kiefer, Baselitz oder Lüppertz wegen deren "Überdosis an Teutschem" (FAZ, 2. 6. 1980), er kennt den masochistischen Umgang mit dem Thema "Hakenkreuz", und so reagiert er mit einer vorweggenommenen Unschuldsbehauptung. Freundlich - wie die Unschuld nun mal ist - macht Kippenberger dem mißtrauisch reagierenden Kunstfreund klar, daß er bestimmt nicht so einer ist... Anderes Beispiel: Was machen wir mit einer "Gebirgslandschaft" von Kippenberger, unübersehbar signiert mit "Adolf"? 1983 ist das gemalt, auf dem Höhepunkt des Skandals um die gefälschten Tagebücher Adolf Hitlers. Ein Possenstück kapitalistischer Kreativität und tragikomischer Wissenschaftsmoral war das, als Ganzes ungleich bezeichnender für unsere Situation als vieles gut Gemeinte. Kippenberger springt auf den Zug und macht einen schnellen Witz daraus, ja, aber dieses Reagieren ist zugleich die Moral und das Konzept seiner Arbeit insgesamt. "Aus dem Leben gegriffen" nennt man das, eben, genau das ist "Leben", und das ist "gegriffen". Peinlichkeit kennt keine Grenzen", sagt Kippenberger.

Nichts bedeutet nichts

Ein anderer Satiriker, weniger clownesk, eher böse, ist Albert Oehlen. Was er malt, sind Farcen, wobei man

Gerhard Merz: Wo ist Erinnerung? (1986)

nicht immer weiß, wem genau der Hohn und die Verachtung dieser vorgespielt rotzigen Bilder gilt. Wichtig ist, daß der Betrachter seinen Teil davon abbekommt. Ein riesiger ins Bild gesetzter Hitlerkopf zeigt rote Haut, gelbes Haar und ein blaues Bärtchen, "Portrait Hitler" (1985).

Natürlich kann man mit Rot, Blau und Gelb auch andere Bilder malen. Ein berühmtes, das einem hier einfallen soll, ist Barnet Newmans "Wer hat Angst vor Rot, Gelb und Blau" (1967/68). Oehlen meint: Vor Barnet Newman hat niemand Angst, aber vor dem mit dem Bärtchen, vor nichts gerät die Öffentlichkeit mehr in Panik. Und natürlich ist das auch, oder vielleicht zuerst, eine Auseinandersetzung in Sachen Kunst. Wenn es denn gleichgültig ist, welchen Gegenstand die Kunst hat und ob sie überhaupt einen braucht, wie wäre es mit diesem? "Nichts bedeutet nichts!" sagt Albert Oehlen - und "Bilder setzen sich aus zwei Teilen zusammen: Verrat und Pflichterfüllung."

"Man darf keine Achtung vor der Kunst bzw. dem Geschriebenen haben, so daß man ganz auf sie verzichten könnte. Und man darf die Geschichte der Kunst oder der Philosophie nicht so verachten, daß man diese weiterhin so betreiben wollte, als wäre nichts geschehen. Unser Urteil ist blasiert, weil es historisch ist. Für uns muß also jeder Gebrauch der erlaubten Kommunikationsarten die Verweigerung dieser Kommunikation sein und zugleich nicht sein: eine ihre eigene Verweigerung enthaltende Kommunikation: eine die Kommunikation enthaltende Verweigerung; d. h. die Umkehrung dieser Verweigerung in ein positives Projekt." (Guy Debord) Nicht satirisch destruktiv als Kritik des öffentlichen Bewußtseins, wie Kippenberger und Oehlen, sondern konstruktiv mit einem bewußten Blick in die Geschichte und mit einem positiven Anspruch baut Gerhard Merz seine Installationen.

Das Problem Gerhard Merz
Wenn Kippenberger und Oehlen eine Art anarchische Zyniker sind, so steht Merz im äußersten denkbaren Gegensatz dazu, er ist gegen die Beliebigkeit, gegen den Zynismus der zeitgenössischen Kunst, ja, er kündigt eigentlich den Vertrag mit der Moderne, die immer in der Widersprüchlichkeit, der Zerrissenheit der Kultur sich definierte. Kippenberger und Oehlen sind Moralisten wie Diogenes, ohne Respekt. Merz ist ein Moralist, der glaubt, einer, der der Kunst einen hohen Anspruch zumutet, ihr viel Wirkung abverlangt und der entschieden versucht, ihr die alte/neue Rolle als Stifterin des Objektiven, Absoluten zurückzugewinnen. Da mögen Brüche spürbar werden, schmerzliche, melancholische, aber keine ironischen. "Man kann Schönheit erzeugen. Man kann ein Ideal haben, ohne daß es nach rückwärts gewandt ist, ohne daß es rigide ist, ohne daß es in falsche Geistreicheleien absackt, man kann in einer normalen, vernünftigen Sphäre leben." (Gerhard Merz)

Ob diese Überzeugung richtig ist oder falsch, ob ich sie teile oder nicht, ist nicht die Frage. Es ist auch nicht so, daß Marcel Duchamp seine "Fontäne" vergebens auf den Sockel gestellt hätte, worauf es ankommt, ist doch, daß am anderen Ende des Spielfeldes Kunst eine andere Idee von Kunst aufrechterhalten bleibt - und sei es als Traum oder Wunsch.

Pathos und Moral von Gerhard Merz geraten in besonderer Weise auf den Prüfstand, wenn die Anmutungen seiner Inszenierungen im Kontext einer in bestimmter problematischer Weise besetzten historischen Situation erscheinen, so wie dies der Fall war in der Ausstellung "Dove sta memoria", 1986 im Kunstverein München, d. h. an dem Ort, an dem 1937 die Ausstellung "Entartete Kunst" stattfand. Das verengt den viel weiteren und mehr allgemeinen Anspruch der Arbeit von Merz, macht aber andererseits diesen sehr konkret, und das heißt auch: angreifbar. Merz inszenierte in einem Saal eine Art ernsten Weiheraum mit Feuerschale und einem Bild, das den stumm klagenden, übergroßen Kopf einer expressionistischen Plastik zeigt, "Der neue Mensch" von Otto Freundlich, ein Bild, das vor allem als Titel des Ausstellungsführers der Ausstellung "Entartete Kunst" bekannt ist. Der Schöpfer der Plastik wurde 1943 im KZ Majdanek ermordet.

Neuauflage: die Sprache der Täter
Im Katalogtext von Zdenek Felix wird der Weiheraum mit Opferschale als Hommage an Freundlich interpretiert, eine Hommage, die jedoch mit der Ästhetik derer arbeitet, die da als Mörder tätig waren. Daran entzündete sich eine erbitterte Diskussion, das ist verständlich. Wenn dieser Streit jedoch bei diesem Raum stehenbleibt, wird das Werk von Merz verkürzt. Die anderen Räume und Bilder müssen mitgesehen werden. Das Erleiden des Todes wird auf drei Ebenen durchgespielt: auf der rein materiellen Ebene, das sind die Reste, die von uns etwas länger bleiben als das übrige, die Knochen; dann die Ebene dessen, was Menschen Menschen antun, der schmerzverzerrte Kopf der Plastik Freundlichs, brutal deformiert; schließlich die Ebene der Schönheit, in der Leid und Tod wie überwunden erscheinen, das Bild des Hl. Sebastian.

Wie auch bei Kiefer oder Syberberg bietet die inhaltlich offene Form der Arbeit von Merz ein Modell für den Betrachter, für einen Moment im Inneren der klassische heroischen Pose zu stehen, sie nachzufühlen, und das heißt auch, die faschistische Anwendung dieser Pose zu spüren. Was man da spürt, ist Überwältigung.

Natürlich kann das angst machen, aber wie anders könnte man mit der Kontinuität der Verführbarkeit, d. h. mit der Faszination, die von der Idee des Heroischen zum Tode ausgeht, umgehen? Wie anders wäre ein Umgang damit und ein Standhalten - Desensibilisierung nennt die Psychologie das - zu erreichen? Das setzt nicht antifaschistische Aufklärung und antifaschistisches Wissen außer Kraft, wie es auch nicht Antifaschismus "auf dem letzten Stand" ist. Ich halte es für eine Voraussetzung, "Nicht-Faschist" (Theweleit) zu sein - eine Art Innenhygiene der politischen Subjekte.

Das wäre die "kritische" Seite von Merz, seine positive, konstruktive ist: Durch seine Arbeit wird es möglich, auf den Faschismus - wenn man ihn hinter diesem Klassizismus spürt - anders zu schauen. Nicht nur mit Scham, Wut, Ohnmacht und Abwehr, sondern mit Trauer über menschliches Irren und Schmerz, d. h. mit wirklicher Erinnerung. Voraussetzung dazu ist, daß er eben nicht als Zerrbild = Haßbild erscheint. "Eine historische Darstellung aber hat all dies zu umfassen. Wäre es nicht um der Wahrheit, dann um der Wirkung willen. Nicht als abstraktes Negativum, als Gegenbeispiel darf vor uns stehen, was wir vernichten wollen. So kann es nur auf Augenblicke unterm erleuchtenden Blitze des Hasses erscheinen. Was man vernichten will, das muß man nicht kennen, man muß es, um ganze Arbeit zu leisten, gefühlt haben. Oder wie der dialektische Materialismus es sagt: These und Antithese zu zeigen, ist gut, eingreifen kann aber nur, wer den Punkt erkennt, an dem die eine in die andere umschlägt, da das Positive im Negativen und das Negative im Positiven zusammenfallen. Der Aufklärer denkt in Gegensätzen. Ihm Dialektik zuzumuten, ist vielleicht unbillig, ist es aber unbillig, dem Historiker jenen Blick in das Antlitz der Dinge zuzumuten, der Schönheit noch in der tiefsten Entstellung sieht? Verneinende Geschichtserkenntnis ist Widersinn." (Walter Benjamin: Angelus Novus)

NS wird nicht herbeigemalt

Ich finde die Diskussion um den vermeintlichen Skandal dieser Kunst verständlich, aber auch überflüssig. Schließlich, was könnte schon passieren? Ob ein neuer Faschismus die klassizistische Maske noch braucht, ist zu bezweifeln. Daß er also "herbeigemalt" würde, halte ich für absurd, eine Überschätzung der Kunst. Ansonsten ist das Werk von Merz, wie das von Kiefer und Syberberg, über seinen Eigenwert hinaus Argument in einer kulturpolitischen Auseinandersetzung, und nicht allein von sich aus gewinnen diese Positionen Gewicht und politische Richtigkeit, sondern aus der Widersprüchlichkeit des Gesamtspektrums der kulturpolitischen Situation - hier bei Merz konkret durch die Polarität zu den Satirikern Oehlen und Kippenberger.

Die Widersprüchlichkeit bürgerlicher Kunst ist nie Mangel, sondern immer Qualität dieser Kunst. Sie ist deren kritische Potenz. Es gehört zur Biologie dieser Gesellschaft, daß sie auf der Ebene des Überbaus symbolisch ihre konkreten politischen Gegensätze austrägt, daß sie auf der Ebene des kulturellen Spiels das abbildet, was nicht geht, aber sein könnte, das, was angst macht, wie das, was erträumt wird. Die einzelne Arbeit des Künstlers hat ihre ästhetische und künstlerische Bedeutung einmal für sich und zum anderen als Teil des pluralistischen Spektrums der Gesamtkultur. Je schärfer, unversöhnlicher und ausschließlicher da die Gegensätze aufeinanderstoßen, um so eher verspricht das, daß alles was auch an potentiell Faschistischem in der Kultur umgeht, symbolisch ausgetragen und damit ausbalanciert werden kann.

---

* Vortrag vom 8. Juli 1988 anläßlich des Symposions "Das Erbe - vom Umgang mit NS-Architektur" in Nürnberg.

Peter Steinbach

Gedenkstätten zu Denkstätten - Thesen zu zeitgeschichtlichen Ausstellungen*

In der gegenwärtigen Gedenkstättenpädagogik spielt die Frage eine Rolle, ob historische Orte, die Tätergeschichte spiegeln, angemessen zum Bezugspunkt historischer Erinnerung gemacht werden können. Als ein Versuch, der dem Betrachter nicht selten vor Beklemmung den Atem verschlägt, muß die Gestaltung des ehemaligen Gestapo-Geländes in der Prinz-Albrecht-Straße 8 gelten. Sie ist m. E. besonders beeindruckend, weil sie nicht nur den historischen Ort erschließt, sondern auch dessen Bedeutung für das "Erinnern" in der Nachkriegszeit. Sandberge und Planierungen werden so zum Symbol aktiver Verdrängung, Grabungen zum Symbol einer neuen Vergegenwärtigung.

Das ehemalige Reichsparteitagsgelände in Nürnberg, die heutige Zeppelinwiese, ist ein Ort von ganz anderer Qualität - nur Ort der Täter, der wahnwitzigen Selbstdarstellung des Nationalsozialismus, seiner Hybris und Verlogenheit, seiner Gewaltarchitektur, nicht zuletzt auch Stätte der Nürnberger Rassengesetze. Eignet sich ein solcher Ort zum Erinnern? Wer diese Frage verneint, wird vor allem danach streben, die Überreste einer schmerzenden und immer wieder als Drohung empfundenen Zeit zu beseitigen. Wer sie bejaht, muß nach anderen Lösungen suchen. Die Aufklärung über den Ort der Zeitgeschichte, über die Geschichte, die ihm erste Bedeutung in historischem Sinn verleiht, ist in solch einem Fall unverzichtbar - dies verweist auf Information, auf "Ausstellung".

Das Pathos entkräften

Die Ausstellungsräume in der Zeppelintribüne sind beklemmend - nicht allein durch die Geschichte, die hier inszeniert wurde, sondern durch das Umfeld. Unkraut zwischen Mauerritzen, Tennisspieler und Squasher, herausgebrochene Marmorfassaden und Reste von Grillparties zeigen den Wandel der Zeit und auf eine ganz alltägliche Weise die Endlichkeit des "Tausendjährigen Reiches". Im Innern der Tribüne, die nicht beheizt werden konnte und auch dadurch ihren Charakter als Theaterkulisse verrät, kommt im "Goldenen Saal" keine Beklemmung und schon gar keine Weihestimmung auf.

Denn ein ständig laufender Videofilm klärt über die Geschichte des Geländes und des Standortes auf - weitere Filme können in einem Saal gesehen werden, in dem auch einige der zertrümmerten Großscheinwerfer stehen, mit denen Albert Speer seine "Lichtdome" in den Himmel warf. An den Wänden befinden sich Bezüge zur Gegenwart und Szenenfotos aus den Filmen, unter denen besonders der Dokumentarfilm des Berliner Filmemachers Thomas Schadt auffällt.

"Faszination und Gewalt" - dies ist das Thema der Ausstellung, die im "Goldenen Saal" ihren Anfang nimmt und insgesamt vier Räume füllt. Sie verliert dabei niemals die auf Nürnberg verweisenden stadtgeschichtlichen Perspektiven aus dem Auge und bietet in den heruntergekommenen Räumen des Zwischentraktes direkt unterhalb der Standfläche der führenden Nationalsozialisten eine Übersicht zur Geschichte des Dritten Reiches, über Nürnberg im Nationalsozialismus und zur "politischen Ästhetik des Nationalsozialismus".

Mehr als die Dokumente beeindrucken aber die ständige Wiederholung der Aussage von Dr. Kauffmann über die Dimension der Vernichtungsverbrechen in Auschwitz und die berüchtigte Posener Rede von Heinrich Himmler, in der er den Mördern "Anstand" und "Treue" aus "Hingabe" bescheinigen will. Die Dokumente und Fotos werden angemessen, nicht zu knapp kommentiert und auf einer Bretterwand dargeboten, die jede ungebrochene Annäherung an die Objekte verbietet.

Wirklichkeit korrigiert den Schein

Der nationalsozialistische Schein wird immer wieder durch die Wirklichkeit korrigiert. Besonders eindringlich ist die Annäherung an das Thema der Judenverfolgung - vier Tafeleinheiten sind dafür vorgesehen. Dabei werden bewußt die Proportionen zu den anderen Themen gewahrt: Die Kriegsjahre werden auf einer Tafel dargestellt, ebenso die Kirchen oder der Widerstand.

Das Parteitagsgelände ist bis heute oftmals ein Anziehungspunkt für Touristen, die sich der Faszination des Ortes ausliefern wollen. Auf sie zielt die Ausstellung mit der Demaskierung der politischen Ästhetik im Zusam-

Ausstellungsraum "Faszination und Gewalt"

menhang mit der Gewaltverherrlichung, die schließlich Wirklichkeit wurde. Neben drei Bildern, die das Selbstbild des NS-Regimes spiegeln, steht deshalb jeweils ein besonders ausdrucksstarkes Bild, welches den so künstlich geschaffenen Eindruck zerstört.

Dies weckt Betroffenheit und zerstört jede Illusion, die aus Gefühllosigkeit und fehlender Phantasie, ja Sensibilität für die Folgen vergangenen Geschehens resultieren könnte. Spaten, Posen, Aufmärsche, Kolonnen, Wehrübungen und Begeisterungsstürme werden in eine doppeldeutige und zweispurige Wirklichkeit gestellt: Illusion und Realität. Sie neigt sich allein bei der Repräsentation der Parteitagsarchitektur auf die Seite reproduzierter Propaganda, und dennoch: Jedem, der in Autobahnen und "Kraft durch Freude" einen positiven Anknüpfungspunkt erkennen möchte, wird der Blick auf Krieg und die Sakralisierung in der "Götterdämmerung" des Krieges nicht erspart.

Der Kampf gegen die Träne im Knopfloch

Beim Verlassen der Ausstellungsräume muß der Besucher an drei durchinszenierten Räumen vorübergehen, die der Nürnberger Bühnenbildner Tobias Wartenberg (1987) in den ehemaligen Toiletten und Waschräumen eingerichtet hat. Kaltes Licht, Granitsteine in Körben, Rosen hinter Gittern, immer wieder Anspielungen auf die falsche Unschuld und die wahre Schuld - der Besucher wird hier mit sich und seiner Zeit konfrontiert. Dies mutet dem Zuschauer viel zu, der sich vielleicht eher an den großen Feuerschalen erbauen möchte, von denen eine das Ende überlebt hat. Die Botschaft des Gestalters ist eindeutig und nachvollziehbar: "Die sentimentale Träne im Knopfloch, beim Vorbeiblicken an der Vergangenheit, ödet mich an ... Aber was dann? Es ist das Heute, das Jetzt, was die Vergangenheit begreifbar macht ... Es findet heute statt, niemand fällt was auf, das lebt, denkt, fühlt sich gut im Kollektiv. Es ist internationales Verbrechen: Alle gegen einen. In Gruppen wird gehorchen gelernt, befehlen gelernt, als auch dann vergessen gelernt", kommentiert Wartenberg seine Räume, die "stille Orte" sein sollen.

Nürnberg ist vor seiner Geschichte nicht zurückgewichen, sondern hat - auch wenn eine derart pauschalierende Behauptung immer problematisch ist - die Last des Ortes als Herausforderung angenommen. Das Ergebnis kann sich sehen lassen, und es sollte all jene bestätigen, die in den Gedenkstätten der Geschichte Denkstätten für die Gegenwart sehen - nicht nur in Nürnberg und Berlin, in Neuengemme und Dachau, sondern auch in Kaltenkirchen, Landsberg oder Passau. Mitarbeiter des Pädagogischen Instituts der Stadt Nürnberg betreuen die Ausstellung, kümmern sich um Schüler und Einzelbesucher und geben kompetent Auskunft. Faszination geht unter diesen Bedingungen von dem reinen Gelände, das Wahnsinn verkörpert, der in die Gewalt mündete, nicht mehr aus. Und dies ist gut so.

Neun Thesen aus Erfahrung

Es gibt eine Last des Ortes. Sie wird vor allem in Berlin spürbar. Ich zeichne für die Konzeption der ständigen Widerstandsausstellung in Berlin verantwortlich und möchte in neun Thesen meine Erfahrungen zusammenfassen:

1. Geschichte steht heute in besonderer Weise in der Gefahr, im nationalstaatlichen Sinn interpretiert und damit zugleich instrumentalisiert zu werden. Die deutsche Geschichte gehört keineswegs uns, sondern muß in übergreifenden weltbürgerlichen Zusammenhängen in-

terpretiert werden. Und zugleich gewinnt sie ihre Anschaulichkeit aus der Individualisierung, aus der Eindringlichkeit von Lebensgeschichten, die im Verhältnis zu Gesellschaft und Staat stehen.

2. Das Prinzip der Individualisierung ist die Konsequenz eines pluralistisch reflektierten Geschichtsverständnisses auf der einen, der Aufspaltung in Täter und Opfer, in Sieger und Besiegte auf der anderen Seite. Die Individualisierung erschließt historische Alternativen, aber auch die Kosten einer politischen und gesellschaftlichen Homogenisierung. Individualisierung zwingt den Betrachter zur Fähigkeit oder zumindest zur Bereitschaft, Geschichte als vergangenes, in seiner jeweiligen Zeit aber offenes Geschehen mit den Augen eines anderen zu sehen. Dabei kommt es darauf an, die Voraussetzungen für Anpassung und Versagen ebenso zu begreifen wie für Selbstbehauptung, Anstandswahrung und Widerständigkeit.

3. Ausstellungen zu verwirklichen bedeutet vor allem: ein Konzept umsetzen. Im Zusammenhang mit zeithistorischer Erinnerung muß dieses Konzept Vielfalt spiegeln, denn es soll vielfältige Anknüpfungspunkte für innere Auseinandersetzungen mit der Vergangenheit und vergangenen Schicksalen, mit Hoffnungen und Ängsten, mit Leiden und Machtgefühlen, mit Enthemmungen und Rücksichtnahmen bieten. Ausstellungsmacher sollten sich deshalb jeder politisch motivierten Verengung ihrer Konzeption widersetzen.

4. Auf diese Weise können sie zur Herausforderung für Gruppen und Politiker werden, die spezifische Aspekte betonen oder konkurrierende Vorstellungen ausgrenzen wollen und dabei legitimatorische Selbstverstärkungen intendieren. Aus ihrer Sicht mag eine Einflußnahme auf Konzept und Interpretation von Objekten, die für Ereignisse und Geschichten stehen, angemessen und wichtig sein, zumal dann, wenn sie von einem legitimatorischen Grundverständnis ausgehen - andererseits scheint mir die Grenze der freien Ausstellungsarbeit dann markiert, wenn Politiker zur Intervention aufgefordert werden, sei es durch Falschinformation, sei es durch Suggestion, sei es durch eine Anknüpfung an Vorstellungen, die in das weite Feld politischer Sozialisation der fünfziger Jahre gehören. Dies verstärkt letztlich die Gefahren einer geschichtspopulistischen Präsentation von Ausstellungen, die im Zusammenhang mit "Räumlichkeiten" leicht in symbolische Politikformen integriert und verformt werden.

5. Jeder Thematiker und Realisierer von Ausstellungen wird enge Verbindungen zu denjenigen suchen müssen, die sich in der Ausstellung wiederfinden sollen. Dies ist nicht zuletzt dann unverzichtbar, wenn man sich als Thematiker zum Ziel der Dokumentation bekennt. Andererseits erhalten Ausstellungen immer wieder von außen, insbesondere von Politikern oder Kulturpolitikern, die Aufgabe zugewiesen, einen Beitrag zur Identitätsdiskussion und Sinnstiftung zu leisten. Dabei wird übersehen, daß in einer pluralistischen Gesellschaft die Reflexion über Selbstverständnis, über Identität und Sinn nur das Ergebnis eines Prozesses, nicht aber das Resultat einer Setzung oder einer Steuerung sein kann, die sich aus dem Wunsch nach kultureller Hegemonie erklärt. Ausstellungsarbeit, zumal für eine ständige Ausstellung, darf sich inhaltlich nicht an kulturpolitischen Machtverhältnissen orientieren.

6. Weil sich Widerstand stets sowohl in einer "Verteidigungsstellung" als auch im Klammergriff öffentlichen Erinnerns befunden hat, ist er sowohl umstritten als auch überhöht worden. Dies zeigen Interventionen, die sich gegen die Darstellung von Breite und Vielfalt des Widerstandes richten. Sie ziehen nicht selten auf thematische "Selektion". So betrachtet, bietet die Ausstellungsarbeit nicht nur *einen* Zugang zum Thema, also zum historischen Stoff, sondern zugleich auch zur Deutungsgeschichte, also zur Geschichte des Umgangs mit der Vergangenheit.

7. Wie aber läßt sich Vielfalt der Geschichte, der Wertungen und des Umgangs mit Geschichte spiegeln? Durch Diskussionen, durch Angebote, durch Erschließungen im Gespräch, durch offene Textformen - nicht aber durch Leitlinien und "rote Fäden", durch Realisierung einer konstruierten und oft rüde durchgesetzten historischen Exklusivität, die für die Verstärkung selbst-legitimatorischer Ausstellungsaspekte zu sorgen hat.

8. Zeithistorische Ausstellungen können verdeutlichen, wie wenig dazugehört, Mitmenschen zum Gegenmenschen werden zu lassen. Insofern spiegeln sie die Geschichte von Opfern und Tätern. Diese Ambivalenz ist vielfach an die Geschichte von Orten gebunden. Indem Ausstellungen den Umgang von Bewegungen, insbesondere des Nationalsozialismus, mit Menschen dokumentieren, leisten sie einen wichtigen Beitrag zur politischen Reflexion, die des historischen Mediums bedarf, um sich konkrete Bezugspunkte zu schaffen.

9. Politiker haben in diesen Reflexionsprozeß nicht kraft ihres Amtes einzugreifen, sondern bestenfalls die Voraussetzungen für eine freie Reflexion zu schaffen. Der pluralistische Staat ist kein fundamentalistischer Staat - Ausstellungen und Museen sollen deshalb Angebote bereitstellen, die dem Besucher Reflexionen und Entscheidungen aus eigener Verantwortung und Mündigkeit ermöglichen.

---

* Vortrag vom 8. Juli 1988 anläßlich des Symposions "Das Erbe - vom Umgang mit NS-Architektur" in Nürnberg.

Anhang

Bildnachweis

Archiv Bussmann: 291, 292
Archiv Dümmling: 170, 171, 172
Archiv Loiperdinger: 158, 160, 161, 167
Archiv Nerdinger: 242
Archiv der Nürnberger Nachrichten: 64, 65, 72, 73, 74, 226, 231, 233, 237, 261 (Mitte)
Archiv der Nürnberger Zeitung: 296
Archiv Petsch: 200, 203
Archiv Peukert: 154, 156
Archiv Schäche: 284, 285, 286, 287, 288, 289, 290
Archiv Wenk: 212, 213, 214, 215
Archiv Wolbert: 218, 219, 220, 221, 222
Archiv Zelnhefer: 11, 112, 121, 122
Bayerisches Hauptstaatsarchiv München: 80 (Sig B NSDAP Parteitag 1923/1), 81 (1927/2 Nr. 1), 83 (1929/3 Nr. 1 und 1929/1 Nr. 2), 86 (1929/2 Nr. 2), 111 (1929/3 Nr. 2)
Bilderdienst Süddeutscher Verlag: 244 (unten)
Bildstelle der Stadt Nürnberg/Hochbauamt: 10, 25, 27, 38, 48, 57, 67, 85, 89, 101, 104, 114, 136, 138, 139, 140, 141, 143, 201, 206, 210, 225, 230, 252, 261 (oben und unten)
Bischof und Broel: 227 (Freigabe Nr. G 301)
Marion Bührle: 228, 234, 240, 255, 258
Claus Felix: 239
Herbert Liedel 224 und Umschlagbild
Bernd Ogan: 246, 247, 248, 251, 257
Stadtarchiv Nürnberg: 44, 47
Wolfgang W. Weiß: 277
Die übrigen Bilder entstammen dem Archiv des Pädagogischen Instituts. In Einzelfällen waren die Bildquellen nicht mehr eruierbar.

Autorenverzeichnis

Dr. Hajo Bernett, geb. 1921, emer. o. Professor der Universität Bonn, ehem. Direktor des Instituts für Sportwissenschaft.
Veröffentlichungen: Nationalsozialistische Leibeserziehung. Eine Dokumentation ihrer Theorie und Organisation (1966); Sportpolitik im Dritten Reich. Aus den Akten der Reichskanzlei (1971); Untersuchungen zur Zeitgeschichte des Sports (1973); Der jüdische Sport im nationalsozialistischen Deutschland 1933-1938 (1978); Der Weg des Sports in die nationalsozialistische Diktatur (1983); Sportunterricht an der nationalsozialistischen Schule. Der Schulsport an den höheren Schulen Preußens 1933-1940 (1985); Leichtathletik im geschichtlichen Wandel (1987).

Prof. Dr. Georg Bussmann, geb. 1933, Badischer Kunstverein und Frankfurter Kunstverein (1968 - 1980), Prof. für zeitgenössische Kunst an der Gesamthochschule Kassel.
Veröffentlichungen: Kunst im 3. Reich. Dokumente der Unterwerfung (1974); Lovis Corinth (1985); Entartete Kunst - Blick auf einen nützlichen Mythos. In: Deutsche Kunst im 20. Jahrhundert (1985/86); Hakenkreuze im deutschen Wald - Faschistisches als Thema der Neuen Malerei. In: Inszenierung der Macht - Ästhetische Faszination im Faschismus (1987); Arbeit in Geschichte - Geschichte in Arbeit (1988).

Dr. Albrecht Dümling, geb. 1949, Musikwissenschaftler, Kritiker am Berliner "Tagesspiegel" (seit 1978), Mitarbeiter verschiedener Rundfunksender, Scholar des Getty Center for the History of Art and the Humanities (Santa Monica, Kalifornien 1989/90).
Veröffentlichungen: Laßt Euch nicht verführen. Brecht und die Musik (1985); Katalog "Entartete Musik" (zus. mit P. Girth 1988); Verteidigung des musikalischen Fortschritts. Brahms und Schönberg (1990).

Jörg Friedrich, geb. 1944, Rundfunkautor und wiss. Publizist.
Veröffentlichungen: Freispruch für die Nazijustiz (1983); "Ankläger einer Epoche" - Lebenserinnerungen Robert M. Kempners (1983); Die kalte Amnestie. NS-Täter in der Bundesrepublik (1985).

Hermann Froschauer, geb. 1951, Gymnasiallehrer, Stadtarchiv Nürnberg.
Veröffentlichungen: Quellen des Hasses - Aus dem Archiv des "Stürmer" 1933-1945 (1988); Auswertungsmöglichkeiten des Stürmer-Archivs im Stadtarchiv Nürnberg. In: Anzeiger des germanischen Nationalmuseums (1989).

Prof. Dr. Hermann Glaser, geb. 1928, TU Berlin, Publizist und Schriftsteller, 1964-1990 Schul- und Kulturdezernent der Stadt Nürnberg.
Veröffentlichungen: Das Dritte Reich, Anspruch und Wirklichkeit (1961); Spießer-Ideologie. Von der Zerstörung des deutschen Geistes im 19. und 20. Jahrhundert und der Aufstieg des Nationalsozialismus (1964/1985); Bundesrepublikanisches Lesebuch (1978). Soviel Anfang war nie. Deutscher Geist im 19. Jahrhundert (1981); Maschinenwelt und Alltagsleben. Industriekultur in Deutschland (1981); Die Kultur der Wilhelminischen Zeit (1984); Der sadistische Staat, sozialpathologische Aspekte der modernen Gesellschaft (1984); Kulturgeschichte der Bundesrepublik Deutschland, 3 Bände (1985/89).

Dr. Lothar Gruchmann, geb. 1929, Institut für Zeitgeschichte München.
Veröffentlichungen: Nationalsozialistische Großraumordnung (1962); Der Zweite Weltkrieg. Kriegsführung und Politik (1967, 9. Aufl. 1990); Justiz im Dritten Reich 1933 bis 1940. Anpassung und Unterwerfung in der Ära Gürtner (1988); Autobiographie eines Attentäters: Johann Georg Elser (Hg. 1989); Totaler Krieg. Vom Blitzkrieg zur bedingungslosen Kapitulation (1991).

Herbert Heinzelmann, geb. 1947, Journalist, Lehrbeauftragter an der Universität Erlangen.
Veröffentlichungen: Die Priesterin des Pathos. In: Leni Riefenstahl. Kino des Anstoßes (1978); "Triumph des Willens" - Zur Zeichensprache des Reichsparteitagsfilms von Leni Riefenstahl (1986).

Ernst Klee, geb. 1942, Publizist u. Fernsehjournalist, Adolf-Grimme-Preis (1981).
Veröffentlichungen: Behinderten-Report I/II (1974/1976); Psychiatrie-Report (1978); Behindert. Über die Enteignung von Körper und Bewußtsein. Ein kritisches Handbuch (1980); Euthanasie im NS-Staat. Die "Vernichtung lebensunwerten Lebens". Dokumente zur "Euthanasie" (1985); Was sie taten - was sie wurden. Ärzte, Juristen und andere Beteiligte am Kranken- und Judenmord (6. Aufl. 1990); "Schöne Zeiten" - Judenmord aus der Sicht der Täter und Gaffer (1988); "Gott mit uns" - Der deutsche Vernichtungskrieg im Osten 1939-1945 (1989); "Persilscheine" und falsche Pässe. Wie die Kirchen den Nazis halfen (1991).

Dr. Helmut Kramer, geb. 1930, Richter am Oberlandesgericht Braunschweig, seit 1. Juli 1991 von der nds. Landesregierung hauptamtlich mit der Erforschung der NS-Justiz in Niedersachsen beauftragt.
Veröffentlichungen: "Braunschweig unterm Hakenkreuz" (1981). Fachartikel: OLG-Präsidenten und Generalstaatsanwälte als Gehilfen der NS-"Euthanasie" (1984); Im Namen des Volkes - die Nürnberger Justiz von 1933 bis heute (1985); Das Nürnberger Juristenurteil - eine Lektion für die Justiz der BRD? (1985).

Dr. Martin Loiperdinger, geb. 1952, Akademischer Rat am Institut für Kommunikationswissenschaft der Universität München, Lehrbeauftragter am Institut für England- und Amerika-Studien der Universität Frankfurt a. M.
Veröffentlichungen: Rituale der Mobilmachung. Der Parteitagsfilm "Triumph des Willens" von Leni Riefenstahl (1987); Märtyrerlegenden im NS-Film (Hg. 1991); Aufsätze und TV-Features zur Mediengeschichte des Films und zum deutschen Faschismus.

Prof. Dr. Hans-Ernst Mittig, geb. 1933, Hochschule der Künste, Berlin.
Veröffentlichungen: Kunst und Alltag im NS-System. Albert Speers Berliner Straßenlaternen (zus. mit K. Herding 1975); Die Reklame als Wegbereiterin der nationalsozialistischen Kunst. In: Die Dekoration der Gewalt - Kunst und Medien im Faschismus (Hg. zus. mit Hinz, Schäche, Schönberger 1979); Dürers Bauernsäule. Ein Monument des Widerspruchs (1984); München, 50 Jahre nach der Ausstellung "Entartete Kunst". In: Kritische Berichte 16/H.2 (1988); NS-Motive in der Gegenwartskunst: Flamme empor? In: NS-Kunst: 50 Jahre danach. Neue Beiträge (1989); Kunst und Propaganda im NS-System. In: Moderne Kunst. Das Funkkolleg. Bd. 2 (1991); Aufsätze über Denkmäler und Denkmalkritik.

Dr. Marlene Müller-Rytlewski, geb. 1956, Germanistin und Politologin, Kon-Kuk Universität Seoul.
Veröffentlichungen: Der verlängerte Krieg. Hitlers propagandistisches Wirken in einer historisch desorientierten und sozial fragmentierten Gesellschaft (in Vorb.); Fachartikel in historischen und politologischen Fachzeitschriften und Handbüchern.

Prof. Dr. Winfried Nerdinger, geb. 1944, TU München, Gastprofessuren an der Harvard University (1980/81) und an der McGill University Montreal (1985), Leitung des Architekturmuseums an der TU München.
Veröffentlichungen: Walter Gropius (1985); Theodor Fischer. Architekt und Städtebauer (1988); Revolutionsarchitektur. Aspekte der europäischen Architektur um 1800 (Hg. zus. mit K. J. Philipp, H. P. Schwarz 1990); Neue Städte aus Ruinen. Deutscher Städtebau der Nachkriegszeit (Hg. zus. mit K. v. Beyme u. a. 1991).

Bernd Ogan, geb. 1942, Pädagogisches Institut, Konzeption der Ausstellung "Faszination und Gewalt" auf dem ehem. Reichsparteitagsgelände.
Veröffentlichungen: Formen oppositioneller Literatur in Deutschland (1975); Lehrpraktische Analysen über Heine (1979, 1981), Kleist (1977) und Thomas Mann (1989); Faszination und Gewalt - Zur politischen Ästhetik des Nationalsozialismus - Ein Symposium (Hg. 1986); Literaturzensur in Deutschland (1988); Fachartikel: Steine für die Ewigkeit (zus. mit W. W. Weiß); Gebauter Größenwahn; Architektur als Weltanschauung.

Prof. Dr. Joachim Petsch, geb. 1939, Kunsthistorisches Institut der Ruhr-Universität Bochum.
Veröffentlichungen: Architektur und Gesellschaft. Zur Geschichte der deutschen Architektur im 19. und 20. Jahrhundert (1973); Architektur und Städtebau im 20. Jahrhundert (Hg. 1974/1975); Baukunst und Stadtplanung im Dritten Reich (1976); Architektur im deutschen Faschismus: Grundzüge und Charakter nationalsozialistischer "Baukunst". In: Realismus (zus. mit W. Schäche 1981); Wohnhaus Dr. Nolden 1928. Ein Bauhaus-Bau in der Eifel (1982); Geschichte des Auto-Design (1982); Kunst im Dritten Reich. Architektur, Plastik, Malerei (1983); Alltagsästhetik (1987); Zur Geschichte des bürgerlichen Wohnens (1989).

Prof. Dr. Detlev Peukert, geb. 1950, Wiss. Direktor der Forschungsstelle für die Geschichte des Nationalsozialismus in Hamburg, gest. 1990.
Veröffentlichungen: Die Edelweißpiraten. Protestbewegung jugendlicher Arbeiter im Dritten Reich (1980); Die Reihen fast geschlossen. Beiträge zur Geschichte des Alltags unterm Nationalsozialismus (zus. mit J. Reulecke 1981); Volksgenossen und Gemeinschaftsfremde: Anpassung, Ausmerze und Aufbegehren unter dem Nationalsozialismus (1982); Spuren des Widerstands. Die Bergarbeiterbewegung im Dritten Reich und im Exil (zus. mit F. Bajohr 1987); Geschichte der deutschen Gewerkschaften. Von den Anfängen bis 1945 (zus. mit K. Tenfelde u. a. 1987), Max Weber. Diagnose der Moderne (1989).

Prof. Dr. Peter Reichel, geb. 1942, Institut für politische Wissenschaft, Universität Hamburg.
Jüngste Veröffentlichung: Der schöne Schein des Dritten Reiches. Faszination und Gewalt des Faschismus (1991).

Dr. Wolfgang Schäche, geb. 1948, Dipl.-Ing., Architektur- und Stadthistoriker, Gastprofessor am Fachbereich Architektur der TFH Berlin (seit 1988).
Veröffentlichungen: Die Dekoration der Gewalt. Kunst und Medien im Faschismus (Hg. zus. mit Hinz, Mittig, Schönberger 1979); Ludwig Hoffmann. Lebenserinnerungen eines Architekten (1983); Von Berlin nach Germania. Über die Zerstörungen der Reichshauptstadt durch Albert Speers Neugestaltungsplanungen (zus. mit H. J. Reichhardt 1984, 5. Aufl. 1990). Die Siemensstadt. Geschichte und Architektur eines Industriestandortes (zus. mit W. Ribbe 1985); Baumeister. Architekten. Stadtplaner. Biographien zur baulichen Entwicklung Berlins (zus. mit W. Ribbe 1987); Architektur und Städtebau in Berlin zwischen 1933 und 1949. Planen und Bauen unter der Ägide der Stadtverwaltung (1991).

Prof. Dr. Peter Steinbach, geb. 1948, Universität Passau; wissenschaftlicher Leiter der Ausstellung "Widerstand gegen den Nationalsozialismus" in Berlin.
Veröffentlichungen: Zur Geschichte und politischen Theorie des 19. und 20. Jahrhunderts; Zur Industrialisierung und Modernisierung Deutschlands; NS-Verbrechen in der deutschen Öffentlichkeit (1980); Ausstellung und Wissenschaft - ein Widerspruch? (1987).

Prof. Dr. Hans-Ulrich Thamer, geb. 1943, Universität Münster, Direktor des Historischen Seminars.
Veröffentlichungen: Revolution und Reaktion in der französischen Sozialkritik des 18. Jahrhunderts (1973); Faschismus und neofaschistische Bewegungen. Probleme empirischer Faschismusforschung (zus. mit W. Wippermann 1977); Verführung und Gewalt. Deutschland 1933/1945 (1986); Faszination und Manipulation. Die Nürnberger Reichsparteitage der NSDAP (1988).

Dr. Jochen Thies, geb. 1944, Deutsches Historisches Institut London (1976-78), stv. Leiter der Redenschreibergruppe von Bundeskanzler Helmut Schmidt (1980-1982), Redakteur beim Bayerischen Rundfunk, Chefredakteur Europa-Archiv (seit 1986).
Veröffentlichungen: Architekt der Weltherrschaft: Die "Endziele" Hitlers (1976/1980); Hitlers Städte. Baupolitik im Dritten Reich (zus. mit J. Dülffer, J. Henke 1978); Helmut Schmidts Rückzug von der Macht (1988); Deutschland von innen. Beobachtungen aus wechselnder Perspektive (1990).

Dr. Wolfgang W. Weiß, geb. 1947, Dipl.-Päd., Heinz-Meier-Leibnitz-Preis im Bereich empirische Sozialforschung (1982); Leiter des Pädagogischen Instituts der Stadt Nürnberg und des Ausstellungsprojektes "Faszination und Gewalt" auf dem ehem. Reichsparteitagsgelände.
Veröffentlichungen: Familienstruktur und Selbständigkeitserziehung. Latente politische Sozialisation in der Familie (1982); Die Familie in der Bundesrepublik Deutschland (1985); Faszination und Gewalt. Nürnberg und der Nationalsozialismus (Hg. zus. mit B. Ogan 1990); Fachartikel: Wolf Willrich. Kriegsmaler; Größenwahn in Stein; Der alltägliche Umgang mit NS-Architektur.

Silke Wenk, geb. 1949, Kunstwissenschaftlerin in Berlin.
Veröffentlichungen: Die Arbeit eines deutschen Archäologen an der Modernisierung des antiken Ideals. In: Ausstellungskatalog Auf den Spuren der Antike (1985); Warum ist die (Kriegs-)Kunst weiblich? Frauenbilder in der Plastik auf öffentlichen Plätzen in Berlin. In: Kunst und Unterricht, H. 101 (1986); Der öffentliche weibliche Akt. Eine Allegorie des Sozialstaates (1986); Aufgerichtete weibliche Körper. Zur allegorischen Skulptur im deutschen Faschismus. In: Inszenierung der Macht. Ästhetische Faszination im Faschismus (1987).

Prof. Dr. Lutz Winckler, geb. 1941, Universität Tübingen, Universität Paris VIII.
Veröffentlichungen: Studien zur gesellschaftlichen Funktion faschistischer Sprache (1970); Kulturwarenproduktion (1973); Autor - Markt - Publikum (1986); Kulturelle Erneuerung und gesellschaftlicher Auftrag. Zur Bestandspolitik der öffentlichen Bibliotheken und Betriebsbüchereien in der SBZ und DDR 1945 bis 1951 (1987); Verschiedene Beiträge zur Exilforschung und zur DDR-Literatur.

Dr. Klaus Wolbert, geb. 1940, Kulturreferent der Stadt Darmstadt, Direktor des Instituts Mathildenhöhe in Darmstadt.
Veröffentlichungen: Beiträge in verschiedenen Katalogen u. a.: Kunst im Dritten Reich - Dokumente der Unterwerfung (1974); Die Nackten und die Toten des "Dritten Reiches". Folgen einer politischen Geschichte des Körpers in der Plastik des deutschen Faschismus (1982).

Dr. Siegfried Zelnhefer, geb. 1956, Historiker und Journalist in Nürnberg.
Veröffentlichungen: Der Anfang vom Ende. Das Nürnberger Judenpogrom im Dritten Reich. In: Nürnberg Heute 44 (1988); Die Reichsparteitage der NSDAP. Geschichte, Struktur und Bedeutung der größten Propagandafeste im nationalsozialistischen Feierjahr (1991).

*Für die Ewigkeit geplant und schon jetzt halb verfallen:
die 350 Meter lange Haupttribüne des „Zeppelinfelds".*